全国职业病诊疗康复人才培训系列教材

职业性放射性疾病

国家卫生健康委职业健康司　组织编写

苏旭　刘强　主编

中国人口与健康出版社
China Population and Health Publishing House
全国百佳图书出版单位

图书在版编目（CIP）数据

职业性放射性疾病 / 国家卫生健康委职业健康司组织编写 . -- 北京 : 中国人口与健康出版社 , 2025. 6.
(全国职业病诊疗康复人才培训系列教材). -- ISBN 978-7-5238-0437-7

Ⅰ. R818

中国国家版本馆 CIP 数据核字第 2025M1Z221 号

全国职业病诊疗康复人才培训系列教材

职业性放射性疾病

QUANGUO ZHIYEBING ZHENLIAO KANGFU RENCAI PEIXUN XILIE JIAOCAI

ZHIYEXING FANGSHEXING JIBING

国家卫生健康委职业健康司　组织编写

责任编辑　李春荣　薛　珂
责任设计　刘海刚
责任印制　任伟英
出版发行　中国人口与健康出版社
印　　刷　天津中印联印务有限公司
开　　本　889 毫米 × 1194 毫米　1/16
印　　张　21.5
字　　数　558 千字
版　　次　2025 年 6 月第 1 版
印　　次　2025 年 6 月第 1 次印刷
书　　号　ISBN 978-7-5238-0437-7
定　　价　64.00 元

微 信 ID　中国人口与健康出版社
图书订购　中国人口与健康出版社天猫旗舰店
新浪微博　@ 中国人口与健康出版社
电子信箱　rkcbs@126.com
总编室电话　（010）83519392　**发行部电话**　（010）83557247
办公室电话　（010）83519400　**网销部电话**　（010）83530809
传　　真　（010）83519400
地　　址　北京市海淀区交大东路甲 36 号
邮　　编　100044

全国职业病诊疗康复人才培训系列教材
编写指导委员会

《职业性放射性疾病》编委会

主　　编： 苏　旭　中国医学科学院放射医学研究所
刘　强　中国医学科学院放射医学研究所

副 主 编： 余长林　解放军总医院第五医学中心
杨文峰　解放军总医院第五医学中心
姜恩海　中国医学科学院放射医学研究所
张良安　中国医学科学院放射医学研究所

编写人员：（按姓氏笔画排序）
王　涛　中国人民解放军陆军军医大学
王军平　中国人民解放军陆军军医大学
王津晗　中国医学科学院放射医学研究所
王海云　中国医学科学院放射医学研究所
邢志伟　中国医学科学院放射医学研究所
吕　夏　中核四〇四医院
刘一昀　北京大学第三医院
刘建香　中国疾病预防控制中心辐射防护与核安全医学所
齐　虹　北京大学第三医院
问清华　中广核辐射监测中心
江　波　中国医学科学院放射医学研究所
吴　迪　河南省第三人民医院（河南省职业病医院）
余祖胤　军事科学院军事医学研究院
张照辉　北京大学第三医院
陈尔东　中国疾病预防控制中心辐射防护与核安全医学所

金增强　解放军总医院第五医学中心
赵凤玲　河南省第三人民医院（河南省职业病医院）
郭　伟　河南省第三人民医院（河南省职业病医院）
梁　莉　北京大学第三医院
缑喜成　中核四〇四医院

序言

人民健康是民族昌盛和国家富强的重要标志，职业健康关系亿万劳动者身心健康和家庭幸福，党中央、国务院历来高度重视职业健康工作。党的十八大以来，以习近平同志为核心的党中央坚持以人民为中心的发展思想，把保障人民健康放在优先发展的战略地位，提出从以治病为中心转变为以人民健康为中心，实施健康中国战略，将健康融入所有政策，为人民群众提供全方位全周期健康服务。党的二十届三中全会明确提出实施健康优先发展战略，健全公共卫生体系，促进社会共治、医防协同、医防融合，强化监测预警、风险评估、医疗救治等能力。

我国正处于工业化、城镇化快速发展阶段，广大劳动者在职业活动中接触的职业病危害因素日益复杂多样，职业性尘肺病、职业中毒等传统职业病防治形势仍然严峻，肌肉骨骼系统疾病和工作压力导致的生理、心理问题正成为亟待应对的职业健康新挑战。保障劳动者健康，做好职业病诊疗康复工作，需要大力加强专业技术人才培养，加强职业卫生放射卫生服务能力建设，以适应新时代职业健康工作需要。

按照《“健康中国 2030”规划纲要》《国家职业病防治规划（2021—2025 年）》等要求，国家卫生健康委将职业病诊疗康复人才培训纳入卫生健康人才培养项目。为加强人才培训培养工作的专业性、规范性和实效性，国家卫生健康委职业健康司组织编写了“全国职业病诊疗康复人才培训系列教材”，共 10 种，分别是《职业健康检查》《职业病诊断与鉴定》《职业性尘肺病》《职业性化学中毒》《职业性噪声聋》《职业性皮肤病及其他职业病》《放射工作人员职业健康检查》《职业性放射性疾病》《工作相关肌肉骨骼疾病》《工作相关精神和行为障碍》。

本套教材由 200 多位来自疾病预防控制机构、职业病防治院所、专科医院等职业病诊断、治疗和康复相关领域的专家学者共同编写，内容丰富、科学系统，具有较强的专业性、科学性、针对性、实用性，既可用于职业病诊疗康复人员的培训，也可供职业健康监管人员、用人单位职业卫生管理人员、职业健康技术服务人员以及大专院校相关专业师生学习参考。

因时间仓促，本套教材虽经多次讨论和修改，但难免会有不妥和错误之处，欢迎广大读者批评指正。

全国职业病诊疗康复人才培训系列教材
编写指导委员会
2025 年 6 月

前 言

随着我国经济建设的飞速发展和科学技术的不断进步，核能核技术应用发展迅猛，目前已广泛应用于工农业生产、医学事业、科学研究和军事等众多领域。然而，在人类开发利用核能核技术获得巨大利益的同时，从事放射性工作的职业人员难免会受到一定剂量的计划照射和应急照射，可能因此而导致职业性放射性疾病的发生。目前，我国在职业活动中接触人工放射性物质的劳动者已超过 70 万人，接触天然放射性物质的劳动者约 1000 万人，其中非铀非煤矿工约 400 万人。我国政府高度重视放射工作人员的职业健康管理和职业病防治工作，2001 年 10 月《中华人民共和国职业病防治法》颁布实施，国家卫生健康委也配套发布了一系列部门规章、规范性文件和标准。

《职业性放射性疾病》为全国职业病诊疗康复人才培训系列教材之一。本书共十五章，第一章放射生物学基础，主要阐述了放射生物效应及其影响因素，电离辐射对人体系统和器官的影响，以及电离辐射的致癌效应等；第二章电离辐射剂量学基础，总结了物理剂量估算、生物剂量估算方法和剂量估算软件及其应用等；第三章职业性放射性疾病诊断与处理总则，介绍了职业性放射性疾病的危害因素、分类、诊断原则和处理原则等；第四章至第十五章结合案例分别对外照射急性放射病、外照射亚急性放射病、外照射慢性放射病、内照射放射病、放射性皮肤疾病、放射性肿瘤、外照射放射性骨损伤、放射性甲状腺疾病、放射性性腺疾病、放射复合伤、放射性白内障和铀及其化合物中毒 12 种法定职业性放射性疾病的诊断、治疗与康复进行了阐述。

本书旨在阐述职业性放射性疾病诊疗的国内外最新研究成果及发展动态，解读职业性放射性疾病系列标准；同时还吸收和采纳了国际原子能机构和国际放射防护委员会相关出版物和技术报告的最新理念、方法和数据，内容全面、科学、严谨、实用，可满足广大职业性放射性疾病诊疗康复专业技术人员的培训需要，同时也可作为职业性放射性疾病诊疗康复专业技术人员的工具书和大专院校相关专业教学的参考书。

本书是在国家卫生健康委职业健康司的具体指导下进行编写，由苏旭、刘强担任主编，余长林、杨文峰、姜恩海、张良安担任副主编。参加本书编写的专家均为职业性放射性疾病系列标准的起草人以及本领域内的资深专家，具有坚实的理论基础和丰富的实践经验，并实时跟踪和掌握本领域的国际最新动态和发展趋势。在此，谨向参与编写的各位专家、学者，以及来自各方面的支持和帮助，一并表示衷心的感谢。

由于编者经验、水平有限，书中难免存在不足甚或错误，敬请各位同行和读者批评、指正，以便再版时修订。

《职业性放射性疾病》编委会

2025 年 6 月

目录

01

第一章　放射生物学基础

第一节　放射生物效应及其影响因素

一、放射生物效应

电离辐射作用于机体后，其能量传递给机体的分子、细胞、组织和器官所造成的形态结构和功能的变化，称为放射生物效应。

电离辐射作用于生物机体，将其能量传递给机体的瞬间而引发生物大分子和水分子的电离和激发，经过复杂的物理、物理化学和化学反应，直接或间接地导致生物大分子损伤，继而发生机体的分子、细胞、组织、器官结构和功能的变化，引起损伤及其一系列伤害后果。

根据放射生物效应的严重程度，国际放射防护委员会（International Commission on Radiological Protection，ICRP）将效应分为变化、损伤、伤害和危害四类。

（1）变化：指在照射后出现的形态和功能的改变，可能是有害的，也可能是无害的。

（2）损伤：表示有一定程度的有害变化，如对细胞的损伤，但对整体不一定有害。

（3）伤害：表示有临床可查的有害效应，表现于受照本人的躯体效应，如白内障和癌症等；或表现于受照者子代的遗传效应，如先天愚型。

（4）危害：是个复合概念，包括发生概率、严重程度和出现时间等，是受照者及其后代所发生的总伤害。

根据辐射防护的需要，ICRP 按效应的发生机制将放射生物效应分为随机性效应和确定性效应（有害的组织反应）。机体受到电离辐射作用后，一些体细胞受损凋亡，另一些体细胞未凋亡而发生变异，可能形成变异的子细胞克隆。当机体的防御机制不健全时，这种变异的子细胞克隆可能导致恶性病变（癌症）或遗传疾患，发生癌症或遗传疾患的概率随照射剂量的增加而加大，但严重程度与照射剂量无关，不存在阈剂量，这种效应称为随机性效应。机体组织或器官受到照射后，有足够多的细胞被杀死或不能繁殖和发挥正常功能（细胞的丢失率>补偿率），导致相关器官损伤或功能丧失的效应，有剂量阈值，严重程度随剂量增加而增加，这种效应称为确定性效应，又称有害的组织反应。

按效应发生的时间，放射生物效应分为近期效应（急性效应）和远后效应（慢性效应）。近期效应指电离辐射作用于生物机体后，辐射损伤效应在照射后短期（数周内）就出现的生物效应，如急性放射病和急性放射性皮肤损伤等。远后效应指电离辐射作用于生物机体后，辐射损伤效应在照射后 6 个月以后才出现的生物效应，如眼晶状体损伤和辐射致癌效应等。

按效应发生的对象，放射生物效应分为躯体效应和遗传效应。由于机体受到电离辐射照射，辐射损伤效应发生在自身身上，称为躯体效应。由电离辐射导致基因突变或染色体畸变所引起并发生在子代身上的效应及遗传疾患，称为遗传效应。

二、影响放射生物效应的主要因素

电离辐射作用于机体产生生物效应，涉及电离辐射对机体的作用与机体对电离辐射的反应。影响放射生物效应发生的诸多因素基本上可归纳为两个方面，一是与辐射有关的因素，二是与机体有关的因素。

（一）与辐射有关的因素

1. 辐射种类

从辐射的物理特征看，电离密度及穿透能力是影响其生物效应的重要因素。电离密度越高，穿透能力越弱。电离密度越高，引起的生物效应越严重，因此，高传能线密度（linear energy transfer，LET）辐射引起的生物效应远大于低 LET 辐射。就常见的 α、β 和 X/γ 射线而言，在同等能量下，α 射线的电离密度最大而穿透能力最弱，一张纸就能阻挡其穿透，且 α 射线在空气中的射程也很小，因此，一般不考虑 α 射线外照射问题，然而，α 放射性核素一旦进入体内，在 α 放射性核素沉积的局部将会引起严重的机体损伤。β 射线的电离能力较 α 射线小，但其穿透力较 α 射线大，外照射时可引起皮肤表层损伤，内照射时也会引起明显的生物效应。X/γ 射线的电离密度比 β 射线还小，但穿透力很强，能到达机体的深层组织，造成机体或组织器官的辐射损伤。

在辐射防护中，用辐射权重因数表示不同类型辐射诱发随机性效应的相对生物效能。不同类型辐射的辐射权重因数见表 1-1。

表 1-1　不同类型辐射的辐射权重因数（w_R）

辐射类型	能量	w_R
光子（X、γ 射线）	所有能量	1
电子和 μ 介子	所有能量	1
质子和带电 π 介子	>2MeV	2
α 粒子，裂变碎片，重离子	所有能量	20
中子	<1MeV	$w_R = 2.5 + 18.2e^{-[\ln(E_n)]^2/6}$
	1~50MeV	$w_R = 5.0 + 17.0e^{-[\ln(2E_n)]^2/6}$
	>50MeV	$w_R = 2.5 + 3.25e^{-[\ln(0.04E_n)]^2/6}$

2. 辐射剂量

辐射剂量与生物效应之间存在一定的相依关系，总的规律是剂量越大，效应越显著，但并不完全呈线性关系。衡量生物效应可以采用不同的方法和判断指标。若以机体的死亡率或存活率为判断生物效应的指标，则可得出指数曲线和 S 形曲线两种。将引起被照射机体死亡 50% 时的剂量称为半数致死剂量（median lethal dose，LD_{50}），作为衡量机体放射敏感性的参数，LD_{50} 数值越小，机体放射敏感性越高。

目前对人体损伤的剂量效应关系主要是根据核事故性损伤，参考动物实验资料而进行估计的。

人体受不同剂量照射后的损伤效应见表 1–2。骨髓型急性放射病初期临床反应及受照剂量范围参考值见表 1–3。

表 1–2　人体受不同剂量照射后的损伤效应

剂量（Gy）	损伤效应	剂量（Gy）	损伤效应
<0.25	不明显和不易察觉的变化	4.0~6.0	重度骨髓型急性放射病
0.25~0.5	可恢复的功能变化，可有血液学的变化	6.0~10.0	极重度骨髓型急性放射病
0.5~1.0	功能性变化、血液变化，但无临床症状	10.0~50.0	肠型急性放射病
1.0~2.0	轻度骨髓型急性放射病	>50.0	脑型急性放射病
2.0~4.0	中度骨髓型急性放射病		

表 1–3　骨髓型急性放射病初期临床反应及受照剂量范围参考值

分度	初期表现	照射后 1~2d 淋巴细胞绝对数最低值（10^9/L）	受照射剂量范围参考值（Gy）
轻度	乏力、不适、食欲减退	1.2	1.0~2.0
中度	头昏、乏力、食欲减退、恶心，1~2h 后呕吐、白细胞数短暂上升后下降	0.9	2.0~4.0
重度	1h 后多次呕吐，可有腹泻，腮腺肿大，白细胞数明显下降	0.6	4.0~6.0
极重度	1h 内多次呕吐和腹泻、休克、腮腺肿大，白细胞数急剧下降	0.3	6.0~10.0

3. 辐射剂量率

辐射剂量率是指单位时间内机体所接受的照射剂量，常用 Gy/d、Gy/h、Gy/min 或 Gy/s 表示。在一般情况下剂量率越高，生物效应越显著，但当剂量率达到一定范围时，生物效应与剂量率之间则失去比例关系。而且，剂量率对生物效应的影响也随所观察的具体效应不同而异。

4. 分次照射

同一剂量的辐射，在分次给予的情况下，其生物效应低于 1 次给予的效应，分次越多，各次间隔的时间越长，则生物效应越小。这与机体的修复过程有关。

5. 照射部位

机体受照射的部位对生物效应有明显的影响。许多实验资料证明，当照射剂量和剂量率相同时，腹部照射的全身后果最严重，往下依次排列为盆腔、头颈、胸部及四肢。

6. 照射面积

当照射的其他条件相同时，受照射的面积越大，生物效应越显著。在临床肿瘤放射治疗中，一般都将照射野缩至尽可能小的范围，并且采用分次照射以减少每次的剂量，这样就可降低正常组织的放射损伤效应，以达到对局部肿瘤尽可能大的杀伤效果。

7. 照射方式

照射方式可分为内照射、外照射和混合照射。内照射是指放射源（放射性核素）进入体内发出射线，作用于机体的不同部位。外照射是指放射源在体外，其射线作用于机体的不同部分或全身。若兼有内、外照射则称为混合照射，混合照射兼有内、外照射的生物效应。

（二）与机体有关的因素

影响电离辐射生物效应与机体有关的因素，主要是生物机体的放射敏感性。不同种系、不同个体、不同组织和细胞、不同生物大分子，对射线作用的敏感性可有很大差异。因此，即使辐射的各种物理因素和照射条件完全相同时，所引起的生物效应也会有很大差别。以下从种系发生、个体发育、组织细胞和分子水平这 4 个方面来阐述机体的放射敏感性。

1. 种系的放射敏感性

不同种系的生物对电离辐射的敏感性有很大的差异，其总的趋势是随着种系演化越高，机体组织结构越复杂，则放射敏感性越高。

2. 个体发育的影响

一般来说，放射敏感性随着个体发育过程而逐渐降低，与此同时放射敏感性的特点亦有变化。植入前期的胚胎对射线最敏感。器官形成期的胚胎受到照射时，主要出现先天性畸形，胚胎死亡率较前一阶段降低。胎儿期放射敏感性较低，引起各器官结构和功能的变化需要较大剂量，一般在几十厘戈瑞（cGy）以上。广岛原子弹爆炸时相当于此阶段受照射孕妇生出的子代患小头症者的百分率较高，并随剂量加大而升高。电离辐射所致胎儿影响与孕期及辐射剂量阈值的关系见表 1-4。

表 1-4　电离辐射所致胎儿影响与孕期及辐射剂量阈值的关系

孕期	影响	估计阈值剂量
种植前（受精后 0~14d）	胚胎死亡或无影响（全或无）	50~100mGy
器官形成期（受精后 14~56d）	先天性异常（骨骼、眼、生殖器）	200mGy
	生长受限	200~250mGy
胎儿期（受精后 56~105d）	重度智力障碍（高风险）	60~310mGy
	智力缺陷	每 1000mGy 辐射可使智商降低 25
	小头畸形	200mGy
受精后 105~175d	智力缺损、重度智力障碍（低风险）	250~280mGy

胚胎在器官形成期以后，个体的放射敏感性逐渐下降。有研究者提出了所谓“十日法规”，建议除了医疗指征绝对必须以外，对育龄妇女下腹部的 X 射线检查都应当在月经周期第 1d 算起的 10d 内进行，这样就可避免对妊娠子宫的照射，即使是小剂量的辐射作用也应完全避免。孕期不同阶段受照后可能发生的缺陷见表 1-5。

表 1-5　孕期不同阶段受照后可能发生的缺陷

受照射时间（d）	缺陷
0~28	大多数被吸收或流产
28~77	多数器官的严重畸形
77~112	主要是小头症、智力异常和生长延迟；骨骼、生殖器官和眼畸形很少
112~140	小头症、智力低下和眼畸形的病例很少
>210	不大可能引起严重的解剖学缺陷，可能有功能障碍

3. 不同器官、组织和细胞的放射敏感性

严格地说，没有一种组织完全不受辐射的影响，但不同组织和细胞对辐射的反应却有很大的差别。早在 1906 年，法国科学家贝尔戈尼（Bergonie）和特里本多（Tribondeau）提出了一条 BT 定律，即一种组织的放射敏感性与其细胞的分裂活动成正比，而与其分化程度成反比。人体各种组织的放射敏感性的顺序排列如下。

（1）高度敏感组织：肺、胃、结肠、骨髓、乳腺、其余组织。

（2）较高敏感组织：性腺。

（3）中度敏感组织：甲状腺、食道、膀胱、肝。

（4）低敏感组织：骨表面、皮肤、脑、唾液腺。

在辐射防护中，用组织权重因数计及不同器官或组织对发生辐射随机性效应的不同敏感性。不同器官或组织的组织权重因数见表 1–6。

表 1–6　不同器官或组织的组织权重因数（w_T）

器官 / 组织	器官 / 组织数目	w_T	合计贡献
肺、胃、结肠、骨髓、乳腺、其余组织 *	6	0.12	0.72
性腺	1	0.08	0.08
甲状腺、食道、膀胱、肝	4	0.04	0.16
骨表面、皮肤、脑、唾液腺	4	0.01	0.04

注：* 其余组织，即肾上腺、外胸（ET）区、胆囊、心脏、肾、淋巴结、肌肉、口腔黏膜、胰腺、前列腺、小肠、脾、胸腺、子宫 / 子宫颈。

上述放射敏感性分类并不是绝对的，由于组织所处的功能状态不同或所用衡量放射敏感性的指标不同，其排列顺序亦可变动。BT 定律虽然基本上适用于大多数情况，但也有明显的例外，主要是卵母细胞和淋巴细胞。这两种细胞的分裂活动并不活跃，但二者都对辐射敏感。

4. 亚细胞和分子水平的放射敏感性

同一细胞的不同亚细胞结构的放射敏感性有很大差异，细胞核的放射敏感性显著高于细胞质。DNA 分子的损伤在细胞放射效应的发生中占关键地位。研究发现，细胞内各不同“靶”分子的相对放射敏感性顺序如下：DNA＞mRNA＞rRNA 和 tRNA＞蛋白质。

第二节　电离辐射对造血系统的影响

成年人造血系统由骨髓、脾脏、淋巴组织和胸腺组成，是体内细胞更新比较活跃的系统之一。造血组织是电离辐射最敏感组织之一，在一定剂量范围内，它的变化速度和程度与机体受照剂量呈正相关，因此，辐射致造血系统变化常常作为急性放射病的临床诊断、疗效观察及预后判断的重要参数。尤其是外周血淋巴细胞染色体畸变率，这一指标与机体受照剂量成正比，是估算受照剂量较为理想的指标。同时，造血系统的恢复与重建又是急性放射病能否痊愈的决定性因素，因此，深入研究造血系统的生理机能，辐射损伤规律和修复途径，对认识造血辐射损伤的本质和制定防治措施具有重要理论和应用意义。

一、造血细胞的辐射损伤

由于不同组织器官的辐射敏感性不同，射线对它们的损伤存在很大的差别。而造血系统的骨髓、胸腺、脾脏和淋巴组织均属高度敏感组织。当然，它们的损伤表现、发生时间和演变过程也会存在差别。细胞的增殖能力、分化程度、代谢状态、细胞外微环境乃至细胞周期的不同时期等都可影响辐射效应。

机体更新比较活跃的造血细胞具有较高的辐射敏感性。当然，不同类型、不同分化程度的细胞，其敏感性是不同的。各系统造血细胞辐射敏感性顺序：淋巴细胞＞幼红细胞＞单核细胞＞幼粒细胞。

（一）造血干细胞的辐射损伤与修复

造血干细胞（hematopoietic stem cells，HSCs）具有较高的辐射敏感性，损伤一旦修复便开始再生，其增长速率是较快的。大剂量电离辐射作用于机体后，由造血干细胞损伤或死亡所致数量的减少，在照射停止后仍将持续一段时间，即所谓电离辐射远后效应（later effect of ionizing radiation）。这是辐射损伤的累积过程。照后早期脾集落形成单位（colony forming unit-spleen，CFU-S）的剂量 - 存活曲线均为 S 形，这实际上反映了细胞对亚致死损伤的修复能力。

造血干细胞在放射损伤恢复过程中的增殖与分化机能是相互制约的。当干细胞被大量破坏时，必须通过干细胞自身的增殖来补充其数量。同时，也要限制干细胞的分化速度，以加快干细胞数量的恢复。

造血干细胞的慢性辐射损伤、修复与急性者有许多不同点。首先，低剂量率 X/γ 射线连续照射引起机体死亡所需累积剂量比急性大剂量照射时要高许多倍。其次，在低剂量率射线连续照射下，造血组织的放射敏感性并不像大剂量照射时那样属于最敏感组织，而是介于性腺和小肠上皮之间，造血组织的放射损伤与其中 HSCs 的损伤紧密相关。

（二）造血祖细胞的辐射损伤

造血祖细胞是 HSCs 分化成形态可辨认的幼稚血细胞之间所经历的中间发育阶段的细胞。造血祖细胞基本丧失了 HSCs 特有的自我更新能力，但在多种因子调控下，尚有分裂和向有限几个方向分化的能力。根据其分化方向不同可分为各种祖细胞，它是由年龄结构、生理状况和各亚群组成的不均一的细胞群体，对射线相当敏感，如粒系祖细胞中的 CFU-G、CFU-M、CFU-GM，红系祖细胞中的 CFU-E、BFU-E 和 per-BFU-E 及巨核系祖细胞中的 CFU-MK、BFU-MK 等。

（三）外周血细胞的辐射损伤

血细胞是更新系统的终末细胞，在执行自身机能的同时不断衰亡和丢失，机体为保证其功能池细胞的质量与数量的恒定，调控幼稚细胞旺盛增殖和分化。由于该系统中幼稚细胞对辐射非常敏感，其辐射损伤必然反映到功能池细胞的改变。当然，功能池内终末细胞的寿命和自身的辐射敏感性等对细胞的辐射损伤的变化也具有重要的影响。在受到一定剂量的射线作用后，可引起机体不同程度的外周血象的变化，其中最明显和重要的是中性粒细胞、淋巴细胞及血小板数量和质量的变化。这些指标的变化程度与照射剂量及放射病临床经过关系密切，也是导致放射病发生感染并发症和出血综合征的原因，因此，了解它们的变化规律及发生机制，也是防治放射病的关键。

1. 外周血各类血细胞数量的变化

（1）中性粒细胞的变化：照射后中性粒细胞数的下降，略晚且略轻于淋巴细胞。因为，尽管其在血中的循环时间较短，但其前体细胞的放射敏感性较淋巴细胞低，在骨髓内有多量较不敏感的已分化的幼中性粒细胞，至成熟细胞耗竭前可继续向血中供给中性粒细胞。中性粒细胞的变化可分为以下 5 个时相。

①延缓期（lag phase）：是从中性粒细胞数早期升高至明显减少的最初阶段。照射后数小时起，

血中粒细胞即增多，增多的程度和持续时间与受照剂量成正比。重度放射病患者的中性粒细胞可升高达 6~8 倍，以后则降至正常或稍低。这一时期一般为 7~9d。

②首次下降期（first decline phase）：继延缓期后，中性粒细胞继续下降，至 9d 左右达最低值。其下降速度和最低值与受照剂量有密切关系。

③暂时回升期（transient rising phase）：血中中性粒细胞数出现暂时增多。这种患者的病情常较轻微。中度放射病时，骨髓造血干细胞可存在 3 种情况，包括：A. 基本上正常，且有增殖力；B. 轻度损伤但尚有增殖力；C. 严重损伤，并立即死亡、消失。这时骨髓内有增殖力的干细胞便可出现波动性恢复，从而可向增殖池输送造血细胞。因为这一时期需在 10d 左右才开始出现，所以这种一时性回升并非由增殖池损伤细胞的恢复所致。当此类有限的细胞增殖成熟后，干细胞及其子代细胞随即又消失。故外周血中粒细胞数再次下降。回升最高值的时间在 15d 左右。

④第二次下降期（second decline phase）：骨髓在严重损伤后，只有少数干细胞分裂并转入增殖池，待此少数细胞成熟后，因缺乏后继的增殖池细胞，骨髓内幼粒细胞再次减少，终于导致血中粒细胞的数再次下降。其数量最低的时间在照后 20d 左右。

⑤恢复期（recover phase）：第二次下降期之后，骨髓内未损伤的干细胞分裂增殖，并向增殖池输送造血细胞数量增多，致使增殖池和成熟池细胞数也相继升高，从而在一定时间后（约 35d），便可使血中粒细胞数逐渐恢复。恢复正常的时间常需数周至数月。

应当指出，中度以上放射病时，中性粒细胞的变化幅度，尤其是早期的一时性升高和极期的最低值，是与受照剂量相平行的。如剂量越大，则早期暂时性增升越高，极期最低值也越低。

（2）红细胞数的变化：照射后，红细胞数的减少一直很轻微。尽管其祖细胞放射敏感性较高，骨髓内幼红细胞过渡时间较幼粒细胞短，照后早期便有放射损伤和因毛细血管通透性增高而有漏出性出血，可丢失相当数量的红细胞；但因其存活时间比其他血细胞长，生存寿命为 120d，并且红细胞造血的恢复也较早，故放射病时，短时间内红细胞并不出现明显的数量、形态、血红蛋白量和血球容积等变化。此时，一般都在照射后 40d 左右才出现贫血。

（3）血小板数的变化：放射病时，由于血小板的严重减少，血管壁的完整性和凝血过程均受损害，可发生出血综合征，常常造成致命的后果。因此血小板的变化也非常重要。

（4）淋巴细胞数的变化：淋巴细胞是对射线最敏感的细胞，即使在外周血中也可直接被射线所损伤；甚至在体外培养时，也只需很小剂量的射线便可使淋巴细胞崩解。急性放射病时，外周血中淋巴细胞数在照后迅速下降，并持续减少。因此，目前多将淋巴细胞数作为早期诊断的最灵敏的指标之一。淋巴细胞数急剧下降的原因，是血中的淋巴细胞可直接受到射线作用发生细胞凋亡而减少，而更重要的是淋巴组织在受照射后被迅速破坏而中断了细胞再生的来源。极期时淋巴细胞数最少，可降至正常值的 10% 以下。一般在照后 35~40d 便开始回升。应当注意，如早期淋巴细胞下降过快，且迅速消失，则反映机体受照射剂量过大，损伤非常严重，是预后不良的征象。

从上述可见，中度（偏轻）急性放射病时，外周血各类血细胞数的变化是不同的。其中，最敏感的是淋巴细胞，受照后 3d 即迅速下降至最低值（正常值的 5% 左右），恢复期开始后才缓慢回升，1 年左右才恢复正常。其次是粒细胞，受照后早期有一过性反应性增高，以后逐渐下降，至极期降至最低值（正常值的 10% 以下），恢复期开始回升，约数月后恢复正常。然后是血小板，受照 14d 内下降很慢，极期时才降至最低值 10% 左右，恢复期回升较快，2~3 个月即接近正常。红细胞数下降最慢，早期无明显变化，极期最低值尚可保留相当数量（正常值的 40%~50%），恢复期则很快回升到正常值。

2. 外周血细胞的变化与造血器官功能的关系

造血功能状态可以被反映于外周血细胞的数量和质量变化。但造血细胞种类繁多，放射敏感性各异，细胞增殖时间与存活寿命也不一致；加之造血调节因素也较复杂，功能代偿能力也存在着个体差异。因而通过外周血细胞的变化直接判断骨髓的功能改变很难得出确切结论，必须对上述诸影响因素和条件进行逐一分析，再由外周血细胞的变化资料推测骨髓造血功能状态，才能比较确切。

在骨髓型放射病初期，由于淋巴细胞及中性粒细胞对辐射反应较灵敏，故照射后数日内淋巴细胞常急剧下降至10%左右（因敏感），中性粒细胞则在24h内增多（成熟加快及释放增多，再加组织破坏产物引起应激反应性血液重新分配）。照射4~5d后，骨髓造血功能逐渐受到抑制，外周血中性粒细胞数随之逐渐降低。由于淋巴结和脾组织的剧烈损伤，加之淋巴细胞放射敏感性很高，故外周血中淋巴细胞趋于消失。

在临床假愈期中，虽症状略有好转，但造血器官中的病变仍继续加剧。白细胞、血小板和红细胞均有不同程度的进行性减少。这是骨髓和淋巴组织的造血细胞大量破坏死亡，造血干细胞严重抑制的结果。此时外周血细胞本应所剩无几，但实际上却仍残存较多的粒细胞、红细胞及血小板等，甚至可出现粒细胞暂时性回升。其原因是机体的代偿适应机能动员血细胞贮备能力，包括动员部分干细胞恢复暂时性造血。不过此时仍可见到血细胞在形态上的明显退变（如核固缩、空泡变性、染色质溶解等），表明这些细胞的出现并非真正的造血重建，而是受放射损伤后，这些细胞仍继续成熟并释放入血；但实际上这些细胞的功能已经异常。血小板下降较慢，主要由于骨髓中巨核细胞及成熟血小板的放射敏感性均较低，故可持续较长时间。虽然幼红细胞对放射较敏感，但红细胞始终残存较多，红细胞下降最慢的原因是其寿命最长且具有辐射抗性。若无多处或严重出血，则红细胞的下降更慢。

临床出现极期时，造血器官放射损伤早已达到极期多日（近20d），此时，造血组织的功能已严重抑制，故外周血中各血细胞成分都降至最低值。

临床恢复期时，骨髓和淋巴组织一般在临床极期中即已开始出现微造血灶，故一旦进入临床恢复期，外周血中血细胞数很快便可回升。但由于骨髓中红系、粒系造血细胞的再生在短期内尚不易达到平衡，故在相当时期内血中各类血细胞的比例常出现波动。

由上可见，骨髓和淋巴组织中的病变或造血功能状态，是可以在外周血中得到反映的。反之，根据外周血细胞的变化资料也可基本确切地判定造血器官的功能状态，只是在判断时，要恰当地分析各类造血细胞的放射敏感性和细胞周期时间、各类血细胞的功能池寿命、机体的代偿适应功能反应规律及造血功能调节的规律等；此外，还要结合患者的临床症状和全身状态进行分析。例如，在临床极期，外周血中仍保存相当多的红细胞，其数量不像白细胞那样急剧降低，若依此来判定骨髓功能，便会错误地推断为骨髓红细胞生成功能良好；但只要未发现外周血有新生红细胞（网织红细胞）数目增加，就不能单依残存较多的红细胞而认为骨髓红细胞再生良好。红细胞的功能池寿命平均约为120d，而且对放射又不敏感，因此，外周血残有相当数量只是表面现象，实际上骨髓中红系造血早已陷入严重抑制状态。

同时也应提出，在骨髓型放射病的各时期中，造血血液系统均有不同程度、不同形式的组织、细胞或体液反应。这些反应大多有利于造血器官和机体的恢复。因此，造血系统在机体放射损伤的恢复中起重要作用。利用这些反应，适时采取有力措施促进造血再生重建，在临床治疗上具有重要意义。

二、造血系统辐射损伤效应

机体被大剂量贯穿性电离辐射照射后，就会产生一系列复杂的损伤效应，称为急性辐射综合征。被致死剂量的辐射照射后，就会出现骨髓或造血综合征。照射剂量较小或造血组织仅部分受照射时，造血损伤将被体内残留的或正常的造血组织在整体统一调控下的修复所掩盖。甚至在一定剂量范围或分次照射的一定时间范围内，这种修复可以超出正常水平。

造血组织、小肠黏膜上皮、皮肤生发上皮及睾丸的生精上皮等均属体内细胞更新比较旺盛的组织，具有较高的辐射敏感性，其中造血组织损伤的修复能力相对较差（造血干细胞的剂量－存活曲线的肩部比肠黏膜上皮干细胞相应肩部的宽度要窄得多）。尤其是造血组织在机体内承担着极为重要的生理功能，一旦其功能低下或缺失，将产生严重后果，甚至导致机体死亡。

（一）早期效应

辐射损伤后数小时至数周发生的临床上可观察到的症状和体征称为早期效应。照后早期机体变化剧烈，是主要救治时期。一般来说，造血辐射损伤临床均指造血辐射损伤的早期效应。单次致死性剂量照射后会导致急性辐射综合征。造血系统是急性辐射综合征中最敏感的器官/系统。经2~10Gy照射后，可观察到造血综合征的临床表现，辐射引起的骨髓抑制可导致一过性或长期的中性粒细胞减少症、血小板减少症和淋巴细胞减少症，这主要归因于辐射造成的造血干/祖细胞杀伤呈剂量依赖性，以及某些淋巴细胞的细胞凋亡。自限的、多样性T细胞成分的恢复取决于造血干细胞的恢复并种植于有活性的胸腺后T淋巴细胞的生成。

我国对造血微环境辐射损伤的研究主要涉及辐射对造血基质细胞和造血因子及其受体的影响。骨髓基质细胞（bone marrow stromal cell，BMSC）能分泌多种造血生长因子及细胞黏附分子，对造血具有重要作用。BMSC具有较高的辐射抗性，离体BMSC接受100Gy射线的照射不会导致死亡，接受50Gy以内的剂量照射不会影响其造血支持作用。骨髓或其他来源的间充质干细胞（mesenchymal stem cells，MSCs）也是造血微环境中支持造血的重要因素，MSCs具有明显的促HSCs增殖分化作用，且有助于维持HSCs的自我更新和干细胞池的扩增。辐射也可通过诱导MSCs中IL-1β的表达升高，促进细胞炎症反应和细胞凋亡，白藜芦醇对这种损伤具有防护作用。

（二）远后效应

造血辐射损伤的远后效应是指机体受到一定剂量射线照射后数月至数年所发生的造血系统的损伤性变化。造血辐射损伤远后效应的发生与受照剂量、造血实质与间质的辐射敏感性、损伤修复速率及基因突变概率等有密切关系。

1. 贫血

造血组织对射线高度敏感，尤其是幼红系统，受到一定剂量照射后，贫血是经常出现的临床表现。在1945年日本原子弹受害者的随访观察中，照后数年内均可观察到贫血或其他血液学的改变，其发生率明显高于对照人群。在日本"福隆丸号"受氢弹爆炸落下灰照射的23名渔民的41年临床随访中，也有几例发生轻度贫血。有研究对1963年安徽三里庵事故患者中存活的4例患者进行了17年医疗随访，3例重度与中度骨髓型急性放射病患者分别于受照后6~10年、10年和8~10年出现两次贫血。在1986年苏联切尔诺贝利核电站事故受照的救援人员中，受1.0Gy照后3年，有30%的人红细胞和血红蛋白含量降低。在感染区的儿童也被观察到其血红蛋白含量的降低，5.35%的儿童出现高铁蛋白性贫血。辐射所致远期贫血以轻度为多，患者可出现轻度的乏力、头晕等症状。常规治疗可改善症状。

2. 白血病

辐射诱发人体白血病已由职业性受照人员、医疗受照者和日本原子弹爆炸受害者随访结果所证实。白血病已被公认是一种主要的辐射远后效应。日本原子弹爆炸受害者的随访观察是一项很有科学价值的大人群流行病研究。此随访调查表明，自1945年到受照后的38年间，有多种肿瘤的发生率明显升高，其中白血病是照后最早出现的远后效应。广岛的第1例白血病发生在受照后1年零9个月，长崎的第1例白血病则发生在受照后2年零3个月。从其发病规律看，受照后3年发生率开始升高，6~7年达高峰，以后逐渐减少，到1975年共发生白血病1838例。此研究群体中白血病的发病有如下特点：①随受照剂量增加，白血病发生率也增加，二者呈明显的线性关系；②剂量水平相似时，广岛白血病发生率高于长崎（广岛原子弹爆炸中子剂量高）；③受照时年龄小者发病早，潜伏期较短（5~15年），而受照时年龄在45岁以上者危害小，发病迟，潜伏期长（10~25年）；④辐射诱发白血病等肿瘤疾病属于辐射的随机性效应，也是辐射的躯体效应。

3. 骨髓增生异常综合征

骨髓增生异常综合征（myelodysplastic syndrome，MDS）是一种由造血功能紊乱所致的病态造血疾病，有人认为MDS属于白血病前期，一些患者多发展为急性白血病。近年来，在急性放射病或亚急性放射病的远期医学随访中，发现有数例患者出现骨髓增生异常综合征，引起了研究者的关注。

4. 再生障碍性贫血

再生障碍性贫血（简称再障），是多种病因引起的红骨髓总容量减少，造血功能衰竭，并以全血细胞减少为主要表现的一组综合征。有文献报道了两例再障病例的诊断过程，1例为从事25年X射线诊断工作的医生，因全身乏力，食欲不振，全血细胞减少入院，其工作期间主要从事胸透和胃肠造影工作。该病例骨髓活检多见脂肪细胞，造血细胞少见。另1例为放射工龄5年的医用X射线诊断医生，因全血细胞减少，伴全身乏力，睡眠障碍入院，中度贫血，全身皮肤有散在出血点，以双下肢为著。两例病例都存在一个缓慢地出现全血细胞减少的过程，网织红细胞量一度偏低，骨髓均表现增生低下。

照射能够引起多能造血干细胞的损伤，抑制DNA合成，影响细胞分裂，使其失去正常的更新能力，不能分化，最后造成骨髓多能干细胞的衰竭，缺乏造血干细胞。照射能够使红骨髓微循环的功能单位窦状隙发生破坏，如果达到不能修复的程度，这种造血诱导微循环和基质的破坏，难以形成造血。辐射诱发再障的红骨髓剂量至少达到2Gy；辐射诱发再障的平均年当量剂量至少达到0.25Sv；辐射诱发再障属于确定性效应，其损伤程度与剂量大小有关，但尚无明确阈值。

三、造血系统的辐射损伤

造血免疫功能在受到辐射后可明显抑制。中性粒细胞和淋巴细胞数量减少，功能减弱，加上机体非特异性的防御能力下降，使机体极易罹患感染并发症。血小板数量的下降、血液凝固系统障碍，均会导致出血综合征的发生。血管的辐射损伤可迁延甚久，后期可有血管壁增厚，管腔狭窄，纤维增生，胶原沉积而发生局部纤维化和硬化改变。

（一）急性辐射损伤

一次或短时间（数天）内分次受到大剂量外照射所引起的损伤称为急性辐射损伤。当机体受到＞1.0Gy照射后，随剂量的增加可出现骨髓型、肠型和脑型放射病。当剂量在1~10Gy时，血细胞生成抑制，全血细胞减少等造血系统损伤为其关键病变，病程发展具有明显的阶段性，可分为初期、假愈期、极期和恢复期 4 期。根据剂量大小、病程特点和严重程度，急性骨髓型放射病又可分为轻度、中度、重度和极重度 4 度。

（二）慢性辐射损伤

小剂量慢性照射系长期接触射线的职业性照射，多指经常受超容许剂量（低剂量率）的慢性照射。由于接触低剂量率的长期照射，机体对损伤的修复能力得以充分地表达，常常在慢性辐射变化中伴有破坏与再生的复杂现象。随着受照剂量的增加，累积剂量达到一定程度，才表现出以损伤为主的慢性损伤。慢性辐射损伤时，造血器官在初期不出现明显变化，只有在Ⅱ度以上慢性辐射损伤的中期，才会有明显的形态变化。

第三节 电离辐射对免疫系统的影响

为了深入理解免疫系统的辐射效应，必须掌握有关免疫系统的组成与调节，及其不同成分的相对放射敏感性。本节将阐述免疫系统的放射敏感性，分析不同照射方式对免疫系统的影响及其发生机理和实际意义，阐述急性放射损伤感染合并症的特征和发病机理。

一、胸腺的放射敏感性

胸腺是机体的中枢免疫器官之一，淋巴细胞在此发育、分化和成熟，对辐射十分敏感。因此，胸腺细胞的辐射反应是辐射免疫学研究的重点之一。

（一）胸腺细胞各亚组的放射敏感性

胸腺细胞在其分化过程中由未成熟的 $CD4^-CD8^-$ 双阴性细胞经 $CD4^+CD8^+$ 双阳性细胞向成熟的 $CD4^+CD8^-$ 和 $CD4^-CD8^+$ 单阳性细胞分化。胸腺细胞总体上对射线十分敏感，0.5Gy 以上的剂量全身照射后胸腺细胞计数呈剂量依赖性降低，X 射线全身照射后胸腺细胞及其亚组的计数呈剂量依赖性下降，4 个亚组中辐射敏感性的顺序为 $CD4^+CD8^+$＞$CD4^-CD8^-$＞$CD4^-CD8^+$＞$CD4^+CD8^-$。

（二）胸腺细胞周期各时相的放射敏感性

全身照射 1~4Gy 会引起胸腺 S 相比例下降，G_1 和 G_2/M 时相细胞的比例升高，表明胸腺细胞的 DNA 合成受抑，出现 G_1 和 G_2 期阻滞。但在低剂量照射后的情况显然不同，0.05Gy 使 S 相细胞的比例升高，0.1Gy 和 0.2Gy 使 G_2/M 时相细胞的比例下降。

（三）胸腺细胞凋亡的放射敏感性

胸腺细胞辐射敏感性表现之一是全身及体外照射可很快引起其凋亡。实验证实，用几种不同检测方法（流式细胞仪检测凋亡小体、荧光分光法检测细胞 DNA 裂解、TUNEL 法检测核断裂片段等）在各种淋巴器官（胸腺、脾脏、淋巴结和派伊氏板）均可发现 0.2Gy 以上的剂量即可诱导剂量依赖性的胸腺细胞凋亡增多，1Gy 可使凋亡发生率增高约 50%。但当剂量在 0.1Gy 以内时则凋亡发生率在照射后 12~24h 反而低于对照，这可能是低剂量辐射激活了防卫机制，出现过度代偿作用，从而将凋亡细胞清除至对照以下。

二、脾脏的放射敏感性

脾脏是重要的周围免疫器官，其细胞成分较胸腺复杂，但其有核细胞的辐射反应与胸腺类似。

在0.5~6Gy的剂量范围的全身照射后，多数免疫学参数均呈线性下降。脾脏的几种免疫指标的放射敏感性见表1-7。

表1-7 脾脏的几种免疫指标的放射敏感性

免疫指标	D_{37}值（Gy）	免疫指标	D_{37}值（Gy）
对LPS的反应	0.65	辅助性T细胞计数	1.53
B淋巴细胞计数	0.72	对Con A的反应	1.60
PFC反应	0.95	IL-2分泌	2.53
有核细胞计数	1.03	ADCC活性	11.15
γ-干扰素分泌	1.04	NK活性	16.40
抑制性T细胞计数	1.30		

注：D_{37}，引起细胞（或酶分子）63%死亡（或灭活）的照射剂量；LPS，脂多糖；PFC，空斑形成细胞；Con A，伴刀豆球蛋白A；IL-2，白细胞介素-2；ADCC，抗体依赖性细胞介导的细胞毒作用；NK，自然杀伤细胞。

三、慢性照射的免疫效应

慢性低剂量全身照射对免疫功能的影响，取决于每次照射剂量、剂量率、累积剂量和所观察的免疫学参数。当每次照射剂量较小、剂量率较低、累积剂量不大时，可能出现免疫刺激效应。反之，则可引起免疫抑制效应。

关于人体受低剂量辐射和放射性核素长期作用的研究资料较少，目前一些对于此条件下不同人群免疫功能的初步研究发现，在某些条件下，人体的免疫功能可能出现轻微的变化。例如，生产中长期接触低剂量难溶性天然铀（UO_2）的人群（以下称暴露人群），与同一单位未接触过UO_2的对照人群相比，其外周血T细胞相对数减少，但由于淋巴细胞总数有增多的趋势（特别是接触铀尘时间较长者），T细胞绝对数的减少并不显著。与此同时，暴露人群的外周血淋巴细胞在植物血凝素（PHA）刺激下的^{3}H-TdR（^{3}H标记过的胸腺嘧啶）掺入率（按cpm/10^5淋巴细胞计）和形态转化率均低于对照人群，而T细胞本身的反应力并未降低。这些变化在接触铀尘剂量较大、时间较长者中较为明显，而在减少接触后可以恢复。

对接触X射线工作的医务人员免疫功能的检测表明，与相同医院环境下年龄和工龄相当的不接触射线工作的医务人员相比，两组人群的外周血淋巴细胞总数、T和B细胞计数、淋巴细胞对PHA刺激下的^{3}H-TdR掺入反应以及血清IgG、IgA和IgM的含量之间均未发现有统计学意义的差异。此研究中，受检的X射线医务人员所受辐射剂量平均为0.395cGy/a，平均累积剂量为7.39cGy，平均工龄为16.7年，在职业性照射的限制水平以下。X射线医务人员从总体上未能检出明显的免疫功能变化。

第四节 电离辐射对生殖系统的影响

电离辐射对生殖系统的作用主要在于其对性腺器官的影响。睾丸和卵巢分别是男性和女性的重要性腺器官，称主性器官，其放射敏感性较高，而生殖系统的其他附属性器官对电离辐射有相对的抗性。睾丸和卵巢既是生殖器官，又是内分泌器官，两种功能彼此密切联系，相互作用。因此，阐明性腺的电离辐射效应时，两者不可分割。

一、电离辐射男性生殖效应

睾丸的生精上皮对照射非常敏感，放疗引起睾丸损伤的程度和持续时间取决于照射野、总剂量和分割方案。以细胞杀伤为判定依据，不同发育阶段的生精细胞的放射敏感性顺序是精原细胞＞精母细胞＞精子细胞＞精子。目前已有研究证实，较低的照射剂量即可影响精子的生成。成年男性接受 0.08Gy 的照射，可造成暂时性的精子数量下降；接受 0.2Gy 照射，精子数量明显减少可持续几个月；接受 0.5Gy 照射，精子数下降 2% 以下；接受 2Gy 照射，精子缺乏可持续 1~2 年；接受 6Gy 照射，在 10~14 年后可见到精子再生，但通常发生永久性的精子缺乏。0.10~0.15Gy 的照射剂量可引起暂时性不育，2Gy 以上剂量（一般需要 6Gy）才会引起永久性不育。成年男性在 3~5Gy 的剂量照射下，精原干细胞存活下来的数目极少，而且生精上皮恢复得很慢。放射性落下灰（比基尼岛氢弹试验）引起严重的精子减少，据估算，其 14d 的 γ 射线照射剂量为 1.4~6.0Gy，相当于接受了 0.7~3.0Gy 的单次照射，2 年后，受害者的精子计数才逐渐开始回升，此后大部分受害者都生育了健康子女。图 1–1 所示是目前唯一已知的比较详细的人类精子辐射敏感性及其随照后时间变化的模型。

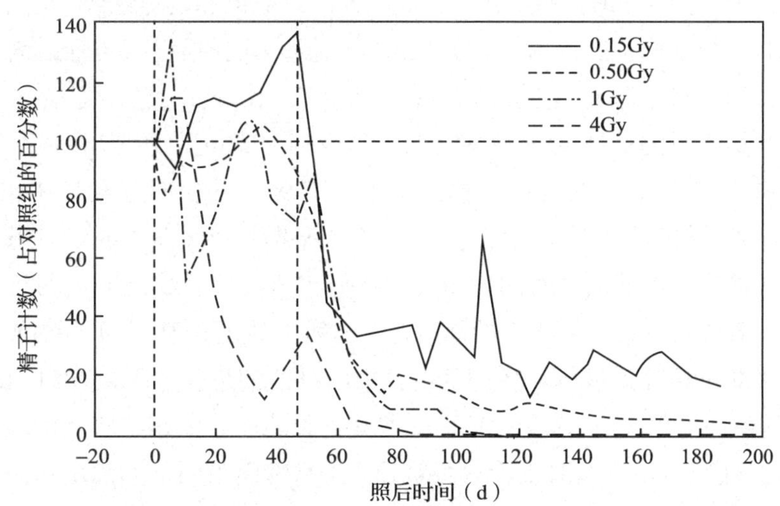

图 1–1 正常男性睾丸接受不同剂量 190kVp X 射线高强度照射后精子数量随照后时间的变化进程

精子发生的辐射反应表现为逆分割效应，即总剂量相同的情况下，分次照射相比单次总剂量照射造成的损害更为明显。学者们认为，这是因为在精子发生过程中，精原干细胞进入了辐射敏感阶段。单侧睾丸摘除术后，对腹部和腹股沟区进行剂量为 0.10~0.35Gy 的治疗性照射，会造成暂时性少精，甚至无精。生精功能会在 2~3 年后恢复，总剂量越高，恢复时间就越长。低至 0.1~1.2Gy 即可损害分裂中的精原细胞，并破坏细胞形态，导致少精症。1Gy 单次照射后，生精功能于 18~19 个月后完全恢复；2~3Gy 单次照射后，生精功能于 30 个月后完全恢复；单次 4Gy 照射后，生精功能于 5 年或更长时间才能完全恢复。

不同射线对睾丸生殖功能的相对生物效能（relative biological effectiveness，RBE）不同，而同一种放射核素在睾丸的分布也存在差异。单次摄入 ^{137}Cs、^{131}I、^{90}Sr、^{238}Pu、^{239}Pu、^{241}Am 和氚水，都可能对性腺产生长期抑制。

二、电离辐射女性生殖效应

成年女性接受一次照射1.7~6.4Gy（或更小的剂量0.6Gy）可引起暂时性不孕，3.2~10.0Gy（或更小的剂量2.5Gy）则引起永久性不孕，分次照射要达到相同效应需要更高的总剂量。基于2000多例月经过多患者的放射治疗经验，60Gy的放射剂量分2~4次照射被认为是能够有效消灭全部卵母细胞的剂量。卵巢的放射敏感性取决于其成熟程度，可造成女性永久性不孕的辐射剂量值随年龄的增长而下降，年轻女性的卵巢对辐射有较大耐受性。这是由于出生后卵巢内无卵原干细胞，卵母细胞无法再补充，随时间推移而减少。因此，要破坏所有的卵母细胞，年轻女性所需的辐射剂量要大于年长者。经2.5~4.0Gy照射后，50%以上的青春期女性和年轻女性会发生卵巢功能障碍。接受4Gy照射后，大约1/3的年轻女性出现永久性闭经和不孕，而40岁以上的妇女则全部出现了此类症状。20岁的女性接受12~15Gy照射，45岁的女性接受12~15Gy照射，均可产生与卵巢切除的同等后果。

虽然较大剂量的电离辐射能引起不孕，或至少可降低生育力；但是，曾有人用较低的剂量照射治疗不孕症的妇女，取得较满意的结果。3周内用0.50~0.75Gy剂量照射卵巢3次，可使许多求治的无经女性的生育力增高，妊娠数增多，其子女和孙子孙女均正常。

辐射可损害卵巢并加速卵母细胞的损耗，造成激素水平减低和过早绝经。经全身放射治疗（total body irradiation，TBI）、腹部或盆腔照射后，卵巢可能受损，其受损程度与辐射剂量、分割方案以及治疗年龄相关。人类的卵母细胞对辐射非常敏感，估计其$LD_{50}<2Gy$。放疗期间患者原始卵泡的数量（与年龄成正比）及卵巢的受照剂量将决定能否受孕的“窗口”，并影响卵巢早衰的年龄。据报道，接受TBI（10.00~15.75Gy，＜2Gy/次）的患者中，有90%在长时间随访中出现卵巢功能障碍；在儿童时期接受过腹部分割放疗的女性中，有97%患有卵巢功能障碍。放疗时患者的年龄越小，其卵母细胞池就越大，过早绝经的出现时间就越晚。任何年龄段接受给定剂量的放疗后，目前都可以根据一定的数学方法来预测患者原始卵泡的储备量，这种方法就是基于卵母细胞自然递减的Faddy-Gosden模型。这将有助于医师提供放疗后妇女生育力的准确信息。如果放疗时相对避免一侧或两侧卵巢受照（如脊髓或侧面照射），许多女性都可保留其卵巢功能。但是这些女性即使能够受孕，在怀孕时仍然面临一定的危险。TBI、腹部或骨盆照射后，子宫都面临明显的剂量和年龄依赖性的损伤风险。接受14~30Gy分割放疗后，子宫血管和肌肉组织会出现弹性不良，可能导致子宫功能受损。即使采用较低剂量照射，也会影响子宫的生长和血流量。目前已经明确，女性子宫在儿童阶段受照可导致其成年后不孕、自然流产和胎儿宫内发育迟缓发生率的增加，可给予改善子宫功能的治疗，但疗效甚微。对于年轻的成年女性，生理性类固醇激素替代疗法有助于改善其子宫功能（血流量和子宫内膜厚度），该方法可能使这些女性从辅助生殖技术中受益。

第五节　电离辐射对消化系统的影响

电离辐射作用于机体后会导致消化系统各器官发生严重损伤，造成消化和吸收功能障碍，从而产生一系列的临床症状。特别是患者出现急性放射病时，其消化系统症状出现较早，也较典型，其中以胃肠道的反应比较明显。当机体遭受致死剂量照射后，很短时间便可出现全身无力、恶心和呕吐等反应；极期可发生呕吐、腹泻、腹痛、消化不良和食欲不振等症状，重症者也可发生肠梗阻、肠麻痹，甚至可造成肠穿孔和肠套叠。肠型急性放射病是以急性肠黏膜损伤为特征的极重度放射病，其突出表现是广泛的肠黏膜破坏、脱落，从而引起菌血症、败血症和水盐代谢紊乱，机体迅速衰竭，甚至死亡。

一、消化系统的辐射敏感性

（一）口腔

口腔黏膜只有上皮层和固有层，无黏膜肌层，其上皮层为未角化的复层扁平上皮，这些上皮细胞更新速度较快，具有较高的放射敏感性。唾液腺细胞具有较低的有丝分裂速度，属于低放射敏感的组织；但从功能上来看，唾液腺又十分敏感。当唾液腺组织接受一次 2.58×10^{-2}C/kg（100R=1Gy）或更高剂量照射后，机体 24h 血清淀粉酶水平显著增高，甚至增加 10~20 倍。扁桃体位于消化道和呼吸道的交会处，其黏膜面大，是诱发免疫应答和产生免疫效应的重要部位，易受电离辐射的影响。舌的骨骼肌具有明显的辐射抗性，这可能是其细胞不进行分裂的缘故。

（二）食管

食管内壁黏膜上皮细胞更新快，表面覆盖一层较薄的无细胞角蛋白。食管上皮内的基底层有增殖性分化的间期细胞，该细胞放射敏感性较肺脏高。食管有两种腺体，一种是食管贲门腺，另一种是食管腺。食管腺导管为复层扁平上皮，对放射较敏感。

（三）胃

胃底腺的颈部和底部的增殖带以及胃黏膜表面上皮，易发生急性放射损伤，显示出较高的放射敏感性；而迂曲的胃底腺体部及其更新速率较低的壁细胞和主细胞以及在贲门和幽门部的黏液性腺细胞，对辐射具有一定的抗性。

（四）肠

肠的各部黏膜的放射敏感性是不同的，这主要取决于黏膜及腺体上皮的类型、更新率、血管分布及黏膜变异等因素。在一般情况下，小肠的放射敏感性比胃的高，胃的放射敏感性比结肠的高。小肠黏膜更新速度快，放射敏感性高，电离辐射作用于小肠黏膜后很快会抑制隐窝上皮细胞的增生，使绒毛上皮细胞供应断绝，但绒毛顶端仍继续排出细胞，进而导致黏膜上皮细胞脱落，绒毛形成裸露状态。十二指肠黏膜细胞的更新率比空肠和回肠快，放射敏感性较后两者高。结肠黏膜没有绒毛，肠隐窝中的细胞有许多处于较长的间期，因而对放射损伤的易感性较低。

（五）肝脏

一般多认为肝脏是辐射不敏感器官，但当受到刺激而进入活跃的分裂状态时，其放射敏感性增高，在肝脏部分切除或受化学损伤而使残留肝细胞分裂活跃时，其放射敏感性高于正常状态下的肝细胞。肝脏有强大的再生能力。肝细胞在正常生理条件下更新较慢，然而在放射损伤后剩余的正常肝细胞立即进入增殖过程，其增殖所需的酶在细胞分裂前 8h 即已合成。

（六）胰腺

胰腺组织细胞分裂率低、更新慢，一般认为属于放射低敏感组织。但近些年的研究表明，大剂量照射的早期即可引起胰腺形态和功能的改变。外分泌部胰腺腺泡较胰岛细胞对辐射敏感，胰岛的 A 细胞比 B 细胞敏感。在一定范围内，随着照射剂量的增加，胰腺重量随之减轻，胰酶活性也随之降低。

二、电离辐射对消化系统组织器官的影响

（一）口腔

电离辐射会引起口腔黏膜和唾液腺的损伤。口腔黏膜的损伤早期表现为鳞状上皮内膜的增殖率和周期发生改变。临床观察显示，口腔黏膜上皮的基底层细胞会发生变形，甚至发生灶性坏死；黏膜下层出现水肿现象，伴有白细胞浸润、毛细血管扩张及内皮细胞肿胀。唾液腺的损伤表现如下：导管和腺泡发生扩张，其中充满黏液及一些急性变性的或坏死的细胞；退行性变的腺泡包括核固缩胞质空泡形成及酶原颗粒的丢失；同时，伴有间质中的炎症，出现中性和嗜酸性粒细胞及少数浆细胞的浸润。综上，患者临床表现为早期黏膜充血、水肿，唾液分泌减少，口干舌燥，咽痛口苦。严重者口腔黏膜可发生广泛的上皮剥脱和出血，在出血处形成溃疡，溃疡下部坏死区不断扩大。常可见牙周炎，牙龈出血、肿胀，牙齿松动，唾液腺也发生严重损伤。

电离辐射还会导致口腔黏膜发生迟发性病变，通常在放疗后的数个月后，口腔黏膜下层会出现持续性纤维化，伴有不典型的成纤维细胞、扩张的毛细血管及管壁增厚，以及微动脉的透明性变。唾液腺常表现为间质纤维化和腺泡丢失，萎缩的腺体中可见到完好的腺体，有些腺泡或导管呈现扩张而饱含黏液。

（二）食管

全身照射所致的急性放射病中，食管一般无严重损伤，但在大剂量局部照射，尤其在放射治疗情况下，食管可遭受严重损伤，而且很容易形成狭窄，急性放射性食管炎的剂量阈值大约为40~45Gy（分割剂量为2Gy/次）。食管受照后，很少出现长期后遗症。然而，接受放疗剂量>60Gy（分割剂量为2Gy/次）的患者会出现迟发性并发症，主要是食管狭窄。食管狭窄形成的时间与辐射剂量呈负相关关系。

（三）胃肠道

电离辐射会引起隐窝上皮细胞的异常有丝分裂与凋亡，使上皮细胞更新受阻，从而诱发急性放射性肠病。目前已证明在照射剂量>1Gy时，会对肠黏膜造成损害。与口腔黏膜炎一样，将肠道放射性黏膜炎视为仅仅发生在黏膜上皮的生物学现象是不恰当的。黏膜屏障的破坏有利于抗原、细菌和消化酶从肠腔渗透进肠壁，表现出放射性黏膜炎的症状。此外，黏膜动力的变化往往发生在病理改变之前，在急性放射性肠病中发挥了重要作用。如果大部分肠道受照（如在事故或其他照射情况下），会迅速出现致命性症状，包括分泌性腹泻、肠道细菌易位和肠出血。

胃肠道的迟发性放射性损伤，通常都是在照射后数月或数年内发生。迟发性胃肠损伤的常见表现包括消化吸收不良、胃动力障碍、肠梗阻、肠穿孔和瘘管，这些表现的基础包括黏膜萎缩、慢性黏膜溃疡、肠壁纤维化和肠道狭窄。慢性放射性肠病的发病机制比急性放射反应要复杂得多。血管和结缔组织损伤是发病的核心，大多数肠壁的隔室会发生结构变化。在慢性损伤期间，肠道运动功能障碍可导致病变附近的细菌过度生长，引起腹泻和吸收不良。迟发性放射性肠病的进展更加复杂，需要手术治疗或长期肠外营养，且远期预后较差。

放射性直肠炎虽然与肠道其他部位的病原学类似，但具有鲜明的特点。急性放射性直肠炎的症状/体征主要包括稀便，时常便血、里急后重和直肠疼痛。慢性放射性直肠炎的症状/体征包括肛门直肠功能障碍（便急、便失禁、括约肌功能障碍）、直肠出血、肠道狭窄或瘘管。

（四）唾液腺

腮腺的腺泡细胞主要为浆液性细胞；颌下腺的腺泡细胞包括浆液性和黏液性细胞；而舌下腺的腺泡细胞主要是黏液性细胞。这两种腺泡细胞的更新率非常低，浆液性腺泡细胞的辐射敏感性比黏液性细胞高。唾液腺受照后的急性表现为炎症（肿胀、压痛和疼痛），伴有口干、唾液分泌减少及血清淀粉酶升高。唾液分泌量通常在放疗几天后开始下降，并在6~8周后达到最低点，致使5%和50%的患者在5年内永久丧失唾液腺功能的照射剂量分别为45Gy和60Gy。

（五）胰腺

胰腺接受40~50Gy照射后，可发生慢性胰腺炎和胰腺外分泌功能不全的现象；接受50~60Gy照射后，通常发生腺泡萎缩和胰腺纤维化。胰腺的较大分泌管和胰岛具有相对较强的辐射抗性。电离辐射能够导致腺泡呈现明显的充血水肿，细胞中分泌颗粒减少，可见核增大、多核和巨核细胞，细胞分裂相增多；部分区域有坏死和新生的腺泡细胞；导管、血管及间质也均有不同程度的变性。照后30min即可在电镜下观察到上述改变，并持续较长时间。具体表现为线粒体呈球形；内质网出现空泡化和环形体，粗面内质网脱颗粒；胞质中溶酶体增多，有自小体、各种变性的细胞器酶原颗粒减少；胞核染色质变粗、凝集及靠边，核仁增大，核膜出现不规则突起，核畸形和核固缩等；细胞间隙扩张。受照后胰岛也显示上述胰腺外分泌部的改变，但程度稍轻，其形态上的改变会引起功能的障碍。

（六）肝脏

肝细胞的更新通常比较缓慢，急性放射损伤无法反映肝脏的克隆源性细胞死亡。辐射诱发肝脏疾病的典型表现是亚急性发病，约在放疗开始3个月后发生，这种情况被称为“肝小静脉闭塞病”。肝小静脉闭塞病的病理学特征是小叶中心区的充血和坏死，重者可发展至肝功能衰竭。肝脏具有明显的容积效应，肝脏的大部分或全部受照时，其损伤剂量阈值较低。对于全肝脏的常规分割放疗，28~30Gy的总剂量与5%的肝脏疾病的发病率相关。如果只有三分之一的肝脏接受照射，剂量增加到＞42Gy才会造成5%的损伤发生率，如果被照射的有效肝脏容积＜25%，肝脏则可耐受更高剂量的照射。然而，如果放疗前存在肝功能障碍，则辐射诱发肝损伤的易感性增强。再生肝（如切除术后的再生肝）的辐射耐受性也较低。实验研究表明，肝脏被部分切除后，其余肝细胞因受到刺激而进入细胞分裂，接受放疗时将面临潜在的放射性肝损伤风险。

第六节　电离辐射对神经系统的影响

电离辐射能够对神经系统产生严重的影响，特别是高剂量或特大剂量电离辐射的急性作用可引起神经系统结构和功能的明显变化，构成辐射损伤的突出临床症状。

一、急性照射对神经系统的影响

（一）神经系统机能的变化

1. 高级神经活动的变化

长期接触低剂量辐射的从业人员，最早出现的突出症状是神经衰弱综合征。临床上，人受急性照射的初期反应常有惊恐、焦虑、烦躁不安、头痛和失眠等症状。日本原子弹爆炸事件的幸存者在长时期内存在健忘、失眠和头痛等症状。若受照剂量更大（超致死剂量），机体会立即发生运动失调、定向障碍、痉挛和意识丧失等严重症状。

2. 自主神经系统机能的改变

人体在受到大剂量急性全身或局部头部照射后，其自主神经系统结构和功能均会发生明显的改变。在受到致死量全身照射后，人体大脑皮层下中枢及脑干中枢发生明显的形态学变化，尤以间脑（特别是下丘脑）最为严重，脑桥和延脑的网状结构也有改变；此外，自主神经系统的周围部分，如交感神经节和内脏中的副交感神经节也有类似病变。全身照射后初期，丘脑、下丘脑和延脑均出现生物电活动增强兴奋阈降低，数月后活动减弱，亦可发生位相状态；照射后末期，大脑皮层下中枢的活动出现严重的抑制。这些机能变化在腹部照射时也可发生，说明周围内脏的活动对自主神经中枢机能变化的发展也起一定作用。

大剂量急性放射病时出现的心脏节律异常、体温调节障碍、消化系统机能低下、免疫系统功能抑制及血压下降等症状，在一定程度上都是自主神经调节障碍的后果。机体受照后经常出现的内分泌功能变化，与自主神经高级中枢下丘脑的功能变化密切相关。大剂量照射后初期，视上核、室旁核和下丘脑其他神经元的分泌活动显著增强，由下丘脑向垂体分泌和输送的神经类物质增多，如促肾上腺皮质激素释放激素（corticotropin releasing hormone，CRH）和促甲状腺激素释放激素（thyrotropin releasing hormone，TRH）分泌增多，从而使垂体的促肾上腺皮质激素（adrenocorticotropic hormone，ACTH）和促甲状腺激素（thyroid-stimulating hormone，TSH）的分泌增强，引起相应的靶腺内分泌功能改变。受照后第 3d，下丘脑的神经分泌活动减弱，细胞变小，出现空泡甚至发生凋亡和坏死。

3. 神经感受器的变化

有人认为，神经系统对辐射敏感，主要在于其感受性的变化。例如，眼睛局部受到 0.01~0.05mGy 的照射后，视神经对光的感受阈就可以发生改变，使之在暗处可以视物。

各种神经感受器在受到辐射作用后都可发生明显的变化，全身或局部照射会引起视觉、听觉、嗅觉、痛觉、触觉、温觉和前庭感受器出现不同程度的障碍。全身照射会引起内感受性反射出现时相性变化，表现为照射后立即发生反射增强，接着转为减弱，以后又再次增强。而且，内感受性反射有时会表现出易衰性和反常性，表现为正常量的刺激不能引起反应或引起相反的反应，因而使机体的调节出现紊乱。例如，加压刺激不能引起血压升高，反而使血压下降。内感受性反射障碍的发生原因，一是内感受器本身受辐射作用后的机能变化，由感受性增强转到感受性减弱或异常；二是中枢的机能障碍；三是效应器及其传出神经传导障碍。

（二）神经系统的病理变化

全身照射后，神经系统的病理变化与照射剂量有关。在受到 LD_{50} 以下的剂量作用时，机体主要发生充血、水肿和出血，其神经细胞无显著病变。但在急性放射病时，神经细胞变化比较显著。例如，在日本广岛、长崎原子弹爆炸后 19~64d 死亡的患者，其尸检材料都显示其中枢神经系统存在明显的形态改变，早期多为明显的血液循环障碍，晚期则为脑组织的进行性坏死，后者也可能是血液循环障碍所引发的后果。

中枢神经系统病变发生的早期，中脑、间脑和延脑背侧的神经细胞发生急性肿胀、染色质溶解。极期时，上述各部位的神经细胞染色质呈粗块状，胞核缩小、浓染，或出现空泡变性，有时细胞皱缩；大脑皮层锥体细胞及小脑浦肯野细胞发生玻璃样变，神经细胞坏死可伴有轻度的神经胶质细胞反应。具体表现为神经纤维可出现肿胀和脱髓鞘现象；神经胶质细胞可出现退行性改变，以小胶质细胞病变最为严重，胞质淡染，核浓缩，突起变细而破裂，或肥大变粗；星形胶质细胞数目增多，胞体肿胀，突起肥大，胞核肿大、偏位及染色变淡，核仁肥大，胞质有细颗粒状物；少突胶质细胞有交替出现的肿胀和缩小等变化。白质发生的损伤效应较灰质严重，表现出脱鞘现象，可能与少突胶质细胞损伤有关。脑血管出现充血、周围水肿，内皮细胞从基底膜脱落，胞质空泡形成，胞核肿胀，炎症反应；脑组织和脑膜出现出血，引起血脑屏障的障碍，血管通透性增加。

周围神经系统的病变主要发生在交感神经系统。交感神经节内的神经细胞在受照后最初几天，其胞质内出现小透明区，神经纤维嗜银性物质增多，轴索变粗。照射后数天，神经细胞的破坏性变化逐渐增多，胞质空泡形成，神经纤维溶解，其鞘肿胀或脱鞘，胞核可出现皱缩或肿胀。

恢复期时，脑组织的各种病变均可逐渐减轻而得到恢复。但病情严重者，可出现脑结缔组织增生，血管壁变性及其周围纤维化，或发生脑坏死，出现癫痫或肿瘤，并可发生脊髓炎。

二、脑型放射病引起的神经系统变化

辐射剂量大于 50Gy 所引起的脑型放射病以全脑性和全脊髓性神经细胞坏死和严重的血液循环障碍为其基本病变。目前，尚无基于人的确切数据，但过去的核辐射事故报告中曾有全身平均剂量 45Gy、上腹部剂量 120Gy 受照射者死于脑型放射病。脑型放射病的病变遍及大脑、小脑、间脑和脑干等处，尤以小脑放射敏感性最高，其次是基底核、丘脑和大脑皮层，出现神经细胞变性和坏死。神经系统会出现严重的机能紊乱和临床征象，最常见的症状是共济失调，主要与小脑部位损伤有关；另外，肌张力增加和肢体震颤，与锥体外系某些部位（如基底核）的破坏有关。此外，还常有眼球震颤、角弓反张、瞳孔散大或缩小、血压下降和体温降低等。有些病例出现抽搐和昏迷，与脑干病变有关。

第七节　电离辐射对内分泌系统的影响

内分泌系统通过释放具有生物活性的激素，发挥其对远处或相近靶细胞的生物学作用，从而参与调节机体各器官的新陈代谢、生长发育、生殖遗传和防御适应等功能，保持机体内环境的平衡和稳定。机体受电离辐射作用后内分泌系统发生规律性的反应，特别是垂体 – 肾上腺皮质系统的变化，对放射损伤的发展及整体效应的调节都有重要的影响。

一、垂体

从形态学角度来看，垂体的辐射抵抗力较高。一般来说，垂体受较大剂量照射后才发生形态结构的变化。几十戈瑞（Gy）局部照射垂体可以损伤垂体前叶的功能细胞，因此对于接受头颈部放射治疗的患者来说，可因其照射野涉及垂体而导致垂体功能低下。

二、肾上腺

（一）基本变化

肾上腺在受到全身照射后会出现明显的机能反应。受到致死剂量照射后，肾上腺皮质会在最初的 1~2d 增厚，脂质增多，髓质细胞的嗜铬物质减少，表明肾上腺的功能被激活。进一步用组织化学方法检查能更清楚地显示其功能增强，受照后几小时就会出现嗜苏丹颗粒（表示胆固醇含量）减少，

酶（包括酸性和碱性磷酸酶、ATP 酶和氧化酶类）活性升高，溶酶体数目增多等。放射损伤发展到极期以后，肾上腺皮质的脂类含量减少，细胞发生退行性病变，甚至崩解、坏死和凋亡，常有充血、水肿和点状出血等局部血液循环障碍；髓质细胞中又重新出现嗜铬物质。到恢复期，上述结构变化很快消失。肾上腺皮质对急性照射的直接作用抵抗较大，局部照射需要 20~30Gy 才引起腺体损伤。

肾上腺功能的变化，不论髓质和皮质都很明显。在受到致死剂量照射后，髓质功能会快速增强，血液和其他体液内的肾上腺素和去甲肾上腺素含量升高，其代谢产物随尿排出量亦增多。这种功能增强的变化一般在 24h 内达到高峰，然后回降。极期以后，血内肾上腺髓质激素可能正常、降低或在机体死亡前再次升高。超致死剂量照射后，肾上腺和血液内儿茶酚胺（catecholamine，CA）类物质含量显著减少，可能是大量激素的急剧释放、氧化代谢的加速以及合成过程受抑制等共同作用的结果。

（二）高剂量急性照射时肾上腺皮质功能的变化

关于电离辐射对肾上腺皮质功能作用的研究较多，包括高剂量、低剂量和不同剂量率对肾上腺皮质反应的影响。肾上腺皮质功能的变化，在高剂量急性放射损伤时具有一定的规律性，并且有其重要的生物学意义。

1. 肾上腺皮质在放射损伤初期的反应

高剂量急性照射后初期，肾上腺皮质的反应为功能激活。在受到高于 LD_{50} 的全身照射后初期，肾上腺皮质功能增高，表现为腺体抗坏血酸和胆固醇含量减少、腺体皮质类固醇合成和分泌增多、血浆皮质类固醇含量升高和尿内皮质类固醇及其代谢产物增多。

这种照射后初期肾上腺皮质功能激活的征象主要是神经内分泌系统功能的反应，其中，下丘脑的功能变化起重要作用。受照后初期的这种肾上腺皮质功能的增强在以下情况下均不出现：①下丘脑与垂体尚未建立联系的初生动物；②被手术方法破坏了下丘脑的动物；③用戊烷巴比妥钠和吗啡麻醉的动物。由此可看出，中枢神经系统的机能状态对肾上腺皮质的放射反应有非常重要的影响。显然，下丘脑通过分泌 CRH 刺激垂体前叶，后者通过分泌 ACTH 激活肾上腺皮质，使之功能增强。

2. 肾上腺皮质在放射损伤极期及以后的变化

受致死剂量照射后，肾上腺皮质功能在 24h 内恢复或接近正常，然后在放射损伤的极期再次增强，直至机体死前一直保持较高的水平。在严格控制实验条件下，排除非电离辐射作用因素的干扰，照射后 2.5h 的血浆皮质激素含量随照射剂量加大而增多。极期时肾上腺皮质功能的增强与照射剂量之间也存在明显的依赖关系。

照射后极期的肾上腺皮质功能增强也可被戊烷巴比妥钠和吗啡麻醉消除。例如，经 6.5Gy X 射线全身照射后 72h，给动物腹腔注射戊烷巴比妥钠和吗啡后 1h，肾上腺皮质生成类固醇激素的功能会从增高的水平降到接近正常水平。因此，急性放射损伤极期的肾上腺皮质功能亢进，在很大程度上也取决于中枢神经系统的功能状态。

（三）低剂量慢性照射时肾上腺皮质功能的变化

临床观察发现，低剂量所致肾上腺皮质功能变化与高剂量具有截然不同的效应，主要表现在肾上腺皮质功能的下调，下丘脑、垂体和肾上腺皮质应激性反应幅度降低，并与受照射的剂量和剂量率大小密切相关。长期职业性接触不同射线的劳动者，其血浆皮质醇含量或尿 17- 羟皮质类固醇排出量减少。

三、甲状腺的变化

甲状腺是对电离辐射中度敏感的组织之一，但增殖的甲状腺或幼年发育中的甲状腺对辐射比较敏感。放射性碘（^{131}I 和 ^{125}I）在临床上被广泛应用于诊断、治疗以及因其他疾病对头颈部进行的放射治疗，在这些过程中甲状腺会受到较大剂量的辐射作用。在核爆炸和核辐射事故中，环境可被大量放射性碘（^{125}I、^{131}I、^{132}I、^{133}I 和 ^{135}I）污染，这些放射性碘通过呼吸道和消化道进入人体，蓄积于甲状腺，引起甲状腺的放射损伤。

正常甲状腺实质细胞分裂不活跃，故照射后不出现早期增殖死亡，但在局部照射累积达 50~100Gy 时可发生间期死亡，出现于照射后第 2 周；在此之后腺体发生进行性萎缩，小血管和滤泡间质呈片状变性和纤维化，滤泡上皮变性，甲状腺功能低下；在受累较轻的区域会产生增生反应，出现萎缩性结节，内含胶体很少。甲状腺功能低下的起始时间与剂量有关，剂量较大者发生较早。甲状腺受到 9Gy 照射，或其峡部受到 4.5Gy 照射后，甲状腺出现滤泡萎缩、间质纤维化、血管壁增厚。

儿童时期的甲状腺对电离辐射十分敏感。以色列罗恩（Ron）和莫丹（Modan）曾收集了 10842 例儿童的头皮癣 X 射线治疗病例，并对其接受放疗后甲状腺肿瘤的发生率进行了研究。这些儿童的平均年龄为 7.1 岁，甲状腺受照剂量为 4.3~16.9cGy，平均剂量为 9.0cGy，接受随访观察 20~30 年。研究结果发现，该人群甲状腺恶性肿瘤和良性肿瘤的发生率均增加，相对危险系数分别为 4 和 2。在日本原子弹爆炸事件的幸存者中，发生甲状腺癌的风险见于 10 岁前儿童中，而最高的风险因子则出现于受到照射后的 15~29 年，并且在 40 年后仍升高；大于 20 岁者，未发现该危险系数升高的证据。

近年来，针对人体甲状腺的辐射效应，已开展了大量的临床和流行病学研究。^{131}I 和外照射都可引起甲状腺机能低下（简称甲低），在一定的辐射剂量范围内，甲低发生率与辐射剂量呈线性关系。根据大量临床资料推算，^{131}I 诱发甲低的危险系数为 2~8 例 / [10^4 人 / （a・Sv）]，外照射诱发甲低的危险系数则为 1~10 例 / [10^4 人 / （a・Sv）]。电离辐射也可诱发甲状腺肿和甲状腺癌。^{131}I 诱发甲状腺异常（包括结节性甲状腺肿和甲状腺癌）的剂量值约为 0.5Sv；诱发结节性甲状腺肿的危险系数估算为 0.5 例 / [10^4 人 / （a・Sv）]；诱发甲状腺癌的危险系数则为 0.06 例 / [10^4 人 / （a・Sv）]。根据联合国原子辐射效应科学委员会（United Nations Scientific Committee on the Effects of Atomic Radiation，UNSCEAR）报告（1993 年），接受过体外照射的群体，其甲状腺癌的发病率超过正常数值，对于辐射诱发甲状腺癌的危险系数，儿童比成年人约高 2 倍，女性的敏感性比男性大 2~3 倍。根据计算，一个群体由辐射诱发的甲状腺癌危险系数为 7.5×10^{-4} 人 / （a・Gy），其中，成年人约为 5×10^{-4} 人 / （a・Gy）。根据一项关于 13780 例胸腺肥大儿童和头癣儿童受外照射治疗后甲状腺变化的调查统计，辐射诱发结节性甲状腺肿的危险系数为 38~52 例 / [10^4 人 / （a・Sv）]，而诱发甲状腺癌的危险系数为 6.1~11.3 例 / [10^4 人 / （a・Sv）]，其剂量值约为 0.2Sv。1986 年 4 月 26 日，苏联切尔诺贝利核电厂事故造成大量放射性核素（包括放射性碘）的广泛污染，据 1995 年关于切尔诺贝利核电站事故健康影响的国际说明书（International Programme on the Health Effects of the Cherhobyl Accident，IPHECA）报告，该事故造成的主要健康影响之一是导致相关地区的儿童甲状腺癌发生率显著上升，具体表现为事故发生后 10 年内，白俄罗斯、乌克兰、俄罗斯联邦分别发生儿童甲状腺癌 333 例、208 例及 24 例，其中白俄罗斯受污染较严重的戈梅利（Gornel）地区，其甲状腺癌的发生率较事故前增加 100 倍。2000 年，UNSCEAR 报告再次证实，切尔诺贝利核电厂事故所释放的放射性物质，与过去 14 年中在受污染区域所观察到的甲状腺癌增多的例数存在一定的关系。上述结果显然与放射性碘的吸收有关。上述三国有关地区缺碘，可能是促进放射性碘吸收的重要因素。

第八节　电离辐射对其他系统和器官的影响

本章主要阐述了呼吸系统、心血管系统、泌尿系统、眼、皮肤及其附属器、骨及软骨等组织和器官在电离辐射作用后的病理形态改变。

一、呼吸系统

在核辐射事故、胸部肿瘤放射治疗或吸入大量放射性核素后，呼吸系统受到了较大剂量的照射，可引起其病理形态等发生改变，出现相应的临床症状。呼吸系统各器官的放射敏感性虽较低，但在急性放射损伤的局部反应中占重要地位，其原因是肺的病变，尤其是肺的出血和感染，通常会成为影响机体预后的主要因素。此外，由于胸部肿瘤而进行的放射治疗也可引起局部急性放射性肺炎，甚至会造成放射性肺纤维化。所以研究肺的放射损伤变化规律对放射损伤的防治具有重要的意义。

（一）急性放射损伤时肺的变化

急性放射损伤时，肺在早期即出现血管通透性增高，并伴有水肿、充血和溢血现象，其整个变化过程与临床病程是一致的，典型病变可分为以下 4 期。

1. *初期*

按照射剂量大小，肺的早期变化可在受照后几小时到几天内出现。虽大体上见不到明显变化，但在镜下可见小动脉及毛细血管扩张、充血，淋巴淤血，血管壁玻璃样变，血管周围间隙和一部分肺泡中有蛋白性液体潴积，即肺水肿。有时可见红细胞渗出。小血管发生营养不良性病变，包括内皮细胞肿胀、空泡形成和脱落，血管平滑肌排列不整，弹力纤维展平。在发生明显出血之前，嗜银纤维肿胀、部分崩解并断裂、血管壁变松，均可表明血管弹性变弱。血管壁的这些变化是血管通透性增高的形态学基础。此时，患者出现咳嗽、胸痛、轻度呼吸困难和咳痰。肺实质中见有局限性肺气肿及肺不张。支气管周围淋巴组织的变化与淋巴结相同，淋巴细胞崩解消失。支气管黏膜上皮细胞分泌亢进。

2. *假愈期*

肺充血、水肿减轻，弹性纤维复原，支气管中黏液分泌亦见减少；但淋巴组织病变仍在发展，网状细胞相对增多。

3. *极期*

肺变化极为明显。肉眼可见充血、出血、水肿和局限性肺气肿等变化。肺出血的范围，可由出血点、斑，一直到整个肺叶或多数肺叶出血。严重的出血，常成为死亡的直接原因。镜下见血管营养不良性病变极为严重，血管内皮细胞脱落，银纤维网更为疏松，胶原纤维肿胀并融合成粗束状，染色不良。管壁有明显的玻璃样变。血管通透性进一步增高，水肿也更加明显，不仅在血管及支气管周围有水肿液潴留，在肺泡腔中也有大量的水肿液出现，水肿液范围内可见有脱落的肺泡上皮细胞。

在血管及支气管周围有时会出现环形的出血带，久而久之，便可导致血管及支气管坏死。肺泡内也常发生出血，形成大片状出血区。此时尚可出现明显的肺气肿和肺不张。肺气肿区肺壁常发生断裂，形成大的含气腔。小支气管黏膜上皮脱落，基质肿胀，黏膜下水肿。支气管腔中常有许多黏液和红细胞。

极期时特别容易并发肺感染，发生所谓坏死性（出血性）肺炎。在此期间，机体抵抗力降低，也是招致感染的重要因素。所引发的坏死性肺炎的特点，和其他部位的感染一样，在炎症病灶中，除存在坏死肺组织和退变的小支气管外，还存在大量的浆液血性或纤维蛋白性渗出物，其中尚混有脱落的肺泡上皮细胞，但缺乏炎性细胞反应，更没有局部组织的增生。在炎症病灶中也常有菌团存在，呈肉眼可见的星灰红色，大小及形状不规则，分布于各肺叶中。极期病例，往往会产生特别明显的出血，极期经历越长，肺营养不良性变化越明显。在出血灶中，溶血现象及红细胞崩解逐渐加剧，最后造成肺实质坏死。

4. 恢复期

肺内急性病变逐渐消退，血管病变、出血和水肿等开始减轻。在陈旧的出血灶周围出现吞噬细胞。经 2~3 个月后，肺组织结构即恢复正常，肺功能和肺内防御反应也逐渐恢复。

（二）慢性放射损伤时肺的变化

慢性放射损伤时，肺的病变特点与其他器官不同，主要是肺纤维性硬化和支气管上皮的非典型性增生。总剂量大于 40Gy 的分次照射，会造成 10% 的患者出现不同程度的肺部症状。

肺部长期接受小剂量外照射时，最初的病变主要是肺泡上皮的大量脱落，小血管及小支气管周围发生单核细胞及多核巨细胞浸润，其后逐渐发生纤维性硬化；晚期可见出血及坏死等病变，但其病变周围与急性放射损伤者不同，常可见有中性粒细胞浸润及吞噬含铁血黄素和类脂质的巨噬细胞。

肺纤维化的形成过程是在血管、支气管周围和肺泡壁均有增多的网状纤维并发生胶原化，然后再逐渐纤维化。其纤维化的程度并不一致，有的疏松，有的致密，其中有时可见纤维细胞，但为数甚少，因此，又称无细胞性硬化。由于肺泡壁的纤维性增厚，肺泡腔也明显缩小。损伤晚期，肺泡会因完全纤维化而造成严重的纤维性肺不张。支气管上皮的非典型性增生，主要有鳞状上皮化生、角化和钙化等。

成纤维细胞的增殖可累及各种组织器官，表现为皮下斑块样纤维化、肺组织间隙增厚、心肌痕、食管和消化道狭窄、尿道堵塞以及骨髓脱离等。因此，照射引起的肺纤维化更是一种公认的晚期效应。照射后 6 个月左右开始出现病理和临床上的肺纤维化。辐射致肺纤维化是一系列复杂事件的延续，常发生在肺泡的炎性反应、肺炎时期之后；但肺纤维化通常与急性炎症表现没有明显的相关性，甚至在未出现早期放射损伤的迹象时，纤维化仍能在不知不觉之中作为一个晚期效应出现。在细胞水平作为修复过程反映了上皮（Ⅱ型和Ⅰ型肺泡上皮细胞）损伤的程度、肺泡毛细血管内皮床的破坏或间质水肿的机化。

大部分肺部受照射的患者均可能发生进行性肺纤维化。肺纤维化可能在初期无症状的患者中出现，在其照射后第 1 年末开始逐渐形成。除出现 X 射线检查的体征外，还会发生进行性呼吸功能改变，包括肺活量下降、肺适应性减弱、血管灌注量和动脉氧含量降低，这些改变的严重性可能不断增加，1~2 年才趋于稳定。一般来说，这些改变是不可逆的，最严重时可能致残或致死。肺纤维化的严重性和发生率取决于 3 个因素，即肺受照射体积的大小、剂量和分次数，分次剂量起关键作用。当每分次剂量超过 2Gy 时，肺对放射是特别敏感的。单次照射剂量（包括骨转移的躯干照射和骨髓移植前的全身照射）大于 6Gy 时可以导致肺病变，8Gy 的发生率是 10%，10Gy 的发生率是 50%。剂量 – 效应曲线很陡，靶细胞的 D_0 是 0.6Gy 左右，病程进行到 4~6 个月时大部分的患者死亡。对这种类型的照射，肺是限制剂量的关键器官。这种肺病变的发病机制是复杂的，病毒感染（如涎腺病毒）

在其中起重要作用，此作用可能由于机体的免疫抑制而增强。因此，在急性白血病骨移植之前，进行全身照射时应预防性地降低肺受照射的剂量。双侧肺的分次放疗，如骨肉瘤亚临床肺转移的治疗，当采用 1 周 5 次，每次 2Gy 时，最大耐受剂量是 22~24Gy。增加很小的剂量（20%）可使肺病变的发生率从 5% 增高到 50%。局部放疗损伤取决于照射体积的大小，如果体积不大，每次剂量不超过 2.5Gy 的情况下，40~50Gy 通常是可以耐受的。急性期治疗包括服用中等剂量的皮质激素，最重要的是必须注意避免继发感染。

（三）局部照射后肺的变化

肺放射损伤在放疗中较为常见，它包括急性放射性肺炎与慢性放射性肺纤维化。它的发病与照射剂量、照射方式以及照射面积等多因素有关。急性期多为肺渗出性病变，易继发感染，并发展为肺纤维化，肺功能减退，重者导致心肺功能衰竭，后果不良。因此，探讨局部照射所致肺病理形态变化的规律具有重要的意义，可指导临床医生在胸部肿瘤放疗中，采取适当的措施，在达到肿瘤致死目的的同时，尽可能地减少肺组织受照剂量，降低肺组织的放射损伤。由于肺组织具有独特的结构和功能特点（包括富含微血管，具有含气肺泡，结构疏松，且有风箱式气体交换功能），因此在受到放射损伤后，血液中的纤维蛋白和细胞成分极易向肺组织内渗出或漏出，形成炎症病灶，从而损害肺气体交换功能。肺泡上皮和小血管内皮细胞对辐射的直接作用和间接作用均较敏感，易发生放射损伤。因此，肺在大剂量局部照射后，可出现典型的放射性肺炎。

照射后 14d，有的部位水肿可完全消失，但肺泡壁增厚，肺泡腔缩小，这是单核细胞浸润的结果；有些部位肺泡巨噬细胞和小动脉变性，血管腔阻塞，并持续水肿；同时也有支气管上皮增生、变性和坏死；此时，支气管黏膜下组织已开始纤维组织增生并纤维化。照射后 1 个月，肺气肿灶出现，肺泡壁单核细胞浸润灶明显增加，肺泡壁及肺泡腔内也见有成纤维细胞过渡型（单核细胞）细胞的活跃增多。少数肺泡腔中已有致密纤维成分集聚。继之，则可发展为肺纤维化。这种肺纤维化的形成，多由于照后不久肺泡壁与肺泡腔中有较多纤维蛋白液渗出，且存留该部较久，逐渐机化后可致纤维组织增生、网状纤维增多。据研究，照射后 1 年的肺泡壁厚度可达正常时的 3~6 倍。照射后 2 个月，肺组织出现慢性炎症和明显的纤维化过程。由于受照射剂量不同，其损伤范围也各异，有的可只局限在肺泡壁和肺泡腔，有的则可波及胸膜形成放射性纤维素性胸膜炎。

照射后 6 个月，肺组织可出现慢性迟发性损伤，形成小血管硬化、减少和大量肺实质纤维化。再复合一些因素的相加作用，终可转为肺实质的广泛硬化。数年后，若患者早期肺放射损伤不重，残留损伤很轻，晚期可不伴发此类肺实质的全面硬化过程。但在相当长时间后，随着肺功能储备力的降低和对感染等适应能力的减弱，这种肺的迟发性纤维化仍可发生。

因此，在胸部放射治疗中，如何既可尽量减轻肺部放射损伤，又能最彻底地杀伤肿瘤组织，已成为一个亟待解决的问题。

从上述可见，大剂量胸部照射后，首先出现的变化是小血管（小动脉、毛细血管和小静脉）和结缔组织成分的损伤和反应。其中有血管内皮细胞肿胀、增生，血栓形成，充血，血管通透性增高、水肿，纤维蛋白液渗出，慢性炎细胞浸润和随之而来的成纤维细胞活跃增生。这是由血液循环障碍所导致的，是渗出性炎症过程的初始阶段。其次，便过渡到以血管及支气管变性为中心的全肺的损伤与修复性反应过程。其中有血管与支气管管壁增厚，血浆浸润、玻璃样变或细胞浸润，小血管腔阻塞，支气管上皮细胞变性，纤毛消失，但分泌亢进，结缔组织纤维化以及有时出现钙化等。肺不张与代偿性肺气肿交错存在，肺泡壁细胞增多，肺间质充血、肺水肿极易并发感染。重症者尚可累及胸膜，形成纤维素性胸膜炎，最终可发生胸膜增厚、粘连。最后，肺出现放射性纤维性硬化。若照射剂量及照射野不大，残留损伤不重，则只发生受照区肺组织的纤维化；反之，若照射野过大，患者损伤严重，再加上机体衰老及多方面因素的影响，亦可在远期出现迟发性广泛的肺纤维化。

二、心血管系统的变化

急性放射损伤时，心脏与血管在机能和形态上都发生一定程度的变化，对放射损伤的发展和结局均有重要影响，例如，重度放射病患者常出现头晕、心跳加速、脉搏不均，继发出现浮肿、点状出血，甚至大出血等，进而可造成严重后果。在有关低剂量辐射所致的循环系统疾病的流行病学研究中，其数据需进行仔细分析，以区分辐射与混杂因素导致疾病之间的因果关系，相对于其他环境、生活方式和个人危险因素来说，低剂量辐射在心血管疾病致病危险中的比重较小。

（一）急性电离辐射导致的心血管变化

1. 心脏

（1）初期：急性放射损伤初期，心脏变化不太明显，镜下能观察到个别心肌纤维轻度肿胀，但横纹及胞核仍清楚；心肌小动脉及小静脉壁渐增厚，发生玻璃样变；内皮细胞肿胀，凸向管腔，核深染；血管周围水肿；部分嗜银纤维肿胀，部分发生断裂。此时心脏机能可出现心跳过速、期前收缩、传导阻滞和心房纤颤等。心电图可见 T 波倒置和低平等变化。

（2）极期：肉眼观察常见明显的出血点或出血斑，并多见于心房后壁。出血范围可很大，使整个心房后壁形成一个血肿。此时常见有心室前后的心外膜下，尤其沿冠状动脉的周围组织中有明显的出血点，左室内膜下也可发生出血。若出血发生在传导束和心房神经节时，则对心脏机能将有重大影响。镜下可见心肌原浆肿胀，一部分已失去横纹。许多细胞的胞核皱缩、浓染、边缘不整；也有些肌纤维发生脂变与褐色萎缩；个别部位可见肌纤维坏死，坏死区周围无典型的细胞反应。心内膜胶原纤维稍肿胀，内膜下轻度水肿，浦肯野纤维有明显空泡变，心外膜出现水肿及出血。心肌内小血管内皮细胞明显肿胀，血管周围严重水肿，血红蛋白及红细胞均渗出管外。心内神经节和神经纤维均有退行性病变，表现为神经细胞空泡变、皱缩、核小而浓染，神经纤维肿胀，嗜银性增强。血管壁神经束也发生同样变化。

这一时期，心电图变化也很明显，主要是 QRS 低电压与 ST 段下降。在致死剂量范围内，受照剂量越大则 ST 段下降越明显，这是心肌缺氧特有的征象。患者受照射后，其血压降低所引起的反射性心动过速，会导致心搏出量减少、冠脉循环不足，进而导致心肌劳损。此外，交感神经兴奋，血液及心肌肾上腺素含量增多使心肌氧化过程增强，耗氧量增多，而心脏活动并不增强，故形成心肌缺氧。与此同时，心肌细胞内钾含量减少，钠含量增多。这是心肌缺氧后导致心肌损伤的后果。

（3）恢复期：病变较轻且度过极期的病例，其心脏各种病变可逐渐减轻或消失，结构与机能也可逐渐恢复，但坏死的肌纤维则形成纤维性修复。

2. 血管

急性放射损伤时，大中型血管病变较轻，而以小动脉和静脉及毛细血管的变化最为显著，各器官的血管病变基本一致。

（1）初期：小血管壁肿胀、玻璃样变，内皮细胞肿胀，死亡脱落，形成放射性小动脉炎。假愈期中，小血管病变也可暂时减轻或恢复。

（2）极期：上述变化加剧，血管壁细胞核染色不良，内皮肿胀、增生、脱落阻塞管腔，继发该器官严重损伤，出现纤维蛋白样坏死，胶原纤维和嗜银纤维肿胀、崩解。此时血管通透性已极度增高，血管周围高度水肿。这些病变构成了出血的基础。血管壁神经纤维也有退行性病变。毛细血管常常发生破裂，造成出血。

（3）恢复期：机体度过极期后，血管病变可逐渐减轻或消失，其结构与机能也可重新恢复正常。

3. 血压

辐射对血压的影响较为明显。无论是全身或局部照射，内或外照射，急性或慢性照射，均可出现收缩压和舒张压的降低。

（1）初期：急性放射病时，照后短时间内可出现血压下降，这时血管的紧张性虽升高，但动脉窦的减压反应却增强。血中肾上腺素含量的降低也是间接的因素。因此，初期血压下降的发生是一种综合性作用的后果。

（2）假愈期：假愈期内血压可恢复正常，但这只是暂时性的表面现象，因为血管的反射功能尚不正常，且血中肾上腺素含量尚有明显波动，故神经体液的调节活动仍不稳定。

（3）极期：到极期时，血压很快再次下降。特别在重病患者，因心肌和传导系统都发生病变，血管紧张性降低，故血压下降也相当严重。

（4）恢复期：恢复期时，血压可随上述病变的逐渐消退而恢复。血压降低的机制比较复杂，可能与中枢神经调节障碍、体内形成的某些毒性物质或肾上腺素含量的降低及心脏机能减弱等因素有关。

（二）低剂量电离辐射导致的心血管的变化

从日本原子弹爆炸幸存者寿命研究队列中获得的数据显示，循环系统疾病的死亡率呈现超额危险。根据线性模型，1950—2003年，心脏疾病的单位剂量超额相对危险（excess relative risk，*ERR*）估计值为0.14*ERR*/Gy（95%*CI*：0.06~0.23*ERR*/Gy），而脑血管疾病为0.09*ERR*/Gy（95%*CI*：0.01~0.17*ERR*/Gy）。虽然心脏疾病方面的数据更倾向于支持线性关系，但其剂量－响应曲线的形状与线性、LQ模型和平方关系均相一致。心脏疾病剂量效应阈值的最佳估计值为0Gy（即没有阈值；95%*CI*：<0~0.5Gy），而脑血管疾病为0.5Gy。

一些因意外或职业性接受全身照射的人群也有循环系统疾病的超额危险，但是由于混杂因素的存在，辐射与循环系统疾病之间的关联存在较大的不一致性。低于0.5Gy照射的剂量－反应曲线模型，目前尚存在较大的不确定性。心脏接受平均剂量为1~2Gy（等效单次剂量，修正剂量分割效应后）放疗的患者，存在心脏疾病超额危险。低剂量照射后，心血管疾病的超额危险在10~20年后才变得明显。因此，进行危险评估需要长期的随访研究。

辐射导致的心脏疾病由两方面因素导致，一是对心肌微血管的损害导致局灶性心肌变性和纤维化；二是加速大血管动脉粥样硬化。

慢性放射病时，心脏长期不发生明显变化，可出现心肌纤维变细及间质纤维变粗等萎缩性变化，心脏机能也可出现相应的改变。血管有时可发生硬化，小血管的放射损伤在机体许多重要器官的放射损伤发病过程中起着重要的作用，如脑型放射病的脑病变，肠型放射病的肠病变，肺、心肌和骨髓等器官的放射损伤的发生、发展与结局等，均与这些小血管的放射损伤有密切关系。

三、泌尿系统的变化

急慢性放射损伤时，肾脏的变化并不占重要地位，也见不到严重的肾功能不全的病变。但随着放射损伤的发展，因血液循环障碍，可发生不同程度的水肿、出血以及由此而来的肾实质病变，这些病变在极期死亡的病例中尤其明显。极期死亡病例在大体上便可见肾肿胀、皮质增厚、肾充血（尤其是髓质）及出血等，出血常发生在皮质，呈点状，但质中也常有带状出血，有时直达肾盂。输尿管及膀胱也可发生出血。电镜下检查时，主要可见血管的退行性变化、血液循环障碍和肾小管的营养不良性变化。常见的血管病变主要有肾小球毛细血管的玻璃样变和血浆浸润；血管周围可见有蛋白性液体甚至是血液积聚；小球囊腔内也有蛋白液体或血液；肾小球小动脉的内皮细胞核固缩，细胞肿胀；在邻近的肾小管中，也可见蛋白性液体和红细胞；集合管中有玻璃样管型；质内沿集合管也有明显出血，从而形成肉眼可见的红色条纹。质内也可发生明显的间质水肿。肾小管病变则体现在，随着血液循环障碍的加重，肾小管上皮细胞出现营养不良性变化（如细胞肿胀、细胞质空泡化、颗粒变性，偶然也见有脂变等）；肾小管管腔形状也各不相同，有的处于闭合状态，有的却扩张并充满蛋白性液体、血液和脱落的上皮细胞等。肾功能变化在于随着肾实质病变发展，患者尿中也可出现蛋白、管型及红细胞等。

上述变化主要是由血管机能障碍所引起，但放射病本身的代谢障碍，组织破坏与分解产物经肾脏排出，也是造成肾实质损伤的原因。

慢性放射损伤时，肾脏病变发展缓慢，很久才出现明显的机能和形态改变，至终前期，常可发生肾纤维性硬化。

双肾经中等剂量（5 周，30Gy）照射，可在潜伏 1~5 年后发生高血压肾病和贫血，其耐受剂量大约是 23Gy/5 周。单侧肾脏照射能相对较好地耐受，必要时，对侧肾可出现代偿性肥大。在胰脏的放疗中，肾脏的上极会受到 40Gy 剂量的照射，引起照射部位的萎缩，但很少有功能性改变。

组织学表现为肾小球和肾小管萎缩及硬化，但生理学和组织学研究未能找出单个儿靶细胞也未对发病机制提出任何意见。肾小管损伤可能由肾小管内所有细胞（大约 1000 个细胞）失去增殖能力所致。10^{-4} 的存活分数就足以造成 90% 以上的肾小管消失。肾小管或肾小球原发性损伤可使肾功能降低，并引起慢性肾血管扩张，最终造成肾小球血压升高和循环加快。对人体来说，高血压可能是肾病的结果而不是肾病的原因。药物特别是顺铂只作用于肾小管，因此作用机制是不同的，但与放疗结合可降低整体耐受性。

对于儿童来说，累计 10~15Gy 的照射可减慢或停止肾脏的生长。对于年幼大鼠，单侧肾切除可造成对侧肾肥大，给予 7.5Gy 照射可暂时性抑制其对侧肾肥大，10Gy 可永久性抑制对侧肾肥大。近年来，对放射性肾损伤也有深入的研究，这些研究认为肾脏受照射后的改变出现得并不晚。早期的形态改变表现于内皮细胞和肾小球，蛋白尿是肾小球损伤的早期生理表现，在受照射后 1~4 周就出现细胞增殖的征象。在高血压症状出现之前，近肾小球颗粒的变化可能会导致放射性肾病的形成进而导致体内肾素水平的下降。

四、眼的变化

眼的各部分结构中，晶体对射线较敏感，一定剂量的核辐射可诱发眼晶体混浊而形成放射性白内障。在广岛、长崎原子弹爆炸所致损伤的后遗症中，眼白内障是最早发生也是最多见的后遗症。接受过头面部、眼部放疗以及事故照射的患者，也常发生白内障。

射线引起白内障的最低剂量，一般认为，中子 1 次照射 0.2~0.5Gy；X 射线、γ 射线 1 次照射需 2.0Gy；在 21~84d 内多次照射总剂量需 4.0Gy；导致视力减退所需的剂量更大。1972 年国外有学者报道，在 2468 名日本原子弹爆炸事件幸存者中，成人受照射剂量在 20Gy 以上，胎内受照剂量在 1.0Gy

以上者，其晶体混浊的发生率高，但其中仅有 1 例确诊为放射性白内障。病理组织学检查时发现，此例放射性白内障主要表现在晶体前部上皮和后部纤维均发生变性，尤以晶体后部的囊膜下区最为显著。开始的变化是上皮细胞质肿胀、空泡化、通透性增加、有丝分裂停止及病理性分裂象。上皮细胞核相继出现断片，核染色质凝集，且常溢出而致细胞死亡。随病程进展，晶体渐发生纤维化，且可向晶体之前、后部扩展。因此可出现明显的临床症状。一般在临床症状出现前数周，便可见形态变化。

上述变化的发生机制，主要由射线直接损伤晶体所引起。放射性白内障发生期间，可见晶体磷酸甘油醛脱氢酶、乙二醛酶和乙醛氧化酶活性减低，辅酶 A 及烟酸含量逐渐减少，上皮细胞内的 DNA 含量降低。射线可直接损伤赤道部上皮细胞、纤维及其结构蛋白，经一系列物理、化学和酶的变化而造成变性或死亡。这种损伤向后极囊下扩展，便可导致晶体混浊。但在某种情况下，因睫状血管损伤后的通透性变化，也可加重晶体的混浊。在诊断放射性白内障时，应排除其他因素所致的白内障，如并发性白内障（高度近视眼、葡萄膜炎 / 色素膜炎、视网膜色素变性等）、与全身代谢有关的白内障（糖尿病、手足抽搐、长期服用类固醇等）。挫伤性白内障、化学中毒及物理因素所致的白内障、老年性白内障及先天性白内障等。

五、皮肤及其附属器的变化

皮肤受照后表现出早期反应和晚期反应，照后数小时至数周内发生早期反应，包括红斑、脱毛和脱皮；照后数月至数年内发生晚期反应，包括红斑反应、萎缩、硬化、毛细血管扩张、坏死以及纤维化。

（一）皮肤放射损伤的生物学特性

与急性放射损伤类似，皮肤辐射损伤具有明显的时相性。病程分为初期反应期、假愈期、症状明显期和恢复期。皮肤放射损伤与一般的烧伤不同。当局部皮肤接受到一定辐射剂量后，不会立即出现临床症状，而是在数小时、数天或几周后才出现急性临床症状，如红斑、水疱等急性皮肤放射损伤。小剂量累积照射达到一定剂量的局部组织，在几个月或几年甚至几十年后可出现症状。在受照部位已有潜在损伤的情况下，当受到其他外来影响因素（化学、物理和机械刺激等）时，就有可能出现不同程度的辐射远期效应，如晚期放射性溃疡等。当皮肤一次大剂量放射损伤溃破愈合后或小剂量累积受照射之后，受照射局部皮肤的病理改变仍继续进行，如皮肤表面毛细血管扩张、皮肤变薄或角化过度增生及皮肤粗糙等。受外来因素影响，再次形成难治性溃疡或“时愈时溃”征象等。皮肤放射损伤后的创面愈合不良，时好时坏，迁延期长，故有难治性溃疡或顽固性溃疡之称，其主要原因在于辐射会直接影响皮肤细胞，同时会影响局部血管组织，造成动、静脉内膜炎，管壁增厚管腔狭窄，甚至闭塞导致局部组织的缺血、营养障碍等不良后果。

（二）皮肤及其附属器的病理形态变化

皮肤及其附属器官中，对辐射最敏感的是皮脂腺，往下依次是毛囊、表皮、汗腺。不同照射剂量的射线作用于皮肤后，也可发生不同程度的皮肤放射损伤。一般可分为 4 度：Ⅰ度为毛囊性丘疹、暂时脱毛；Ⅱ度为红斑反应；Ⅲ度为水疱；Ⅳ度为坏死溃疡。下文简述了皮肤损伤的病变过程。

1. 毛囊性丘疹与脱毛

射线作用于皮肤后，皮脂腺、毛囊及表皮的细胞均发生不同程度的退行性病变，主要表现为毛囊性丘疹与脱毛。

毛囊性丘疹是指皮肤受照射后，毛囊及皮脂腺细胞发生过度角化、空泡化、肿胀及崩解等，导致相应位置处的小血管充血，且有血浆蛋白及红细胞渗出，因而使毛囊部形成粟粒大、略突出皮肤表面的丘疹。如受照射剂量不大，则皮脂腺可由残存的细胞分裂增生而恢复；若照射剂量过大，引起永久性脱发时，皮脂腺也不能再生。

射线作用于机体脱毛后，毛囊生发层细胞会出现肿胀、空泡化和分裂抑制，因而失去增生力而渐萎缩，导致毛根与毛乳头分离，毛发从而脱落。一般急性放射病时，在照射后10d左右便可出现毛囊性丘疹与脱发。若受照射剂量大，则上皮性毛囊可完全萎缩而不再生。如照射剂量较小，则残存毛根底部的毛囊生发细胞，可在受照后2个月左右开始分裂增生，形成新毛。

人体各部位毛发的放射敏感性顺序是头发＞胡须＞腋毛＞睫毛＞阴毛。

2. 红斑

红斑是可复性病变。在电离辐射照射后14d左右，真皮毛细血管扩张充血，血管及皮脂腺周围有炎细胞浸润。数日后，该部表皮细胞可出现胞核、浆空泡变，核固缩和病理性有丝分裂，棘细胞可发生嗜酸性肿胀和空泡变，毛囊与毛球轻度萎缩。病变处大体呈红色，故称为红斑。这种反应的发生是由于毛细血管内皮细胞在射线损伤后的渗透压增高；同时，照射后皮肤中组胺及类组胺物质含量增多也会刺激毛细血管，使之更进一步扩张。一般在14~21d后红斑便可消退。此外，红斑出现时，常伴有弥漫或斑点状皮肤色素改变现象。

3. 水疱性皮炎

受大剂量照射时，约1周后便可在皮肤严重红斑和水肿的基础上发生水疱，造成水疱性皮炎，这是由于表皮细胞退变（空泡化和核固缩等），真皮和皮下组织血管损伤后，皮肤组织间的液体潴留而形成的。这种水疱可以治愈，但同时会遗留瘢痕和色素沉着；也可破裂融合而成大疱性皮炎，镜下可见表皮角化不全，各层细胞显著退变，致全层萎缩变薄；有的也可死亡脱落或因破溃而形成溃疡，此时常有细菌团在皮肤组织内繁殖，而无明显的细胞反应。水疱性皮炎时，皮肤、毛囊和皮脂腺均明显萎缩、变性或坏死，皮下组织的血管也见有严重的血栓闭塞性动、静脉炎病变。水疱经治疗后可愈合，但其新生上皮的弹性较差，皮肤干燥易脱屑或遗留瘢痕，或遗有顽固性皮肤水肿。

4. 皮肤坏死溃疡

坏死性皮炎时，表皮及真皮层细胞死亡，脱落后即成皮肤溃疡。镜下可见溃疡部表皮及部分真皮缺损，溃疡底及周围部只有少量炎细胞浸润。病程久的溃疡底部血管可完全闭塞。溃疡边缘部血管扩张，管壁增厚，胶原纤维水肿、断裂，毛囊、皮脂腺及汗腺也明显萎缩、变性及坏死，真皮浅部常有结缔组织增生。小的溃疡可出现新生上皮而愈合，但大的溃疡可久治不愈，形成瘢痕，也仍可再行破溃。

六、骨和软骨的变化

骨是放射低敏感组织之一，在急性和慢性放射病时，长期不见明显变化，但远期却常可发生病理性骨折。日本原子弹爆炸事件幸存者中就有4%并发骨折。放射病时，骨的变化可概括为骨生长障碍、骨变性和骨肿瘤形成3种病变。

青少年的骨组织正在发育成长期，对射线较敏感，尤以骨后部更为敏感。成人若受较大剂量照射后，也可发生同样性质的变化。急性放射病初期阶段，可见骨生长受到抑制和其结构被破坏，表现为干骺端、骺板软骨与海绵骨间联系破坏，生长停顿；软骨细胞变性、死亡，化骨区软骨细胞与海绵骨组织失去正常排列；骨膜中血管扩张、胶原基质肿胀、纤维断裂及骨膜增厚。早期，成骨及破骨细胞增生，随后成骨细胞减少。极期，病变加重，骺板软骨可与海绵骨分离，成骨细胞减少，软骨吸收停止，骨膜变厚；骨内血管可闭塞，致营养不良，颇易骨折。骨组织中碱性磷酸酶活性降低，且受大剂量照射者不易恢复。恢复期，软骨细胞开始分裂，成骨细胞及血管也重新出现，已分离的骨松质可逐渐吸收。慢性放射病时，骨病变发展极慢，但病变性质与上述急性放射病相似，有的患者在受照后多年，可发生骨肉瘤。

第九节　电离辐射的致癌效应

致癌效应是放射性对人体的重大危害之一，可由 γ 射线、X 射线等外照射损伤诱发，也可以由一些释放软 β 射线或 α 粒子等的放射性核素被吸入人体后造成的内照射损伤诱发。普遍存在于人们居住和日常生活或工作环境中的氡及其子体，更容易通过呼吸道吸入并沉积支气管和肺组织，造成人群慢性长期低剂量暴露，所释放的 α 粒子辐射增加了肺癌的风险性。流行病学研究发现，我国云南个旧锡矿矿工肺癌显著高发，且与井下累计氡暴露水平存在显著的剂量－效应关系，井下高氡暴露是其肺癌高发的重要原因。我国甘肃庆阳、平凉地区居民世代居住在窑洞中，研究证实其肺癌发病风险与室内氡水平存在显著量效关系。辐射致癌效应在人们受到辐射照射后数年才会表现出来，是一种随机性效应。辐射致癌是射线与个体的遗传物质相互作用的结果。下文在讨论肿瘤发生机制的基础上，分析了辐射致癌的分子基础。

一、体细胞突变

癌细胞的主要特征是细胞失去了正常的增殖与分化的调控作用，无限制地分裂，侵犯其他组织，最终导致宿主死亡。目前的研究认为癌症是一种细胞遗传学疾病，癌变的起始与靶细胞的基因突变有关。突变是指可以通过复制而遗传的 DNA 结构的任何永久性改变。基因突变的类型有点突变、染色体突变和基因组突变。辐射所致人体细胞的基因突变中，研究较多的有次黄嘌呤磷酸核糖基转移酶基因（HPRT）、T 细胞受体（TCR）基因、人类白细胞抗原 A（HLA-A）基因和红细胞膜血型糖蛋白 A（GPA）基因等。这些基因突变曾用作生物剂量的分子标志，因为在一定条件下，基因突变的出现频率与受照射剂量在一定范围内呈现依赖关系。随着研究的不断深入，体细胞突变学说已获得大量的支持证据，主要有以下几个方面。

（一）诱变活性与致癌活性的一致性

辐射致癌的细胞学基础是诱发细胞的突变和恶性转化。而细胞突变的分子基础则是基因结构的改变，特别是碱基顺序的改变。辐射能引起 DNA 结构的损伤，使基因发生突变，可能是辐射致癌的重要分子机制之一。

（二）染色体异常

癌细胞中常常存在染色体的畸变，包括碱基的缺失、易位及重排等。在研究脑膜瘤时，发现瘤细胞中第 22 号染色体经常呈现完全或部分缺失。在人慢性粒细胞的白血病中曾发现了著名的费城一号（Philadelphia，Ph1）染色体，经显带法证实，它是由第 22 号染色体长臂上的一段基因缺失并转移至第 9 号染色体长臂的末端而导致的。在许多急性粒细胞性白血病病例中，还可看到第 8 号染色体长臂的一部分易位到第 21 号染色体的末端。有些肿瘤经常有某几条染色体参与畸变，这种现象称为肿瘤染色体畸变的非随机性或聚集性。例如，慢性粒细胞性白血病时，畸变集中于第 8、9、17 和 22 号染色体；而急性粒细胞白血病时，则集中于第 5、7、8、17 和 21 号染色体上。

染色体的不稳定性以及在此基础上所产生的重排在肿瘤发生过程中起重要作用。这种不稳定性与 DNA 的修复能力降低或缺陷有一定关系。共济失调毛细血管扩张症（ataxia telangiectasia，AT）患者的细胞 DNA 修复存在缺陷，患者的体细胞在体外培养时，染色体发生多数断裂和重排，易患白血病和淋巴网状系统肿瘤。

体细胞突变与癌症的发生密切相关。辐射所致 DNA 损伤以及在此基础上产生的染色体畸变和重排，可能构成了辐射致癌的重要基础。

二、癌基因和抑癌基因

一些基因与肿瘤的发生存在密切的联系，这些基因的异常可能会促使细胞过度生长，或者消除了细胞正常的生长抑制机制。能够促进细胞异常增长的基因被称为癌基因，能够抑制细胞过度增长的基因被称为抑癌基因。

（一）癌基因及其表达产物

通过对逆转录病毒结构的研究发现，在这种病毒的基因组中有一类基因能引起受侵染细胞的恶性转化，这类基因称为病毒癌基因（viral oncogene，v–onc）。利用分子杂交技术发现在各种真核细胞，包括人正常细胞的基因组中也含有与 v–onc 同源的核酸顺序，称为细胞癌基因（cellular oncogene，c–onc）或原癌基因。

原癌基因广泛存在于从酵母菌直至灵长类的一切真核细胞中，其 DNA 顺序十分保守。在正常情况下，这些原癌基因不表达，或者只低水平表达，以调节正常细胞的生长、分化及凋亡等生命过程。在细胞发生癌变时，原癌基因的表达异常增高。根据真核细胞基因组中原癌基因的结构，表达产物和功能等，将它们分为若干家族，其中包括 src 家族、ras 家族、myc 家族、myb 家族、sis 家族、bcl–2 家族及 jun/fos 家族等。还有一些尚未明确分类的，如 erbA、Blym、gsp、neu 及 ski/sno 等。随着研究工作的深入研究，有更多癌基因家族或新的原癌基因陆续被发现和确认。

癌基因的表达产物是一类使细胞恶性转化的蛋白质，故称它们为转化蛋白。根据转化蛋白的生物活性特点可分为如下几类。

1. 具有酪氨酸蛋白激酶的活性

许多癌基因的表达产物能将 ATP 的末端磷酸基转移至蛋白质的酪氨酸基上，使后者磷酸化，即具有酪氨酸蛋白激酶的活性。某些蛋白质酪氨酸残基的磷酸化，有促使细胞分裂增殖的作用。如表皮生长因子（EGF）有促细胞分裂的作用，当 EGF 与细胞表面的特异受体结合后，能诱发受体蛋白本身的酪氨酸残基磷酸化，这种磷酸化作用又可以成为一个信号，使原来静止的细胞转变成分裂细胞。已有研究证明，EGF 诱发的受体磷酸化作用是通过细胞内某些癌基因的表达产物介导的；并已证明，c–src 基因的表达产物具有磷脂酰肌醇激酶的活性，此酶也属于一种酪氨酸蛋白激酶，可催化磷脂酰肌醇（PI）和 4– 磷酸磷脂酰肌醇的磷酸化。后者经磷脂酶 C 催化被水解成甘油二酯和三磷酸肌醇。甘油二酯和三磷酸肌醇分别激活蛋白激酶 C 和使细胞内游离钙（Ca^{2+}）浓度升高，导致细胞增殖、分裂。

2. 癌基因编码的生长因子或生长因子受体

近年来，有关该方面的研究进展很快。例如，癌基因 c–sis 编码血小板衍生的生长因子 B 链

（PDGF-B），在某些癌细胞中PDGF-B表达增多。结肠癌细胞释放的PDGF-B可促进肿瘤细胞和NIH3T3细胞生长。癌基因hst1编码成纤维细胞生长因子4（FGF-4或K-FGF）。FGF-4可刺激造血细胞集落形成，且对细胞转化和癌变均有促进作用。c-erbB癌基因产物c-erbB2癌基因蛋白与表皮生成因子受体蛋白高度同源，同属酪氨酸蛋白激酶受体家族成员，与细胞增殖、转化及癌变均有密切关系。

3. GTP和GDP结合蛋白

ras家族基因的表达产物均是分子量为21kD的蛋白质，故称之为p21蛋白。p21蛋白可特异地与GTP（鸟苷三磷酸）或GDP（鸟苷二磷酸）结合而表现出GTP酶活性，引起自身的苏氨酸残基磷酸化。此蛋白定位于质膜的胞质面，可能是细胞的一个重要信号转换分子，接受外界调节细胞分裂和分化的信号，调节细胞的分裂过程。在正常情况下，p21蛋白与调节蛋白结合，其GTP酶活性和磷酸化作用受到抑制。当蛋白顺序中的第12、59或61位的氨基酸残基发生点突变时，与GTP结合的部位发生构象改变，不能与调节蛋白作用，易被磷酸化而变成有致癌活性的转化蛋白。

4. 核蛋白

有相当一部分的癌基因产物是核内蛋白质，与DNA结合。其中包括c-myc、N-myc、c-fos、c-jun、junB、junD及c-myb等癌基因编码的蛋白质。它们除了能调节细胞分裂、增殖，还参与调节基因转录和细胞凋亡过程。例如，c-jun编码的蛋白质p39，c-fos编码的p62均属转录因子AP-1家族成员，介导多种细胞内外调节信号对基因转录的作用。近年来有研究发现，c-myc的基因表达与细胞凋亡密切相关。有人认为，c-myc可能参与辐射诱导肿瘤细胞凋亡的机制。

总之，癌基因激活或扩增会导致过多的转化蛋白形成，从而破坏正常细胞生长、分化与凋亡之间的平衡，最终引起细胞恶性转化与增殖。

（二）癌基因的激活

细胞癌基因被激活的确切机制尚不清楚，比较公认的激活方式或途径有以下几种。

1. 插入激活

这种方式主要见于病毒致癌的情况。肿瘤病毒的前病毒DNA分子中的长末端重复序列含有启动子和增强子，当被插入细胞基因组中的c-onc附近时，可引起c-onc激活和过度表达，导致细胞恶性变。

2. 癌基因突变

越来越多的资料表明，癌基因突变是使其激活的重要途径。1982年发现人膀胱癌细胞株中的Ha-ras基因发生点突变。继后又发现另外一些癌细胞系，如人结肠癌SW48细胞系、肺癌细胞系等也有类似情况。Ha-ras基因突变位点主要发生在第12、13和61位密码子。

3. 两种以上癌基因的联合作用

在转染试验中，有时单独一种癌基因不能使被转染的细胞转化，而需要两种以上的癌基因联合作用。

4. 癌基因扩增

癌基因的过度表达除转录过程增强以外，还可能因癌基因拷贝数目增加所致。例如，在人早幼粒白细胞株（HL-60）中，c-myc基因拷贝数比相应细胞多20倍。在肾上腺皮质癌细胞株中，c-k-ras基因拷贝数比正常细胞中的多50倍。扩增的结果使整个转录过程增强，癌基因产物过多，导致细胞癌变。

5. 染色体易位

位于染色体上的c-onc处于原位时无致癌活性，若易位到其他染色体上，即可被激活，出现致癌活性。例如，c-myc基因在正常情况下应当位于人第8号染色体长臂上，此时无致癌活性。在Burkitt淋巴瘤患者的细胞中，c-myc基因易位到第14号染色体长臂上，并与免疫球蛋白的重链基因相连而被激活。辐射损伤时，染色体畸变、易位及DNA重组修复发生的概率很高，很可能导致某些癌基因的激活。

（三）抑癌基因的变化

抑癌基因，又称抗癌基因，是一类对癌变有抑制作用的基因，研究表明，许多肿瘤的发生和发展与抑癌基因的缺失或突变而丧失功能有关。与视网膜母细胞瘤发生有关的基因——Rb基因，是一个典型的例证。Rb基因位于人第13号染色体长臂上，有遗传性视网膜母细胞瘤的患者在出生时，已有一个Rb等位基因缺失。如果在出生后视网膜细胞中的另一个等位基因也因突变或缺失而丧失功能，这个细胞就会转化为癌细胞。除视网膜母细胞瘤外，在其他肿瘤中，如软组织肉瘤等，也可见到Rb基因灭活现象。目前基本公认，Rb基因是一种抑癌基因，其作用机制主要是通过表达产物pRb拮抗周期蛋白依赖性激酶（CDKs），从而促进细胞由G1期过渡到S期的作用。

目前在抑瘤基因研究中，以p53基因的研究报道最多。p53基因位于人第17号染色体短臂上。其表达产物p53蛋白具有调控细胞周期、DNA复制和诱导细胞凋亡等主要功能。大量的研究资料表明，多种类型的肿瘤发生和发展都与p53基因的灭活有关。另外，近年来，有关周期素依赖性蛋白激酶的抑制因子，如p15、p16、p18及p27的基因灭活与肿瘤发生之间关系的报道很多，其中对p16的研究比较多。p16基因位于人第9号染色体短臂上，p16蛋白通过抑制CDKs活性，阻断细胞分裂增殖过程，因此可抑制肿瘤细胞的生长。

电离辐射对DNA的损伤作用，可导致抑癌基因的突变和丢失，从而使之灭活，这在辐射致癌分子机理上可能有重要意义。近年来，学者们对抑癌基因的甲基化在癌症发生机理中的意义进行了许多研究，并已初步阐明了其重要性。在许多基因的启动子区或其附近存在CpD富集区，称为CpD岛，为最常见的DNA甲基化位点。这些基因在正常条件下处于非甲基化状态，其甲基化可导致基因转录的静息。因此，异常甲基化已成为继基因缺失和突变之后，与肿瘤发生、发展密切相关的另一种类型的基因改变，被称为表观遗传改变。研究已发现人类癌症中，DNA甲基化是经常发生的改变之一。例如，在许多癌症中观察到p14ARF和p16INK4的甲基化。已知通过p14ARF/mdm2/pB途径抑制p53蛋白的降解，使之稳定，p16INK4通过p16INK4/CDK/Rb途径诱导G1阻滞。甲基化影响基因表达的途径有两种，一是甲基化直接干扰转录因子与靶序列结合，二是甲基化的基因使整个染色质失活而影响表达。

综上所述，对癌基因和抑癌基因的研究大大加深了人们对肿瘤发生与发展机制的认识。根据目前的研究资料分析，可以认为癌基因的激活与抑癌基因的灭活可能是细胞恶性转化的两个重要方面，前者多见于血液系统的各种恶性肿瘤（如各种类型的白血病等），而后者多见于实体肿瘤。致癌分子机理研究的不断深入，不仅为阐明辐射致癌机理奠定了基础，在肿瘤的防治领域也有极为重要的意义。

三、辐射致癌的影响因素

辐射致癌的影响因素包括与辐射有关的因素以及与机体有关的因素。与辐射有关的因素，同本章第一节中的"二、影响放射生物效应的主要因素"部分中的相关描述；与机体有关的因素如下。

（一）组织器官辐射致癌相对敏感性

据文献报道，组织器官的辐射致癌相对敏感性与组织器官的辐射敏感性并不完全一致。人体不同组织器官的辐射致癌相对敏感性见表1-8，辐射致癌相对敏感性最高的组织是甲状腺和骨髓，以白血病发生率最多（特别是粒细胞性白血病），而前列腺癌、睾丸癌几乎不被辐射所诱发。从组织器官特点可见辐射致癌相对敏感性与组织更新速度不一致，如辐射致癌相对敏感性高的甲状腺，却是细胞更新低的组织；而辐射致癌相对敏感性低的小肠，细胞增殖却很快。辐射致癌相对敏感性与肿瘤自发率无密切关系，如甲状腺癌和皮肤癌自发率低，却很容易由辐射所诱发。辐射致癌发病率与癌死亡率不平行，二者不能相互代替，如甲状腺癌发病率高而死亡率低。不同肿瘤的危险系数因随访观察期的差异而有所不同，如白血病潜伏期短、相对危险系数高，但随着观察时间的延长，白血病危险系数下降，实体瘤的死亡率上升。

表1-8　不同组织器官的辐射致癌相对敏感性

辐射致癌风险性	癌的部位和类型	癌的自发程度	辐射致癌相对敏感性	备注
较高的辐射致癌率	乳腺	非常高	高	青春期增加敏感性
	甲状腺	低	非常高（特别是女性）	低死亡率
	肺（支气管）	很高	中等	吸烟的定量影响不确定
	白血病	中等	很高	尤其是骨髓性白血病
	消化道	高	中到低	特别是在结肠发生
较低的辐射致癌率	咽	低	中	—
	肝脏和胆道	低	中	—
	胰腺	中	中	—
	淋巴瘤	中	中	淋巴肉瘤和多发性骨髓瘤可致何杰金氏病
	肾脏和膀胱	中	低	—
	大脑和神经系统	低	低	—
	唾液腺	很低	低	—
	骨	很低	低	—
	皮肤	高	低	低死亡率，需高剂量
辐射致癌不确知的部位和组织	喉	中	低	—
	鼻窦	很低	低	—
	甲状旁腺	很低	低	—
	子宫和子宫颈	很高	低	—
	卵巢	中	低	—
	结缔组织	很低	低	—
未观察到辐射致癌的部位和组织	前列腺	很高	—	—
	睾丸	低	—	—
	系膜	很低	—	—
	慢性淋巴性白血病	低	—	—

（二）年龄影响

年龄是影响自发性癌症的重要因素，在癌症易发年龄段接受辐射照射可增加辐射致癌危险。例如，日本原子弹爆炸事件幸存者中，10 岁以下的受照群体，其早期的白血病危险系数最高；20 岁左右的女性受照群体，其乳腺癌危险系数最高；在所有幸存者中，肺癌的危险系数则随受照时年龄增加而增加。

在放射治疗时，小于 30 岁女性胸部接受照射容易发生乳腺癌，大于 45 岁者乳腺癌发病概率变小。青少年接受放疗后期发生骨肉瘤的概率高。大于 5 岁的头颈部肿瘤患者接受放疗的后期发生甲状腺癌和神经系统肿瘤可能性大。

（三）性别因素

辐射诱发人类乳腺癌只在女性中增多，而诱发女性甲状腺癌的风险高于男性 3 倍。有人认为辐射诱发男性白血病的风险略高于女性。其他类肿瘤的辐射诱发风险在性别上差别不大。

（四）其他因素

辐射致癌还受遗传因素和环境因素的影响，如犹太人儿童的甲状腺癌发生率比其他少数民族高，吸烟可使铀矿工肺癌的发生率增高。

（苏　旭　刘　强　刘建香　王津晗）

02

第二章　电离辐射剂量学基础

辐射剂量重建在职业性放射性疾病的诊断和治疗中均起到至关重要的作用。辐射剂量重建又称为回顾剂量学，辐射剂量重建方法学是 20 世纪 90 年代兴起的一门新的方法学，它主要是解决事故患者剂量估算及辐射流行病学研究中的剂量学问题。在国际原子能机构（International Atomic Energy Agency，IAEA）和世界卫生组织（World Health Organization，WHO）的关注下，1994 年 5 月在法国召开了一次辐射剂量重建相关的专题讨论会，1995 年美国国家辐射防护和测量委员会（National Council on Radiation Protection and Measurements，NCRP）在年会上也将其列为主题内容。为提供我国医用 X 射线工作人员流行病学的剂量学资料，早在 20 世纪 80 年代后期，我国与日本合作开始了这方面的辐射剂量重建的研究。并于 1997 年在 IAEA 的资助下，在天津召开了“回顾剂量学国际讨论会”，国际学术期刊还专辑刊载了我国相关研究成果。

职业性放射性疾病的辐射剂量重建主要是评估患者辐射损伤所致辐射敏感器官的吸收剂量，对全身综合性的慢性、急性放射性疾病进行全身吸收剂量估算也是非常必要的。对于包括放射肿瘤病因概率在内的职业性放射性疾病而言，辐射剂量重建估算的是器官或全身的吸收剂量，这样的估算结果仅用于职业性放射性疾病的诊断和治疗，不能用于日常的辐射防护控制与评价；同样，用于辐射防护控制与评价的有效剂量和当量剂量及其相关监测结果均不能直接用于职业性放射性疾病的诊断和治疗，这方面需要特别注意。

ICRP、IAEA 和国际辐射单位与测量委员会（International Commission on Radiation Units and Measurements，ICRU）、国际标准化组织（International Organization for Standardization，ISO）等国际机构提供了外照射情况下，人体主要辐射敏感器官的剂量估算方法和参数；由于内照射很少产生确定性效应的辐射损伤，这些国际机构均未提供相应的估算方法和参数。对于红骨髓和皮肤这类全身性分布的器官，在估算全身性吸收剂量时应采用相应的全身性参数。

一般而言，估算某一敏感器官的辐射损伤剂量，进行相应辐射监测（如个人剂量监测）时，监测应在十分靠近该器官的位置进行，特别是辐射场很不均匀的情况，千万不能用日常辐射防护控制与评价的监测值进行剂量重建。生物剂量方法对估算全身性吸收剂量评估是有效的方法，但在低能 X 射线、正负电子束和中子辐射场景下的剂量重建中要十分小心。

第一节　物理剂量估算

一、剂量估算基本方法

（一）基本物理量与参数

1. 吸收剂量

吸收剂量（D）用式（2–1）定义。

$$D=\mathrm{d}\varepsilon/\mathrm{d}m \tag{2-1}$$

式中：

D——吸收剂量，其国际单位制（SI）单位是J/kg，专用SI单位是戈瑞，符号是Gy，1Gy＝1J/kg；

$\mathrm{d}\varepsilon$——电离辐射授予体积元内物质的平均能量，J；

$\mathrm{d}m$——体积元内物质的质量，kg。

吸收剂量过去曾用的专用单位是拉德，其符号为rad，1rad＝0.01Gy。应当注意的是，通常提到吸收剂量时，必须指明介质和所在的位置。吸收剂量随辐射类型和物质的种类而异，因此在描述吸收剂量时，必须说明是哪种辐射对何种物质造成的吸收剂量。当吸收剂量分布不均匀时，还必须明确其位置。

2. 注量

外辐射场主要用粒子注量或自由空气中的比释动能等物理量来描述，人体摄入放射性核素后的内辐射场决定于这些核素的生物动力学、人体解剖学和生理学参数。

注量是辐射防护的基本物理量，能用于描述外照射辐射场的可测量。然而，用这个量估算辐射防护评价量（例如，有效剂量和器官当量剂量等）却不太方便。注量通常需要有粒子类型和粒子能量，以及方向分布等附加说明，这些与损伤的关系十分复杂。

一种辐射场可以用粒子数（N），它的能量和方向分布，以及这些量的空间和时间分布来描述，这就需要明确其标量和矢量的特性。ICRU已给辐射场方面的量下了明确的定义（ICRU第60号报告书，1998），其中，提供方向分布信息的矢量主要用于辐射场的转移理论和计算方面；而标量，如粒子注量或比释动能，通常在剂量学应用中采用。要完全描述辐射场应有两类量，一类是关于粒子数量，如注量和注量率，也称为粒子注量和粒子注量率；另一类是由它们转移的能量，如能量注量。辐射场可以由不同类型的辐射组成，这时基于辐射粒子数的辐射场能量还与辐射类型有关，这时就需要在量前明确其辐射类型，如中子注量。

注量用式（2–2）定义。

$$\Phi=\mathrm{d}N/\mathrm{d}a \tag{2-2}$$

式中：

Φ——注量，m^{-2}；

$\mathrm{d}N$——入射到$\mathrm{d}a$的粒子总数；

$\mathrm{d}a$——球面上的有效截面积，m^2。

辐射场中，通过一个小球的粒子数经常具有随机涨落特性。但是，注量及其相关的量却定义为非随机量，因此，在确定点和特定时间有单值，并不具有涨落特性。注量应当是随机涨落的一个期望值。

X、γ 和 β 射线均可以通过注量的测量来估算其吸收剂量。一般来说，中子的吸收剂量主要是通过注量测量来评估的。

3. 比释动能

物质中非带电粒子（间接电离粒子，如光子）是通过电离所致的次级带电粒子来完成其对物质的能量转移的，这种能量转移通常用比释动能来描述。比释动能（K）用式（2-3）定义。

$$K=\mathrm{d}\varepsilon_{tr}/\mathrm{d}m \tag{2-3}$$

式中：

K——比释动能，Gy；

$\mathrm{d}\varepsilon_{tr}$——非带电粒子在无限小体积内释放出的所有带电粒子的初始动能之和，J；

$\mathrm{d}m$——体积元内物质的质量，kg。

应注意的是，$\mathrm{d}\varepsilon_{tr}$ 包括了带电粒子在轫致辐射过程中辐射出来的能量以及发生的次级过程所产生的任何带电粒子的能量，如光电子伴随的俄歇电子的能量。比释动能（K）关心的是质量为 $\mathrm{d}m$ 的无限小体积内转移给次级电子的能量总和，它并不关心这些次级电子的去向。

提到比释动能时，必须指明能量转移时的介质和所在位置。在实际使用中，可以确定与周围介质不同的该介质中的比释动能，也可以确定与周围介质相同的该介质中的比释动能。对于前者，其值是指假如在关注点上存在少量特定物质时得到的。如“在水模体内某点 P 处的空气比释动能”，意指在水模体内，设想 P 点处存在少量空气时，在此空气腔中的比释动能值。

比释动能和吸收剂量虽然有相同的量纲，但它们在概念上是完全不同的两个剂量学量。在整个所关心的体积内，若带电粒子的能量、数目和方向都是恒定的话，即存在带电粒子平衡（charged particle equilibrium，CPE），并且轫致辐射损失可以忽略不计，那么，该点处的比释动能数值就等于该点处的吸收剂量的数值。

在特殊情况下，有真实的 CPE 条件存在（在介质的最大剂量深度），这时的吸收剂量（D）与总的比释动能（K）满足公式（2-4）。

$$D=K(1-g) \tag{2-4}$$

式中：

g——电离辐射产生的次级电子消耗于轫致辐射的能量占其初始能量的份额，无量纲。

g 的大小与电子的动能有关，能量越高，g 值越大；g 值也与介质的原子序数有关，高原子序数的介质其 g 值也越高；在空气中对于 ^{60}Co 和 ^{137}Cs 产生的 γ 射线，$g=0.32\%$，对最大能量小于 300keV 的 X 射线，g 值可忽略不计。

在高能情况下，由于吸收剂量存在建立区，这对皮肤有一个保护的作用。然而，实际工作中，虽然表面剂量不大，但由于在模体或人体皮肤上面的空气中可能产生电子污染，或加速器头和线束整形设备产生的带电粒子，使表面皮肤的剂量不可能是 0。

大多数剂量学问题是要确定生物组织中的吸收剂量，但直接测量生物组织中的吸收剂量是非常困难的，常用的方法是测定有关位置上的空气比释动能（K_a）。当 CPE 条件得到满足时，可再利用以下关系求出受照物质（m）的吸收剂量（D_m）。

$$D_m \overset{\text{CPE}}{=} K_a \times (\mu_{en}/\rho)_m / (\mu_{en}/\rho)_a \times (1-g) \tag{2-5}$$

式中：

K_a ——受照物质（m）所处位置的空气比释动能，Gy；

$(\mu_{en}/\rho)_a$ 和 $(\mu_{en}/\rho)_m$ ——分别是空气与物质（m）的质量能量吸收系数，无量纲。

4. 空气比释动能率常数

空气比释动能率常数是一个描述不同放射性核素源，单位放射性活度在自由空气中的特定距离上引起的空气比释动能率大小的物理常数，通常用 Γ_{k_a} 表示。

表 2-1 中给出了常用放射性核素的 Γ_{k_a} 值。

表 2-1 常用放射性核素的空气比释动能率常数 Γ_{k_a}

核素	Γ_{k_a} mGy · m²/（GBq · h）	核素	Γ_{k_a} mGy · m²/（GBq · h）
^{7}Be	0.007	^{125}I	0.0165
^{11}C	0.139	^{131}I	0.0595
^{18}F	0.148	^{133}Xe	0.0236
^{59}Fe	0.151	^{134}Cs	0.205
^{60}Co	0.304	^{137}Cs	0.0769
^{64}Cu	0.0283	^{192}Ir	0.109
^{72}Ga	0.274	^{198}Au	0.0543
^{86}Rb	0.0118	^{227}Ac	0.0519
^{85}Sr	0.0708	^{226}Ra	0.209
^{99}Mo	0.0425	^{228}Ra	0.120
^{106}Ru	0.0401	^{234}U	0.0024

注：空气比释动能率常数表示在空气中，单位为“Bq”的 γ 源在距源 1m 处产生的空气比释动能率大小。

（二）辐射防护量与参数

用于辐射防护评价中的防护评价量主要指组织或器官当量剂量（H_T）、有效剂量（E）、器官平均吸收剂量（D_T）、相对生物效能权重器官吸收剂量（AD_T）。

1. 组织或器官当量剂量

组织或器官的当量剂量 H_T 可用式（2-6）计算。

$$H_T = \sum_R W_R D_{TR} \tag{2-6}$$

式中：

W_R ——辐射类型 R 的权重因数，其值参见第一章表 1-1；

D_{TR} ——辐射类型 R 在一个组织或器官中引起的平均吸收剂量。

2. 有效剂量

有效剂量 E 可用式（2-7）计算。

$$E = \sum_T W_T H_T \tag{2-7}$$

式中：

W_T——组织权重因数，其值参见第一章表 1–6。

组织或器官当量剂量和有效剂量的单位为 J/kg，其专用 SI 单位为希沃特，符号是 Sv。

在有效剂量的定义中，考虑了各人体器官和组织在随机性效应的辐射危害方面的相对辐射敏感性，它是以人体器官或组织内的平均剂量为基础的。这个量给出的数值，考虑了所给定的照射情况，但是不考虑具体的个人特性。据判断，由此得到的剂量的近似程度对于辐射防护来讲是可以接受的。

表 1–1 中给出的其余组织中的特定组织的有效剂量可直接进行相加而不需要做进一步的质量加权，每一个其余组织的权重因数低于其他任何有名称的组织的最小值（0.01）。

有效剂量的采用，可以把情况差异很大（例如由不同种类辐射的内照射和外照射）的照射组合在一个单一数值中。这样，基本的照射限值就可以用一个单一的量来表示。

在实际应用中，对器官剂量或者外照射情况下的转换系数和内照射情况下剂量系数（单位摄入的剂量，Sv/Bq）的计算，并不是基于个体的数据，而是基于 ICRP 第 89 号出版物（2002）中给出的人体参考值。另外，在评价公众成员的照射时，可能需要考虑某些与年龄相关的资料，例如食物消费量等。参考值的采用，以及在有效剂量计算中对两种性别进行平均的做法表明，参考剂量系数的用途并不在于提供某个具体个人的剂量，而是参考人的剂量。还将制定适用于不同年龄儿童的参考计算模体，用于计算公众成员的剂量系数。

有效剂量的主要用途是提供证明满足剂量限值的手段的一个量。在这个意义上，有效剂量主要被用于监管目的。有效剂量用于限制随机性效应（癌症和遗传效应）的发生，它不适用于评价组织反应的概率。在剂量远低于年有效剂量限值的剂量范围内，不应当发生组织反应。只有在极少数几种情况下（如组织权重因数低的单个器官，如皮肤的急性局部照射），使用有效剂量的年剂量限值会不足以避免组织反应。在这种情况下，也需要对局部组织剂量进行评价。

3. 器官平均吸收剂量

在实际器官吸收剂量估算中，我们往往需要评价一些较大体积的器官和组织的吸收剂量，这时器官吸收剂量是整个该组织或器官吸收剂量的平均值。因此，在低剂量时，假定用一个特定组织或器官的吸收剂量均值作为吸收剂量的量度，而不评价在组织或器官中的剂量分布，对辐射防护而言是可以接受的。

吸收剂量均值是对整个特定器官（如肝），组织（如肌肉）或组织区域（如骨表面、皮肤）范围内进行平均。吸收剂量能否代表特定器官、组织或组织区域电离辐射能量沉积的程度与一些因素有关。对于外照射，主要决定于照射在该组织中的均匀性和入射辐射的贯穿程度或射程。对强贯穿辐射（光子、中子），大多数器官内的吸收剂量分布是足够均匀的，因此，平均吸收剂量是对整个器官或组织范围内剂量的一个适当的度量。

式（2–8）是外照射情况下，器官吸收剂量估算的基本公式。

$$D_{kT}=\Phi_k\times c_{kT}(g,\theta,E) \tag{2–8}$$

式中：

D_{kT}——k 类辐射所致器官 T 的吸收剂量，Gy；

Φ_k——特定辐射能量和入射方式时，k 类辐射场在关注位置的注量，1/cm^2；关于如何确定注量将在后文中重点讨论；

$c_{kT}(g,\theta,E)$——k 类辐射注量到器官吸收剂量的剂量转换系数，它是性别、入射角度和方式，以及辐射能量的函数，$pGy \cdot cm^2$。

c_{kT} 可从 ICRP 第 116 号出版物获得，具体获得方法如下。

（1）对于单能 X 和 γ 辐射：女性除眼晶状体和局部皮肤外各器官的转换系数［$c_{kT}(\text{Female},\theta,E)$］参见 ICRP 第 116 号出版物表 B.1~ 表 B.15；男性除眼晶状体和局部皮肤外各器官的转换系数［$c_{kT}(\text{Male},\theta,E)$］参见 ICRP 第 116 号出版物表 B.16~ 表 B.30。

（2）对于单能中子辐射：女性除眼晶状体和局部皮肤外各器官的转换系数［$c_{kT}(\text{Female},\theta,E)$］参见 ICRP 第 116 号出版物表 C.1~ 表 C.15；男性除眼晶状体和局部皮肤外各器官的转换系数［$c_{kT}(\text{Male},\theta,E)$］参见 ICRP 第 116 号出版物表 C.16~ 表 C.30。

（3）对于眼晶状体：单能光子、电子和中子辐射的转换系数分别参见 ICRP 第 116 号出版物表 F.1~ 表 F.3。

（4）对于局部皮肤：单能电子和 α 辐射的转换系数分别参见 ICRP 第 116 号出版物表 G.1~ 表 G.2。

上述辐射类型以及正电子、质子、正负 μ 介子和正负 π 介子可模仿式（2–8）的方法估算有效剂量，其转换系数参见 ICRP 第 116 号出版物附录 A；但应注意，正电子、质子、正负 μ 介子和正负 π 介子无须计算器官吸收剂量。

4. 相对生物效能权重器官吸收剂量

在应急照射情况下，在确定能够避免确定性效应发生的剂量学指标时，不应单纯考虑器官吸收剂量，而应该使用结合了相对生物效能权重的器官吸收剂量。在核或辐射突发事件应急中，相对生物效能权重器官吸收剂量（AD_T）的计算可用于指导应急防护行动一般准则的设置，从而避免或最大限度减少严重确定性效应的发生。相对生物效能权重器官吸收剂量（AD_T）用式（2–9）计算。

$$AD_T = \sum_R RBE_{TR} \times D_{TR} \qquad (2\text{–}9)$$

式中：

AD_T——器官 T 的相对生物效能（relative biological effectiveness，RBE）权重吸收剂量，Gy，它主要用来反映严重确定性效应的风险，并使得来自不同辐射类型的器官或组织的剂量可直接进行比较；

RBE_{TR}——不同辐射类型 R 对器官 T 的相对生物效能，无量纲，注意，在这里的 *RBE* 不仅考虑了辐射类型，还考虑到内照射，特别是 α 射线的内照射对不同疾病及病变器官所致确定性效应的差异。

对于外照射，可以直接描述为 $AD_{\text{红骨髓}}$，$AD_{\text{皮肤}}$，$AD_{\text{甲状腺}}$和 $AD_{\text{胎儿}}$等。对于内照射，应描述为 $AD(\Delta)_{\text{红骨髓}}$，$AD(\Delta)_{\text{皮肤}}$，$AD(\Delta)_{\text{甲状腺}}$和 $AD(\Delta)_{\text{胎儿}}$等，$AD(\Delta)$ 系指一个时间段 Δ 内通过摄入受到的将导致 5% 的受照个体产生严重确定性效应的相对生物效能权重吸收剂量。

相对生物效能是衡量不同辐射种类在诱发特定健康效应效能方面的一种相对标准，表示为产生相同程度的某一规定生物学终点所需的两种不同辐射种类吸收剂量的反比。应注意的是，在诱发随机效应方面相对生物效能的值以辐射权重因子 W_R 表示。仅在应急准备和响应诱发确定性效应方面，用相对生物效能的值来表示有意义的严重确定性效应。表 2–2 列出了具有严重确定性效应的组织或器官在特定辐射下所对应的 RBE_{TR} 特定值。

表 2-2　RBE_{TR} 的组织或器官特定值和辐射特定值

健康效应	关键组织或器官	照射	RBE_{TR}
造血综合征	红骨髓	外照和内照 γ	1
		外照和内照 n	3
		内照 β	1
		内照 α	2
肺炎	肺	外照和内照 γ	1
		外照和内照 n	3
		内照 β	1
		内照 α	7
肠胃综合征	结肠	外照和内照 γ	1
		外照和内照 n	3
		内照 β	1
		内照 α	0
骨疽	组织	外照 β、γ	1
		外照 n	3
湿性脱屑	皮肤	外照 β、γ	1
		外照 n	3
甲状腺功能减退	甲状腺	摄入碘同位	0.2
		其他趋甲状腺物	1

（三）外照射剂量监测及估算

1. 方法概述

外照射剂量估算主要依据如下：

（1）《职业性外照射个人监测规范》（GBZ 128—2019）；

（2）《外照射慢性放射病剂量估算规范》（GB/T 16149—2012）；

（3）《电离辐射所致皮肤剂量估算方法》（GBZ/T 244—2017）；

（4）《电离辐射所致眼晶状体剂量估算方法》（GBZ/T 301—2017）；

（5）ICRU 第 51 号报告（1993），《电离辐射量及其单位》（*Radiation Quantities and Units*）；

（6）ICRU 第 95 号报告（2020），《电离辐射量及其单位》（*Radiation Quantities and Units*）；

（7）ICRP 第 74 号出版物（1996），《用于外照射放射防护的转换系数》（*Conversion Coefficients for Use in Radiological Protection against External Radiation*）；

（8）ICRP 第 116 号出版物（2010），《用于外部辐射暴露放射防护的转换系数》（*Coefficients for Radiological Protection for External Radiation Exposures*）。

外照射剂量监测及估算的基本方法如图 2-1 所示。

从式（2-8）可知，估算器官吸收剂量的关键是估算关注位置处的注量。下文中将分别讨论如图 2-1 所示的三种情况下，确定注量的方法。

2. 模拟剂量估算方法

在很多情况下，我们无法获得个人监测或场所防护监测的资料，特别是 1985 年以前，我国在这方面的资料十分缺乏，这种情况下我们可以建立以工作量为基础的模拟剂量估算模型，用此模型对相关人员所接受的剂量进行粗略的剂量估算。图 2–2 为以工作量为基础的模拟剂量估算模型框图。

基于受照模式
基于受照射史的剂量估算。用受照射史的相关资料进行建立的照射模型，进行理论或实用模拟剂量监测，例如，归一化剂量估算方法，用所得到的值乘以相应的ICRP 第116号出版物的器官剂量系数就可以得到器官吸收剂量或有效剂量。此方法不但烦琐，而且不确定度较大。
基于实用量监测
基于新旧两种实用量的监测值进行的剂量估算，将监测值乘以相应的ICRP 第 116 号出版物的器官剂量系数就可以得到器官吸收剂量或有效剂量。此方法仅适用于光子、中子的器官吸收剂量或有效剂量估算，对电子可估算眼晶状体和局部皮肤吸收剂量，以及有效剂量。
基于源项信息
基于源项信息（源活度或光子的空气比释动能）的剂量估算。用此方法得到的注量或空气比释动能乘以相应的ICRP 第 116 号出版物的器官剂量系数就可以得到器官吸收剂量或有效剂量。此方法适用于所有类型的电离辐射。

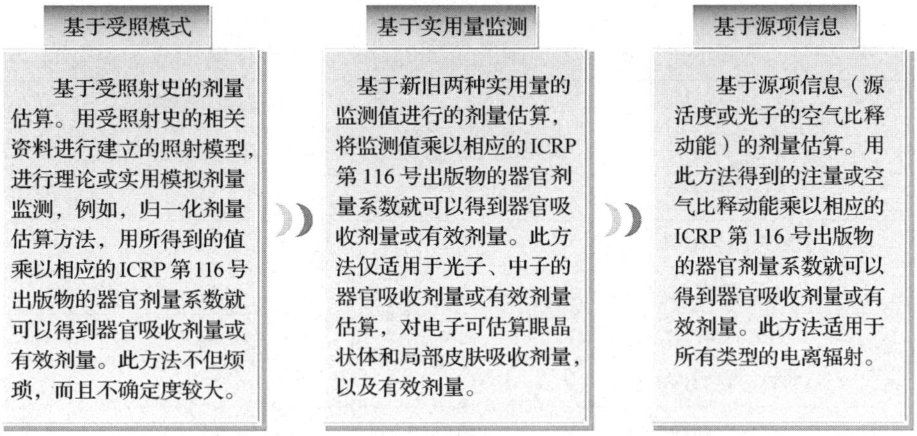

图 2–1　外照射剂量监测及估算基本方法示意图

工作场所基本特征
人员受照基本特征
工作类型及工作量
个人职业受照资料收集
不同工作条件防护水平的模拟测量，确定相关修正系数
建立以工作量为基础的模拟估算模型
各类职业工作场景的工作量调查
建立模拟剂量估算模型
模拟测量确定工作量到剂量的转换系数

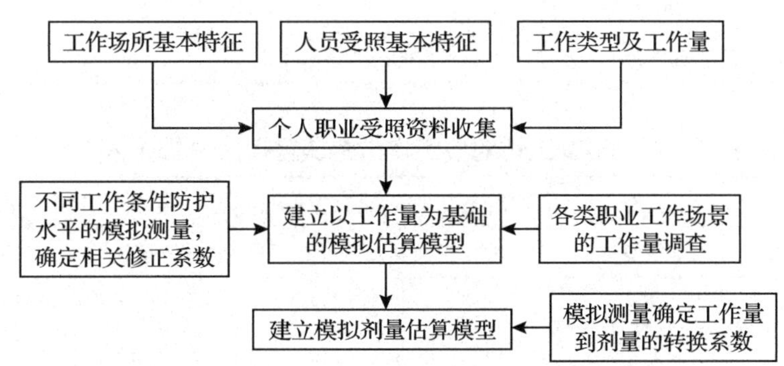

图 2–2　以工作量为基础的模拟剂量估算模型框图

二、归一化剂量估算方法

（一）方法概述

下文以归一化剂量方法为例，来说明上述模拟剂量估算方法。1985 年以前，我国医用 X 射线诊断工作人员不但没有个人监测资料，而且几乎没有相关工作场所的辐射防护水平监测的资料，因此就采用了以工作量为基础的模拟剂量估算的方法，创建归一化剂量估算方法。下面就以这种方法的建立来说明以工作量为基础的模拟剂量估算方法的应用。

归一化个人剂量估算方法主要用于 1985 年以前诊断 X 射线工作人员的辐射剂量重建（radiation dose reconstruction）。1985 年以前，我国这类工作人员都缺乏有效的个人剂量监测资料，但针对部分医院，可以从他们的医务档案中查出工作量和 X 射线机基本情况的资料，医用 X 射线诊断工作场所防护状况和工作条件随时间的变化情况也可通过调查得到，这些信息应是进行剂量重建的基础。

（二）归一化工作量的估算

1. 工作量调查

在当时的工作量调查中，有两种类型的工作量资料：少数职业人员有确切的工作量资料，就直接应用这些资料；但绝大部分无工作量资料，当时就调查了各种医院类型的典型工作量资料。调查中将不同医院类型、诊断工作的时期和职业工龄分为 27 类（见表 2–3）。调查的工作量资料是从医院的档案资料中查得，并经统计分析而得出的结果（见表 2–4），其中第 28 类是仅摄片的职业工作人员。

表 2–3　不同放射工龄、参加职业工作时期和医院门诊量相应的类型码

放射工龄（年）	参加职业工作时期	医院门诊量		
		>1200（例数 / 天）	500~1200（例数 / 天）	<500（例数 / 天）
<5	1977 年以后	1	2	3
5~14	1967—1976 年	4	5	6
	1977 年以后	7	8	9
15~25	1966 年以前	11	12	12
	1967—1976 年	13	14	15
	1977 年以后	16	17	18
>25	1966 年以前	19	20	21
	1967—1976 年	22	23	24
	1977 年以后	25	26	27

表 2–4　不同类型工作对应工作量的典型值［例数（人 · 年）］

类型码	胸透	胃肠	胸片	类型码	胸透	胃肠	胸片
1	2187	170	999	15	3965	303	831
2	2806	208	969	16	2485	211	657
3	3828	174	1111	17	2415	242	743
4	2456	170	638	18	2806	250	623
5	2839	209	830	19	3581	207	658
6	2319	196	613	20	5380	301	1243
7	2118	163	581	21	3624	374	886
8	2593	193	773	22	2583	258	625
9	2916	209	735	23	3812	277	1232
10	3495	252	516	24	2825	360	718
11	3977	334	242	25	1755	185	613
12	4321	912	1235	26	2877	221	952
13	3351	325	596	27	1947	338	674
14	3064	163	641	28	0	0	2102

某些情况下，不但要考虑一个工作人员的工作量，而且要考虑不同情况下 X 射线的有效发射量和防护水平的修正，这种情况下，单纯用工作量很难描述该人员所接受的剂量，修正后的所有类型的工作量（W）用式（2–10）计算。

$$W=\sum_{k}\sum_{j}F_kG_kX_k/(F_1G_1X_1)W_{kj}=\sum_{k}\sum_{j}\gamma_kW_{kj} \tag{2–10}$$

式中：

W——归一化工作量，人次；

F_k——k 类工作条件下辐射防护辅助设施使用情况的修正系数，F_1 为 k=1 的 F_k 的值，无量纲；

G_k——k 类工作条件下 X 射线有效发射量所致的修正系数，G_1 为 k=1 的 G_k 的值，无量纲；

X_k——k 类工作条件辐射场模拟测量结果给出的修正系数，X_1 为 k=1 的 X_k 的值，无量纲；

W_{kj}——k 类工作条件下 j 类工作的工作量，人次；

$\gamma_k = F_kG_kX_k/(F_1G_1X_1)$ 是这些影响因素按第一类工作类型归一化后总的修正系数，故称为 k 类工作条件的归一化系数，其中 $\gamma_1 = 1$。

用式（2-10）估算更能表述人员接受辐射剂量水平的工作量 W，关键在于确定不同工作条件下的 γ_k。

2. 不同工作条件下 γ_k 的确定

本来确定 γ_k 时要考虑的影响因素很多，但只能考虑主要影响因素，如不同工作条件的辅助防护设备使用情况、工作场所的辐射水平以及不同诊断类型时的 X 射线有效发射时间等。受条件限制，当时很难对国内运行的每台 X 射线机、每人的操作进行模拟测量。因而通过流行病学调查方法，确定出有代表性的 X 射线机工作场所进行了抽样模拟测量。当时的主要影响因素可分为两大类，一类与工作场所有关，另一类与诊断类型有关。

首先考虑与工作场所有关的主要影响因素，不可能对所有的工作场所均进行模拟测量，但可把应用频度大、剂量结果影响大的工作场所归纳为 11 种不同类型进行模拟测量。当时在全国范围内的 14 个省、市，对 608 台医用诊断 X 射线机的 1632 个工作场所的辐射水平进行了模拟测量。在进行 X 射线机工作场所剂量水平测量的同时，也对铅围裙、铅椅和隔室等辅助防护设备的防护性能进行了模拟测量。

当时对胸透、胃肠和拍片等主要检查类型进行了每人次检查时的 X 射线发射量调查，共调查了 90 台 X 射线机，29319 人次。

基于防护设备性能、工作场所的辐射水平以及不同诊断类型时的 X 射线有效发射时间等调查和测量结果，经统计分析，给出了如表 2-5 的归一化系数（γ_k）。

表 2-5　不同检查类型、不同工作条件下的归一化系数（γ_k）

检查类型	γ_k（胸透）			
胸透检查机器	有铅围裙 有铅椅	无铅围裙 有铅椅	有铅围裙 无铅椅	无铅围裙 无铅椅
1969 年后＞100mA	1.00	2.10	3.81	7.13
1969 年后 100mA	1.43	3.00	5.45	10.2
1969 年后 30~50mA	34.2	43.0	38.7	63.2
1969 年后＜30mA	37.5	59.5	51.5	102
20 世纪 60 年代＞50mA	5.96	11.2	31.0	155
20 世纪 60 年代 30~50mA	1.21	3.11	18.9	63.2
20 世纪 60 年代＜30mA	—	—	6.46	14.2
20 世纪 50 年代	10.9	23.8	14.5	30.1
20 世纪 40 年代	—	—	11.4	25.8

续表

检查类型	γ_k（胸透）			
胸透检查机器	有铅围裙 有铅椅	无铅围裙 有铅椅	有铅围裙 无铅椅	无铅围裙 无铅椅
20 世纪 30 年代	76.0	141	—	—
消化道检测	—	—	17	—
带显示终端的机器	0.01	—	—	—
隔室胸透	0.13	—	—	—
拍片检查	0.035	—	—	—

注：介入操作、骨科复位和摄取异物的 γ_k 用于胃肠检查的有效发射时间比乘以胃肠检查相应的值得到；胸透群检按一般胸透的 1/3 计；透环和胆囊等特殊造影检查按一般胸透计；铅围裙屏蔽率为 5.88，铅椅为 17.6。

（三）归一化工作量的校准

要用归一化工作量来推算医用诊断 X 射线工作者（以下简称 X 射线工作者）的受照剂量，必须确定工作量与受照剂量间的关系。为此，在上述全国范围内的 14 个省、市开展了归一化工作量与个人剂量当量关系的调查研究。调查抽样选取了满足表 2–5 中“1969 年后>100mA，有铅围裙、有铅椅”的工作条件的工作人员，当时采用热释光剂量计在这些工作人员的 4 个部位佩戴了剂量元件，分别用来模拟眼晶体、胸部、性腺和手部等部位的受照剂量，同时记录了用于估算归一化工作量的所有参数，共取得了 400 例的有效数据。

当时还进行了职业人员接受诊断 X 射线照射的全身非均匀程度的调查，其结果列在表 2–6 中。

表 2–6　职业人员全身非均匀系数（c_k）的调查结果

检查类型	c_k			
	头	胸	腹	手
胸透	1.78	1	0.54	5.30
胃肠检查	0.65	1	0.25	3.66
加权平均值*	1.12	1	0.37	4.35

注：* 此值由工作量调查中给出的胃肠检查和胸透在总工作量中所占比例为权数加权平均得来。

归一化工作量到个人剂量当量的校准系数（P）用式（2–11）计算。

$$P=\sum_{i=1}^{400}\left(\sum_{k}(c_k d_{ik})/\sum_{k}c_k\right)/w_i \qquad (2\text{–}11)$$

式中：

P——是归一化工作量到个人剂量当量的校准系数，即单位归一化工作量到个人剂量当量值，mGy/ 千人次；

c_k——部位 k 的非均匀系数，取表 2–6 中的加权平均值；

d_{ik}——第 i 例被调查人员 k 部位调查期间的剂量调查值，mGy；

w_i——用式（2–10）计算的第 i 例被调查人员调查期间的归一化工作量值，千人次。

对全国 14 个省、市的 400 多例关系量研究结果的数据分析得出校准系数（P）约为 0.263mGy/ 千人次。归一化工作量与职业人员接受剂量（D）满足如下关系。

$$D=0.263W \qquad (2\text{–}12)$$

式中：

D——职业人员接受的剂量，mGy；

W——归一化工作量，千人次。

三、基于源项信息的剂量估算方法

（一）X 和 γ 射线源项信息

1. 简单的点源估算模式

对点状 X、γ 辐射源而言，在它们的辐射场中任意一点处空气比释动能率（$\dot{k}$）与放射性源活度（A）间满足式（2–13）的关系。

$$\dot{k}=A\cdot\Gamma_{k_a}/R^2 \tag{2–13}$$

式中：

$\dot{k}$——空气比释动能率，Gy/s；

A——放射性源的活度，Bq；

Γ_{k_a}——空气比释动能率常数，Gy · m^2 · Bq^{-1} · s^{-1}，常用核素的 Γ_{k_a} 值参见表 2–1；

R——放射点源到考察点的距离，m。

式（2–13）是简单的点源估算模式，也称为反平方点源公式，仅适用于可视为点源的情况，若需考虑媒介质的散射和吸收，式（2–13）要修改为如下形式。

$$\dot{k}=A\cdot\Gamma_{k_a}\exp(-\mu_s d-\mu_f f-\mu_m m)[1+SPR(d_m)]/R^2 \tag{2–14}$$

式中：

μ_s、μ_f、μ_m——分别表示储源材料、屏蔽材料和人体组织的有效线性衰减系数，1/cm；

d、f、m——分别是射线在储源材料、屏蔽材料和人体模型内经过的距离，cm；

$SPR(d_m)$——射线在人体或人体模型内经过距离为 d_m 时，散射线所致剂量与原射线剂量之比。

2. 非点源辐射场空气比释动能估算

对非点源的情况，不论是一维、二维或三维放射源，我们总可以在这类放射源中随机抽一个点 i，这个点我们总可以把它视为点源，放射源抽样点 i 在离源距离为 R_i 的空气比释动能率可用式（2–15）计算。

$$\dot{k}_i=\frac{A\cdot\Gamma_{k_a}}{R_i^2}\exp(-\mu_s d_i-\mu_f f_i-\mu_m m_i)[1+SPR(d_{mi})] \tag{2–15}$$

式中：

R_i——放射源第 i 点与靶器官点之间的距离；

$SPR(d_{mi})$——射线在人体或人体模型内经过距离为 d_{mi} 时，散射线所致剂量与原射线剂量之比。

这时只需要在非点源体（线、面和体积）上随机抽取足够多的点 n，当 $n\rightarrow\infty$ 时，非点源体上所有抽样点的空气比释动能平均值就代表这个非点源体的值，即：

$$\dot{k}=\frac{1}{n}\sum_{i=1}^{n}\dot{k}_i \tag{2–16}$$

式（2–16）是非点源情况下随机抽样算法（MC 算法）的基本数学模型。

3. 基于空气比释动能估算注量

式（2–17）是基于空气比释动能估算注量的公式。

$$\Phi=\dot{k}\times t/c_{\Phi k} \tag{2–17}$$

式中：

Φ——关注位置的注量，$1/cm^2$；

$\dot{k}$——关注位置的空气比释动能率，Gy/h；

t——人员在关注位置停留的时间，h；

$c_{\Phi k}$——单位注量的空气比释动能，$pGy\cdot cm^2$，其值参见表 2–7。

表 2–7　不同光子能量下单位注量的空气比释动能

光子能量（MeV）	$c_{\Phi k}$（$pGy\cdot cm^2$）	光子能量（MeV）	$c_{\Phi k}$（$pGy\cdot cm^2$）	光子能量（MeV）	$c_{\Phi k}$（$pGy\cdot cm^2$）
0.005	30.65	0.06	0.2889	1.2	5.165
0.006	21.25	0.07	0.2878	1.25	5.332
0.007	15.5	0.08	0.3067	1.3	5.498
0.008	11.79	0.1	0.3714	1.33	5.596
0.009	9.221	0.12	0.4606	1.5	6.147
0.01	7.4	0.15	0.5994	1.7	6.725
0.011	6.043	0.2	0.8567	2	7.557
0.012	5.022	0.24	1.062	2.4	8.563
0.013	4.236	0.3	1.383	3	9.977
0.015	3.125	0.5	2.379	4	12.14
0.017	2.388	0.511	2.431	5	14.18
0.02	1.684	0.6	2.844	6	16.17
0.024	1.15	0.662	3.112	6.129	16.44
0.025	1.056	0.7	3.275	7	18.19
0.03	0.7217	0.8	3.702	8	20.13
0.04	0.4289	1	4.481	10	24.13
0.05	0.3229	1.117	4.884	—	—

注量确定后，再用式（2–8）估算器官剂量。

（二）中子线束源项信息

若已知核素源的放射性活度，则可用式（2–18）计算注量。

$$\Phi_n=\frac{AF_n t}{4\pi R^2} \tag{2–18}$$

式中：

Φ_n——关注位置的中子注量，$1/cm^2$；

A——中子放射源的放射性活度，Bq；

F_n——中子放射源每次衰变发射的中子数，其值参见表 2–8；

t——人员在相应场所的停留时间，s；

R——关注点到源的距离，cm。

表 2-8　部分核素中子源的物理特性

中子源	半衰期	中子平均能量（MeV）	F_n，每 Bq 的中子产额 ×10^{-5}（中子 /Bq）
^{210}Po-Be	138.4d	4.2	6.8
^{226}Ra-Be	1600a	4.0	35
^{238}Pu-Be	87.7a	4.5	6.2
^{239}Pu-Be	24110a	4.1	5.9
^{241}Am-Be	432.2a	4.5	5.9
^{124}Sb-Be	60.2d	0.024	3.5
^{252}Cf	2.65a	2.13	2.4 × 10^{15}*
^{252}Cf（D_2O 慢化）	2.65a	0.55	2.4 × 10^{15}*

注：* 单位质量的中子发射率，单位为 1/（s · kg）。

注量确定后，再用式（2-8）估算器官剂量。

（三）β 射线源项信息

若已知核素源的放射性活度及每次衰变发射的 β（包括电子）粒子数，则可用式（2-19）计算注量。

$$\Phi_\beta = \frac{AF_\beta t}{4\pi R^2} \tag{2-19}$$

式中：

Φ_β——β 核素源在关注位置的注量，1/cm^2；

A——放射源的放射性活度，Bq；

F_β——β 放射源每次衰变发射的电子数，其值参见表 2-9；

t——人员在关注场所的停留时间，s；

R——关注点到源的距离，cm。

表 2-9　有 β 外照射意义的常用 β 放射性核素每次衰变发射的分支比 F_β

放射性核素	半衰期	最大能量（MeV）	平均能量（MeV）	F_β
^{24}Na	14.959h	0.5541	0.5539	0.9999
^{32}P	14.26d	0.6949	0.6949	1.0000
^{38}Cl	37.24min	2.2439	1.5505	2.0013
^{41}Ar	109.34min	1.0769	0.4645	0.9998
^{40}K	1.28 × 10^9a	0.5606	0.519	0.9647
^{42}K	12.36h	1.5658	1.4304	1.000
^{76}As	1.0778d	1.2669	1.0701	0.9977
^{86}Rn	18.631d	0.7094	0.6682	1.000
^{89}Sr	50.53d	0.5846	0.5846	1.000
^{90}Y	64.1h	0.9337	0.9337	1.0001
^{210}Tl	1.3min	1.7660	0.6442	2.0108

注：本表资料来自 http://hps.org/publicinformation/radardecaydata.cfm。

注量确定后，再用式（2-8）估算器官剂量，对 β 核素源而言，除眼晶状体和局部皮肤的吸收剂量外，无须计算其他器官的吸收剂量。

四、基于现行实用量监测的剂量估算方法

基于 ICRU 第 51 号报告（1993）建议的实用量监测（目前国家相关标准）的剂量估算模块（以下简称现行实用量剂量估算）。现行实用量监测是指采用个人剂量当量 $H_p(10)$ 及 $H_p(0.07)$、周围剂量当量 $H^*(10)$ 和定向剂量当量 $H'(0.07)$ 所进行的监测。

（一）基于个人剂量当量 $H_p(10)$ 监测

1. 对于 X 和 γ 射线

这时需要先计算出空气比释动能，再计算相应的注量。基于关注位置个人剂量当量 $H_p(10)$ 监测的空气比释动能用式（2-20）计算。

$$k_a = H_p(10)/c_{kH_p10} \tag{2-20}$$

式中：

k_a——关注位置的空气比释动能，Gy；

$H_p(10)$——被估算器官相应位置的个人剂量当量，Sv；

c_{kH_p10}——单位空气比释动能的个人剂量当量，Sv/Gy，其值参见表 2-10。

表 2-10　不同光子能量时单位空气比释动能的个人剂量当量

光子能量（MeV）	c_{kH_p10}（Sv/Gy）	光子能量（MeV）	c_{kH_p10}（Sv/Gy）	光子能量（MeV）	c_{kH_p10}（Sv/Gy）
0.01	0.009	0.06	1.892	0.5	1.256
0.0125	0.098	0.08	1.903	0.6	1.226
0.015	0.264	0.1	1.811	0.8	1.19
0.0175	0.445	0.125	1.696	1	1.167
0.02	0.611	0.15	1.607	1.5	1.139
0.025	0.883	0.2	1.492	3	1.117
0.03	1.112	0.3	1.369	6	1.109
0.04	1.49	0.4	1.3	10	1.111
0.05	1.766	—	—	—	—

基于计算的空气比释动能，用式（2-17）计算相应的注量，再用式（2-8）计算器官吸收剂量。

2. 对于中子线束

对于中子线束，基于个人剂量当量 $H_p(10)$ 监测的注量用式（2-21）计算。

$$\Phi_n = H_p(10)/c_{\Phi_n H_p10} \tag{2-21}$$

式中：

Φ_n——关注位置的中子线束的注量，$1/cm^2$；

$H_p(10)$——被估算器官相应位置的个人剂量当量，Sv；

$c_{\Phi_n H_p10}$——单位注量的个人剂量当量，Sv/Gy，其值参见表 2-11。

表 2-11　不同中子能量下单位注量的周围剂量当量和个人剂量当量

中子能量（MeV）	$c_{\Phi_n H^*}$（pSv·cm^2）	$c_{\Phi_n H_p10}$（pSv·cm^2）	中子能量（MeV）	$c_{\Phi_n H^*}$（pSv·cm^2）	$c_{\Phi_n H_p10}$（pSv·cm^2）
1.00×10^{-9}	6.6	8.19	7.00×10^{-1}	375	386
1.00×10^{-8}	9.0	9.97	9.00×10^{-1}	400	414
2.50×10^{-8}	10.6	11.4	1.00	416	422
1.00×10^{-7}	12.9	12.6	1.20	425	433
2.00×10^{-7}	13.5	13.5	2.00	420	442
5.00×10^{-7}	13.6	14.2	3.00	412	431
1.00×10^{-6}	13.3	14.4	4.00	408	422
2.00×10^{-6}	12.9	14.3	5.00	405	420
5.00×10^{-6}	12	13.8	6.00	400	423
1.00×10^{-5}	11.3	13.2	7.00	405	432
2.00×10^{-5}	10.6	12.4	8.00	409	445
5.00×10^{-5}	9.9	11.2	9.00	420	461
1.00×10^{-4}	9.4	10.3	1.00×10^{1}	440	480
2.00×10^{-4}	8.9	9.84	1.20×10^{1}	480	517
500×10^{-4}	8.3	9.34	1.40×10^{1}	520	550
1.00×10^{-3}	7.9	8.78	1.50×10^{1}	540	564
2.00×10^{-3}	7.7	3.46	1.60×10^{1}	555	576
5.00×10^{-3}	8	9.36	1.80×10^{1}	570	595
1.00×10^{-2}	10.5	11.2	2.00×10^{1}	600	600
2.00×10^{-2}	16.6	17.1	2.00×10^{1}	600	—
3.00×10^{-2}	23.7	24.9	3.00×10^{1}	515	—
5.00×10^{-2}	41.1	39	5.00×10^{1}	400	—
7.00×10^{-2}	60	59	7.50×10^{1}	330	—
1.00×10^{-1}	880	90.6	1.00×10^{2}	285	—
1.50×10^{-1}	132	139	1.25×10^{2}	260	—
2.00×10^{-1}	170	180	1.50×10^{2}	245	—
3.00×10^{-1}	233	246	1.75×10^{2}	250	—
5.00×10^{-1}	322	335	2.01×10^{2}	260	—

基于注量的计算值，再用式（2-8）可计算不同器官的吸收剂量。

（二）基于周围剂量当量 H^*（10）监测

1. 对于 X 或 γ 射线

对于 X 或 γ 射线，基于周围剂量当量 H^*（10）监测的注量用式（2-22）计算。

$$\Phi = H^*(10)/c_{\Phi H^*} \qquad (2\text{-}22)$$

式中：

Φ——关注位置的 X 或 γ 射线的注量，1/cm²；

$H^*(10)$——被估算器官相应位置的周围剂量当量，Sv；

$c_{\Phi H^*}$——单位注量的周围剂量当量，pSv · cm²，其值参见表 2-12。

表 2-12　不同光子能量下单位注量的周围剂量当量和定向剂量当量

光子能量（MeV）	$c_{\Phi H^*}$（pSv · cm²）	$c_{\Phi H'}$（pSv · cm²）	光子能量（MeV）	$c_{\Phi H^*}$（pSv · cm²）	$c_{\Phi H'}$（pSv · cm²）
0.01	0.061	7.2	0.5	2.93	2.93
0.015	0.83	3.19	0.6	3.44	3.44
0.02	1.05	1.81	0.8	4.38	4.38
0.03	0.81	0.9	1	5.2	5.2
0.04	0.64	0.62	1.5	6.9	6.9
0.05	0.55	0.5	2	8.6	8.6
0.06	0.51	0.47	3	11.1	11.1
0.08	0.53	0.49	4	13.4	13.4
0.1	0.61	0.58	5	15.5	15.5
0.15	0.89	0.85	6	17.6	17.6
0.2	1.2	1.15	8	21.6	21.6
0.3	1.8	1.8	10	25.6	25.6
0.4	2.38	2.38	—	—	—

基于注量的计算值，再用式（2-8）可计算不同器官的吸收剂量。

2. 对于中子线束

对于中子线束，基于周围剂量当量 $H^*(10)$ 监测的注量用式（2-23）计算。

$$\Phi_n = H^*(10)/c_{\Phi nH^*} \tag{2-23}$$

式中：

Φ_n——关注位置的中子线束的注量，1/cm²；

$H^*(10)$——被估算器官相应位置的周围剂量当量，Sv；

$c_{\Phi nH^*}$——单位中子注量的周围剂量当量，pSv · cm²，其值参见表 2-11。

（三）基于个人剂量当量 $H_p(0.07)$ 监测

仅 X 和 γ 射线存在这类监测，这时需要先计算出空气比释动能，再计算相应的注量。基于关注位置个人剂量当量 $H_p(0.07)$ 监测的空气比释动能用式（2-24）计算。

$$k_a = H_p(0.07)/c_{kH_p 0.07} \tag{2-24}$$

式中：

k_a——关注位置的空气比释动能，Gy；

$H_p(0.07)$——被估算器官相应位置的个人剂量当量，Sv；

$c_{kH_p 0.07}$——单位空气比释动能的个人剂量当量，Sv/Gy，其值可从表 2-13 中获取。

表 2-13 不同能量光子时单位空气比释动能的个人剂量当量 $H_p(0.07)$

光子能量（MeV）	$c_{kHp0.07}$（Sv/Gy）	光子能量（MeV）	$c_{kHp0.07}$（Sv/Gy）	光子能量（MeV）	$c_{kHp0.07}$（Sv/Gy）
0.005	0.75	0.05	1.632	0.3	1.336
0.01	0.947	0.06	1.716	0.4	1.28
0.015	0.981	0.08	1.732	0.5	1.244
0.02	1.045	0.1	1.669	0.6	1.22
0.03	1.23	0.15	1.518	0.8	1.189
0.04	1.444	0.2	1.432	1	1.173

基于计算的空气比释动能，用式（2-17）计算相应的注量，再用式（2-8）计算器官吸收剂量。

（四）基于定向剂量当量 $H'(0.07)$ 监测

1. 对于 X 和 γ 射线的情况

对于 X 或 γ 射线，基于定向剂量当量 $H'(0.07)$ 监测的注量用式（2-25）计算。

$$\Phi = H'(0.07)/c_{\Phi H'} \tag{2-25}$$

式中：

Φ——X 或 γ 射线在关注位置的注量，$1/cm^2$；

$H'(0.07)$——被估算器官相应位置的定向剂量当量（垂直入射），Sv；

$c_{\Phi H'}$——单位注量的定向剂量当量，$pSv \cdot cm^2$，其值可从表 2-12 中获取。

基于计算的注量，再用式（2-8）计算器官的吸收剂量。

2. 对于 β 射线

对于 β 射线基于定向剂量当量 $H'(0.07)$ 监测的注量用式（2-26）计算。

$$\Phi_e = H'(0.07)/c_{\Phi eH'} \tag{2-26}$$

式中：

Φ_e——关注位置的 β 射线的注量，$1/cm^2$；

$H'(0.07)$——被估算器官相应位置的定向剂量当量，Sv；

$c_{\Phi eH'}$——单位注量的定向剂量当量，$pSv \cdot cm^2$，其值参见表 2-14。

表 2-14 不同能量 β 射线时单位注量的定向剂量当量 $H'(0.07)$

β 射线能量（MeV）	$c_{\Phi eH'}$（$pSv \cdot cm^2$）	β 射线能量（MeV）	$c_{\Phi eH'}$（$pSv \cdot cm^2$）	β 射线能量（MeV）	$c_{\Phi eH'}$（$pSv \cdot cm^2$）
0.07	0.221	0.5	0.403	3	0.276
0.08	1.056	0.6	0.366	3.5	0.274
0.09	1.527	0.7	0.344	4	0.272
0.1	1.661	0.8	0.329	5	0.271
0.1125	1.627	1	0.312	6	0.271
0.125	1.513	1.25	0.296	7	0.271
0.15	1.229	1.5	0.287	8	0.271
0.2	0.834	1.75	0.282	10	0.275
0.3	0.542	2	0.279	—	—
0.4	0.455	2.5	0.278	—	—

注量确定后，再用式（2–8）估算器官剂量，对 β 核素源而言，除眼晶状体和局部皮肤的吸收剂量外，无须计算其他器官的吸收剂量。

五、基于新实用量监测的剂量估算方法

基于 ICRU 第 95 号报告（2020）建议的实用量监测的剂量估算模块（以下简称新实用量剂量估算）。按 ICRU 第 95 号报告（2020）建议新实用量已取代现行实用量。包括个人剂量（H_p）、周围剂量（H^*）、个人吸收剂量［包括眼晶状体（D_{plen}）、局部皮肤（$D_{plocalskin}$）］、定向吸收剂量［包括眼晶状体（D'_{len}）和局部皮肤（$D'_{localskin}$）］取代现行实用量。这里将介绍基于这些新实用量监测的注量估算。

（一）基于个人剂量 H_p 的监测

这时基于个人剂量 H_p 监测的注量用式（2–27）计算。

$$\Phi = H_p / h_p(Y, \theta, E) \tag{2–27}$$

式中：

Φ——关注位置的注量，1/cm²；

H_p——个人剂量，Sv；

$h_p(Y, \theta, E)$——单位注量的个人剂量，是辐射类型 Y、入射角度和方式 θ、辐射能量 E 的函数，pSv · cm²，其值可按如下方法获取。

（1）对于光子、中子、电子和正电子：不同辐射能量 E，不同入射角度和方式 θ 的光子、中子、电子和正电子的 $h_p(Y, \theta, E)$ 分别参看 ICRU 第 95 号报告（2020）表 A.2.1a、表 A.2.2、表 A.2.3 和表 A.2.4；

（2）对于质子和 α 粒子：不同辐射能量 E，不同入射角度和方式 θ 的质子和 α 粒子的 $h_p(Y, \theta, E)$ 分别参看 ICRU 第 95 号报告（2020）表 A.2.5 和表 A.2.10；

（3）对于负 μ 介子和正 μ 介子：不同辐射能量 E，不同入射角度和方式 θ 的负 μ 介子和正 μ 介子的 $h_p(Y, \theta, E)$ 分别参看 ICRU 第 95 号报告（2020）表 A.2.6 和表 A.2.7；

（4）对于负 π 介子和正 π 介子：不同辐射能量 E，不同入射角度和方式 θ 的负 π 介子和正 π 介子的 $h_p(Y, \theta, E)$ 分别参看 ICRU 第 95 号报告（2020）表 A.2.8 和表 A.2.9。

基于计算的注量，用式（2–8）计算相应的器官吸收剂量。

（二）基于周围剂量 H^* 的监测

基于周围剂量 H^* 的监测，注量用式（2–28）计算。

$$\Phi = H^* / h^*(Y, \theta, E) \tag{2–28}$$

式中：

Φ——关注位置的注量，1/cm²；

H^*——周围剂量，Sv；

$h^*(Y, \theta, E)$——单位注量的周围剂量，pSv · cm²，是辐射类型 Y、入射角度和方式 θ、辐射能量 E 的函数，其值可按如下方法获取。

（1）对于光子、中子、电子和正电子：不同辐射能量 E，不同入射角度和方式 θ 的光子、中子、电子和正电子对应的 $h^*(Y, \theta, E)$ 分别参看 ICRU 第 95 号报告（2020）表 A.1.1a、表 A.1.2、表 A.1.3 和表 A.1.4；

（2）对于质子和 α 粒子：不同辐射能量 E，不同入射角度和方式 θ 的质子和 α 粒子对应的 h^*

（Y, θ, E）参看 ICRU 第 95 号报告（2020）表 A.1.5 和表 A.1.10；

（3）对于负 μ 介子和正 μ 介子：不同辐射能量 E 和不同入射角度和方式 θ 的负 μ 介子和正 μ 介子对应的 $h^{*}(Y, \theta, E)$ 分别参看 ICRU 第 95 号报告（2020）表 A.1.6 和表 A.1.7；

（4）对于负 π 介子和正 π 介子：不同辐射能量 E 和不同入射角度和方式 θ 的负 π 介子和正 π 介子对应的 $h^{*}(Y, \theta, E)$ 分别参看 ICRU 第 95 号报告（2020）表 A.1.8 和表 A.1.9；

基于计算的注量，用式（2–8）计算相应的器官吸收剂量。

（三）基于个人眼晶状体吸收剂量 D_{plen} 的监测

这时基于个人眼晶状体吸收剂量 D_{plen} 的注量用式（2–29）计算。

$$\Phi = D_{\mathrm{plen}}/d_{\mathrm{plen}}(Y, \theta, E) \tag{2-29}$$

式中：

Φ——关注位置的注量，1/cm²；

D_{plen}——个人眼晶状体吸收剂量，Gy；

$d_{\mathrm{plen}}(Y, \theta, E)$——单位注量的个人眼晶状体吸收剂量，pGy · cm²，是辐射类型 Y、入射角度和方式 θ、辐射能量 E 的函数，其值可按如下方法获取。

不同辐射能量 E，不同入射角度和方式 θ 的光子、中子、电子和正电子对应的 $d_{\mathrm{plen}}(Y, \theta, E)$ 分别参看 ICRU 第 95 号报告（2020）表 A.3.1a、表 A.3.2、表 A.3.3 和表 A.3.4；

注量确定后，可计算眼晶状体吸收剂量，无须计算其他器官的吸收剂量。

基于定向眼晶状体吸收剂量 D'_{len} 的情况与基于个人眼晶状体吸收剂量 D_{plen} 的注量计算完全相同，这里不再赘述。

（四）基于个人局部皮肤吸收剂量 $D_{\mathrm{plocalskin}}$ 监测

这时基于个人局部皮肤吸收剂量 $D_{\mathrm{plocalskin}}$ 的注量用式（2–30）计算。

$$\Phi = D_{\mathrm{plocalskin}}/d_{\mathrm{plocalskin}}(Y, M, \theta, E) \tag{2-30}$$

式中：

Φ——关注位置的注量，1/cm²；

$D_{\mathrm{plocalskin}}$——个人局部皮肤吸收剂量，Gy；

$D_{\mathrm{plocalskin}}(Y, M, \theta, E)$——单位注量的个人局部皮肤吸收剂量，pGy · cm²，是辐射类型 Y、模体类型 M、入射角度和方式 θ、辐射能量 E 的函数，其值可按如下方法获取。

（1）不同辐射能量 E 和不同入射角度和方式 θ 的光子及板模体、光子及柱模体和光子及杆模体分别参看 ICRU 第 95 号报告（2020）表 A.4.1.1a、表 A.4.1.2a 和表 A.4.1.3a；

（2）不同辐射能量 E 和不同入射角度和方式 θ 的中子及板模体、中子及柱模体和中子及杆模体分别参看 ICRU 第 95 号报告（2020）表 A.4.2.1、A.4.2.2 和表 A.4.2.3；

（3）不同辐射能量 E 和不同入射角度和方式 θ 的电子及板模体、电子及柱模体和电子及杆模体分别参看 ICRU 第 95 号报告（2020）表 A.4.3.1、表 A.4.3.2 和表 A.4.3.3；

（4）不同辐射能量 E 和不同入射角度和方式 θ 的正电子及板模体、正电子及柱模体和正电子及杆模体分别参看 ICRU 第 95 号报告（2020）表 A.4.4.1、表 A.4.4.2 和表 A.4.4.3；

（5）不同辐射能量 E 和不同入射角度和方式 θ 的 α 粒子及板模体参看 ICRU 第 95 号报告（2020）表 A.4.5。

注量确定后，可计算局部皮肤吸收剂量，无须计算其他器官的吸收剂量。

基于定向局部皮肤吸收剂量 $D'_{localskin}$ 的情况与基于个人局部皮肤吸收剂量（$D_{plocalskin}$）的注量计算完全相同，这里不再赘述。

六、内照射剂量估算方法

ICRP 和 ICRU 认为，内照射导致确定性效应的可能性非常小，因此，二者均未给出内照射情况下器官吸收剂量估算的推荐方法和参数；仅从辐射防护控制和评价的角度推荐了待积有效剂量和待积器官当量剂量的估算方法及其剂量学参数。

（一）剂量系数方法

1. 方法概述

在内照射剂量估算中，最常用的是待积器官当量剂量 $H_T(\tau)$ 和待积有效剂量 $E(\tau)$，组织或器官 T 中的待积当量剂量 $H_T(\tau)$ 定义如下。

$$H_T(\tau)=\int_{t_0}^{t_0+\tau}\dot{H}_T(t)\,dt \qquad (2\text{-}31)$$

式中：

$H_T(\tau)$——待积时间为 τ 的待积器官当量剂量，Sv；

$\dot{H}_T(t)$——在 t_0 时刻摄入放射性核素之后 t 时刻的剂量当量率，Sv/s。

对于职业照射人员，其待积时间 τ 取 50 年；对公众照射，成人的 τ 取 50 年，其他年龄组人员的 τ 取 70 年。应急情况下，对于因急性摄入引起的急性内照射人员，应计算待积器官相对生物效能权重吸收剂量，其 τ 取 30d，用 Δ 来表示积分时间，表示为 $AD_T(\Delta)$。

待积有效剂量 $E(\tau)$ 由式（2-32）计算。

$$E(\tau)=\sum_T W_T H_T(\tau) \qquad (2\text{-}32)$$

式中：

$E(\tau)$——待积时间为 τ 的待积有效剂量，Sv，是摄入放射性物质后，随时间积分的一个剂量学量；

W_T——组织 T 的组织权重因数，其值参见第一章表 1-6；

$H_T(\tau)$——待积时间为 τ 的待积器官当量剂量，Sv。

对于职业工作人员，50 年的待积时间，是 ICRP 考虑到一个参加工作的年轻人的平均寿命而取的整数值。用上述公式直接计算 $H_T(\tau)$ 和 $E(\tau)$ 比较困难，辐射防护中并不需要这样复杂的计算，而是采用简单的隔室模型代表器官中的放射性核素的转移、沉积和排除进行简化。因此通常用以下简化公式计算。

$$H_T(\tau)=I_0 h_T(\tau) \qquad (2\text{-}33)$$

$$E(\tau)=I_0 e(\tau) \qquad (2\text{-}34)$$

式中：

I_0——放射性核素的总摄入量（活度），Bq；

$h_T(\tau)$——待积组织或器官的剂量系数，Sv/Bq；

$e(\tau)$——待积有效剂量系数，即每单位摄入量引起的待积有效剂量预定值，Sv/Bq。

ICRP 通过建立人体的生物动力学模型和相应的剂量学模型，对 $h_T(\tau)$ 和 $e(\tau)$ 值进行了计算，并公布于其相应的出版物。原则上，只要能估算出摄入量（I_0），再结合 ICRP 给出的 $h_T(\tau)$ 和 $e(\tau)$ 值，就可以方便地计算出待积组织当量剂量 $H_T(\tau)$ 或待积有效剂量 $E(\tau)$。

2. 摄入量的估算

目前我国按《职业性内照射个人监测规范》（GBZ 129—2016）提出的个人监测的资料还十分缺乏，这时可用固定空气采样器（static air sampler，SAS）测量结果来粗略估算 I_0，当利用 SAS 的测量结果估算个人剂量时，应仔细评价照射条件及工作状态。操作非密封放射性核素的单位（如临床核医学科），即使没有进行 3 种主要个人监测方法的条件，至少也应有 SAS 的监测资料，安装 SAS 时必须安装在放射工作人员的呼吸带（离地 1.5m）位置。

（1）体外和生物样品个人监测：在进行特殊或任务相关监测，只要知道核素类型、摄入速度类型、摄入路径及摄入的时间 t 就可以通过个人监测的测量值（M）和 GBZ 129—2016 中特殊监测时的 $m(t)$ 值估算出摄入量（I）；若仅有单次测量值（M）时，可用式（2-35）计算核素 j 的摄入量（I_j）。

$$I_j = M(t)/m(t) \tag{2-35}$$

式中：

I_j——放射性核素 j 的摄入量，Bq；

$M(t)$——摄入后 t 天时测得的体内或器官内核素的含量（Bq），或日排泄量（Bq/d）；

$m(t)$——摄入放射性核素后 t 时刻的单位内照射个人监测值的摄入量，Bq/Bq，其值可以从 GBZ 129—2016 中获取。当不知道摄入时间时，应先确定摄入时间再进行评估。当有多次测量结果时，可用最小二乘法估算摄入量。

对于内照射常规个人监测，这时假定摄入发生在监测周期（T）的中间时刻（$T/2$），这时可用式（2-36）计算摄入量（I）。

$$I = M/m(T/2) \tag{2-36}$$

常用放射性核素 $m(T/2)$ 值也可以从 GBZ 129—2016 中查到。当摄入发生在周期内任何一天的摄入量计算结果超过按 $T/2$ 计算结果的 10% 时，则应进行适当的修正。

（2）空气个人监测：当空气样品个人监测的测量结果是监测周期内的累积放射性活度时，则可直接视其为此时的摄入量。若核素 j 的监测结果是核素空气浓度（$c_{j空}$），其摄入量（I_j）可用式（2-37）计算。

$$I_j = C_{j空} B_{空} T \tag{2-37}$$

式中：

$C_{j空}$——个人空气采样器（personal air sampler，PAS）监测的 j 类放射性核素的活度浓度，Bq/m^3；

$B_{空}$——人的呼吸率，m^3/h；没有实际值时，按 ICRP 第 137 号出版物建议，对职业工作人员，其 $B_{空}$ 的均值为 1.2m^3/h；

T——个人监测周期内在工作场所停留的总有效时间，h。

若用 PAS 进行个人监测的时间与工作人员实际摄入期间不同时，则由 PAS 获得的单位体积的时间积分空气活度浓度与职业人员摄入期间吸入的空气体积相乘，可求得放射性核素的摄入量。

对于确实无法通过常规个人监测方法取得监测值，但存在空气污染的情况，可以用 SAS 监测值进行剂量估算。GBZ 129—2016 对 SAS 监测结果的使用具有以下规定：①对于在空气中易于扩散的化合物，如放射性气体和蒸气（如二氧化碳和氚水），可用 SAS 数据对这些化合物的吸入量给出较合理的估计；但对于其他物质，如再悬浮颗粒，一般不要用 SAS 测量结果进行个人剂量估算。②在缺乏个人监测资料时，可利用 PAS 和 SAS 测量结果的比值来解释 SAS 的测量结果。当利用 SAS 的测量结果估算个人剂量时，应仔细评价照射条件及工作实践。

（二）单位含量函数剂量方法

从 2015 年起，ICRP 在其关于“放射性核素职业摄入（OIR）”的 5 个系列出版物中，不仅修订了原先剂量系数法中的相关参数，而且提出了直接用个人监测量值估算剂量的新方法，并将其称为单位含量函数剂量（dose per content function）方法。

职业人员，如果采用常规个人监测方法的一次测量结果为 M，可以不再估算摄入量，直接通过式（2–38）估算待积时间为 50 年的待积有效剂量 $E(50)$。

$$E(50)=\sum_j M_j(t)\times Z_j(t) \tag{2-38}$$

式中：

$M_j(t)$——体内摄入核素 j 后 t 时刻的个人监测值，Bq；

$Z_j(t)$——摄入后 t 时刻的单位内照射个人监测值的待积有效剂量，Sv/Bq；其值可从 2015 年开始的 ICRP OIR 系列出版物中获取；$Z_j(t)$ 也可以用式（2–39）计算。

$$Z_j(t)=e_j(50)/m_j(t) \tag{2-39}$$

式中：

$m_j(t)$——摄入核素 j 后 t 时刻的单位内照射个人监测值的摄入量，Bq/Bq，其值可以从 GBZ 129—2016 中获取；

$e_j(50)$——摄入核素 j 后待积时间为 50 年的待积有效剂量系数，即每单位摄入量引起的待积有效剂量预定值，Sv/Bq，其值可以从 GBZ 129—2016 中获取。

由于 ICRP 的 OIR 系列出版物已对 ICRP 第 78 号出版物的相关生物动力学和剂量学参数进行了修正，因此，用式（2–38）的结果与式（2–34）的结果会有差异，一般差异在 30% 以内。对于常规监测，$t=T/2$；T 是常规监测的周期。

（三）氡暴露的剂量估算

吸入是氡最重要的摄入路径，因此，对于氡的剂量估算，主要关注吸入氡的剂量估算，这时可用式（2–37）计算其摄入量（I），只要能获得不同情况下的待积有效剂量系数 $e(\tau)$，就可用式（2–34）估算其待积有效剂量。

1. 吸入单一氡气的有效剂量系数

表 2–15 列出了单独吸入氡气后的有效剂量系数，同时也列出了器官和组织中的氡浓度达到饱和（即平衡）后，长期暴露于单位浓度氡后的有效剂量率。

表 2–15　单独吸入氡气后的有效剂量系数

核素	物理半衰期	单位摄入量的待积有效剂量（Sv/Bq）	单位时间空气吸入活度的待积有效剂量［mSv/（Bq・h/m³）］*
^{222}Rn	3.8d	4.4×10^{-10}	1.48×10^{-7}
^{220}Rn	56s	1.8×10^{-10}	—
^{219}Rn	4.0s	4.48×10^{-11}	—

注：* 这是器官和组织中氡浓度达到饱和（即平衡）后，长期暴露于单位浓度氡后的有效剂量。

表 2–15 以 Sv/Bq 为单位，给出了氡气单位摄入量表示的待积有效剂量系数，相应的器官等效剂量在 ICRP 第 130 号系列出版物随附的电子附件中给出。待积有效剂量可以通过摄入量乘以单位摄入量的待积有效剂量得到；也可以用累积时间空气吸入活度乘以单位时间空气吸入活度的待积有效剂量得到，累积时间空气吸入活度可用式（2–37）计算。

2. 吸入 ^{222}Rn 和 ^{220}Rn 子体的有效剂量系数

表 2–16 列出了吸入单个短寿命氡气（^{222}Rn）或钍射气（^{220}Rn）子体的有效剂量系数。计算室内工作场所、矿场和旅游溶洞的假定气溶胶分布的每种模式的值时，其特征参数在 ICRP 第 137 号出版物附件 A 的表 A.3 和表 A.4 中给出。ICRP 人体呼吸道模型中每种模式的相应区域分布在 ICRP 第 137 号出版物附录 A 的表 A.6 和表 A.8 中给出。表 2–16 中所提及子体，特指那些在估算氡及其子体对肺部剂量和有效剂量贡献中占主导地位的子体。表格中的值可作为关键参数，通过其附录 A 中的公式（A.5）和（A.6）计算单位 α 能量照射的有效剂量值。

表 2–16　平均呼吸频率为 1.2m³/h 的参考工作人员在工作场所吸入氡气（^{222}Rn）和钍射气（^{220}Rn）的待积有效剂量

放射物质	暴露 / 场所	未附着分数 f_p	平衡因子 F	单位暴露量的待积有效剂量 *		
				mSv/WLM	mSv/（mJ・h/m³）	mSv/（Bq・h/m³）
^{222}Rn 及其子体	室内工作场所	0.08	0.4	20	5.7	1.3×10^{-5}
	矿场	0.01	0.2	12	3.3	—
	旅游溶洞	0.15	0.4	24	6.7	1.5×10^{-5}
^{220}Rn 及其子体	室内工作场所	0.02	—	5.6	1.6	1.2×10^{-4} **
	矿场	0.005	—	4.8	1.4	1.0×10^{-4} **

注：* 对于氡气 1WLM=（$6.37\times10^5/F$）Bq・h/m³；对钍射气 1WLM= 4.68×10^4 Bq・h/m³（平衡当量浓度）；1WLM=3.54mJ・h/m³。
** 单位 Bq・h/m³ 平衡当量浓度的 mSv 值。

表 2–16 提供了吸入 ^{222}Rn 和 ^{220}Rn 及其短寿命子体的待积有效剂量值，以 mSv/WLM、mSv/（mJ・h/m³）和 mSv/（Bq・h/m³）为单位表示。在 ICRP 第 137 号出版物的附录 A 中给出了 ^{222}Rn 和 ^{220}Rn 子体剂量计算的更多细节。

关于 ^{222}Rn 气体及其子体的计算，已假设室内工作场所和旅游溶洞的平衡因子（F）为 0.4，矿场的 F 值为 0.2。一般来说，肺剂量和有效剂量是由空气中氡子体的吸入而不是氡气的吸入决定的，吸入氡气的剂量仅占总有效剂量的一小部分；室内工作场所和矿场分别低于 2% 和 5%。吸入 ^{220}Rn 气体对剂量的贡献可以忽略不计，表 2–16 中的值仅针对 ^{220}Rn 子体。

目前情况是，剂量计算得出的系数与基于流行病学比较的转换系数之间具有显著的一致性。注意到吸入 ^{222}Rn 及其子体是一种特殊情况，有良好的流行病学研究和剂量测定，并考虑到剂量系数的两种计算方法及其相关的不确定度，委员会建议剂量系数采用以下舍入方法。

为了计算地下矿场和建筑物中氡气和氡子体吸入后的剂量，在大多数情况下，委员会建议的剂量系数为 3mSv/（mJ·h/m^3）（约 10mSv/WLM）。委员会认为该剂量系数适用于大多数情况，无须对气溶胶特性进行调整。然而，对室内工作场所以及旅游溶洞中的劳动者，当从事大量体力活动时，委员会建议的剂量系数为 6mSv/（mJ·h/m^3）（约 20mSv/WLM）。

如果气溶胶特性与典型条件显著不同，并且有足够、可靠的气溶胶数据，并且估计剂量需要更详细地考虑，则可以使用 ICRP 第 137 号出版物附录 A 随附的电子附件中提供的数据来计算特定地点的剂量系数。

表 2-16 给出了室内工作场所和矿场两种暴露情况下吸入钍射气（^{220}Rn）子体的剂量系数。根据这些计算，建议对所有职业暴露情况使用 1.5mSv/（mJ·h/m^3）（约 5mSv/WLM）的单一舍入值。该剂量系数被认为适用于大多数情况，无须对气溶胶特性进行调整。与吸入 ^{222}Rn 子体的情况一样，如果有足够、可靠的气溶胶数据，并且估计剂量需要更详细地考虑，则可以使用 ICRP 第 137 号出版物附录 A 随附的电子附件中提供的数据来计算特定地点的剂量系数。

第二节　生物剂量估算

一、概述

在辐射生物学领域中，生物剂量学（biological dosimetry）所研究的主要内容是通过测量电离辐射照射者产生的一些生物学变化，来准确地评估其已接受的辐射剂量。如果特指某种具体的技术实现方法，则称为生物剂量测定方法，其中，用于实现这种测定方法的特定生物体系，被称为生物剂量计（biodosimeter）。

在事故情况下，进行剂量测定的首要目的是对受照者作出剂量诊断，从而以此作为确定临床治疗方案的依据，也为远期健康影响评价提供参考。对职业性慢性受照者进行剂量估计，可以为辐射的早期和远后效应之间关系的分析，以及对受照者的工作安置提供生物学依据。

生物剂量计的选用应具备以下基本条件：①对电离辐射有特异性或至少在正常人自发本底值很低；②具有较高的灵敏度，且与照射剂量相关性很好；③整体和离体效应一致；④对各类射线均具有较好的响应；⑤对大剂量急性照射和对小剂量累积照射均有较好的剂量 - 效应关系；⑥不受环境诱变剂的干扰；⑦个体间变异小；⑧方法简便，取材方便，不增加受检者痛苦；⑨能尽快给出结果；⑩有可能借助于仪器实现自动化。

目前已经得到应用或正在研究中的生物剂量估算的方法有很多，常用的生物剂量学检测指标有临床指标、细胞遗传学指标和体细胞基因突变检测指标等。属于细胞遗传学范畴的有染色体畸变、淋巴细胞微核、早熟染色体凝集和荧光原位杂交等，属于体细胞基因突变的有 T 细胞受体、GPA、HPRT、HLA-A、小卫星 DNA 位点突变等。目前正在研究的有线粒体 DNA 缺失、γH_2AX、核基因表达（ATM、GADD45 等）、细胞凝胶电泳的彗星分析、核质桥、基因变化的组合等研究。

二、生物剂量学指标

（一）临床指标

临床指标包括临床症状、体征和实验室检查（血常规、免疫、生殖、体液生化等指标），主要用于事故情况下伤员的早期分类和医疗方案制定和疗效观察。其特点是简便、快速，但灵敏度不高，特异性不强。

（二）细胞遗传学指标

细胞遗传学指标主要包括外周血淋巴细胞染色体畸变双着丝粒＋着丝粒环（简称“双＋环”）分析、微核测定和早熟染色体凝集等，具有良好的剂量－效应关系、灵敏度和特异度较高，是事故早期常用的生物剂量计。稳定性染色体畸变分析（G 显带、FISH 技术）已用于事故照射和职业受照人群的剂量重建研究。

（三）体细胞基因突变

体细胞基因突变主要包括血型糖蛋白 A 基因、次黄嘌呤磷酸核糖转移酶基因、T 细胞受体、人类白细胞抗原 A 基因、电子顺磁共振等。

（四）生物剂量计新方法

利用外周血应用不同敏感基因组合在 0~5Gy 范围内对不同性别、照后不同时间进行早期的剂量估算，主要基因包括 CDKN1A，BAX，MDM2，XPC，PCNA，FDXR，GDF-15，DDB2，TNFRSF10B，PHPT1，ASTN2，RPS27L，BBC3，TNFSF4，POLH，CCNG1，PPM1D 和 GADD45A。利用大鼠血浆筛选辐射诱导蛋白组学分析，结果显示大鼠血浆中 A2m，CHGA，GPX2 蛋白表达改变可以作为评估辐射照射的潜在标志物。利用大鼠血浆筛选辐射敏感的脂质代谢物，辐射诱导的脂质代谢物生物标志物和剂量－效应曲线具有快速、高通量的核辐射事故中的分类潜能。

（五）生物剂量学指标的适用期和半减期

由于受照后各种生物剂量学指标随时间的变化及衰减不同，不同生物剂量学指标的适用期和半减期也不同。表 2-17 列出了受照后各种生物剂量学指标的适用期和半减期，表 2-18 列出了不同细胞遗传学分析指标用于生物剂量估算的比较。

表 2-17　生物剂量学指标的适用期和半减期

生物剂量学指标	适用期					半减期
	数天	数周	数月	1 年	>5 年	
染色体畸变（“双＋环”）	√	√	√			1 年
荧光原位杂交	√	√	√	√	√	终生
早熟染色体凝集	√	√	√			1 年
胞质分裂阻断微核	√	√	√			1 年
次黄嘌呤磷酸核糖转移酶基因突变		√	√	√		1~2 年
血型糖蛋白 A 基因			√	√	√	终生
T 细胞受体突变		√	√	√		2 年
电子顺磁共振	√	√	√	√	√	终生

总之，目前估算生物剂量的指标较多，对核辐射事故急性照射剂量估算的首选指标和“金标准”仍然是染色体畸变分析。

表 2-18　不同细胞遗传学分析指标用于生物剂量估算的比较

<table>
<tr><th rowspan="2">内容</th><th colspan="4">细胞遗传学畸变分析指标</th></tr>
<tr><th>双着丝粒 + 着丝粒环（DCA）</th><th>早熟染色体凝聚（PCC）</th><th>荧光原位杂交（FISH）</th><th>胞质分裂阻断微核（CBMN）</th></tr>
<tr><td rowspan="2">用于剂量估算的畸变指标</td><td rowspan="2">双着丝粒（和环）</td><td>断片，双着丝粒（和环）</td><td rowspan="2">双着丝粒（和环）</td><td>微核</td></tr>
<tr><td>易位</td><td>核质桥</td></tr>
<tr><td rowspan="3">典型的辐射场景</td><td>急性</td><td rowspan="2">急性</td><td>急性</td><td>急性</td></tr>
<tr><td>迁延性</td><td>迁延性</td><td>迁延性</td></tr>
<tr><td>近期辐射照射</td><td>近期辐射照射</td><td>远期辐射照射</td><td>近期辐射照射</td></tr>
<tr><td>全身照射剂量评估范围（Gy）</td><td>0.1~5</td><td>0.2~20</td><td>0.25~4</td><td>0.3~4</td></tr>
<tr><td>用于局部照射的应用</td><td>是</td><td>是</td><td>否</td><td>否</td></tr>
<tr><td>用于剂量评估快速分类</td><td>是</td><td>是</td><td>否</td><td>是</td></tr>
<tr><td>国际标准现状</td><td>ISO 标准</td><td>否</td><td>ISO 标准</td><td>ISO 标准</td></tr>
<tr><td>国内标准编号</td><td>GB 28236—2011</td><td>WS/T 615—2018</td><td>GBZ/T 249—2014</td><td>GBZ/T 328—2023</td></tr>
</table>

三、染色体畸变分析

1962 年，国外学者 Bender 用离体照射人外周血淋巴细胞的方法，首先肯定了人体细胞染色体畸变量和受照剂量成正比。该体系在适当的剂量范围内，有良好的线性剂量 - 效应关系，离体照射和整体照射的剂量 - 效应曲线之间在统计学上无显著性差异。染色体畸变是反映电离辐射损伤的敏感指标之一，而且借助离体照射人外周血淋巴细胞所建立染色体畸变的剂量 - 效应曲线，可估算事故受照人员的受照剂量。

IAEA 于 1986 年、2001 年和 2011 年相继出版了技术报告丛书 260 号、405 号和 2011 应急准备与响应 - 生物剂量计（EPR–Biodosimetry），题目（译文）分别为《生物剂量测定——用于估算剂量的染色体畸变分析》《细胞遗传学用于估算受照剂量的手册》《细胞遗传学剂量计：应用于辐射事故的应急响应与准备》，可见外周血染色体畸变分析是目前国际上公认的可靠而灵敏的生物剂量计，它作为一种生物剂量计已有 60 多年的历史，在国内外重大的辐射源丢失事故中，染色体畸变分析在剂量估算中起了相当重要的作用，所给出的剂量与临床表现相符，为临床诊治提供了依据；同时，与物理方法估算的剂量也比较一致。

（一）急性照射的剂量 - 效应关系

1. 剂量 - 效应曲线的模式

采用适当的模式进行剂量 - 效应曲线关系分析，对于合理描述生物效应的特点，揭示其发生机制有重要意义。关于急性照射条件下，辐射诱导染色体畸变剂量效应关系的研究，现在仍然沿用 1973 年 WHO 推荐的以下 4 种数学模式进行拟合。

（1）线性方程或线性模式（linear model）：

$$\hat{y} = a + bD \tag{2-40}$$

（2）平方方程或二次方程模式（quadratic model）：

$$\hat{y} = a + cD^2 \tag{2-41}$$

（3）线性平方方程或二次多项式模式（second degree model）：

$$\hat{y} = a + bD + cD^2 \tag{2-42}$$

（4）指数方程或幂函数（power law）：

$$\hat{y} = a + kD^n \tag{2-43}$$

上述4个方程中：$\hat{y}$ 为畸变细胞或畸变率（%）；D 为剂量（Gy）；a 为畸变的自发畸变率（一次或两次击中畸变）；b、c 分别为拟合的回归系数；k 为常数；n 为剂量指数。可通过解方程或用微机计算拟合系数，同时应检验拟合系数的显著性和曲线的拟合度。

2. 拟合模式的选择

染色体畸变率和剂量之间的关系与射线本身的性质有关。

（1）低LET辐射：低LET辐射诱导的双着丝粒体与受照剂量呈线性平方式关系，即 $\hat{y} = a + bD + cD^2$。该模式的含义如下：通常，一个双着丝粒体畸变需两次断裂，两次断裂分别位于两个染色体上，bD 项表示这部分二次击中畸变由一个电离径迹通过，使两个染色体各产生一个断裂，随后重排形成一个双着丝粒体，它与剂量呈线性关系；而 cD^2 项表示两个电离径迹使两个染色体各产生一个断裂，然后重排形成双着丝粒体。由此可见，形成一个双着丝粒体的两个断裂可由单个儿电离粒子径迹所致损伤形成，它与剂量率无关（即线性成分）；也可由两个独立的径迹所致损伤相互作用而成，其值取决于两个径迹作用之间相隔的时间，因此 cD^2 项取决于剂量率（即平方成分）。

（2）高LET辐射：（粒子、裂变中子或低能质子等的特征是在组织中很快地释放能量。它们的单个儿电离径迹的能量可沉积在两个染色体上，引起两个断裂，重组形成双着丝粒体。这样，高LET辐射诱导的染色体畸变，不仅一次击中畸变与剂量之间呈线性关系，二次击中畸变的剂量效应也可以拟合线性方程式，即式（2-28）。对具有线性剂量效应关系的高LET辐射，不存在剂量率效应。Scott等用0.7MeV快中子分别作急性和慢性照射，剂量率分别为0.034Gy/h和0.5Gy/min，结果显示两者在畸变率之间没有明显差异。迄今为止，国内外大量研究表明，高LET辐射诱导的二次击中畸变剂量效应关系，采用二次多项式比线性方程的拟合优度最好，即式（2-40）。一般情况下，高LET辐射的 b 值要比低LET辐射的 b 值高几十倍。线性项（bD）只在低吸收剂量下起主导作用，而平方项（cD^2）则在高吸收剂量下起主要作用。

3. 曲线拟合方法

按畸变的识别标准及分析的细胞数，将各剂量点的各类畸变分别计数，求出畸变细胞和每100个细胞或每个细胞的畸变率以及它们的误差，畸变细胞率是指见到的畸变细胞占分析细胞数的份额。畸变细胞中不论含有1个或多个畸变，均按1个畸变细胞计。当畸变数的分布服从二项分布时，其畸变细胞率的标准误（s_p）计算公式如下。

$$s_p = \sqrt{\frac{p(1-p)}{n}} \tag{2-44}$$

式中：

p——畸变细胞率；

n——分析细胞数。

畸变率包括双着丝粒体（dic）、着丝粒环（r）以及无着丝粒体（ace）的畸变率，以每100个细胞或每个细胞有多少个畸变显示，当畸变数的分布服从泊松分布时，其标准误计算公式如下。

$$s_p = \frac{\sqrt{x}}{n} \tag{2-45}$$

式中：

x——畸变数；

n——分析细胞数。

根据畸变类型和射线品质选择合适的数学模式，将各剂量点的畸变率数据输入统计软件拟合回归方程。

4. 建立剂量效应曲线的原则

当用染色体畸变作为生物剂量计时，首先在离体条件下，用不同剂量照射健康人外周血，根据畸变率和照射剂量的关系，建立不同辐射类型、不同剂量、不同剂量率（低 LET）的剂量效应曲线，即刻度曲线。

（1）照射条件：应尽量仿照活体照射的情况，选用 2~4 名满足下述条件的人员作为研究对象，即不吸烟的正常健康个体，年龄在 18~45 岁，男女均可，非放射性工作者，半年内无射线和化学毒物接触史，近 1 个月内无病毒感染。根据 IAEA 技术报告中的建议和多数实验室的工作情况，在 0.1~5Gy 剂量范围内，选择 8~10 个照射剂量点；取上述人员血样，于（37 ± 0.5）℃条件下进行均匀的离体照射。考虑到染色体断裂重接的时间为 90~120min，故血液照射后应在 37℃条件下放置 2h 再进行培养。

（2）培养方法、细胞计数和分析技术：为避免非稳定性畸变丢失所致的误差，采用培养开始时加秋水仙素的方法，可确保所分析的细胞均为受照后经第一次分裂的中期细胞。

在建立剂量效应曲线时，每剂量点计数细胞数应尽可能满足统计学要求。在特定条件下，染色体畸变数符合泊松分布，而染色体畸变细胞率符合二项式分布，估算剂量时，除给出平均值外，同时应给出 95% 的可信限范围。在计算 95% 可信限时，可忽略标准曲线中因畸变率不确定性导致的标准误，而只需要计算所观察细胞畸变率的标准误。95% 可信限范围可由下列公式计算。

95% 可信限范围 = 畸变 / 细胞 ± sp（观察细胞畸变率的标准误）× 1.96　　（2–46）

95% 可信限范围的可信程度与所分析的细胞数量有关。IAEA 于 1986 年发布的关于生物剂量制定的技术报告中，把增加分析细胞数对急性 γ 射线照射估算剂量的 95% 可信限范围的影响归纳成表（见表 2–19）。由表 2–19 可见，分析细胞数越多，所估算出剂量的 95% 可信限范围越窄，结果越可靠。

表 2–19　分析细胞数对剂量估算值（Gy）95% 可信限范围的影响

估算剂量（Gy）	分析 200 个细胞		分析 500 个细胞		分析 1000 个细胞	
	下限	上限	下限	上限	下限	上限
0.10	—	—	<0.05	0.34	<0.05	0.25
0.25	0.03	0.61	0.10	0.50	0.12	0.40
0.50	0.19	0.87	0.30	0.71	0.36	0.64
1.00	0.69	1.35	0.81	1.21	0.85	1.13

若已知畸变细胞率和允许误差，就可以根据二项式分布 95% 可信限公式求出应计数的细胞数。生物学实验一般采用 15% 的允许误差，这需要计数相当大的细胞数。目前，在染色体畸变的剂量 – 效应关系中采用 20% 的允许误差，其公式如下。

$$p \pm 1.96\sqrt{\frac{p(1-p)}{n}} \tag{2-47}$$

令
$$1.96\sqrt{\frac{p(1-p)}{n}} = p \times 20\% \tag{2-48}$$

则
$$n = \frac{(1-p) \times 96.04}{p} \tag{2-49}$$

式中：

n——应分析的细胞数；

p——畸变细胞率，可在计数分析到一定数量的畸变细胞后求出应分析的细胞数。

在建立染色体畸变剂量－效应曲线时，分析细胞数应符合统计学要求。染色体畸变的自发畸变率相当低，在对照组剂量点难以满足统计学要求时，至少应分析 1 万个中期细胞。对不同剂量受照者畸变分析结果表明，在大剂量急性照射时，由于畸变率高，需要计数的细胞数少，分析 100~200 个细胞可满足统计学要求。一般情况下，计数 200~500 个中期分裂细胞，可满足有医学意义照射水平的剂量估算。而在较小剂量照射时，往往需要计数大量的细胞数才能达到统计学上的要求。英国国家放射防护局（NRPB）实验室规定，通常情况下，每份标本要分析 500 个细胞，当辐射剂量足够大时，分析 200 个细胞即可。

（3）畸变分析采取盲法阅片：只分析受照后第一次分裂的中期细胞，确立统一的分析细胞标准，选择分散良好，含有（46 ± 1）个染色体的中期细胞；畸变的确定应征得两个分析者的确认，并采用图式结合的统一命名的数字、字母和符号详细记录畸变，以备审核和照相。

（4）生物剂量估算的原则：生物剂量测定采用分析非稳定性染色体畸变（Cu），其中尤以“双＋环”的频率估算剂量较为准确，但 Cu 畸变会随照后时间的推移而逐渐减少。因此，只有在畸变未明显下降前取样，才能给出较准确的估算剂量。金璀珍等对 7 例不同剂量受照者的动态观察研究发现，照后 1~2 个月“双＋环”的变化不大，3 个月后明显下降，并建议取血时间最好在事故后 48h 内，最迟不宜超过 6~8 周；原则上应尽早取血培养，最迟不超过 2 个月。外周血中 Cu 畸变在体内存在时间与许多因素有关，如淋巴细胞寿命、剂量水平、剂量分布、照射持续时间和个体差异等，都有待进一步研究。

染色体畸变估算剂量范围，一般认为是 0.1~5.0Gy。其最低值，对 X 射线约为 0.05Gy，γ 射线为 0.1Gy，而裂变中子可测到 0.01Gy。但在此种情况下，必须分析大量的细胞才能得到较为可靠的结果。

非稳定性染色体畸变分析进行生物剂量测定主要用于分布比较均匀的急性全身外照射，目前还不能用于混合照射、分次照射、长期小剂量照射和内照射的生物剂量估算。但是在辐射事故中，多数为不均匀照射或局部照射，因此，对不均匀照射或局部照射的剂量估算的研究已受到人们的极大关注。

（二）局部或不均匀照射的剂量－效应关系

染色体畸变分布与畸变类型、射线品质以及照射的均匀程度等因素有关。当照射仅局限于身体某个部位时，由于受照部位的淋巴细胞在血液中迅速地与未受照射的淋巴细胞混合，畸变率就会改变。用一次急性均匀照射建立的量效关系来描述局部照射染色体畸变的量效关系有较大的误差。为了解局部照射情况下染色体畸变与受照剂量的关系，Lloyd 等在离体条件下，将照射的血和未受照射的血等量混合，培养制片，发现双着丝粒体在混合培养时要比非混合培养时低，前者不及后者的 1/2。Sasaki 曾研究了活体照射情况下的局部照射对畸变率的影响，发现肿瘤患者局部照射后取血培养观察到的畸变比相同剂量离体照射同一患者的血所培养观察到的畸变更低。因此，无论是活体照射还是离体照射，在低LET辐射急性全身均匀照射条件下所建立的剂量－效应关系不适用于局部照射。低LET辐射急性全身均匀照射条件下，外周血淋巴细胞中双着色粒细胞分布呈泊松分布，而在高LET辐射照射或全身非均匀照射条件下，畸变分布则偏离泊松分布，呈过度分散分布（over-dispersion），因而研究畸变分布的性质可以指出是否为均匀照射，偏离的程度反映了不均匀照射的程度。用u检验来判断是否服从泊松分布（$u>0$偏离泊松分布，$u>1.96$称为过度偏离），u值用公式（2-50）计算：

$$u = (s^2/y) - 1 = \sqrt{\frac{n-1}{2\times\left(1-\frac{1}{X}\right)}} \tag{2-50}$$

式中：

s^2——双着丝粒分析的方差；

y——双着丝粒的均值；

n——分析的细胞数量；

X——检测到的双着丝粒数目。

通常将s^2/y称为分散指数，泊松分布，其值应为1。

从畸变分布的性质出发，IAEA介绍了两种用于局部照射剂量估算的方法：不纯泊松法和复杂的泊松分布（Qdr）法。近年来，一些研究探讨了这两种方法用于不均匀性或局部照射的剂量－效应关系研究的可行性，部分文献从离体模拟实验的角度对其给予了肯定。

（三）延时性照射或分隔照射

延时性（指低LET的低剂量率）照射或分次照射比急性照射产生的畸变率可能要低。Scott等以3Gy的^{60}Co-γ射线在24h内均匀照射人淋巴细胞，发现双着丝粒体的数量只有相同剂量的急性照射时的一半。对于高LET辐射，由于一次击中和二次击中畸变的剂量－效应曲线近于线性关系，延时照射或分次照射不会影响畸变率；但是，对于低LET辐射，一次击中畸变量不变，二次击中畸变的线性平方关系中的平方项则要减少。该项代表了来源于双径迹次级损伤相互作用而得到的畸变。一些研究表明，次级损伤随照射时间的增加而呈指数性下降。因而在分次照射或低剂量率照射条件下，由于各径迹造成的次级损伤有一定的时间修复，一些次级损伤不再能形成畸变。Catchieside和Lea建议用G函数来修正平方项的系数，修正后的二次多项式见式（2-51）。

$$\hat{y} = a + bD + cG(x)D^2 \tag{2-51}$$

式中，$\hat{y}$、D、a、b和c的数值同急性照射，G函数见下式。

$$G(x) = \frac{2}{x^2}(x - 1 + e^{-x}) \tag{2-52}$$

$$x = \frac{t}{t_0} \tag{2-53}$$

式中：

t——照射延续时间，h；

t_0——染色体断裂平均重接时间（采用2h）。

四、稳定性染色体畸变（易位）分析

目前，通常用荧光原位杂交方法和G显带法进行稳定性染色体畸变分析。荧光原位杂交（fluorescence *in situ* hybridization，FISH）技术是20世纪80年代末以来发展的一种快速分析人类染色体结构畸变（特别是相互易位）的新方法。Pinkel 等人于 1986 年首先将 FISH 技术引入辐射研究领域，开创了辐射生物剂量测定的新篇章。它是检测已固定在玻片上特有核酸序列的一种高度敏感、特异的方法。其方法是以生物素（biotin）标记的已知碱基序列的核酸作为探针，按照碱基互补的原则，与标本上细胞染色体的同源序列核酸进行特异性结合，然后用荧光标记的生物素亲和蛋白（avidin）和抗亲和蛋白的抗体进行免疫检测和放大，使探针杂交区发出荧光，形成可检测的杂交双链核酸，最后在荧光显微镜下检查探针存在与否。结合了探针的染色体会呈现出特定的颜色，未结合探针的染色体就不着色，因此，如果着色与未着色的染色体间发生了互换，这种异常的染色体在荧光显微镜下非常容易鉴别。目前，在辐射生物剂量学领域的 FISH 研究中，选用的探针主要有全染色体探针、泛着丝粒探针、特异性的端粒和着丝粒探针等。不同探针组合的作用，促进了 FISH 技术从单色、双色 FISH 向多色 FISH（即 M-FISH）发展，这样就可获得更加生动的彩色染色体图像，不但能快速正确检测双着丝粒体，而且能很容易地辨认出易位、缺失和插入等稳定性染色体畸变。

与 G 显带技术相比，FISH 方法可以大大提高染色体易位的检出率，节省了人力、物力。FISH 方法不需要分散良好的中期分裂相作分析，因而增加了可供分析的细胞数，提高了检测的精确度，是一种快速、准确、很有前途的生物剂量测定方法，是当前辐射细胞遗传学发展中的一门前沿技术。其不足之处是对某些稳定性染色体畸变（如倒位和缺失）不甚敏感；且由于探针的特异性，只有某些与探针相对应的染色体畸变才能被察觉。

五、早熟染色体凝集

当一个处于分裂中期的细胞和一个处于分裂间期的细胞发生融合时，间期细胞核会被诱导提前进入有丝分裂阶段。早熟染色体凝集（premature condensed chromosome，PCC）指利用化学或生物的方法，诱导间期淋巴细胞核提前进入有丝分裂期，使间期淋巴细胞核内极度分散状态的染色质凝缩成细纤维状的染色体样结构。在融合后的细胞中，通过光学显微镜可见诱导细胞的中期染色体和纤细的单股染色体样结构。

1983 年，Pantelias 等用化学制剂聚乙二醇作为融合剂，简化了细胞融合的操作步骤，使 PCC 技术受到人们的重视。特别是 2001 年美国、日本的资料报道，大剂量照射后，大多数淋巴细胞阻滞在 G_2 期，不能到达分裂期，难以用常规秋水仙素阻滞法获得分析的细胞数，而 PCC 技术可用于大于 10Gy 照射的情况，使 PCC 技术得到了广泛的应用，在辐射损伤研究中引起人们的关注，但上述融合法诱导的 PCC 指数低。自 1995 年 Gotoh 首次用 Calyculin A 成功诱导染色体发生凝聚之后，药物诱导的 PCC 技术已被广泛应用数年。Calyculin A 和 Okadaic acid 作为蛋白质磷酸酯酶抑制剂，可诱导许多类细胞在细胞周期的任一期产生 PCC 和环结构，提高了 PCC 指数。有实验表明，Calyculin A 诱导的 PCC 指数远高于常规染色体法，此方法克服了常规染色体畸变分析中有丝分裂指数较低的不足，对部分个体如年老者、免疫力低下者及受到大剂量辐照者，此方法尤为适用。

六、染色体畸变分析的应用

（一）剂量估算曲线的选择

常见的辐射源有 γ 射线、X 射线，偶尔还有慢化中子。一般认为，X 射线和 γ 射线的剂量 - 效应曲线的畸变数是有区别的，特别是在低剂量时（<0.5Gy）。因此，为了更准确地评估辐射风险，最好采用具有合适能量的 X 射线（如 200~250kVp）以及 ^{60}Co 或 ^{137}Cs 对应的刻度曲线来进行测量和

评估。中子的慢化能谱与裂变能谱相似，裂变中子谱的剂量 – 效应曲线是线性的，并且随中子能量的变化不大。因此，用一个裂变谱产生的刻度曲线就足够了。

（二）分析细胞数

在进行剂量估算时，为了使其不确定度足够得小，通常需要计数大量的细胞。在决定分析多少数量的细胞时，要根据事件的重要性、可付出的劳动以及标本的质量综合权衡。例如在几戈瑞或更高剂量照射后，受照者的淋巴细胞数可能会急剧下降，由于每个细胞的畸变数目很高，分析几十个细胞就可以达到合理的剂量估算要求。

在低剂量照射下，可以分析 500 个细胞来进行剂量估算。对于双着丝粒检出率较低或为零的情况，一般计数 500 个细胞得到的置信限就足以反映照射剂量。然而，为了使结果更加合理和准确，建议将计数 500 个细胞或 100 个双着丝粒作为一般规则。

表 2–20 反映了不同分析细胞数对不同剂量 γ 射线急性照射进行剂量估算 95% 置信区间上下限的影响。

表 2–20　分析细胞数对 γ 射线急性照射剂量估算 95% 置信区间上下限的影响

剂量（mGy）	分析细胞数			
	500		1000	
	置信区间上限	置信区间下限	置信区间上限	置信区间下限
100	320	<0	245	16
250	448	111	380	141
500	677	333	627	383
1000	1178	830	1127	881

染色体畸变分析作为生物剂量估算的生物学指标，至今在国内外放射事故中的应用已有 60 余年的历史，国内外学者利用 X 射线、γ 射线、中子和质子等不同辐射类型对离体人血进行照射，建立了涵盖不同剂量范围和不同剂量率（低 LET 辐射）的多条剂量效应曲线，并在国内外多起较大事故中得到了广泛应用。表 2–21 列举了染色体畸变分析在国外 5 起典型事故中的应用。

表 2–21　国外典型事故中染色体畸变分析用于剂量估算的概况

事故基本情况				例数	“双 + 环”剂量*（Gy）	物理剂量（Gy）
时间（年）	发生地点	影响人数	核素			
1984	墨西哥	300~500	^{60}Co	10	0.09~1.91	—
1986	苏联切尔诺贝利	203		154	具体数字未列出	—
1987	巴西	244（4 人死亡）	^{137}Cs	97	大于 1Gy 者 21 例，有 8 例超过 4Gy，1 例为 7Gy	—
1989	萨尔瓦多	3	^{60}Co	3	A：8.3（7.6~9.0）	3~10Gy A 和 B 足部超过 200Gy
					B：4.4（4.0~4.8）	
					C：3.2（2.8~3.6）	
1999	日本茨城县东海村	2 人死亡	核事故	3	O：12.0Gy（PCC–R 为 20Gy 以上）	—
					S：7.0Gy（PCC–R 为 7.8Gy）	
					Y：2.9Gy（PCC–R 为 2.6Gy）	

注：* 表中的字母表示不同病例的代号。

我国从1970年以来相继开展了染色体畸变分析工作，并于1980年首次对上海原子核研究所1例受 ^{60}Co源照射的病例，用染色体畸变分析法来估算其受照剂量，得到和物理剂量、临床诊断相当一致的结果。表2-22列举了近20年来国内用染色体畸变分析法估算剂量概况。

表中病例主要是对已知受照者进行剂量估算，只有山西忻州 ^{60}Co事故（1992年）是判断可疑受照者是否受到照射，通过染色体畸变分析确定受照后，给出受照剂量，据此找到了放射源。以下为山西忻州 ^{60}Co事故（1992年）的具体情况。

患者A，女，24岁，山西忻州市人，1992年12月4日发病，同时得知其家中已有三位亲人（患者A的丈夫、公公以及丈夫的二哥）于12月3日至10日相继死亡，患者A由其父（患者B）陪同来北京治病，二人均无明确的受照史。原卫生部工业卫生实验所生物剂量室于1992年12月30日上午采血，培养外周血淋巴细胞，1993年1月1日，分析得出二人染色体均发生非稳定性畸变，证明患者A受到较大剂量照射，患者B受到过量照射，用其实验室建立的染色体畸变（dic+r）的剂量-效应曲线 $\hat{y}=3.4967\times10^{-2}D+6.9419\times10^{-2}D^2$ 估计剂量，其二人生物剂量结果：患者A为2.30（2.07~2.50）Gy，用泊松分布 u 检验，证明其所受辐射是不均匀照射；患者B为0.63（0.43~0.80）Gy。同时表明患者A家中已死亡的三名成员，也死于急性放射病。据此，该实验室给出以下建议：①尽快找到放射源；②对可能受照的人群（指与患者A的丈夫等死者有接触史者）进行医学观察（包括血常规、染色体等检查）并及时采取相应措施；③对患者A继续治疗，对患者B进行观察。由于各级领导的重视和有关部门的积极努力，于1993年2月1日找到了放射源，为一个废旧封闭的 ^{60}Co源，其活度为0.4TBq。

表2-22　国内典型事故中染色体畸变分析用于剂量估算的概况

事故基本情况	例数	“双+环”剂量（Gy）*	物理剂量（Gy）
（1）1980年，上海，^{60}Co，1人受照	1	5.18（4.92~5.43）	5.22
（2）1986年，北京，^{60}Co，2人受照	2	A：0.70（0.39~0.91）	0.60
		B：0.67（0.34~0.99）	0.77
（3）1986年，河南开封，^{60}Co，2人受照	2	A：2.50（2.24~2.75）	3.30
		B：2.17（1.77~2.51）	2.40
（4）1987年，河南郑州，^{60}Co，1人受照	1	1.46（1.23~1.66）	1.42
（5）1990年，上海，^{60}Co，7人受照，其中2人死亡	5	A：5.10（4.70~5.50）	5.20
		B：3.50（3.00~3.80）	4.10
		C：2.50（2.10~2.90）	2.50
		D：2.90（2.50~3.20）	2.40
		E：1.90（1.60~2.10）	2.00
（6）1992年，湖北武汉，^{60}Co，4人受照	4	A：3.60（3.38~3.81）	3.50
		B：1.68（1.49~1.86）	1.30
		C：0.93（0.75~1.08）	0.40
		D：0.47（0.20~0.58）	0.40
（7）1992年，山西忻州，^{60}Co，超过0.5Gy者7人，其中死亡3人	34	A：2.30（2.07~2.50）	—
		B：0.87（0.64~1.06）	—
		C：0.63（0.43~0.80）	—
		D：0.55（0.24~0.77）	—

续表

事故基本情况	例数	“双＋环”剂量（Gy）*	物理剂量（Gy）
（8）1996年，吉林省吉林市，^{192}Ir，12人受照，其中1人受到大剂量不均匀照射	12	A：3.09（2.88~3.28）	2.9±0.3
（9）1998年，黑龙江哈尔滨，^{60}Co，1人受照	1	A：4.99（4.68~5.29）	—
（10）1999年，河南新乡，^{60}Co，7人受照	3	A：5.61（5.29~5.90）	4.52
		B：2.68（2.46~2.89）	2.55
		C：2.48（2.26~2.68）	3.20
（11）2000年，四川成都，^{60}Co，3人受照	3	A：2.30（2.03~2.55）	—
		B：2.33（2.06~2.58）	—
		C：1.79（1.51~2.03）	—
（12）2001年，辽宁大连，^{192}Ir，3人受照	3	A：1.94（1.73~2.13）	—
		B：0.74（0.50~0.92）	—
		C：0.08（0~0.20）	—
（13）2001年，北京燕山，^{192}Ir，23人受照	1	0.87（0.64~1.06）	—
（14）2002年，河南安阳，^{60}Co，1人受照	1	1.54（1.32~1.75）	—
（15）2002年，吉林省吉林市，^{60}Co，5人受照	2	A：0.15（0~0.29）	—
		B：0.08（0~0.29）	
（16）2003年，黑龙江哈尔滨，^{60}Co，29人受照，超过0.1Gy 7例	29	A：0.34（0~0.56）	—
		B：0.34（0~0.56）	
		C：0.43（0~0.66）	
		D：0.38（0~0.55）	
		E：0.32（0.10~0.48）	
		F：0.20（0~0.43）	
		G：0.20（0~0.43）	
（17）2004年，河北唐山，硒事故，2人受照	2	A：0.44（0.24~0.60）	—
		B：0.45（0.12~0.66）	—
（18）2004年，山东济宁，^{60}Co，2人受照	2	A：8.68~9.96（8.15~10.56）；14.9~18.5（ERS）	—
		B：>10；27.2~33.3（ESR）	—
（19）2005年，黑龙江哈尔滨，^{192}Ir，15人受照，超过0.1Gy 6例	6	A：1.65（1.31~1.94）	—
		B：1.48（1.17~1.74）	
		C：0.83（0.49~1.07）	
		D：1.29（1.05~1.51）	
		E：0.35（0.21~0.56）	
		F：0.55（0.26~0.74）	
（20）2008年，山西太原，^{60}Co，5人受照	5	A：14.5（11.4~17.9）	—
		B：3.5（3.1~3.8）	
		C：2.8（2.5~3.1）	
		D：2.3（1.9~2.5）	
		E：1.7（1.4~2.0）	

注：* 表中的字母表示不同病例的代号。

七、微核分析

20 世纪 60 年代，Rugh 发现在照射后小鼠的淋巴结和外周血淋巴细胞中存在核碎片（见图 2–3），又称微核（micronucleus，Mn），当时，Rugh 便试图用其作为评价辐射损伤的辅助指标，但未受重视。直至 1973 年，Heddle 推荐使用这种简便而迅速的方法来衡量染色体损伤，自此，微核分析在辐射领域内逐渐得到了广泛的研究和应用。大量研究表明，在一定剂量范围内，整体和离体条件下微核率均呈明显的剂量 – 效应关系，并经放疗患者和动物实验证明，离体照射和整体照射的微核效应一致，表明淋巴细胞微核率可以作为估算受照剂量的生物学指标。

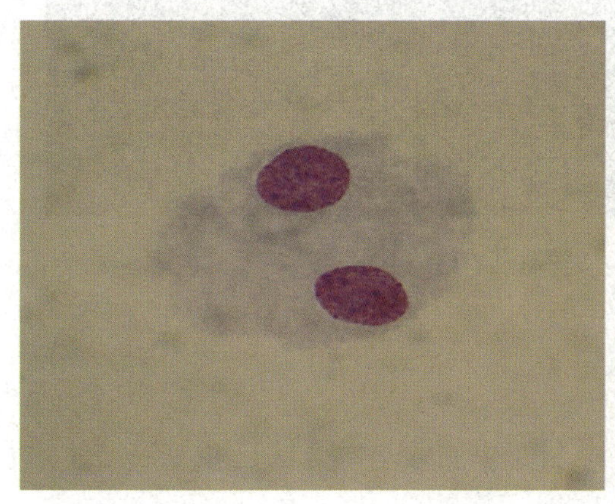
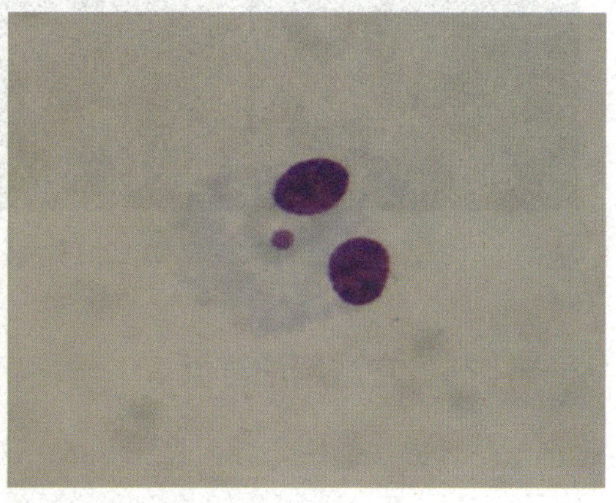

图 2–3　双核淋巴细胞和微核

微核的产生：在诱变剂作用下，断裂残留的无着丝粒断片（染色体碎片）或在分裂后期落后的整条染色体，在分裂末期都不可能纳入主核，当进入下一次细胞周期的间期时，它们在细胞质内浓缩成小的核，称为微核。

微核的形态学特征包括：①存在于完整的胞质中，为主核直径的 1/16~1/3；②形态为圆形或椭圆形，边缘光滑；③与主核有同样结构，嗜色性与主核一致或略浅，Fenlgan 染色阳性或 DNA 的特异性反应；④与非核物质颗粒相反，微核不折光；⑤与主核完全分离，如相切，应见到各自的核膜。

微核检测方法简单，分析快速，容易掌握，又有利于自动化，尤其在事故涉及的人员较多时，更能显示其优越性，如果已知人体受照前的微核水平，该方法具有可检测到低至 0.05Gy 的剂量。但是微核不像双着丝粒体对电离辐射那样敏感、特异。微核的发生率较高，为 10‰~30‰（CB 法）；微核的个体差异较大，自发率与性别无关，但与年龄呈正相关关系，所以估算剂量的下限值的不确定度较高；此外，微核的衰减速度比双着丝粒体快。

第三节　剂量估算软件及其应用

一、辐射损伤剂量估算主界面

辐射损伤剂量估算系列软件的主界面见图 2–4，这个系列软件包括基于现行实用量监测的剂量估算、非点源（MC 算法）情况的剂量估算、基于新实用量监测的剂量估算、用于肿瘤归因判断的剂量估算、可视为点源情况的剂量估算、生物及其他剂量估算等功能模块。

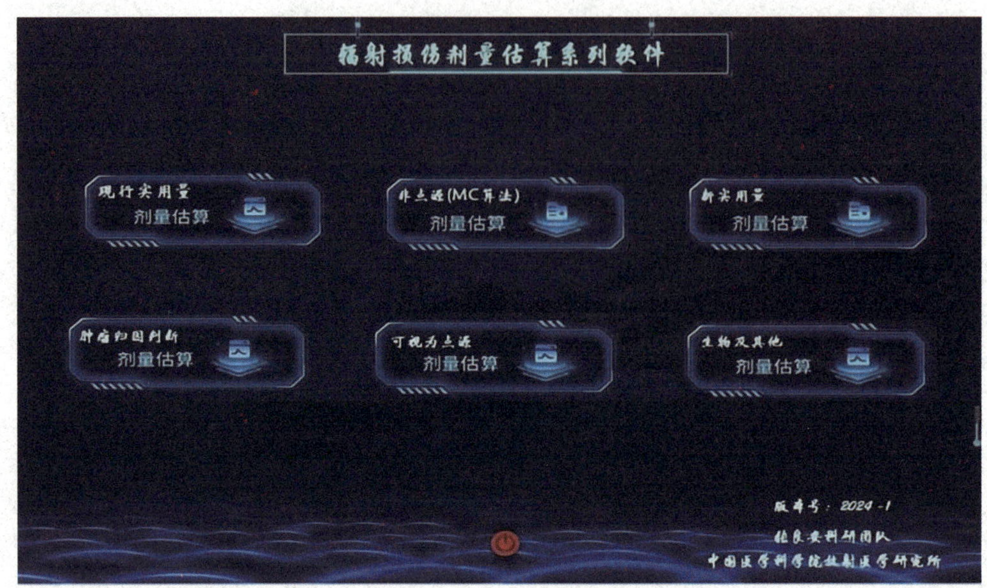

图 2-4　辐射损伤剂量估算系列软件主界面

二、归一化剂量方法用户界面

归一化剂量估算方法的用户界面见图 2-5，这个功能模块的基本方法已在第一节中进行了详细介绍，这里不再重复。下面主要介绍此界面的操作方法。

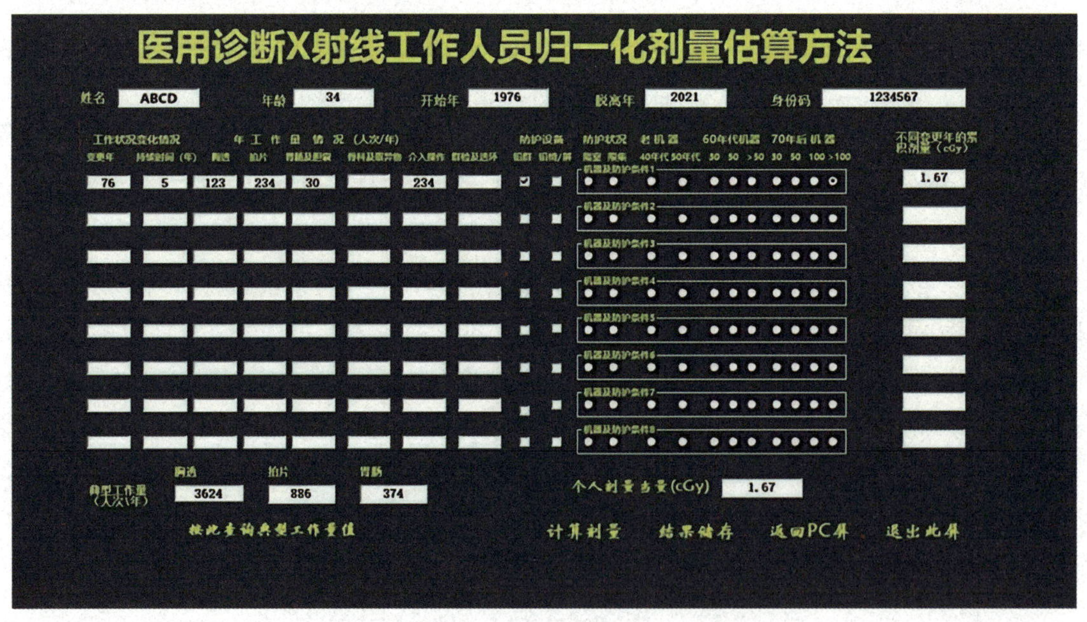

图 2-5　归一化剂量估算方法的用户界面

这个界面中第一排的人员基本信息，可视需要情况输入，这些信息不会影响剂量结果，但年龄、开始年、脱离年的信息不应与变更年的信息矛盾。

在开始剂量估算前，必须按实际情况完整输入被检测人员的工作状况及其变化情况（包括变更年和持续年）、各类诊断的年工作量情况、附加防护设施和 X 射线机类型等信息。上述信息只要有明显改变，均应另起一行进行输入，一共可以有 8 种情况输入；若变更情况多于 8 种，则可对剂量相近情况进行合并。一般情况下，不使用典型工作量值，仅针对 1985 年前工作的，且无法回忆起相关工作量的人员才可使用。值得注意的是，在 PC 的剂量计算时，持续时间只能是一年。这种方法的计算结果是个人剂量当量 $H_p(10)$，由于归一化剂量估算方法的不确定度很大，所以不再计算器官剂量。

三、有源项信息剂量估算用户界面

有源项信息的剂量估算分为可视为点源和非点源两种情况。

（一）可视为点源的剂量估算

可视为点源剂量估算方法的用户界面见图 2-6，这个功能模块的基本方法已在第一节中进行了详细介绍，这里不再重复。下面主要介绍此界面的操作方法。

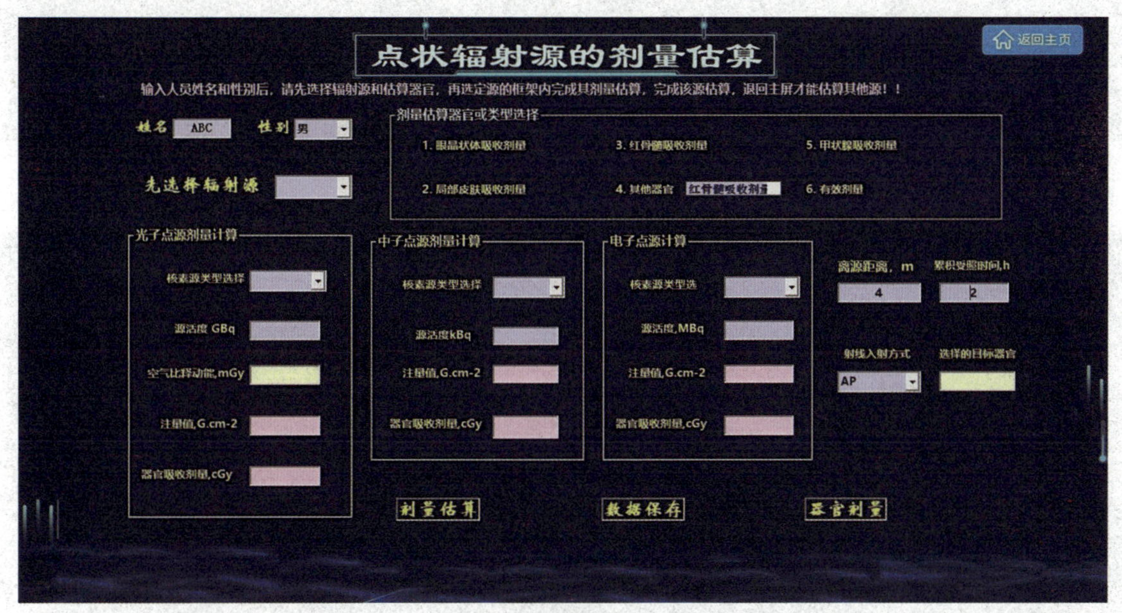

图 2-6　可视为点源剂量估算方法的用户界面

在进行这个界面的操作时，应特别注意输入顺序的提示，例如，“请先选择源类型，完成该源估算，退回主屏才能估算其他源”的提示。在选择源类型后，不但会限制未选择的源类型的操作，而且会限制估算的器官，例如，当选择“电子”源时，“中子”和“光子”源任何操作均被限制，仅能输入“电子”源的相关信息，而且，由于对“电子”源，仅需计算眼晶状体、局部皮肤和有效剂量，其他器官的选择均被限制。

在选定源类型后，先选择被估算器官，再输入相应的核素类型、源活度、被估算器官离源距离、受照射时间和射线入射方式等信息，之后再点击“剂量估算”按键就可获得目标器官的吸收剂量值。得到计算结果后可以通过“屏幕保存”按键进行保存，也可以点击“器官剂量”按键查询其他器官的剂量估算值（见图 2-7），不过这个结果仅对均匀辐射场有意义。

（二）非点源的剂量估算（MC 算法）

非点源剂量估算方法的用户界面见图 2-8。这个功能模块的基本方法（MC 算法）已在第一节中进行了详细介绍，这里不再重复。下面主要介绍此界面的操作方法。

需要输入的信息可以分为人员特征、源项特征、辐射场特征、人员受照特征和计算精度要求 5 个部分。

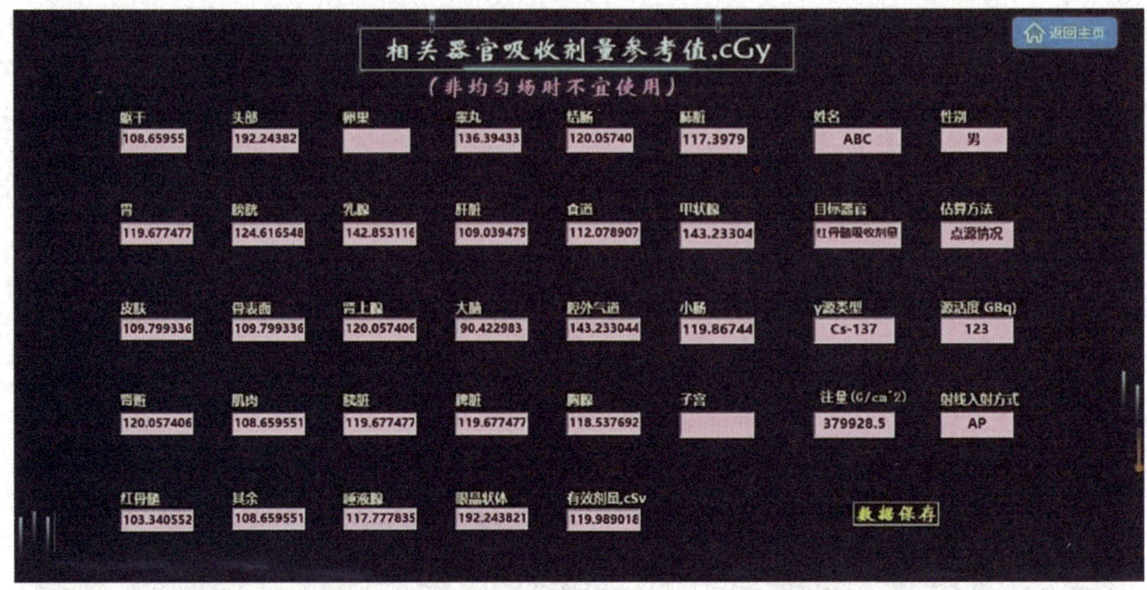

图 2-7　包括目标器官在内的相关器官吸收剂量

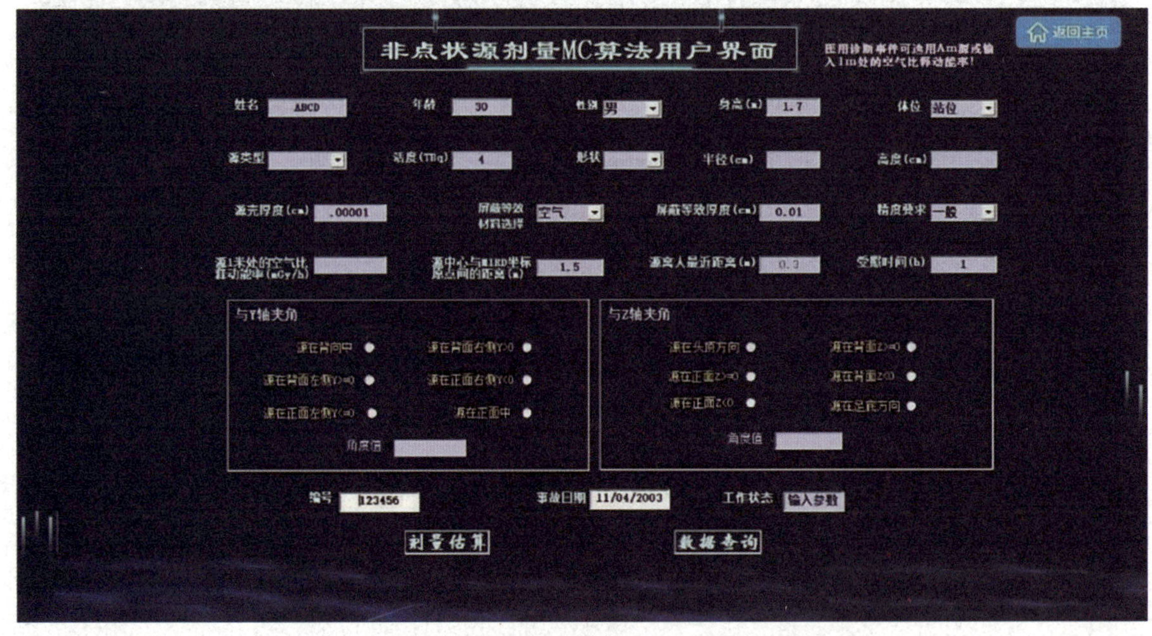

图 2-8　非点源剂量估算方法的用户界面

1. 人员特征

人员特征信息主要包括姓名、性别、年龄和身高 4 项信息的输入。本系统采用了蒙特卡罗（Monte Carlo，MC）随机抽样算法，在这种算法中采用了医学内照射剂量（medical internal radiation dose，MIRD）模型的人体的数学模式及相关参数，输入实际身高信息是为了对人体有关参数进行修正。

2. 源项特征

源项特征主要包括源的类型、形状、高度、半径、活度和源壳厚度等。源的类型可以选择 ^{241}Am、^{198}Au、^{226}Ra、^{192}Ir、^{137}Cs 和 ^{60}Co 等 6 种辐射源。源的形状可以选择点源、圆柱源、线源、球源和面源等 5 种类型。源的高度和半径（单位为 cm）信息是否需要输入随形状而定。点源无须填写源的高度和半径；线源仅需填写高度；球源和面源仅需填写半径；圆柱源不但应填写半径，还应填写高度。放射源活度的单位是 TBq，在输入源活度值以后，离源 1m 处的空气比释动能率文本框会自动置空，如果输入空气比释动能率的值，则放射源活度文本框会自动置空。源壳是指制造源时与源形成一体的外壳，源壳厚度的单位是 cm。一般来说，放射源活度是在有这个源壳下给出的，因此无须进行修正。在此文本框中赋给了一个十分小的值，若无须进行修正，可以不管此值，对计算结果不会带来有意义的影响。

3. 辐射场特征

辐射场特征主要指离源 1m 处的空气比释动能率，单位为 mGy/h。应当说明的是当输入离源 1m 处的空气比释动能率时，机器会自动将源的活度信息框置空；同样若输入的是源的活度，则离源 1m 处的空气比释动能率信息框也会自动置空。

4. 人员受照特征

人员受照特征包括源中心与 MIRD 坐标原点间的距离、个人体位、源离人最近距离、源的方位、源的朝向、累积受照时间、屏蔽材料选择、屏蔽材料有效厚度等。

屏蔽材料指在放射源和事故受照人员之间的屏蔽材料，其厚度单位为 cm。本程序中可供选择的屏蔽材料有铝、硅、铁、铅、混凝土、组织、水、空气等。若在人和源之间的屏蔽材料为两种或更多种时，应首先用等效屏蔽材料厚度计算程序，将同时存在的多种不同屏蔽材料计算为一种等效屏蔽材料厚度，在本系统中，计算结果用铅及铝的厚度表示。

确定源中心与 MIRD 坐标原点间距离时，应当按图 2–9 的方式进行测定（红线）。由于我们将受照人员作为参照系统，因而，要确定好这个信息，应将 MIRD 模体模拟摆放在人员受照位置，再测定这个参数。实际情况下是测定源（几何中心）到受照人员躯干底面中心的距离，单位为 m。

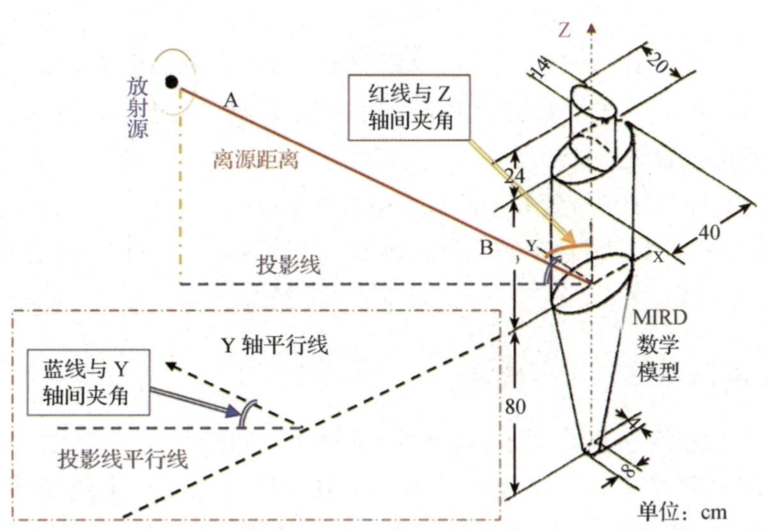

图 2–9　源中心与 MIRD 坐标原点间距离及有关夹角的示意图

受照人员有座位、蹲位、站位和躺位 4 种体位。若受照距离或体位数据是多个时，则应将每个数据依次单独分别进行计算，直到将所有情况计算完毕。然后，再从相关数据库中将各个结果叠加，便可求得整个事故的结果。

源离人最近距离是指放射源离受照人员的最近距离，单位为 m。

源方位是指图 2–9 中的线 AB 与 MIRD 的 Z 轴之间的夹角。当源在头或足向时，其夹角值分别为 0 或 3.14，其值由机器自动给出。源在 MIRD 坐标的 XY 平面上方时，应当选 Z≥0 的选择框，若源在背面，其值应为 0~1.57，若源在正面，其值应为 4.71~6.28；源在 MIRD 坐标的 XY 平面下方时，应当选 Z≤0 的选择框，若源在背面，其值应为 1.57~3.14，若源在正面，其值应为 3.14~4.71。其余情况参照图 2-10 确定后由用户在相应的文本框中输入。

累积受照时间是指被估算人员接受照射所相应的累积受照时间，其单位为 h。

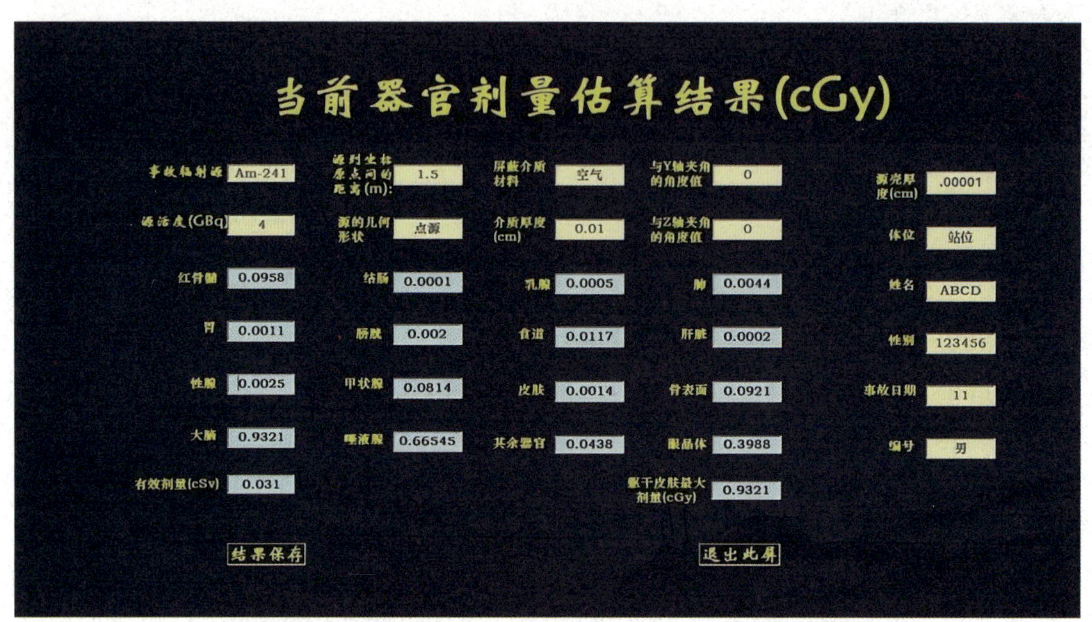

图 2-10 非点源情况 MC 算法的器官吸收剂量估算结果

5. 计算精度要求

这里的计算精度要求针对的是 MC 计算的计算精度，分为一般、较高和高 3 档。“一般”档进行计算精度可接近 95%，因此，通常仅用此档即可。使用“一般”档进行计算时，中等配置机器可在 5min 之内完成，即便用配置较差的机器用时也不会超过 20min，用“高”档进行计算，即便配置很高的机器，用时也会在 1h 以上，配置较差的机器用时可能长达 10h。

完整输入相关信息后，按“开始估算”键，机器完成计算后，会自动显示如图 2-10 所示的器官吸收剂量估算结果，亦可用“结果查询”键查询剂量估算结果。

四、实用量监测剂量估算用户界面

基于实用量监测的剂量估算有两个模块，一是基于 ICRU 第 51 号报告（1993）建议的实用量监测（目前国家相关标准采用此建议）的剂量估算模块称为现行实用量剂量估算模块，二是基于 ICRU 第 95 号报告（2020）建议的实用量监测的剂量估算模块（简称新实用量剂量估算模块）。

（一）现行实用量剂量估算模块

基于现行实用量监测的剂量估算方法的用户界面见图 2-11，这个功能模块的基本方法已在第一节中进行了详细介绍，这里不再重复。下面主要介绍此界面的操作方法。

在进行这个用户界面操作时，首先应注意提示信息“请按监测方法选择→估算器官→辐射类型→辐射场参数→其他参数的顺序输入信息”。选择不同的监测方法，对剂量估算器官和辐射类型选择会有不同的限制，例如，选择“有注量监测值”时，可选择图 2-9 中的任何器官进行吸收剂量估

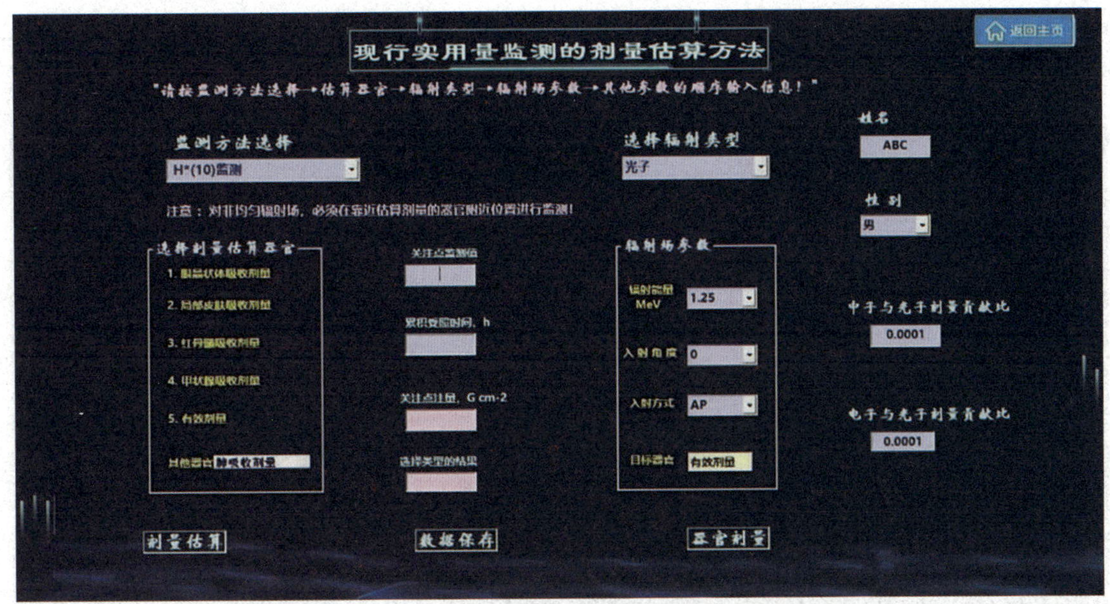

图 2-11　基于现行实用量监测的剂量估算用户界面

算，而且能对光子、中子、电子、正电子、质子、负 μ 介子、正 μ 介子、负 π 介子和 α 粒子进行剂量估算，不过除了光子、中子、电子和 α 粒子外，其他仅能估算有效剂量，仅光子和中子能估算图 2-9 中所示器官中任何器官的吸收剂量；但如果选择“H'（3）监测”或“H'（0.07）监测”，则只能对局部皮肤和眼晶状体的吸收剂量以及有效剂量进行估算，不能估算图 2-9 中的其他器官的吸收剂量，而且仅能对电子线束进行剂量估算，不能对其他辐射类型进行剂量估算。

当选定监测方法、器官剂量估算器官和辐射类型后，应按实际情况准确完成白色文本框的信息输入，点击“剂量估算”就可获得目标器官的吸收剂量值。计算结果可以用通过“屏幕保存”按键进行保存，也可以点击“器官剂量”查询其他器官的剂量估算值（见图 2-7），不过这个结果仅对均匀辐射场有意义。

需要特别注意的是，当不可视为均匀辐射场时，常规的个人监测和场所辐射防护监测值不能用于器官的吸收剂量估算，这时应采用被估算器官相应位置的实用量监测值。

（二）新实用量剂量估算模块

基于新实用量监测的剂量估算方法的用户界面见图 2-12。这个功能模块的基本方法已在第一节中进行了详细介绍，这里不再重复。下面主要介绍此界面的操作方法。

在进行这个用户界面操作时，首先应注意提示信息“请按监测方法选择→辐射场参数→剂量估算器官选择→其他参数的顺序输入信息”。

选择不同的监测方法，对剂量估算器官和辐射类型选择会有不同的限制，例如，选择“H_p 监测”或“H* 监测”时能对光子、中子、电子、正电子、质子、负 μ 介子、正 μ 介子、负 π 介子、正 π 介子和 α 粒子进行剂量估算，但是，除了光子、中子、电子和 α 粒子外，其他辐射类型仅能估算有效剂量；电子可估算有效剂量外，还可估算眼晶状体和局部皮肤的吸收剂量；α 粒子可估算有效剂量外，还可估算局部皮肤的吸收剂量；仅光子和中子能估算图 2-9 中所示器官中任何器官的吸收剂量。若选择“D_{plen}（α）监测”或“D'_{len}（α）监测”时，这时可对光子、中子、电子和正电子进行剂量估算，但仅能估算眼晶状体的吸收剂量；若选择一种皮肤个人监测模体（板型、柱型和杆型）或一种皮肤定向监测模体（板型、柱型和杆型），这时可对光子、中子、电子、正电子和 α 粒子进行剂量估算，但仅能估算局部皮肤的吸收剂量。

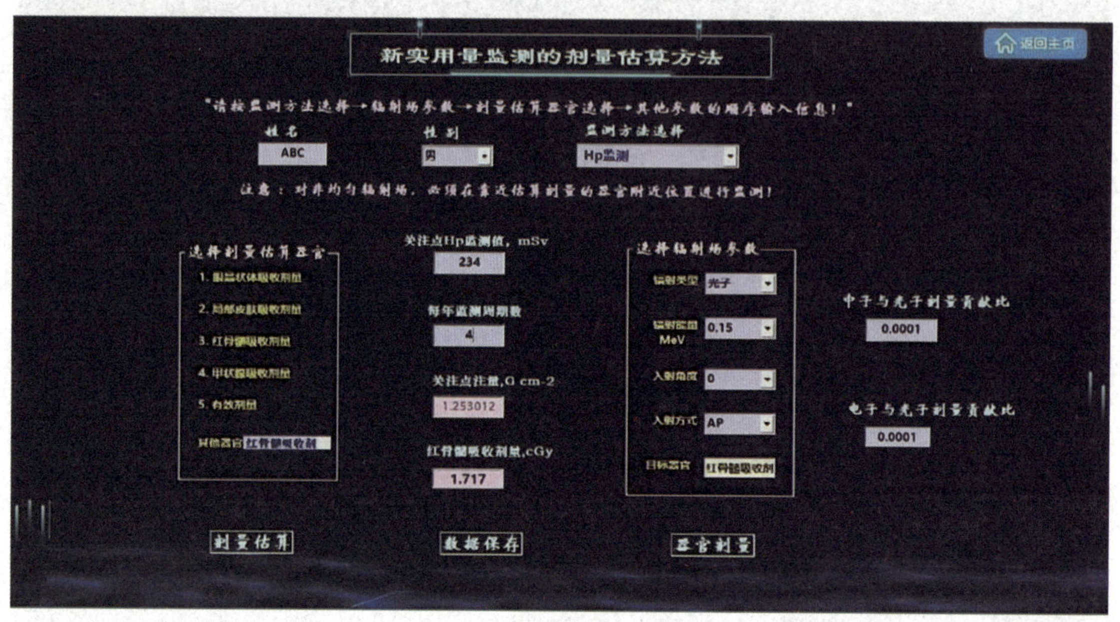

图 2–12　基于新实用量监测的剂量估算用户界面

当选定监测方法、器官剂量估算器官和辐射类型后，应按实际情况准确完成白色文本框的信息输入，点击“剂量估算”按键就可获得目标器官的吸收剂量值。计算结果可以经“屏幕保存”按键进行保存，也可以点击“器官剂量”按键查询其他器官的剂量估算值（见图 2–7），不过这个结果仅对均匀辐射场有意义。

需要特别注意的是，当不可视为均匀辐射场时，常规的个人监测和场所辐射防护监测值不能用于器官的吸收剂量估算，这时应采用被估算器官相应位置的实用量监测值。

五、生物及临床剂量估算用户界面

生物及临床剂量估算用户界面有两个模块，一是基于临床症状和检验结果的剂量估算；二是细胞遗传学剂量估算方法。

（一）基于临床症状和检验结果的剂量估算

基于临床症状和检验结果的剂量估算方法的用户界面见图 2–13，包括了 5 种剂量估算方法，其中反映全身均匀受照射的 3 种，包括呕吐发生、照后 3~6d 内淋巴细胞（G/L）检验结果和照后 25d 内不同时期中性粒细胞检验；局部皮肤确定性效应 2 种，包括原发性红斑的症状和局部皮肤损伤程度。

应按实际情况准确完成界面中白色文本框的信息输入，点击“剂量估算”按键就可获得剂量估算结果。计算结果可以经“屏幕保存”按键进行保存。应注意的是，这种剂量估算结果无法反映具体器官的剂量，而且仅是一个很粗的结果。

（二）细胞遗传学剂量估算方法

图 2–14 是细胞遗传学剂量估算方法的用户界面，包括了 5 种剂量估算方法。这个模块包括染色体畸变、微核、染色体凝集环和染色体稳定性畸变 4 种生物剂量方法。

在这个模块中，提供了“$y = a + bD$”和“$y = a + bD+cD^2$”两种剂量校准曲线模式供用户选择。校准曲线参数 a、b 和 c 应根据用户在生物剂量方法中实际应用的曲线和参数进行输入。

在完成方法和校准曲线选择和有关参数输入后，按实际情况准确完成界面中“观测细胞数”和“畸变数”两个白色文本框的信息输入，点击“剂量估算”键就可获得剂量及其不确定度估算的结果。计算结果可以用通过“屏幕保存”按键进行保存。应注意的是，这种剂量估算结果无法反映具体器官的剂量，而且仅是一个很粗略的结果。

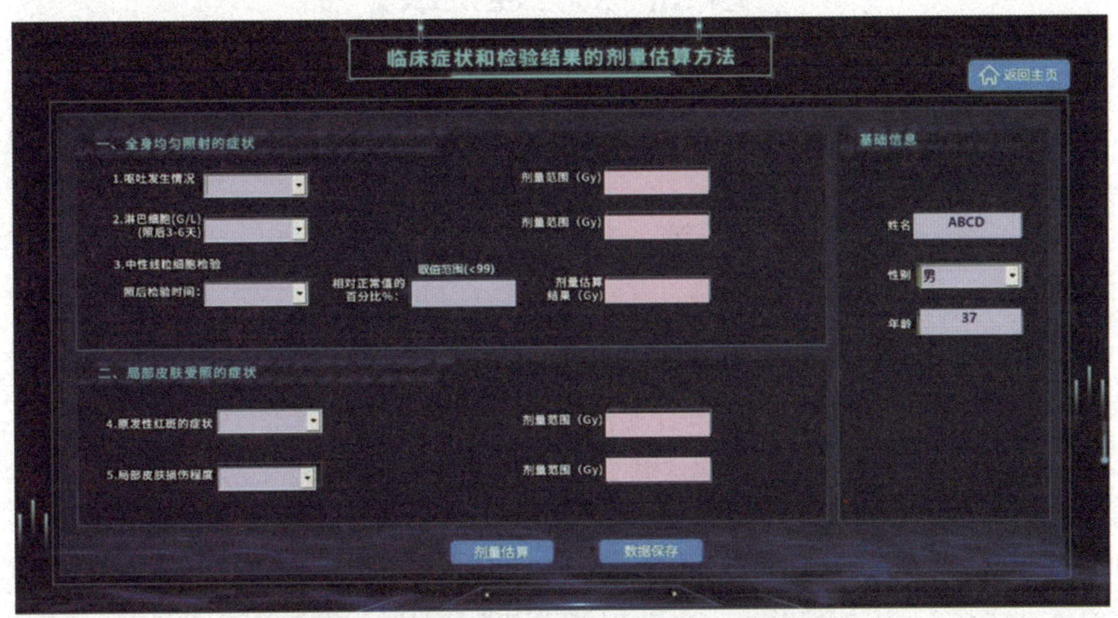

图 2-13　基于临床症状和检验结果的剂量估算用户界面

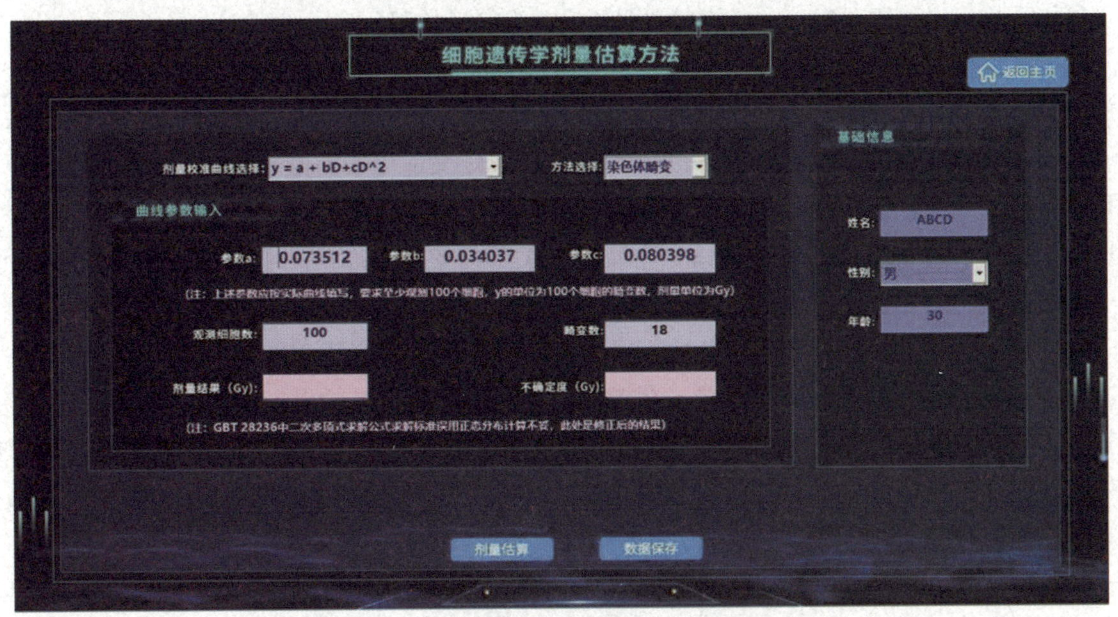

图 2-14　细胞遗传学剂量估算方法的用户界面

（张良安　王海云　刘建香）

03

第三章　职业性放射性疾病诊断与处理总则

第一节　概　述

一、职业性放射性疾病目录的变迁

（一）法定职业病

《职业安全和卫生公约》第155号议定书（1981年）将“职业病”定义为“任何由接触职业活动中产生的有害因素所致的疾病”；我国职业病防治法规定：职业病是指企业、事业单位和个体经济组织等用人单位的劳动者在职业活动中，因接触粉尘、放射性物质和其他有毒、有害物质等因素而引起的疾病。也就是说，在生产劳动中，接触生产中使用或产生的有毒化学物质、粉尘、异常的气象条件、高低气压、噪声、振动、微波、电离辐射、细菌、病毒、长期强迫体位操作、局部组织器官持续受压等，均可引起职业病，一般将这类职业病称为广义的职业病。

国际劳工组织《工伤津贴建议书》第121号（1964年）将“职业病”定义为“各成员国在规定的条件下，把已知在工作过程、从事某行业或职业中因接触有害物质或危险条件所致的疾病认定为职业病”。各国法律法规都有对于职业病方面的规定，本定义适用于赔偿，即工伤事故津贴。一般来说，凡是符合法律法规规定的疾病才能称为职业病，职业性放射性疾病亦是如此。各成员国对某些危害性较大，诊断标准明确，结合国情，由政府有关部门审定公布的职业病，称为狭义的职业病，或称法定职业病。

广义职业病理论上可覆盖所有职业病，可为劳动者提供更为广泛和更为灵活的保护，而法定职业病适用于患职业病劳动者的工伤赔偿，两者作用不同。随着科技的发展，淘汰落后的工艺，可能会使某些职业病减少或消失，而新材料、新技术的应用会带来新的职业危害因素，出现新的职业病，同样随着医学诊疗手段的进步，会对职业病有新的认识。另外，随着国家经济实力的提升，可能有能力对更多的职业病进行赔偿，所以法定职业病目录是需要动态调整的。

《职业病危害因素分类和目录》（国卫疾控发〔2015〕92号），以及最新的《职业病分类和目录》（国卫职健发〔2024〕39号），规定了放射因素目录和职业性放射性疾病名单，名单中均为法定的职业性放射性疾病，是目前放射工作人员可以诊断的职业性放射性疾病。如果放射工作人员罹患的疾病不在国家职业性放射性疾病名单内，一般不能诊断为职业性放射性疾病。

（二）国际劳工组织的职业病目录

国际劳工组织 2010 年版的职业病目录，反映了当时在职业病鉴别及认定方面国际最新进展，涵盖了公认的物理因素、化学因素、生物因素所致疾病，呼吸系统疾病、皮肤疾病、肌肉骨骼疾病、职业性肿瘤、职业精神和行为障碍等系列疾病，其中后两种疾病为首次列入的疾病，目录在各类别职业病栏目都设了开放性条目，其作用是如果有新增的目录外的疾病，只要证明是职业引起的，可依据开放性条款进行诊断，从而保护了劳动者的利益。

（三）我国职业病目录的变迁

我国最早的职业病目录是 1957 年发布的关于试行《职业病范围和职业病患者处理办法的规定》，将职业病确定为 14 种，其中跟放射相关的疾病是放射性疾病和职业性白内障。1987 年对其进行调整，由原卫生部、原劳动人事部、财政部和全国总工会共同发布，将职业病增加到 9 类 99 种，其中放射性疾病含在物理因素中，包括急性外照射放射病、慢性外照射放射病、内照射放射病和放射性皮肤烧伤 4 种疾病。为配合《中华人民共和国职业病防治法》的实施，2002 年原卫生部联合原劳动保障部发布了《职业病目录》，将职业病增加到 10 类 115 种，与 1987 年职业病分类比较，2002 年版的《职业病目录》将职业性放射性疾病从物理因素所致疾病中分离出来，单独分为一类，即“职业性放射性疾病”，包括外照射急性放射病、外照射亚急性放射病、外照射慢性放射病、内照射放射病、放射性皮肤疾病、放射性肿瘤、放射性骨损伤、放射性甲状腺疾病、放射性性腺疾病、放射复合伤、根据《职业性放射性疾病诊断标准（准则）》可以诊断的其他放射性损伤，放射性白内障则归类于职业性眼病类别中。

2013 年 12 月 23 日，由原国家卫生计生委、原国家安全监管总局、人力资源社会保障部和全国总工会四部委联合发布了《职业病分类和目录》修订版，此次调整主要依据的原则是：坚持以人为本，以维护劳动者健康及其相关权益为宗旨；结合我国职业病防治工作的实际，突出重点职业病病种；与我国现阶段经济社会发展水平和工伤保险承受能力相适应；建立动态调整的工作机制；保持历次版本的连续性和可操作性。根据《职业病分类和目录》调整的原则，修订后的《职业病分类和目录》由原来的 115 种职业病调整为 132 种（含 4 项开放性条款），更接近国际劳工组织最新版的职业病目录。在职业性放射性疾病分类中，扩大了放射性肿瘤范围，特别强调了含“矿工高氡暴露所致肺癌”，在职业性眼病中有放射性白内障，其他职业性放射性疾病没有变化；铀及其化合物中毒列入职业性化学中毒中，因为铀既是化学元素又是天然的放射性核素，铀及其化合物中毒主要表现为铀的化学毒性导致的肾损害，属化学中毒，其诊断主要依据急性铀中毒诊断标准，此标准是由放射卫生专业标准委员会发布，人们习惯性地把铀及其化合物中毒纳入职业性放射性疾病诊断管理中。除放射性肿瘤、放射性甲状腺疾病、放射性性腺疾病、放射复合伤外都是单一疾病，同时增加根据《职业性放射性疾病诊断总则》可以诊断的其他放射性损伤的开放性条款。

目前最新版本的《职业病分类及目录》由国家卫生健康委、人力资源社会保障部、国家疾控局和全国总工会于 2024 年 12 月 11 日联合发布，自 2025 年 8 月 1 日开始实施。由原 10 大类 132 种职业病调整为 12 大类 135 种职业病，具体调整情况如下：新增 2 个职业病类别，分别为职业性肌肉骨骼疾病、职业性精神和行为障碍，每个类别中分别新增 1 种职业病。一是在职业性肌肉骨骼疾病类别中，新增腕管综合征（限于长时间腕部重复作业或用力作业的制造业工人）；二是在职业性精神和行为障碍类别中，新增创伤后应激障碍（限于参与突发事件处置的人民警察、医疗卫生人员、消防救援等应急救援人员）。并将原其他职业病类别中的滑囊炎（限于井下工人）调整至职业性肌肉骨骼疾病类别。为保持职业病归类的统一性，将原职业性眼病类别中的放射性白内障单列，与原职业性化学中毒类别中的铀及其化合物中毒一起调整至职业性放射性疾病类别。

二、国内职业病诊断情况

（一）相关法律、法规及标准

我国历来重视职业病诊断工作，2002 年发布实施了《中华人民共和国职业病防治法》，逐步建立了相关的部门规章、标准等用于规范和指导职业病诊断工作，国家四部委联合发布了《职业病危害因素分类目录》和《职业病分类和目录》，国家卫生健康委令第 6 号《职业病诊断及鉴定管理办法》和卫生部令第 55 号《放射工作人员职业健康检查管理办法》等，与法律法规和部门规章配套的职业病诊断技术标准也在不断地建立和完善。

我国职业性放射性疾病诊断标准目前已形成系列，包括放射卫生防护标准和放射性疾病诊断标准，其中放射性疾病诊断标准包括放射性疾病诊断、职业健康监护、核与放射事故应急、剂量估算相关技术规范等。放射性疾病诊断标准有职业性放射性疾病诊断总则和具体放射性疾病诊断的个性标准，如职业性外照射急性放射病诊断和职业性放射性甲状腺疾病诊断标准等。

（二）职业性放射性疾病诊断情况

目前我国的职业病诊断是放射工作人员到已备案的职业病诊断机构，由具有职业性放射性疾病诊断能力的医师作出诊断，诊断机构审核盖章并送达用人单位；再由工伤保险部门进行劳动能力鉴定，经鉴定确定享受相应的保险待遇。

中华人民共和国成立初期，由于放射设备落后、工作任务繁忙、放射防护知识缺乏、防护条件差等原因，导致我国职业性放射性疾病诊断数量相对较多。另外，我国放射工作人员的个人剂量监测始于 20 世纪 80 年代，80 年代之前参加工作的放射工作人员没有个人剂量监测数据，受照剂量数据多依据放射工作人员工作量调查表和工作场所剂量监测数据，采用归一化工作量进行个人剂量估算，可能存在剂量高估等情况。

随着放射防护水平和放射防护意识的提高，目前职业性放射性疾病诊断病例已明显减少，图 3-1 和图 3-2 显示了我国职业性放射性疾病诊断登记报告系统中自 2012 年以后的诊断病例报告情况与诊断病种分布情况。

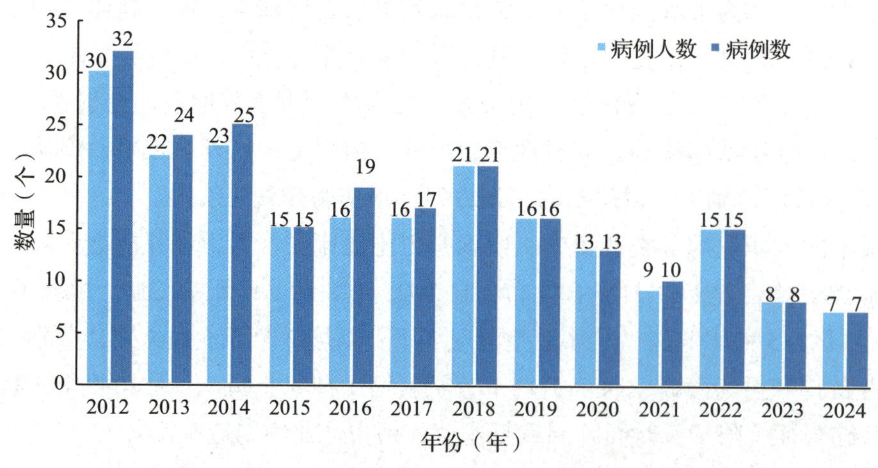

图 3-1　2012—2024 年职业性放射性疾病诊断病例报告情况

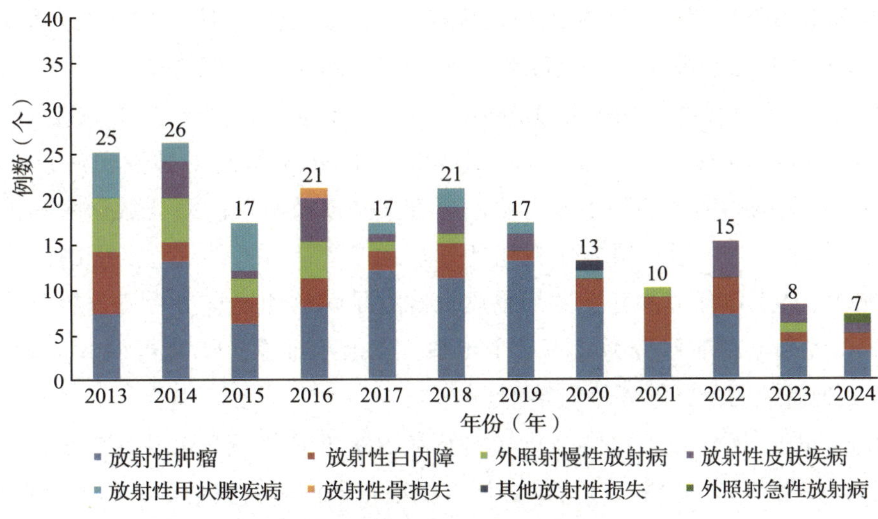

图 3-2 职业性放射性疾病报告诊断病种分布情况

三、国外职业病诊断情况

职业病诊断因国家所处经济阶段的不同，发达国家和发展中国家纳入赔偿的职业病名单不同，其职业病诊断人数也不同。下文简单介绍了德国和美国的职业病诊断情况，以供参考。

（一）德国

早在 19 世纪工业化初期已着手建立社会保障系统，德国管理体系为双轨制，由代表政府的企业监督和职业保险联合会（berufsgenossenschaft，BG）共同负责，工伤保险属于法定的普通社会保险，企业必须参加，保险费由雇主全部承担，同时雇主也把工伤和职业病的责任交给了 BG，BG 为非营利机构，保险费全部用于事故的预防、康复和赔偿。

德国有法定职业病和视同职业病，政府通过法规认定职业病，且参保人需参与法律所限定的相关职业活动而罹患的疾病。《职业病规定》（2014 年版）的职业病名单为法定职业病，包括 77 种职业病。如果未列入名单，存在明显高剂量的接触，又有关于某种危害的新的科学认识，同样可以获得赔偿，可将它认定为“视同职业病”。

在诊断认定中，包括疑似职业病报告和职业病认定两个环节，任何一名医生负有法律义务在怀疑患者患有职业病名单上的职业病时即可上报；疑似职业病报告交给相应的 BG 或州医学劳动保护部门，后者代表政府参与职业病的认定。对于有疑问的案例 BG 负责组织鉴定；认定工作一般应由专业人员（如企业医生、安全授权人）和企业顾问委员会人员参与，雇主和劳动者也有责任报告；有疑问的案例可申请鉴定，在职业病鉴定中，首先要从医学上明确它是否存在；并进一步说明该病是否导致劳动能力下降及其下降程度；对于劳动能力的鉴定，医生只提出建议，由 BG 来决定和实施。工伤赔偿是赔偿损失，只有那些导致劳动能力下降≥20% 的病例，才能够获得资金赔偿，尽管职业上的病因成立，尚不满足法律上的一些特殊要求而不成为认可的职业病，可见法律对职业病诊断的影响。

（二）美国

1970 年，美国国会成立州劳动者赔偿法国家委员会（National Commission on State Workmen’s Compensation Laws），1972 年，该委员会向国会提交了一份报告，其内容包括现代劳动者赔偿规划的目标，并提出将所有的工伤和职业病纳入赔偿系统，要求职业病与工伤一样具有明确的职业相关性，认为职业病不能单用诊断来完成，需加入司法程序，用“判定”一词，其参加人员包括临床医生、工业卫生医生、法律工作者和政府官员等各类专业人员以及信息支持系统。

由美国疾病预防控制中心（Center for Disease Control，CDC）下属的美国国家职业安全健康研究所（National Institute for Occupational Safety and Health，NIOSH）编制指导性文件，出版了职业病识别指南、疾病与工作关联指南、各种工业毒物的标准文献以及有关网站与数据库等，用于职业病的判定，类似我国的诊断标准。其中规定了判定职业病的3个基本条件：①疾病的医学所见与接触致病物质的效应一致；②工作环境中存在致病物质；③有足够的证据支持疾病是职业引起的，而不是非职业因素。具体的判定程序可分为以下6个步骤：①疾病证据；②流行病学资料；③接触证据；④专家证词；⑤其他有关因素；⑥评价与结论。

各类人员各司其职，医生负责提供临床和实验室指标的证词，工业卫生专家提供接触证据方面的证词，流行病学家提供流行病资料方面的证词，供审查人员、委员会成员和政府官员参考和采纳。在考虑所有因果关系的证据过程中，专家证词尤其重要。

第二节　职业性放射性疾病危害因素

职业性有害因素（occupational hazards）又称职业病危害因素，是指生产工作过程及其环境中产生和（或）存在的，对职业人群的健康、安全和作业能力可能造成不良影响的一切要素或条件的总称。

为贯彻落实《中华人民共和国职业病防治法》，切实保障劳动者健康权益，根据职业病防治工作需要，原国家卫生计生委、人力资源社会保障部、原国家安全监管总局和全国总工会于2015年联合修订并发布了《职业病危害因素分类目录》，职业病危害因素共计6大类459种，其中第四类为放射性因素（见表3-1）。

表3-1　放射性因素

序号	名称	备注
1	密封放射源产生的电离辐射	主要产生γ射线、中子等
2	非密封放射性物质	可产生α、β、γ射线或中子
3	X射线装置（含CT机）产生的电离辐射	X射线
4	加速器产生的电离辐射	可产生电子射线、X射线、质子、重离子、中子以及感生放射性等
5	中子发生器产生的电离辐射	主要是中子、γ射线等
6	氡及其短寿命子体	限于矿工高氡暴露
7	铀及其化合物	—
8	以上未提及的可导致职业病的其他放射性因素	

众所周知，用人单位的主要负责人对本单位的职业病防治工作负全面负责。也就是说，职业病防治的主体是用人单位，用人单位工作场所中存在《职业病危害因素分类目录》所列放射性因素时，应当及时、如实地向所在地卫生行政部门申报危害项目，接受监督；建设单位应当向卫生行政部门提交由第三方放射卫生技术服务机构出具的放射性职业病危害评价报告，应当对工作场所和劳动者

健康的影响作出评价，确定危害类别和职业病防护措施；应安排放射工作人员依法开展职业健康检查、个人剂量监测和定期对工作场所的放射性因素进行检测评价。对无论何种原因出现的与法定职业病类似的身体不适，不能除外职业因素所致，应到已备案的职业病诊断机构进一步检查，明确诊断。

上述放射因素的分类对职业性放射性疾病的诊断至关重要，前 7 条放射性因素很明确，例如，若个体过量接触非密封放射性物质，不仅可能罹患外照射放射性疾病，也可能罹患内照射放射病。铀及其化合物被认为是化学性或放射性危害因素，其危害性取决于其同位素组成，具体表现在 ^{235}U 的含量，并且此类化合物未在反应堆中受过照射时，其危害作用主要表现为对肾脏的化学毒性，可致急性铀中毒。否则，铀化合物的放射风险占主要地位，过量接触可罹患放射性疾病。第 8 条则属于开放性条款，前 7 条没包括的放射性因素均可归于第 8 条，如反应堆。

第三节　职业性放射性疾病分类

一、分类

电离辐射所引起的不同类型、不同程度的损伤和疾病统称为放射性疾病（radiation sicknesses）。随着原子核能和核技术的不断发展以及放射性同位素的广泛应用，人们受到电离辐射照射的机会日益增加，因此，有关电离辐射对人体危害的研究也日益受到重视。确定放射性疾病范围应遵循以下原则：已有电离辐射诱发疾病的人类证据；有一定的发病概率；有较大的临床病理意义；凡具备上述条件的疾病均应列入放射性疾病名单。

职业性放射性疾病为一组疾病，可从不同角度进行分类，一般分为全身性疾病、局部或组织损伤、放射诱发肿瘤和放射复合伤。

按照射方式分类，分为内照射放射病和外照射放射病。

按疾病发病时间分类，分为外照射急性放射病、外照射亚急性放射病和外照射慢性放射病，内照射放射病从发病时间来看，也属于急性放射病范畴。

按受照部位分类，分为全身放射性疾病和局部放射性疾病。全身放射性疾病包括外照射急性放射病、外照射亚急性放射病、内照射放射病和外照射慢性放射病，局部放射性疾病包括放射性白内障、放射性皮肤损伤、放射性性腺损伤、放射性甲状腺疾病、放射性骨损伤、放射性脑损伤、放射性脊髓损伤、放射性口腔炎、放射性肺炎等。

按损伤类型分类，分为单纯放射损伤和放射复合伤，放射复合伤一般包括放烧复合伤、放冲复合伤和放烧冲复合伤等。

按是否与职业相关分类，分为职业性放射性疾病和非职业性放射性疾病，非职业性放射性疾病一般见于核与放射事故或放射治疗后的局部损伤。

二、国外放射性疾病分类情况

（一）日本

日本将放射性疾病分为以下 4 类：①急性放射损伤（包括急性放射病、急性放射性皮肤损伤、急性局部放射损伤）；②慢性放射损伤（包括慢性皮肤放射损伤、造血器官慢性损伤、辐射诱发再生障碍性贫血）；③辐射诱发恶性肿瘤（包括白血病、皮肤癌、甲状腺癌、骨恶性肿瘤、肺癌）；④辐射所致退行性疾病（包括白内障、骨质疏松症、其他身体局部的纤维化）。

（二）德国

德国将放射性疾病分为以下5类：①全身照射引起的急性放射病；②局部照射引起的急性局部放射损伤；③全身照射引起的全身慢性放射损伤；④慢性局部照射引起的慢性局部放射损伤；⑤辐射远期损伤，包括皮肤、呼吸道的损伤及白内障（含辐射致癌）。

（三）俄罗斯

根据俄罗斯联邦卫生和社会发展部发布的《2012电离辐射相关疾病及其分类代码》，将电离辐射相关疾病分类如下：①急性放射病（骨髓型、肠型、毒血症型、脑型）；②慢性放射病［骨髓综合征、植物（自主）神经系统功能紊乱、神经系统器质性改变综合征］；③放射后遗症；④急性局部放射性皮肤损伤；⑤器官和组织局部急性放射损伤；⑥颅脑放射损伤；⑦慢性放射性皮肤损伤；⑧放射性皮肤损伤后遗症；⑨电离辐射作用引起的其他疾病；⑩相应部位的恶性肿瘤。

（四）其他

1. 国际劳工组织2010年发布的《职业病目录》

其中将职业病分为以下4类：①接触工作活动中产生的职业性有害因素所致的职业病（包括：A. 化学因素所致的职业病；B. 物理因素所致的职业病；C. 生物因素所致的疾病）；②按靶器官系统分类的职业病（包括：A. 呼吸系统疾病；B. 皮肤病；C. 肌肉—骨骼系统疾病；D. 精神和行为障碍）；③职业癌；④其他疾病。

其中物理因素所致的职业病中包含电离辐射所致的疾病；职业癌中包括了电离辐射所致的癌症。

2. 国际劳工组织2022年发布的疾病的诊断标准和预防指导说明

其中将职业性放射性疾病进一步分类（包括急性、慢性、远后效应），具体分类如下：①急性放射综合征（包括：A. 再生障碍性贫血；B. 骨髓发育不全；C. 胃肠炎；D. 神经血管效应）；②放射性肺炎；③放射性甲状腺疾病（包括：A. 放射性甲状腺炎；B. 放射性甲状腺功能减退症）；④脱发；⑤不孕不育症（包括：A. 男性少精；B. 女性月经紊乱）；⑥急性放射性皮肤损伤；⑦慢性放射性皮肤损伤；⑧放射性白内障；⑨慢性放射综合征；⑩放射致慢性支气管炎、慢性肺病、肺纤维化；⑪遗传效应（生殖和致畸效应）；⑫宫内效应（包括：A. 流产；B. 出生缺陷；C. 智力缺陷；D. 儿童肿瘤）；⑬电离辐射所致职业性肿瘤［包括：A. 含皮肤癌；B. 白血病（除外慢性淋巴细胞白血病）；C. 原发肺癌；D. 骨肿瘤；E. 电离辐射所致其他癌症］。

三、我国职业性放射性疾病目录

依据2024年国家四部委联合发布的《职业病分类和目录》，职业性放射性疾病目录如下：①外照射急性放射病；②外照射亚急性放射病；③外照射慢性放射病；④内照射放射病；⑤放射性皮肤疾病；⑥放射性肿瘤（含矿工高氡暴露所致肺癌）；⑦放射性骨损伤；⑧放射性甲状腺疾病；⑨放射性性腺疾病；⑩放射复合伤；⑪放射性白内障；⑫铀及其化合物中毒；⑬根据《职业性放射性疾病诊断标准（总则）》可以诊断的其他放射性损伤。

能诊断的放射性肿瘤的疾病名单除了高氡暴露所致肺癌、放射性皮肤疾病中的放射性皮肤癌之外，其他可以诊断的职业性放射性肿瘤的疾病名单依据《职业性放射性肿瘤判断规范》（GBZ 97—2017）标准中的附录B，包括食管癌、胃癌、结肠癌、肝癌、外照射致肺癌、骨和关节恶性肿瘤、女性乳腺癌、膀胱癌、甲状腺癌和除了慢性淋巴细胞白细胞以外的所有类型白血病。

第四节 职业性放射性疾病诊断原则

职业病诊断工作是一项政策性、技术性很强的工作，依据法律、法规、部门规章和相关职业病诊断标准进行诊断，不单纯是普通疾病诊断，属于归因诊断。国外有些国家称其为“职业病认定”，我国目前实行的是职业病诊断制度，由具有职业病诊断资格的执业医师作出诊断；放射工作人员本人携带相关资料到职业病诊断机构提出申请，用人单位如实提供职业病诊断需要的其他相关资料，剂量数据由辐射防护部门提供，复杂的病例可以邀请相关学科的执业医师一起参与诊断，也可邀请辐射防护人员到场，由职业性放射性疾病诊断医师作出职业病诊断结论并签字。职业性放射性疾病诊断程序依据《职业病诊断及鉴定管理办法》和《职业性放射性疾病诊断程序及要求》（GBZ 169—2020）标准开展职业性放射性疾病诊断工作。

一、基本原则

职业病是病因明确的外因性疾病，判断职业病的 3 个基本条件：①疾病的医学所见与接触的致病因素引起的健康损害效应相一致；②工作场所存在职业病危害因素；③有足够的证据支持该疾病是职业病危害因素所引起的，而不是非职业病危害因素所致。

国际劳工局出版的《职业病鉴别和认定》中对职业病的定义的两个要素：①接触特定的工作环境或职业活动罹患特定的疾病之间有因果关系；②接触这些有害因素的特定人群中，该病发病水平高于普通人群的平均发病率，两种说法异曲同工。

职业性放射性疾病诊断不同于其他职业病诊断，机体与电离辐射之间存在剂量-效应关系，受照射剂量是重要的诊断数据。应提供个人剂量监测结果、现场检测数据等信息，依据相应的放射卫生标准给出的方法估算受照射剂量，没有受照剂量数据一般不能作出职业性放射性疾病的诊断。

在诊断职业性放射性疾病时，首先依据的诊断标准是《职业性放射性疾病诊断总则》（GBZ 112—2017），在满足职业性放射性疾病诊断的基本原则后，再依据相应的放射性疾病诊断标准进行诊断。例如外照射慢性放射病的诊断，应先依据 GBZ 112—2017；疾病及其他相关资料应满足职业性放射性疾病诊断的基本原则，然后再依据相应的职业性放射性疾病诊断标准进行诊断。职业性放射性疾病诊断机构一旦作出职业性放射性疾病诊断后，应及时通过信息系统上报。随着国民经济的发展、科技的进步和医学诊疗技术的更新，可能会出现或发现新的职业病，在没有相关标准的情况下，依据 GBZ 112—2017 可以作出诊断，这也符合职业病防治法的有关保护劳动者健康及其相关权益的总原则。

二、认定原则

申请诊断者首先应提供完整的患病病例资料。疾病是指在病因作用下机体出现自稳调节紊乱，并引发一系列代谢、功能或结构变化的异常状态，其临床表现和相应的辅助检查是判定有无疾病及其严重程度的主要依据。也就是说，要通过症状、体征、实验室检查、影像学检查等证据证明劳动者患有某种疾病。其次要注意进行鉴别诊断，职业病与其他普通疾病的主要不同就是病因不同，可能存在相似的临床表现和病理过程，如果有明确的证据证明劳动者所患疾病是由其他因素导致的，则不能诊断职业病。因此，职业病诊断一定是在充分的鉴别诊断后作出的。

三、危害因素判定原则

在进行危害因素判定时，应确保患者有职业受照史，其累积受照剂量（含剂量率）达到各类放射性疾病诊断标准中给出的剂量要求，特别是属于确定性效应的放射性疾病。如果要诊断放射性肿瘤，应依据《职业性放射性肿瘤判断规范》（GBZ 97—2017）计算所得95%可信上限的*PC*≥50%者，可判定为放射性肿瘤。职业性放射性疾病的诊断都有明确的剂量数据，这与其他职业病明显不同。

四、因果关系判定原则

首先是时序性原则，即职业性放射性疾病一定是发生在接触电离辐射之后，并符合放射性疾病的生物学潜隐期的客观规律。例如，对于放射性肿瘤，患者受照时的年龄、性别、受照剂量、个人烟酒嗜好可能影响潜伏期。又如，电离辐射所致眼晶状体损伤通常是慢性的，有较长的潜伏期，剂量越小，潜伏期越长；剂量越大，潜伏期越短，一般来讲，受照后数日出现放射性白内障几乎是不可能的。

其次是生物学合理性原则，即电离辐射的物理学特性、毒理学资料等证实电离辐射可导致相应疾病，且疾病的表现与电离辐射的生物学效应一致。例如，数字减影血管造影（digital subtraction angiography，DSA）与内照射放射病，DSA是X射线设备，过量受照只有外照射问题，不可能造成内照射放射病；或放射性核素碘与放射性骨损伤之间不符合生物学合理性原则。

最后是生物学梯度原则，电离辐射导致人体的生物学效应主要包括有害的组织反应（即确定性效应）和随机性效应，组织反应与电离辐射受照之间存在剂量－效应关系，即受到电离辐射照射应达到相应疾病的剂量阈值后才可能引起放射性疾病的发生；累积吸收剂量越大，导致的放射性疾病病情越严重。而随机性效应与电离辐射接触之间的关系表现为累积吸收剂量越大，发生概率越高，其严重程度与受照剂量无关。目前随机性效应涉及的疾病主要指放射性肿瘤，其遗传效应尚未发现有人类证据，暂不考虑。

电离辐射还可导致胚胎和胎儿的辐射效应，《放射工作人员职业健康管理办法》中明确规定：放射工作单位不得安排怀孕和哺乳期的女性参与应急照射和有可能造成职业性内照射的工作。接触外照射的日常工作的放射工作人员的剂量目前＜1mSv，不会造成胚胎和胎儿的辐射效应。近年来，有大量研究发现非癌症效应的存在，日本原子弹爆炸幸存者数据证实了有效剂量在1Sv左右诱发非癌症效应的统计学数据，跟一般职业照射的场景不相适应。

五、剂量评估原则

受照剂量数据主要来自个人剂量监测资料，没有佩戴个人剂量计的急性受照人员，可通过物理剂量和生物剂量方法估算受照剂量，同时要及时留存可用于估算受照剂量的物品和生物样品。对于急性全身相对均匀受照的人员，可依据早期临床表现，如恶心、呕吐和受照1~2d的淋巴细胞绝对值最低值，初步判断受照剂量下限。对于慢性受照可以结合淋巴细胞染色体稳定性畸变率评估受照剂量。

众所周知，个人剂量监测结果是目前唯一客观反映受照剂量的数据，但在实际工作中个别放射工作人员个人剂量佩戴依从性较差，佩戴不规范等情况时有发生，导致监测结果失实。除此之外，个人剂量监测也存在盲区，目前绝大部分开展个人剂量监测的技术服务机构开展的是 X/γ 射线全身外照射个人剂量监测，而开展中子、眼晶状体、肢端剂量、内照射剂量监测的机构较少，更是缺乏氡子体个人剂量监测能力，这都给职业性放射性疾病的诊断带来困难。

六、诊断依据

职业性放射性疾病的诊断应遵循 2024 年最新发布的《职业病分类和目录》中的放射性疾病目录；对于病名不在目录中，确具有有力证据证明是由职业因素导致的放射性疾病，可以依据 GBZ 112—2017 进行诊断，但诊断时应慎重。

职业性放射性疾病的诊断应依据受照剂量（含剂量率）、临床表现、实验室检查结果；参考既往健康情况；并排除其他因素或疾病，综合分析后方能作出诊断。放射性疾病在临床表现方面没有特异性，跟其他病因导致的相关疾病的临床表现相似或相同，在诊断职业性放射性疾病之前，首先要进行鉴别诊断，有明确病因的不能申请职业病诊断。另外，在诊断职业性放射性肿瘤时应考虑到：肿瘤是多种因素导致的疾病，如有吸烟史的劳动者与没有吸烟史的劳动者其氡子体致肺癌超额相对风险是不同的，在诊断时需要注意。

综合分析要依据循证医学的方法，循证医学顾名思义“遵循证据的医学”，又称实证医学、证据医学，其核心思想是医疗决策（即患者的处理、治疗指南和医疗政策的制定等）应在现有的最好的临床研究依据基础上作出，大量的辐射流行病学资料是循证医学的有力证据，同时也结合个人的放射敏感性综合分析判断，职业病诊断既要从劳动者的角度考虑，保证劳动者的健康权益，又要兼具科学性、公正性。

第五节　职业性放射性疾病处理原则

一、急性放射损伤处理

职业性放射损伤一般是由长期小剂量接触导致的如外照射慢性放射病（中华人民共和国成立初期发病率较高）、放射性白内障和放射性肿瘤等，但工作场所中存在放射性因素，放射事故和应急照射偶尔可能发生，这时候可能会出现急性放射损伤。针对急性辐射损伤处理，及时进行正确的现场抢救，特别是对危及生命的损伤，应全力抢救生命，保证劳动者的生命安全是首要原则；尽快使受照者脱离放射场所，洗消放射性沾染，必要时采取阻滞放射性核素吸收或促进放射性核素排出的措施，及时采取综合对症治疗和支持疗法，尽量避免职业病的发生，是贯彻职业病防治工作坚持预防为主、防治结合方针的重要举措。另外，心理因素也是影响劳动者健康的因素之一，放射性疾病一般后果比较严重，人们对放射性疾病普遍有恐慌心理，对受照者尽早进行心理干预，避免由心理因素导致的心理疾病的发生。

二、慢性放射损伤处理

脱离放射工作是处理慢性放射损伤最主要的措施。对接触电离辐射的工作人员采取有效的防护措施，可防止或延缓职业性放射性疾病的发生，我国的法律、法规相对完善，预防职业性放射性疾病的发生有两道防线，即个人剂量监测和职业健康检查。其一，放射工作人员的个人剂量监测，个人剂量信息每年上报到个人剂量监测信息系统，一般以每年 5mSv 为管理目标值，超过 5mSv 要开展剂量核查，必要时可增加职业健康检查频次。其二，放射工作人员职业健康检查，放射工作单位依据单位情况自行安排，在岗期间健康检查时间间隔不应超过两年，出现敏感器官检查结果异常时，检查机构主检医师会建议复查或暂停放射工作，或给出放射防护建议，如果出现疑似放射性疾病，应及时到诊断机构进一步检查，明确诊断。

三、远后效应

患职业性放射性疾病的劳动者脱离原工作场所后，经积极治疗，多数疾病可好转、治愈。过量照射（＞100mSv）人员和患职业性放射性疾病人员应全部纳入远后效应医学随访计划，重点关注辐射致癌效应，争取早发现、早治疗，为放射工作人员的健康保驾护航。

（邢志伟　陈尔东）

04

第四章　外照射急性放射病

第一节　概　述

一、定义

外照射急性放射病是一种全身性急性辐射综合征，是人体全身或大部分身体在短时间内一次或分次受到大剂量（总吸收剂量>1Gy）电离辐射照射引起的全身性系统性病理生理组织学反应，受照射器官和组织出现一系列具有剂量依赖性的临床表现，主要累及造血系统、皮肤、胃肠道、中枢神经系统。引起急性放射病的外照射射线有 γ 射线、中子和 X 射线。

二、国内分型分度及救治成活率概况

根据受照剂量的不同，我国将外照射急性放射病分为 3 个不同的亚型（见表 4–1）：骨髓型（1~10Gy）、肠型（10~20Gy，轻度；20~50Gy，重度）和脑型（>50Gy）。骨髓型急性放射病根据临床表现分为轻度（1~2Gy）、中度（2~4Gy）、重度（4~6Gy）和极重度（6~10Gy）。皮肤放射性损伤另有独立的分类分度标准。

表 4–1　急性放射病分型和分度的剂量范围

分型和分度		剂量范围（Gy）	分型和分度		剂量范围（Gy）
骨髓型	轻度	1~2	肠型	轻度	10~20
	中度	2~4		重度	20~50
	重度	4~6		合计	10~50
	极重度	>6	脑型		>50
	合计	1~10			

按照病程发展过程，典型的外照射急性放射病在临床病程上呈现时相性，按照时间先后顺序包括：初期（前驱期，通常在暴露后的 48h 内）、假愈期（潜伏期，短暂的症状改善期）、极期（症状体征明显期，可持续数周，甚至死亡）、恢复期或者死亡。

受照剂量越高，疾病进展就越快，尽早诊断和及时治疗是救治的关键。受照剂量在 2Gy 以下的患者，罕见死亡；在没有积极救治的情况下，60d 内半数致死剂量（$LD_{50/60d}$）是 3.5~4.0Gy；在充分救治的情况下可以增加到 5.0~6.0Gy；大于 6Gy 的患者，尽管接受充分治疗，其死亡率仍显著增加；

全身均匀或者相对均匀照射的情况下，大于 8Gy 的患者未见长期存活的病例报告，但可以延长存活时间，死亡的多数原因是多器官功能衰竭。目前总体认为，在医疗资源充分的情况下，全身受照剂量 2~12Gy 是临床救治的重点。

三、国外分型分度及救治成活率概况

WHO、欧美等认为急性放射病又名急性辐射综合征，主要累及造血系统、皮肤系统、胃肠道系统、神经心血管系统等 4 大系统，并分别用 H、C、G、N 4 个大写字母表示。临床诊断分别对应造血综合征（hematopoietic syndrome，HS）、皮肤综合征（cutaneous syndrome，CS）、胃肠道综合征（gastrointestinal syndrome，GIS）、神经血管综合征（neurovascular syndrome，NVS）。四大综合征共计 27 种与辐射损伤程度相关的临床表现（见表 4–2）。其中，HS 的临床表现分度评估依据淋巴细胞计数、中性粒细胞计数、血小板计数、感染、失血等 5 个方面（见表 4–2 中的 1~5 项），HS 具体指标评价标准如表 4–3 所示；CS 的临床表现分度评估依据红斑、敏感 / 瘙痒、水肿 / 浮肿、水疱、脱皮、溃疡 / 坏死、毛发脱落、指甲剥离 / 甲松症等 8 个方面（见表 4–2 中的 6~13 项），CS 具体指标评价标准如表 4–4 所示；GIS 的临床表现分度评估依据每天的腹泻次数、大便稠度、消化道黏膜脱落、消化道出血情况、腹部痉挛 / 疼痛等 5 个方面（见表 4–2 中的 14~18 项），GIS 具体指标评价标准如表 4–5 所示；NVS 的临床表现分度评估依据恶心、呕吐、食欲减退 / 厌食、疲乏综合征、发热、头痛、低血压、神经缺损、认知缺失等 9 个方面（见表 4–2 中的 19~27 项），NVS 具体指标评价标准如表 4–6 所示。按照上述 27 个指标，每天对上述 4 个综合征进行损伤分度（1、2、3、4 度）评估，每个综合征的指标中只要有某一项指标达到损伤的最高分度标准，则对该综合征按照最高“度”进行评估。4 种损伤分度的含义为：1 度损伤表示“一定能恢复”；2 度损伤表示“很可能恢复”；3 度损伤表示“也许能恢复”；4 度损伤表示“极有不可能恢复”（对应于每个综合征的具体评估见表 4–7）。最后对患者综合评估，例如，受照后第三天“N2H3C2G2”表示 N、H、C、G 四个系统分别受到 2、3、2、2 度损伤，该患者受照射后第三天综合评估为 3 度核辐射损伤。

按照 2Gy 以下、2~6Gy、6~8Gy、8Gy 以上，分别对国内、国外的外照射急性放射病救治成活率统计分析，结果显示国内与国外救治水平相当。

表 4–2　放射损伤相对特异的临床表现（共 27 种）

1. 淋巴细胞计数	10. 脱皮	19. 恶心
2. 中性粒细胞计数	11. 溃疡 / 坏死	20. 呕吐
3. 血小板计数	12. 毛发脱落	21. 食欲减退 / 厌食
4. 感染	13. 指甲剥离 / 甲松症	22. 疲乏综合征
5. 失血	14. 每天腹泻次数	23. 发热
6. 红斑	15. 大便稠度	24. 头痛
7. 敏感 / 瘙痒	16. 消化道黏膜脱落	25. 低血压
8. 水肿 / 浮肿	17. 消化道出血情况	26. 神经缺损
9. 水疱	18. 腹部痉挛 / 疼痛	27. 认知缺失

表 4-3　HS 的 5 种临床表现分度标准

临床表现	1 度	2 度	3 度	4 度
淋巴细胞计数	≥1.5×10^9/L	（1.0~1.5）×10^9/L	（0.5~1.0）×10^9/L	<0.5×10^9/L
中性粒细胞计数	≥2×10^9/L	（1~2）×10^9/L	（0.5~1.0）×10^9/L	<0.5×10^9/L 或初期中性粒细胞增多
血小板计数	≥100×10^9/L	（50~100）×10^9/L	（20~50）×10^9/L	<20×10^9/L
感染	局部；不需要使用抗生素	局部；仅局部需使用抗生素	系统性感染，口服抗生素	败血症等，静脉用抗生素
失血	瘀点、容易青紫，血红蛋白正常	轻度出血，血红蛋白减少低于 10%	大量出血，血红蛋白减少 10%~20%	自发出血，或血红蛋白减少大于 20%

表 4-4　CS 的 8 种临床表现分度标准

临床表现	1 度	2 度	3 度	4 度
红斑	轻微且短暂	中度；局限性红斑小于 10cm^2；占体表面积 10% 以下	明显；局限或融合；占体表面积的 10%~40%	严重；局限或融合；占体表面积 40% 以上
敏感 / 瘙痒	瘙痒症	轻度且间断疼痛	中度且持续疼痛	严重且持久的疼痛
水肿 / 浮肿	有，但无症状	有症状，局部皮肤发紧感	继发功能障碍	完全功能障碍
水疱	少，内含无菌液	少，有出血	大疱内有无菌液体	大疱内有出血
毛发脱落	无	局部干燥	局部潮湿	融合性湿性
溃疡 / 坏死	仅表皮受损	真皮受损	累及皮下组织	累及肌肉或骨骼
脱毛	毛发变稀疏，脱发不显著	斑片状脱发，可见	全脱，多数情况下可恢复	全脱，多数情况下不可逆
指甲剥离 / 甲松症	无	部分	未定	完全

表 4-5　GIS 的 5 种临床表现分度标准

临床表现	1 度	2 度	3 度	4 度
每天腹泻次数	2~3 次	4~6 次	7~9 次	≥10 次，顽固
大便稠度	大块成形	松散	稀糊状	水样
消化道出血情况	潜血阳性	间断性出血	持续出血	持续出血，大量
消化道黏膜脱落	间断性	间断，数量大	持续	持续，大量
腹部痉挛 / 疼痛	轻度	可忍受	强烈	难以忍受，剧烈

表 4-6　NVS 的 9 种临床表现分度标准

临床表现	1 度	2 度	3 度	4 度
恶心	轻度	中度，可忍受	重度，强烈	极重度，剧烈
呕吐	偶发，1 次 /d	间断，2~5 次 /d	持续，6~10 次 /d	顽固性，10 次以上 /d
食欲减退 / 厌食	能进食，食量尚可	能进食，摄食量明显减少	很少进食	静脉营养
疲乏综合征	能正常活动，能工作	活动及工作能力受损	需要在协助下才能生活自理	不能进行日常生活
发热	<38℃	38~40℃	>40℃，持续少于 24h	>40℃，持续 24h 以上，或伴有低血压
头痛	轻微	中度，可忍受	重度，强烈	极重度，剧烈
低血压	心率>100 次 /min；血压>100/70mm Hg	血压<100/70mmHg	血压短暂<90/60mmHg	收缩压持续<80mmHg
神经缺损	罕能检测到缺陷，能正常参加活动	容易检测到缺陷，参加正常活动无明显障碍	明显神经障碍；参加正常活动有明显障碍	有危及生命的体征，和（或）丧失意识
认知缺失	记忆、思维和判断轻度受损	记忆、思维和判断中度受损	事故后智力明显受损	记忆完全丧失或不能正常思考

表 4-7　国外外照射急性放射病分度与预后

器官系统	1 度 轻度损伤	2 度 中度损伤	3 度 严重损伤	4 度 严重 / 致命损伤
N	一定能恢复	恢复，但可能有缺陷	恢复，有严重缺陷	极不可能恢复
H	自身一定能恢复	很可能自身恢复	也许自身恢复	极不可能自身恢复
C	一定能恢复	很可能无缺陷恢复	可能有缺陷恢复	极不可能恢复或有严重缺陷
G	一定能恢复	可能有缺陷恢复	也许能恢复	极不可能恢复

第二节　诊断与鉴别诊断

外照射急性放射病诊断包括早期分类诊断和临床诊断。职业性外照射急性放射病的诊断，必须根据职业照射史、初期症状及体征、实验室检查、临床经过、受照剂量估计等综合判定。早期分类诊断应在伤后即刻进行，从现场救治时开始，并在入院初期再次进行更准确的诊断。职业性外照射急性放射病的主要诊断依据如下。

一、职业照射史

引发外照射急性放射病的职业照射史通常是意外照射（职业性或非职业性），常见于医用或工业用放射源事故，其中常见放射源有 ^{60}Co、^{137}Cs、^{192}Ir、^{75}Se 等，主要原因有放射源丢失 / 遗弃、盗窃，因违章操作、机械故障等导致误入辐照室，非法买卖孤儿源，利用放射源蓄意谋害，密封放射源或包容放射性物质的设备或容器泄漏；然后是核反应堆事故，包括核电站、核动力航母及潜艇、核燃料处理厂等意外事故，在核燃料转换或富集过程中操作失误而发生的临界事故等；也可以来源于核与辐射恐怖袭击，例如，核爆炸（原子弹、中子弹、氢弹、粗制核武器）、放射性物质散布事件（RDE）、攻击或蓄意破坏核设施/核装置或运输中的核材料、水和食品污染事故、核脏弹恐怖袭击；贫铀弹不是核武器，但是近代战争中大量使用了贫铀弹，较长时间暴露于贫铀弹爆炸后现场也有可能达到较高的受照剂量。

在核武器爆炸条件下，需要根据核爆炸受到的当量、爆炸方式、病员所处位置和有无防护等，初步估计病员受到的剂量。例如，若病员在沾染区外照射，则根据所在沾染区的地面照射量率和伤员通过或停留时间，推测病员受照剂量，同时还要了解病员有无内污染的可能。

以上原因均可导致外照射急性放射病，值得注意的是，职业性外照射急性放射病的诊断前提是所受急性照射由职业性因素引起。

在放射源事故性照射时，需要根据事故的性质、辐射源的类型和活度、病员受照射时所处的位置和照射时间，以及照射过程中人员活动情况、有无屏蔽等，初步估计可能受到的照射剂量。

任何核辐射条件下，如果病员佩戴有个人剂量仪，应及时了解个人剂量仪所指示的读数。

当人体全身或大部分身体在短时间内一次或分次受到大剂量（通常总吸收剂量超过剂量阈值1Gy）时，可发生急性放射病。

二、初期症状及体征

受照射后病员在1~2d内表现出的初期症状及体征对判断病情有参考价值。对初期症状和体征进行综合分析时，还要排除心理因素、既往病史等。表4-8列举了不同急性放射病的初期反应和受照剂量下限。

表4-8 各型急性放射病的初期反应和受照剂量下限

分型		初期表现	照后1~2d淋巴细胞绝对数（$\times10^9$/L）	剂量下限（Gy）
骨髓型	轻度	乏力，不适，食欲减退	1.2	1.0
	中度	头昏、乏力、食欲减退、恶心，1~2h后呕吐、白细胞数短暂上升后下降	0.9	2.0
	重度	1h后多次呕吐，可有腹泻，腮腺肿大，白细胞数明显下降	0.6	4.0
	极重度	1h内多次呕吐和腹泻、休克、腮腺肿大，白细胞数急剧下降	0.3	6.0
肠型		频繁呕吐、腹泻，休克，血红蛋白升高	0.3	10.0
脑型		频繁呕吐，休克，共济失调，肌张力增加，震颤，抽搐，昏睡，定向和判断力减退	0.3	50.0

（一）呕吐

照后2h左右出现呕吐，2~3d有食欲不佳，但无明显腹泻，全身情况尚可者，多为骨髓型。照后初期有恶心和食欲减退者，其照射剂量可能大于1Gy；有呕吐者，其照射量可能大于2Gy。如发生多次呕吐，其照射量可能大于4Gy。如患者很早出现上吐下泻，则可能受到大于6Gy的照射。若在照后1~2d内出现腮腺肿痛或有37~38℃的体温升高，提示为中度或更重。在照后初期出现大面积皮肤潮红，提示可能为重度或更重。

照后 1~2h 出现多次呕吐，3~5d 内出现频繁腹泻，未见中枢神经系统症状者可能为肠型。若出现血水便，泻出物中含有肠黏膜脱落物，则可诊断为肠型。

照后 1h 内频繁呕吐、定向力障碍、共济失调、肢体震颤、肌张力增强者，可基本诊断为脑型放射病。在排除脑外伤和蛛网膜下腔出血的情况下，若发生抽搐可确诊为脑型。

（二）腹泻

初期无腹泻或仅 1~2 次软便，为重度以下急性放射病。例如，1980 年，上海某病例在当地判断受照 10Gy 后，转入放射病诊断医院进行救治，根据其照后 3~4d 无腹泻的表现，即判断为重度以下，不必进行骨髓移植，进行胎肝细胞移植即可；当天或 4d 内有严重腹泻者，其预后不好。日本东海村临界事故中某病例在事故后 10min 内即有腹泻。但也可存在一些特殊情况，例如，2004 年济宁“10·21”事故中的某例肠型急性放射病的患者在早期并无腹泻，而另一例诊断为骨髓型极重度急性放射病的患者，其在早期的特点是腹痛。又如 1963 年国内第一起 ^{60}Co 源所致意外辐射事故中的 2 例患者（男性，18 岁，7 岁）受到约 10 居里的 ^{60}Co 源所致意外贴身照射，其照射中心贴近腹部，迁延性照射达数十小时以上，照射后 7~8d 才出现严重的胃肠道症状，如阵发性全腹疼痛，每日 5~6 次的黄色稀水样便，照射后 10~11d，排出带有肠黏膜的鲜血便或便中带有少量脱落的肠黏膜，早期并无腹泻。

（三）面部特征

脸色发红、酒醉样面容、口唇疮疹、肿胀和腮腺肿大等体征，均具有判定吸收剂量的意义。全身比较均匀受照在 10Gy 以上时，往往照后立即脸色发红，患者感到面部发热，双眼干涩和头晕乏力，口唇肿胀麻木。脸部犹如酒醉样面容，累及颈部。2004 年济宁“10·21”事故中某病例在照后 3h 出现面部及双手潮红，40h 后面部、前胸充血再次加重。55h 后面部呈现醉酒貌，全身皮肤紫红色充血，口唇肿胀外翻，口唇、鼻梁、上颚被浅黄色分泌物覆盖，其估计吸收剂量在 25~30Gy 以上，落入肠型急性放射病的范畴。1986 年开封事故中某病例全身虽受照 3.5Gy，但头部受照 13.0Gy，另一位病例全身受照 2.6Gy，头部受照 8.8Gy，前者 18h 后腮腺肿痛；后者 18h 后右侧腮腺压痛。UNSCEAR（1988）报告指出，照后急性效应表现为结膜红斑（2Gy）、色素沉着（4~6Gy），6Gy 以上照射所导致的放射性腮腺炎也可供参考。外照射急性放射病早期头部体征与吸收剂量的关系见表 4-9。

表 4-9　根据早期体征初步判定吸收剂量

体征	出现时间	吸收剂量（Gy）
眼球结膜充血	<6h	>2*；>6**
面部皮肤潮红	6~20h	>4*；>6**
腮腺肿大	8~12h	>4*；>6**
早期皮肤红斑，感觉异常	12~24h	8~15***
早期皮肤红斑，皮肤或黏膜水肿	<3~6h	>25~30***

注：* 上海“6·25”事故资料；** 苏联切尔诺贝利核电站事故资料；*** 日本东海村临界事故或济宁“10·21”事故资料。

三、剂量相关的辅助检查

（一）外周血淋巴细胞绝对值

早期外周血淋巴细胞的下降速度能较好地反映病情程度，尤其在核武器爆炸时，是一个简单易行的早期化验指标（见表 4-8）。照后 1d 内白细胞数明显升高（$>15\times10^9/L$）和血液浓缩（Hb>

150g/L），提示肠型可能性大。照后 24~48h 外周血淋巴细胞绝对数高于 0.3×10^9/L，则多为骨髓型；若低于此值，则可能为肠型或脑型。

根据事故病例和实验资料，按初期症状和早期淋巴细胞绝对值的变化制成早期分类诊断图，可作早期分类参考（见图 4–1）。图 4–1 的使用说明如下：将病员在照后 12~48h 的淋巴细胞绝对值和该时间内病员出现的最重症状实线下角（图的内侧）做一连线，通过中央直柱，柱内所标志的程度即为急性放射病的程度。如需在伤后 6h 进行分类诊断，可单独根据症状进行，即沿病员出现过的最重症状实线上缘（图的内侧）做一水平横线于中央直柱，柱内所标志的程度即为放射病的程度，但其误差较照射后 24~48h 判断时大。

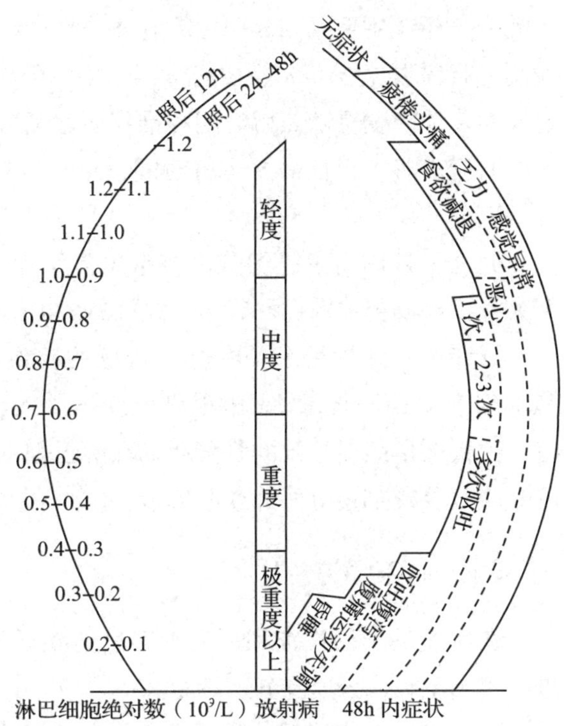

图 4–1　急性放射病早期分类诊断图

（二）网织红细胞

外周血红细胞变化较迟，但网织红细胞的变化很早。照后 5d 内网织红细胞明显下降，相当于 3Gy 以上的照射。若网织红细胞在受照后 48h 内消失，说明个体受到了致死剂量的照射。

（三）血红蛋白量

骨髓型放射病早期血红蛋白量变化不明显，肠型放射病早期升高。

临床诊断是早期分类诊断的继续和完善，两者不可分割，在综合分析患者的病程经过、临床表现、实验室检查等结果，参考受照射剂量估计和治疗情况的综合分析，对患者的病情完成最后的确定诊断。其中最主要的是正确测定病员受照射的剂量，是判断病情的主要依据。有条件时可分别测定物理剂量和生物剂量，两者可以互相补充，以得出较正确的数值。

1. 物理剂量测定

要详细了解事故时辐射场的情况、人与放射源的几何位置、有无屏蔽以及人员移动情况和时间的变化等。收集患者随身携带的某些物品，可以进行剂量测定，估算患者受照剂量。常见的有热释光法测量牙齿、指甲、手表中红宝石等的信号，估算受照剂量的范围为 0.25~10Gy。利用电子自旋共振（electron spin resonance，ESR）波谱信号测量电子手表中石英片频率变化，骨、牙齿、棉织物纤维素、有机纽扣、含糖食品和药品，以及某些糖类的晶溶发光等判定受照部位的剂量，适用范围为 0.5 戈瑞到数十戈瑞。当有中子照射时，应收集病员随身携带的金属物品，以及患者的头发、尿样和血液等生物制品，进行中子活化测量，了解受到中子剂量。必要时进行全身 ^{24}Na 活化测量，进行人体模型模拟照射测量，然后进行分析、计算得出结论。

2. 生物剂量测定

利用体内某些敏感的辐射生物效应指标来反映患者受照射的剂量，称生物剂量测定。现在公认淋巴细胞染色体畸变率是合适的生物剂量计，它与照射剂量有函数关系，特别适宜于 0.25~5Gy 剂量范围。通常用作生物剂量测定的畸变类型是双着丝粒体、着丝粒环和断片。方法是在照射后 24h 内（最迟不超过 6~8 周）采血体外培养 48~72h，观察淋巴细胞染色体畸变率。目前外周血染色体非稳定畸变分析（主要是 dic+r），是全身受照剂量估算的“金标准”，不仅需要技术熟练的专业人员进行检测，且需要至少 48h 后才能得到结果，但对确定诊断起到至关重要的作用。需要注意的是，非稳定性染色体畸变会随照后时间的推移而逐渐减少，应尽可能在事故发生后 48~52h 内采集血样，如果采样时间较晚，可能需要进行时间校正。现在有计算机辅助系统协助分析染色体变化，显著提高了分析速度。

此外，外周血淋巴细胞微核率也常作为生物剂量测定的方法。测定方法与染色体畸变率相似，观察分析比染色体畸变率容易，在 0.2~5.0Gy 的剂量范围内，微核率与剂量呈线性关系。

近年来，还发展了一些具有特色的反映生物剂量的方法，如染色体荧光原位杂交技术、体细胞基因突变检测技术、T 淋巴细胞受体（TCR）基因突变技术。需要注意，当全身受照剂量＞5Gy 时，由大剂量照射导致的骨髓耗竭和淋巴细胞受损伤等难以培养，此时可考虑采用早熟染色体凝集、EPR 生物物理剂量等估计受照剂量。

四、临床经过

在后续的全面检查和严密观察病情发展的过程中，可对病情的发展及相关资料进行综合分析，进一步确定临床分度及分期诊断。

射线作用于机体后，因原发作用和继发作用的结果，使机体发生急性放射损伤。由于射线有很强的穿透能力，可使被照物质发生激发和电离，进而会导致机体的各层细胞和组织发生形态和功能障碍而受到广泛损伤，产生复杂的临床表现。射线照射是急性外照射急性放射病的病因，受照剂量的大小决定了外照射急性放射病病情的轻重，辐射高度敏感组织的损伤是急性放射病各种临床表现的发病基础。

（一）骨髓型外照射急性放射病

机体更新活跃、增殖旺盛的造血干祖细胞、淋巴细胞、小肠上皮细胞（尤其是肠隐窝细胞）、生发上皮、生殖细胞等均具有较高的辐射敏感性。这是辐射损伤导致造血功能障碍、免疫功能低下，进而引起全血细胞减少、感染、出血及胃肠道症状的基础。造血系统损伤是骨髓型外照射急性放射病的主导损伤和基本特征；当受照剂量达到 5Gy 以上时，消化系统损伤的症状开始明显显现，并与造血系统损伤交错重叠，当受照剂量进一步达到 10Gy 以上时，消化系统损伤占主导地位，是肠型外照射急性放射病的特征。骨髓型外照射急性放射病的造血损伤贯穿于疾病的全过程，骨髓在照射后几小时即见细胞分裂指数降低，血窦扩张、充血；随后骨髓细胞坏死，造血细胞减少，血窦渗血和破裂、出血，最初是幼稚细胞减少，以后成熟细胞亦减少。骨髓变化的程度与照射剂量有关。若照射剂量很大时，造血功能往往不能自行恢复；若保留有足够的造血干细胞，还能重建造血。骨髓造血的恢复可在照射后第 3 周开始，明显的再生恢复在照射后 4~5 周。

淋巴细胞及淋巴器官（主要为脾和淋巴结）的变化规律与骨髓相似，以细胞分裂抑制、细胞坏死、减少和出血为主。其发展比骨髓快，恢复亦比骨髓早，但完全恢复需要较长的时间。

随着造血器官病变的发展，骨髓型外照射急性放射病的临床过程有明显的阶段性，可划分为初期、假愈期、极期和恢复期或者死亡（见图 4–2），尤以中度和重度骨髓型外照射急性放射病的临床分期最明显。

1. 轻度骨髓型外照射急性放射病

轻度骨髓型外照射急性放射病多发生在人员受到 1~2Gy 左右的射线全身照射后，症状较轻，分期不很明显，初期持续时间 1d 左右，可出现乏力、头晕、失眠、嗜睡、食欲减退和恶心等症状，假愈期症状消失，持续 4~5 周。极期可有轻度恶心或呕吐。血象改变轻微，伤后 1~2d 内白细胞总数可有一过性升高，达 10×10^9/L 左右。以后白细胞总数轻度下降，30d 后可降至（3~4）$\times10^9$/L。淋巴细胞一开始就下降，伤后 3d 其绝对值可降至 1×10^9/L。50~60d 后血象渐恢复正常。

轻度骨髓型外照射急性放射病一般预后良好，一般不发生出血、脱发和感染。经治疗和休息，一般在 2 个月内恢复健康。

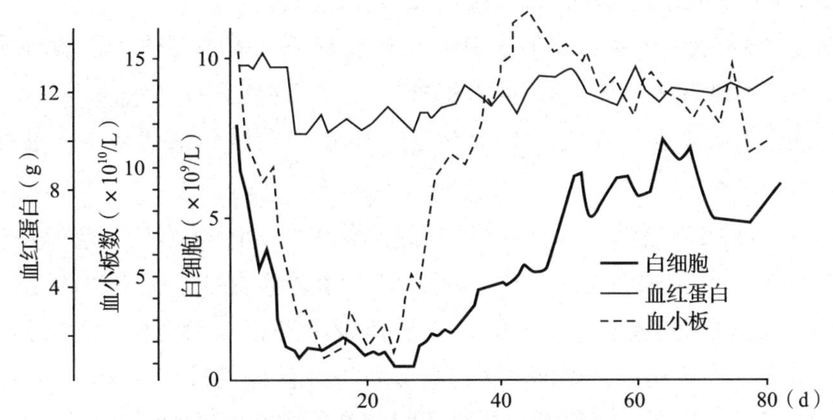

图 4-2　1 例重度骨髓型外照射急性放射病患者的血象动态变化

2. 中、重度骨髓型外照射急性放射病

当机体受照射剂量分别为 2~4Gy 和 4~6Gy 时，可发生中、重度骨髓型外照射急性放射病。中、重度骨髓型外照射急性放射病的临床经过基本相似，临床分期均明显，只是病情轻重不同，治疗原则基本相同，但程度上有明显区别。各期症状如下。

（1）初期：在照后数十分钟至数小时出现，表现为神经内分泌功能紊乱，特别是自主神经功能紊乱，主要症状为乏力、头昏、恶心、呕吐、食欲降低，还可能出现心悸、出汗、口渴、体温上升、失眠或嗜睡。中、重度骨髓型外照射急性放射病患者受照后数小时出现眼睑水肿、球结膜充血、皮肤潮红，称为醉酒样外貌，还可出现皮肤红斑、腮腺肿大、口唇肿胀等。初期症状出现快慢、症状多少、程度轻重、持续时间长短等，都与病情轻重有关。

（2）假愈期：开始于照射后 2~4d。初期症状基本消失或明显减轻。患者除有疲乏感外，可能无特殊主诉，精神良好，食欲基本正常。但病情继续发展，造血损伤进一步恶化，外周血白细胞和血小板呈进行性下降，机体免疫功能也开始降低。白细胞下降的速度与病情轻重有关，一般于照后 10d 左右白细胞下降到第一个最低值，然后出现顿挫回升（见图 4-2），这是因残留的造血干细胞有限地恢复增殖分化所致。回升的峰值与病情有关，照射剂量大者回升峰值低。血小板下降比白细胞缓慢，中度放射病在第 2 周下降至 60×10^9/L 以下，重度可降至 30×10^9/L 以下。假愈期长短是病情轻重的重要标志之一，中度外照射急性放射病为 20~30d，重度外照射急性放射病为 15~25d。在假愈期末，外周血白细胞可降至 2×10^9/L 以下，此时患者出现皮肤黏膜出血和脱发，被视为进入极期的先兆。出血多见于口腔黏膜、胸部和腋窝皮肤出现。

（3）极期：极期的标志是体温升高，食欲降低，呕吐腹泻和全身衰竭。进入极期，病情急剧恶化，是各种症状的顶峰阶段，治疗不力者多于此期死亡。极期患者的主要临床反应如下。

①全血细胞减少：造血微环境破坏，造血调控网络失调等导致血细胞生成减少，外周血液有形

成分得不到补充，加之血细胞消耗和死亡（凋亡和坏死）的加速，引起包括白细胞、红细胞、血小板等全血细胞数急剧地减少，表现为骨髓增生极度低下，各系造血细胞均减少，淋巴细胞和浆细胞比例增高。外周血细胞持续下降到最低值，最低值水平与病情轻重有关。中度放射病血小板可降至（10~50）$\times 10^9$/L，重度可降至 10×10^9/L。红细胞轻度降低，重度可降至 2.5×10^9/L 以下。白细胞分类计数，中性粒细胞比例减少，核右移，并有退行性变化。

②感染：感染是外照射急性放射病的严重并发症，往往成为死亡的主要原因。感染的发生与粒细胞缺乏密切相关，中性粒细胞数越低，感染越重，威胁越大。

感染的发生机制：A. 吞噬细胞数量减少和吞噬活性降低；B. 体表屏障功能破坏，细菌等病原体易于进入机体，引起对细菌等病原体的防御功能降低；C. 非特异性体液因子的作用减弱，血清溶菌酶的含量明显降低，备解素含量降低；D. 补体含量降低；E. 抗体形成减少，淋巴因子含量减少；F. 细胞免疫抑制。

感染的特点：A. 口腔部常是最早出现感染灶的部位，如牙龈炎、咽峡炎、扁桃体炎、口腔溃疡、口唇糜烂和溃疡等，口腔感染常有局部疼痛，张口和进食困难。B. 除口腔感染外，其他感染（如肺部、肠道、泌尿道和皮肤感染）亦多见。C. 感染源有外源性和内源性两方面，内源性多为来自上呼吸道和消化道的条件致病菌，早期多为呼吸道的革兰氏阳性球菌，晚期多为肠道的革兰氏阴性杆菌。D. 炎症反应减弱，出血坏死严重，表现为局部红肿，白细胞数不升高；镜下可见渗出减少，炎细胞浸润很少或缺如（称乏炎细胞性炎症），吞噬现象不明显，肉芽形成少，局部细菌大量繁殖。由于细菌繁殖和毒素的作用，局部出血坏死严重，且很易播散至其他部位，发展为全身感染（如菌血症、败血症、毒血症、脓毒血症等）。E. 一般先发生呼吸道革兰氏阳性球菌感染，后期多发生大肠埃希菌或其他革兰氏阴性杆菌感染；重度以上患者可能并发真菌和病毒感染等。由于长期应用抗生素治疗，体内菌群失调，易并发真菌感染，感染部位以肺部为多见。真菌感染常并发组织坏死，并直接向周围组织扩散，或通过血行传播到其他脏器成为致死的原因。当全身照射 5~6Gy 以上，有可能并发病毒感染，照射剂量越大，发生率越高。感染源可能为疱疹病毒和巨细胞病毒。病毒感染常是凶险的征兆，可使病情迅速恶化，长期发烧不退，成为致死的原因。

③出血：出血是外照射急性放射病的主要临床表现之一，其发生机制主要有三个重要环节，包括血小板数量减少和功能障碍，血液凝固功能障碍（主要是凝血因子含量减少和性能改变，抗凝血物质增多），以及血管壁形态结构的损伤，血管脆性和通透性增高、抗力下降等。

出血的特点：A. 全身多发性出血是主要病理和临床表现之一，对病情的发展和结局有重要影响。B. 出血在内脏器官和皮肤黏膜都可发生，一般说内脏出血要早于体表。C. 出血的程度随照射剂量和治疗情况而异，轻者仅为少数点状出血，严重者呈斑块状出血，甚至弥漫成片。D. 出血的时间长与血小板下降程度一致，当血小板低于 70×10^9/L 时，可见皮肤黏膜点状出血；低于（30~50）$\times 10^9$/L 时，则往往会引起严重出血，大量出血会加重造血障碍和物质代谢紊乱，并促进感染的发生。

部分中度患者也可能只有出血倾向，如束臂试验阳性、出凝血时间延长、大便隐血试验阳性等。重度患者常发生严重出血，可有鼻出血、尿血、便血、咯血、呕血等。女患者可发生子宫出血。在发生感染的部位常伴有严重的出血坏死。大量出血可引起急性贫血，重要脏器出血可成为死亡的原因。

④代谢紊乱：由于机体细胞和生物大分子的结构受到损伤，神经和内分泌系统调节紊乱，消化器官损伤和功能失调，感染、出血、呕吐、腹泻、食欲减退等因素均可引起机体物质代谢的紊乱。

新陈代谢紊乱的发生机制是合成代谢抑制，分解代谢加强，两者严重失衡。

⑤其他症状：极期患者一般表现为衰弱无力、精神淡漠、烦躁等，查体可见睫反射减弱或消失。重度患者常出现物质代谢紊乱，水盐及酸碱平衡失调，如脱水、体重下降、酸中毒、低钾血症等。

极期症状非常严重，但对中、重度患者来说，仍存在自行恢复的可能。在极期末可见骨髓重现造血，只要精心治疗，控制住感染、出血等主要症状的发展，保持患者内环境的稳定，就能使患者度过极期进入恢复期。

（4）恢复期：照射后 5~7d 开始进入临床恢复期。发病后 4~5 周骨髓开始恢复造血，1 周后外周血白细胞开始回升。照射后 50~60d 白细胞数可升高至 5×10^9/L 左右，血小板数可基本正常。随着造血功能的恢复，其他症状也逐步好转，出血停止并逐渐吸收，体温恢复正常，精神和食欲开始好转。照后 2 个月，患者头发开始再生。

进入恢复期后，患者免疫功能和贫血恢复较慢，可存在易疲劳等症状和再发生感染的可能。此外，重度患者进入恢复期后还有可能出现某些脏器损伤的症状，常见的如肝损伤，可出现黄疸、转氨酶升高、消化不良、腹泻等症状。所以，恢复期的护理和治疗仍不能放松，患者还需经过 2~4 个月才能恢复正常。恢复期患者性腺恢复较慢。照射后精子数下降的顶峰在照后 7~10 个月，1~2 年后才能恢复。受照射剂量较大者，亦可造成永久性不育。

近年来，重度以下骨髓型外照射急性放射病经有效积极治疗后，可不出现极期宏观临床表现，如出血、感染（包括体温升高、咽炎、腹泻、拒食、柏油便等），当极期阶段症状不明显时，可将白细胞数持续低于 1×10^9/L，或中性粒细胞数低于 0.5×10^9/L，血小板数低于 10×10^9/L，以及脱发等作为极期阶段（重度）的判断指征。反之，由极期转入恢复期也可从骨髓造血功能的改善如增生低下转为活跃，出现幼稚细胞、单核样细胞等，以及外周血象如网织红细胞、中性粒细胞、血小板数的恢复和单核样细胞增多或成群、成批出现的所谓“阵雨现象”进行综合判断。

3. 极重度骨髓型外照射急性放射病

极重度骨髓型外照射急性放射病多发生在机体受照射 6~10Gy 后，其病情经过和主要症状与重度大体相似，其病变发展较快、症状重、极期持续较久、恢复慢。由于造血损伤严重，患者自行恢复的能力减弱。其特点如下。

（1）初期：初期症状出现早而重，假愈期短。极重度放射病患者在照射后 1h 内即出现反复呕吐，并可有腹泻，患者呈衰弱状态。初期症状持续 2~3d 后有所减轻，经 7~10d 后进入极期。有的患者也可能直接转入极期，没有明显的假愈期。

（2）极期：患者造血损伤严重，部分患者难以自行恢复造血功能。外周血象变化迅速，照后 1 周白细胞可降至 1×10^9/L，3d 后淋巴细胞绝对值可降至 0.25×10^9/L。极期白细胞、血小板都可降至零，贫血严重。进入极期后，患者高热、呕吐、腹泻、拒食、出血等症状严重，并呈现全身衰竭。腹泻可呈水泻样或血便，脱水和电解质紊乱严重。胸部受到大于 8Gy 照射者可并发间质性肺炎，真菌和病毒感染发生率高。

间质性肺炎是受大剂量照射后的严重并发症，其发生原因不完全清楚，一般认为与肺部放射损伤和病毒（如巨细胞病毒）感染有关。间质性肺炎的病理变化主要为肺间质水肿、炎细胞浸润，肺泡纤维蛋白渗出和透明膜形成。晚期见肺纤维化、肺胞壁增厚、气体交换障碍。临床表现为轻到中度咳嗽，干咳或有少量非脓性痰，呼吸急促或进行性呼吸困难、发绀等，多数患者有发热和肺部啰音，治疗困难，一般在发病后 10~15d 死亡。其治疗难度大，预后严重。此类患者虽经积极治疗，恢复较慢，目前治疗水平只能救活部分患者，并发间质性肺炎和真菌、病毒感染者预后严重。

（二）肠型外照射急性放射病

肠型外照射急性放射病是机体受到10Gy以上剂量照射后引起的，以胃肠道损伤为基本病变，以频繁呕吐、严重腹泻及水电解质代谢紊乱为主要临床表现，具有初期、假愈期和极期三阶段病程的严重的急性放射病。机体受肠型剂量照射后，造血器官损伤比骨髓型更为严重。但因病程短，造血器官的损伤尚未发展，小肠黏膜已发生了广泛坏死脱落，并出现畸形细胞，因此肠道病变是肠型放射病的主要病理特点。在小肠黏膜上皮变化的同时，黏膜固有层和黏膜下层血管充血、间质水肿，有少量粒细胞和圆细胞浸润。

肠型外照射急性放射病的临床特点主要有以下几个方面。

（1）初期症状重，假愈期不明显。

（2）严重的胃肠道症状：极期突出表现为频繁呕吐、严重腹泻及血水便等胃肠道症状。进入极期后，患者出现频繁呕吐，呕吐物多含胆汁或血性液体。严重腹泻是极期的突出表现，每天可达到20~30次。腹泻以血水便为其特征，血水便中含肠黏膜脱落物；腹泻伴有腹胀、腹痛。由于肠蠕动功能紊乱，肠套叠、肠梗阻、肠麻痹等发生率较高。

（3）造血损伤严重：肠型外照射急性放射病造血器官损伤比骨髓型重，外周血象变化快，数天内白细胞可降至1×10^9/L以下。照射剂量接近肠型放射病剂量下限者，若经大力救治度过肠型死亡期，即表现出严重的骨髓衰竭，一般都不能自行恢复造血功能。早期死亡者，出血不及重度骨髓型放射病严重，若经治疗而延长生存期者，亦可发生严重出血。

（4）感染发生早：由于造血损伤严重，免疫功能低下，肠道失去屏障，致使体液和电解质大量丢失，肠腔内细菌、毒素和有害分解产物侵入血流，很快造成脱水，水、电解质代谢紊乱，毒血症，菌血症等并发症，成为死亡的原因。肠型外照射急性放射病后期常出现坏死性肠炎、腹膜炎和坏死性扁桃体炎、败血症等。临终前机体衰竭，体温可骤然降低。

（5）治疗可延长生存期：患者进入极期后，病情迅速恶化，血压下降，出现虚汗、四肢厥冷、紫绀、寒战、谵妄、昏迷，很快濒临死亡，其死亡高峰在10~15d。一般采用对症治疗，治疗可延长生存期，但迄今尚无治愈的先例。

（三）脑型外照射急性放射病

脑型外照射急性放射病是以脑组织损伤为基本病变，以意识障碍、定向力丧失、共济失调、肌张力增强、抽搐和震颤等以中枢神经系统症状为特殊临床表现，具有初期和极期两阶段病程的极其严重的急性放射病。脑型外照射急性放射病常见于一次接受大于50Gy的均匀或比较均匀的全身照射，偶可见于特大核事故或核战争条件下瞬时受到特大剂量照射的人员，发病很快，病情凶险，多在2~3d内死亡。患者受照后出现意识障碍、定向力丧失、站立不稳、共济失调、肌张力增强、强直抽搐、角弓反张、肢体或眼球震颤等中枢神经系统症状为主的表现。如受照剂量＞100Gy，则受照后意识丧失、瞳孔散大、大小便失禁、血压下降、休克、昏迷，患者很快死亡，病程仅数小时。迄今为止，文献上只报告过2例脑型急性放射病病例。第一例是1958年12月30日美国LASL研究所所属化工厂发生的核临界事故，1名男性38岁工人意外受到γ射线和中子的不均匀照射，全身平均照射剂量为39~49Gy，上腹部为120Gy，头部为104Gy，下肢为10Gy以下，于照射后34.7h死于心源性休克。另一例是1964年7月24日美国罗德岛核燃料回收工厂发生的核临界事故中，1名男性38岁

工人意外受到 γ 和中子的照射，全身平均照射剂量为 88Gy，合并冲击波伤和烧伤，照后 49h 死于循环衰竭，不能除外神经性休克。

脑型外照射急性放射病因病程很短，尽管其造血器官和肠道的损伤更加严重，但这些损伤未充分显露，主要病变表现在中枢神经系统。损伤遍及中枢神经系统各部位，尤以小脑、基底核、丘脑和大脑皮层为显著。病变的性质为循环障碍和神经细胞变性坏死。大脑充血、水肿，小脑颗粒层细胞变化显著，细胞减少，细胞核固缩或肿胀。蒲氏细胞空泡变性、坏死。大脑皮层神经细胞发生变性坏死，常见有胶质细胞包绕而成“卫星”或噬节现象，有时形成胶质细胞结节，坏死神经细胞的髓鞘发生崩解和脱失。其临床表现如下。

1. 共济失调

受照射后数分钟内可发生，且发生率高，属于运动性共济失调，主要由小脑和基底核的神经细胞变性坏死所致。

2. 眼球震颤

多在照后 1h 内发生，开始时以眼球水平震颤为主，稍后多转为垂直震颤。主要因迷路神经和小脑损伤所致。

3. 肌张力增强和肢体震颤

多发生在照后 1~2h 内，全身性肌张力增强，以维持和固定体位的肌群更明显，可一直持续至死亡。肢体震颤呈阵发性，发作间隔时间半小时左右，可因轻微刺激而诱发。主要是由锥体外细胞变性坏死所致。

4. 抽搐

抽搐是脑型外照射急性放射病最严重的临床表现，多发生在受照后 2h 以内。抽搐有 4 种形式：强直性抽搐、阵挛性抽搐、局限性阵挛性抽搐和强直阵挛性抽搐（癫痫样大发作）。以上 4 种形式的抽搐可交替发生，其中以强直阵挛性抽搐最多见且最严重，常造成病程进展快和促进死亡。特大剂量射线照射后，大脑皮层神经细胞坏死是引起抽搐的主要原因。大脑皮层微血管的变化，如渗出、水肿、血管周围出血等也对抽搐的引发起重要作用。

5. 其他表现

脑型外照射急性放射病发病急速，大多在照后立即或数分钟内发生呕吐，1h 内出现腹泻，很快转为稀水样便或大便失禁。照后很快出现面部潮红、皮肤多处大片红斑、拒食、定向力障碍。随着抽搐的频繁发作，全身状况迅速恶化，可能发生脱水、休克、昏迷和全身极度衰竭。造血障碍和肠道损伤较肠型更加严重。患者多在照后 2d 内死亡，死亡原因主要为脑性昏迷衰竭。

除上述普遍公认的三型以外，有些学者提出在肠型和脑型之间存在一个心血管型外照射急性放射病，其照射剂量介于肠型和脑型之间，病程较脑型稍长。病变特点是心肌变性坏死、炎症或萎缩，并有心血管系统的功能障碍，而小脑颗粒层细胞核固缩较脑型为少，一般不超过 1/4。临床表现为休克或急性循环衰竭。此型放射病的提出，对研究大剂量照射的发病机制和治疗有指导意义。

五、鉴别诊断

外照射急性放射病的诊断并不困难，但由于本病非常少见，当电离辐射接触史不清楚的情况下，国内外曾有过误诊为“食物中毒”“烧伤”“血清病”“蜂窝织炎”“多形性渗出性红斑”“虫咬病”“急性再生障碍性贫血”等疾病的事例。因此，内科、外科、烧伤科或急诊科医生在首诊遇到原因不明的呕吐、腹泻、皮肤红斑或急性全血细胞减少等患者时，应提高诊断急性放射病的警惕性，注意询问有无电离辐射接触史，特别注意询问最近有无接触过或捡到“小金属棒”“闪光发亮的宝石”之类的物品，以防误诊。在进行职业性外照射急性放射病的诊断时，应明确电离辐射接触史由职业性因素引起。

第三节　治疗与康复

根据目前对外照射急性放射病发病机制点的认识，以及对实验研究及临床经验的总结，其治疗原则是根据不同的分型、分度、分期，决定不同的治疗。外照射急性放射病的不同分型（骨髓型、肠型、脑型）、分度（骨髓型分轻、中、重、极重度；肠型分轻度和重度）、分期（初期、假愈期、极期与恢复期）的主要病变、临床表现不同，因此治疗原则各不相同。

骨髓型外照射急性放射病的治疗要点是“狠抓早期，主攻造血”，防止多器官功能衰竭，度过极期和积极对症治疗。其治疗原则是早期应用抗辐射药物、改善微循环等；合理选用造血因子，促进造血功能恢复；根据不同分度及分期的特点，适度采用抗感染，抗出血，防止和纠正水、电解质代谢紊乱等内科综合对症支持措施。对估计受照剂量 9Gy 以上不能恢复自身造血功能的患者，应尽早做人类白细胞抗原系统（human leukocyte antigen system，HLA）配型，准备在照射后 1 周内实施造血干细胞移植，原则上越早移植越好。

肠型外照射急性放射病的治疗原则是早期应用可减轻肠道损伤的药物及措施，纠正脱水、电解质代谢紊乱及酸碱失衡，尽早实施造血干细胞移植，积极综合对症支持治疗。

脑型外照射急性放射病的治疗要点是早期镇静解痉、抗休克、强心、改善循环等对症治疗，其中抗休克和控制抽搐最为重要。

在整个救治过程中，应注意适时合理选择临床新药、新方法，吸收国内外新的救治经验，尽早采取中西医综合治疗措施，以提高疗效。

一、骨髓型外照射急性放射病的治疗

（一）治疗原则

1. *以造血损伤为中心进行综合治疗*

一方面要设法减轻和延缓造血器官损伤的发展，促进损伤的恢复；另一方面要大力防治由造血损伤引起的感染和出血等并发症。以综合治疗为主，保持机体内环境的平衡，安全度过极期。

2. *分度、分期治疗*

各度外照射急性放射病的治疗措施基本一致，但繁简有所差别。

（1）轻度外照射急性放射病：采取对症处理，加强营养，注意休息。对症状较重或早期淋巴细胞数较低者，必须住院严密观察和妥善治疗。

（2）中、重度外照射急性放射病：尽早住院治疗，根据病情采取不同的保护性隔离措施，并针对各期不同临床表现，制定相应的治疗方案。

①初期的治疗：初期主要是对症治疗，并根据病变特点采取减轻损伤的措施。

A. 药物治疗：早期给抗放药物，常用的抗放药物有雌三醇针剂、尼尔雌醇片、茜草双酯片。原则上中度偏轻的骨髓型外照射急性放射病不用辐射损伤防治药物，中度偏重及重度骨髓型外照射急

性放射病是辐射损伤防治药物的适应证，尽可能在照后 24h 内使用有效的抗辐射药物。以下介绍几种常见抗辐射药物及用法。

a. 雌三醇针剂。每支 10mg/1mL，每盒 10 支。作用及用途：是一种副作用较小、有效时间长，兼有照射前预防和照射后早期治疗双重作用的防治急性放射病的药物。动物实验表明，在照射前 6d 到照射后 1d 内肌内注射该药物，能提高实验动物存活率，减轻放射病的临床症状，减轻照射后白细胞的下降程度。与抗生素配伍使用能提高实验性放射复合烧伤的治疗效果。能减轻肿瘤放疗患者白细胞的下降程度。体外对淋巴细胞染色体有抗辐射保护作用。副作用：用药后可能出现暂时性乳房胀痛或硬结，月经失调，不经治疗乳房硬结可消失，月经失调可纠正。禁忌证：妇科肿瘤、再生障碍性贫血、肝病及未成年患者。用法：预防急性放射病时，可于受照射前 10d 内一次肌内注射 10mg，以照前 6d 内注射本药效果较好，治疗用药可于照射后 1d 内尽早肌内注射 10mg，照前与照后结合各用 1 次，或与其他防治放射病药物配伍使用可以提高疗效。使用前混悬油针剂必须充分摇匀。

b. 尼尔雌醇片。每片含尼尔雌醇 5mg 或 1mg，避光保存。作用及用途：本药副作用较小，照射前预防有效时间长，兼有照射前预防和照射后早期治疗双重作用。动物实验表明，对单纯 γ 射线的抗辐射预防和治疗作用明显，对 γ 射线与中子（1∶1）混合照射也有良好的防治作用。其作用是升高白细胞，改善微循环，减轻白细胞下降程度。副作用：用药剂量较大时可能出现暂时性乳房胀痛、硬结和月经失调。禁忌证：儿童及再生障碍性贫血患者禁用，女性肿瘤及肝脏病患者慎用。用法：预防急性放射病，可于照射前 2d 到照射前即刻一次性口服 30mg；治疗急性放射病，可于照射后 1d 内尽早口服本药 30mg；照射前预防和照射后治疗结合使用时，可于照射前 2d 至照后即刻口服 20mg，照射后 1d 内再服 10mg。

c. 茜草双酯片。100mg/ 片，避光密封保存。作用及用途：治疗急性放射病的有效的中药制剂，有效剂量小。副作用：无明显副作用，13% 的患者出现口干、轻度胃部不适。用法：照射后早期使用，每次口服 300mg，每隔 2~3d 口服 1 次，以 3~5 次为宜。

B. 镇静止吐：对呕吐较轻者，可用甲氧氯普胺（胃复安）10mg，肌内注射。对于呕吐严重者，首选静脉输注或口服 5– 羟色胺受体拮抗剂之一，包括盐酸昂丹司琼、盐酸格拉司琼、盐酸帕洛诺司琼、盐酸托烷司琼、奈妥匹坦帕洛诺司琼胶囊（0.3g/0.5mg：每粒胶囊含奈妥匹坦 0.3g 和盐酸帕洛诺司琼 0.5mg）。约半数患者可充分控制恶心和呕吐，在此基础上加用糖皮质激素（地塞米松）和（或）P 物质拮抗剂（阿瑞匹坦），可以进一步控制呕吐；口服止吐药似乎与静脉注射药一样有效和安全，呕吐停止后可以停药。

C. 止泻：当全身辐射吸收剂量＞5Gy 时，可出现严重的腹泻、脱水和电解质失衡。放射性损伤会导致肠道细菌易位，这是肠道细菌及其产物从肠腔移位至肠系膜或其他肠外器官的过程。肠道细菌移位的发生部位主要在小肠（细菌从肠腔通过有缺陷的黏膜屏障进入血液），肠道细菌引起的脓毒症是潜在的死亡原因，除抗感染选择合适的抗生素外，需要选择止泻药物控制放射性肠炎导致的腹泻，首选推荐药物是洛哌丁胺胶囊。顽固性腹泻患者可以考虑应用生长抑素类似物（生长抑素、奥曲肽、兰瑞肽等）缓解腹泻症状。

D. 补充营养物质：进食少者，可以酌情输液以补充营养物质，维持水电解质平衡。

E. 其他治疗：安静休息，避免一切不良刺激，烦躁不安或失眠者酌情给予镇静安眠药物，调节神经功能。有眼结膜充血、皮肤潮红等症状者，给苯海拉明、异丙嗪等脱敏药。

重度以上患者早期给肠道灭菌药，并做好消毒隔离。

②假愈期的治疗：假愈期的治疗重点是保护造血功能、预防感染和预防出血。

A. 保护造血功能：当白细胞总数低于 2.0×10^9/L、血小板数低于 50×10^9/L 时，及早使用造血生长因子（rhG-CSF/rhGM-CSF），也可输注经 γ 射线 15~25Gy 照射的新鲜全血或血小板悬液。

B. 预防感染：对于有指征的患者（即白细胞总数低于 3.0×10^9/L，皮肤黏膜出血者），预防性地使用抗菌药物，主要针对革兰氏阳性菌。

C. 预防出血：清除潜在的感染灶。加强护理，补充营养。

③极期的治疗：极期的治疗重点是抗感染、抗出血，并给予有力的支持治疗；促进造血功能恢复，控制输液速度，防止加重肺水肿。

A. 抗感染：根据细菌学检查或对感染源的估计，积极采取有效的抗感染措施（特别注意针对革兰氏阴性菌）。消毒隔离措施要严密，根据需要和可能使用层流洁净病室。

B. 抗出血：减轻造血损伤，输注经 γ 射线 15~25Gy 照射的新鲜全血或血小板悬液。

C. 支持治疗促进造血功能恢复：给维生素 B_4、B_6、B_{12}，叶酸和 DNA 制剂，可应用造血因子以及补益和调理气血的中药。在供应充分营养的同时，根据需要补充钾离子和碱性药物，同时可给予辅酶 A、ATP 等能量合剂。

④恢复期的治疗：恢复期的治疗主要是增强体质，促进恢复；主要防止病情反复，治疗遗留病变；预防感冒和再感染，观察各种并发症的发生；继续促进造血功能恢复；有消化不良等症状者，对症处理。临床恢复期过后，应继续休息、调养，脱离射线工作，经体检鉴定后，可恢复适当的工作。

（3）极重度外照射急性放射病：可参考重度的治疗原则。但要尽早采取抗感染、抗出血等措施。及早使用造血生长因子。注意纠正水电解质紊乱，可保留希克曼（Hickman）或外周中心静脉导管（peripherally inserted central venous catheter，PICC）插管，持续输液，积极缓解胃肠和神经系统症状，注意防治肠套叠。在大剂量应用抗菌药物的同时，要注意真菌和病毒感染的防治。一般对受照 9Gy 以上的患者，尽早（初期和假愈期）进行造血干细胞移植。有人类 HLA 相合的合适供者时，可考虑同种骨髓移植，注意抗宿主病的防治。

（二）主要治疗措施

1. 早期给予抗放药

抗放药是指在照射前给药和照射后早期给药都可减轻放射病的一类药物，对中、重度放射病效果较好。最好在受照当天口服尼尔雌醇片，一次 30mg，照后当天、4d、9d 每日口服茜草双酯片 300mg；如呕吐较重，改用“500”针剂 10mg 一次肌注。

2. 早期改善微循环

照射后早期（受照射后 3d 内）微循环障碍可加重组织细胞损伤，尤其是重度以上放射病更为明显。可于照射后最初 3d 静脉滴注低分子右旋糖酐，每日 500~1000mL，加入适量地塞米松和复方丹参注射液，对改善微循环，增加组织血流量，减轻组织损伤有益。

临床观察到大剂量受照后患者皮肤充血、球结膜充血、口唇红肿等，提示微循环障碍，在静脉点滴低分子右旋糖酐、活血化瘀的中药后微循环会明显改善。照后 1~3d 给予低分子右旋糖酐、复方丹参注射液、维生素 C、山莨菪碱等药物，以防止红细胞聚集和微血栓形成，减轻微循环障碍。安络血（肾上腺色素缩氨脲水杨酸钠）可降低毛细血管的通透性，促进毛细血管收缩，常用于毛细血管通透性增加所致的出血，如肺出血、脑出血、视网膜出血等，通常用法是每次口服 5mg，每日 3

次。抗组胺药可降低其止血效能，应在使用安络血前 2d 停用抗组胺药。维生素 C、维生素 P（芦丁）可改善毛细血管功能，对止血有协同作用，在急性放射病止血治疗中已列为常规用药。维生素 C 宜静脉给药，用量宜大（0.5~2.0g/d）。维生素 P 可口服，每次 20mg，每日 2~3 次。1980 年上海 ^{60}Co 事故中的某例患者，在照后 1d 为其静滴低分子右旋糖酐和活血化瘀的中药，观察其用药前后双手无名指甲皱微循环的变化时发现，其毛细血管输出管径较毛细血管输入管径有增加，血流状态改善。额乳部容积脉波图在静脉用药前后也有明显的改善。

3. 防治感染

感染是外照射急性放射病的主要并发症和主要致死原因之一。从感染发生机制看，机体受到大剂量射线照射后，造血组织受到不同程度的破坏，白细胞数减少，细胞免疫功能低下，抗体生成受到严重抑制，皮肤和黏膜的屏障功能降低或丧失，致使受照机体常常发生内源性和外源性感染并发症。感染可使机体内环境发生紊乱，妨碍造血功能的恢复，加重出血，是外照射急性放射病的重要发病环节和病理过程，严重的感染可造成患者死亡，因此防治感染是治疗外照射急性放射病的重要环节。从感染微生物来源看，内源性、条件致病菌感染是主要威胁。从感染发生的先后顺序来看，外照射急性放射病早期以皮肤、口腔及呼吸道革兰氏阳性菌感染居多，疾病后期则多以革兰氏阴性菌感染为主，但常见混合性感染。后期体内菌群失调可出现一种或多种真菌感染如肺部曲霉菌、白色念珠菌、假丝酵母菌、毛霉菌等感染，还可发生疱疹病毒、巨细胞病毒（CMV）、卡氏肺囊虫孢子菌感染、结核等。总体而言，常用的抗感染措施包括以下几个方面：实施严格的消毒隔离和无菌护理措施（尤其是对于估计是重度以上外照射急性放射病的患者应该立即住空气层流洁净病房）、合理应用抗感染药物（抗细菌、真菌、病毒等）、采取有效措施增强机体免疫力、防治局部感染灶、输注成分血（可以提高机体抗感染能力和补充血细胞）。具体感染防治措施如下。

（1）入院清洁处理：洗浴或用 1∶5000 洗必泰药浴。

（2）消毒隔离：采取区段隔离，即与其他伤病员分室或分区住院，以免发生交叉感染。病室应经常用紫外线消毒和消毒液擦拭。重度以上患者应住入层流洁净病房。

（3）加强皮肤黏膜卫生：要经常洗浴或擦浴。加强口腔护理，禁用牙刷，常用消毒液含漱。每次餐后都要用消毒液漱口和用含消毒液的棉球擦拭口腔。生殖器和肛门每天药浴。

（4）加强局部感染灶的防治：对患者潜在的感染灶，或新发生的放射性皮肤、黏膜损伤等，都要及时发现、抓紧治疗和护理，减少感染机会。重度以上患者早期口服肠道灭菌药，减轻肠道感染，并适当补充维生素 B_1、B_2。

在外照射急性放射病极期，体内潜在感染灶很易再度恶化，极期应把控制感染放在治疗的首位。潜在感染灶常见于口腔溃疡、龋齿、牙龈、泌尿道炎症、皮肤疖肿、毛囊炎、小伤口、足癣、已愈合的肺结核、放射性皮肤损伤、放射性口腔炎、肛周感染等，最好在初期和假愈期及时发现和处理，以免成为全身感染的来源。在肠道损伤明显的骨髓型极重度急性放射病、肠型急性放射病和中子照射所致放射病时，肠道革兰氏阴性杆菌感染（如急性腹膜炎）发生较早，应及早应用肠道灭菌药物，并适当补给多种维生素及微量元素等。在防治感染时应兼顾如下关系：感染的预防与治疗、外源性感染与内源性感染、革兰氏阳性菌与革兰氏阴性菌、细菌与霉菌、巨细胞病毒与疱疹病毒、卡氏肺囊虫孢子菌与霉菌、应用抗菌药物与增强机体抵抗力等。为了及时准确指导或调整抗菌药物的应用，应常规及时采集感染或可疑感染部位的生物标本进行微生物培养及药敏试验；此外，至少每周一次动态监测皮肤、口腔、咽部、鼻腔、大便、中段尿、肛周、痰液、血液（高热时）、创面分泌物等的细菌及真菌培养及药敏试验检查，对应常规动态观察体温、血沉、血液 C 反应蛋白或者超敏 C 反应蛋白或 C 反应蛋白的动态观察也有利于判断，必要时做感染程度微生物二代测序检测；X 射线检查、CT 检查、B 超检查等也有利于判断感染类型，可帮助指导临床用药。针对极期外照射急性放射病患者，常用的抗感染措施同早期外照射急性放射病患者的治疗，包括以下几方面：消毒隔离和无菌护理、抗感染药物的应用、增强机体免疫力措施的实施、局部感染灶的防治、成分血的输注，此外核磁、超声检查等也有利于判断感染部位和类型。应根据上述观察结果及时有针对性地给予或者调整相应的抗生素治疗。

全身使用抗生素的指征包括：①皮肤、黏膜出血；②发现感染灶；③血沉明显加快；④白细胞降至 3×10^9/L 以下或者中性粒细胞数低于 1.0×10^9/L；⑤毛发明显脱落（预示极期到来）；⑥发热（体温 38℃以上）伴血沉加快、超敏 C 反应蛋白 /C 反应蛋白 / 降钙素原升高等。

只要出现上述指征的其中一项即应采取相应的抗生素治疗。一旦出现感染预兆时，根据对感染的估计，给予针对性抗菌治疗，并按疗效或细菌药敏测试及时更换和调整。抗生素的配伍原则一般是抗革兰氏阳性菌药物与抗革兰氏阴性菌药物相结合。严重感染时，宜几种抗生素交替配伍使用，用药量宜大，以静脉给药为主，注意维持药物的有效抗菌浓度。如用药 2~3d 内未显示抗菌效果，则应更换药物。在骨髓型重度或更重的及以上急性放射病时，由于机体免疫力严重低下，在大量应用广谱抗生素时容易诱发真菌感染，对真菌感染应强调预防用药，可预防性用抗霉菌药物含漱、雾化吸入或全身应用。在骨髓型极重度、肠型和脑型急性放射病时，感染出现早，发热可不明显，故抗生素宜提前使用。目前应用的一些抗生素多有一定的毒副作用，在选用抗生素时，对肝肾功能有损害或对造血功能有抑制作用的药物应慎用。

美国国家战略储备（Strategic National Stockpine，SNS）辐射工作组于 2004 年发表治疗外照射急性放射病的临床指南，对防治骨髓型外照射急性放射病感染提出了以下建议：①第三代喹诺酮类药物对于预防内源性革兰氏阴性杆菌、克雷伯菌和假单胞菌属感染均有效。如果患者用此类药物后发热，应该换用其他抗革兰氏阴性杆菌的药物。②对单纯疱疹病毒（HSV-1 和 HSV-2）血清试验阳性者，有口或生殖器 HSV 感染史者又有严重黏膜炎者，用阿昔洛韦或其他类药物预防发病。③口服氟康唑 400mg/d 可以减轻侵袭性真菌感染，但对曲霉菌属及耐药的念珠菌属无效。④受照后 30d 内，每 2 周检查 1 次 CMV 抗原，至照后 100d 为止，以后根据需要检查。⑤受照后 30d 做 CD4 细胞计数，如果小于 0.2×10^9/L，易患肺孢子菌肺炎，用复方新诺明预防；但如果白细胞计数小于 3.0×10^9/L 或中性粒细胞计数小于 1.5×10^9/L，则不宜用复方新诺明，可用阿托伐醌、氨苯砜、喷他脒防治。

使用抗生素治疗时，应注意加强感染指标的动态检测。应动态化验血液 C 反应蛋白或超敏 C 反应蛋白、降钙素原；至少每周一次采集适当的生物标本进行微生物培养及药敏试验，并根据血培养及药敏检测结果对病原体的估计，必要时做感染二代测序，及时有针对性地给予或者调整相应的抗生素治疗。以下针对不同病原体，给出了相应的抗生素治疗方法。

（1）抗细菌感染：近年来新的抗生素不断涌现，第一代头孢菌素主要针对 G+ 菌和少数 G- 杆菌；第二代头孢菌素主要针对 G+ 球菌和 G- 杆菌，但对后者的作用不如第三代头孢菌素；第三代头孢菌素主要针对 G- 杆菌，和第三代头孢菌素与第二代相比，对 G+ 球菌作用减弱，对 G- 杆菌作用加强。第四代头孢菌素是广谱抗生素，对 G+ 球菌和 G- 杆菌均有效，但对 G- 杆菌作用更强。美罗培南（美平）、亚胺培南（西司他丁钠盐，泰能）常用于对上述抗生素无效的严重感染。多肽类抗生素（如万古霉素、去甲万古霉素）常用于耐药的金黄色葡萄球菌、肠球菌等。因临床感染死亡率高，碳青霉烯类耐药阴性菌（CRO）被 WHO 列为全球首要关注病原体，是需要紧急应对的公共卫生问题。CRO 主要包括碳青霉烯类耐药革兰阴性菌的肺炎克雷伯菌（CRKP）、铜绿假单胞菌（CRPA）和鲍曼不动杆菌（CRAB），可选用的药物有替加环素、多黏菌素、头孢他啶－阿维巴坦、依拉环素（对铜绿假单胞菌天然耐药）等。选用抗生素时，宜根据感染控制情况和细菌培养药敏试验结果及早更换有效药物，注意维持药物的有效抗菌浓度及半衰期。病情严重者，直接选用广谱抗生素，建议几种抗生素交替配伍应用，用药量宜大，以静脉给药为主。

（2）抗真菌感染：对真菌感染应强调预防用药，尤其是在使用高强抗生素的情况下；在出现明显临床症状前预先使用抗真菌药物，治疗效果明显提高。出现以上早期真菌感染证据可使用制霉菌素片剂及漱口液、氟康唑，深部真菌感染的治疗可选择伊曲康唑注射液、注射用两性霉素 B、注射用脂质体两性霉素 B、伏立康唑、泊沙康唑、艾沙康唑等抗真菌药物治疗，必要时可以联合用药。因极重度骨髓型与肠型导致播散性、顽固的罕见真菌感染，可联合多种抗真菌药物，剂量可适当超过常规最大剂量。

（3）抗病毒感染：可用阿昔洛韦、无环鸟苷和丙氧鸟苷等。阿昔洛韦、无环鸟苷对水痘、疱疹病毒感染疗效较好，但对巨细胞病毒感染效果欠佳。由于极期发生的口腔溃疡极易伴发单纯疱疹病毒感染，可用 3% 无环鸟苷溶液含漱，有较好的防治效果，并加强口腔护理。巨细胞病毒感染可选择使用更昔洛韦、伐昔洛韦、磷钾酸钠、大剂量应用人血丙种球蛋白和抗巨细胞病毒免疫球蛋白或血清等。大剂量人血丙种球蛋白也适用于细菌、真菌、病毒等严重感染。成分输血也是增强免疫、抗感染措施之一，但所有输注的血液制品均需要经过 20~25Gy 射线照射，照射的目的是杀灭其中的免疫活性细胞、巨细胞病毒等，以防血液制品输注尽可能采用带白细胞过滤器的输血器，以防止输入的活性细胞植入诱发急性移植物抗宿主病（GVHD）或发生 CMV 等感染并防止白细胞抗原引起的输血发热反应。CMV 血清学阴性的患者输血时最好选择 CMV 血清学阴性的供血者，以防止外源性 CMV 感染。输血时最好采用有过滤器的输血器，防止白细胞抗原引起的输血发热反应的产生。

除使用抗生素以外，防治感染还应注意以下内容。

（1）间质性肺炎的防治：主要在于通过给氧或辅助换气来改善呼吸功能、防止心力衰竭。肾上腺皮质激素可改善呼吸困难、控制症状。大剂量应用丙种球蛋白、抗病毒药和抗巨细胞病毒免疫球蛋白或血清等，对病毒感染有防治作用。

（2）增强机体免疫功能：对于中度和重度偏轻急性骨髓型放射病患者，其机体免疫功能尚未丧失，可适当采用主动免疫措施，如用短棒状杆菌菌苗、卡介苗和某些植物多糖等刺激机体免疫功能。而对严重的重度以上患者，则以被动免疫为好，可静脉注射大剂量人血丙种球蛋白或胎盘球蛋白。

（3）维持营养和水、电解质平衡：在出现发热、拒食、吐泻时，应及时通过静脉导管补给营养，配制营养袋可用葡萄糖注射液（5%、10%、50%）、复方氨基酸注射液、脂肪乳剂、葡萄糖酸钙、氯化钾溶液、水溶性维生素、脂溶性维生素、微量元素等；成人患者一般按照“总热量 30~40kcal/kg/d，蛋白质：糖：脂肪 =2：5：3”的原则配伍，根据病情和化验结果，酌情补给电解质和碳酸氢钠溶液。对高热不退、衰竭或休克的患者，在加强抗感染等对症治疗的同时，可适当使用肾上腺皮质激素，一般选用地塞米松 5~10mg/d 或氢化可的松 100~200mg/d，在几天内逐渐减量并停药，注意感染扩散等不良反应的防治。

4. 防治出血

输注经 25Gy 照射后的单采血小板悬液（一般每袋 200~250mL）是防治出血最有效的措施，一般在血小板数低于（20~30）$\times 10^9$/L 或皮肤黏膜有明显出血时开始输注，可每 1~3d 输注一次（血小板数宜在 50×10^9/L 以上）。选择 HLA 相合或半相合的亲属作为血小板的供体，可提高输注效果；如无亲属供血者，尽量选择同一供血者供血小板，以减少免疫反应。

当血小板数降至（30~50）$\times 10^9$/L 时，各种处理和操作宜轻柔，减少肌内注射，防止诱发出血。改善血管功能。在假愈期即可开始应用改善和强化毛细血管功能的药物。预防性给予常用止血药物，特别是使用大剂量维生素 C 静脉输注。极期初，可视病情需要每天给予维生素 C 0.5~1.0g，维生素 P 120~180mg，维生素 K_1 20mg。出血明显时，可加大上述药物用量。对局部黏膜和皮肤表浅外伤出血，可用止血海绵局部压迫止血。对严重出血患者，可用蛇毒血凝酶 2 克氏（ku）静脉滴注，必要时可每日 1~2 次。口服云南白药及制酸药等药物预防消化道出血、纠正凝血障碍。合理使用 6- 氨基已酸、维生素 K 等。

5. 造血生长因子的应用

患者体内仍残留少量具有增殖能力的造血干细胞的情况，首先可考虑使用造血生长因子。照射后造血细胞对造血生长因子的增殖反应性明显降低，其降低程度随照射剂量加大而增加，受照者体内存在造血抑制物质，出现早、持续长，为造血生长因子治疗急性放射病提供了理论依据。一般首选人重组的粒细胞集落刺激因子（rhG–CSF）、次选药物有 rhIL–11，其他药物还有长效刺激因子“聚乙二醇化重组人粒细胞刺激因子（PEG–rhG–CSF）”、人重组的粒细胞 – 巨噬细胞集落刺激因子（rhGM–CSF）、重组人血小板生成素（rhTPO）、血小板生成素受体激动剂罗普司亭、IL–3 和红细胞生长因子（EPO）等。此外，可使用小分子非肽类促血小板生成素受体激动剂（TPO–RA）海曲泊帕乙醇胺片，其给药方案：起始剂量为 2.5mg，每日 1 次空腹口服，使血小板达到并维持$\geqslant 50 \times 10^9$/L 的最低剂量，最大剂量为 15mg/d。

成人全身或大部分受照剂量大于 3Gy，12 岁以下儿童或者 60 岁以上老人受照剂量大于 2Gy 时，在照后应该尽早对其使用造血生长因子进行治疗。重组人粒细胞集落刺激因子（rhG–CSF）或 / 和粒细胞 – 巨噬细胞集落刺激因子（rhGM–CSF），给药方案：成人每日 5~10μg/kg（平均 7μg/kg），皮下注射，直到中性粒细胞恢复到 1×10^9/L 以上时逐渐减量或停药，有条件时可以合并使用重组人白介素 11（rhIL–11）。目前细胞因子的研究日益深入，许多重组的细胞因子陆续问世，辐射事故中已将有关的造血因子应用于急性放射病的临床治疗。

6. 输血及血液有形成分

此方法治疗是重度以上放射病的重要措施。

（1）输血：可补充血细胞、营养物质和免疫因子；刺激和保护造血功能；止血和抗感染。输血时机：白细胞低于 1.0×10^9/L，或中性粒细胞低于 0.5×10^9/L，或血小板低于（30~50）$\times 10^9$/L；血红蛋白低于 80g/L；严重出血或病情严重、衰竭者。每次输入 200~300mL，每周 1~2 次。

（2）输白细胞：输入白细胞后，患者血中白细胞数可暂时升高，输入后 4~6h 达高峰，以后逐渐下降。所以输入白细胞不能提高外周血中白细胞数，可达到提高机体抵抗力、延迟和减轻感染的效果。

（3）输血小板：输入的时机为白细胞低于 1×10^9/L 或血小板低于 20×10^9/L；皮肤、黏膜出血；镜下血尿或眼底出血。一次输入血小板量为 10^{11}~10^{12} 个，血小板严重减少阶段需每天输 1 次。一般以输入新鲜血小板的效果较好。也可应用低温保存的同种异体血小板。

输血及血液有形成分，都要注意输注速度，避免加重肺水肿和脑水肿。为保证输注效果，最好选择 HLA 相合或半相合的供者，减少输注引起的免疫反应。对输注的血液或有形成分悬液，在输注前都需经 15~25Gy γ 线照射，除去其中的免疫活性细胞，减少输注后反应。

7. 造血干细胞移植

（1）适应证及禁忌证：造血干细胞移植的适应证和禁忌证如下。

适应证：受者体内无造血干细胞残存及不能自身恢复造血功能，相当于全身均匀或相对均匀受照剂量＞9Gy 的外照射急性放射病。

禁忌证：鉴于苏联切尔诺贝利核电站事故患者造血干细胞失败的经验和教训，必须严格控制移植的禁忌证，包括：①不可逆转的器官损伤（胃肠、肺部、肾等）；②严重的放射性皮肤损伤；③严重的普通外伤；④严重烧伤；⑤内污染。

（2）注意事项：以下列举了不同情况下行造血干细胞移植时的注意事项。

外照射急性放射病患者外科手术与造血干细胞移植的关系：外照射急性放射病患者合并外普通外伤、烧伤等需要进行外科手术，按照以下原则执行。①如果必须做外科手术（紧急手术），应尽早进行（＜72h），或在出血、感染的危险已经可控时进行（受照后 2 个月以后）；②非紧急的外科手术应推迟到血细胞减少恢复以后；③在放射病早期，尽早封闭创口，即使是临时封闭也行。因病情严重或其他原因不能按照上述原则执行的，视为异基因造血干细胞移植的禁忌证。

合并放射性皮肤损伤与造血干细胞移植的关系：参照《职业性放射性皮肤损伤诊断》（GBZ 106—2020）中急性放射性皮肤损伤的分度诊断标准，合并Ⅰ度、Ⅱ度及水疱面积小于或等于体表面积 9% 的Ⅲ度急性放射性皮肤损伤适合进行异基因造血干细胞移植；水疱面积大于体表面积 10% 的Ⅲ度以及Ⅳ度放射性皮肤损伤视为异基因造血干细胞移植的禁忌证。

严重烧伤与造血干细胞移植的关系：合并Ⅰ度烧伤及烧伤面积小于或等于 9% 的浅Ⅱ度烧伤可以进行异基因造血干细胞移植，烧伤面积大于 10% 的浅Ⅱ度烧伤、深Ⅱ度烧伤、Ⅲ度烧伤视为异基因造血干细胞移植的禁忌证。

合并内污染与造血干细胞移植的关系：对合并内污染的外照射急性放射病患者，需对体内或排泄物中放射性核素的种类和活度进行监测，需要考虑 F 类物质、M 类物质、S 类物质对外照射急性放射病患者的待积有效剂量及其对植入的异基因造血干细胞的生物效应，当有效累积剂量当量可能大于 1.0Sv 视为异基因造血干细胞移植的禁忌证。

（3）具体实施方案：移植的时机、预处理方案、移植物的选择等具体方案如下。

移植时机：一旦确定移植治疗，应尽早在受照后一周内进行。

移植预处理方案：氟达拉滨（Flu，30mg/m^2/d，2~3d）+/– 抗淋巴细胞球蛋白（ATG，3mg/kg）。

移植物来源：外周血造血干细胞、骨髓及脐带血造血干细胞。供体来源选择顺序：同胞供者 HLA（人类白细胞抗原系统）完全相合或 9/10 相合；无关供者 HLA 完全相合或 9/10 相合；血缘相关 HLA 不全相合；脐带血 HLA 大于 4/6 相合。在两个或以上供者 HLA 配型结果相同的情况下，应选择年轻男性、未婚女性，以及 ABO 血型相合、CMV 阴性、KIR 相合的供者。

移植的细胞数量：CD34+ 细胞数＞2×10^6/Kg；骨髓或者外周血中的单个核细胞数（MNC）3×10^8/kg；脐带血单个核细胞数 3×10^7/kg；骨髓间充质干细胞 1×10^6/kg。

移植物抗宿主病（GVHD）预防方案：环孢霉素 A 和/或吗替麦考酚酯（不含氨甲蝶呤）。环孢霉素 A（CSA）：移植后第 1~30d，静脉滴注，1.5~3mg/kg/d；第 30~180d 改成口服给药，总剂量 3mg/kg/d，每日口服 3 次。外周血 CSA 的谷浓度维持在 200~300ng/mL。吗替麦考酚酯（MMF）：用量为 1.5~3g/d，或 30~35mg/kg/d，每日 2 次口服。对于 HLA 相合或 9/10 相合的移植，第 60d 开始递减，第 90d 停药。对于 HLA 不相合的移植，第 90d 开始递减，第 120d 停药。

极重度偏重的骨髓型与肠型放射病患者经造血干细胞移植后，即使造血恢复，仍然存在许多其他致死原因。放射性复合伤中，烧伤、出血、感染等都是致死原因，造血干细胞移植（HSCT）不可能修复所有损伤。近年来，随着骨髓间充质干细胞（MSC）的发现和应用，已证实 MSC 不仅可以促进移植的归巢和残存造血祖细胞增殖分化等，改善造血微环境，而且可被定向诱导到受损伤的组织器官进行修复，在多组织中起到修复作用。

二、肠型外照射急性放射病的治疗

肠型外照射急性放射病病情危重，进展更快，死亡早，目前尚缺乏可以收到治愈效果的有效治疗措施。在偏轻的肠型外照射急性放射病的综合治疗措施中，有两个环节特别重要，一是通过强有力的对症支持治疗，尽量延长存活时间，度过肠型死亡期；二是尽早实施外周血等造血干细胞移植，重建造血功能，促进肠道恢复。对于偏重的肠型外照射急性放射病，肠道损伤已不能或难以自身恢复，在尚无促进肠道修复的有效措施条件下，只能给予综合对症治疗，减少患者痛苦和延长生命。肠型外照射急性放射病的基本病理损伤是肠道损害，主要死亡原因是肠道损伤引起的机体脱水、电解质紊乱、感染中毒、多器官功能衰竭；造血干细胞移植成功后的死亡原因是多器官功能衰竭。肠型外照射急性放射病的救治原则是：早期应用可以减轻肠道损伤的药物；纠正脱水和电解质紊乱，纠正酸碱平衡失调；积极给予合理抗感染等综合对症治疗；尽早实施造血干细胞移植，以便重建造血功能。

（一）综合对症治疗

对患者进行严格的无菌隔离，尽快入住无菌层流病房。禁食，尽快建立深静脉营养通道，以便静脉输液及维持静脉营养。除肠道灭菌外尽量减少口服药物，口服肠道灭菌硫酸庆大霉素、制霉菌素、黄连素等不易吸收的抗生素。照后尽快给予镇静止吐，呕吐药物推荐给予静脉输注 5- 羟色胺受体拮抗剂，如昂丹司琼（枢复宁）或格拉司琼（康泉）、帕洛诺司琼等，镇静药物可以选择肌注地西泮（安定）。输注低分子右旋糖酐和复方丹参注射液改善微循环，酌加少量地塞米松。防止脱水、电解质紊乱和酸碱平衡失调，根据临床表现和实验室检查结果，补给葡萄糖注射液、复方氯化钠注射液、碳酸氢钠注射液、白蛋白制剂等，静脉营养应该配置营养袋（氨基酸注射液、中长链脂肪乳剂、50% 的葡萄糖注射液、氯化钾注射液、葡萄糖酸钙注射液、水溶性维生素注射液、脂溶性维生素注射液、多种微量元素等）。尽早给予抗感染和抗出血治疗。加强对血液、排泄物（大便、尿液）、分泌物（口腔分泌物、痰液等）、皮肤、黏膜的细菌及真菌培养及药物敏感试验，注重对血液 C 反应蛋白或超敏 C 反应蛋白、降钙素原的动态检测，指导合理使用抗生素。从照后 1~2d 起，静脉输注抗生素，用量宜大，可针对革兰氏阳性菌及革兰氏阴性菌选择两种抗生素联合应用，必要时使用亚胺培南、美罗培南等广谱抗生素。及早用抗出血药物，可选用维生素 C、维生素 K、立止血蛇毒血凝酶等，输注血液有形成分，尤其是输注单采血小板悬液，使外周血血小板保持在 20×10^9/L 以上。输注的全血或其有形成分需先经体外照射。注意强心、改善循环和抗休克治疗。在极期输液时，应注意输液速度，防止诱发肺水肿。在吐泻严重时，输液时宜加入少量强心升压药物。在输液治疗中，除使用晶体溶液外，宜适当应用胶体性溶液，如氨基酸注射液、血浆或白蛋白制剂。上述治疗的目的是控制症状发展，改善机体状况，延长存活时间，以利肠道损伤的修复，为进一步治疗奠定基础。

（二）尽早实施外周血等造血干细胞移植

肠型外照射急性放射病时，造血损伤已不能自身恢复。由于肠型外照射急性放射病病程短，而造血干细胞移植后一般要经过 9~15d 才能恢复造血功能，因此移植宜在照射后 1 周内尽早进行，越早越好，抓紧时间紧急进行同胞间 HLA 配型，最好进行同胞间 HLA 相合的异基因外周血造血干细胞移植。如果无亲缘间 HLA 相合供者，也可做亲缘间单倍体外周血造血干细胞移植或其他类型的造血干细胞移植（无关供者移植、脐血移植、保存有自身造血干细胞移植等）。同时应注意 GVHD、间质性肺炎、巨细胞病毒感染等并发症的防治。移植后应用造血生长因子（G–CSF、IL–11 等）有助于加快造血重建。此外，肠型急性放射病时，肠套叠、肠麻痹、腹膜炎的发生率高，宜认真观察和及时处理。因肠型急性放射病受照剂量在 10Gy 以上，机体损伤十分严重和广泛，即使造血干细胞移植成功，目前的治疗也仅能延长存活时间，减轻患者的痛苦，存活时间多在 1 个月以内，死亡原因以多器官功能衰竭、感染等为主。

三、脑型外照射急性放射病的治疗

受照 50Gy 以上，脑型外照射急性放射病是以脑损伤为基本病变的极其严重的急性放射病，病情极为危重，临床变化快，病程很短，死亡原因较为复杂，常见的有频发的强直阵发性抽搐（癫痫样大发作）、休克、多器官功能衰竭等。由于受照剂量太大，众多器官损伤达到不可修复的程度，造成的多器官、组织衰竭超过目前临床医学水平所能救治的程度，一般在照射后 2~3d 内死亡。目前尚无治疗脑型急性放射病的有效措施，主要采用对症治疗措施，减轻患者痛苦，延长患者生命。根据实验研究和为数不多的脑型病例的临床救治实践，提出以下急救要点供参考：早期镇静解痉、输液、抗休克、强心、改善循环等综合对症治疗，减轻患者痛苦，延长生命。其中抗休克及控制抽搐最为重要。

（一）早期镇静止吐和输液

由于脑型外照射急性放射病病例在照射后数分钟后就发生严重的呕吐和腹泻，体液丧失多，宜尽早给予静脉点滴止吐药物 5– 羟色胺受体拮抗剂（如昂丹司琼、格拉司琼、帕洛诺司琼等），联合应用地塞米松、地西泮等能增强止吐效果；快速静脉给予 20% 甘露醇 250~500mL 脱水，以保护大脑；及时输液，注意晶体溶液和胶体溶液的配伍使用，可酌情输注血浆。应用肾上腺皮质激素类药物，有助于改善全身状况。

（二）抗抽搐治疗

抽搐是脑型放射病最严重的症状，发生抽搐后全身状况很快恶化并死亡。及时给予镇静解痉药物，如安定、苯巴比妥钠、氯丙嗪等，对抽搐有一定控制作用，可延长存活时间。

（三）抗休克治疗

脑型放射病病例在受照后立即出现严重的呕吐和腹泻及中枢神经系统症状，在照后 1h 内就可发生休克，很快发生全身衰竭和神志丧失。此时，应及时给予抗休克治疗，在加强液体输注的同时酌情使用强心升压药物，如西地兰、多巴胺等。有的病例出现剧烈头痛，可注射强力止痛药物，如盐酸哌替啶、盐酸吗啡等。

（四）其他对症治疗

脑型急性放射病病情危重且变化快，可根据出现的临床表现和检查结果，采用相应的对症治疗。

虽然经过积极的对症支持治疗，目前也只能稍延长存活时间，患者均在照后 2~3d 内死亡。

综上所述，目前急性放射病以综合对症治疗为主。随着临床治疗学的进展和辐射损伤机制研究的不断深入，急性放射病的治疗效果已有明显提高。采用现代治疗方法，可使骨髓型中度急性放射病患者几乎全部存活；骨髓型重度患者绝大多数存活。伴随着造血干细胞移植技术的不断发展，对于骨髓型极重度急性放射病的治疗效果也有进步，部分患者可存活 2~3 个月，而后死于放射性间质性肺炎等多器官功能衰竭。肠型和脑型急性放射病的病情太危重，迄今尚无可使患者存活的有效治疗方法。为了进一步提高急性放射病的治疗效果，应采用各种高新技术和方法深入研究超致死剂量照射后机体损伤的规律和发病学特点，寻找更有效的防治措施。可以预期，随着科学技术和临床医学的不断进展，分子生物学等新技术应用逐步扩大，人们对辐射损伤发病机制的认识将有所深化，急性放射病的防治效果将会有明显的提高。

外照射急性放射病临床治愈后的处理原则：长期脱离射线工作，病情稳定后进行严密医学随访观察和定期健康鉴定，注意可能发生的远期效应，并予以相应的处理，根据恢复情况可疗养、休息或适当安排工作。

第四节　案例分析

一、骨髓型极重度外照射急性放射病案例

（一）事件经过

某工作日 17 时左右，某辐照厂工人 A（以下称病例 A）在使用 ^{60}Co 源（源强 3.8 万居里）进行蔬菜保鲜处理时，意外受照数分钟，逃离现场后 10min 出现恶心、呕吐、头痛、全身乏力、视物不清，并伴有持续性腹痛，连续呕吐 5 次，呕吐物均为胃内容物，腹泻 2 次。2h 后患者入住当地医院，出现嗜睡、烦躁不安的症状，体温 38.2℃，心率 98 次 /min，面部及双手潮红，腮腺压痛，全腹压痛。给予对症治疗，略好转。受照后 55h 转入 307 医院。

（二）临床经过

入院时患者体温 36.3℃，面部及前胸皮肤充血，结膜中度充血，上下口唇肿胀，心率 62 次 /min，律齐，全腹压痛，肠鸣音亢进，血沉 35mm/h。

+1d 白细胞升至 18.7×10^9/L；+8d 白细胞降至 0.01×10^9/L。照后 55h，患者淋巴细胞绝对值为 0.117×10^9/L，血淀粉酶（Amy）525U/L，尿 Amy 1016U/L；髂后骨髓象：增生极度减低，粒系增生占比值的 90.5%，红系统增生受抑；淋巴细胞系统占比值的为 7%（均成熟）；全片未见巨核细胞，血小板少见；胸骨骨髓象：增生减低，粒系增生占比值的 77%，红系统增生受抑，淋巴细胞系统增生占比值的 14%，全片共见巨核细胞 6 个，其中产血小板巨核细胞 2 个，颗粒型巨核细胞 4 个，可见颗粒型巨核细胞空泡变性。综合生物剂量、物理剂量，判断全身吸收剂量为 9~15Gy，临床诊断为极重度骨髓型急性放射病。

（三）治疗经过

入院后，病例 A 立即入住无菌层流病房，采取全环境保护、抗感染、改善微循环、G-CSF 和人血丙种球蛋白等治疗。病情逐渐好转，皮肤充血减轻。

+5~6d，病例 A 开始紧急预处理，氟达拉滨（Flud）$100mg \times 2$，抗淋巴细胞球蛋白（复宁，

ATG）1.8mg/kg×2，环磷酰胺（CTX）60mg/kg×1。预处理在36h内完成。

+7d，行HLA完全相合和ABO血型主要不相合外周血造血干细胞移植（PBSCT）。输注MNC 10.55×10^8/kg，CD34+为5.8×10^6/kg。GVHD预防采用孢霉素A（CSA）联合骁悉（MMF）方案。

+9d，病例A的白细胞数降至最低值（0.01~0.05）$\times10^8$/L。+18d，（PBSCT+11d）WBC快速升至14.7×10^9/L。PLT升至51×10^9/L。+22d，病例A的骨髓增生活跃，红系、粒系、巨核细胞系恢复造血。此后每周连续骨髓穿刺检查均增生活跃以上，三系造血良好。照后2周至全部过程中，病例A的染色体分析、植入证据和血型检查结果均为完全供者型植入。未见GVHD样表现。

+12d开始脱发，+22d头发全脱，眉毛及阴毛亦大部分脱落。+16~17d出现轻度精神障碍等。

+16~25d病情相对平稳，CT提示心影增大，少量心包积液。+25d皮肤损伤再次加重，全身皮肤、手脚关节肿痛，伴双手及指关节皮肤剥脱，脱发。+27d出现反复阵发室上性心动过速，CT片示左心房扩大，肺部感染，抗心律失常及两性霉素B联合伊曲康唑等抗真菌治疗病情控制。+45d出现严重的双肺多重真菌和细菌感染及合并心律失常、心功能不全和呼吸衰竭、肺出血及巨细胞病毒抗原血症。予紧急气管切开，呼吸机辅助呼吸，强有力抗细菌及抗真菌治疗和更昔洛韦抗病毒治疗，患者感染控制，巨细胞病毒转阴，病情部分缓解。+57d出现严重大肠埃希菌败血症、腹膜炎、弥散性血管内凝血（DIC）和多脏器损伤。一天内超敏C反应蛋白（SCRP）、尿素氮（BUN）、谷草转氨酶（GOT）、乳酸脱氢酶（LDH）等多种酶快速升高数十倍，病情垂危，经给予泰能、万古霉素等高强抗生素及中医中药治疗和加强呼吸机管理，感染基本控制，脏器功能部分恢复。+70d，患者出现严重、顽固心律失常及心、肺、肾、肝多脏器功能不全，全身皮肤呈皮革状，弹性极度减退，弥漫性组织间隙水肿，液体渗出。+73d反复发生窦性停搏、Ⅲ度房室传导阻滞、液体相关性休克等，经心脏起搏等多种急救处理病情无效。+75d死亡。

（四）案例总结

综合临床、皮肤、物理模拟、生物剂量及牙齿ESR结果，病例A受照剂量为9~15Gy，诊断为骨髓型极重度急性放射病。

上述表明，二十多年来，骨髓型急性放射病的治疗，由于应用了许多新治疗措施和新药物，如无菌层流病房、有效的抗细菌和真菌药物、血制品以及大剂量丙种球蛋白、造血生长因子和造血干细胞移植技术的应用，治疗效果与以往相比有了明显提高。如今，骨髓型重度以下急性放射病患者几乎可以被全部治愈。骨髓型极重度急性放射病患者经造血干细胞移植后骨髓造血功能可以重建，但患者以后均死于多器官功能衰竭。

二、肠型外照射急性放射病案例

（一）事件经过

病例B，男，37岁，已婚。某工作日17时左右，全身受^{60}Co（源强3.8万居里）职业性照射后3min即感头痛、视物不清，频繁恶心、呕吐等，未腹泻。照后2h入当地县、省医院予以对症处理等。照后55h转入307医院。

（二）临床经过

查体：体温39.4℃，脉搏120次/min，血压95/55mmHg，嗜睡、烦躁不安，颜面部及全身皮肤、黏膜弥漫性充血、水肿，呈酒醉貌，两腮腺饱满压痛明显，口唇黏膜肿胀、外翻，鼻梁出现水疱。两肺呼吸音清晰，腹部压痛，四肢肌张力高。+2d，白细胞升至17.24×10^9/L；+6d下降至0.02×

10^9/L；照后55h淋巴细胞绝对值为0.12×10^9/L，骨髓增生极度减低，粒系、红系和巨核系三系血细胞完全缺失。

（三）治疗经过

入院后，病例B立即住入无菌层流病房全环境保护、抗感染、改善微循环、G–CSF和人血丙种球蛋白等治疗。病情逐渐好转，皮肤充血减轻。患者体温和心率恢复正常，但腹痛逐渐加重；+4d出现腹泻，5~7次/d，每次100~150mL，排泄物颜色渐转为黄绿色至墨绿色。

根据病情决定给病例B做外周血造血干细胞移植（PBSCT）。+5~6d，开始紧急预处理，给予氟达拉滨（Flud）150mg，抗淋巴细胞球蛋白（即复宁兔抗，ATG）2.8mg/kg×2，环磷酰胺（CTX）60mg/kg×1，预处理在36h内完成。+7d，行HLA单倍体相合和血型主次均不相合外周血造血干细胞移植。输注MNC 11.7×10^8/kg，CD34（+）3.6×10^6/kg。预防移植物抗宿主病（GVHD）采用孢霉素A（CSA）联合骁悉（MMF）方案，加用CD25单抗（赛尼哌）1mg/kg，+1，+4，+7和+15天。预处理过程顺利。

+9d始，病例B的白细胞数降至最低值（0.01~0.05）$\times10^8$/L，头面部皮肤黏膜感染加重，腹痛腹泻明显。+13d（PBSCT+5d），并发大肠埃希菌败血症和急性腹膜炎、肠梗阻，经强有力抗感染和对症支持治疗并伴随造血功能恢复，感染控制，体温恢复正常。+20d，WBC快速升至11.63×10^9/L，PLT升至56×10^9/L。+22d，病例B的骨髓增生活跃，红系、粒系、巨核细胞系恢复造血。此后每周连续骨髓穿刺检查均增生活跃以上，三系造血良好。照后2周至全部过程中，病例B的染色体分析、HLA配型和血型检查结果均为完全供者型植入。未见GVHD样表现。

病例B于+11d开始脱发，+18d头发全脱，眉毛及阴毛亦大部分脱落；+11~14d出现精神障碍，表现为躁狂、大喊大叫、自伤行为等；+17~18d病情相对平稳；+19~26d全身皮肤黏膜充血及损害再次加重，头面部多发毛囊炎、阴囊表皮脱皮等，出现指趾关节肿胀、关节腔积液、皮肤水疱、溃疡等；+25d三度皮肤放射损伤面积达14%。+22~25d，病例B再次出现严重精神障碍和自伤行为并出现肺部真菌感染，经脂质体两性霉素B、醋酸卡泊芬净等治疗效果不好。肺部感染逐渐加重并出现心包积液、心肺功能不全；+28d，因严重呼吸窘迫、呼吸停止被迫行气管切开，呼吸机辅助呼吸，并出现球结膜水肿，指（趾）关节及皮肤水疱破裂，仍腹痛腹泻。+30d，病例B进入昏迷状态，心、肺、肾、肝等脏器功能衰竭，酸碱平衡紊乱，全身软组织广泛水肿，水疱。予以呼吸机呼气末正压通气、床旁血滤及强有力抗感染和对症支持治疗；+31d、+32d两次心跳停止，均复苏成功；+33d心跳停止，抢救无效死亡。

（四）案例总结

综合临床、皮肤、物理模拟、生物剂量及牙齿ESR结果，病例B照射剂量为20~25Gy，诊断为肠型急性放射病。

（余长林　余祖胤）

05

第五章　外照射亚急性放射病

第一节　概　述

外照射亚急性放射病是人体在较长时间内（数周～数月）连续或间断受到较高剂量率、较大累积剂量外照射所引起的一种全身性疾病。通常起病隐袭、临床分期不明显，不伴有无力型神经衰弱综合征，临床上以造血功能障碍为主，根据症状和造血功能损伤程度分成轻度、重度两度。

自 20 世纪 60 年代以来，国内外至少发生过 5 起在数周或数月内遭受贯穿性连续或间断的较大累积剂量的全身外照射病例，受害者共计十余人，均诊断为外照射亚急性放射病。5 起事故中，4 起是因放射源丢失引起的家族性较长时间外照射意外事故，1 起是在工作单位期间的蓄意谋害事故。1962 年，墨西哥发生 5 人在 24~106d 内分别受到 ^{60}Co 放射源连续或间断 γ 射线全身亚急性外照射，个人累积物理剂量达到 10~52Gy；1978 年，阿尔及利亚发生 4 人在 35d 内分别受到 ^{192}Ir 放射源连续 γ 射线全身亚急性外照射，个人累积物理剂量达到 10~14Gy；1985 年，中国北方某地区，因误将放射源当成废旧金属拿入家庭住所，发生家族性 3 人在 150d 内分别受到 ^{137}Cs 放射源连续或间断 γ 射线全身亚急性外照射，个人累积物理剂量达到 8~15Gy；2002 年，中国南方某单位因故意伤害发生 1 人在 75d 内受到 ^{192}Ir 放射源连续 γ 射线全身亚急性外照射，个人累积物理剂量达到 22Gy，按照急性外照射生物剂量估算，生物剂量相当于一次受照 0.63Gy；2002 年，中国北方某市居民因误将放射源当成废旧金属拿入家庭住所，2 人在 4 个多月内受到 ^{192}Ir 放射源间断 γ 射线全身亚急性外照射，个人累积物理剂量不明确，按照急性外照射生物剂量估算，2 人的生物剂量分别相当于 1 次受照 1.48~2.2Gy 和 0.66~1.08Gy。

总结上述亚急性外照射事故的特点发现，受害者在 24~150d 内连续或间断受到较低剂量率（相对于外照射急性放射病）、较大累积剂量的 γ 射线全身外照射，从目前已有资料看，受害者累积物理剂量均在 8Gy 以上。目前普遍认为，此类迁延照射所致的亚急性放射损伤效应比实际临床表现严重，并且明显大于同样剂量一次性全身外照射的损伤效应，其潜在的远后效应要比其他类型放射病严重，容易转化成骨髓增生异常综合征及急性白血病。

第二节　诊断与鉴别诊断

一、职业照射史及剂量阈值

人体于数周至数月内受到 γ 射线连续或间断外照射，其照射剂量率介于引起急性和慢性外照射放射病的剂量率之间，累积剂量大于1次或数日内引起的急性放射病的剂量阈值1Gy，其上限值目前尚难以确定。

二、临床表现

本病的主要病理过程是造血组织损伤，由于照射剂量率低（相对于外照射急性放射病），照射时间长，造血组织的破坏和修复相间进行。临床上出现血细胞减少、骨髓增生减低和与此相关的临床表现：轻者仅有头晕、乏力、纳差；稍重者可有心慌、气短、皮肤黏膜出血；重者可有血尿、消化道出血等各种内脏出血表现，且易并发感染。

本病起病隐蔽，无明显的恶心、呕吐或腹泻等初期反应，临床经过时相性不明显，见不到骨髓型急性放射病时所具有的临床分期。

患者脱毛脱发一般不明显，但如局部近距离受照，短时间内剂量较大时亦可出现局部毛发脱落，甚至引起急性放射性皮肤损伤。

与急性放射病一样，部分患者可见甲床色素沉着。

造血功能的恢复缓慢而不完全，经过治疗后常遗留一些血液学异常，远期有发展为造血组织增生异常综合征及白血病的可能。

三、实验室检查

（一）血常规及骨髓穿刺

1. 血常规

轻者白细胞减少或白细胞、血小板减少；重者全血细胞减少。经治疗恢复时往往白细胞最先恢复，血小板迟迟不能恢复正常。外周血中性粒细胞碱性磷酸酶活性升高，阳性率及积分均升高；当向骨髓增生异常综合征转化时，外周血中性粒细胞碱性磷酸酶活性则下降。

2. 骨髓穿刺

骨髓涂片检查结果显示，骨髓有核细胞数量减少、增生减低或重度减低，3系（红系、粒系、巨核细胞系）细胞中1系或2~3系增生减低的情况，红系受抑制程度往往重于粒系，浆细胞、网状细胞等非造血细胞增加，粒细胞可见胞体肿大、核肿胀、染色质疏松、胞质空泡、胞质中颗粒分布不均，双核、红系细胞则可见双核、畸形核、点彩等形态学改变。骨髓有丝分裂指数低于正常（6.3‰~10.2‰，平均8.8‰），无论红系或者粒系的分裂指数均降低。

（二）免疫功能

E-玫瑰花形成率实验、淋巴细胞转化率实验及T淋巴细胞亚群分析（CD4 : CD8比值等）检查；形成率或转化率下降、CD4 : CD8比值倒置等提示免疫功能低下。

（三）微循环

微循环是参与物质交换体液（血液、组织液、淋巴液）循环动态。临床上能直接观察的微循环只限于血液循环部分。常用以观察微循环状态的部位有甲皱、球结膜、眼底等。本病微循环障碍的表现如下：甲皱、球结膜、眼底血管、额部阻抗式容积波等微循环检查均有明显异常，可见眼底出血、渗出；甲皱微循环的管袢异常弯曲、细长或变粗、局部扩张、丛状排列、数量减少、个别管袢内可见红细胞聚集、血流缓慢；额部阻抗或容积波可见血管阻力加大或血管扩张。

（四）细胞遗传学检查

外周血淋巴细胞染色体畸变率显著增高，在畸变类型中既有近期受照射诱发的非稳定畸变（主要是双着丝粒和环染色体），同时又有早先照射残存的稳定性畸变。

外周血淋巴细胞微核率显著升高。不论是染色体非稳定畸变率还是微核率，其升高的程度与受照累积剂量的大小有关，剂量越大，升高越明显。

（五）生殖功能

病情轻者精子计数及活动度减少，重者无精。

四、诊断原则及依据

（一）诊断原则

依据按照《职业性放射性疾病诊断总则》（GBZ 112—2017）和《外照射亚急性放射病诊断标准》（GBZ 99—2002），必须依据受照史、受照剂量、临床表现和实验室检查所见，结合健康档案综合分析，并排除其他疾病，方能作出正确诊断。

（二）诊断依据

（1）在较长时间（数周 ~ 数月）内，连续或间断累积接受全身均匀或相对均匀照射剂量超过 1Gy 的职业性外照射。

（2）外周血中血细胞（1~3 系）减少及出现相关的症状。

（3）淋巴细胞微核及染色体畸变增高，在畸变的染色体类型中，既有近期受照诱发的非稳定性畸变，同时又有早期受照残留的稳定性畸变，二者各占一定比例。

（4）骨髓增生减低或至少有 1 个部位增生减低；如果骨髓增生活跃，须有巨核细胞的减少和淋巴细胞的相对增加。

（5）排除其他血细胞减少的疾病：如急、慢性放射病，骨髓增生异常综合征（MDS）；非放射线相关的原发性白细胞减少、继发性白细胞减少及再生障碍性贫血；阵发性睡眠性血红蛋白尿症（PNH）；急性白血病；骨髓纤维化；恶性组织细胞增生症等。

（6）常规营养性药物抗贫血治疗无效。

（7）可伴下列实验室检查的异常：①微循环障碍；②免疫功能低下（包括外周血 T 淋巴细胞亚群、免疫球蛋白定量等检查）；③生殖功能低下；④凝血机制障碍。

（三）分度诊断

由于受照剂量率、照射间隔时间、累积剂量和受照者体质状况的不同，临床上亚急性放射病的损伤程度和预后也各异，因此临床分度有利于治疗方案的制定及预后的判断，分度标准的主要依据是造血功能损伤程度及可逆性。可分为轻、重二度。

（1）轻度：①起病较缓慢，自觉症状及贫血、感染、出血较轻、血象下降较慢、骨髓有一定程度的损伤。②血常规。血红蛋白：男$<$ 120g/L，女$<$ 100g/L；白细胞计数$< 4.0 \times 10^9$/L；血小板计数$< 80 \times 10^9$/L，早期可能只出现 1~2 项的异常。③骨髓象。骨髓至少有 1 个部位增生低下，在粒系、红系、巨核细胞系 3 系中 1 系或 2~3 系减少。至少有一个部位增生不良，巨核细胞明显减少。④脱离射线，充分治疗，可望恢复。

（2）重度：①起病较快，乏力、头昏、食欲减低、心悸气短等症状较明显，血细胞减少且进行性加重，常并发感染，出血。②血常规。血红蛋白$<$ 80g/L，网织红细胞$<$ 1%，白细胞$< 1.0 \times 10^9$/L，

中性粒细胞绝对值＜ 0.5×10^9/L，血小板＜ 20×10^9/L。③骨髓象。多部位增生减低，粒系、红系、巨核细胞系 3 系细胞明显减少，浆细胞、网状细胞等非造血细胞增多；须有巨核细胞的减少和淋巴细胞的相对增加。④脱离射线，充分治疗后，恢复缓慢且不完全，或不能阻止病情的发展、恶化，有转化成 MDS 或者急性白血病，或经 MDS 最终再转化为急性白血病的可能。

五、鉴别诊断

从致病条件、起病特点及病程经过来看，亚急性放射病是介于急性与慢性放射病之间的一种疾病，因此，在诊断上需与急性和慢性放射病相鉴别。而亚急性放射病的临床表现又多以全血细胞减少或白细胞减少、白细胞与血小板减少以及骨髓造血功能障碍为主，故又需与非放射线相关的原发性与继发性的白细胞减少、再生障碍性贫血、骨髓增生异常综合征中的难治性贫血（MDS–RA）及环形铁粒幼细胞性难治性贫血（MDS–RAS）、阵发性睡眠性血红蛋白尿症（PNH）、急性白血病（AL）、骨髓纤维化（MF）、恶性组织细胞增生症等具有全血细胞减少或 1~2 系血细胞减少的血液病相鉴别。

（一）急性放射病

急性放射病是指人体一次或短时间（数日）内受到＞ 1.0Gy 的大剂量照射所引起的一种全身性疾病。起病急，有明显的初期反应，骨髓型急性放射病临床经过有时相性，分期明显。重度骨髓型急性放射病及以上病例极期中多伴感染、出血。外周血淋巴细胞微核率及染色体畸变率增多，畸变中以断片、双着丝粒及环染色体等非稳定性畸变为主，微核率及染色体畸变率增加的程度与受照剂量大小呈良好的线性关系，可拟合出回归方程，将患者微核率或双着丝粒加环染色体的畸变率用相应的回归方程式可准确地估算出全身受照剂量。脱离射线，度过极期，患者造血功能可自行恢复，如应用促进造血功能恢复的药物，加强其他对症及支持治疗，可加速造血恢复，减少极期中感染、出血等并发症，更安全地度过极期，较快恢复。而亚急性放射病起病较慢，隐袭，无明显的初期反应及临床分期，出血、感染一般较轻，淋巴细胞微核率及染色体畸变率都增加，与急性放射病的不同点：①在畸变中既有非稳定性畸变，也有稳定性畸变，二者各占一定比例。②微核率与染色体畸变率均随累积受照剂量的增加而增加，但还不能找出一个数学模式借以估算累积剂量。本病经充分治疗后轻者可望恢复，重者恢复缓慢，常遗留血常规中的 1~2 项血细胞减少异常。

（二）慢性放射病

慢性放射病是指人体在较长时间内连续或间断受到年剂量超过 0.25Sv、累积剂量超过剂量限值（外照射达到＞ 1.5Sv）后引起的全身性疾病。起病缓慢，病情迁延，一般开始受照数年后逐渐出现明显的造血功能抑制及无力型神经衰弱综合征，症状的消长往往与脱离及再接触射线有关，患者主诉常常多于客观检查所见，动态观察血象可见白细胞进行性下降，较长时间持续在 4×10^9/L 以下，继续受照可伴有血小板减少，病情严重时才会累及红细胞系统，导致红细胞计数、血红蛋白的降低，除较重患者全血细胞减少，骨髓增生减低外，多以白细胞减少为主，脱离射线，积极治疗后恢复缓慢，特别是无力型神经衰弱症状常经久不愈。染色体畸变率及微核率也都有所升高，但升高程度远不及急性和亚急性放射病，同样不能用染色体畸变率及微核率估算累积剂量。而亚急性放射病受照时间相对较短，较快出现造血功能障碍，临床表现与相应的血细胞减少有关，无力型神经衰弱综合征的症状不明显。

（三）白细胞减少及再生障碍性贫血

无论是白细胞减少还是再生障碍性贫血都是一组由化学、药物、物理、生物因素所造成的（继发性）或一些原因不明的因素所造成的（原发性）红骨髓总容量不同程度减少，造血功能抑制甚至衰竭并以白细胞减少或全血细胞减少为主要表现的一组综合征。亚急性放射病是由放射线这一物理因素所引起的白细胞减少乃至全血细胞减少，因此属于继发性白细胞减少症或继发性再生障碍性贫血范畴，无论原发还是继发，除致病原因不同外，其基本病理变化和临床表现都相同，主要区别为亚急性放射病有放射线接触史，并具有足够的照射时间及累积剂量，放射线特异的染色体非稳性畸变中的双着丝粒及环染色体和稳定性畸变率升高、微循环障碍、生殖功能障碍等，而非放射线相关的白细胞减少症和再生障碍性贫血无放射线受照史，细胞遗传学见不到染色体双着丝粒和环染色体的增多，一般没有生殖功能障碍和微循环障碍。

（四）其他血液疾病

需要鉴别的其他血液病还包括骨髓增生异常综合征（MDS）、原发性骨髓纤维化（PMF）、阵发性睡眠性血红蛋白尿症（PNH）、白血病、恶性组织细胞增生症等。MDS 的主要特点是血细胞减少伴有骨髓病态造血，骨髓涂片及骨髓组织病理活检可见病态造血和幼稚前体细胞异常定位（ALIP）灶，可伴有 MDS 相对特异的细胞遗传学及基因异常；PMF 的主要特点是不同程度的血细胞减少伴有脾脏肿大等髓外造血表现，骨髓干抽、骨髓组织病理可见网状纤维和胶原纤维增多，可伴有 PMF 相对特异的细胞遗传学及 JAK2 等基因异常；PNH 的主要临床特点是夜间睡眠中发作的阵发性溶血性血红蛋白尿，网织红细胞及胆红素增高，溶血实验可见阳性，流式细胞检测白细胞及红细胞膜表面的 CD55、CD59、FLAER 的表达下降是确诊的依据。白血病的临床特点是正常细胞减少的表现（感染、发热、出血、贫血）和异常细胞增多的表现（克隆性异常细胞增多，外周血和 / 或骨髓发现大量异常增多的幼稚细胞，常伴随肝脾淋巴结肿大以及中枢神经系统、皮肤、眼眶、睾丸等髓外受累等）；恶性组织细胞增生症患者的骨髓或肝脾淋巴结或受累器官组织可见恶性组织细胞。

亚急性放射病与上述疾病鉴别的要点：一是亚急性放射病有特殊的放射线接触受照史；二是亚急性放射病有特有的细胞遗传学异常；三是亚急性放射病没有上述疾病的特征性表现及检查结果异常。表 5-1 中从受照时间、受照剂量、时相性、临床表现等方面列举了急性、亚急性、慢性放射病之间的鉴别要点。

表 5-1　急性、亚急性及慢性放射病的鉴别要点

	急性放射病	亚急性放射病	慢性放射病
受照时间	一次或短时间（一日之内到数日）	较长时间（数周 ~ 数月）	数年（连续或间断受到超剂量限值照射）
受照剂量	＞1.0Gy	累积＞1Gy，上限不明	累积＞1.5Sv，年平均剂量＞0.25Sv
时相性	明显	无（无初期、假愈期、极期等临床分期，起病较慢，隐袭）	无（无初期、假愈期、极期等临床分期，起病缓慢，病情迁延）
临床表现	一日或数日起病，初期恶心、呕吐、腹泻；极期严重病例多伴发热，感染，出血，水、电解质紊乱，多器官功能衰竭等	数周或数月出现血细胞减少等造血功能障碍，主要表现为头晕、乏力、心慌；出血、感染等一般较轻；无明显“无力型神经衰弱综合征”	数年后“无力型神经衰弱综合征”，与脱离 / 接触射线有关，主诉大于体征，白细胞计数减少，可伴血小板计数少或贫血，重者全血细胞少
生物剂量估算	非稳定性畸变，与剂量呈现良好的线性关系，可拟合出回归方程	同时存在非稳定性畸变及稳定性畸变。畸变随累积剂量增加，但无数学模型	非稳定性畸变及稳定性畸变的升高程度均小；与剂量无数学模式

续表

	急性放射病	亚急性放射病	慢性放射病
脱离射线后的可恢复性	脱离射线，度过极期，造血功能可以较快恢复；剂量过大，多数在3月内则死亡	脱离射线，充分治疗后轻者可望恢复，重者恢复缓慢，常遗留1~2项血液学异常	脱离射线，积极治疗恢复缓慢；无力型神经衰弱常经久不愈

第三节　治疗与康复

治疗原则根据病情轻重及临床特点，可按以下原则进行治疗、处理。

一、处理原则

脱离放射线接触，禁用或慎用不利于造血的药物。抗感染、抗出血等对症和支持治疗。

二、一般治疗

注意休息，加强营养，注意心理护理。当白细胞$< 1.0 \times 10^9$/L时，可进行保护性隔离。

三、特殊治疗

保护造血功能，促进其恢复，可联合应用男性同化激素如康力龙、十一酸睾酮、达那唑及改善微循环的药物山莨菪碱等。若患者血细胞重度减少，为了防治由此引起严重的并发症，在有适应证的情况下，可输注各种血液有形成分或短时间内使用G-CSF、IL-11、TPO等造血生长因子。

增强机体抵抗力，可选用免疫增强剂，如多抗甲素、左旋咪唑，静脉输注人免疫球蛋白（丙种球蛋白）等。

四、恢复及预后

病情稳定后进行严密的医学随访，注意可能出现的远期效应，及时做相应的处理，根据恢复情况可适当参加非放射性工作或休息。恢复不全而影响生活或者功能能力者，按照国家有关规定评定伤残等级，并享受相应待遇。

第四节　案例分析

因职业性外照射亚急性放射病的诊断病例少见，本节通过几起非职业性案例来介绍此病的诊疗及康复过程。

一、案例1

（一）事件经过

病例A，男，66岁，某年4月20日在某市将一源强为10居里的^{137}Cs放射源当作废品收购回家，置于卧室一个1.3米高的柜面上，全家三人（病例A及其妻子、儿子）于白天遭受间断性的全身外照射，夜间遭受持续性的全身外照射，直至事故被发现后才脱离照射，前后间断或持续受照射共 5 个月。物理估算的全身累积受照剂量为 5~15Gy，染色体“双十环”畸变率估算的相当于全身一次照射的生物剂量为 6Gy。在病例 A 携源回家途中，曾把它放于左肩右斜背在身上的包中，致使右髋部外侧皮肤、软组织受到近距离照射。

^{137}Cs 源进家约半个月后，病例 A 右髋外侧皮肤出现红斑、水疱、继之破溃形成溃疡、伴剧痛；1 个月后开始有进行性加重的乏力、头昏、纳差、眠差、心悸，未引起注意，直至家人先后发病始去就医，经医生追问得知曾接触“放射源”。同年 9 月 29 日三人同时转到解放军第 307 医院就诊。

（二）临床经过

入院时，患者呈贫血貌，口腔黏膜出血，皮肤散在出血点，手指甲床色素沉着，脱发不明显，右髋外侧有一个 8cm × 10cm 的溃疡面，Hb 52g/L，RCT 0.1%，WBC 0.9 × 10^9/L，PLT 14 × 10^9/L，骨髓增生减低，粒细胞 / 红细胞 =9.8/1，未见巨核细胞，粒系增生（占 59.5%），红系增生减低，成熟粒细胞颗粒变粗，偶见胞浆空泡，E- 玫瑰花实验低于正常，血清总补体及 C_3 补体降低。甲皱及球结膜微循环检查可见血管管径变小，排列稀疏，血流缓慢，管袢边缘模糊。染色体畸变分析：总畸变率明显升高（37%），非稳定性畸变（双着丝粒及环染色体）升高（19%），稳定性畸变亦升高（18%）。骨髓 GM-CFU 产率降低。外周血中性粒细胞碱性磷酸酶活性明显升高（阳性率 97%，积分 257），诊断为外照射亚急性放射病（重度）伴放射性皮肤疾病。

（三）治疗经过及结局

经保护性隔离，男性同化激素康力龙，改善微循环药物山莨菪碱治疗 8 个月，溃疡面清创，皮瓣植皮术后，一般情况逐渐恢复，创面愈合，Hb 105g/L，WBC 2.7 × 10^9/L，BPC 49 × 10^9/L，骨髓仍增生减低，各系列比值在正常范围内，全片可见 5 个巨核细胞。并于次年 5 月 28 日出院。

受照 1 年后，病例 A 因左手中指放射性溃疡于次年 9 月再次入院，中度贫血貌，Hb 83g/L，WBC 1.8 × 10^9/L，PLT 2 × 10^9/L，骨髓检查增生活跃，M/E=1.95/1，红系、巨核系见病态造血，环形铁粒幼红细胞占 34%，至此，已由继发于 γ 射线照射的外照射亚急性放射病转为骨髓增生异常综合征 – 难治性贫血伴环形铁粒幼红细胞增多（MDS-RAS）；经治疗，全血细胞减少不见好转，尤其是血红蛋白进行性下降，间歇高热，两肺感染，肾功衰竭，抢救无效，于受照后 27 个月死亡。

二、案例 2

（一）事件经过

病例 B，男，24 岁，是上述在某市 ^{137}Cs 源事故受害者之一，系病例 A 之子。除无近距离照射外，其他照射情况与案例 1 中病例 A 相同。

受照后两个月左右出现倦怠、乏力、头昏、面色苍白、齿龈出血，且进行性加重，于同年 9 月 29 日（脱离受照 15d）与其父母同来医院就诊。

（二）临床经过

入院时，查体呈中度贫血貌，皮肤散在出血点，双手指甲床色素沉着，无明显脱发。Hb 54g/L，RCT 0.1%，WBC 0.4 × 10^9/L，PLT 11 × 10^9/L，骨髓增生重度减低，M/E=4/1，粒、红系增生减低，未见巨核细胞，CFU-GM 培养产率减少，外周血中性粒细胞碱性磷酸酶活性显著升高，阳性率 90%，积分 178。外周血淋巴细胞染色体总畸变率升高为 33%，非稳定型畸变（“双十环”）率 18%，染色体稳定型畸变率 15%，微循环检查见微血管管袢细长，数量减少，排列不整齐，管径粗细不匀，顶部舒张，四周有点状出血，乳头尖峰状，血流呈粒线流。精子计数为“0”。E-玫瑰花实验显著低于正常，血清 C_3 补体轻度降低。物理剂量和生物剂量估算与病例 A 相同。诊断为外照射亚急性放射病（重度）。

（三）治疗经过及结局

经保护性隔离，输全血；有形成分和胎肝细胞悬液，口服康力龙、山莨菪碱，两个月后 WBC 首先回至 4.0×10^9/L 以上，5 个月后 Hb 升到 120g/L 以上；7 个月后 Hb 155g/L，WBC 5.3×10^9/L，唯有血小板迟迟不能恢复正常（62×10^9/L）。治疗 1 个月后骨髓象开始好转，4 个月时明显好转，增生活跃，5 个月时大致正常，增生活跃，M/E=2.1/1，粒、红系均增生，全片见巨核细胞 9 个，但均无血小板形成。说明造血恢复仍不完全。

照后 1 年，血小板仍低于正常［（56~85）$\times10^9$/L］，骨髓象大致正常，少数巨核细胞已有少量血小板形成，CFU-GM 产率仍较低，精子计数仍为“0”。

照后 9 年又出现逐渐加重的头昏、乏力、低热、面色苍白，查 Hb 75×10^9/L，WBC 1.8×10^9/L，PLT 10×10^9/L，骨髓增生减低，原始粒细胞增多（占 13%），环形铁粒幼细胞 6%，由放射线引起的继发性再生障碍性贫血转变为 MDS-RAEB，1 个半月后由 MDS 进一步转化成急性非淋巴细胞白血病 M4 型（AmL-M4），经 HA 方案（高三尖杉酯碱及阿糖胞苷治疗）两月余，未取得缓解，骨髓中幼稚细胞比例逐渐增高，患者放弃治疗，自动要求出院。

（余长林　余祖胤）

06 第六章　外照射慢性放射病

第一节　概　述

一、定义

我国将外照射慢性放射病（chronic radiation syndrome，CRS）定义为放射工作人员在连续或间断高年剂量率的外照射下，较长时间（通常需要数年）达到一定累积剂量后引起的以造血组织损伤为主，并伴有其他系统改变的全身性疾病。

20 世纪 50 年代，苏联专家首先发现此病，并将其确定为一种独立的放射性疾病，苏联专家将 CRS 定义为因长期暴露于电离辐射，且剂量超过关键系统（造血系统和神经系统）发生组织反应的阈值而出现的临床综合征，其特征是一系列特定的各种器官功能障碍。库尔沙科夫（Kurshakov）认为，如果放射性核素的半衰期较长，清除率较低，则单次摄入也会导致 CRS，因为 α 和 β 放射性核素对机体的影响取决于其衰变时间和清除率。古斯科娃（Guskova AK）等人提出了一个重要的补充观点，即这种疾病不仅可以在长期暴露期间表现出来，甚至还可以在暴露结束后的一段时间内表现出来。"慢性放射病"一词并不意味着疾病的持续时间，它只是描述人类长期（慢性）遭受辐射的结果。所以说，苏联专家认为，不管是来自内照射还是来自外照射，只要是慢性受照的过程，表现为以造血系统和神经系统为主要损害的综合征，都可以是 CRS。

但是，在很长一段时间内，国际组织并不承认 CRS 是一种独立的病理学形式，直到 2007 年 ICRP 才在第 103 号出版物中对 CRS 进行了简明描述。在长期（数月至数年）全身受照的情况下，个体出现的综合症状被称为"慢性辐射综合征"。ICRP 第 118 号出版物将慢性放射损伤的多系统的特征性变化命名为"慢性辐射综合症"（Cyclone heat Recovery System，ChRS）。我国沿用了苏联的命名，但我国目前诊断的病例都是因外照射引起，因此称为"外照射慢性放射病"。

二、国外 CRS 诊断情况

苏联马亚克联合（MayakPA）企业工作人员和特查河附近居民中被诊断的人员是最大的 CRS 群体。MayakPA 企业位于南乌拉尔地区，包含具有反应堆的 A 厂和用于后处理的 B 厂，是在 20 世纪 40 年代战后紧张的年代建成的。由于当时生产材料和工程建造质量、放射防护及工作素质等方面的欠缺，该企业工作人员遭受到了严重的照射，在 MayakPA 企业工作人员中登记的 CRS 病例总数为 2326 例，其中 1997 例最终得到了确诊。

由于液态放射性废料的定期和意外排放，造成捷恰（Techa）河沿岸居民长期受到外照射和内照射的混合照射，最显著的变化出现在造血系统，是由于部分居民从水和当地食品中摄入 ^{90}Sr 导致体内生物量暴露的巨大影响，造血功能抑制往往伴随着其他器官和系统（神经、免疫、心血管、消化、肌肉骨骼系统等）的变化。在Techa沿岸和伊塞特河畔村庄的居民中最初登记的CRS病例总数为1159例，其中有940名患者接受了俄罗斯联邦医学生物局（URCRM）诊所人员的医疗随访，在长期的随访中发现：由于缺乏有关暴露剂量和暴露开始前的初始健康状况的信息，出现了过度诊断的情况，误把其他原因导致的造血系统损伤与CRS相混淆。

欧美等国及日本也存在过类似疾病，汉斯－麦依尔曾报告过168名职业性慢性放射损伤诱发再生障碍性贫血的案例。

三、国内CRS诊断情况

我国早年间因为条件艰苦、设备落后、辐射防护意识不强等原因也出现过一定数量的CRS患者，其中，绝大多数为医用X射线工作人员，少数为事故受照人员。根据我国各省级放射病诊断鉴定组不完全统计，1960—1999年的40年中，备案的各种放射性疾病总计542例，其中1991年前诊断放射性疾病371例，诊断CRS的病例占47.1%；到2000年共诊断726例；其中慢性放射病约占50%。表6–1为国内已诊断的29例慢性放射病患者剂量估算值，统计结果显示，引起慢性放射病的平均红骨髓吸收剂量为1.3Gy，平均年剂量为0.17Gy。

表6–1　29例慢性放射病患者剂量估算值

射线种类	例	胸部表皮累积剂量（Gy）		红骨髓吸收剂量（Gy）		平均年剂量（Gy）	
		均值	范围	均值	范围	均值	范围
X射线	25	3.5	3.0~4.0	1.2	1.1~1.4	0.10	0.06~0.14
γ射线	4	3.6	1.7~5.5	1.7	0.8~2.6	0.64	0.10~1.20
合计	29	3.5	3.1~4.0	1.3	1.1~1.5	0.17	0.09~0.26

我国学者通过对已诊断的CRS病例进行分析发现，主要存在缺少剂量诊断、剂量低于和未达到诊断标准的情况，其中缺少剂量诊断的病例占34.1%，未达诊断标准诊断的病例占52.6%。我国早年参加工作的放射工作人员，大多没有剂量记录资料，因而仅能靠放射工作人员对工作条件的追忆来估算剂量。当时田开珍调查发现，在四川省近十年来申请放射疾病诊断的人员中，绝大多数申请者不能按照要求提供个人剂量资料，田开珍认为根据工作量的回顾估算个人剂量还是根据现场模拟测量估算个人剂量，其结果都与实际受照剂量有非常大的差异，这样的结果都势必会给CRS的科学诊断带来一定困扰。

20世纪50年代，我国放射工作人员个人剂量监测工作首先在核工业系统中开展。1985年12月1日起，国家正式实行放射工作人员个人剂量监测制度，2009年12月在全国范围上线启用拥有较完整的个人剂量监测数据。但是，在监测质量方面还参差不齐，绝大部分机构缺乏如中子、眼晶状体、肢端剂量、氡个人内照射剂量等的监测能力，因接触的宇宙射线以及因工业活动增加的天然放射性物质导致的矿工高氡暴露等职业照射监测亟待加强，涉及航空机组人员、矿工、油气和水加工等行业劳动者。

四、发病机制

慢性受照的典型特征主要包括两方面：一方面是辐射对细胞结构的损伤作用，另一方面是机体同时发生的适应性反应。长期受照导致的损伤和适应性反应的比率最终决定了受照后的整体组织反应。在细胞中适应性反应的诱导仅在低剂量范围内发生，随着剂量的增加而减少；在受照剂量＞0.5Gy时，没有观察到适应性反应。细胞的适应性反应主要与损伤的减少有关，这一减少得益于抗氧化防御系统、DNA损伤修复系统的激活，以及大多数放射敏感细胞的凋亡性死亡。正是因为人体对电离辐射有适应性反应，所以CRS的剂量阈值高于急性放射病。

细胞和组织反应在本质上是复杂的，目前的研究结果认为这种反应是由三个相互关联的损伤过程共同作用的结果：①细胞死亡（克隆性死亡或凋亡）；②由于违反细胞内和细胞间信号而产生的功能性辐射效应；③继发性反应。

对CRS形成最重要的是关键系统或组织的变化，如造血和免疫抑制以及调节系统（神经和内分泌）的功能紊乱，这取决于年剂量率、累积剂量以及各种受照组织或系统的辐射敏感性，其中最重要的是年剂量率，这导致疾病随着年剂量率和累积剂量的增加而加重，或者随着年剂量率的减少或在照射终止后出现不同程度的恢复。通过对苏联病例资料的总结发现，CRS发病的分为两个阶段，在初始阶段，CRS是一种典型的“调节障碍”病理，其病理基础主要是调节系统（神经、内分泌和免疫系统）的功能性辐射诱导损伤，心血管、消化、生殖系统和其他系统在本质上是功能性的且次要的，在照射终止或剂量率显著降低后，它们是可逆的；如果暴露继续下去，超过了某些器官的阈值，那么系统或组织就会出现结构变化（血管损伤、营养不良、纤维化、红骨髓发育不全等），并且CRS过程不可逆转。

五、展望

CRS是在较高剂量率和累积剂量下产生的，在目前的辐射防护水平下，本病在大多数核技术应用领域中几乎不可能发生。苏联在20世纪六七十年代，对其核设施工作人员的工作条件进行了大大改善，之后便不再出现新的CRS病例。我国已诊断CRS的放射工作人员中有66.9%是在20世纪60年代以前参加工作的，20世纪80年代参加工作的仅占6.9%，随着防护条件的改善及防护意识的提高，CRS必然会逐年减少。

介入放射学是近年来发展起来的新兴学科，是融放射诊断学和临床治疗学于一体的学科。据有关报道，介入放射工作者无防护时主要器官均接受较高剂量照射，超出国家标准限值的10余倍。有些介入放射工作人员，因多年超剂量照射，导致血常规和免疫功能改变，因此，介入放射工作人员是否有发生慢性放射病的可能，还需进一步观察。

随着航空航天事业的发展，人类长期暴露在辐射环境下（如宇航员在长期太空飞行条件下，或公众遭遇恐怖行动等情况下）可能会出现CRS。通过对既往诊断CRS案例的分析，还可以深入了解人体对长期全身受照的反应以及远期效应（癌症和非癌症效应）与早期确定性效应之间的关系。

第二节 诊断与鉴别诊断

一、职业照射史及剂量阈值

（一）职业照射史

放射工作人员在连续或间断受到较高年剂量率、较长时间（通常需要数年）达到较高累积剂量的外照射，CRS 形成所需的时间即潜伏期，与年剂量率呈负相关，即年剂量率越高，则潜伏期越短；其潜伏期也取决于个人的辐射敏感性。

（二）剂量阈值

CRS 属于确定性效应，存在剂量阈值，苏联 MayakPA 工作人员曾诊断 1500 余例慢性放射病，平均照射剂量为 2.64~3.40Gy，最大年剂量为 1.27~1.50Sv；Techa 沿岸居民遭受多年的 γ 射线外照射和 ^{90}Sr 内照射，骨髓剂量率＞ 0.3~0.5Gy/ 年。

多名苏联专家针对剂量阈值开展了深入的研究，给出了不同的数值，根据 Guskova 的数据，估算出的 CRS 形成所需的相对均匀的全身 γ 射线暴露临界剂量为 0.7~1.0Gy/ 年，整个暴露期为 2~3 年，累积剂量为 2.0~3.0Gy，而健康的年轻人暴露于剂量率＜ 0.25Sv/ 年和累积剂量为 1.0~1.5Gy 的外部 γ 射线辐射中，没有出现造血抑制的迹象。

ICRP 第 60 号出版物和第 103 号出版物提出，电离辐射确定性效应的阈值取决于年剂量率而非累积剂量，每年 0.4Sv 即可引起造血抑制。CRS 被认为是多器官病理过程，其发病机制以造血和神经功能紊乱为主，因此可以合乎逻辑地推断，CRS 形成的阈值剂量必须略高于造血损伤的剂量阈值，并应与受照后神经功能紊乱形成的阈值剂量大致对应。

从文献资料看，最大累积剂量在 1.0~10.0Gy，多数报道在 1.0~5.0Gy。累积剂量为 1.0Gy、1.5Gy 时，慢性放射病发生率分别是 3.8%、7.5%；当最大年剂量为 0.2Gy 和 0.25Gy 时，慢性放射病发生率分别是 2.7% 和 3.6%。年剂量比累积剂量更重要，因此，苏联建议：受到 γ 射线外照射超过 1Gy，并伴有任何一年的年剂量为 0.25Gy 者视为高危人群。而我国慢性放射病患者主要是 X 射线工作人员，因此，我国制定慢性放射病的诊断标准时以 3% 为基准，将最低累积剂量定为 1.5Gy，年剂量定为 0.25Gy，具有年剂量率增加，累积剂量反而减少的特点。在年剂量为 2~2.5Gy 的情况下，1~3 年内出现 CRS，而在较低剂量率时，出现 CRS 的时间可增加到 5~10 年。

二、临床表现

CRS 的发病特点是涉及多器官或多系统，其主要表现是剂量依赖性的造血抑制和神经系统功能障碍，CRS 也可能表现为其他器官的功能障碍（如胃黏膜的分泌功能降低、轻度甲状腺功能不全、动脉肌张力低下和心肌的代谢变化等），其原因是神经系统对它们的调节作用发生了变化，这些病变可能是植物神经功能紊乱造成的。

（一）造血功能抑制

造血功能抑制表现为白细胞减少，随着受照时间的延长和受照剂量的增加，可出现血小板数量减少，严重病例则出现造血干细胞减少和持续性全血细胞减少，白细胞减少通常与粒细胞数量减少有关，而淋巴细胞数量的变化较小。大剂量（＞ 4Gy）照射后，血液中淋巴细胞数量也会减少，接受剂量率＞4.5Gy/年、总剂量＞8Gy的照射后，会因干细胞发生不可逆减少，而导致致死性骨髓增生不良的出现。同时，因为白细胞减少，患者容易发生感染，感染往往会对CRS的预后产生巨大影响；此外，血小板减少可导致出血，进一步加重可出现红细胞减少，红细胞主要是携氧功能，红细胞减少导致机体出现缺氧等一系列症状的发生。

（二）神经系统功能障碍

神经系统的变化依据患者的受照剂量，主要表现为三种连续性神经系统综合征：植物神经功能紊乱、衰弱综合征和中枢神经系统放射性脑脊髓病型器质性病变综合征。

CRS最早出现的症状是植物神经功能紊乱。患者通常会主诉乏力、疲倦、工作能力下降、头痛、食欲下降和睡眠障碍，有的患者甚至没有任何主诉，只有血液成分的变化证明CRS的存在。这些症状没有特异性，且是功能性和可逆的，因此，CRS初期的诊断往往存在一定的困难。

病情进一步发展可出现衰弱综合征，可表现为腱反射失调、轻度共济失调、前庭功能障碍和眼球震颤等。研究表明，正是植物神经功能障碍和衰弱综合征决定了CRS的主要临床表现。衰弱综合征的特点是植物神经系统活动、脑生物电活动受到抑制，高级神经活动发生变化。

高剂量照射（4.5Gy）后导致的中枢神经系统器质性衰竭改变是CRS的晚期表现，神经系统可能会出现脑脊髓炎病变，其基本特征是运动和反射运动障碍，是由血管损伤和某些代谢性疾病导致的局部脱髓鞘所造成的，往往是一过性的。

（三）其他系统临床表现

有20%~25%的患者会出现心肌营养不良的症状：收缩期杂音、期外收缩、心电图上的去极化电压降低、心室复极扩大、R波和T波变平；经常出现消化不良（胃灼热、恶心）、食欲不振、肠道和上腹部疼痛以及便秘；皮肤及其附属器官会出现营养障碍，表现为红斑、指甲变薄变脆和脱发。通常还会出现物质代谢紊乱和内分泌腺功能紊乱等状况，受照剂量超过3Gy的妇女中，月经周期的变化最明显，甚至出现闭经。

应重视放射线敏感器官功能异常在诊断中的旁证作用，如皮肤、性腺和眼晶体的改变。男性出现精子减少、畸形及死精子增多，女性出现性激素水平降低，甚至不育，眼晶状体出现混浊，都是CRS的有力旁证。

合并内照射时，会出现靶器官损伤。Techa沿岸居民受到的照射主要是由沉积在骨组织中的^{90}Sr在骨骼中的积累对骨组织中的血管和神经结构造成了损害。

三、辅助检查

（一）血细胞分析

造血功能抑制的顺序为白细胞系首先受到影响，巨核细胞系其次，红细胞系最后受到损害。也就是说，只有在造血干细胞库发生明显变化的情况下，病理过程才涉及红系细胞谱系。白细胞减少主要是粒细胞减少且伴有杆状核中性粒细胞分类增加，而与淋巴细胞的关联较小，严重病例会出现淋巴细胞和红细胞减少。

某些病例的中性粒细胞、单个儿原核细胞和骨髓细胞会出现中毒性颗粒，某些病例出现淋巴细胞绝对值减少；经常出现单核细胞增多、中度血小板减少和巨大血小板；红细胞计数通常保持在正常范围内。

（二）骨髓检查

骨髓检查发现成熟延迟，尤其是粒细胞成熟延迟，有时还伴有网状细胞和浆细胞数量的增加，有核红细胞成熟加速。在较严重的病例中，才出现红细胞发育不全，在年剂量> 4.5Gy 和总剂量> 8Gy 的照射下，可观察到致死性的骨髓基质发育不良，导致干细胞不可逆转地死亡。

（三）其他检查

血压、心电图异常，肾上腺皮质功能减退、物质代谢紊乱、性腺功能可能异常。我国学者经造血祖细胞培养发现粒系祖细胞（CFU–CM）和基质细胞（CFU–F）减少等情况，有研究指出，CRS 患者的免疫系统，尤其是 T 细胞免疫系统，在受照后发生的变化可持续很长时间。刘强等也发现免疫系统的变化，据推测，免疫系统紊乱的后果可能包括长期的受照后炎症过程，这可能与癌症和非癌症影响等远期效应有关。

（四）细胞遗传学检查

淋巴细胞微核率增高，淋巴细胞染色体稳定性畸变率检查异常，主要表现易位、倒位、缺失等；淋巴细胞染色体非稳定性畸变率较少出现异常，个别病例可出现双着丝粒和着丝粒环畸变。

四、分度诊断

Baysogolov GD 于 1950 年首次提出了 CRS 的分类方法，并与 Guskova AK 一起进行了多次修改，至今仍然适用，其方法可以根据照射的不同性质（外照射、内照射或两者兼有）和 3 个发展时期（形成期、恢复期和晚期效应）确定几种不同形式的 CRS，再根据病情的严重程度，将 CRS 分为三度（Ⅰ度、Ⅱ度和Ⅲ度），这对 CRS 的治疗、健康评估和健康预测的确定非常重要。

鉴于我国不存在苏联核工业早期的状况，也从未出现过Ⅲ度病例，我国的诊断标准将 CRS 分为Ⅰ度和Ⅱ度，参照表 6–2 进行鉴别，主要依据血细胞分析、骨髓变化、伴有除造血和神经系统之外的其他系统变化和脱离受照后的恢复情况，尤其是以白细胞数值作为主要的分类标志。

表 6–2　慢性放射病Ⅰ度和Ⅱ度鉴别

项目	慢性放射病Ⅰ度	慢性放射病Ⅱ度
1. 照射史	长期连续或间断超剂量当量阈值照射史。注释：①应详细调查病人接触射线的经历：射线性质、强度、工作性质、操作方法、防护条件，接触射线的实际工龄，同工种人员的健康情况，并推算出可能接受的剂量。②从文献看，至少 2 年，多数病例在 5~10 年；我国以 X 射线为主，少数是 γ 射线	基本同慢性放射病Ⅰ度，潜伏期可能短些
2. 个人剂量档案	严格意义上，应该有完整的个人剂量档案	同慢性放射病Ⅰ度
3. 受照累积吸收剂量	必须有确定的数年内接触超过剂量阈值，累积吸收剂量 1.5Sv 以上	年剂量率> 0.15~0.25Gy/ 年，累积吸收剂量和年剂量率一般高于慢性放射病Ⅰ度

续表

项目		慢性放射病Ⅰ度	慢性放射病Ⅱ度
4. 临床表现		自觉症状：首发症状以疲乏、无力、头痛、头晕、记忆力下降及睡眠障碍为最多见，随着病情进展上述症状加重。同时伴有容易激动、心悸、出汗等植物神经功能紊乱综合征表现； 可有出血倾向（毛细血管脆性增加引起牙龈出血、鼻出血、皮肤紫癜及瘀斑，束臂试验阳性）	自觉症状更重，常伴有出血倾向（毛细血管脆性增加引起牙龈出血、鼻出血、皮肤紫癜及瘀斑，束臂试验阳性），严重的可有贫血症状
5. 实验室检查	鉴别标准	（1）+（2）+（3） 实验室检查结果必须同时满足以下第（1）项、第（2）项以及第（3）项	（1）+（2）+（3）或（4）或（5）或（6）或（7） 实验室检查结果必须同时满足以下第（1）项、第（2）项以及第（3）项到（7）项中的任何一项
	（1）血常规	接触射线前造血功能正常，接触数年后血常规多次动态观察证明造血功能异常（采血部位固定，以便对照）： WBC 下降 ±Pt 下降。 ①白细胞：自身对照进行性下降，$<3.5\times10^{9}$/L（6~12 月，10 次以上），以粒细胞减少为主。 ②血小板：低于 100×10^{9}/L。 一般在超剂量接触射线后数年出现白细胞总数下降，初期脱离射线后，经过治疗或不治疗，白细胞总数可恢复正常。再次接触射线后又下降。如此波动出现 1~2 次后，当白细胞再次出现下降后，白细胞总数不容易再恢复正常	接触射线前造血功能正常，接触数年后血常规多次动态观察证明造血功能异常（采血部位固定，以便对照）。 ①白细胞：自身对照进行性下降，$<3.0\times10^{9}$/L（6~12 月，10 次以上）以粒细胞减少为主，可出现淋巴细胞减少。 ②血小板：低于 100×10^{9}/L ③血红蛋白：男性 $<3.5\times10^{12}$/L 或 110g/L；女性 $<3.0\times10^{12}$/L 或 100g/L。 初期脱离射线后，经过治疗后白细胞和血小板恢复缓慢
	（2）骨髓	增生活跃或偏减低；或者某一系细胞生成不良或成熟障碍	增生减低
	（3）免疫系统	免疫检查异常 + 临床上“易于感染，全身抵抗力下降” 免疫检查异常表现为体液免疫、细胞免疫、淋巴细胞转化功能降低； 临床主要表现为上呼吸道及泌尿系统容易感染、反复感染，可以是细菌病毒真菌，抗生素治疗效果不佳	可伴有免疫、性腺、甲状腺、神经、心血管及消化系统的功能障碍
	（4）生殖系统	—	男性：①或②或③ ①数量：2~3 次精子数 $<20\times10^{9}$/L，或 3 次均 $<40\times10^{9}$/L； ②活精子百分率：2~3 次 $<60\%$；

续表

项目		慢性放射病Ⅰ度	慢性放射病Ⅱ度
5. 实验室检查	（4）生殖系统	—	③形态：2~3次正常形态＜60%。 女性：检查卵巢功能（排卵及黄体功能），经过基础体温、阴道脱落细胞、宫颈黏液检查等综合判断。 此外，男女均可出现不同程度的性功能减退，男性可出现阳痿；女性可有月经紊乱病史（周期缩短、经期延长、痛经），严重者出现闭经、不孕
	（5）肾上腺皮质功能降低	—	满足以下条件之一 ①血浆皮质醇降低；同时伴有24h尿17-羟类固醇（17-OHCS）和17-酮类固醇（17-KS）降低； ②可有皮肤、黏膜色素沉着
	（6）甲状腺功能降低	—	多次检查：血清T_3或T_4低于正常值，促甲状腺素（TSH）高于正常值
	（7）物质代谢紊乱	—	主要检查蛋白质和糖代谢功能
6. 健康档案		接触射线前的身体健康，接触数年后出现明显的无力型神经衰弱症状，症状的消长与脱离及接触射线有关	同慢性放射病Ⅰ度
7. 排除其他因素和疾病		详细见鉴别诊断	详细见鉴别诊断
8. 脱离射线及治疗		脱离射线和积极治疗后可减轻或恢复	脱离射线和积极治疗后恢复缓慢或不恢复
9. 处理原则		脱离射线＋中西结合＋加强营养＋随访观察。 随访期间，根据患者健康状况，可酌情安排其参加非放射性工作。 完全恢复后满足放射工作人员健康要求可从事放射工作	脱离射线＋中西结合＋加强营养＋随访观察 随访期间，根据患者健康状况，酌情安排非放射性工作

五、诊断原则与依据

（一）诊断原则

按照GBZ 112—2017和《职业性外照射慢性放射病诊断》（GBZ 105—2017），依据职业受照史、受照剂量、临床表现和实验室检查、结合职业健康档案进行综合分析，排除其他原因所致类似疾病，方可作出诊断。

（二）诊断依据

（1）剂量阈值：年剂量率≥0.25Gy/a且全身累积剂量≥1.50Gy。

（2）存在潜伏期：其持续时间与造血系统受照的年剂量率成反比。

（3）非特异性症状：表现为主诉多，而体征少。

（4）临床表现：涉及多个器官的系列症状（主要症状是造血功能抑制和神经功能紊乱）。系列症状可以是完整的，也可以是不完整的；其单个儿症状的表现可以是明显的，也可以是不太明显的；可以暂时观察到，也可以长期观察到。疾病形成和恢复的动态取决于造血系统受到的剂量，并在很大程度上取决于年剂量率。如果受照剂量超过其他器官组织反应形成的剂量阈值，CRS 就会发展。

过去，苏联专家通过对 Techa 河沿岸居民的长期跟踪调查发现，在这些居民中登记的实际 CRS 病例数量远远低于最初诊断的 940 例，考虑到 CRS 的诊断往往是基于短期观察的结果，有时甚至是一次住院检查的结果，在缺乏有关初始健康状况和个人剂量信息的情况下，这些病例应被视为疑似 CRS 病例。2007 年 Barabanova CD 等人进一步指出，CRS 的诊断只能由对 CRS 的临床表现有深入了解并在放射医学方面有丰富经验的合格专家作出，不能基于普通医生的一次检查结果。因此，CRS 在进行诊断时还应注意：诊断只能根据对患者关键系统（造血系统、神经系统等）进行的或多或少的长期医疗监护结果进行回顾性诊断，其中包括将动态观察到的变化与相关器官的剂量率变化进行比较，对剂量阈值、潜伏期、伴随疾病和非放射因素进行强制性分析。

剂量阈值作为职业性放射性疾病诊断的关键数据，存在缺剂量或剂量不达标诊断；也有以估算来源的剂量阈值作为诊断的唯一依据，忽略 CRS 发病特点及实验室检查等。总之，职业性放射病诊断是一项政策性、专业性、技术性很强的工作，它与职业病待遇等诸多社会问题密切相关，因此，通过科研创新解决 CRS 诊断中的难点问题，加快个人剂量监测能力建设和质量控制，通过法律法规进一步规范和提高放射工作人员的佩戴依从性，做好诊断工作等都是提高放射性疾病诊断能力的重要环节。

六、鉴别诊断

对临床表现及实验室检查中所出现的异常要进行严格的鉴别诊断，排除引起同类异常的非放射性因素，原则上应与本病有相似临床症状的所有疾病相鉴别，由于本病以造血损伤为主，轻者白细胞减少，进一步白细胞及血小板减少；重者全血细胞减少，乃至骨髓造血障碍，故主要需与不同类型的造血系统疾病相鉴别。

（一）与各种原因导致的白细胞减少鉴别

白细胞减少症的病因和发病机制多种多样，在许多疾病和综合征中都可见到，需除外其他物理因素、化学因素、药物因素及生物因素（如病毒、细菌、原虫感染）引起的继发性白细胞减少。

（二）与血小板减少相关疾病鉴别

例如，原发免疫性血小板减少症（ITP），以往称特发性血小板减少性紫癜，是一种获得性自身免疫性疾病，是临床常见的由血小板计数减少引起的出血性疾病。通过对血小板相关抗体的研究，认为绝大多数 ITP 是由免疫介导的自身抗体致敏的血小板被单核巨噬细胞系统过度破坏所致。

（三）与骨髓增生异常综合征鉴别

骨髓增生异常综合征（MDS）是一组异质性疾病，其特征是造血干细胞因原发性损伤而导致的异常增生。骨髓增生异常综合征归因于克隆性肿瘤，在大多数情况下，克隆性肿瘤会导致粒细胞、红细胞和血小板生成减少，进而导致全血细胞减少。MDS 具有向急性髓系白血病转化倾向。

（四）全血细胞减少的疾病鉴别

例如，脾功能亢进是一类典型症状为脾大和全血细胞减少的疾病，包括原发性和继发性两大类。原发性脾功能亢进的病因不明，而继发性脾功能亢进的病因包括感染性疾病、门脉高压症、充血性疾病、免疫性疾病和血液性疾病等。

（五）与再生障碍性贫血鉴别

再生障碍性贫血是一种因多种原因导致骨髓造血功能减退所致的血液疾病，病因主要分先天遗传因素和后天获得性因素。先天遗传因素较少见，而后天获得性因素包括病毒感染（如肝炎病毒、微小病毒 B19 等）、化学因素（如氯霉素类抗生素、磺胺类药物、抗肿瘤化疗药以及苯等）、免疫异常，其主要症状是贫血、感染和出血。

第三节　治疗与康复

一、处理原则

脱离电离辐射，中西医结合对症治疗，依据病情 1~2 年全面检查 1 次，在此期间根据健康状况及恢复情况考虑参加力所能及的非放射性工作、疗养或全休，其待遇和处理办法按国家关于职业病的有关规定办理。

二、一般治疗

高热量、高蛋白和高维生素的营养饮食；注意休息，避免或减少去公共场所，提高免疫力；促进造血系统恢复，中医中药调养身体，对症治疗；针对植物神经功能失调和虚弱综合征采用对症治疗，如睡眠较差，给予助眠的药物，不思饮食，给予开胃、助消化或益生菌治疗等。

三、特殊治疗

针对Ⅰ度 CRS，如果终止或大幅降低剂量率，可观察到造血功能的自发恢复，因此，在大多数 CRS 病例中，在综合征的初期阶段无须进行病因治疗；针对严重的Ⅱ度 CRS 病例，造血系统会发生不可逆的结构性变化，可能需要使用特殊药物来纠正中性粒细胞减少症、血小板减少症和红细胞减少症（较少见）。细胞生长因子可能有助于放射暴露后的造血功能恢复，可酌情使用细胞生长因子治疗，如 G-CSF、rhG-CSF、GM-CSF、TPO 和 EPO 等。针对骨髓造血机能减退的病例中，输注全血及其成分血效果显著。合并内照射时，为了加速体内长半衰期放射性核素的清除，可使用特异性促排和阻吸收药物。

四、恢复及预后

组织损伤修复通常发生在终止暴露或剂量率显著降低后的数月至数年内，在此期间，代偿和修复过程开始优先于组织损伤，CRS 的结果往往是受损功能完全恢复、治愈或带缺陷恢复（更常见的是致癌影响、骨髓发育不良等），其恢复过程往往需要数年甚至更长时间。较轻的 CRS 病例，在终止接触或将接触剂量率降至组织反应阈值水平以下时，造血功能、神经功能障碍和其他器官变化可自发恢复；多数病例白细胞计数随着照射的终止而逐渐恢复，至第 5 年达到基线水平的 80%~85%，至第 20~25 年达到基线水平的 88%~95%，累积剂量较高的病例恢复时间更长一些；终止照射 5 年后，累积剂量＜ 6.0Gy 的病例血小板计数恢复到正常水平。对于累积剂量较高的劳动者，血小板计数正常化需要长达 10 年的时间。Techa 河沿岸的居民也发现有永久性的血小板和白细胞减少，其 CRS 患者的恢复相当缓慢，恢复的速度和程度取决于组织损伤的严重程度，有时需要数十年才能完全恢复，患者的造血功能在发病 12~16 年后出现了积极的改善，血淋巴细胞和血小板计数最先恢复，白细胞减少症和中性粒细胞减少症在 CRS 患者中持续的时间较长，这可能是由于 ^{90}Sr 沉积在骨组织以及红骨髓（RBM）中，从而导致患者暴露时间较长。

第四节　案例分析

慢性放射病案例

（一）受照经历

病例 A，女性，39 岁，主诉头晕、乏力，白细胞低 9 月余，于 20 世纪 70 年代末至 80 年代初，持续 1 年 4 个月在某医院放射科工作。工作量：胸透每日 35 人次，胃肠造影每周 12 人次，拍片每日 15 张，使用机器为 1952 年国产 200mA 及 1970 年国产 200mA 设备。防护情况：有隔室，无铅椅，不戴铅围裙。其间，曾于一年内外出查体 2500 人次，所使用的机器为 1974 年上海产的 30mA 设备，无防护。

之后，又在另一家医院放射科工作 7 年 5 个月，工作量：胸透 70 人次 /d，胃肠造影每周 12~20 人次，拍片每天 15 张，使用机器为 1976 年国产 10mA 设备、1974 年上海产的 30mA 设备及 1967 年产的 200mA 设备、日本 1984 年产的 500mA 设备；防护情况：200mA 设备有隔室，其余无铅房和铅椅，不常戴铅围裙，每年门诊查体 1340 人次，其间，于某月查体 2d，共检查 300 人次，同科室人员曾有白细胞降低现象。

（二）剂量估算

该病例工作场所累积照射量 41~118cGy，红骨髓平均剂量 14~39cGy，有效剂量当量 18~52cSv，入射皮肤剂量 49~133cGy。

（三）病情发展经过

病例 A 于 1986 年以来经常感冒、头晕、乏力，于 1989 年后头晕、乏力加重，白细胞计数 3.5×10^9/L，口服维生素等药物后症状无改善；继续全休 5 个月后症状稍减轻，但白细胞计数仍低于 4.0×10^9/L；曾到某医院检查，白细胞计数在（3.6~3.7）$\times 10^9$/L，骨髓象、肝功能均正常，给予肌酐、叶酸等治疗，头晕、乏力稍好转，但白细胞未见回升。

1992 年 3 月前述症状加重，常有牙龈出血、腰酸、睡眠差、性欲降低及多梦，随即入院诊治，白细胞计数（3.3~3.8）$\times 10^9$/L，血小板计数（86~90）$\times 10^9$/L，血色素 13g/L，CA 断片 3%、双着 1%、断片 2%、微小体和多倍体各 1%，CMN 6‰~7‰（正常值 1‰~3‰），CBMN 38‰~44‰（正常值＜ 8‰）。体格检查显示，除肝右肋下可触及，轻触痛外无异常；骨髓检查显示粒系成熟轻度障碍，呈退行性病变，巨核系统受抑；铁染色显示外铁无粒，内铁 18/20，有核红细胞 0/20。中性粒细胞绝对计数低于正常，淋巴细胞绝对计数和淋巴细胞转化率均正常，内分泌检查显示，除 T_3 低外，T_4、E2、皮质醇均正常；肝肾功能、电解质、血流变稍低、乙肝两对半及丙肝均阴性，免疫球蛋白除 IgM 偏高外，其余正常；抗链 O、血沉、抗核抗体类风湿因子稍低；血清铁和血清铁蛋白稍低；眼科及皮肤科未见异常；肾上腺素实验显示假性白细胞减少，束臂试验阳性，（出血点 33 个）微循环中度异常，脑血流图、B 超、心电图、动态心电图、超声心动图、下肢多普勒正常，经颅多普勒示椎基底动脉硬化、供血欠佳、右侧大脑中动脉血流高于左侧。

（姜恩海　邢志伟）

07 第七章　内照射放射病

第一节　概　述

一、定义

内照射放射病是由一次或短时间（数日）内摄入放射性核素，全身在较短时间内均匀或比较均匀地受到有效累积剂量大于 1Gy 的内照射而致的疾病，或者放射性核素摄入量超过其相应的年摄入量限值几十倍而引起的全身性疾病。

内照射放射病是内照射引起的全身性疾病，它包括内照射所致的全身性损伤和该放射性核素沉积器官的局部损伤。不同的放射性核素具有不同的理化特性，进入体内后，可引起全身和（或）局部靶器官损害的双重表现。因此内照射放射病的临床表现可能发生在放射性核素初始进入体内的早期（几周内）和（或）晚期（数月至数年），或以产生与外照射急性放射病相似的全身性表现为主，或以该放射性核素靶器官的损害为主，并伴有放射性核素初始进入体内途径的损伤表现。

放射性核素短时间、大量进入体内，会发生急性内照射放射病。但从理论上讲，还有两种情况：一种是每天进食足够量但又不是大量的某种放射性核素，由于吸收剂量的累加和效应的延迟，在相当长的时间后才会发病；另一种情况是相当数量的长半衰期的放射性核素（如 ^{226}Ra、^{239}Pu）长时间入体，但因剂量的延迟作用，在相当长的时间后才出现健康效应，这两种情况就是慢性内照射放射病。

二、病因

内照射放射病是一种极少见的疾病，目前国内外文献报道的只有十几例患者，由职业性照射引发的内照射放射病就更少，内照射放射病在以下情况下有可能发生，需引起重视。

（一）内污染原因

1. 核能相关生产过程

在核反应堆、核燃料后处理及放射性核素开放性生产中，工作人员因防护意识差或违反安全操作规程，可造成内污染或内照射放射病。

2. 意外事故

放射性核素在开放性应用领域的意外事故，如在医学应用中发生的医疗事故，是目前核素内污染最常见的原因。例如，1969 年发生在美国的一起事故，在治疗某患者时需要静脉注射 ^{198}Au 做肺扫描，因操作人员失误使剂量增加了 1000 倍，导致内照射放射病的发生。

3. 核战争

在核战争的核武器或核恐怖活动中使用放射性扩散装置（RDD，俗称“脏弹”）。

4. 核试验

核试验造成的放射性落下灰污染环境。

5. 其他

如放射源丢失、自杀及投毒事件等，例如，1960 年苏联一名技术员主动口服 ^{226}Ra 后发生内照射放射病。

（二）放射性核素进入人体的途径

1. 经呼吸道吸入

吸入放射性粒子或气体。

2. 经消化道吸入

食入放射性尘埃和（或）受污染的食物或水，例如，在切尔诺贝利和福岛事故中，由于核设施的意外释放，食品和饮用水可能受到放射性物质污染。胃肠道的吸收取决于放射性物质的化学性质，尤其是溶解度。由于化学形态不同，某些易溶的放射性核素（如某些铯化合物）会被吸收，而其他放射性核素通过胃肠道可能仅有极小的吸收。

3. 经开放性伤口吸收

通过开放性伤口吸收放射性核素，在某些类型的辐射应急中，人们可能会被爆炸碎片或表面锋利的物体划伤。作为预防措施，在不能确定伤口未受污染之前，应视其已受到污染；只要不干扰危及生命治疗的情况，就需要评估伤口有无放射性物质。在皮肤去污期间必须避免机械损伤，以避免增加内污染。

4. 经皮肤吸收

通过完整皮肤吸收放射性核素，皮肤吸收主要通过被动扩散进行，表皮的物理屏障会阻止颗粒物的进入，因此，很少有放射性核素能穿透完整的皮肤。三价水形式的氚（^{3}H）可以像其他水分子一样轻易地穿过皮肤。

5. 放射性核素注入

放射性核素注入体内，放射性物质进入人体后，会经历一系列的生理过程。放射性物质在器官和组织中的滞留和（或）排出方式，取决于放射性物质的物理和化学形态、摄入途径和生理状况等因素。

三、国内外研究现状

对内照射放射病的认识，苏联和欧美有体系上的差别。苏联的放射医学体系中，把外照射放射病和内照射放射病作为两大支柱并列，又各分为急性和慢性两种。而欧美则承认急性外照射放射病，但无内照射放射病的提法和病例报告。我国沿用了苏联的放射医学体系，将内照射放射病作为一种独立的放射病列出，自 20 世纪 80 年代起便颁布了内照射放射病诊断标准。

内照射放射病是确定性效应，需要给出致内照射放射病的放射性核素阈值摄入量。但是，放射性核素辐射类型不同，同一种放射性核素的不同化合物形式又有完全不同的代谢动力学特征，放射性核素在体内的蓄积又是动态过程，各种放射性核素对相应源器官或靶器官的剂量都有剂量延迟和累加作用；还有一个重要前提是，若给出致内照射放射病的放射性核素阈值摄入量，就需要收集和选取大量参数，从而建立一个人体内照射损害的危险模型，然后确定剂量估算和评价程序，这些都是非常困难的事。

内照射放射病在迄今为止的文献中，仅报告有十余例，涉及 ^{137}Cs、^{134}Cs、^{3}H、^{170}Tm、^{198}Au、^{226}Ra 胶体 6 种核素。内照射放射病是非常少见的，但放射性核素内污染较常见，放射性核素内污染是内照射放射病的必备条件，因此做好放射性核素的监管可有效地预防内照射放射病，对放射性核素的内污染进行及时、正确、有效的医学处理，是预防内照射放射病的重要措施。在医务人员中普及内照射放射病的知识，在看到类似临床表现时能想到内照射放射病的可能性。

第二节　诊断与鉴别诊断

一、职业照射史

有明确的放射性核素接触史，放射性核素经吸入、食入、皮肤或伤口污染、注射等途径大量进入体内。放射性核素内污染是内照射放射病的致病因素，是内照射放射病的前提和基础，只有内污染达到一定的剂量水平才能引起内照射放射病。

二、临床表现

内照射放射病临床表现大致和外照射放射病相同，但有其特殊性。其损伤取决于进入体内的放射性核素的理化特性及其生物代谢：放射性物质可以滞留在体内成为持续性的照射源，对机体的作用是持续不断地进行，一直到机体的放射性物质已经完全排出或者代谢完为止，因此在发病过程中就形成了一种极其复杂的情况，即内照射源所造成的原发性病变和继发性病变同时交叉作用的合并损伤效应。进入体内的放射性物质，在吸收量、沉积部位、排出速度等方面存在很大差别，与放射性物质的物理化学特性、进入体内途径以及在体内沉积的部位有关。放射性物质进入体内后，除放射性损伤外，还有其化学毒性对人体的作用，例如，铀对机体的损伤，主要由于它的化学毒性作用。内照射放射病可并发肿瘤、白血病等远期后果，恶性肿瘤大多发生于放射性物质选择沉积的器官和组织中。

不同的放射性核素具有不同的理化特性，进入体内后，可引起全身和（或）局部靶器官损害的双重表现。因此内照射放射病的临床表现可能发生在放射性核素初始进入体内的早期（几周内）或（和）晚期（数月至数年），或以产生与外照射放射病相似的全身性表现为主，或以该放射性核素靶器官的损害为主，并往往伴有放射性核素初始进入人体部位和经过代谢途径（如肺、肠道和肾脏）的损伤表现。其表现归结起来，有以下两点。

（一）均匀分布的放射性核素引起的内照射放射病

均匀分布于全身的放射性核素如 ^{3}H、^{137}Cs 等引起的内照射放射病，其临床表现与急性或亚急性外照射放射病相似或大体相同，恶心、呕吐和腹泻、造血障碍和神经衰弱综合征等仍是其主要的临床表现，可有不典型的初期反应，极期反应发生较晚，病程迁延。

（二）选择性分布的放射性核素引起的内照射放射病

以靶器官的损害为主要临床表现，靶器官的损害因放射性核素种类、廓清速率和入体途径而异，同时伴有神经衰弱综合征和造血功能障碍等急性或亚急性外照射放射病相似的全身表现。

1. *放射性碘*

放射性碘在吸入后，主要集中在甲状腺，可引起甲状腺功能低下、甲状腺结节、甲状腺炎等疾病的临床表现。

2. 放射性镭、锶等亲骨性核素

可沉积在骨骼而引起骨痛、骨质疏松，病理骨折、骨坏死、贫血、骨髓功能障碍等。

3. 稀土元素和以胶体形式进入人体的放射性核素

此类核素（如钋）可引起肝、脾、肾、骨髓等的损害。

4. 铀

铀主要沉积在肾脏，有肾脏损伤的临床表现。铀矿工人长期吸入氡及其子体，可发生肺癌，可引起相应的临床表现。

5. 吸入肺廓清速度为中速、慢速类放射性核素

吸入肺廓清速度中速（M）和慢速（S）类放射性核素，多出现放射性肺炎的临床表现。食入 M 和 S 类放射性核素多出现肠道损伤的临床表现。

6. 锕系放射性核素

吸入钚、镅、镎等锕系放射性核素，可出现肺部损伤的临床表现，核素吸收入血，则主要沉积于骨表面，引起骨质改变和造血功能障碍。

7. 放射性锌

放射性锌则主要聚集于胰腺，易引起胰腺损伤的临床表现。

三、辅助检查

（一）常规检查

包括血常规、淋巴细胞微核率和染色体畸变率、肝肾功能、免疫功能等检查。

（二）内照射剂量检测

1. 体内活度直接测量

直接测量全身或身体某一部位的放射性核素活度，为评估测量全身或局部的放射性核素总活度提供了最为快速、可靠的数据。全身计数器（固定式或可移动式）和专用计数器（如低能量胸部计数器、伤口监测仪、甲状腺计数器或筛查设备）可用于放射性核素活度的测量，在某些情况下，γ 相机等医疗设备经校准后，也可用于量化体内放射性核素的活度。

2. 排泄物和其他生物样品的放射性核素测量

用尿液和粪便的生物学检验结果来评估 β 核素的摄入量是最可行的方法。尿样，由于其便捷性，是可溶性化合物内污染生物学检验的首选。同时，尿液生物学检验也可用于测量多种放射性核素。一般来说，应在受照射后尽快采集首份样品，最初需要连续采样来评估摄入量，随后将用于监测治疗效果。

（三）脏器功能检查

须针对放射性核素在体内选择性蓄积的脏器，做相应的脏器功能检查。

1. 亲骨性核素

针对亲骨性核素，应进行骨髓、血细胞分析和骨骼的 X 射线检查。

2. 亲肾性核素

针对亲肾性核素，应进行肾功能检查。

3. 亲甲状腺核素

针对亲甲状腺核素，应进行甲状腺功能检查。

四、诊断原则与诊断依据

（一）诊断原则

放射性核素一次或较短时间（数日）内进入人体，或在相当长的时间内，放射性核素多次、大量进入人体，体外直接测量（全身计数器）器官、组织或间接测量（由测量尿、粪、空气和其他环境样品分析推算）证实，有效累积剂量大于1Gy，内照射剂量估算方法详见第二章第一节中的内照射剂量估算方法。

（二）诊断依据

诊断的成立首先需要确认有效累积剂量大于1Gy；其次要有该放射性核素靶器官损害的临床表现，或者有类似外照射放射病（神经衰弱综合征和造血功能障碍等）的全身性表现；结合实验室检查，经综合分析排除其他类似的疾病，方能作出诊断。

五、鉴别诊断

（一）急性传染病

急性传染病由病原体（病毒、细菌、真菌和寄生虫等）引起，能够在人与人之间、动物与动物之间或人与动物之间传播，其传播过程包括明确的传染源、传播途径和易感人群这3个环节，切断其中任何一个环节，传染病的流行即可终止。而内照射放射病是由放射性核素进入体内引起的。

（二）再生障碍性贫血

再生障碍性贫血是由多种原因引起的骨髓造血功能衰竭，主要表现为贫血、出血、感染等症状，与内照射放射病相似，但无放射性核素接触史。

（三）胃肠道感染

胃肠道感染通常由病毒、细菌、寄生虫感染或者有害物质引起，主要表现为恶心、呕吐、腹痛、腹泻等症状，经过相应的治疗很快便能够好转。此病无放射性核素接触史。

（四）重金属和细胞毒剂中毒

重金属和细胞毒剂中毒无放射性核素接触史，有明确的重金属和细胞毒剂接触史，通过血液、尿液、毛发、呕吐物等检查可以明确毒物的种类。

第三节　治疗与康复

一、治疗原则

内照射放射病的治疗不同于外照射放射病的是体内放射性核素污染的处理。体内放射性核素污染的处理通过减少放射性核素吸收和增加放射性核素的排出来降低内照射剂量。其他治疗措施参照外照射放射病，对症处理。

治疗的最终目标是降低辐射诱发癌症的长期风险。这可以通过减少放射性核素从沉积部位的吸收、促进排泄、稀释或螯合放射性物质来实现。当放射性核素在细胞更新缓慢的组织中滞留时，治疗的有效性显著降低。因此，一般认为，在内污染发生后越早进行治疗效果越好。

（一）尽早阻止吸收

对放射性核素内污染及时、正确的医学处理是对内照射放射病的有效预防。放射性核素摄入人员，参见《放射性核素内污染人员医学处理规范》（WS/T 583—2017）进行处理，特别是要在第一时间进行鼻咽腔含漱、催吐、洗胃和及时使用放射性核素阻吸收药物来阻止放射性核素的吸收。

（二）及时留取生物样品

怀疑有放射性核素摄入人员，特别是有大量放射性核素摄入人员，及时留取用于放射性核素摄入量估算的生物样品，并尽快做出内污染放射性核素种类和受照剂量的初步估算，以指导医疗救治工作，可参照《放射性核素摄入量及内照射剂量估算规范》（GB/T 16148—2009）。

（三）人员的特殊护理

参照《外照射急性放射病护理规范》（GBZ/T 217—2009）对受照人员进行特殊护理，加强营养，注意休息，注意心理护理。参照《外照射亚急性放射病诊断标准》（GBZ 99—2002）和《职业性外照射放射病诊断》（GBZ 104—2017）注意观察病情，特别要注意是否有恶心、呕吐、腹泻的症状和出现时间，综合对症治疗。

（四）尽早进行促排

对怀疑有大量放射性核素摄入的人员，要尽早开始放射性核素（除短寿命放射性核素外）加速排出治疗。放射性核素促排治疗的原则应权衡利弊，既要减少放射性核素的吸收和沉积，以降低辐射效应的发生率；又要防止加速排出措施可能给机体带来的毒副作用。特别要注意因内污染核素的加速排出加重肾脏损害的可能性，必要时应在肾脏损害极期到来之前，早期促排。

（五）康复和医学随访

内照射放射病患者康复后，应参照《职业性外照射急性放射病的远期效应医学随访规范》（GBZ/T 163—2017）和《职业性放射性肿瘤判断规范》（GBZ 97—2017）对其进行长期的医学随访。

二、一般治疗

一般治疗的目的是减少或抑制放射性核素从胃肠道、呼吸道、皮肤和伤口吸收，例如，可以使用洗胃、催吐剂和泻药、胃碱化和伤口冲洗等来减少放射性核素的吸收。摄入放射性核素后，最好的治疗方法是尽可能避免或减少放射性核素的吸收。

（一）减少放射性核素的吸收

对某些放射性核素可选用特异性阻吸收剂，如清除铯的污染可用亚铁氰化物（普鲁士蓝）；褐藻酸钠对锶、镭、钴等具有较好的阻吸收效果；锕系和镧系核素尚可口服适量氢氧化铝凝胶等。在许多情况下，洗胃和使用泻药或催吐剂是不可行的（如在发生大规模伤亡的紧急情况下），甚至可能因临床或毒理学原因而被禁止。

（二）综合对症治疗

对受照人员进行特殊护理（口腔、皮肤、肛周的护理），加强营养支持，注意休息，注意心理护理。

三、特殊治疗

特殊治疗的目的是加速体内放射性核素的自然排泄过程，医学促排治疗是减少体内放射性核素负荷量的唯一方法，通过促排治疗降低发生严重确定性健康效应的可能性。促排治疗的目的在于减少内照射剂量，可以通过减少放射性核素的吸收，防止其在器官内的渗入和沉积；还可以促进已被吸收核素的清除或排出，从而降低健康风险。

促排治疗的原则应权衡利弊，既要减少放射性核素的吸收和沉积，以降低辐射效应的发生率；又要防止加速排出措施可能给机体带来的毒副作用。特别要注意因内污染核素的加速排出加重肾脏损害的可能性，必要时应在肾脏损害极期到来之前，早期促排。

（一）放射性核素进入体内后的治疗药物分类

1. 阻断剂

阻断剂是指使特定组织中的稳定元素代谢处于饱和后降低相应的放射性核素摄入的一种制剂。最典型的例子是使用稳定性碘阻止甲状腺吸收放射性碘。对某些放射性核素可选用特异性阻吸收剂，如清除铯的污染可用亚铁氰化物（又称普鲁士蓝）；褐藻酸钠对锶、镭、钴等具有较好的阻吸收效果；锕系和镧系核素尚可口服适量氢氧化铝凝胶等。

2. 稀释剂

稀释剂是指摄入大量稳定性元素或化合物对摄入的放射性核素起稀释作用，从而降低放射性核素沉积量、加速放射性核素清除的一种制剂。最典型的例子是氚污染可通过增加液体摄入（如水、茶、牛奶）量来治疗。液体摄入量的增加会增加氚的排泄量，从而减少氚在体内停留的时间。

3. 置换剂

置换剂是指不同原子序数的非放射性元素在吸收部位成功地与放射性核素竞争，从而降低放射性核素的沉积。最典型的例子是静脉滴注或口服钙可增加尿中放射性锶和钙的排出。葡萄糖酸钙与放射性锶竞争骨沉积，稳定碘置换 ^{99m}Tc。

4. 离子交换

放射性铯（^{137}Cs）从血液循环进入肠道后，使用普鲁士蓝可以通过离子交换机制来捕获循环中的铯并排出，即使在污染发生很久之后也是如此。在戈亚尼亚事故中，普鲁士蓝被广泛、成功用于 ^{137}Cs 的促排。

5. 动员剂

动员剂是指那些通过增加自然转化速率而使放射性核素从体内释放的一类制剂。在摄入放射性核素后立即使用动员剂效果最好，随着时间的延长，效果降低。常用的动员剂有抗甲状腺制剂、利尿剂、甲状旁腺素制剂、祛痰剂、激素等。例如，口服氯化铵时，会导致血液酸化，促进体内放射性锶的排出。

6. 络合剂

一些有机化合物通过它在体内与金属络合作用而促进其排出，络合剂多为有机酸，能与有毒金属络合成稳定的非解离的复合物，这些可溶性的复合物迅速经过肾脏排出体外。照射后立即使用络合剂治疗是最为有效的，此时放射性核素仍在循环过程中，还没有沉积在靶器官（如骨骼或肝脏）的细胞中。理想的络合剂应具备以下条件：水溶性、毒性低、在体内不参加代谢、稳定性好、亲脂性强、易出入细胞内外、可与组织中的有毒金属络合、使用方便、价钱低廉等。

常用的络合剂有巯基络合剂，如二巯基丙磺酸钠（MPS）、二巯基丁二酸钠（DMS）；氨羧基络合剂，如乙二胺四乙酸（EDTA）、二乙烯三胺五乙酸（DTPA）；其他络合剂，如青霉胺（PA）、去铁酰胺（DFOA）。

络合剂使用时的注意事项：络合剂选药要适当；用药途径要合理；早使用，短疗程，间歇给药，防止过络合反应；注意补充微量元素；注意肾功能的变化；用药前后留尿测量放射性量。当摄入放射性核素时使用络合剂的时间越早效果越好，因为大多数的络合剂仅仅与处于细胞外液中的金属离子结合，对已经沉积于细胞内的放射性核素不起作用。

7. 切除

去除固定污染可能要进行伤口清创和切除，这就需要由专业人员对病情进行全面的评估，评估外科手术的风险和利益，为做出合理的医疗决定提供依据。在手术探查和切除受污染的组织/异物时，应在辐射安全专业人员（即健康物理学家）协助下使用伤口探头。被切除的材料需要保存用于放射性分析。没有禁忌证时，在处理这些类型的伤口时可以使用标准的局部或全身麻醉剂。

8. 肺灌洗

肺灌洗是一种侵入性手术，其风险与全身麻醉相同。它仅适用于极少数的情况。开展针对肺部沉积的不溶性放射性物质的内污染治疗，必须对患者进行全面的医疗和剂量等参数的评估。在特定病例中，可以用柔性支气管镜进行肺泡灌洗，这种技术很少使用，仅在肺部沉积了大量的不溶性吸入颗粒（如钚等 α 发射体）的情况下才会使用。

预期肺剂量超过 6Gy，发生确定性效应的前提下，可进行肺灌洗。当用于降低肺部受到较低待积当量剂量下发生随机效应风险时，要权衡利弊。

（二）特定放射性核素促排、阻吸收首选药物及剂量

1. 镅（Am）

（1）促排治疗：首选 Ca-DTPA，无法获得可用 Zn-DTPA 作为第二种治疗方法。Zn-DTPA 也可用于长期治疗。应尽快给予 Ca-DTPA 进行促排治疗。

（2）药物用法用量：成人、孕妇、儿童的药物使用剂量如下。

成人剂量：Ca-DTPA，0.5~1g，通过 3~4min 缓慢静脉注射，或将其稀释在 100~250mL 5% 葡萄糖溶液、林格氏液或生理盐水中静脉滴注。建议只使用一次初始剂量的 Ca-DTPA。

妊娠剂量：Ca-DTPA 可能会增加不良生育结果的风险，因此不建议在妊娠期间使用。如果可能的话，孕妇应使用 Zn-DTPA 进行治疗，内污染特别严重的情况除外。

儿童剂量：对于 12 岁以下的儿童，Ca-DTPA，14mg/kg，且不超过 0.5g/d。

禁忌证：推荐剂量下无禁忌。

（3）治疗方法：不同途径内污染的治疗方法如下。

①经呼吸道污染的治疗：对于成人，制备 Ca-DTPA 雾化剂，把 1g 的 Ca-DTPA 溶解在无菌水或生理盐水中，在雾化器中产生合适粒度的雾化剂，雾化吸入。如果伤员有哮喘病史，使用过程可能会加重哮喘。另一种方法是使用 Ca-DTPA 胶囊，通过涡轮旋转吸入器，吸入微粉化的 Ca-DTPA，每粒 40mg，成人每日 1~5 粒，每个胶囊 3 次吸入，然后再缓慢静脉注射 0.5g Ca-DTPA 或静脉滴注溶解了 0.5g Ca-DTPA 的 5% 葡萄糖溶液 100mL。

②经胃肠道污染的治疗：在静脉注射 DTPA 的同时，给予以下补充治疗以减少肠道吸收。

A. 硫酸镁：20mL/3g/支，口服 3~5 支。

B. 氢氧化铝：胃酸过多症的标准剂量为成人 10mL（1.2g）；减少肠道吸收的剂量为口服 60~100mL。

C. 钡硫酸盐：单次口服剂量 100~300g，溶解在 250mL 水中。

2. 铯（Cs）

（1）促排治疗：几乎所有的铯化合物都是可溶性的，吸收快，需要尽快促排治疗。普鲁士蓝在肠道不被吸收，通过离子交换，吸附和机械捕获胃肠道中的铯同位素，从而减少胃肠道重吸收，阻断肠道循环。

（2）药物用法用量：成人、孕妇、儿童的药物使用剂量如下。

成人剂量：普鲁士蓝 1~3g，每日 3 次，用少量水送服。受照射后的治疗持续时间由污染程度、尿液和粪便生物测定，进行临床判断。

妊娠剂量：不溶性普鲁士蓝不能被胃肠道吸收。尚无对胎儿影响的描述。

儿童剂量：普鲁士蓝，口服 1g，每日 3 次（2~12 岁）。根据体重，推荐剂量范围为 0.32g/kg（12 岁患者）~0.21g/kg（2~4 岁患者）。尚未确定新生儿和婴儿的剂量。

禁忌证：推荐剂量下无禁忌。普鲁士蓝可能对肝功能受损患者的疗效较差，由于胆汁排泄减少，导致铯的肠－肝循环下降。胶囊可与食物一起服用，以促进铯的排泄。

这种药剂会引起便秘，导致铯的转移变慢，从而增加辐射的吸收剂量。因此，可能需要高纤维素饮食和（或）基于纤维素的泻药。

（3）伤口污染的治疗：在口服普鲁士蓝溶液治疗的同时，伤口局部用浓缩 Ca–DTPA 溶液 1g 清洗，同时静脉缓慢注射 0.5g Ca–DTPA 溶液，或将 0.5g Ca–DTPA 加入 100mL 的 5% 葡萄糖溶液中静脉滴注。

3. 钴（Co）

（1）促排治疗：首选 Ca–DTPA，也可用硫酸镁、氢氧化铝或硫酸钡等减少吸收。

（2）药物用法用量：同铒。

（3）治疗方法：不同途径内污染的治疗方法如下。

①经胃肠道污染的治疗：大多数钴盐不溶，摄入后不需要特殊治疗，可考虑用硫酸镁、氢氧化铝或硫酸钡等减少胃肠道的吸收。

A. 硫酸镁：20mL/3g/ 支，口服 3~5 支。

B. 氢氧化铝；胃酸过高的标准剂量：成人 10mL（或 1.2g）；减少肠道吸收剂量：口服 60~100mL。

C. 钡硫酸盐：单剂量，100~300g 溶解在 250mL 水中口服。

②经皮肤及伤口污染后的治疗：用 Ca–DTPA 溶液 1g（1 安瓿）清洗伤口，同时缓慢静脉注射 0.5g Ca–DTPA，或将其加入 100mL 的 5% 葡萄糖溶液静脉滴注。

③呼吸道污染后的治疗：同铒。

4. 钚（Pu）

（1）促排治疗：同铒。

（2）药物用法用量：同铒。

（3）不同途径内污染的治疗：①经皮肤及伤口污染的治疗同钴。②经呼吸道污染的治疗同铒。③经胃肠道污染的治疗同铒。

5. 钋（Po）

（1）促排治疗：钋内污染的治疗使用二巯基丙醇（BAL）。在消化道污染的情况下，给予硫酸镁、氢氧化铝或硫酸钡等减少胃肠道的吸收。

（2）药物用法用量：常用药物及推荐剂量如下。

①二巯基丙醇：成人剂量为2~3mg/kg，每4h肌内注射一次，第一次注射限制在50mg，最好在医院进行治疗，注射给药不要超过3d；在首次注射时应使用1/4安瓿测试个体敏感性。

禁忌证和不良反应：疗效不稳定，可能导致许多不良反应，如高血压、心动过速、恶心、呕吐和头痛。因此，用药时间不得超过3d。

②硫酸镁：20mL/3g/支，口服3~5支。

③氢氧化铝：口服60~100mL。

④硫酸钡：单剂量，100~300g溶解在250mL水中口服。

6. 锶（Sr）

（1）促排治疗：锶吸收非常快，因此应强调治疗的紧迫性，对于大多数形式的^{89}Sr和^{90}Sr，骨骼和红骨髓的剂量是其摄入后的主要关注点。治疗的基础是通过沉淀或捕集来阻止锶的转移，从而抑制锶的吸收。治疗首选氯化铵、葡萄糖酸钙，次选海藻酸钠，其他治疗有碳酸钙、磷酸钙、氢氧化铝、硫酸镁、硫酸钡、磷酸铝等。

（2）药物用法用量：常用药物及推荐剂量如下。

①氯化铵：成人剂量为6g/d；每日3次，口服。禁忌证：代谢性酸中毒、肾功能或肝功能严重受损。

②葡萄糖酸钙：成人口服剂量为每日6~10g，使用2g葡萄糖酸钙溶于500mL的5%葡萄糖中静脉给药，每日1次，最长6d。禁忌证：高钙血症、高钙尿症、服用肌力药物或钙增效剂的患者。

③海藻酸钠：成人剂量为缓慢口服5g，每日2次；或10g，每日1次。禁忌证：肾功能受损。

④氢氧化铝：成人剂量为100mL/d，分3次给药。禁忌证和不良反应：低磷血症和肾衰竭；便秘。

（3）治疗方法：不同途径内污染的治疗如下。

①经皮肤及伤口污染的治疗：为了减少锶经皮肤及伤口的吸收，应尽快处理，可将1g的玫棕酸钾或玫棕酸钠洒在患处，以阻断锶渗透到皮肤中。

②经呼吸道和消化道污染的治疗：尽早使用氯化铵或葡萄糖酸钙。经消化道食入的锶，需要补充治疗，减少胃肠道吸收，尽快用海藻酸钠或硫酸钡（口服300mg）阻断肠道吸收，可用10g硫酸镁加速肠蠕动并减少吸收。

7. 氚（^{3}H）

（1）促排治疗：通过利尿措施，加快体内水的循环。

（2）药物用法用量：增加饮水量，每日饮用3~4L水，可将氚的有效半减期从10d减少到2.4d。对于较大量的污染，可采取静脉补液，控制液体的摄入和排出，并使用利尿剂，加速氚的排泄，但是这种治疗有一定的风险和禁忌证。大剂量污染的情况下，可考虑特殊治疗，如腹膜透析。

8. 碘（I）

（1）阻滞剂治疗：甲状腺对碘的饱和速度与摄入量成正比，因此尽快用稳定的碘使甲状腺饱和，可提供更好的保护；甲状腺碘阻断是一种紧急防护措施，仅适用于在摄入放射性碘之前或之后的短时间内。

（2）药物用法用量：在受到放射性碘污染之前服用稳定碘是理想的方案（见表7–1）。如果治疗延迟，放射性碘负荷的减少就会降低。在受污染后24h内用稳定碘治疗，可以略微减少放射性碘的生物半衰期。污染超过24h再用稳定碘治疗，可能弊大于利。通常，一次性服用稳定碘就足够了。

表 7-1　根据年龄服用碘化钾（KI）

年龄	碘质量（mg）	KI 质量（mg）	片量（100mg 碘 / 片）
成人和青少年（12 岁以上）	100	130	1
儿童（3~12 岁）	50	65	1/2
婴儿（1 个月 ~3 岁）	25	32	1/4
新生儿（出生 ~1 个月）	12.5	16	1/8

应慎用稳定碘，特别是对服用稳定碘有相对禁忌证的人，如既往或现在患有甲状腺疾病者、碘过敏患者以及疱疹样皮炎和低补体血症性血管炎患者。据报道，严重的临床相关反应包括唾液腺炎、胃肠道紊乱和轻微皮疹。

接受稳定碘进行预防的最优先群体是新生儿、哺乳期母亲和儿童。

（3）不同途径内污染的治疗：①皮肤和伤口污染。用大量温水和中性肥皂进行局部去污；不得延迟口服治疗。②呼吸道和胃肠道污染。根据建议剂量提供稳定碘。

9. 铀（U）

详见第十五章。

（三）其他放射性核素治疗

其他放射性核素内污染后，优选的治疗药物和治疗方法见表 7-2。

表 7-2　其他放射性核素内污染的治疗

放射性核素	可能的治疗药物	首选治疗
砷	BAL、青霉胺、DMPS、DMSA	BAL
钡	硫酸钡、钙治疗（见锶）	见锶
铋	DMPS、DMSA、BAL、青霉胺	DMPS
锎	DTPA	DTPA
钙	钙治疗（见锶），钡	见锶
碳	考虑水合作用和稳定碳	考虑水合作用和稳定碳
铈	DTPA	DTPA
铬	DTPA、EDTA、青霉胺、NAC	DTPA
铜	青霉胺、DMSA、DMPS[a]、曲恩汀	青霉胺
裂变产物（混合）	治疗取决于当时存在的主要放射性核素（例如，早期：碘；晚期：锶、铯等）	
氟	氢氧化铝	氢氧化铝
镓	考虑青霉胺，DFOA	青霉胺
金	青霉胺、BAL、DMPS	青霉胺，BAL
铱	DTPA、EDTA	考虑 DTPA
铁	DFOA、铁螯合剂、DFOA 和 DTPA 一起	考虑 DFOA
铅	DMSA、EDTA、EDTA 和 BAL	DMSA
锰	Ca-DTPA、Ca-EDTA	Ca-DTPA
镁	考虑锶疗法（见锶）	考虑锶疗法
汞	BAL、DMPS、DMSA、EDTA、青霉胺	BAL、DMPS、DMSA

续表

放射性核素	可能的治疗药物	首选治疗
镎	考虑 DFOA 和（或）DTPA、DMPS	考虑 DFOA 和（或）DTPA
镍	DDTC、DTPA、BAL、EDTA	DDTC[d]、BAL、DTPA
磷	水合作用，口服磷酸钠或磷酸钾，氢氧化铝 / 磷酸铝，钙	水合作用，口服磷酸钠或磷酸钾
钾	利尿剂	利尿剂
钷	DTPA	DTPA
镭	镭、锶疗法	锶疗法
铷	普鲁士蓝	普鲁士蓝
钌	DTPA、EDTA	DTPA
钠	利尿剂和同位素用 0.9% 氯化钠溶液稀释	利尿剂和同位素用 0.9% 氯化钠溶液稀释
硫	考虑硫代硫酸钠	考虑硫代硫酸钠
锝	高氯酸钾	高氯酸钾
铊	普鲁士蓝	普鲁士蓝
钍	考虑 DTPA	考虑 DTPA
钇	DTPA、EDTA	DTPA
锌	DTPA、EDTA，硫酸锌作为稀释剂	DTPA
锆	DTPA、EDTA	DTPA

四、康复

对放射性核素进入体内造成严重内照射者，应进行长期系统的医学观察，特别是该放射性核素主要沉积的器官和系统，对发现的损害进行有效的治疗，并注意恶性疾病发生的可能性，做到早期诊断和促排治疗。促排治疗的持续时间取决于对治疗效果的审慎评估，同时有必要参考临床诊断和剂量测量结果。

在长期医学观察中，特别应对放射性核素诱发有关器官或组织恶性疾病发生率的增高予以注意。收集完整的剂量、临床及病理资料，积累放射远期效应的人类证据。

内照射放射病患者原则上调离放射性工作，系统监测体内放射性核素的变化，视病情和治疗情况适当休息和疗养。

第四节　案例分析

因职业性内照射放射病的诊断病例少见，本节以一起国外的 ^{137}Cs 内污染案例作为典型案例，来介绍此病的诊疗及康复过程。

一、放射源接触史

1987 年 9 月 13 日，在巴西中部戈亚斯州的首府戈亚尼亚，有两个人拆下了一个废弃诊所中留下的一台放射治疗装置的头部，该装置含有一个 50.8TBq 的 ^{137}Cs 放射源。二人把该装置的头部带回家后，将部分零件卖给了几家废品收购站。由于源的完整性遭到破坏，许多人受到照射，一部分人受到 ^{137}Cs 体内污染。此铯源于 1987 年 9 月 13 日遭到破坏，事故的性质直到 16d 后才被披露。这主要是因为当地医疗人员无法判断患者的临床表现是由辐射诱发的。因当时未能及时正确诊断，相关涉事者没有采取适当的治疗，增加了其受照和吸收剂量，从而加重了处理损伤的医学负担。同时，这也导致更多人受到照射，并加剧了对环境、经济和人们心理等方面的影响。

二、临床表现

由于受到照射，有 20 人在戈亚尼亚总医院和里约热内卢的马尔西利奥迪亚斯海军医院住院接受治疗。其中包括 1 名 6 岁的儿童，此儿童在用手吃三明治时摄入了大量的 ^{137}Cs，^{137}Cs 的碎片散落在她吃饭用的桌子上，其左手和左趾接触 ^{137}Cs 后出现皮肤红斑；同时由于食入了被污染的食物，其舌黏膜溃疡并伴有鼻出血、呕吐和便血。此病例于事故后 9d 体温升高到 38℃，事故后 26d 感染加重，体温升高到 39.5℃，出现了典型的极重度急性放射病的病程经过，在多器官出现弥漫性出血和败血症后，于第 29d 死亡。

三、实验室检查

事故后 6d，该患儿外周血白细胞和血小板降低，出现了严重的念珠菌感染。

四、诊断原则与诊断依据

（一）诊断原则

该患儿主要是内污染，而不是外照射，使用普鲁士蓝后，^{137}Cs 的生物半衰期平均缩短率相当于每日 3g、6g 或 10g 的剂量（成人 69%，青少年 46%，儿童 43%）。即使服用了高于推荐剂量的普鲁士蓝，其耐受性也很好，几乎没有任何副作用。在事故发生后的第一个月，仅对其进行了体外生物测定。使用特定年龄的数学模型，将相关量与尿液排出的 ^{137}Cs 的量相关联，从而估算了体内吸收量和待积剂量。

最初估算其 ^{137}Cs 摄入量是 1677MBq；摄入后的第 10d，血液 ^{137}Cs 的活度浓度为 52.92MBq/L，第 24d 为 18.14MBq/L（服用普鲁士蓝剂量为 6g/d）。根据最初的细胞遗传学估算她的全身剂量为 5.0~7.3Gy，重新估计后平均剂量为 4.4Gy，^{137}Cs 致内照射剂量为 50% 左右，剂量达到诊断阈值。

（二）诊断依据

参考以上事故情况以及事故后的剂量估算结果、临床表现，可依据《职业性外照射急性放射病诊断》（GBZ 104—2017）、《内照射放射病诊断》（GBZ 96—2011）来进行诊断，以上案例可以诊断为急性外照射急性放射病，内照射放射病。

五、治疗

普鲁士蓝的使用在很大程度上提高了促排治疗的效果，随后，许多研究对其治疗效果进行了大约 4000 次生物测定。戈亚尼亚事故是第一次将细胞因子用于意外照射导致的骨髓衰竭的治疗，这一经验为骨髓生长因子更合理地用于其他辐射事故提供了基础。

（姜恩海　江　波）

08

第八章　放射性皮肤疾病

第一节　概　述

一、定义

放射性皮肤疾病是指身体皮肤或局部组织受到一定剂量的某种射线的电离辐射照射后所产生的一系列生物效应，包括皮肤、皮下组织、肌肉、骨骼和器官的病变。根据临床过程的表现不同，放射性疾病分为急性放射性皮肤疾病和慢性放射性皮肤疾病。急性放射性皮肤疾病是指身体局部受到一次或短时间（数日）内多次大剂量（X、γ 及 β 射线等）外照射所引起的急性放射性皮炎及放射性皮肤溃疡；慢性放射性皮肤疾病是指由急性放射性皮肤疾病迁延而来或由超限值剂量射线长期照射（职业性或医源性），累积剂量大于 15Gy，一段时间，一般是数月或数年后，引起的慢性放射性皮炎及慢性放射性皮肤溃疡。

自 1895 年德国伦琴（Roentgen）发现 X 射线后，次年史蒂文斯（Stevens）及莱平（Leppin）等就相继报道了有关放射性皮肤疾病的资料。引起放射性皮肤疾病常见的射线有 β 射线、X 射线、γ 射线、高能电子束和中子等。

随着科学技术的不断发展，电离辐射和原子能日益广泛地用于工业、农业、科研、医疗和国防建设等领域，由此造成的放射性皮肤损伤日渐增多。平时多见于应用放射线诊断和治疗某些疾病过程中的失误和后遗效应；也可见于核工业生产、辐照加工、工业探伤、放射性实验室、原子能反应堆和核电站等意外事故。在核战争条件下，主要是体表受到放射性落下灰沾染而未及时洗消或洗消不彻底而引起的皮肤放射性疾病；在核恐怖事件中，主要是使用能释放放射性物质的装置或袭击核设施引起放射性物质的释放，使人体受到放射性物质的沾染。因此，了解和掌握放射性皮肤疾病的特点和防治原则，对平时和战时均有重要的实际意义。

自 1963 年以来，经我国科技人员和医务工作者的不懈努力，从实践中总结出一套较系统的局部辐射损伤治疗方案，成功地救治了许多大面积及成批发生的辐射损伤伤员。特别是近 20 多年来，我国放射性皮肤病在临床治疗方法与手段、研究深度与广度等方面，都已接近或达到国际先进水平。

二、病因及发病机制

电离辐射作用于组织后，使组织细胞内的物质代谢、酶的活性、染色体的形态和功能都受到影响和损害，产生一系列“生物效应”，从而使组织细胞呈渐进性、持久性和不可逆的退行性改变和坏死。

以往有关放射性皮肤疾病机理的研究主要认为有射线造成组织细胞的直接损害、微血管的广泛损伤等因素。局部放射性疾病（放射烧伤）组织的早期变化主要为上皮的生发层和皮下血管的变化，晚期（慢性）改变除进行性血管损害变化外，还有血管壁周围的炎性细胞浸润，形成瘢痕，加重损伤。

皮肤及其附属器官的上皮细胞受到一定剂量照射后，可发生一系列渐进性改变。受到小剂量（≥ 3Gy）照射后，表皮和毛囊的基底细胞分裂减少，并有轻度肿胀；表皮下乳头血管扩张，真皮层出现水肿。受到大剂量（≥ 10Gy）照射后，上皮细胞多呈空泡变，细胞核增大或缩小，真皮层肿胀；久之，细胞可发生崩解，可见细胞层次减少，有时也可出现区域性棘细胞层肥厚，汗腺、毛囊上皮萎缩、退变或消失。近年来的研究通过电子显微镜观察到，局部放射性溃疡的病变特点为成纤维细胞和毛细血管明显减少，成纤维细胞变性；病程在 6 个月以内者，主要是粗面内质网减少、扩张、脱颗粒；病程在 6 个月以上者，主要是粗面内质网及核蛋白体全面和极度减少，线粒体空泡化，同时微管、微丝减少。受到更大剂量照射后（≥ 20Gy），深部组织（皮下组织、肌肉、骨骼等）细胞发生变性、坏死。

血管内皮细胞对射线较为敏感，损伤早期，真皮毛细血管充血、扩张，血流瘀滞，血管通透性增加；小血管壁肿胀，出现玻璃样变性，纤维素样坏死，胶原纤维和嗜银细胞肿胀、崩解等血管内膜炎改变。继之，造成血管壁增厚、管腔狭窄或闭塞、血液循环障碍、血管壁周围的炎性浸润，久之，形成纤维化瘢痕，压迫血管，又加重血管损伤。随着微血管系统损害的逐渐加重，血管数目减少，组织内因微循环障碍而缺血、缺氧，进而使组织受到破坏，由此加重了组织细胞的变性坏死。

但是，创伤愈合是一个十分复杂的过程，随着细胞生物学和分子生物学的发展，对创伤愈合的认识已经由形态学、病理生理学逐步深入蛋白、基因等分子水平。近年来应用免疫组化、非核素端粒重复序列扩增技术等分子生物学研究证明，急性放射性皮肤溃疡组织中多种生长因子及其受体表达水平降低可能与放射性皮肤溃疡发生、发展及难愈合的分子机理相关，如表皮生长因子（EGF）、碱性成纤维细胞生长因子（bFGF）、血管内皮细胞生长因子（VEGF）、血小板衍生生长因子 -B（PDGF-B）等。组织修复细胞的过度凋亡是创面经久不愈的原因之一，原癌基因 c-myc、c-fos 与 c-jun 的低表达，可能会下调成纤维细胞生长因子基因，从而引起 FGF 产生减少，使成纤维细胞活性下降。电离辐射所致基质金属蛋白酶 -1（MMP1）与金属蛋白酶组织抑制剂 -1（TIMP1）在伤口肉芽组织中表达明显降低，直接影响细胞迁移、血管形成和瘢痕组织形成等病理过程，是电离辐射影响伤口愈合的重要机制之一。MDM2、p53 基因和蛋白质的分子病理变化也可能与放射性皮肤溃疡的癌前病变有关。

放射性皮肤损伤的轻重程度，受到多种因素的影响，如射线的种类、照射剂量、剂量率，以及不同生物、理化因素的影响。

（一）射线的种类、照射剂量、剂量率和间隔时间

1. 射线的种类和照射剂量

不同种类的射线，因其能量不同，所造成局部损伤的轻重程度也不尽相同，例如，β 射线和浅层 X 射线的能量低、穿透力弱，大部分被皮肤浅层吸收，一般仅达表皮或真皮浅层；深层 X 射线、γ 射线和高能电子束的能量高、穿透力强，可以达到深层组织。^{60}Co-γ 射线的组织吸收剂量在距皮肤 4cm 处仍达 80%；最大剂量可深达到 5~7cm。同时，照射量越大，损伤越重；照射量越小，损伤越轻。照射量大小与皮肤损伤程度呈正相关。各类射线引起急性放射性皮肤损伤的分度与剂量见表8-1。

表 8-1 各类射线引起急性放射性皮肤损伤的分度与剂量

射线种类	分度与剂量（Gy）			
	Ⅰ	Ⅱ	Ⅲ	Ⅳ
软 X 线（≤ 100kV）	≥ 3	≥ 5	≥ 10	≥ 15
硬 X 线（＞ 100kV）	≥ 5	≥ 8	≥ 15	≥ 20
β 射线	≥ 3	≥ 5	≥ 10	≥ 15
γ 射线	≥ 5	≥ 8	≥ 15	≥ 20

2. 剂量率和间隔时间

剂量率越高，一次照射或分次照射的间隔时间越短，局部组织对射线的效应也就越大。譬如，同一种射线，照射的累积剂量相同，但一次照射或分次照射的反应就不同，前者反应重，后者反应轻。照射间隔时间的长短也与反应程度有关，照射间隔时间越短，组织反应越重；反之，则较轻。

（二）理化因素

物理、化学因素对放射性皮肤损伤都有一定的影响。如热、光、紫外线等物理因素，以及某些化学物质（酸、碱、碘酒等）均能提高皮肤对射线的敏感性，在受照射前曾经日晒的部位所发生的红斑比较明显。

（三）生物学因素

个体、年龄、性别、机体状况和身体不同部位对射线的敏感性不尽相同。儿童比成年人敏感性高；妇女在妊娠、月经期对射线的反应比平时明显；某些疾病，如肾炎、结核、心脏疾病、高血压、各种皮炎，以及内分泌、代谢性疾病（糖尿病、甲亢等）等疾病会增加皮肤对射线的敏感性。身体屈侧较伸侧敏感，身体潮湿和受摩擦区（腋窝、会阴部等）敏感性较高。严重贫血和少血管区的皮肤敏感性较低。

三、国内外研究现状

在放射性皮肤损伤（radiation-induced skin injury，RSI）的机制研究方面，活性氧（ROS）的产生、细胞因子的激活以及相关的信号通路都受到关注。在预防与治疗方面，预防措施包括剂量控制、放射前指导和放射性皮肤损伤评估；治疗多关注于物理治疗、外用敷料或药膏、生物治疗和外科重建等方面，治疗方法多样，包括药物治疗、现代放疗技术、干细胞疗法等。药物治疗中，局部应用皮质类固醇被证明对预防 RSI 有效，但长期使用可能导致副作用。干细胞治疗在放射性皮肤损伤中显示出潜力，脂肪来源的干细胞和间充质干细胞被用于治疗放射性皮肤损伤，并显示出一定的疗效。

我国出版的《放射性皮肤损伤的诊断和治疗专家共识（2024 版）》为放射性皮肤疾病的诊断和治疗提供了指导，包括对急性放射性皮肤疾病和慢性放射性皮肤疾病的处理建议。

国内外发病情况，放射性皮肤损伤目前主要集中出现在放射治疗中。大约有 95% 的放射治疗患者会经历不同程度的皮肤损伤，包括皮肤红斑和脱皮，20%~25% 的患者会出现皮肤糜烂和溃疡。放射性皮肤损伤的发病情况在全球范围内都是一个重要的问题，随着恶性肿瘤的年发病率增加，RSI逐渐成为影响肿瘤患者生活质量和预后的主要因素。

放射性皮肤损伤的发病情况受到多种因素的影响，包括患者相关的因素和治疗相关的因素。患者相关的因素包括身体部位的敏感性、肥胖、营养不良、长期日晒和吸烟等；而治疗相关的因素则包括放射治疗的总剂量、分割次数、照射体积和皮肤表面积等。此外，放射治疗技术和射线粒子类型、能量也会影响皮肤损伤程度。

第二节 诊断与鉴别诊断

一、职业照射史

一次或短时间内多次受到电离辐射大剂量照射，或长期接触受到超剂量限值的照射均有可能发生放射性皮肤疾病。在放射性事故中，职业人群可能会受到射线的外照射和放射性核素粉尘对皮肤沾染，一旦皮肤的受照剂量超过剂量阈值，就有可能患急性放射性皮肤疾病。而慢性放射性皮肤疾病可见于各种工作中长期接触低剂量辐射的照射。

确切的射线接触史是诊断局部辐射损伤的可靠依据之一。要注意详细询问伤病员的职业史和辐射事故发生时的详细受照情况，包括伤病员近期或以往接触放射性物质的情况、核素的种类、射线的种类和能量、受照射时间、放射源距离，以及个人防护用品使用情况等。在原子能反应堆、核电站事故、突发核辐射恐怖事件或核战争条件下，主要考虑放射性物质沾染和辐照史，尤其要注意患者在当时所处的位置、风向、环境情况、在沾染区停留的时间、洗消情况，以及是否合并有其他损伤等。

二、临床表现

临床症状与体征是重要的生物效应，也是重要的诊断指标之一。在深入研究的基础上，提出了根据红斑、水疱等出现的时间和程度，对急性辐射损伤作出早期临床诊断。在接触射线后有以下情况应当考虑为辐射损伤：①在接触放射性物质过程中或以后数天内，局部出现红斑、灼痛、麻木和肿胀等；②继首次红斑消退或症状减轻之后又再次出现红斑、肿胀、疼痛，并逐渐加重，或出现水疱，或出现糜烂、溃疡等；③长期从事放射工作的人员，出现脱毛、皮肤干燥、脱屑、萎缩变薄、粗糙、弹性差，或出现经久不愈的溃疡；手部出现指甲变形、增厚、纵嵴和质脆易劈裂等。

在深入研究局部辐射损伤的临床过程和表现、病理改变的基础上，还建议根据红斑、水疱等出现的时间和程度，对急性放射性皮肤损伤作出早期临床诊断。红斑是病变严重程度的早期特征，其出现早晚和程度与照射量呈正相关关系，照射量大，红斑出现早、颜色较深、假愈期短、二次红斑出现亦早。水疱和溃疡出现的早晚和程度也与照射量呈正相关关系。因此，在事故性外照射早期可根据临床表现特征，尤其是红斑、水疱及湿性皮炎出现的时间、程度和范围作为估算照射量的指标，也是确定切除范围的参考依据，以便及早进行分类救治。

（一）急性放射性皮肤疾病

不同时期急性放射性皮肤疾病的分度及临床表现见表 8–2。

表 8-2 急性放射性皮肤疾病的分度与临床表现

分期	分度			
	Ⅰ度	Ⅱ度	Ⅲ度	Ⅳ度
初期	一过性红斑	红斑、灼痛	红肿、灼痛、麻木	红肿明显、疼痛麻木、瘙痒
假愈期	3~8 周	2~6 周	1~3 周	数小时 ~10 天
反应期	毛囊丘疹暂时脱毛	红斑、毛囊丘疹、脱毛皮肤干燥	二次红斑或红斑加深，肿痛、水疱形成	水疱破溃、表皮松懈、坏死或溃疡
恢复期	皮肤无改变	皮肤脱屑、轻度色素沉着	新生上皮薄、弹性差、色素沉着与减退	反复破溃、溃疡经久不愈、瘢痕形成或功能障碍

（二）慢性放射性皮肤疾病

慢性放射性皮肤疾病的分度及临床表现见表 8-3。

表 8-3 慢性放射性皮肤疾病分度与临床表现

分度	临床表现
Ⅰ	皮肤色素沉着或脱失、粗糙，指甲灰暗或纵嵴、色条甲
Ⅱ	皮肤角化过度，皲裂或萎缩变薄，毛细血管扩张，指甲增厚变形
Ⅲ	坏死溃疡，角质突起，指端角化融合，肌腱挛缩，关节变形，功能障碍（具备其中一项即可）

（三）放射性皮肤癌

放射性皮肤病在慢性放射性皮肤疾病的基础上发生，病变区域长期破溃不愈合，伴有增生等症状，依靠病理诊断确诊。

三、放射皮肤疾病的病理改变

放射性皮肤疾病分度有急性和慢性之分。对急性放射性皮肤疾病的临床分度尚存在不一致看法。有作者认为以三度分类较好，但也有作者认为以四度分类较好，1987 年颁布的有关国家标准规定分为三度。但是，经过国内多家医院关于几千例病例的分析研究以及一些研究机构的动物实验研究结果，于 1997 年对原标准进行了修改，将急性放射性皮肤疾病规定为四度。现行标准为 2020 年颁布的《职业性放射性皮肤疾病诊断》（GBZ 106—2020）。此标准对急性放射性皮肤疾病的深度以四度分类法进行分类：Ⅰ度（脱毛）、Ⅱ度（红斑）、Ⅲ度（水疱或湿性皮炎）和Ⅳ度（坏死、溃疡）；对慢性放射损伤的分度仍以三度分类法：Ⅰ度（慢性放射性皮炎）、Ⅱ度（硬结水肿）、Ⅲ度（慢性放射性溃疡）。

（一）急性放射性皮肤疾病各分度的病理改变

1. Ⅰ度——脱毛

皮肤附属器（毛囊、汗腺、皮脂腺）对射线较敏感，脱毛反应一般仅为皮肤附属器受到损伤，小剂量照射多为可恢复性，表现为毛囊生发层细胞出现肿胀、空泡性变，核分裂受到抑制，失去增长力而逐渐萎缩，毛根与乳头分离，造成毛发脱落。残存的毛囊生发细胞可于受照射后 3~4 个月开始出现分裂增长，形成新的毛发。但较大剂量照射后，可发生永久性脱毛。

2. Ⅱ度——红斑

红斑反应是由于真皮毛细血管内皮细胞受射线损伤后，血管扩张充血，血管通透性增高，炎性细胞浸润，真皮层水肿所致。经过一段时间后，损伤区表皮细胞出现空泡化，核固缩和退变，以后退变细胞与角化层一起脱落。

3. Ⅲ度——水疱或湿性皮炎

毛囊、皮脂腺明显萎缩、变性，或坏死；表皮细胞空泡化，核固缩明显，真皮和皮下组织细胞和血管内皮细胞损伤后肿胀，同时渗出增加，形成水疱；组织肿胀压迫血管，使血管腔狭窄，进而发生管腔阻塞，使局部组织缺血缺氧，从而加重组织坏死。

4. Ⅳ度——坏死、溃疡

除表皮改变较Ⅲ度损伤严重外，主要表现为真皮和皮下组织的血管严重损伤，血管严重闭塞，结缔组织严重变性。在此基础上组织坏死、脱落形成溃疡。

（二）慢性放射性皮肤疾病各分度的病理改变

1. Ⅰ度——慢性放射性皮炎

表皮萎缩变薄、细胞减少，呈退行性改变；毛囊、汗腺和皮脂腺明显变性和萎缩；上皮较不明显，真皮浅层毛细血管扩张。

2. Ⅱ度——硬结水肿

在萎缩性改变中，表皮萎缩变薄，表皮棘层水肿、空泡性变，真皮纤维组织透明变性，附件消失；真皮浅层毛细血管扩张，真皮纤维组织透明变性。在增生性改变中，棘细胞层过度增生，表皮增厚，有的区域过度角化，也有的角化不全。表皮下及真皮浅层毛细血管、淋巴管肿胀、扩张。

3. Ⅲ度——慢性放射性溃疡

真皮深层小动脉明显增厚、管腔狭窄和闭塞。皮下组织内小血管壁增厚狭窄或闭塞，造成组织缺血缺氧，坏死脱落形成溃疡。溃疡底部毛细血管内膜纤维素样坏死，形成闭塞性血管炎，肉芽组织生长不良。横纹肌萎缩，纤维素性坏死；表皮可重度增生，形成假上皮瘤样增生。

放射性皮肤疾病严重程度分类的主要目的是便于实施治疗方案和措施，特别是在收容大批辐射事故或核爆炸伤员时，有利于组织抢救和后送，合理安排人力物力等。由于各类辐射事故、核爆炸致伤条件多样，影响因素多，伤情复杂，因此，目前尚无有关局部放射损伤严重程度的分类方法和标准。但是，在组织抢救治疗时应遵循创伤的救治原则，除了应考虑放射损伤的相关因素，还应考虑以下情况：①有无合并爆炸伤等开放性损伤伤口及烧伤创面的放射性物质沾染；②有无休克或大出血；③有无复合伤或中毒；④有无全身辐射损伤（全身放射病）；⑤有无放射性物质吸入损伤及进入消化道。

四、辅助检查

以往对损伤的范围和深度主要依据物理剂量、射线种类和临床表现来判断，或靠手术中肉眼观察，有一定盲目性。随着科技的不断发展，各种物理、化学检测技术的发展和应用，如红外线热成像技术、同位素标记、血流图、CT、核磁共振、高频超声、皮肤温度测定等无创技术，以及组织学和免疫化学等检测方法，能对局部辐射损伤的程度和范围作出较确切的诊断，提高了对局部放射性皮肤病的诊断水平。

（一）红外线温度测定

红外线温度测定具体是指依据人体表各部位红外线辐射量多少（即表面皮肤温度的变化大小），以红外线摄像机准确地捕捉这些红外线，再通过计算机测温分析系统将其转换成图像显示出来的方法。通过温度的变化，可推断出皮肤局部损伤的程度，从而作出正确诊断。

温度变化与照射剂量和损伤程度相关，早期的红斑水肿期温度升高明显，水疱坏死区温度降低，温度升高越早，提示损伤越重。后期的坏死、溃疡阶段温度降低，温度降低越明显，提示损伤越重。这些温度改变的区域与损伤范围基本一致。因此，红外线热成像温度变化在诊断中的意义在于它可以作为疾病程度与范围的指标和依据之一。

（二）放射性同位素检查

该方法是通过静脉注射用 ^{99m}Tc 300~800MBq 标记后的红细胞，再用荧光闪烁图像仪观察其血流变化，从其闪烁图像的缺失和密度降低情况来反映组织病变程度，从而帮助判断疾病范围。

（三）CT 检查和核磁共振显像

深层组织受到一定剂量外照射后，可以应用 CT 检查和核磁共振显像来辅助诊断，如肌肉、大的血管或骨骼受到一定程度的损伤时，CT 或核磁共振检查可以显示其密度减低，有助于临床诊断。

五、物理剂量的检测

物理剂量是诊断的主要依据之一。以往的研究大多是通过动物模型得出实验剂量，与临床有较大差异。通过 20 多年来国内外辐射事故中人体急性放射性皮肤损伤的物理剂量的检测，总结出了各类射线、不同剂量、不同损伤程度的剂量值。在事故条件下物理剂量的测定，主要根据事故现场、射线的种类和能量、受照射时间、放射源距离等综合测算出受照射量。

目前广泛采用的热释光法虽然是一种较普遍、简便、可靠的方法，但是也存在着日后佩戴机械表者逐渐减少、照后拖延时间过长信号有可能丢失等不足。电子自旋共振（ESR）法是一种较灵敏、取材范围广，应用前景较好的方法。此外，如晶溶发光、光激发光和频率变化等方法，也有一定的发展前途。未来将确切测算、绘制出局部损伤三维立体剂量分布图，为临床提供重要依据。

六、诊断原则与分度诊断标准

（一）诊断原则

放射性皮肤疾病的诊断原则主要基于以下几个方面。

1. 确切的受照史

诊断放射性皮肤疾病的重要依据之一，需要明确从事相关放射性工作的经历，意外受到体表放射性核素污染和外照射的经历，以及参加事故救援受到应急照射的经历。

2. 受照剂量

根据随身佩戴的个人剂量计、场所剂量监测、根据事故模拟剂量重建资料，物理剂量测定等途径计算出局部皮肤受照剂量；也可根据临床表现估算出局部受照剂量。

3. 临床表现

皮肤各损伤深度的分度均有其典型的临床表现，典型的临床症状与体征是重要的生物效应，也是重要的诊断指标之一。可根据皮疹、红斑、水疱、溃疡等出现的时间和程度，对急性放射性皮肤损伤作出粗略的早期临床诊断。

4. 辅助检查

各种物理检测技术的应用，如红外线热成像技术、血流图、核磁共振、高频超声、皮肤温度检测、组织学和免疫化学等可提高对放射性皮肤损伤的诊断水平。

5. 排除其他因素

需要排除其他因素所致的皮肤疾病，综合分析作出诊断。

6. 剂量阈值

在急性放射性皮肤损伤中，一次照射或等效一次照射皮肤剂量≥ 3Gy。而在慢性放射性皮肤损伤中，累积吸收剂量（或分割照射剂量）> 15Gy 或由急性损伤迁延而来的剂量> 5Gy。

7. 国际委员会放射防护标准

除 GBZ 106—2020 以外，还可依据国际出版物和有关资料中对于皮肤红斑、暂时性脱发、皮肤破溃、晚期皮肤萎缩等相关症状发生时间和剂量阈值的研究，同时结合我国实践经验。

综上所述，放射性皮肤损伤的诊断需要综合考虑受照史、剂量、临床表现以及辅助检查等多方面因素，并排除其他可能引起相似症状的疾病。

（二）放射性皮肤疾病的分度诊断标准

1986 年，根据全国卫生标准技术委员会放射性疾病诊断标准专业委员会的要求，组织了全国各有关单位的专家，根据国内外相关文献，结合我国各单位有关放射性疾病的临床诊断和治疗经验，编写了《放射性皮肤疾病诊断标准及处理原则》（GB 8282—1987），于 1987 年 1 月颁布实施。自标准颁布以后，在执行过程中，一般认为尚易掌握，但仍存在不足之处。之后，临床上逐渐积累了新的经验，科研又有了新的进展，放射性疾病诊断标准专业委员会于 1992 年又组织了全国相关单位的专家对此标准进行了多次研究和修订，2000 年经国家质量技术监督局批准颁布实施。目前使用的最新标准为国家卫生健康委员会发布的《职业性放射性皮肤疾病诊断》（GBZ 106—2020）。其中，关于急性放射性皮肤损伤分度诊断标准见表 8–4，慢性放射性皮肤损伤分度诊断标准见前文表 8–3。

表 8–4 急性放射性皮肤损伤分度诊断标准（GBZ 106—2020）

分度	初期反应期	假愈期	临床症状明显期	参考剂量 Gy
Ⅰ	—	—	毛囊丘疹、暂时脱毛	≥ 3
Ⅱ	红斑	2~6 周	脱毛、红斑	≥ 5
Ⅲ	红斑、烧灼感	1~3 周	二次红斑、水疱	≥ 10
Ⅳ	红斑、麻木、瘙痒、水肿、刺痛	数小时 ~10 天	二次红斑、水疱、坏死、溃疡	≥ 20

1. 急性放射性皮肤损伤分度

（1）Ⅰ度损伤——脱毛：①初期反应期，受照射当时，皮肤局部无任何症状，24h 后可出现轻微红斑，但很快就消失。②假愈期，受照射皮肤局部无任何症状。③反应期，皮肤受照射 3~8 周后出现毛囊丘疹和暂时脱毛等症状。④恢复期，受照射皮肤局部无任何改变，毛发可再生。

（2）Ⅱ度损伤——红斑：①初期反应期，受照射当时，皮肤局部可以无任何症状，经 3~5h 后，皮肤局部仅出现轻微的瘙痒和灼热感，继而逐渐出现轻度肿胀和充血性红斑，1~2d 后红斑和肿胀暂时消退。②假愈期，受照射后 2~6 周，皮肤局部通常无任何症状。③反应期，经过 2~6 周的假愈期后，局部皮肤又出现轻微的瘙痒、灼热和潮红，并逐渐加重，直到又出现明显红斑和轻微灼痛。一般持续 4~7d 后转为恢复期。④恢复期，皮肤受照射后出现的上述症状逐渐减轻，灼痛缓解，红斑逐渐转为浅褐色，出现粟粒状丘疹，皮肤稍有干燥、脱屑和脱毛，或伴有轻微的瘙痒等症状。以上症状一般 2~3 个月可以消失，毛发可再生，无功能障碍或不良后遗症。

（3）Ⅲ度损伤——水疱或湿性皮炎：①初期反应期，受照射当时，皮肤可出现一过性灼热、麻木感，24~48h 后相继出现红斑、灼痛和肿胀等症状。②假愈期，皮肤受照射 24~48h 后，上述症状逐渐减轻乃至消失，无明显临床症状。但此期较Ⅰ度损伤稍短，为 1~3 周。③反应期，经过假愈期，受照射皮肤局部再次出现红斑、色泽较前加深，呈紫红色，肿胀明显，疼痛加剧；并逐渐形成水疱，开始为小水疱，3~5h 后逐渐融合成大水疱，疱皮较薄，疱液呈淡黄色，水疱破溃后形成表浅的糜烂创面。如果是放射治疗等分次照射引起的损伤，可无明显水疱，表现为表皮松解、创面糜烂和渗出较多等湿性皮炎反应。④恢复期，由放射性皮肤损伤引起的水疱或创面经适当的处理后，如无感染，一般 4~5 周后上皮开始生长，但较缓慢，新生上皮菲薄、弹性差。经过一段时期后常转为慢性改变，如皮肤变薄、毛细血管扩张和皮肤色素减退与沉着相间呈“大理石”样；毛发脱落，不再生长；皮脂腺、汗腺萎缩，排汗功能障碍；久之，局部组织纤维化。如受外界刺激，易反复破溃；如继发感染，常形成溃疡，很难愈合。

（4）Ⅳ度损伤——坏死、溃疡：①初期反应期，于受照射当时或数小时后，皮肤即出现明显的灼痛、麻木、红斑及肿胀等症状，且逐渐加重。②假愈期，此期较短，一般为数小时或 10d 以内；大多数仅于受照射后 1~2d 局部红斑、肿痛等症状稍有减轻，但不能完全消失，通常 2~3d 后即进入反应期；重者可以无明显假愈期。③反应期，反应期红斑反应明显，红斑颜色逐渐加深，常呈紫褐色，肿胀加重，疼痛剧烈，并相继出现水疱和皮肤坏死区，坏死的皮肤大片脱落，形成溃疡。④恢复期（慢性期），面积较小（直径 ≤ 3cm）或相对较浅的溃疡，经一段时期的换药及应用其他辅助治疗后可望愈合，但新生的上皮极不稳定，稍遇刺激易发生皲裂或破溃。面积大而深的溃疡逐渐扩大、加深，容易继发细菌感染；重者可累及深部肌肉、骨骼、神经干或内脏器官。放射性溃疡愈合极为缓慢，有的完全不能愈合，溃疡基底及周围形成瘢痕；位于功能部位的严重损伤，常伴有功能障碍。

2. 慢性放射性皮肤损伤分度

（1）Ⅰ度损伤——慢性放射性皮炎：Ⅰ度慢性放射性皮肤损伤，轻者损伤区皮肤干燥、粗糙，轻度脱屑，皮肤纹理变浅或紊乱，轻度色素沉着和毛发脱落；重者局部皮肤萎缩、变薄和干燥，并可见扩张毛细血管，色素沉着与脱失相间，呈“大理石”样改变，瘙痒明显，皮下组织纤维化，常出现皲裂或疣状增生。手部慢性放射性皮炎除皮肤病变外，还常伴有指甲增厚、纵嵴和质脆，呈舟状改变。

（2）Ⅱ度损伤——硬化水肿：Ⅱ度慢性放射性皮肤损伤，多见于四肢，常发生在照射后半年或数年，受损部位皮肤四周色素沉着，中央区色素减退，皮肤萎缩变薄，失去弹性。局部皮肤常逐渐出现非凹陷性水肿，触之有坚实感，深压时又形成不易消失的凹陷，有时局部疼痛明显；手部皮肤萎缩或角化过度，有较多的疣状突起物或皲裂，指纹紊乱或消失，指甲增厚、变形。

（3）Ⅲ度损伤——慢性放射性溃疡：Ⅲ度慢性放射性皮肤损伤，受照射局部皮肤在上述病变的基础上出现大小不一、深浅不等的溃疡，其轻重与受照射量和感染程度有关。此类溃疡的特点是溃疡边缘不整齐，呈潜行性；基底凹凸不平，肉芽生长不良、污秽，常有一层黄白色纤维素样物覆盖；此类溃疡多伴有不同程度的细菌感染。溃疡四周色素沉着，皮肤及深层组织纤维化，形成瘢痕，使局部硬似“皮革状”。

此类溃疡若波及深部肌肉或神经时疼痛剧烈。例如，某例颌颈部慢性放射性溃疡患者，由于颈阔肌及颈前肌部分溃烂，气管和甲状腺等组织外露，疼痛剧烈难忍，不思饮食，不能入睡，每天肌内注射止痛药物仍不能完全解除痛苦，严重时曾使用冬眠药物，使之处于睡眠状态。

在手部常出现皮肤和软组织萎缩、散在溃烂；手指萎缩变细或有角质突起物，指端严重角化与指甲融合；肌腱外露，或肌腱挛缩，或肌腱断裂；关节变形僵硬或外露，造成手的功能障碍。

七、放射性皮肤损伤的鉴别诊断

急性放射性皮肤损伤早期某些临床改变与一般热烧（烫）伤及某些皮肤疾病也有相似之处，应注意鉴别。此外还应与日光性皮炎、过敏性皮炎、药物性皮炎、甲沟炎、丹毒等相区别。慢性皮肤放射性损伤应注意与神经性皮炎、慢性湿疹、皮疣、上皮角化症，以及其他非特异性溃疡相鉴别，必要时可考虑作组织学检查，以明确诊断。

第三节 治疗与康复

放射性皮肤疾病的临床治疗是一个比较复杂、困难的问题，尤其是事故性病例，虽然损伤仅限于某一局部，有时损伤面积不太大，但是多数病例除皮肤损伤外，还伴有一定剂量的全身照射或者内脏损伤；有的伴有局部严重放射损伤后造成的全身反应。局部严重放射损伤除皮肤溃疡外，常波及肌肉、肌腱、神经干、大血管和骨骼，形成大而深的复合性溃疡，用一般传统的方法治疗难以奏效，若处理不当，可影响功能造成伤残，甚至危及生命。因此，在治疗过程中，应当抓好全身治疗和局部处理两个环节。全身与局部的治疗相辅相成，全身状况的改善有利于促进局部损伤创面的愈合，局部损伤处理的成功与否，直接影响全身放射病的治疗。所以，应当根据病情发展各阶段有所侧重地开展治疗，不能顾此失彼，延误治疗。

一、处理原则

放射性皮肤损伤的处理原则遵循一定的临床实践指南和专家共识，主要包括以下几个方面：健康教育；保持皮肤清洁干燥；避免使用可能影响放疗效果的外用物质；药物治疗；预防措施；营养支持，对于营养不良的患者，适当的营养支持也是改善皮肤损伤的重要措施。

二、一般治疗——全身综合治疗

在事故性照射病例中，大多数患者体表可能受到大面积损伤，部分患者受到全身不均匀外照射，伴发急性、亚急性或慢性放射病。因此，应当重视全身综合治疗。

全身综合治疗主要依据病情的轻重、病程的发展来综合考虑，其治疗措施是综合性的，除给予高蛋白饮食、多种维生素外，还应根据病情发展的不同阶段采取相应措施。

早期应用调整植物神经功能、防治胃肠道反应和改善微循环的药物，如叶酸、消呕宁、复方丹参、低分子右旋糖酐等；在假愈期则根据病情对症处理；进入极期后应积极采取措施控制感染，防止出血及水、电解质和酸、碱平衡失调；此外，还应根据病情输注全血，必要时输注血小板等血液成分。骨髓移植和外周血造血干细胞移植已经成为救治骨髓型极重度急性放射病的重要措施。近年研究表明，全身应用造血生长因子可加速造血系统功能的恢复。同时还应针对大面积局部损伤反应期造成的体液渗出、坏死组织分解的毒性物质对机体的损害。对大面积局部严重放射损伤，早期注意维持水、电解质平衡，注意晶胶体比例，胶体以全血或血浆为主；同时注意补充碱性药物，以碱化尿液，有利于中和及排除毒素，减轻全身反应；注意防止多脏器功能损害。

对于伴有内脏损伤的治疗，注意根据损伤脏器和病情变化采取相应措施，早期应用肾上腺皮质激素对心、肺、胃肠道损伤有减轻水肿和渗出作用；此外，对心、肺损伤早期应用改善微循环、营养心肌细胞的药物；对胃肠道损伤给予保护黏膜、解痉止痛、止血的药物均有一定的疗效。

局部肿胀、疼痛明显时，可适当应用糖皮质激素，以减轻血管的通透性，从而减轻局部肿胀和疼痛，必要时可合理使用镇静止痛剂。丙种球蛋白及胎盘组织制剂等可以增强机体免疫力、促进坏死组织分离和肉芽组织生长。

慢性放射损伤病例，尤其是肿瘤放疗后造成慢性放射性溃疡患者，其病程较长、体质差、营养状况不良，有的伴有低蛋白血症。因此，应当注意改善营养状况，纠正低蛋白血症，提高机体抵抗力。

三、特殊治疗——创面处理

对于放射性皮肤损伤创面的处理主要根据急、慢性放射性皮肤不同损伤程度和各个发展阶段采取相应的处理措施。

（一）急性放射性皮肤损伤创面处理

1. Ⅰ度损伤

一般无须特殊处理，注意防止局部皮肤遭受摩擦、搔抓等机械性刺激，避免紫外线、远红外线的照射，禁止使用对皮肤刺激性较强的药物。

2. Ⅱ度损伤

Ⅱ度损伤的初期处理原则与Ⅰ度损伤基本相同。红斑反应时，可以选用止痒清凉油、0.1% 去炎松软膏或 5% 苯海拉明霜等药物，以减轻皮肤红肿和灼痛等症状。

3. Ⅲ度损伤

Ⅲ度损伤的初期处理原则与Ⅱ度损伤基本相同。但是在反应期疼痛明显时，可应用 1∶2000 的呋喃西林、硼酸溶液及洗必泰溶液冷敷；形成水疱、表皮松懈脱落时应积极处理创面，以预防和减轻感染、促进创面愈合为主。对损伤面积小、完整、散在的小水疱，只要张力不大，可以保留泡皮，让其自行吸收、干瘪，但吸收较缓慢。对于较大的水疱或张力大的水疱应在无菌操作下行低位穿刺排液，或者用无菌剪刀剪开一小口排液，然后加压包扎。如果泡液混浊，其周围有明显炎性反应，或水疱已破溃时，都要剪除泡皮，以防加重感染。对糜烂性创面，可以选用维斯克溶液、放射烧伤膏、复生膏、溃疡油、沙棘油、复方紫草油等换药；有继发感染时，可应用庆大霉素、阿米卡星（丁胺卡那霉素）等有效抗生素溶液湿敷，必要时根据细菌培养和药物敏感试验选用有效抗生素，或与上述药物交替应用。

4. Ⅳ度损伤

Ⅳ度损伤的治疗较为困难。损伤早期的处理基本上与Ⅱ、Ⅲ度损伤相同。在反应期主要根据病情发展过程采取相应措施，原则是镇静止痛、防治感染和促进创面愈合。有效地止痛是局部严重放射损伤早期处理的重要环节之一，除口服或注射止痛剂、局部冷敷外，位于四肢的严重损伤可使用

1% 普鲁卡因局部麻醉药做套式封闭。纪辉等人近年来对维斯克溶液液体敷料进行了研究，发现其在外敷使用时，具有一定的止痛效果。活血化瘀的中药制剂对深度损伤创面也有较好的止痛作用。临床实践证明，早期封闭创面是解除疼痛的主要措施之一，以各种生物敷料（同种异体皮、辐照猪皮、人工皮等）暂时覆盖创面，可以收到良好的止痛效果；必要时，也可以行自体刃厚皮片移植覆盖创面，术后疼痛即可缓解。

减轻炎性反应和防治感染的措施，除了可以在损伤早期给予口服或注射抗组胺类药物外，还可以通过局部涂抹氟轻松、皮炎平等水凝胶的抗炎制剂来有效减轻炎性反应。放射损伤创面或溃疡常伴有细菌感染。对大面积损伤者无论有无全身放射病均应进行保护性隔离，必要时实行全环境保护。根据创面或体表细菌培养和药敏结果合理选用抗生素，同时注意加强创面换药。

Ⅳ度损伤创面难以愈合，特别是 3cm 以上的溃疡更难愈合，应采取早期切除，以各种组织移植的方法修复创面。

（二）慢性放射性皮肤损伤处理

慢性放射性皮肤损伤病变发展缓慢，临床上常出现慢性皮炎或经久不愈的溃疡。因此，应针对不同程度的损伤采取相应措施，对于慢性放射性皮炎，注意避免各种物理、化学因素的刺激，局部可选用止痒、滋润皮肤的中性油质药物等。有过度角化、疣状增生时，可应用中草药泡洗；对于慢性放射性溃疡，应加强换药，控制感染。根据溃疡渗出物细菌培养和药物敏感试验结果，选用有效的抗生素溶液换药。对于较小较浅的溃疡，待感染基本控制后可选用活血生肌、促进愈合的药物；对于较深、经久不愈的溃疡，一旦感染基本控制，争取尽早采取手术治疗。

1. 药物保守治疗

（1）Ⅰ度损伤：无须特殊治疗，可用润肤霜（膏），保护皮肤。

（2）Ⅱ度损伤：具有角质增生、脱屑、皲裂，使用含有尿素类药物的霜（或膏）软化角化组织或使用刺激性小的霜（膏）保护皮肤。

（3）Ⅲ度损伤：早期或伴有小面积溃疡，短期内局部可使用维斯克溶液含甲壳素的功能敷料或含有超氧化物歧化酶（SOD）、上皮生长因子（EGF）、锌（Zn）、银（Ag）的抗生素类霜（膏），并配合用甲 2- 巨球蛋白制剂，能促使创面加速愈合。如创面出现时好时坏者，应及时手术治疗。

2. 手术治疗

对于局部严重放射性损伤，近年来多主张采用修复与重建外科的原则进行治疗。采用局部扩大切除，以组织移植修复的方法是治疗局部严重放射性损伤的重要手段之一。

（1）手术适应证：①各部位的急性Ⅳ度损伤、慢性Ⅲ度损伤，坏死、溃疡超过 3cm 以上者；②功能部位（如手、足、关节）的急性Ⅲ度损伤、慢性Ⅱ度损伤，早期手术，可以防止关节畸形，以保护和促进功能恢复；③大面积急性Ⅲ度损伤伴有全身放射病、内脏损伤或全身中毒反应明显时，早期切除坏死组织、封闭创面，有利于减轻复合伤，减少并发症的发生；④有恶性变者。

（2）手术时机：对于急性放射性皮肤损伤，可以根据局部所受照射剂量，结合临床表现及红外线热成像等特殊检查来判断损伤深度和范围，Ⅲ、Ⅳ度损伤的反应期达高峰后，一般在受照后 1 个月左右施行手术较好。对于大面积皮肤或四肢的严重放射性损伤，如受照射量确实非常大（> 100Gy），可在极期（反应期）之前封闭创面或截肢处理，争取在放射病极期之前使创面或伤口痊愈或大部分愈合，为放射病的治疗创造良好的条件。同时，也是防止发生多脏器功能损害的重要措施之一。

对于慢性放射性溃疡，只要全身情况允许，应尽快手术切除、及时修复，否则溃疡长期不愈，容易继发细菌感染，产生严重并发症。

（3）切除范围：切除的范围要足够大，手术时尽量将所有的受照射区域内萎缩、变薄、有色素改变的损伤组织全部包括在内，并且应当超出损伤边缘1~2cm。以一次彻底切除为好，否则，损伤边缘组织供血不足，使移植的皮片或皮瓣与创缘愈合不良而发生术后裂开等并发症，影响愈合。

（4）切除深度：理想的切除深度应该包括所有受照射后的变性组织，这适合于由β射线损伤后的浅表性溃疡；但临床上往往难以做到彻底切除，而采用“生物切除法”，具体操作如下：适当控制切除深度，仅将明显的坏死组织切除至略有出血的瘢痕组织层；若伴有骨损伤时，应当清除死骨，并仔细搔刮至活跃渗血为止；遇有大血管、神经干、胸膜或心包时，仅搔刮清除其表面的坏死组织即可，然后必须采用血液循环丰富的皮瓣、肌皮瓣等组织移植来修复。

（5）组织移植修复：放射损伤区及溃疡切除后，大多数创面都不能直接缝合，常常需要采用组织移植的方法来修复。可根据创面的大小、损伤的深浅及伤员的全身状况等合理选择最佳方案来修复缺损区。目前常采用的移植组织主要有皮片、各种皮瓣（或皮管）、肌皮瓣或肌肉瓣等。

（6）修复措施：各部位严重放射性溃疡的修复措施如下。

①头部、面部和颈部严重放射性溃疡的修复。头部软组织较少，放射损伤溃疡常波及颅骨，造成颅骨的坏死。手术中注意将坏死的颅骨切除，一般先将颅骨外板切除，如有活跃渗血就不必去除内板；倘若内板也有坏死，应一并彻底切除。然后，再用各种皮瓣覆盖，创面才能愈合。

面部皮肤放射损伤一般比较表浅，多数损伤仅波及皮下组织层。由于面部血液循环丰富，损伤区彻底切除后可用全厚皮片移植修复。

颈部放射损伤除了由事故性原因造成外，也可由医务人员操作X射线机防护不严或因颈部肿瘤接受放射治疗后造成。严重放射损伤常波及颈部大血管和臂丛神经等位于深层的重要组织，甚至会造成患者大血管破裂而引发大出血，导致死亡；后期高位臂丛神经损伤而致上肢瘫痪；同时，也造成解剖结构不清。宜早期手术，手术中尤其要注意保护重要血管和神经，不要过多剥离血管周围组织，然后选用胸肩峰筋膜皮瓣、胸大肌肌皮瓣和胸三角皮瓣等组织进行移植修复。

②胸部严重放射性溃疡的修复。特点是损伤面积大、损伤深，除造成肋骨和胸骨的损伤外，还常常波及胸膜、肺及心脏；周围可利用的正常组织不多，修复较困难。术中应注意清除坏死的肋软骨、肋骨或部分胸骨，但是要注意保护好变性的胸膜。胸部缺损的修复以往多选用背阔肌肌皮瓣和侧胸壁筋膜皮瓣；近年，应用各种形状的腹直肌肌皮瓣修复胸壁缺损，收到了很好的效果，既修复了缺损，又起到了乳房成形的效果。

③腰部、腹部和背部严重放射性溃疡的修复。腰部、腹部和背部的严重放射性溃疡常波及肋间神经，造成剧烈的疼痛。腰背部的放射性溃疡切除后，可用局部皮瓣移植修复，较大的缺损可应用逆行岛状背阔肌肌皮瓣转移修复。

④骶尾和臀部严重放射性溃疡的修复。骶尾和会阴部的放射性损伤由于该部位软组织较少，加之距肛门和会阴较近，容易遭受细菌感染，加重局部损伤。因此，常形成较深的窦腔，甚至波及骶尾骨及直肠，造成骨坏死或直肠－阴道瘘。手术中要注意清除坏死组织和死骨，对纤维化的组织不必强求彻底切除，尤其是阴道后壁和盆底部，要防止切除过多而发生瘘或与盆底相通。应根据病变部位、窦腔的大小和深度酌情选择皮瓣。较浅的缺损，不伴有骨髓炎或骨坏死者可选用股后皮瓣转移修复；如伴有骶尾骨坏死，清创后腔穴较深，可选择阔筋膜张肌肌皮瓣和臀大肌肌皮瓣转移修复，

常选用以臀下动脉为蒂的肌皮瓣较方便。对会阴部形成的巨大窦腔，可利用一侧股薄肌肌瓣转移充填深部，然后再利用另一侧股薄肌肌皮瓣转移修复。

⑤四肢严重放射性溃疡的修复。手最常见于事故性放射损伤或放射科、骨科医师防护不严而造成的损伤部位。由于手部软组织少而肌腱和关节多的特点，受照射后常波及骨骼、肌腱和关节；又由于手部经常活动和摩擦，Ⅱ度损伤愈合后也常发生皮肤及软组织萎缩、无弹性及由于无皮脂腺分泌而经常皲裂，甚至发生关节畸形或溃疡；重者可发生骨质疏松、骨髓炎或骨坏死。单个手指的深度损伤，常采用邻指皮瓣转移修复；对整个手背或手掌的损伤，可应用一侧胸壁和腹壁保留真皮下血管网的薄皮瓣修复，以取得功能和形态的效果。手部的放射损伤除早期植皮修复外，还应注意早期功能锻炼，以防止关节挛缩畸形，促进功能的恢复。

下肢因血液循环较差，又是身体负重部位，易发生淋巴和静脉回流障碍；一旦溃疡形成，很难愈合。因此，宜早期采取手术治疗，以各种皮瓣和肌皮瓣转移修复。溃疡位于足底或内、外踝区可应用足背皮瓣和小腿筋膜皮瓣岛状移植修复；胫前溃疡可选用小腿后侧筋膜皮瓣或腓肠肌皮瓣移植修复；大腿的损伤或溃疡可以根据不同的部位选用股内侧皮瓣和股前外侧皮瓣等移植修复。必要时，可以选用交腿皮瓣移植修复，但是此方法仅适用于青壮年患者。

（三）远后效应医学随访原则

定期进行远后效应的医学随访工作，根据受照射剂量大小和损伤程度按照相关标准进行相应的远期效应的医学随访观察和常规检查，对已确定局部受照射剂量超过放射性皮肤二度损伤的参考阈剂量，均应暂时脱离射线工作；凡出现急性放射性皮肤损伤Ⅲ度以上损伤，或慢性放射性皮肤损伤Ⅱ度以上损伤者，应脱离放射线工作，或视全身情况改为非放射线工作。

可以每年做一次体检，检查局部损伤病变情况，尽量避免做放射检查，须将随访检查与必要的治疗（处理）相结合。

（四）放射性皮肤癌

放射性皮肤癌是指在电离辐射所致皮肤放射性损伤的基础上发生的皮肤癌。

1. 诊断依据

（1）受照史：有明确的从事相关放射性工作的经历。局部皮肤发生慢性放射性损伤并在此基础上发生癌变。

（2）临床表现：放射性皮肤癌临床表现为以下特点。肿瘤发生在受电离辐射损害部位皮肤并排除皮肤转移癌的可能性。有潜伏期，长短不一，一般为10~20年，最长可达30年。癌前表现为射线所致的慢性皮炎、角化增生或长期不愈的溃疡。

2. 处理原则

放射性皮肤癌的处理应该遵照早期预防、早期发现、早期治疗的原则：已确定为由电离辐射引起的皮肤组织损伤的患者，应脱离放射线工作。对受到电离辐射引起的皮肤损害区域涂抹防护油膏，避免皮肤皲裂、破溃。受电离辐射损害部位皮肤出现不易愈合的溃疡或明显肿物增生时，应尽早进行手术切除。对慢性放射性皮肤损害患者应定期进行医学随访。

对发生在受电离辐射损害部位皮肤有长期不愈的溃疡或角化增生应做病理检查。一旦病理确诊发生癌变，应明确分期，尽早采用手术治疗。

对于已经证实存在淋巴结转移或远处转移时，需要手术与药物综合治疗，有条件时可联合免疫调节剂治疗。同时采取正确的护理措施。

3. 放射性皮肤癌的治疗

（1）全身治疗：加强营养，避免皮肤破损的感染，适当使用提高免疫力药物、全身抗肿瘤药物的使用。

（2）局部保守治疗：仅针对不能行手术治疗的患者。

局部肿瘤浸润皮肤部位，涂抹润肤霜、膏，保护皮肤，防止出现皮肤破损。已经形成癌性创面的需要局部涂抹抗生素乳膏防止局部感染、必要时全身使用抗生素。癌性创面紧邻大血管、神经、骨骼及关节的需要积极保护毗邻器官功能。

放射性皮肤癌对常规化疗药物不敏感，应对切除的肿瘤组织进行细胞培养后筛选敏感的抗肿瘤药物进行全身治疗。有条件时可应用免疫调节剂治疗。

（3）手术治疗：应尽早采用手术治疗，除切除癌变组织外，还应连同放射损伤病变皮肤一并切除，应用皮肤皮片移植或皮瓣转移修复创面。对于发生在四肢（或指）的放射性皮肤癌，在考虑截肢（指）时应慎重，若肿瘤未侵犯骨膜尽量避免截肢（指）。怀疑有淋巴结转移时，应进行淋巴结活检手术，一旦证实有淋巴结转移应行淋巴结清扫手术。检查发现其他器官有肿瘤转移可能，应行手术或穿刺活检证实，若转移病灶影响重要器官功能，应予以手术切除。

第四节　案例分析

此案例为两例因工业用直线加速器意外照射后发生大面积深度放射性皮肤损伤治疗经过。

一、受照经过

病例 A（男性，53 岁，系某研究所高级工程师）与病例 B（男性，28 岁，系某电缆厂工人）一同在工业用高频高压电子辐照加速器“Cdynamitron”束流窗口下进行操作。在操作过程中两人头、颈及背部正对束流窗，操作时间为 3~5min。束流窗口直径为 90cm，束流窗与地面距离为 150cm，束流窗与 2 人背部距离为 20~30cm。当时加速器电压所致光子能量约为 2.5~3.0MeV，电子枪开关未打开。考虑 2 人致伤原因为高电压下部分电子散射所致。事后模拟试验中虽未测出辐射剂量，但根据当时两位患者的临床表现，估计其皮肤吸收剂量在 15~20Gy。

二、临床经过

病例 A 脱离照射后约 3min 即出现枕部，颈及背部皮肤刺痒，伴灼热感，不能自行缓解，照后 6h 出现局部皮肤发红，灼痒症状进一步加重。受照后第 2d，于当地医院被诊断为Ⅰ度皮肤烧伤。给予“京万红烧伤膏”外敷创面，无明显好转。照后 12d 枕部头发脱发，伴头皮破溃。颈部及背部受照区皮肤于照后 17d 出现粟粒样小水疱，并逐渐扩大，直至破溃。患者于受照后出现全身乏力，食欲不振及睡眠差等症状。并于照后 16d 入院。体格检查：一般状况尚可，枕部、耳后、颈部及背部颜色暗红，约占体表面积的 12%，边界清晰；局部有散在粟粒样水疱，部分破溃，皮肤粗糙，枕部及双侧颞部脱发明显，部分头皮裸露。头皮有散在破溃已结痂，受照区皮肤肿胀，指压反应（+），其他呼吸、循环、消化及运动系统均正常。血常规检查：照后 16~160d 观察中，血红蛋白 117~148g/L；白细胞为（4.9~10）$\times 10^9$/L；血小板无异常。甲状腺功能检查：T_3 为 0.39nmol/L，T_4 为 0.334nmol/L。免疫功能检查：免疫球蛋白、血清总补体及 C_3 补体均正常。外周血淋巴细胞微核率 2.93%（正常值

1.02%~1.33%），染色体检查淋巴细胞畸变率1%，畸变类型dic（1），其余肝功，血生化检查，心电图，胸片及腹部B超检查均正常。病例B与病例A同时受照，时间基本相同，局部症状出现时间及程度基本相同，受照部位为颈部及背部，无明显全身症状，于照后17d出现粟粒样水疱，破溃后渗液清晰透亮，照后18d入院。体格检查：颈部及背部约8%面积皮肤发红，颈部颜色尤深，皮肤粗糙，有数处干痂，背部正中可见6cm×6cm表皮破溃，渗液较多，基底部红色。入院后血常规检查，T_3、T_4等甲状腺功能检查，免疫功能及染色体检查，以及微核检查均正常。照后35d创面发现有金黄色葡萄球菌感染。

三、病情和诊断

患者入院时创面有小面积皮肤破溃，主要症状为皮肤充血肿胀，诊断皮肤损伤程度为Ⅰ～Ⅱ度。后破溃面积逐渐增大，至照后35d时已扩展至全部受照区域。表皮脱落，渗出液较多，创面中心颜色略发白，照后37d行远红外热成像检测，显示出创面周边充血，温度为37℃左右，中央部分区域温度为30℃左右，考虑有部分皮肤损伤程度较深，已是全层坏死。2人Ⅲ度损伤面积分别为病例A 24cm×10cm，病例B 10cm×10cm。据此，观察红外线检测可直接反映局部皮肤温度的改变，可作为早期判断伤情的指标之一，以在早期辐射损伤时准确、及时地作出诊断。两位患者损伤面积分别如下。

病例A：约占体表面积12%的Ⅲ～Ⅳ度（头枕部、耳后、颈部及背部）。

病例B：约占体表面积8%的Ⅲ～Ⅳ度（颈及背部）。

四、临床治疗和恢复情况

入院后给予全身综合治疗，口服多种维生素及复方丹参片等对症治疗。因2人于照后24d出现体温升高且持续不退，白细胞升高，遂给予抗生素治疗，由于二人创面渗出液较多，并伴有明显食欲减退，住院期间给予白蛋白及复合氨基酸等支持治疗。受照创面的处理从入院时即涂抹医院自主研制的放射烧伤膏，以保护创面及缓解疼痛症状。照后35d创面基本稳定，创缘有少量皮岛生长，从照后38d起应用重组人皮生长因子（EGF）溶液外敷（40μg/d）。照后35d行分泌物培养发现创面有金黄色葡萄球菌，故给予外敷丁胺卡那等抗生素溶液。应用EGF以后皮岛生长活跃，但因二人损伤面积大（分别为12%及8%），故均于照后48d行邮票植皮术，术后皮片成活良好，逐渐覆盖大部创面。而创面中心的Ⅲ度损伤区域逐渐坏死，形成较厚干痂，伴疼痛明显，坏死区边界清楚。分别于照后89d及100d给病例B及病例A行清创切痂及中厚皮片移植术。切除创面部分皮肤组织行病理检查，结果符合放射性皮肤损伤的改变。

恢复情况：应用放射烧伤膏后病例B的颈创面于照后24d愈合；病例A头部的创面于46d后愈合，至出院时仍无新发长出。二人背部创面应用上皮生长因子后可看出皮岛生长较对照侧活跃，但因创面较大，为尽早封闭创面减少渗出及感染机会，仍采用手术治疗，经两次植皮术后，二人创面均愈合。病例B与病例A分别于照后154d及176d出院，出院时其白细胞、血小板及肝、肾功能检查均正常。2人病情发展及治疗情况如图8-1所示。

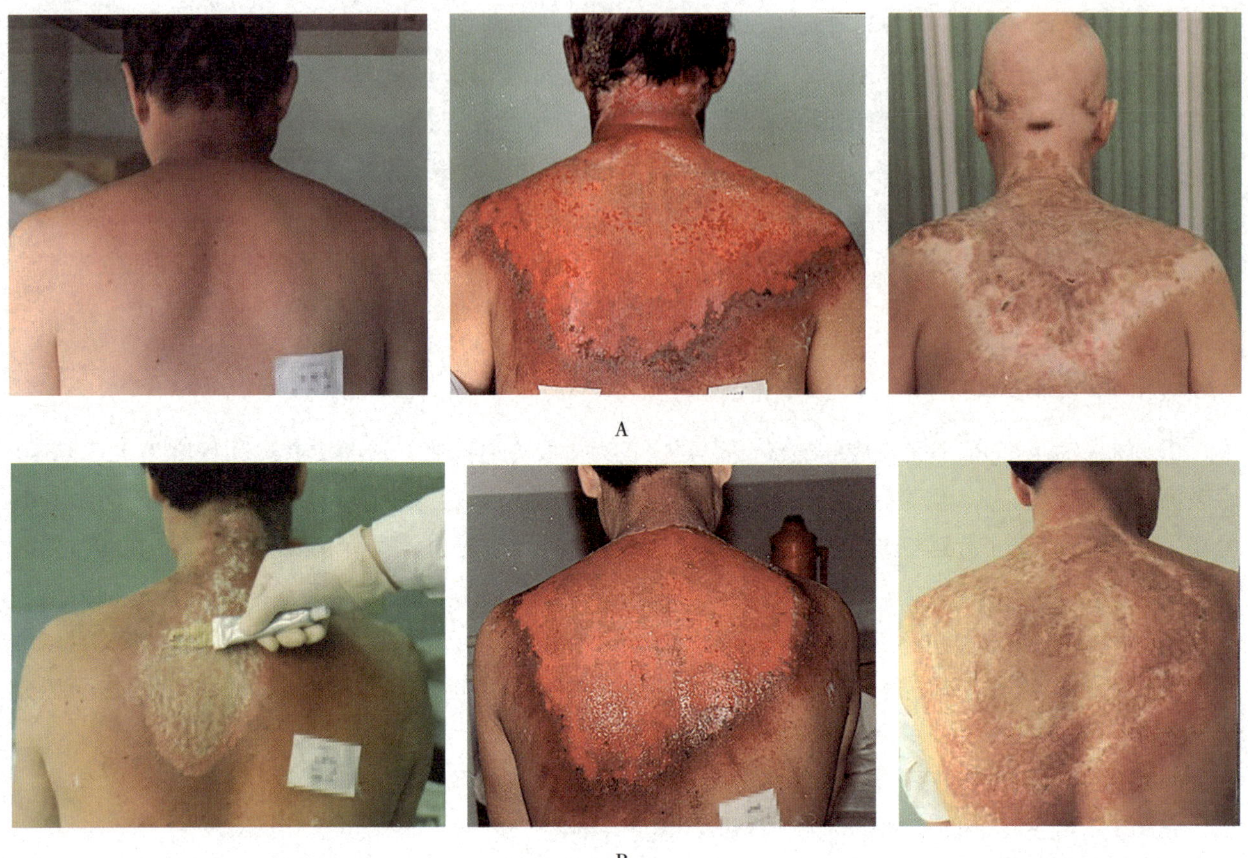

A

B

图 8-1　病情发展及治疗情况

A：病例 A，B：病例 B。从左至右分别为病例入院时的皮肤损伤情况，皮肤损伤最严重时的情况，以及皮肤损伤的愈后情况。

（杨文峰　金增强）

09

第九章　放射性肿瘤

第一节　概　述

一、定义

放射性肿瘤是指接受电离辐射照射后发生的与所受该照射具有一定程度的流行病学病因联系的恶性肿瘤。目前我国能够列入职业病名单中的职业性放射性肿瘤包括肺癌（含矿工高氡暴露所致肺癌）、除慢性淋巴细胞白血病以外的所有类型白血病、乳腺癌、食管癌、胃癌、结肠癌、膀胱癌、肝癌、甲状腺癌、骨和关节恶性肿瘤。

二、职业照射类型

职业照射指在工作过程中，工作人员可能受到的电离辐射照射。根据照射源与工作人员身体的相对几何关系，职业性照射可分为外照射和内照射两种类型。

（一）职业性外照射

职业性外照射指工作人员工作期间，因其身体外部辐射源所致的电离辐射照射。

一般来说，职业性外照射是指在履行职务过程中受到的人工辐射源（例如光子、中子和 β 粒子源；医疗、科研、文化教育、农业和工业应用的辐射照射设备；高能中子和光子辐射场中的活化辐射产物等）和核燃料循环工作过程所致的外照射。此外，宇航和飞机机组人员在履行职务过程中受到的天然辐射所致外照射也属于职业性外照射。外照射的防护主要通过时间、距离和屏蔽三种方式来实现。职业性外照射剂量监测和评估的方法请参见第二章第一节。

（二）职业性内照射

职业性内照射指工作人员工作期间，含放射性的物质通过吸入、食入或通过皮肤伤口途径进入人体内所致的辐射照射。

不同的职业环境和工作类型可能涉及暴露于各种放射性核素引起内照射，例如氚、裂变产物、铀、钚和其他锕系元素。放射性核素摄入的剂量通常针对某些器官，但情况并非总是如此。例如，钍的内照射可以提供均匀的全身低能量 β 粒子照射。器官 / 组织剂量的估计涉及对放射性核素化学形式的了解，以及气溶胶颗粒尺寸范围、吸入的溶解类型和摄入方式（吸入、摄入、皮肤污染）等性质。对于发射 γ 和较高能量 X 射线的放射性核素的摄入，使用体外全身或局部身体计数器直接监测可能是合适的。其他监测方法基于以下测量：尿液和 / 或粪便样本的排泄分析；呼气空气样本监测；固定或个人空气采样。对于氡暴露，主要应关心内照射问题，其剂量估算中吸入是最重要的摄入路径。职业性内照射剂量监测和评估的方法请参见第二章第一节。

在实际工作中，工作人员可能同时受到内、外照射，或者受到混合放射性核素的照射。因此，在制订个人监测计划时，需要考虑这些因素，并采取相应的防护措施。

此外，根据照射的持续时间和剂量率，外照射还可分为慢性照射和急性照射。

三、病因及发病机制

（一）发病机制

辐射致癌的细胞和分子机理的研究，近年来取得了重要进展，包括辐射致DNA集簇性损伤与基因突变的启动事件、基因组不稳定性、细胞增殖调控的信号转导机制、旁效应引申出的辐射非靶效应等。

电离辐射是一种天然存在的基因毒剂，它能直接穿透组织、细胞，并将能量以随机的方式沉积在细胞中，因此其对机体的基因毒性作用又不同于化学基因毒剂。机体的任何组织、细胞都可能受到电离辐射的攻击，其造成损伤的严重程度和引发的生物学后果除与受照射剂量大小有关外，与辐射源的物理参数也密切相关。辐射致癌效应可以是X射线、γ射线、中子等的外照射作用的结果，也可以是发生放射性内污染后由放射性核素发射α粒子等内照射作用的结果。

一般认为，电离辐射作用主要是产生细胞癌变的早期事件，即作为肿瘤发生的启动因子。辐射细胞具有遗传不稳定性表型特征，遭受照射后存活下来的细胞，经过很多代以后还会出现新的染色体或基因突变，辐射细胞的基因组不稳定性发生率高达10% ~ 50%，似乎很难通过辐射诱发某个特定基因或家族基因的突变来解释。研究中还提出了一个问题，就是辐射致癌的早期启动事件是辐射直接造成基因突变或染色体畸变的结果，还是辐射引起基因组不稳定性而导致突变或染色体重排的间接作用结果。因而，需要利用新的生物技术手段，从分子机理层面上开展深入的研究。近年来，利用基因芯片、SAGE和蛋白质组学等技术，进行了有关α粒子诱发正常人支气管上皮细胞恶性转化机理的研究，发现了一系列细胞恶性转化不同阶段的潜在易感基因或恶性转化相关基因，如Smad7、DNA-PKcs、Annexin-I、LKB1、hHBik1、FHIT等，部分基因或表达产物的异常表达，在临床肿瘤组织或血清中得到了证实。An J等和霍艳英等分别阐述了DNA依赖蛋白激酶催化亚基（DNA-PKcs）和TGF-β信号通路负调控因子Smad7等在辐射诱发的癌变细胞和人癌组织中异常高表达，以及在细胞增殖调控中的作用。揭示了DNA-PKcs调控癌基因c-Myc蛋白的稳定性的新信号网络机制。DNA-PKcs属于脂酰肌醇3激酶家族，具有丝氨酸/苏氨酸激酶活性，其功能之一就是参与DNA双链断裂修复，维持基因组稳定性。鉴于DNA-PKcs具有感应DNA损伤的机能，细胞如果长期处于应激或基因组不稳定性状态，就有可能使DNA-PKcs处于持续的激活状态，导致基因过表达，超出了细胞生理状态的需求，就有可能向相反的功能发展，如提高癌基因c-Myc蛋白质稳定性而促进细胞增殖。

（二）放射性肿瘤的归因份额

1. *放射性肿瘤的归因份额和病因概率*

应当说明的是，职业电离辐射照射诱发的肿瘤，仅是该肿瘤发生的一种因素，因此国际上引入了职业电离辐射照射诱发肿瘤发生的归因份额（attribution share，*AS*）或病因概率（probability of causation，*PC*）的概念及其估算方法，严格意义上，这些概念和方法是基于群体而言的，本章主要介绍基于个体相关信息对归因概率加以合理利用的方法。

放射性肿瘤的归因份额（病因概率）是某一特定人群中个体工作人员因其过去职业电离辐射照射诱发肿瘤的理论可能性，此人群由具备该个体工作人员特点的人员组成。计算的结果一般称为归因份额（*AS*）或病因概率（*PC*）。使用归因份额意味着 *AS* 或 *PC* 值仅代表通过人群计算所得的数学期望值，而不能作为精确的概率用于已明确患肿瘤的个体。此外，还必须清楚的是 *AS* 或 *PC* 法只能用于已经发生的肿瘤病例。因此，*AS* 或 *PC* 值不应当与特定辐射剂量引起的将来发生肿瘤的预期概率相混淆。例如，*AS* 或 *PC* 值为 40%，是指个体实际上已经发生的某种肿瘤可归因于先前特定照射的权重，而不是作为特定辐射剂量的结果将来有 40% 的可能性罹患某种肿瘤。

对于接受显著水平急性电离辐射照射较大的人群的流行病学研究，尤其是对日本广岛和长崎原爆幸存者队列研究表明，这种照射可以导致大多数类型的肿瘤。研究也显示出超额危险受其他因素（如性别或照射时年龄）的影响，以及超额危险如何随着时间而改变。例如，研究表明，年龄较小时电离辐射照射诱发急性白血病的危险明显较高，其超额危险随着照后经历时间的延长以“波”的形式表现出来，大约在照射后 2 年开始上升，照射后 5 ~ 10 年达到高峰，约 20 年后逐渐下降至一个低水平。因此，如果受照人群大小和剂量足够大，那么对这个人群流行病学的研究就允许确定可归因于辐射的肿瘤例数，以及这个例数如何随着年龄和性别等其他因素的变化而变化。依据重要的危险决定因子如器官的累积当量剂量，已提出了一系列危险模型用来描述辐射诱发肿瘤危险的表达，以便得到特定人群的超额相对危险（excess relative risk，*ERR*）。在此，超额相对危险是指特定人群中由于辐射照射而致某种肿瘤的危险增加比例，这个增加的比例考虑了无额外辐射剂量时此种肿瘤的本底危险。*AS* 或 *PC* 法试图采用这些危险模型，从给定的肿瘤病例出发，定量估计此肿瘤归因于先前电离辐射照射而非其他一些因素的可能性。

AS 或 *PC* 值可以用 *ERR* 简单表示：

$$AS=PC=ERR/(ERR+1) \tag{9-1}$$

式中：

AS——归因份额，无量纲；

PC——病因概率，无量纲；

ERR——超额相对危险，无量纲。

必须认识到，这里得出的是一个将简明统计量应用于特定个体条件下的参数，而该统计量来自该个体不一定直接相关的受照人群。因此，在 *AS* 或 *PC* 值的计算过程中不可避免地存在不确定度、不准确性、不精确性因素。然而，*AS* 或 *PC* 法对职业照射在受照工作人员发生的某种肿瘤中所起的作用给出了一个定量估计。这样，*AS* 或 *PC* 法就提供了一个筛选方法，一般来讲，通过该方法可以从大量的本底病例中挑出那些最可能由职业照射引起的肿瘤病例，且允许对那些最应该考虑归因的肿瘤病例进行鉴别，其目的是找到最可能由职业照射引起肿瘤，而又不会混入太多的本底病例，以免过度稀释。在这类方法中，对技术基础的选择加以适当考虑是很重要的，例如，对用于各种类型肿瘤的特定辐射危险模型和对不准确性、不精确性的处理。

2. AS 或 PC 估算结果的不确定度

从流行病学资料获得的剂量相关的危险估计（如 ERR/Gy、ERR/Sv）都有明确的统计学上的不确定度，不确定度的估计与危险估计使用同样的统计分析方法。当应用于特定案例和辐射剂量时，还存在附加的关于剂量估计的不确定度。危险模型的基本假设是将输入量（剂量、年龄和其他因子等）作为变量来估算危险的函数，这些输入量不可避免地存在其他固有的不确定度，而这些不确定度没有被模型参数明确表达出来，或者根据需要做了充分描述，但存在固有的主观性。以潜伏期为例，辐射相关危险被假定为从刚受到照射后超额相对危险为0的状态，过渡到照射后10年或10年以上的0.5/Sv。随着流行病学数据的增加和对生物机制的进一步理解，这些不确定度将在一定程度上有所降低，但必须承认的是，不确定度在*AS*或*PC*的计算中将始终存在。不同计算方法的不确定度的大小取决于所考虑的特定情况。例如，对可以比较的剂量相关的*ERR*值来说，罕见肿瘤的统计学不确定度一般比常见肿瘤的统计学不确定度更大一些，因为较少的流行病学资料会影响危险估计的精确度。此外，对于大剂量的较罕见肿瘤来说，其*ERR*的点估计值可以相对精确。必须意识到，对于一些肿瘤病例来说，其统计的不确定度相当可观。

在辐射危险估计的过程中，即使对统计学不确定度进行了有效的全面处理，还必须考虑危险模型本身的不准确度，因为使用的模型不可能完全反映客观事实。例如，用期望危险模型来描述危险随照后经历时间的变化，或者使用期望危险模型由肺癌总体危险来推导吸烟和辐射的相互作用时，不可能不存在任何误差。此外，也不应忽视将源自一定研究人群的危险模型应用于另一人群个体时的不确定度。例如，当基线率明显不同（如日本与西方国家的女性乳腺癌或胃癌）时，是否按照日本原子弹爆炸事件幸存者资料计算的*ERR*或超额绝对危险（excess absolute risk，*EAR*）应用于其他不同民族群体中的个体，对计算的归因份额会有很大影响。对于胃癌来说，*EAR*值的转移将比*ERR*值的转移导致更高的归因份额，对女性乳腺癌来说则相反。

到目前为止，我们所描述的是由统计的不精确性和建模的不准确性所导致的*AS*或*PC*计算的不确定度的一般处理。对于个体计算来讲，还必须识别来自特定案例考虑中的误差。一个非常重要的方面与剂量估算有关的误差。剂量测量记录是可用的，但剂量测量不会完全准确，其在不同条件下不准确的程度也会有所变化。例如，胶片徽章剂量计对光子能谱有不同的敏感性，其敏感性受胶片徽章类型和时间的影响很大。而且，个人剂量计一般被用于估计全身剂量，而对于所考虑的某一肿瘤而言，需要获取特定器官的剂量。如果缺失的某剂量贡献的组分（如裂变中子产生的剂量）对于总剂量而言所占份额较大，就必须进行剂量重建。不可避免地，摄入的放射性核素沉积所致特定器官的剂量是不确定的，如果可行的话，需要通过生物测量的方法进行估算。当然，事实上可能根本得不到关于剂量记录或照射的其他相关信息，所以必须进行剂量重建。这个过程存在很大程度的不确定性。采用生物剂量计技术可以为可得到的剂量记录提供补充信息。当职业剂量监测信息很少时，使用这些方法可能会特别有用。然而，与其他危险因素相比，剂量的检测限和辐射诱导的个体差异给生物剂量计带来相当大的不确定度。

总之，*AS*或*PC*的计算包含很多不确定度，希望其不存在是不可能的。采取适当方法对不确定性进行处理是*AS*或*PC*计算过程中必不可少的内容。附录2给出了将不确定度定量化并将其纳入*AS*或*PC*计算的一些例子。

3. 影响放射性肿瘤归因份额估算的主要因素

（1）电离辐射诱发肿瘤的潜伏期：辐射照射需要多长时间才能反映出暴露人群的超额肿瘤风险，这很难估计。在2003年NIH报告中，超额相对风险本身可能取决于年龄，对于白血病而言，则取决于受照射后的时间，它乘以暴露后时间的S形函数，该函数在暴露后立即从0增加到过渡期后的1。增加的速度取决于肿瘤部位，白血病的早期增加在受照射后1年后变得明显，并在5年后达到最大值；甲状腺癌和骨癌的增加速度稍慢，在2年后开始，在8年后结束；而对于其他实体肿瘤，增加从4年后开始，在11年后结束。这与1985年NIH报告的方法略有不同。

（2）不同组织和器官的辐射致癌相对敏感性不同：辐射致癌相对敏感性最高的是甲状腺和骨髓，以白血病发生率最多（特别是粒细胞白血病），而前列腺和睾丸几乎不被辐射诱发癌症；从组织器官特点可见，辐射致癌相对敏感性与组织更新速度不一致，如相对敏感性高的甲状腺却是细胞更新速度低的组织，而相对敏感性低的小肠细胞增殖却很快；辐射致癌相对敏感性与肿瘤自发率无密切关系，如甲状腺癌自发率低，却很容易由辐射所诱发；辐射致癌发病率与癌死亡率不平行，两者不能相互代替，如甲状腺癌发病率高而死亡率低；由于随访观察期不同，各种肿瘤的危险系数不同，如白血病潜伏期短，相对危险系数高，但随观察时间延长，白血病危险系数下降，实体瘤的死亡率上升。

（3）年龄影响：对于除白血病和骨癌外的所有肿瘤类型，1985 年报告模型基于以下假设，在最短潜伏期之后，每希沃特（Sv）的超额相对危险（*ERR*/Sv）照射后随时间保持不变，因此不依赖于年龄。对原子弹爆炸幸存者信息分析的新信息表明，情况可能并非如此。2003 年 NIH 报告的建模考虑到 ERR/Sv 可能取决于年龄以及受照射时的年龄。

年龄是影响自发癌的重要因素。辐射致癌常常在易发年龄段受照，可增加辐射致癌危险。例如，日本原子弹爆炸幸存者中 10 岁以下受照，在早期白血病危险系数最高；20 岁左右的女性乳癌危险系数最高；肺癌随受照时年龄增加而增加。

在放射治疗时，小于 30 岁女性胸部接受照射容易发生乳腺癌，大于 45 岁者乳腺癌发病概率变小。青少年接受放疗后期发生骨肉瘤的概率高。大于 5 岁的头颈部肿瘤患者接受放疗的后期发生甲状腺癌和神经系统肿瘤的可能性大。

（4）性别因素：辐射诱发人类乳腺癌的可能性只在女性中增多，而诱发甲状腺癌的可能性女性高于男性 3 倍。有人认为，辐射诱发白血病的可能性男性略高于女性。辐射诱发其他类肿瘤的可能性在性别上差别不大。

（5）低剂量率照射时的辐射剂量效应：于直接从受低剂量辐射的人群的流行病学数据获得的估计值非常不精确，因此有必要根据受辐射剂量（和剂量率）高于直接关注剂量的人群估计的风险进行推断。通常使用的估计值基于日本原子弹爆炸幸存者的数据，这些估计值，往往受到的剂量超过 1Gy 的人患肿瘤病例的影响。这比通常所需的 *AS* 值要大得多，后者几乎总是小于 0.1Gy。

尽管大多数实体瘤的流行病学数据符合线性剂量效应函数（其中风险与剂量成正比），但不能排除曲线形式。此外，白血病风险的剂量效应分析始终显示出向上弯曲的证据，与具有大量线性分量的剂量二次函数一致（以下简称“线性二次”或“LQ”模型）。

1985 年 NIH 报告中使用的方法：1980 年 BEIR Ⅲ委员会选择“LQ”模型作为其“首选”剂量效应模型，其中风险与 $D+D^2/1.16$ 成正比，其中 D 是特异性器官低 LET 吸收剂量（单位为 Gy）。因此，除了两个例外（乳腺癌和甲状腺癌，假设为线性），0.1Gy 的估计单位剂量超额风险略高于 1Gy 的一半。同时，多次照射的总和（每次照射量小于 0.1Gy 且具有间隔时间）或慢性照射（处理方式与多次非常小照射的总和大致相同）的单位剂量风险估计约为单次急性照射（约 1.2Gy）的一半。

2003 年 NIH 报告中使用的方法：该报告采用的方法认为白血病风险与 $D+D^2$ 成比例，对于所有其他肿瘤，为了进行曲线拟合，假设风险是线性的（与 D 成比例），但应用剂量和剂量率效能因数（*DDREF*）来降低低剂量和剂量率下的估计风险。之所以选择 *DDREF* 方法，是因为它符合国际辐射防护委员会（ICRP 1991）的建议，并且因为在使用分次照射的辐射致癌实验研究中，已经观察到高于一定水平的线性剂量效应与较低水平的 *DDREF* 为 2 或更高相结合的情况。

（6）人群之间的估计值的转换：一个重要的不确定性来源是，根据日本原子弹爆炸幸存者数据得出的风险估计是否适用于当代其他国家人群，尤其是对于两国基线风险存在显著差异的肿瘤类型。基于对不同人群白血病和乳腺癌风险的比较，1985 年 NIH 报告中的人群间转移是基于绝对风险可比的假设，没有尝试评估这种选择导致的不确定度。然而，对于大多数肿瘤部位，除了日本原爆 LSS 提供的数据外，几乎没有其他定量数据，不能排除其他转换模型可能适用于不同部位的肿瘤。此外，转换模型的选择涉及相当大的不确定度。在 2003 年 NIH 本报告中，已经评估了来自此来源的不确定度，并且对于大多数肿瘤，已经通过将加法和乘法转换之间的所有简单线性概率混合视为同样可能来解决。如上面讨论的那样，甲状腺癌、胃癌、肺癌、女性乳腺癌和皮肤癌的处理方法略有不同。

（7）不同类型辐射的生物效能：1985 年 NIH 报告重点关注低 LET 辐射，并未具体提供中子和 α 粒子等高 LET 的辐射加权因数，也没有考虑到低能光子和电子的生物效应可能比原子弹爆炸幸存者所接触的高能 γ 射线更大。与此相反，2003 年 NIH 报告考虑了不同类型的辐射照射，包括光子、电子、α 粒子和中子。不同辐射的生物效应用辐射效能因数（*REF*）表示，该因数通常取决于辐射类型及其能量。对于每种关注的辐射类型和能量，*REF* 都用概率分布描述，该概率分布旨在表示从放射生物学研究中获得的相关数据中的不确定度。

四、国内外研究现状

由于多因发病机制的复杂性，职业性肿瘤无法与一般人群自发发生的肿瘤区分开来。然而，特定肿瘤风险的归因合理估算对职业人员的健康和劳动保护的影响极大。因此，放射相关肿瘤的定量风险估计需要适当的方法来确定复杂情况下的病因概率。1985 年美国国立卫生研究院（National Institutes of Health，NIH）利用日本原子弹爆炸事件有关低剂量累积辐射照射后肿瘤发生概率统计分析结果，首次建模估计了因果关系的电离辐射诱发肿瘤病因概率（*PC*）。

在 1985 年 NIH 报告发布后的 15 年中，已经获得了更多的流行病学数据，这些数据具有相当大的潜力来修改和完善目前使用的 AS 表。此外，人们还做出了一些努力来总结 NIH 报告发布时尚未获得的数据，并根据这些数据制定风险评估。然而，这些努力并没有评估最近几年发表的研究数据，特别是日本原子弹爆炸幸存者发病率和死亡率数据的最新更新。例如，生物效应研究国际委员会（Biological Effects of Ionizing Radiation Committee International，BEIR）1990 年和 1991 年的发表评估。因此，许多可用的新数据尚未由负责制定和推荐风险评估的专家委员会进行评估。此外，辐射效应研究基金会（Radiation Effects Research Foundation，RERF）目前正在评估新数据，包括原子弹爆炸幸存者肿瘤发病率的最新随访。例如，最近 1990 年 BEIR 评估报告和 1991 年 ICRP 评估报告。因此，许多可用的新数据已经有，但尚未由负责制定和建议风险的专家委员会进行评估。此外，新的数据（包括更新的原子弹爆炸幸存者肿瘤发病率随访），目前正在 RERF 进行评估。部分由于这种情况，BEIR Ⅶ第 1 阶段委员会建议重新评估受低水平电离辐射照射对健康的影响，BEIR Ⅶ第 2 阶段已成立以承担这项任务。预计 2003 年 NIH 报告将在 BEIR 第七委员会的建议公布后进行修订。因此，此处描述的 AS 算法必须被视为临时更新，而不是基于官方国家或国际委员会认可的风险模型的算法；因此，它可能与基于 BEIR Ⅶ -Phase 2 报告的未来表格有明显不同。然而，当前更新提供的 AS 值基于比以前更及时的数据和模型，并且在处理不确定度方面也取得了显著改进。

国际原子能机构、国际劳工组织（International Labour Organizan，ILO）和 WHO 于 2010 年制

定了 *PC* 估算计划的制定和应用指南，并考虑了 *PC* 的不确定度进行了修订。*PC* 估算结果可作为职业性电离辐射照射诱发肿瘤的归因份额，并协助决策者建立与电离辐射相关的职业性肿瘤的补偿计划。大多数拥有劳动者补偿制度的国家都采用了国际劳工组织建议的职业病清单，以具体规定特定疾病的可赔偿。在 ILO 建议的 106 种职业病中，*PC* 仅用于处理电离辐射照射后的职业性肿瘤。基于 *PC*，美国和英国制定了职业性工作人员的辐射相关健康影响的职业赔偿的具体标准。截至 2015 年 9 月，基于 *PC* 的 99% 置信区间上限≥ 50% 作为判断准则，美国向 37155 例肿瘤患者（28.2%）中的 10479 名提供了赔偿。英国则不同，采用更为直观的依据 *AS* 或 *PC* 估计值的大小来判断的方式，进行比例赔偿。

目前我国使用的《职业性放射性肿瘤判断规范》（GBZ 97—2017）主要是基于 NIH 特别工作组研发的报告《放射流行病学表》（NIH 85—2748）所编制的，并根据其在 2003 年发布的 NIH 03—5387 等报告进行了一些修订和更新。正在修订的 GBZ 97 标准，主要将“女性乳腺癌（female breast cancer）”修改为“乳腺癌（breast cancer）”，并对相关参数进行了修改。

第二节　诊断与鉴别诊断

一、肿瘤的诊断原则

目前肿瘤的诊断仍然须根据临床诊断、仪器诊断、实验室检查结果和病理诊断进行综合判断。几十年来仪器诊断技术的发展和实验室检测指标的增加为肿瘤的早期发现起到了重要的作用，尤其是 CT 检查、磁共振成像、正电子发射体层摄影技术的出现及一些肿瘤标志物在临床诊断中的应用。聚合酶链反应（polymerase chain reaction，PCR）技术及新一代测序等基因检测手段可以比较准确地反映肿瘤组织或体液中一些基因的变化，对肿瘤的诊断及预后判断具有一定的意义。

伴随新的分子生物学理论和方法的不断创新与完善，病理学也从传统的形态学概念深入至分子或基因水平，分子病理诊断正在成为肿瘤病理研究的最主要内容和手段，如检测肿瘤相关的易感基因 p53、Rb1、APC 和 BRCA，以便更精细地诊断肿瘤。分子病理诊断可对肿瘤患者进行精确的分型，并作为明确疾病的病因预测肿瘤治疗疗效和预后的重要工具。

具体肿瘤的诊断原则可参照《中国常见恶性肿瘤诊治指南》。

二、放射性肿瘤判断原则

目前我国放射性肿瘤的诊断依据《职业性放射性肿瘤判断规范》（GBZ 97—2017）的相关原则展开。

（一）GBZ 97—2017 的判断原则

（1）受照后，经一定潜伏期后发生，符合表 9-1 所列的原发性恶性肿瘤，并且得到临床确诊的原发性恶性肿瘤。

（2）根据患者性别、受照时年龄、发病潜伏期和受照剂量，按公式（9-1）计算所患恶性肿瘤起因于所受照射的病因概率（*PC*）。

（3）计算病因概率（*PC*）分布的 95% 百分数位数（置信水平上限），该指标≥ 50% 者，可判断为职业性放射性肿瘤。

表 9-1　可计算病因概率的恶性肿瘤类型

癌症类型	ICD-10 主码
食管癌（oesophagus cancer）	C15
胃癌（stomach cancer）	C16
结肠癌（colon cancer）	C18
肝癌（liver cancer）	C22
外照射致肺癌（lung cancer）	C34
骨和关节恶性肿瘤（bone and joint cancer）	C40–41
女性乳腺癌（female breast cancer）	C50
膀胱癌（bladder cancer）	C67
甲状腺癌（thyroid cancer）	C73
除了慢性淋巴细胞白血病以外的所有类型白血病（leukemia，less chronic lymphocytic leukemia）	C90–95（C91.1 除外）

注：国内现行法定采用的国际疾病分类法（版本 10）。

（二）国际相关国家的判断原则

英国核燃料公司根据 1985 年的 NIH 85—2748 表格（经过一些修改）制定了补偿方案。根据该方案，*AS* 或 *PC* 估计值为 50% 或更高的人将获得全额赔偿，而估计值在 20%~50% 这一区间的人将获得渐进式部分赔偿（见表 9-2）。这种方法没有利用不确定度分布，因而避免了在 *AS* 或 *PC* 估计值正好为 50% 时给予全额赔偿，而在 *AS* 或 *PC* 估计值稍低于 50%（为 49%）时不给予全额赔偿的任意性。

表 9-2　英国辐射相关疾病赔偿方案的归因份额和赔偿等级

AS 或 *PC*	赔偿等级
小于 20%	零
20%~29.9%	四分之一
30%~39.9%	二分之一
40%~49.9%	四分之三
50% 及以上	全额

2000 年 10 月，美国向从事核武器生产的全体员工提出了一项赔偿计划，涵盖了患有某些指定疾病的员工。这项计划是根据 2000 年《能源行业雇员职业病赔偿计划》（EEOICAP）颁布的，专门赔偿在美国能源部（DOE）和其他指定的承包商设施中受到电离辐射照射而发生癌症的工作人员。根据这个方案，目前美国退役军人事务部（DVA）的政策规定，对于 *AS* 的 99% 置信水平上限为 50% 或更高情况的工作人员，其索赔时可给予赔偿。

三、*AS* 或 *PC* 及其不确定度计算方法

从上述放射性肿瘤的判断原则可以看出，要作这样的判断，关键是进行 *AS* 或 *PC* 及其不确定度计算。从公式（9-1）可知，*AS*=*PC*，而且 *AS* 或 *PC* 的计算，关键是 *ERR* 的计算。

（一）GBZ 97—2017 中关于 *ERR* 的算法

1. 基本计算公式

公式（9–2）是某一类型肿瘤类别 *ERR* 计算基本公式。

$$ERR = F(D) \times ERR_{1Gy}(s, e, a) \quad (9\text{–}2)$$

式中：

ERR——辐射致癌超额相对危险，无量纲；

$F(D)$——剂量函数，*D* 为靶器官吸收剂量，Gy。对于实体癌，$F(D)=D$；对于白血病，$F(D)=D\times(1+0.87\times D)$；

$ERR_{1Gy}(s, e, a)$——有关性别（*s*）、受照年龄（*e*）和发病年龄（*a*）的函数，其值可从附录 2 中的附表 2–1 至附表 2–16 中获取。

2. 多次照射情况的 *ERR* 计算

用公式（9–3）计算多次照射情况下的 *ERR*。

$$ERR_{合计} = \sum_i ERR_i \quad (9\text{–}3)$$

式中：

$ERR_{合计}$——多次超额相对危险值的合计值，无量纲；

ERR_i——第 *i* 次照射超额相对危险值，无量纲。

3. 剂量与剂量效率因子的校正

考虑到职业照射多为低 LET 慢性小剂量照射（年累积剂量≤ 0.2Gy）生物效应偏低，故还需经剂量与剂量效率因子（*DDREF*）校正，见公式（9–4）。

$$ERR_{DDREF校正} = \frac{ERR_{合计}}{DDREF} = ERR_{合计}/1.5 \quad (9\text{–}4)$$

式中：

$ERR_{DDREF校正}$——经 *DDREF* 校正后的超额相对危险，无量纲；

ERR——与公式（9–3）相同；

DDREF——剂量与剂量率效应因子（一般 *DDREF*=1.5），仅用于实体癌，白血病不用此参数校正。

4. 复合照射 *ERR* 的计算

当接受剂量为 *D*，复合化学因子为 *Z* 时，也按相加模型计算 *ERR* 合计值，见公式（9–5）。

$$ERR_{(D,\ Z)} = ERR_{(D)} \times ERR_{(Z)} \quad (9\text{–}5)$$

式中：

$ERR_{(D, Z)}$——接受剂量为 *D*，复合化学因子为 *Z* 时的超额相对危险，无量纲；

$ERR_{(D)}$——接受剂量为 *D* 时的超额相对危险，无量纲；

$ERR_{(Z)}$——复合化学因子为 *Z* 时的超额相对危险，无量纲。

5. 潜伏期校正

对潜伏期内发生的肿瘤 *ERR* 进行潜伏期校正。因不同癌症的潜伏期不同，需用不同潜伏期校正因子（T_t）（见表 9–3）用公式（9–6）校正。

$$ERR_{T校正} = F(D) \times ERR_{Gy}(s, e, a) \times T_t(t) \tag{9-6}$$

式中：

$ERR_{T校正}$——经伏期校正的放射致癌超额危险，无量纲；

$F(D)$——与公式（9-2）相同；

$ERR_{Gy}(s, e, a)$——与公式（9-2）相同；

$T_t(t)$——潜伏期校正因子，是潜伏时间（t）的函数，无量纲，潜伏时间（t）= 发病年龄（a）- 受照年龄（e）。

表 9-3　放射致癌潜伏期校正因子，T_t

潜伏时间（t）年	实体癌（包括氡致肺癌）	甲状腺癌	白血病
1	0.000197	0.000676	0.0429
2	0.000731	0.00409	0.350
3	0.00271	0.0243	0.866
4	0.0100	0.131	0.987
5	0.0362	0.477	0.999
6	0.122	0.847	—
7	0.342	0.971	—
8	0.658	0.995	—
9	0.878	0.999	—
10	0.964	—	—
11	0.990	—	—
12	0.997	—	—
13	0.999	—	—

6. 吸烟的校正

外照射致肺癌还需对吸烟用吸烟校正因子（W_s）（见表 9-4）进行校正，见公式（9-7）。

$$ERR_{TW校正} = F(D) \times ERR_{1Sv}(s, e, a) \times T_t(t) \times W_s \tag{9-7}$$

式中：

$ERR_{TW校正}$——经潜伏期和吸烟校正后的超额相对危险，无量纲；

$F(D)$——与公式（9-2）相同；

$ERR_{1Sv}(s, e, a)$——与公式（9-2）相同；

$T_t(t)$——与公式（9-5）相同；

W_s——吸烟校正因子，它是吸烟类别和吸烟量的函数，无量纲。

表 9-4　外照射致肺癌吸烟校正因子

吸烟类别	吸烟校正因子（W_s）	
	男	女
合计	1.00	1.00
从未吸烟	4.74	3.90
曾经吸烟	1.19	0.98
现在吸烟	0.42	0.35
＜10 根 /d	1.22	1.00
10~20 根 /d	0.49	0.41
21~39 根 /d	0.28	0.23
≥40 根 /d	0.20	0.16
一直吸烟（现在和曾经吸烟）	0.51	0.41

注：引自 IREPNIH-03。

7. 氡致肺癌超额相对危险（*ERR*）计算及其校正

有吸烟史者氡致肺癌超额相对危险（*ERR*）用公式（9-8）计算。

$$ERR = WLM^{0.82} \times ERR_{1WLM,\ 95\%,\ 吸烟}(a,\ t) \times T_t \tag{9-8}$$

式中：

WLM——氡子体年累积暴露量，工作水平月；

$WLM^{0.82}$——氡子体暴露量效应关系校正后值，*WLM* 为 10~40WLM 时的 $WLM^{0.82}$ 值见附录 2 中的附表 2-17；

$ERR_{1WLM,\ 95\%,\ 吸烟}(a,\ t)$——有吸烟史者 95% 百分数位数的 1WLM 氡子体暴露量所致超额相对危险系数，它是诊断年龄（*a*，岁）和各年份暴露后经历的时间（*t*，年数）的函数，其值可从附录 2 中的附表 2-18 中查得；

T_t——潜伏期校正因子，见表 9-3。

如无吸烟史时，由公式（9-9）计算：

$$ERR = WLM^{0.82} \times ERR_{1WLM,\ 95\%,\ 吸烟}(a,\ t) \times T_t \times 3.8 \tag{9-9}$$

式中：3.8 是给定 *a* 或 *t* 时不吸烟的超额相对危险系数值（$ERR_{1WLM,\ 95\%,\ 不吸烟}$）与吸烟的相应值（$ERR_{1WLM,\ 95\%,\ 吸烟}$）的比值。

（二）*ERR* 的新算法

这里的新方法是指 2003 年 NIH 85—2748 修订版推荐的方法。

1. *ERR* 的计算和校正

（1）基本计算公式：某一类型肿瘤类别 *ERR* 计算的基本公式如下。

$$ERR = F(H_T) \times ERR_{1Sv}(s,\ e,\ a) \tag{9-10}$$

式中：

ERR——辐射致癌超额相对危险，无量纲；

$F(H_T)$——剂量函数，H_T 为靶器官当量剂量（单位 Sv）。对实体癌和慢性照射所致白

血病 $F(H_T)=H_T$；对急性照射所致白血病 $F(H_T)=2\times H_T$；

$ERR_{1Sv}(s,e,a)$ ——有关性别（s）、受照年龄（e）和发病年龄（a）的函数，其值可从附录 2 第一部分获取。

2. 当量剂量 H_T 的计算

应当注意的是，2003 年 NIH 报告给出的是 ERR_{1Sv} 的不确定度概率分布。因此，我们应按以下步骤确定相应器官的当量剂量 H_T。

（1）根据表 9–1 确定计算当量剂量的器官 T，并计算出吸收剂量 D_T，单位为 Gy；

（2）确定受照射辐射的类型和能量，从第一章表 1–1 中获取辐射加权因素 W_R 的值；

（3）用公式（9–11）计算当量剂量 H_T（单位 Sv）。

$$H_T=W_R\times D_T \tag{9–11}$$

3. ERR_{1Sv} 及其不确定度评定

（1）实体癌：在本节中描述的模型中，术语"所有实体癌"始终用于表示没甲状腺癌和非黑色素瘤皮肤癌这两种癌症的实体癌。根据性别、照射城市（广岛或长崎）、受照年龄和发病年龄进行分层，考虑到特定位置的基线风险进行建模。ERR 使用公式（9–12）线性剂量 – 响应函数来模拟。

$$ERR(H_T,s,e,a)=\alpha H_T exp\left[\beta I_s(\text{sex})+\gamma f(e)+\delta g(a)\right] \tag{9–12}$$

或者，当 $\alpha>0$，也可是如公式（9–13）所示。

$$ERR(H_T,s,e,a)=H_T exp\left[\log(\alpha)+\beta I_s(\text{sex})+\gamma f(e)+\delta g(a)\right] \tag{9–13}$$

其中，$H_T=D_\gamma+10D_n$ 中的加权剂量，其中 H_T 的单位为 Sv；D_γ 和 D_n 是组织特定吸收剂量，分别来自 γ 射线和中子，对女性 $I_s=1$，对男性 $I_s=0$，e 是受照年龄，a 是发病年龄，$f(e)$ 和 $g(a)$ 分别是 e 和 a 的特定函数，α、β、γ 和 δ 是未知参数。

公式中的术语 βIs（性别）是一种简便的计算方法，它允许使用非特异性数据来确定性别特异性估计之间的比例。基于对 1958—1987 年已发表的 RERF 发病率数据的分析，使用 $f(e)=e-30$ 和 $g(a)=\log(a/50)$，在一个简约模型中，不需要同时包括受照年龄和发病年龄。然而，当时正在 RERF 进行评估的更新的癌症发病率和死亡率数据表明，对这两个变量都有更普遍的需求。

此外，对函数 $f(e)$ 和 $g(a)$ 的以下三种规范进行了评估，评估时通常选择了规范"C"。

A: $f(e)=e-30$，$g(a)=\log(a/50)$；

B: $f(e)=\min(e-30,0)$，$g(a)=\min(\log(a/50),0)$；

C: $f(e)=\min(\max(-15,e-30),0)$，$g(a)=\min(\log(a/50),0)$。

若选择规范 C，$f(e)$ 和 $g(a)$ 也可以写成如下形式：

当 $e\leqslant 15$ 时，$f(e)=-15$；当 e 为 15~30 时，$f(e)=e-30$；当 $e>30$ 时，$f(e)=0$。

当 $0<a<50$ 时，$g(a)=\log(a/50)$，当 $a\geqslant 50$ 时，$g(a)=0$。

当拟合所有实体癌的数据时，使用规范 A、B 和 C 模型的偏差值分别为 3746.94、3746.52 和 3743.15，偏差值较小者是规范 C，表明模型与数据的拟合更接近。使用 A 和 B 的模型拟合几乎相同，没有直接证据表明受照年龄超过 30 岁或发病年龄超过 50 岁的 ERR 会发生变化，而 C 模型的拟合稍好，缺乏直接证据表明 15 岁以下受照年龄的 ERR 会发生变化。选择使用 C 的模型应用于实体癌症，因为它提供了比其他两种模型更好的拟合，而且它允许在受照年龄和发病年龄的极端情况下进行更稳定的统计估计。

例外情况是甲状腺癌和皮肤癌，根据数据拟合，所选择的模型具有以下特性，即对于固定年龄，受照年龄小于 15 岁和大于 30 岁时，log（ERR_{1Sv}）是恒定的（在不同水平上），并且在受照年龄 15~30 岁之间呈线性下降。对于特定受照年龄，log（ERR_{1Sv}）随 log（年龄）呈线性下降，直到 50 岁，之后保持不变。通过 f 和 g 的选择，参数 α 表示 ERR_{1Sv} 在 30 岁以上和 50 岁以上的性别特异性，因为 f 和 g 对于这些年龄都为零。对于受照年龄小于 30 岁和 / 或发病年龄小于 50 岁，$ERR_{1Sv}=\alpha\times h(e,a;\gamma,\delta)$，其中，$h(e,a;\gamma,\delta)=\exp\{\gamma f(e)+\delta g(a)\}$，$f(e)$ 和 $g(a)$ 根据规范 C 定义。

用于对特定部位癌症参数进行建模的方法基于“联合分析”方法。该方法涉及对数据的三个重复进行分析，其中“病例”定义为第一组中的感兴趣的癌症，第二组中所有其他非性别特异性癌症的组合（淋巴瘤和多发性骨髓瘤除外），所有其他性别特异性癌症合并在第三个中。第一个提供关于参数 α、β、γ 和 δ 的信息，第二个关于参数 β、γ 和 δ，第三个关于参数 γ 和 δ。让参数 β、γ 和 δ 在第一次和另外两次提供了同质性检验，如果它们与公共参数值在统计上有显著差异，则使用特定位置的参数估计。对于大多数情况，没有显著性差异，并且使用了公共值。

β 用于胃癌、结肠癌和肝癌；对于肝脏，假定两性的 ERR_{1sv} 是相同的（$\beta=0$）。对于所有剩余的非性别特异性癌症，性别参数值为 $\beta=0.843$，对应的女性 / 男性比例为 2.3。除前面提到的那些外，没有证据表明会显著偏离这一共同值。

实体癌 ERR_{1Sv} 不确定度统计分布的算法参见附录 2 的第二部分。

（2）白血病：特定位置的基线发病率被建模为性别、原子弹爆炸事件城市（广岛或长崎）、出生年份、日历时间（如有指示）和风险观察年龄（发病年龄）的函数。对于与低剂量率（慢性照射）的高 LET 辐射或低 LET 辐射照射相关的白血病，默认剂量效应模型是线性的，与当量剂量 D（单位为 Sv）成比例，此后为简便起见称为“剂量”，对于与急性照射于低 LET 辐射相关的白血病，默认剂量效应模型是线性二次模型。线性二次模型的 ERR 被设定为与 $D+D^2$ 成比例。对除慢性淋巴细胞（CLL）以外所有类型的白血病以及急性髓性白血病、急性淋巴细胞白血病和慢性粒细胞白血病分别拟合一般线性二次模型（ERR 与 $D+\zeta D^2$ 成比例），根据白血病的类型，获得了未知参数 ζ 的各种估计值，这些估计值大于零。然而，由于所有这些估计在统计学上都与默认值（$\zeta=1$）一致，白血病及其亚型的最终模型都是基于 $\zeta=1$。

就性别（s）、受照时年龄（e）、发病年龄（a）和受照后时间（t）等潜在修正因素而言，根据混合 γ（D_γ）和中子（D_n），公式（9–14）是原子弹爆炸事件幸存者剂量效应数据拟合的模型。

$$ERR(D_\gamma, D_n, e, a)=\alpha(D_\gamma+10D_n+D_\gamma^2)\exp\{\beta e+\gamma t+\delta et\} \tag{9–14}$$

其中 α、β、γ 和 δ 是未知参数，可能与性别有关。参数 α 是根据数据估算的，参数 β、γ 和 δ 也是如此，除非它们对模型与数据的拟合度改善没有显著贡献，在这种情况下它们被设置为零；同样，只有当这样做导致拟合度显著改善时，个体参数才具有性别特异性。

白血病 ERR_{1Sv} 不确定度统计分布的算法参见附录 2 的第二部分。

（3）甲状腺癌：使用的联合分析数据估计的甲状腺癌风险需要特殊处理，因为数据来自 6 个不同的研究人群（分别处理广岛和长崎幸存者），可能有不同的基线和额外风险。ERR 与性别或发病年龄的依赖性没有统计学上的意义，大多数实体癌的常见发病年龄参数值与这些数据在统计学上不一致；因此，参数 β 和 δ 均设为零。公式（9–15）是甲状腺癌 ERR 计算的最终模型。

$$ERR(D,\ e)=D\exp(\theta_1 I_1+\cdots+\theta_6 I_6+\gamma e) \qquad (9\text{–}15)$$

其中 I_1，…，I_6 是 6 个研究人群的指示函数，θ_1，…，θ_6 被假定为具有共同平均值 θ 的正态分布随机变量。参数估计 θ_1，…，θ_6 和 γ 及其估计的渐近协方差矩阵是通过泊松回归获得的。参数估计值 θ 计算为 θ_1，…，θ_6 的平均值，通过其估计的协方差矩阵 Σ 的倒数进行加权。Σ 的非对角线元素为正，表明 θ_1，…，θ_6 呈正相关。

根据日本罗恩（Ron）等人（1995 年）采用临床试验荟萃分析方法，对估计值 θ 的方差进行了调整。该方法假设从不同研究中获得的估计值之间具有统计独立性，但在分析中并未严格满足这一条件，因为几项研究使用了一个共同的受照年龄参数。由于个体研究估计是正相关的，使用该方法很可能高估了 θ 的方差，从而高估了 ERR_{1Sv} 的不确定度上限。

假设 θ 的统计不确定度分布为正态分布，其均值和方差分别等于 θ 及其估计（调整）方差。对于任何给定的受照年龄 e_0，log（ERR_{1Sv}）估计为 θ，计算时 e 定义为受照年龄减去 e_0（因此，对于受照年龄 e_0, $e=0$），并假设其具有正态不确定度分布，*GM* 和 *GSD* 如附录 B 中表 B–25 所示，e_0 以 5 为增量。*GM* 的对数在 e_0 中是线性的，而当 $e_0<20$ 时，log（*GSD*）在 e_0 中明显呈曲线状。

甲状腺是 2003 年 NIH 报告中唯一的剂量 – 效应数据主要来自接受医学 X 射线照射的人群的癌症部位。在分析中，假定原子弹的医疗 X 射线剂量和伽马射线剂量在有效性上是相同的。在下面分析中，支持 30~250keV（如 250keV 例如，医用 X 射线）与高能量光子（如原子弹爆炸产生的 γ 射线）的相对生物效能（*RBE*）约为 2 的论点。然而，由于罗恩研究中考虑的原子弹暴露是急性的，而医疗 X 射线暴露是分级的，我们认为不需要修正，因为在中等到高剂量下，分级和适合医疗 X 射线的 *RBE* 因子对风险应该有相反和大致相等的影响。

甲状腺癌 ERR_{1Sv} 的统计不确定度评定结果参见附录 2 中的附表 2–21。

（4）皮肤癌：2003 年 NIH 报告工作组最初不愿将皮肤癌列入该报告，因为如何在日本原子弹幸存者和美国人口之间转换对特定剂量的 ERR 的估计数存在高度的不确定度。非黑色素瘤皮肤癌在美国不是一种可报告的疾病（尽管在日本是如此），基线率也不容易获得。然而，NRC 审查委员会报告（NAS/NRC 2000）指出，白人和非裔美国居民的发病率估算值已经可用，并建议工作组认真考虑将皮肤癌纳入 2003 年 NIH 报告涵盖的癌症部位之一。

数据源是位于广岛 RERF 的 Ron 等人（1998 年）的数据集。RERF 的统计主管戴尔・普雷斯顿为工作组进行了分析。最初要求进行与其他实体肿瘤类似的分析，即使用一般模型和 2003 年 NIH 报告中指定的模型。

对于基底细胞皮肤癌，Ron 等人（1998 年）获得了唯一具有显著剂量效应的亚型，剂量特异性 *ERR* 随受照年龄而急剧下降，这种下降延续到 30 岁以后，并且与其他部位假设的普遍趋势不同，而且与发病年龄无关。因此，将前面提及的指定年龄函数 $f(e)$ 替换为式（9–16）。

$$f(e)=\min[\max(-30,\ e-40),\ 0] \qquad (9\text{–}16)$$

当 $e\leqslant 10$ 时，$f(e)=-30$；当 $10<e<40$ 时，$f(e)=e-40$；当 $e\geqslant 40$ 时，$f(e)=0$。

因此，对于受照年龄小于 10 岁和 40 岁或以上，在不同水平上不依赖于发病年龄和恒定的剂量特异性 *ERR*；在 10~40 的对数尺度上有线性转换。计算了 =10、20、30 和 40 的 ERR_{1Sv} 的似然谱分布，并在 =10 和 40 之间进行了插值。

基底细胞皮肤癌和其他非黑色素瘤皮肤癌 ERR_{1Sv} 的统计不确定度分布见附录 2 中的附表 2–26。

对于以鳞状细胞癌为主的基底细胞癌以外的非黑色素瘤皮肤癌，未修正 ERR_{1Sv} 的估计为负，如果引入具有自由或固定参数值的年龄相关修正项，则无法获得收敛估计。因此，对 ERR_{1Sv} 进行单一分析，不进行年龄修正。

Ron 等人的数据集只有 10 例恶性黑色素瘤，远低于我们的纳入标准（剂量≥ 10mSv 的 50 例），因此我们没有纳入该癌症类型。

（5）氡相关放射性肺癌：如上文所述，1996 年向美国司法部准备的一份报告（DOJ 1996）包含工作水平月（*WLM*）累积氡暴露量表，与 2003 年 NIH 报告估计值一致，且因果概率大于或等于 50% 的上限 80% 和 90% 置信限度相一致，用于这些计算的原始数据集（但仅限于暴露量≤ 3200*WLM*）已提供给 2003 年 NIH 报告工作组。工作组将 *ERR* 建模如下：

$$ERR(WLM, e, t)=\alpha WLM^{\beta}\exp\{\gamma f(a)+\delta g(t)\} \tag{9-17}$$

其中 *WLM* 为工作水平月的累积氡暴露，a 为发病年龄，t 为自上次接触以来的时间，α、β、γ、δ 为未知参数，函数 $f(a)$，$g(t)$ 的公式如下：

$$f(a)=\min[\max(a-45, 0), 30] \tag{9-18}$$

$$g(t)=\min[\max(t-5, 0), 20] \tag{9-19}$$

当 $a \leqslant 45$ 时，$f(a)=0$；当 $45 < a \leqslant 75$ 时，$f(a)=a-45$；当 $a > 75$ 时，$f(a)=30$；当 $t \leqslant 5$ 时，$g(t)=0$；当 $5 < t \leqslant 30$ 时，$g(t)=t-5$；当 $t > 25$ 时，$g(t)=20$。

因此，假设 *ERR* 与 *WLM* 中累积暴露的不确定度成正比，且当 $a \leqslant 45$ 和 $a > 75$ 时，*ERR* 在 a 中为常数（在不同水平上），当 $t \leqslant 5$ 和 $t > 25$ 时，*ERR* 在 t 中为常数（同样，在不同水平上）。附录 2 中的附表 2–27 给出了吸烟者和非吸烟者在 $a \leqslant 45$、$a = 69$ 和 $a > 75$ 以及 $t \leqslant 5$、$t = 15$ 和 $t > 25$ 时的 ERR_{1WLM} 的似然函数，用于在 a 和 t 中进行插值。对于任意 *WLM* 下的 *ERR*，IREP 将 ERR_{1WLM} 乘以 $WLM^{0.82}$。

2003 年 NIH 修订版在 *ERR* 计算中进行了原弹幸存者剂量测定中随机和系统误差、降低 LET 辐射风险对剂量和剂量率的依赖性、不同人群的 *ERR*、不同辐射类型的辐射效能因数和流行病学风险因素等方面的修正。修正方法参见附录 2 的第二部分。

考虑到职业照射多为低 *LET* 慢性小剂量照射（年累积剂量≤ 0.2Gy），故这种情况需用公式（9–20）进行 *DDREF* 校正（*DDREF*=1.5）。

$$ERR_{校正后}=ERR_{校正前}/DDREF \tag{9-20}$$

2003 年 NIH 报告的重点是 *AS* 不确定度的定量表达，反映了风险估计的统计不确定度以及模型假设中较多主观不确定度，这些模型假设将此类估计应用于裁决美国辐射照射后诊断出癌症的赔偿索赔。

不确定度，包括通过将观测数据拟合到理论模型而获得的估计中固有的统计不确定度以及模型假设中固有的主观不确定度，是 2003 年报告的主要焦点。使用交互式计算机程序代替表格的众多优点之一是，可以为用户提供更多细节，包括与特定 *AS* 估计有关的不确定度的完整表示。

1985 年美国国立卫生研究院的报告涉及 13 个不同的癌症部位，其中大多数都有强力的统计证据表明人类群体中存在辐射剂量效应。然而，对于特定癌症类型，缺乏统计上显著的剂量效应并不排除基于 *AS* 可信度上限的赔偿。例如，即使辐射剂量效应在统计上不显著（或者即使在极端情况下，点估计值小于零），*AS* 的 99% 可信度上限也可能大于 50%。2003 年 NIH 报告基于这样一个工作假设：原则上任何类型的癌症都可以由辐射诱发，最重要的问题涉及与特定照射相关的风险程度。总共治疗了 27 种不同的癌症和癌症组，包括几种与辐射剂量无关的癌症类型。2003 年报告不包括恶性黑色素瘤和慢性淋巴细胞白血病，因为缺乏足够的数据。与氡暴露相关的肺癌癌症与外照射相关的分开给予的。与氡相关的估计是基于 1996 年向美国司法部提交的报告中的数据进行的分析（DOJ 1996）。根据 NAS/NRCBEIRVI 委员会（NAS/NRC 1999）发布的最权威的风险估计，进行了更全面的分析，认为该分析不容易适用于 *AS* 目的，并且需要比目前工作组现有资源更多的计算和人力资源。最后，与 1985 年的报告一样，2003 年 NIH 报告没有涉及子宫内照射的电离辐射对健康的影响。

更新报告中不确定度的处理以原始报告和最近的分析为指导，特别是国家辐射防护和测量委员会（NCRP）的两份出版物：NCRP 第 14 号讨论（1996 年）《不确定性分析指南和与环境污染相关的剂量和风险评估》，以及 NCRP 第 126 号报告（1997 年）《辐射防护中使用的致命癌症风险估计的不确定度》。本质上，该方法涉及计算目标癌症超额相对风险（*ERR*= 超额风险 / 基线风险）的不确定度，它是每次照射的辐射剂量的函数。其他因素以一系列随机分布的因素为代表，假定这些因素在统计上是独立的，取决于专家委员会或 2003 年 NIH 报告作者发表的报告中知情但主观的判断。它们旨在为蒙特卡罗模拟提供偏差校正和额外不确定度的描述，该模拟提供 *ERR* 校正的估计，表示为所有因素的乘积及其涵盖所有不确定度来源的不确定度分布。如果涉及多个暴露，则为每个暴露计算单独的 *ERR* 值和不确定性分布并将其合并。然后将整体 *ERR* 进行变换通过公式（9–21）获得 *AS*。

$$AS = ERR/(1+ERR) \tag{9–21}$$

AS 的置信限值以其不确定度分布的百分数位数形式获得。影响总体估计及其不确定度的各种因素如下：单位剂量（或剂量加剂量平方）的 *ERR* 及其统计不确定度分布取自适当的列表似然曲线，该曲线是工作组执行统计模型拟合的最终输出。对于大多数癌症，每单位剂量的 *ERR* 取决于性别、受照射时的年龄和发病年龄（或者，对于白血病，则取决于受照射后的时间）。该分析特别包括量化这些依赖性的参数的不确定度。据估计，每单位剂量的 *ERR* 可能会受到原子弹爆炸幸存者剂量测定中随机和系统误差的影响，需要几个不确定的偏差校正因子。索赔人的辐射剂量由用户输入，可以是已知值，也可以是具有用户指定的不确定度分布的不确定值。对于低剂量和剂量率受照射的剂量，通过称为剂量和剂量率效能因数（*DDREF*）（具有不确定度）进行调整，这可能会降低 γ 射线或其他低 LET 电离辐射单位剂量的 *ERR*。*DDREF* 不适用于中子、α 粒子或其他类型的高 LET 电离辐射，这些辐射被认为比低 LET 电离辐射具有更大的生物效应，并相应地进行加权。辐射效能因数（*REF*）是一个单独的术语，用于表达各种辐射类型的生物有效性相对于因暴露于急性或慢性高能 γ 辐射而引起的每单位剂量风险的差异。与 *DDREF* 一样，*REF* 中的不确定度表示为可能值的主观概率分布。

日本人群和美国人群之间许多癌症的特定位置基线风险存在很大差异，并且其如何影响辐射照射造成的风险存在相当大的不确定度。将原子弹爆炸事件幸存者的风险估计转换到美国人群存在一个不确定且复杂的因素。众所周知，吸烟可以改变肺部辐射的致癌作用，也是需要调整的一个不确定因素。最后，对于可能被证明与可识别的亚群体有关的其他记录因素，包括一个可选的不确定性因素。

2003 年的 NIH 报告被认为是 1985 年 NIH 报告的临时更新。与该报告一样，其 *AS* 估计主要基于原子弹爆炸幸存者数据。目前的工作组可以从大大改进的 RERF 肿瘤登记处获得全面的癌症发病率数据；这些数据不仅比以前使用的数据更新，而且基于比死亡证明更及时、更准确的诊断。发病率数据也更与延迟癌症或低死亡率癌症的索赔相关。直接访问 RERF 数据使工作组能够根据 2003 年 NIH 报告的需要进行自己的分析，包括剂量效应修正因子的建模，例如受照年龄，以及纳入与辐射照射没有显著相关的癌症类型。

与 1985 年的报告不同，2003 年报告基于所有实体癌的线性剂量效应模型，具有不确定的 *DDREF*，已考虑到每单位剂量的风险随着剂量和剂量率的降低而降低的可能性。这种方法不一定比以前使用的线性二次模型方法更好，但它符合专家委员会最近的建议。此外，2003 年 NIH 报告（根据美国国家职业安全与健康研究所委托编写的一份报告），将高 LET 电离辐射与低 LET 电离辐射的相对生物学效应视为不确定量。2003 年报告对具有不同基线率的人群之间的估计转换问题的处理是一个重要的变化，并且在几个地点的总不确定度中占了很大一部分。

由于辐射致癌因素的复杂性，对放射性肿瘤的诊断，判断某个癌症患者是否由先前照射所诱发，一直是人们十分关注的问题。*PC* 方法的建立为放射性肿瘤患者病因判断提供了定量方法。目前已在一些国家应用并以此决定辐射致癌的赔偿。我国卫生标准技术委员会根据《职业病防治法》制定的国家职业卫生标准《职业性放射性肿瘤判断规范》（GBZ 97—2017），已应用于对职业性（或非职业性）照射后发生放射性肿瘤（表 9–1）的病因学诊断，这是一项强制性法规性文件，供放射性损伤诊断使用。列入表 9–1 的癌症是国际放射防护委员会（ICRP）1990 年和 2007 年建议书中给出标称概率系数的致死性癌症。该标准规定，为计算病因概率（*PC*）应由用人单位提供患者的姓名、性别、年龄、癌症诊断（包括细胞学类型）、癌症诊断依据、诊断日期和诊断单位等有资质的材料，以及由个人剂量档案或有关记载获得该人受到有关照射时靶器官的吸收剂量、接受射线的种类、照射条件、开始受照时间和照射延续时间。剂量估算方法应参照第一章描述得分方法执行，兼有化学致癌物质职业性暴露时，应对致癌物的种类、暴露水平和暴露时间加以说明根据上述资料，凡被诊断的恶性肿瘤已列入表 9–1 的癌症者，可计算所患癌症起因于既往照射史的 *PC*。凡 *PC* 的 95% 可信限上限值≥ 50% 者，可判断为放射性肿瘤。

（三）*PC* 或 *AS* 的计算程序

1. *PC* 的计算程序

前文已详细介绍了计算 *ERR* 的基本公式（公式 9–2）及其相关的各种修正方式。在此基础上，*PC* 的计算程序。

（1）计算 *ERR*：按表 9–1 明确目标肿瘤后，把每年接受的累计剂量视为一次照射，求得每年的 *ERR*，按年逐年计算。

①对除甲状腺癌和女性乳腺癌外的实体癌，必须先确定患者性别、发病年龄（a）和计算当年（第 i 年）的受照年龄（e）；从而可从附录 2 的附表 2–1 至附表 2–12 中选定相应的 ERR_{1Gy} 值；采用前述的 *ERR* 的 GBZ 97—2017 算法，即可计算出第 i 年的 ERR_i 值。

②对女性乳腺癌，必须先确定发病年龄（a）和计算当年（第 i 年）的受照年龄（e）；从而可从附录 2 的附表 2–13 中选定相应的 ERR_{1Gy} 值；采用前述的 *ERR* 的 GBZ 97—2017 算法，即可计算出第 i 年的 ERR_i 值。

③对甲状腺癌，必须先确定患者性别和计算当年（第 i 年）的受照年龄（e）；从而可从附录 2 的附表 2–14 中选定相应的 ERR_{1Gy} 值；采用前述的 *ERR* 的 GBZ 97—2017 算法，即可计算出第 i 年的

ERR_i 值。

④对除慢性淋巴细胞白血病以外的白血病，必须先确定患者性别、发病年龄（a）和计算当年（第 i 年）的受照年龄（e）；从而可从附录 2 的附表 2-15 和附表 2-16 中选定相应的 ERR_{1Gy} 值；采用前述的 ERR 的 GBZ97 算法，即可计算出第 i 年的 ERR_i 值。

（2）计算 $ERR_{合计}$：把历年得到的 ERR_i 值相加，得到 $ERR_{合计}$，见公式（9-22）。

$$ERR_{合计} = \sum_i ERR_i \tag{9-22}$$

（3）计算 $PC_{平均}$：用下式计算 PC 的平均值。

$$PC_{平均} = ERR_{合计} / (1 + ERR_{合计}) \times 100\% \tag{9-23}$$

（4）PC 95% 可信限上限的估算：可用附录 2 中 B.2 与目标肿瘤相同的肿瘤参数估算其不确定度，例如，其受照年龄 $e \geqslant 30$ 和发病年龄 $a \geqslant 50$ 的一个男性结肠癌患者，从附表 2-20 可查出 ERR_{1Sv} 的均值为 0.5405，95% 可信限上限为 1.058；则 $PC_{95\%} = PC_{平均} \times 1.058/0.5405$。

2. *AS* 的计算程序

在 ERR 的新算法一节中，已介绍了计算 ERR 的基本公式（公式 9-2）及其相关的各种修正方式，值得注意的是，这时不再需要潜伏期修正。在此基础上，AS 的计算程序如下。

（1）计算 ERR：按表 9-1 明确目标肿瘤后，把每年接受的累计剂量视为一次照射，求得每年的 ERR，按年逐年计算。

①对除甲状腺癌外的实体癌，必须先确定患者性别、对受照年龄 $e \geqslant 30$ 和发病年龄 $a \geqslant 50$ 的情况，可从附录 2 的附表 2-20 查到相应的 ERR_{1Sv} 的不确定度分布的均值（百分位数为 0.5 的值）和 95% 置信水平上限值（百分位数为 0.95 的值）；若目标肿瘤在附表 2-20 中未单独列出，则可选用该表中其余实体癌的值；采用前述的 ERR 的新算法，即可计算出第 i 年的 ERR_i 均值和 95% 置信水平上限值。

②对甲状腺癌，必须先确定计算当年（第 i 年）的受照年龄（e）；从而可从附录 2 的附表 2-25 中选定 ERR_{1Sv} 的不确定度分布的均值（百分位数为 0.5 的值）和 95% 置信水平上限值（百分位数为 0.95 的值）；采用前述的 ERR 的新算法，即可计算出第 i 年的 ERR_i 均值和 95% 置信水平上限值。

③对基底细胞皮肤癌和其他非黑色素瘤皮肤癌，必须先确定计算当年（第 i 年）的受照年龄（e）；从而可从附录 2 的附表 2-26 中选定 ERR_{1Sv} 的不确定度分布的均值（百分位数为 0.5 的值）和 95% 置信水平上限值（百分位数为 0.95 的值）；采用前述的 ERR 的新算法，即可计算出第 i 年的 ERR_i 均值和 95% 置信水平上限值。

④对除慢性淋巴细胞白血病以外的白血病，包括急性淋巴细胞白血病、急性粒细胞白血病和慢性粒细胞白血病，必须先确定患者计算当年（第 i 年）的受照年龄（e）和受照射后到发病的时间；从而可从附录 2 的附表 2-21 至附表 2-24 中选定相应的 ERR_{1Sv} 的不确定度分布的均值（百分位数为 0.5 的值）和 95% 置信水平上限值（百分位数为 0.95 的值），应当注意的是，若是急性照射，应采用表列值的 2 倍；采用前述的 ERR 的新算法，即可计算出第 i 年的 ERR_i 均值和 95% 置信水平上限值。

⑤对与氡相关肺癌，必须先确定是否吸烟、发病年龄（a）和照射或离发病的时间（t）；从而可从附录 2 的附表 2-27 中选定 ERR_{1wlm} 的不确定度分布的均值（百分位数为 0.5 的值）和 95% 置信水平上限值（百分位数为 0.95 的值）；采用前述的 ERR 的新算法，即可计算出第 i 年的 ERR_i 均值和 95% 置信水平上限值。

（2）计算 $ERR_{95\%合计}$：再把历年得到的 $ERR_{95\%i}$ 值相加，得到 $ERR_{95\%合计}$，见公式（9–24）。

$$ERR_{95\%合计} = \sum_i ERR_{95\%i} \tag{9–24}$$

（3）计算 $AS_{平均}$：用公式（9–23）计算 AS 的平均值。

$$AS_{平均} = ERR_{95\%合计} / (1 + ERR_{95\%合计}) \times 100\% \tag{9–25}$$

第三节　治疗与康复

放射性肿瘤的治疗与康复与其他因素所致肿瘤的治疗与康复一样。肿瘤的治疗手段包括手术治疗、放射治疗、化学治疗，以及新兴的生物治疗（包括分子靶向治疗和免疫治疗）等。随着基因组学、蛋白质组学以及代谢组学等高新技术的不断发展，恶性肿瘤的发病机制亦逐渐被揭示，个体化治疗亦成为可能。具体治疗措施可参考国家卫生健康委印发的肿瘤和血液病相关病种诊疗指南、中国临床肿瘤学会制定的常见恶性肿瘤诊疗指南等资料。肿瘤的康复手段包括对肿瘤患者进行的物理康复、运动治疗、营养支持、社会心理支持、长期随访及复发监测，以及对肿瘤治疗引起的其他系统并发症的对症支持治疗等。

第四节　案例分析

下面以 1 例职业性放射性肿瘤判断过程为例，分别进行 *PC* 和 *AS* 的计算。

一、患者情况介绍

某三甲医院放射科技师，于某年 2 月开始职业诊断 X 射线工作，于工作后 16 年被诊断为白血病，确诊后 3 年病逝。其工作期间主要承担 X 射线检查拍片、CT 影像操作工作，工作后期参与床边介入工作。劳动者家属申请做职业性放射性肿瘤诊断。医院和患者共同提供了职业受照射的相关资料。

二、*PC* 计算

按前述的 *PC* 的计算程序，按年计算的计算 ERR_i 的相关参数，计算的 $F(D)$ 和 ERR_i 值列在表 9–5 中。

表 9–5　计算 *PC* 过程中 *ERR* 计算表

受照时间（年）	受照年龄（岁）	潜伏时间（年）	潜伏期修正系数	$D_{红骨髓}$（mSv）	$F(D)$ Sv $D\times(1+0.87D)$	ERR_{1Gy}	ERR_i
1999	18	15	1	4.0	0.01792	3.073	0.055
2000	19	14	1	3.0	0.01083	3.132	0.034
2001	20	13	1	2.5	0.00794	3.185	0.025
2002	21	12	1	1.5	0.00346	3.229	0.011
2003	22	11	1	1.5	0.00346	3.265	0.011

续表

受照时间（年）	受照年龄（岁）	潜伏时间（年）	潜伏期修正系数	$D_{红骨髓}$（mSv）	F（D）Sv	ERR_{1Gy}	ERR_i
					$D\times(1+0.87D)$		
2004	23	10	1	1.5	0.00346	3 .290	0.011
2005	24	9	1	1.5	0.00346	3 .303	0.011
2006	25	8	1	1.2	0.00246	3 .302	0.098
2007	26	7	1	1.2	0.00246	3 .287	0.008
2008	27	6	1	1.2	0.00246	3 .253	0.008
2009	28	5	0.999	1.2	0.00246	3 .202	0.008
2010	29	4	0.987	—	—	3 .131	—
2011	30	3	0.866	—	—	3 .038	—
2012	31	2	0.350	—	—	3 .227	—
2013	32	1	0.0429	—	—	3 .502	—
2014	33	0	—	—	—	—	—
合计					$ERR_{合计}=\sum_i ERR_i=0.28$		

基于表 9–6 计算的 $ERR_{合计}$，计算的 PC 均值如下：

$$PC_{均值}=ERR_{合计}/(1+ERR_{合计})=0.28/1.28=0.218=21.8\%$$

借助于表 9–7 中计算的 $ERR_{95\%合计}$和 $ERR_{50\%合计}$的结果，95% 置信水平上限的计算如下：

$$PC_{95\%}=PC_{均值}\times ERR_{95\%合计}/ERR_{50\%合计}=0.218\times0.4131/0.2339=38.6\%$$

从计算结果可知，这个人员放射所致病因概率为 38.6%，低于 GBZ 97—2017 的 50% 的肿瘤病因判断规范。患者每年接受剂量最大为 4mSv，远低于 GB 18871—2002 的年剂量限值，应当说，上述计算结果是合理的。

三、AS 计算

根据提供的职业受照射的相关资料，按照第一章的相关计算方法，计算了 1999 年到 2015 年每年的红骨髓吸收剂量，再用公式（9–11）计算红骨髓当量剂量，其值列在表 9–7 的第 4 列中列出的是假设的红骨髓当量剂量计算结果；从附录 2 中附表 2–21 中可以查出不同受照年龄和受照后时间的 ERR_{1Sv}95% 和 50% 置信水平的百分数位数值，其值也列在表 9–7 的第 7 列和第 5 列中；用公式（9–2）可计算出每年的 ERR 值，由于是慢性照射，计算是采用了剂量线性模式，列在表 9–7 的第 8 列和第 6 列中；表 9–6 中还列出了用公式（9–20）计算的 $ERR_{合计}$。

表 9–6　计算 AS 过程中 ERR_i 计算表

受照时间（年）	受照年龄（岁）	受照后时间（年）	红骨髓当量剂量（mSv）	GM（平均值）		95% 置信水平上限	
				ERR_{1Sv}	ERR_i	ERR_{1Sv}	ERR_i
1999	18	15	4.0	6.481	0.0259	9.922	0.0397
2000	19	14	3.0	7.655	0.023	12.04	0.0361

续表

受照时间（年）	受照年龄（岁）	受照后时间（年）	红骨髓当量剂量（mSv）	GM（平均值）		95% 置信水平上限	
				ERR_{1Sv}	ERR_i	ERR_{1Sv}	ERR_i
2001	20	13	2.5	8.824	0.022	14.16	0.0354
2002	21	12	1.5	9.995	0.015	16.28	0.0244
2003	22	11	1.5	11.16	0.0167	18.40	0.0276
2004	23	10	1.5	12.35	0.0185	20.51	0.0308
2005	24	9	1.5	13.59	0.0204	25.42	0.0381
2006	25	8	1.2	15.83	0.018	30.33	0.0364
2007	26	7	1.2	18.07	0.0217	35.24	0.0423
2008	27	6	1.2	20.31	0.0244	40.15	0.0482
2009	28	5	1.2	23.55	0.0283	45.05	0.0541
2010	29	4	—	—	—	—	—
2011	30	3	—	—	—	—	—
2012	31	2	—	—	—	—	—
2013	32	1	—	—	—	—	—
2014	33	0	—	—	—	—	—
合计				$ERR_{50\%\text{合计}} = 0.2339$		$ERR_{95\%\text{合计}} = 0.4131$	

对 95% 置信水平上限：

$$AS_{0.95} = ERR_{95\%\text{合计}} / (1+ERR_{95\%\text{合计}}) = 0.4131/1.4131 = 0.292 = 29.2\%$$

按 GBZ 97—2017 的标准，该患者的归因份额为 29.2% < 50%。

结论：按 GBZ 97—2017 的判断规范，该患者的肿瘤不能归因为放射性肿瘤。

基于 2003 年报告美国索赔裁定方法，与该患者类似的美国放射性职业人员，其 AS=29.2%，不能获得索赔。

（刘　强　苏　旭　张良安　王津晗）

10 第十章　外照射放射性骨损伤

随着核与辐射事故的频生，部分核与辐射工作的人员因防护意识不强、操作不当，导致局部放射损伤案例不断增加；同时，肿瘤放射治疗在临床工作中的广泛应用，也造成局部放射性损伤病例不断增多。在遭受局部大剂量照射后，患者不仅会出现局部皮肤和皮下组织的损伤，还常伴有骨骼的损伤，特别是在手足等皮下组织少的功能部位，更易因放射性损伤而致残。随着电离辐射理论研究的不断深入，射线对骨代谢的影响已引起了越来越多的重视。

第一节　概　述

一、定义

放射性骨损伤（radiation bone injury）是指人体全身或局部受到一次或短时间内分次大剂量外照射，或长期多次受到超过剂量当量限值的外照射所致骨组织的一系列代谢和临床病理变化。

二、职业照射类型

外射性骨损伤的职业照射类型主要是外照射，常见于长期暴露于辐射环境的工作人员，放射科从业者，放射介入从业者，骨科医师等；还见于接受放射治疗患者，以及其他工作中意外持有放射源的情况。

三、病因及发病机制

在核或辐射事故情况下，局部照射或不均匀外照射常导致机体局部放射性损伤，常伴有放射性骨损伤，尤其是双手等皮下组织菲薄的部位，因长期反复受到超过剂量当量限值的外照射可出现损伤。此外，放射线不仅能对恶性肿瘤细胞的分裂起到抑制作用，同时也可造成正常组织的损伤，肿瘤放射治疗也常伴发有放射性骨损伤，尤其是鼻咽部及颅内恶性肿瘤患者放射治疗或手术治疗结合放射治疗后，容易伴发颌骨骨髓炎等并发症。在解剖结构上，皮肤和黏膜位于身体最表层，骨骼的密度最大，两者对射线的吸收最大，故临床上以放射性皮肤、黏膜损伤和放射性骨损伤最常见。但随着头颈部恶性肿瘤使用放射治疗的普及，放射性骨髓炎尤其是放射性颌骨损伤有日渐增多的趋势。放射性骨损伤与射线种类、剂量及受照射部位等因素有关。照射剂量越大，间隔时间越短，骨损伤出现时间越早，程度越重；一次大剂量照射所致骨损伤程度，比分次小剂量照射所致骨损伤更严重。日本 Shimamurag 等报道，118 例乳腺癌术后正切位放射治疗患者 5 年以上随访，当放射总剂量＜ 30Gy 时，肋骨骨折发生率为 5%；当放射总剂量＞ 50Gy 时，肋骨骨折发生率为 50%。瑞典

BlomLin 等研究绝经前后妇女盆腔放射治疗的患者，发现不全性骨盆骨折的患者多出现在放射治疗后3~12个月，而多发性骨折多出现在放射治疗后24个月，其中21%的患者在骨折后30个月才自然愈合。此外，放射治疗致肩胛骨、锁骨和骶骨等处骨折的病例也较多。法国Pernot还报道，1134例口腔癌患者放射治疗，总剂量＞80Gy，剂量率0.7Gy/h，骨质并发症（骨折、坏死和感染等）发生率为20%。德国Ep-stein等报道，颌骨放射性骨髓炎的发生率高达5%~22%。

电离辐射在一定时间后可以诱发骨肿瘤是其威胁最大的远期效应，虽然放射治疗剂量下辐射诱发骨肿瘤较为少见，但放射剂量无疑是诱发肿瘤的关键因素。有学者认为，当剂量＞14Gy时就有诱发骨肿瘤的可能性。在动物实验中，当术中照射剂量＞25Gy时，肿瘤的发生率明显增高。在儿童群体中，电离辐射引起的生长骨骼发育延缓与停滞已有少量报道。据文献报道，放射治疗后出现骨损伤的时间平均为4~6年，肋骨和锁骨的骨损伤出现时间较早，为2~3年，但也有报道从放射治疗到发现骨损伤最短时间为8个月。

外照射放射性骨损伤发病机理主要如下。

（1）射线对骨的直接作用：射线直接作用于骨组织，骨骼中的骨细胞、成骨细胞对射线比较敏感，骨骼在受到50Gy照射时骨组织细胞全部迅速死亡，而这种变化发生在血管变化之前。在一定剂量照射（＞20Gy）条件下，骨有机质代谢障碍，表现为骨有机质主要成分（胶原和葡萄糖胺葡聚糖）合成代谢过程减低，葡萄糖胺葡聚糖破坏加重，造成骨组织脱钙。当骨骼中钙含量丧失20%~25%时，X射线检查可呈现出骨组织脱钙的征象。因此，有作者认为，射线对骨损伤的实质是射线对骨组织的直接作用，包括对骨内全细胞系，如骨细胞、成骨细胞、血管内皮细胞及血管周围的间充质细胞等的直接伤害。

（2）射线对骨血管的损害：骨的营养血管发生变化在放射性骨损伤中起主导作用，在骨损伤的发病机理上具有重要的意义。损伤早期为微血管的功能性改变，晚期则发生血管壁增厚、管腔狭窄、血栓形成，最终导致血管腔闭塞，骨营养障碍，从而加重损伤，以致骨细胞、成骨细胞变性和死亡，发生骨坏死或病理性骨折。

近年有作者认为电离辐射作用下骨组织本身和血管损害两者不能截然分开。在大剂量照射条件下，主要是射线直接作用于骨组织，造成骨组织细胞的死亡、骨组织成分和代谢变化；晚期同时伴有周围软组织及营养骨的血管的改变，加重骨损伤。在小剂量照射条件下，损伤较轻且缓慢，骨组织变化尚未发现，血管变化已观察到。此外局部软组织溃疡、感染和外伤均可以加重骨损伤。也有报道骨的神经支配变化在骨晚期辐射损伤的发生上起着重要作用。

还有作者提出了射线会导致低氧、低血管、低组织细胞的形成从而导致组织坏死的新观念。认为骨受射线作用后，骨组织发生坏死灶，同时创伤修复过程开始启动，成骨细胞活动增加，部分微循环开放，毛细血管增殖；但随着微血管系统损害的逐渐加重，血管数目减少，组织内微循环障碍而缺血、缺氧，进而使骨组织受到破坏，由此加重了骨细胞内细胞系的变性坏死。

成骨细胞对射线也十分敏感，当受到一定剂量照射后，成骨细胞发生变性坏死，从而造成骨发育不良或发育停止。

骨组织受到电离辐射后，常出现骨组织的脱钙、细胞变性和坏死，进而造成骨质疏松，若继发细菌感染，易发生骨髓炎；在骨质疏松或骨髓炎的基础上发生病理性骨折或骨坏死；若处于发育期的青少年的骨骺受到照射，则可造成骨发育障碍，即长度变短、骨干变细、皮质变薄。

四、国内外研究现状

尽管目前的研究对放射性骨损伤的认识并不透彻，但因其具有普遍性，近年来逐渐受到医疗工作者的重视。放射性骨损伤按照损伤程度及临床表现，可分为放射性骨质疏松、放射性骨髓炎、放射性骨折、放射性骨坏死和放射性骨发育障碍。

国内外研究者正在探索放射性骨损伤的发生机制和治疗方法。例如，有研究从成骨细胞的角度入手，研究单次大剂量电离辐射对小鼠成骨细胞生物学特性的影响，通过高通量测序深度挖掘其分子机制，寻找成骨细胞辐射损伤可能的新靶点。此外，还有研究通过人脐带血间充质干细胞（hUCB-MSCs）与受辐射成骨细胞共培养，探索 hUCB-MSCs 对成骨细胞损伤的治疗效果和机制。

放射性骨损伤的治疗策略包括药物治疗、物理治疗和手术治疗。一些研究表明，抑制破骨细胞活性、促进成骨细胞功能的药物（如双膦酸盐类药物）可能有助于预防和治疗放射性骨损伤。此外，一些生物制剂如干细胞疗法也在研究之中，以期恢复骨组织的修复能力。

第二节　诊断与鉴别诊断

必须根据职业史、受照射史、受照射剂量、剂量率、临床表现，以及 X 射线、CT、MRI 或骨密度测定等检查表现。身体局部受到一次或短时间（数日）内分次大剂量外照射所引起的受照射范围内（或照射野内）骨骼损伤，骨损伤剂量参考阈值为 20Gy；长期接触射线所引起的骨损伤，参考阈值为 50Gy。经以上情况综合分析，并排除血行感染所致的化脓性骨髓炎、肿瘤骨转移或老年性骨质疏松等其他原因造成的骨疾病，方能诊断。

一、职业照射史

由于放射骨损伤的主要临床表现为骨质破坏，不具有典型性，故职业照射史的确定非常重要。

二、临床表现

放射性骨损伤临床分类及主要临床表现见表 10-1。

表 10-1　放射性骨损伤临床分类及主要临床表现

分度	分类	临床表现	X 射线征象
Ⅰ	骨质疏松	局部皮肤有放射性皮炎改变	轻者骨小梁稀疏、粗糙；重者骨小梁网眼稀疏，有斑片状透光区，骨皮质显著增厚呈层板状或皮质白线消失
Ⅱ	骨髓炎、骨坏死	伴有局部皮肤及软组织深达骨质的溃疡，常伴有不同程度的细菌感染	骨皮质密度减低、变薄、表面不光滑和有不规则破坏，伴附近骨质疏松，并可见不规则的斑片状透光区；在骨质疏松区内或骨折断端附近出现不规则的片状致密阴影，夹杂一些透光区
Ⅲ	病理性骨折	皮肤伴有放射性皮炎或溃疡存在，多发持重骨	在骨质疏松基础上，骨的连续性破坏，两断端有骨质疏松改变，骨折线一般较整齐

续表

分度	分类	临床表现	X 射线征象
Ⅳ	骨发育障碍	多见于受照射时骨骺呈活跃增生的儿童（约 6 岁前或青春期儿童）。局部皮肤可无明显放射损伤改变或伴轻度放射性皮炎改变	骨与软骨生长发育迟缓，甚至停滞；长骨向纵向及横向生长皆有障碍，长度变短，骨干变细，皮质变薄
Ⅴ	骨肿瘤	多有体表或伤口受到镭和钚等放射性核素污染史，并有一定的潜伏期	—

三、临床表现和 X 射线特征

局部常伴有放射性损伤后的改变，有的有慢性放射性皮炎存在，有的伴有慢性放射性溃疡。放射性骨损伤伴皮肤及软组织溃疡者疼痛剧烈，一般止痛剂难以达到止痛效果。

放射性骨损伤根据其病理改变和 X 射线特征，在临床上可分为骨质疏松、骨髓炎、骨折、骨坏死和骨发育障碍等几种类型，其 X 射线特征如下。

（一）放射性骨质疏松

轻者表现为骨小梁稀疏、粗糙；重者骨小梁呈网眼稀疏，有斑片状透光区，骨皮质显著增厚呈层板状或皮质白线消失。

（二）放射性骨髓炎

常在严重骨质疏松的基础上发生，表现为骨皮质密度减低、变薄、表面不光滑，骨质有不规则破坏伴附近骨质疏松，并可见不规则的斑片状透光区，有的伴有死骨形成。

（三）放射性骨折

有骨质疏松或骨髓炎基础，表现为两断端有骨质疏松或骨髓炎的改变，骨折线一般较整齐。辐射所致骨损伤中，骨折可占 21.8%，以肋骨和锁骨多见。发生在持重骨的骨折症状较重，而肋骨骨折常无症状。肋骨以前段和弓段为多，断端整齐呈裂隙状，但两断端有明显骨疏松。

（四）放射性骨坏死

在骨质疏松区内或骨折断端附近出现不规则的片状致密阴影，夹杂一些透光区。

（五）放射性骨发育障碍

骨与软骨生长发育迟缓，甚至停滞。长骨向纵向及横向生长皆有障碍，其长度变短、骨干变细、皮质变薄。

四、辅助检查

放射性骨髓损伤无明显特异性检验指标。血清电解质中可能有钙、磷代谢紊乱，主要表现为高钙血症。血清酶学检测中表现为破骨性改变，碱性磷酸酶升高。感染性指标，包括超敏 C 反应蛋白、降钙素原和红细胞沉降率等均升高，但需要指出的是患者白细胞计数及分类可以无改变或表现为骨髓抑制现象，最近研究表明这些现象可能与放射治疗导致的骨髓抑制有关；也可用于鉴别普通血源性骨髓损伤。临床上也经常使用骨密度仪检查，了解患者全身或局部骨密度变化，一般实际测量值较正常估测值＜ 13%有诊断意义。

由于放射性骨损伤缺乏特异性的影像学检查，一般首选损伤部位的普通 X 射线检查，必要时须双侧对比；CT检查是放射性骨损伤诊断的主要手段之一，一般需要做增强检查，在放射性骨损伤中有一定意义。由于MRI对骨骼显像不清，只能从周围软组织及血管中提示间接征象，一般不作为首选检查，但由于其对肿瘤组织的特殊序列显像作用，往往对放射性骨肉瘤有较高诊断价值。有条件时，ECT全身骨扫描及骨密度检查应列为常规检查项目。

五、诊断原则与诊断依据

（一）诊断原则

放射性骨损伤的诊断原则主要包括以下几个方面。

1. 受照史和剂量

诊断必须基于个体的受照史，包括受照剂量、剂量率等信息。

2. 临床表现

放射性骨损伤可能有特定的临床表现，如局部皮肤的放射性皮炎改变，以及骨骼的疼痛、肿胀或功能障碍等。

3. 影像学检查

X射线影像学或骨密度测定等检查的特征性表现对于诊断放射性骨损伤至关重要。X射线征象可能包括骨小梁稀疏、粗糙，骨皮质密度减低、变薄，以及不规则的斑片状透光区等。

4. 排除其他原因

在诊断时需要排除其他原因造成的骨疾病。

5. 综合分析

应综合考虑受照史和剂量、临床表现、影像学检查结果，进行综合分析后才能作出诊断。

（二）诊断依据

具体的分类诊断依据如下。

1. 放射性骨质疏松

可能伴有局部皮肤的放射性皮炎改变，X射线征象显示骨小梁稀疏、粗糙，或骨小梁网眼稀疏，有斑片状透光区，骨皮质显著增厚（如图10–1）。

2. 放射性骨髓炎

可能伴有局部皮肤及软组织深达骨质的溃疡，X射线征象显示骨皮质密度减低、变薄，表面不光滑，骨质有不规则破坏伴附近骨质疏松。

3. 放射性骨折

通常是继发于放射性骨损伤的病理性骨折，X射线征象显示有骨质疏松基础，两断端有骨质疏松改变，骨折线一般较整齐（如图10–2）。

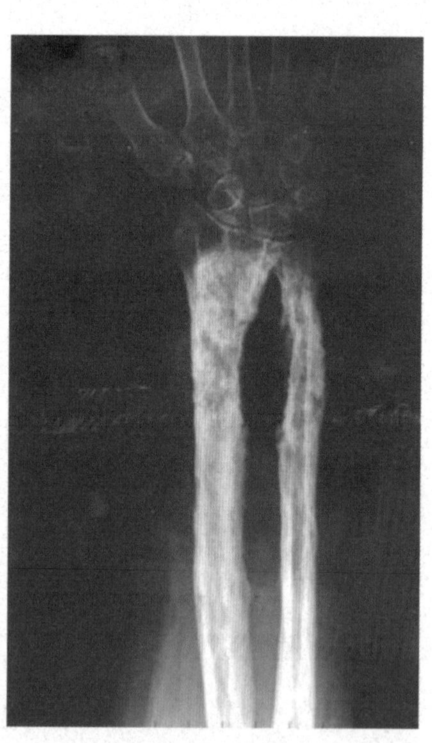

图10–1 放射性骨质疏松示例（左前臂下端尺骨、桡骨放射性骨损伤）

X射线征象为骨皮质密度减低、变薄、有不规则破坏，骨小梁网眼稀疏、有斑片状透光区

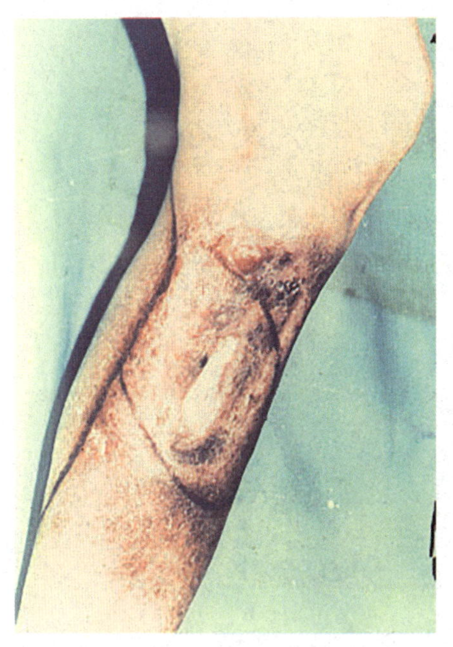

A

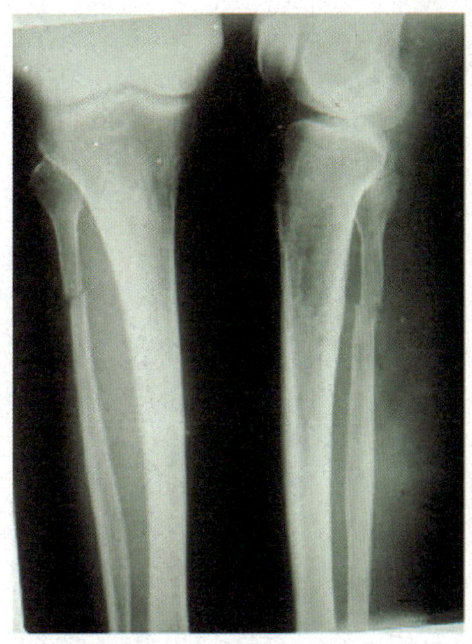

B

图 10-2　放射性骨折示例（右小腿上部慢性放射性损伤）

A：临床表现，除皮肤溃疡外，伴有腓骨放射性损伤；B：X 射线检查结果，表现为腓骨上中部骨质疏松，骨髓炎伴病理性骨折

4. 放射性骨坏死

可能在骨萎缩、骨髓炎或骨折的基础上发生，X 射线征象显示在骨质疏松区内或骨折断端附近出现不规则的片状致密阴影（如图 10-3）。

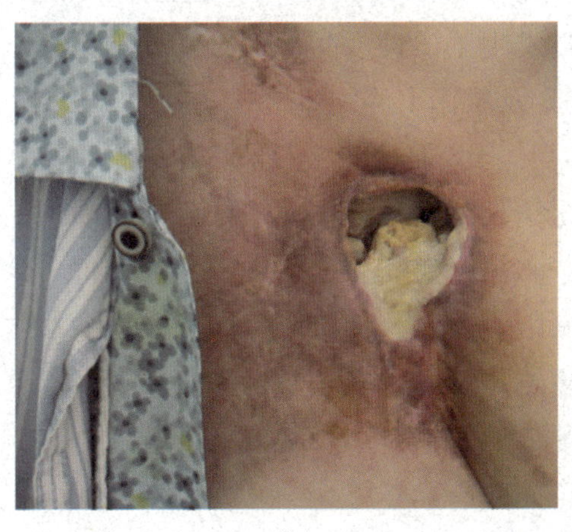

A

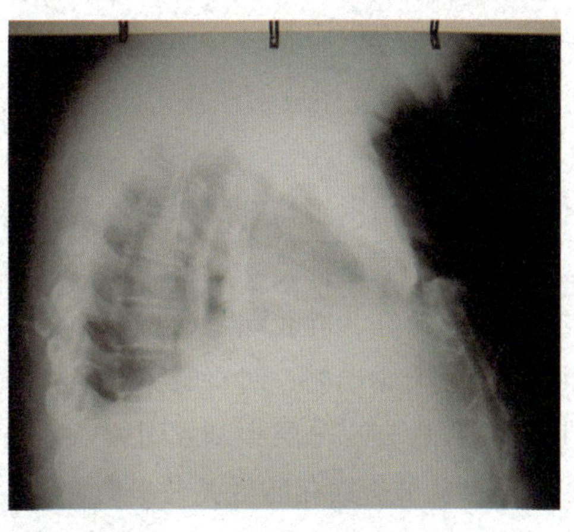

B

图 10-3　放射性骨坏死示例（胸部加速器 E 线照射后造成的急性放射性皮肤损伤后转为慢性改变）

A：临床表现，除溃疡外，胸骨出现坏死、断裂、骨髓炎；B：X 射线征象，胸骨上段有骨坏死、骨折

5. 放射性骨发育障碍

多见于受照射时骨骺呈活跃增生的儿童，X 射线征象显示骨与软骨生长发育迟缓，甚至停滞（如图 10-4）。

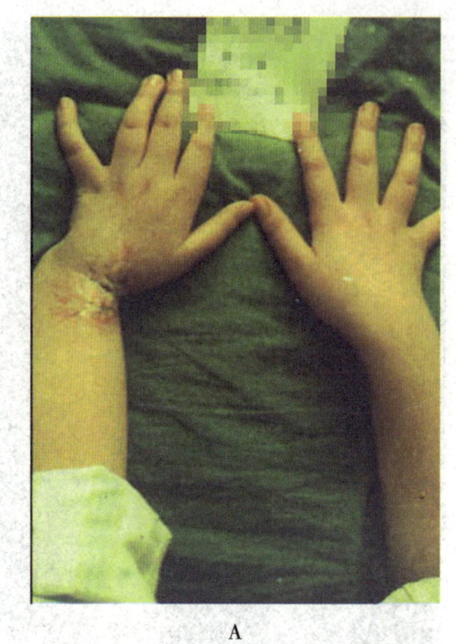
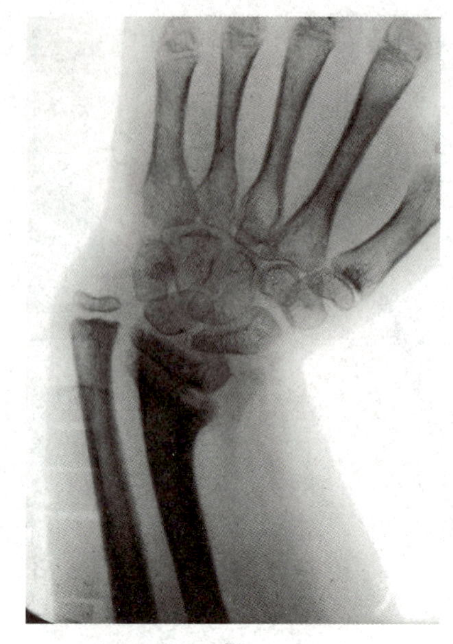

A　　　　B

图 10-4　放射性骨发育障碍示例（左腕部放射性骨损伤）

A：临床表现，左腕部血管瘤以 32P 放射治疗后除皮肤损伤外，左桡骨发育障碍，左腕向桡侧歪斜；B：左桡骨骺端骨质疏松、发育障碍

六、鉴别诊断

（一）血源性骨髓炎

血源性骨髓炎是化脓菌由身体其他部位的感染灶进入血流传播，并定位于骨组织而引起的炎症。血源性骨髓炎的最早期，由于病变在深层，脂肪层增厚，筋膜下肿胀明显，全身中毒症状严重，局部疼痛剧烈，而局部红、肿则较轻，压痛较深，且常发生于长骨干骺端处，其周围均有压痛。早期 X 射线检查、分层穿刺或用放射性核素扫描等也有助于及早作出鉴别。

（二）软组织炎症

放射性骨损伤早期由于与蜂窝织炎和丹毒等软组织炎症不易鉴别，往往延误诊断，失去治疗的最好时机，以致发展成慢性骨髓炎或引起严重后果。软组织炎症与放射性骨髓炎相似，全身中毒症状不太严重，而局部红、肿较明显，压痛，肿胀较局限于一侧，从对侧挤压，并不会发生疼痛，炎症部位也不局限于干骺端处，对青霉素等抗生素较敏感，早期应用大量抗生素较易控制全身及局部症状。早期 X 射线检查、分层穿刺或用放射性核素扫描等也有助于及早作出鉴别。

（三）风湿性关节炎或化脓性关节炎

风湿性关节炎起病缓慢，常为多关节游走性发作，与化脓性关节炎一样，患者红、肿、疼痛局限于关节处，迅速出现关节肿胀和积液，关节穿刺可吸出炎性渗出液，早期关节活动受限，关节各个方向活动均可引起疼痛加剧，干骺端无压痛。

（四）恶性骨肿瘤

恶性骨肿瘤有时也有发热、白细胞计数增多和葱皮样骨膜下新骨形成等现象，需与之相鉴别，有时非典型性急性或亚急性骨髓炎也可误诊为恶性骨肿瘤。恶性骨肿瘤的特点：局部迅速肿大、疼痛，特别是夜间痛甚，皮肤不红而肿胀明显，表面有血管怒张，有时局部有血管搏动感，早期一般不影响关节功能。尤因肉瘤常发生于骨干，范围较广，全身症状不及急性骨髓炎剧烈；局部穿刺吸取组织检查可协助诊断。

第三节　治疗与康复

一、处理原则

1. 脱离射线

对于已确定局部受照剂量超过骨损伤的参考阈剂量的人员，无论有无骨损伤的临床或X射线表现，均应脱离射线。

2. 营养和活动

给予富含钙和蛋白质的饮食，注意适当活动。

3. 药物治疗

应用改善微循环和促进骨组织修复、再生的药物。

4. 高压氧治疗

有条件者也可应用高压氧治疗。

5. 避免外伤和感染

注意避免骨损伤部位遭到外伤或感染。

6. 手术治疗

皮肤出现明显萎缩或溃疡时应及时处理并采取手术治疗。

二、预防和治疗

对受到大剂量照射的四肢和其他部位注意防止过度活动和外力撞击，及时、正确处理皮肤及软组织损伤，如出现溃疡应及时采取手术治疗，须以血液循环丰富的皮瓣或肌皮瓣覆盖创面，以改善局部血液循环，保护骨组织；给予富含钙和蛋白质饮食；输注间充质干细胞也是较为有效的方法之一。

早期应用改善循环和促进骨组织再生、修复的药物，可以延缓或减轻骨损伤的发生。注意避免骨损伤部位遭受到外伤或感染，如皮肤出现明显萎缩或溃疡时，应及时采取手术治疗，以血液循环良好的皮瓣或肌皮瓣覆盖创面，以改善局部的血液循环，保护骨组织。同时，以高压氧治疗，可获得较好的疗效。发生骨髓炎后，及时采取如下措施：应在有效抗生素控制下，及时采取手术治疗，彻底清除死骨，以带血管蒂的肌皮瓣充填腔穴或修复创面，也可骨–肌皮瓣同时移植，既修复了骨缺损，又修复了创面，可以治愈一些难治性病例（如图10–5）。

单个指骨（或趾骨）出现骨髓炎时，应及时截指（趾），如累及多个指（趾）而保留剩余个别指（趾）已无功能时，可考虑截肢，但应慎重。截肢高度应超过损伤的近端3~5cm。发现骨组织有恶性病变时，应采取积极措施，可考虑截肢。

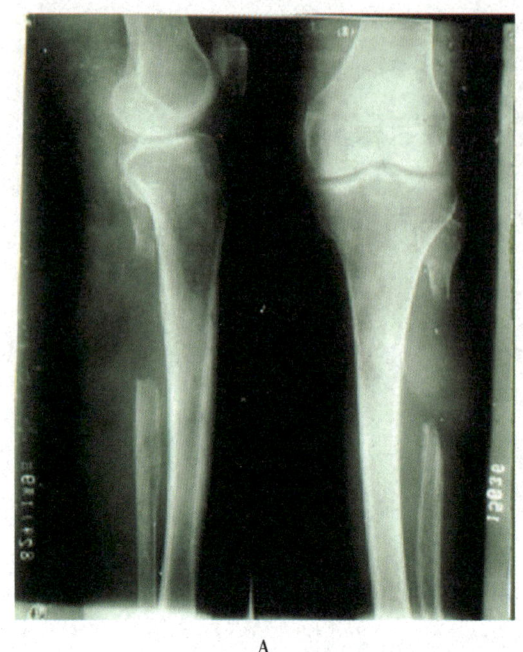

A

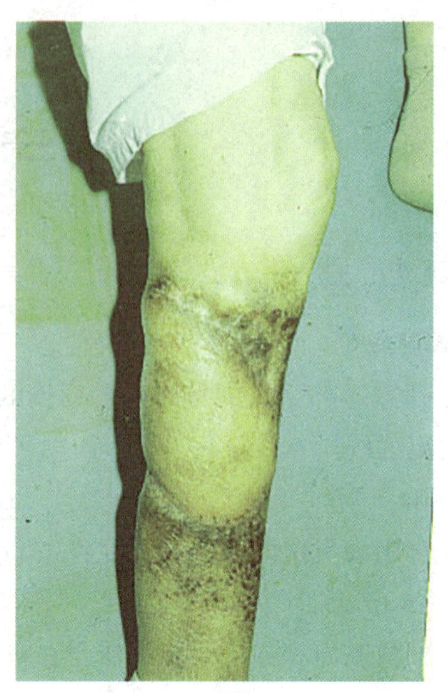

B

图 10-5 放射性骨损伤手术治疗示例

A：术中将腓骨断端两侧的损伤骨切除，以腓肠肌充填腔穴；

B：溃疡切除后，以腓肠肌皮瓣，修复

第四节　案例分析

因职业性外照射放射性骨损伤的诊断病例少见，本节以一起 ^{192}Ir 放射源丢失事故所引发的 1 例多部位急性放射损伤伴轻度骨髓型急性放射病为例，来介绍此病的诊疗康复过程。

（一）事故经过

患者男，41 岁。于某日 10:15 时发现放射源（^{192}Ir），并用左手拾起放射源。患者用双手玩耍 20min，在左裤兜放置约 15min，又在右裤兜放置 75min，至 12:00 时下班后放入工具箱内。12:00 至 13:15 时在距放有放射源的工具箱约 1.5m 的范围内活动，于 15:50 分打开工具箱，20min 后离开。17:55 时放射源被病人所在单位取走。于 +5h 入院。

（二）临床表现

+3h45min 感恶心，+4h45min 出现呕吐，15min 内呕吐 4 次，无腹痛、腹泻。

各部位损伤临床表现如下：

右大腿：+30d 皮肤溃疡范围为 20cm × 15cm，中央颜色发黑。

左大腿：+30d 皮肤损伤范围为 10cm × 7cm，4cm × 3cm 溃疡。

右手：+36d 除无名指及小指外其余手指皮肤已基本脱落。

左手：+36d 无名指及小指皮肤完全脱落，其余手指皮肤部分脱落。

胸部：+38d 4.2cm × 3.5cm 皮肤溃疡。

（三）剂量测定

物理剂量全身：0.55~0.6Gy。局部剂量：右大腿骨中心平均剂量为8Gy，表皮剂量为2000~3000Gy，皮下6mm处剂量约2000Gy、皮下1cm处剂量为800~1000Gy，皮下2cm处剂量为250~300Gy。染色体畸变分析生物剂量为0.8~1.2Gy，平均为1.0Gy。

（四）诊断

考虑为：①轻度骨髓型放射病；②双手、左胸壁、双大腿多部位放射损伤Ⅲ~Ⅳ度。

（五）治疗过程

1. 全身治疗

入院开始皮肤破溃以前给予扩张微循环、补充维生素及微量元素等支持治疗。+15d受照区破溃后加用抗炎药物预防感染，因创面渗出液较多，定时补充白蛋白，并给予对症止痛治疗。

2. 局部处理

在破溃前保护皮肤，减少摩擦等；破溃后予以抗生素及洗必泰等湿敷创面，从而避免感染，并于+40d予以清创，植皮，因损伤面积较大，双手及胸壁等损伤较轻的部位予以邮票植皮后外以异体皮包裹；术后三周异体皮坏死脱落，创面大部愈合，剩余右大腿植皮区中间有5cm×2cm、2cm×2cm两处部分发黑，逐渐形成溃疡，予以涂抹生长因子软膏。于+198d溃疡缩小至3.5cm×1.5cm，行右大腿放射性溃疡切除、股后皮瓣转移术，创面愈合。在其后的6年间双手因皮肤破溃多次行植皮修复；患者右大腿皮肤表现呈渐进性，由轻到重（如图10–6）。在受伤后11年，右大腿股骨中段因骨损伤后骨质疏松逐渐加重至病理性骨折，予以髓内钉内固定（如图10–7）。

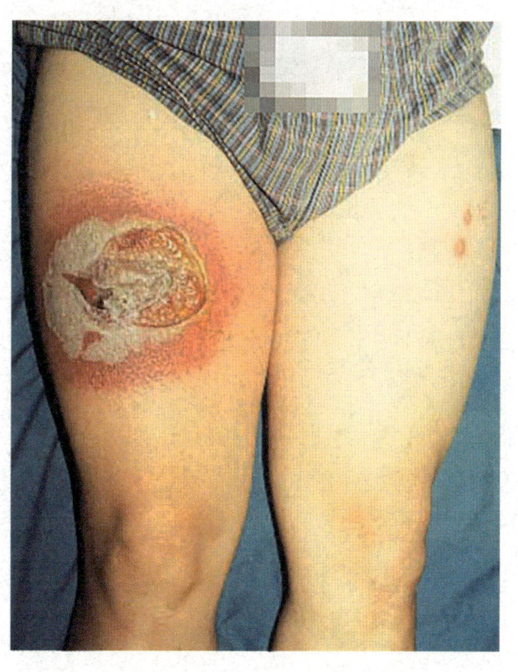

A

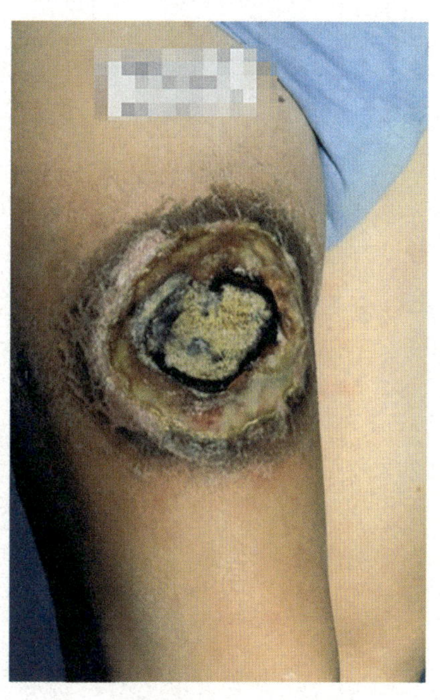

B

图10–6　病人右大腿皮肤损伤表现

A：受照后两周；B：受照后五周。病人右大腿呈典型的急性放射性皮肤损伤表现，已经达到Ⅳ度，组织坏死到达骨膜

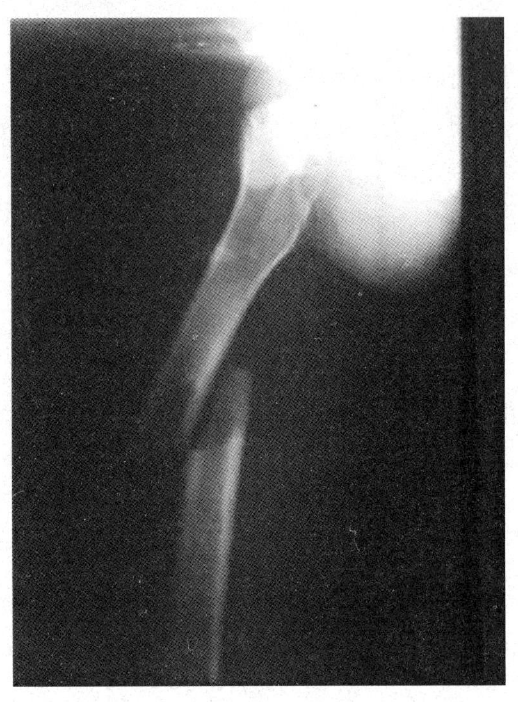

A

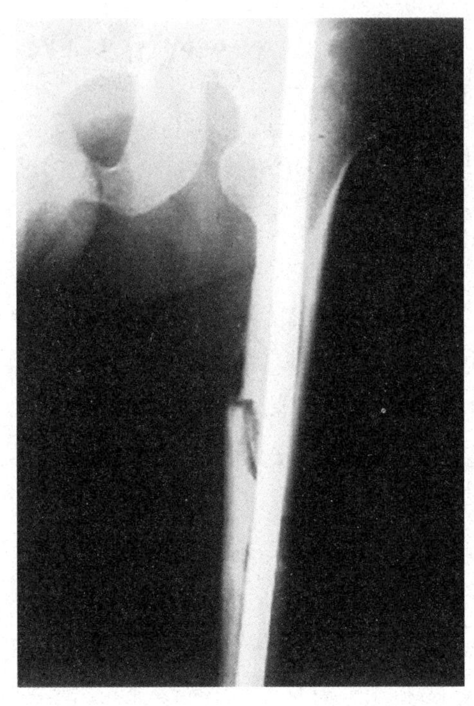

B

图 10-7　病人右大腿行髓内钉内固定术前后的 X 射线对比

A：手术前；B：手术后。受伤后 11 年，病人右大腿股骨中段因严重放射骨损伤至病理性骨折，予以髓内钉内固定

（杨文峰　金增强）

第十一章　放射性甲状腺疾病

11

第一节　概　述

一、定义

放射性甲状腺疾病（radiation thyroid disease）是指电离辐射以内照射和（或）外照射的方式作用于甲状腺，所导致的甲状腺功能和（或）甲状腺组织发生的器质性改变。

甲状腺是电离辐射中度敏感组织之一，电离辐射可导致甲状腺结构和功能异常，结构异常主要表现为甲状腺结节和弥漫性损伤，功能异常表现为甲状腺分泌激素水平的异常。放射性甲状腺疾病不是一种疾病，而是甲状腺组织受电离辐射照射后引起的一组甲状腺疾病的总称，包括急性放射性甲状腺炎、慢性放射性甲状腺炎、放射性甲状腺功能减退症和放射性甲状腺癌等甲状腺疾病。放射性甲状腺癌属于随机性效应，其他甲状腺疾病属于确定性效应，即有效的组织反应。

急性放射性甲状腺炎是指甲状腺短期内受到＞200Gy大剂量急性照射后所致的甲状腺局部损伤及其引起的甲状腺功能亢进症。一般于照射后2周内发病，出现局部压痛、肿胀，重症可出现甲状腺危象。

慢性放射性甲状腺炎是指甲状腺一次或短时间（数周）内多次或长期受到射线照射后导致的自身免疫性甲状腺损伤。

放射性甲状腺功能减退症是指甲状腺局部一次或短时间（数周）内多次受到大剂量照射或长期受到超剂量限值的照射后所致的甲状腺功能低下。包含亚临床型放射性甲状腺功能减退症和临床型放射性甲状腺功能减退症。

放射性甲状腺癌是指电离辐射导致的甲状腺滤泡上皮或滤泡旁细胞的癌性病变，是甲状腺受到电离辐射照射后发生的与所受照射具有一定程度病因学联系的恶性肿瘤。

二、职业照射类型

甲状腺作为电离辐射中度敏感组织之一，内、外照射均可引起甲状腺组织发生结构和（或）功能的改变，无论是一次或短时间内多次受到电离辐射大剂量照射，又或是长期低剂量的接触，只要甲状腺吸收剂量达到或超过剂量阈值就有可能发生放射性甲状腺疾病。查阅文献可知，急性放射性甲状腺炎剂量阈值大（200Gy以上），病例多来源于口服^{131}I治疗甲亢和甲状腺癌术后患者，职业照射条件下一般不会发生。但在核爆炸和核反应堆事故早期，所释放的最主要的放射性核素之一是放射性碘，会对人类健康构成潜在威胁。放射性碘进入人体后，主要蓄积于甲状腺组织，超过一定剂量即可引起甲状腺损伤。如果工作人员短时间内摄入大量放射性碘，超过剂量阈值就可能导致患急性放射性甲状腺炎。

结合UNSCEAR报告，ICRP第41号、103号、118号出版物及国内外相关文献资料，电离辐射照射导致甲状腺疾病发病风险的研究来自医疗照射、日本原子弹爆炸幸存者、切尔诺贝利核事故受照者、哈萨克斯坦地区核武器试验落下灰及比基尼核试验对马绍尔群岛居民的影响等研究，这些事件中的受照者多为儿童和青少年。国内对电离辐射导致甲状腺功能减退症的研究多源于头颈部恶性肿瘤放疗的病例。综上，基于职业人群照射的研究相对较少，但在核与放射事故下和长期受电离辐射照射的职业人群，因其甲状腺可受到一定剂量的照射，故可发生多种放射性甲状腺疾病。

三、病因及发病机制

（一）急性放射性甲状腺炎

电离辐射引起急性放射性甲状腺炎的报道比较常见，多数来自放疗患者、放射性碘治疗甲状腺功能亢进症（甲亢）和甲状腺癌患者。急性放射性甲状腺炎一般在照后2周内发病，表现为甲状腺肿胀、质地较硬、触痛明显及甲状腺功能亢进的症状与体征。因此，确定职业性急性放射性甲状腺炎的剂量阈值为200Gy，潜伏期一般为2周。

（二）慢性放射性甲状腺炎

内、外照射均可诱发慢性放射性甲状腺炎，发病机制可能与自身免疫反应有关。甲状腺自身免疫反应始发于甲状腺抗原特异性T辅助细胞的激活，激活的T细胞诱导B细胞分泌甲状腺抗体，其中最常见的是抗甲状腺过氧化酶抗体（TPOAb）、抗甲状腺球蛋白抗体（TgAb）和促甲状腺素受体抗体（TRAb）。TPOAb、TgAb及TRAb均能固定补体，对甲状腺有直接的细胞毒作用。此外，自身免疫性甲状腺炎中，浸润的淋巴细胞产生多种细胞因子，这些细胞因子除自身能诱导细胞凋亡外，还通过增加激活其他免疫细胞促进甲状腺细胞凋亡。

（三）放射性甲状腺功能减退症

外照射诱发放射性甲状腺功能减退症的发病率是^{131}I内照射的2.2~3.6倍。甲状腺上皮细胞是敏感细胞，甲状腺组织受到电离辐射直接作用后，可能会造成甲状腺出现功能性或器质性的损害，进而甲状腺功能低下，表现为血清三碘甲状腺原氨酸（T_3）、甲状腺素（T_4）值降低和促甲状腺激素（TSH）水平升高，被称为原发性放射性甲状腺功能减退症；电离辐射除了直接对甲状腺产生影响外，在照射到下丘脑、垂体时，也可能会间接引起甲状腺功能减退，表现为血清T_3、T_4及TSH水平降低，称继发性放射性甲状腺功能减退症。

（四）放射性甲状腺癌

甲状腺癌是最常见的甲状腺恶性肿瘤，约占全身恶性肿瘤的1%；甲状腺癌的发病率与地区、种族、性别有一定关系。甲状腺是辐射致癌的高度敏感器官，电离辐射通过内、外照射作用到甲状腺后，经过4~38年潜伏期，可出现放射性甲状腺癌，病理一般为乳头状癌或滤泡癌，生长缓慢，较少转移，存活期长，女性发生率高于男性，儿童发生率高于成人。动物实验中，电离辐射和TSH与甲状腺癌发生有一定关系，TSH被认为是甲状腺肿瘤促发因子，TSH长期分泌过多，发生甲状腺肿瘤的危险性增加。人体长期缺碘可使甲状腺上皮组织增生导致不可逆性发展过程，诱发甲状腺肿、甲状腺瘤和甲状腺癌。在核事故放射性碘污染地区，如果机体处于低碘状态，会致使甲状腺对放射性碘摄取量增加，这可能是造成放射性甲状腺癌早发的原因。切尔诺贝利核电站事故后20年间，据文献报道，事故发生时年龄在18岁以下的儿童，被确诊甲状腺癌近5000例。切尔诺贝利核电站事故后关于甲状腺癌的研究显示，RET基因对甲状腺癌的发生有一定作用，电离辐射导致的儿童甲状腺癌RET基因变化非常明显。

四、国内外相关规定

我国于2013年12月23日，发布的《职业病分类和目录》（国卫疾控发〔2013〕48号）中规定了法定的职业病名单，其中第七大类为职业性放射性疾病，放射性甲状腺疾病属于其中的一类。2024年12月16日，国家卫生健康委职业健康司又发布了关于印发《职业病分类和目录》的通知（国卫职健发〔2024〕39号），其中对职业病目录又有了新的调整，调整后的《职业病分类和目录》自2025年8月1日起实施。为保障放射工作人员的职业健康与权益，做好职业性放射性疾病诊断工作，我国还发布了强制性国家职业卫生标准《职业性放射性甲状腺疾病诊断》（GBZ 101—2020），该标准规定了各类职业性放射性甲状腺疾病的诊断要求，包括慢性放射性甲状腺炎、放射性甲状腺功能减退症和放射性甲状腺癌等甲状腺疾病。职业病诊断标准会根据相关的研究与进展定期修订更新。

国际劳工组织（ILO）在确定用于赔偿、登记报告和预防目的的职业病名单中对放射性疾病统称为电离辐射所致的疾病，列入物理因素所致疾病中，涉及甲状腺疾病有甲状腺炎、甲状腺功能减退、甲状腺癌。德国1997年10月公布的放射性疾病类别中未包含放射性甲状腺疾病，在辐射远期损伤致癌效应中涉及有甲状腺癌。英国对辐射相关疾病的赔偿方案中涵盖有甲状腺癌。美国2000年颁布的《能源行业雇员职业病赔偿计划法》（EEOICPA）中包含外照射导致的甲状腺癌。美国退伍军人事务部根据有据推定部分和非有据推定部分确定退伍军人在服兵役期间接受电离辐射患或可能患的放射性疾病中，涵盖甲状腺结节性疾病，但重点关注的仍是甲状腺癌。日本厚生劳动省1976年发布有“电离辐射所致疾病的判断标准”，包含有外照射和内照射引起的甲状腺癌。日本对原子弹爆炸幸存者的赔偿计划中亦涉及甲状腺癌。俄罗斯对辐射相关疾病的赔偿方案涉及特殊情况下受照的工作人员（如“大规模辐射事件”相关人员）和放射工作人员，制定有辐射相关疾病或与大规模辐射事件相关疾病的职业病疾病目录，如俄罗斯联邦公共卫生部分别于1992年和1997年以行政命令第279号和311号形式发布关于建立受辐射影响人员的疾病、身体残疾和死亡的因果关系的切尔诺贝利事故相关职业病。1992年职业病目录涉及放射性甲状腺疾病，包含放射性甲状腺功能低下、放射性自身免疫性甲状腺炎、结节性甲状腺肿、甲状腺良性结节和甲状腺恶性肿瘤。1997年的职业病目录涉及有弥漫性毒性甲状腺肿、结节性甲状腺肿、自身免疫性甲状腺炎和甲状腺癌。而俄罗斯联邦公共卫生部1999年以行政命令第198/85号形式发布与执行切尔诺贝利事故后清理工作有关的疾病目录中仅涉及甲状腺恶性肿瘤。2004年11月4日，由俄罗斯联邦行政命令第592号批准了对切尔诺贝利事故、1957年马亚克生产联合企业事故和放射性废物排放到特查河事故等特殊情况下受到照射的工作人员的疾病目录，包含有放射性甲状腺功能减退和甲状腺恶性肿瘤，不包含甲状腺良性结节。对放射工作人员，2002年俄罗斯联邦和2012年俄罗斯联邦卫生与社会发展部发布的电离辐射相关职业性疾病名单中未明确有放射性甲状腺疾病。法国于1984年6月26日修订的赔偿体系中有认定资格的电离辐射相关疾病目录亦未涉及甲状腺疾病。阿根廷共和国1996年7月1日实施的《职业病危险法（AOR）》中可能引起赔偿的电离辐射所致职业病亦未涉及放射性甲状腺疾病。

第二节　诊断与鉴别诊断

一、职业照射史

一次或短时间内多次受到电离辐射大剂量照射，或长期接触电离辐射受到超剂量限值的照射均有可能发生放射性甲状腺疾病。在核爆炸、核反应堆事故中，职业人群可能会受到内照射和外照射，一旦甲状腺的受照剂量超过剂量阈值，就有可能患急性放射性甲状腺炎。而慢性放射性甲状腺炎、放射性甲状腺功能减退症和放射性甲状腺癌等甲状腺疾病的发生可见于各种类型的照射，只要甲状腺吸收剂量超过剂量阈值就有可能发生，但对于职业性放射性甲状腺癌的诊断需要进行归因份额的判定。

二、临床表现

（一）急性放射性甲状腺炎

一般于受照射后 2 周内发病，逐渐或突然发生甲状腺区特征性疼痛，吞咽时疼痛加重，可放射至同侧耳、咽喉、下颌等处，少数患者出现声音嘶哑、吞咽困难。发病初期，多数患者出现体重减轻、怕热、心慌等甲状腺机能亢进症状；查体可见甲状腺弥漫或不对称的肿胀、质地较硬、触痛明显，无震颤及杂音；有甲状腺功能亢进症状的患者听诊可出现心动过速。

（二）慢性放射性甲状腺炎

一般于受照射后 1 年以上发病，早期的临床表现常不典型，甲状腺呈弥漫性、分叶状或结节性肿大，质地大多坚硬，与周围组织无粘连，常有咽部不适或轻度吞咽困难，有时有颈部压迫感，少数有局部疼痛与触痛。随病程延长，甲状腺组织破坏出现甲状腺功能减退症，患者表现为畏寒怕冷、心动过缓、便秘，甚至出现黏液性水肿等症状及体征。

（三）放射性甲状腺功能减退症

受照射后数月、数年甚至数十年发病，包括以下两种类型。

1. 亚临床型

亚临床型放射性甲状腺功能减退症仅有实验室检查改变，无明显的临床症状及体征。

2. 临床型

临床型放射性甲状腺功能减退症有明显的甲状腺功能减退的症状及体征，可出现以下症状：①低代谢症候群（表现为畏寒、疲乏无力、少汗、行动迟缓、嗜睡等）；②黏液性水肿；③精神神经系统症状（表现为表情呆滞、情感淡漠、记忆力、注意力减退、反应迟钝等）；④皮肤毛发（表现为皮肤苍白、干燥、脱屑、皮肤温度低、毛发稀疏干燥等）；⑤心血管系统症状（如心动过缓、心脏扩大、心电图呈低电压等）；⑥消化系统症状（包括食欲不振、腹胀、便秘等）；⑦内分泌系统症状（如体重增加、性欲减退、女性月经紊乱、月经过多、不孕等）。

（四）放射性甲状腺癌

一般于受照射后 4 年以上发病，放射性甲状腺癌多为乳头状癌，此类型甲状腺癌为临床常见且恶性程度最轻的类型，临床上除触及甲状腺结节及局部淋巴结肿大外，症状极少，有时甚至摸不到结节。

三、辅助检查

（一）急性放射性甲状腺炎

1. 实验室检查

（1）红细胞沉降率（ESR）：病程早期增快，大于 50mm/h 时对诊断本病是有力支持，但 ESR 不增快也不能排除本病。

（2）甲状腺检查：病程初期可出现 T_3、T_4 水平升高，TSH 水平降低；甲状腺 ^{131}I 摄取率下降。随着甲状腺滤泡上皮细胞破坏加重，出现一过性甲状腺功能减低，T_3、T_4 水平降低，TSH 水平升高。当炎症消退，甲状腺滤泡上皮细胞恢复，甲状腺激素水平和甲状腺摄碘率逐渐恢复正常。

（3）可出现外周血淋巴细胞染色体畸变率和微核率增高。

2. 其他辅助检查

（1）甲状腺超声检查：甲状腺弥漫或不对称的肿胀、质地较硬。

（2）超声引导下甲状腺细针抽吸细胞学检查（fine-needle aspiration biopsy，FNAB）：早期细胞学涂片可见多核巨细胞、片状上皮样细胞、炎症细胞；晚期往往见不到上述典型表现。

（3）甲状腺核素扫描：早期甲状腺无摄取或摄取低下。

（二）慢性放射性甲状腺炎

1. 实验室检查

（1）甲状腺功能检查：早期甲状腺功能正常，后发展为亚临床甲状腺功能减低，血清 T_3、T_4 正常，TSH 水平升高，最后出现临床甲减，血清 T_3、T_4 水平降低，TSH 水平升高。部分患者出现甲亢与甲减交替的病程。

（2）甲状腺自身抗体：TPOAb 和 TgAb 滴度升高是本病的特征之一。在出现甲减前，抗体阳性是诊断本病的关键证据。

（3）可出现外周血淋巴细胞染色体畸变率和微核率增高。

2. 其他辅助检查

（1）甲状腺超声检查：甲状腺弥漫性肿大，回声不均，可伴多发性低回声区域或甲状腺结节。

（2）超声引导下甲状腺细针吸取细胞学活检（FNAB）：可见淋巴细胞浸润，具有确诊价值，但诊断本病很少应用，主要用于与结节性甲状腺肿疾病的鉴别。

（3）甲状腺摄碘率：早期可以正常，甲状腺滤泡细胞破坏后甲状腺摄 ^{131}I 率降低。此项检查对诊断无实际意义。

（4）甲状腺核素显像：可显示不规则浓集与稀疏，或呈“冷结节”改变。此项检查非诊断本病的常规检查。

（三）放射性甲状腺功能减退症

1. 亚临床型放射性甲状腺功能减退症者

（1）实验室检查：甲状腺功能检查血清 T_3、T_4 正常，TSH 增高；部分患者出现血脂增高。

（2）其他辅助检查：少数患者甲状腺摄 ^{131}I 率降低。

2. 临床型放射性甲状腺功能减退症者

（1）实验室检查：甲状腺功能检查血清 T_3、T_4 降低，TSH 增高。血清 TSH 和游离 T_4、总 T_4 是诊断甲减的第一线指标；可伴有轻度或中度正细胞正色素性贫血；血总胆固醇、低密度脂蛋白胆固醇升高。

（2）其他辅助检查：甲状腺摄 ^{131}I 率降低。

（四）放射性甲状腺癌

1. 实验室检查

放射性甲状腺癌的病理学检查可分为甲状腺乳头状癌、甲状腺滤泡细胞癌、甲状腺未分化癌、甲状腺髓样癌，常见的是甲状腺乳头状癌，可见分化良好的柱状上皮呈乳头状突起，核清晰伴嗜酸性胞质，常见同心圆的钙盐沉积。

2. 其他辅助检查

（1）甲状腺超声检查：甲状腺超声检查发现甲状腺实性结节、低回声、边缘不规则、垂直位生长、伴有钙化、血供等应考虑甲状腺癌的可能性，需进一步检查明确。弹性超声在评估甲状腺结节中应用日益增多，弹性成像分为应变力弹性成像和剪切波弹性成像，主要用于评估组织的硬度，恶性结节倾向于质硬，良性结节倾向于质软，是甲状腺结节良恶性鉴别的补充手段。所有甲状腺恶性或可疑恶性肿瘤患者，均应行颈部淋巴结超声检查，评估颈部区域淋巴结情况，有无异常淋巴结，淋巴结大小、数目、位置、质地、形态、内部形态、结构特点及血流特征等。异常淋巴结超声征象主要包括淋巴结内部出现微钙化、囊性变、高回声、异常血流、淋巴结形态趋圆、边缘不规则或边界模糊、内部回声不均和淋巴门消失等，其中微钙化和囊性变特异性较高，需综合判定。

（2）超声引导下甲状腺细针抽吸细胞学检查（FNAB）：FNAB 是通过细针抽吸获取甲状腺结节的病变细胞进行病理学诊断，鉴别甲状腺结节良、恶性最可靠、最有价值的诊断方法，是甲状腺结节术前首选的病理诊断方法，也是评估甲状腺结节准确、经济而有效的方法，具有较高的特异性、敏感性和准确性。

（3）CT 和 MRI 检查：增强 CT 和 MRI 检查在评估甲状腺结节良恶性方面不优于超声，但拟手术治疗的甲状腺结节，术前可选择性行颈部 CT 或 MRI 检查，显示结节与周围解剖结构的关系，寻找可疑淋巴结，协助术前临床分期及制定手术方案。

（4）用于诊断的相关分子检测：经细针抽吸仍不能确定良恶性的甲状腺结节，可对穿刺标本进行分子标记物检测，如 BRAF 突变、RAS 突变、RET/PTC 重排等，有助于提高确诊率。检测术前穿刺标本的 BRAF 突变状况，还有助于甲状腺乳头状癌的诊断和临床预后预测，便于制订个体化的诊治方案。

四、诊断原则与诊断依据

（一）诊断原则

根据明确的职业受照史、甲状腺受照剂量、临床表现、辅助检查并排除其他因素所致甲状腺疾病，经综合分析，依据《职业性放射性甲状腺疾病诊断》（GBZ 101—2020）和《职业性放射性疾病诊断总则》（GBZ 112—2017）标准作出诊断。其中，甲状腺受照剂量的计算依据《放射性核素摄入量及内照射剂量估算规范》（GB/T 16148—2009）、《外照射慢性放射病剂量估算规范》（GB/T 16149—2012）、《外照射辐射事故中受照人员器官剂量重建规范》（GBZ/T 261—2015）、《外照射防护剂量转换系数标准》（WS/T 830—2024）。对接触 ^{131}I 职业人群的剂量估算，甲状腺 ^{131}I 活度的测量可参考《甲状腺 ^{131}I 体外测量技术方法》（T/WSJD 43—2023）标准进行。

（二）诊断依据

1. 急性放射性甲状腺炎

应同时符合以下四项：①有明确的射线接触史，甲状腺累积吸收剂量≥ 200Gy；②一般受照射后 2 周内发病；③甲状腺肿胀、质地较硬、显著触痛及甲状腺机能亢进症状与体征；④血清 T_3、T_4 水平升高，TSH 水平降低，甲状腺 ^{131}I 摄取率下降。但该病在职业照射条件下一般不会发生，故 GBZ 101—2020 未单独列出急性放射性甲状腺炎的诊断条件。考虑在核爆炸和核事故早期，如果工作人员短时间内摄入大量放射性碘，甲状腺吸收剂量可能超过剂量阈值（200Gy 以上）而导致急性放射性甲状腺炎的发生，对职业人群可根据 GBZ 112—2017 和上述诊断条件作出职业病诊断。

2. 慢性放射性甲状腺炎

应同时符合以下四项：①有明确的射线接触史，甲状腺累积吸收剂量≥ 0.3Gy；②潜伏期≥ 1 年；③甲状腺超声检查提示甲状腺体积肿大，回声不均，可伴有甲状腺结节等；④ TPOAb 和（或）TgAb 阳性。

3. 放射性甲状腺功能减退症

（1）亚临床型放射性甲状腺功能减退症。应同时符合以下四项：①有明确的射线接触史，甲状腺受到一次外照射≥ 10Gy 或分次照射累积剂量≥ 25Gy，或一次内照射≥ 20Gy；②潜伏期为受照后数月或数年；③血清 T_3、T_4 水平正常，TSH 水平增高；④无明显的临床症状和体征。

（2）临床型放射性甲状腺功能减退症。在具备亚临床型放射性甲状腺功能减退症诊断中的①和②项基础上，应同时符合以下两项：①血清 T_3、T_4 水平降低，TSH 水平增高；②有甲状腺功能减退的临床表现。

4. 放射性甲状腺癌

应同时符合以下四项：①有明确的全身或甲状腺受照史；②潜伏期≥ 4 年；③原发性甲状腺癌诊断明确；④按《职业性放射性肿瘤判断规范》（GBZ 97—2017）计算甲状腺癌起因于所受照射的病因概率（*PC*），*PC* 的 95% 可信限上限≥ 50%。

五、鉴别诊断

（一）急性放射性甲状腺炎

急性放射性甲状腺炎需要与以下疾病相鉴别，但甲状腺的受照射史是鉴别的关键点。

1. 急性化脓性甲状腺炎

此病表现为甲状腺局部或邻近组织红、肿、热、痛及全身显著炎症反应，有时可找到邻近或远处感染灶；白细胞明显增高，核左移；甲状腺功能及摄碘率多数正常。

2. 结节性甲状腺肿出血

突然出血可伴甲状腺疼痛，出血部位伴波动感；但是无全身症状，ESR 不升高；甲状腺超声检查对诊断有帮助。

3. 桥本甲状腺炎

少数病例可以有甲状腺疼痛、触痛，活动期 ESR 可轻度升高，并可出现短暂甲状腺毒症和摄碘率降低；但是无全身症状，血清 TgAb、TPOAb 滴度增高。

4. 无痛性甲状腺炎

本病是桥本甲状腺炎的变异型，是自身免疫甲状腺炎的一个类型。有甲状腺肿，临床表现经历甲状腺毒症、甲减和甲状腺功能恢复3期。但本病无全身症状，无甲状腺疼痛，ESR不增快，必要时可行FNAB检查鉴别。

5. 甲亢

碘致甲亢或者甲亢时摄碘率被外源性碘化物抑制，出现血清T_3、T_4水平升高，^{131}I摄取率降低，需要与急性放射性甲状腺炎鉴别。根据甲状腺受照史、病程、全身症状、甲状腺疼痛及ESR等方面可以鉴别。

6. 亚急性甲状腺炎

此病常在病毒感染后1~3周发病，有研究发现该病有季节发病趋势（夏秋季节，与肠道病毒发病高峰一致），不同地理区域有发病聚集倾向。发病前有上呼吸道感染前驱症状（如肌肉疼痛、疲劳、倦怠、咽痛等），体温不同程度升高，起病3~4d达高峰。可伴有颈部淋巴结肿大。

（二）慢性放射性甲状腺炎

慢性放射性甲状腺炎需与桥本甲状腺炎、单纯性甲状腺肿、甲状腺癌相鉴别。

1. 慢性淋巴细胞性甲状腺炎

此病又称桥本甲状腺炎。该病常并发其他自身免疫疾病，如系统性红斑狼疮（SLE）、类风湿关节炎等疾病；具有遗传易感性，多见于女性，环境（高碘地区）、药物、吸烟均为发病影响因素。

2. 结节性甲状腺肿

此病有地区流行病史，甲状腺功能正常，甲状腺自身抗体阴性。FNAB检查可见增生的滤泡上皮细胞，没有淋巴细胞浸润，有助于鉴别。

3. 甲状腺癌

此病多以结节首发，不伴甲状腺肿，抗体阴性，FNAB检查结果为恶性病变。尤其是慢性放射性甲状腺炎甲状腺明显肿大，质硬伴结节者需要与甲状腺癌鉴别。

（三）放射性甲状腺功能减退症

放射性甲状腺功能减退症应与碘缺乏性甲状腺功能减退症、其他因素引起的甲状腺功能减退症、低T_3、T_4综合征相鉴别；非放射性甲状腺功能减退症发病率有地区、种族差异，女性多于男性，随年龄增加患病率上升，年龄大于65岁人群中，甲减的患病率为2%~5%。超过一定剂量电离辐射照射史是鉴别的关键点。

（四）放射性甲状腺癌

放射性甲状腺癌应与甲状腺结节相鉴别，结合甲状腺超声和细针穿刺细胞学检查等结果，综合分析进行鉴别诊断。

第三节　治疗与康复

一、处理原则

放射性甲状腺疾病一旦确诊，建议脱离放射工作，进行对症、支持治疗。治疗后病情恢复，甲状腺功能恢复正常或甲状腺癌手术切除达临床治愈后可重返放射工作岗位。如需劳动能力鉴定，按《劳动能力鉴定　职工工伤与职业病致残等级》（GB/T 16180—2014）处理。

二、一般治疗

患者应注意休息，摄入均衡营养，避免过量摄入含碘食物。

三、特殊治疗

（一）急性放射性甲状腺炎

早期治疗以减轻炎症反应和缓解疼痛为目的，轻症可使用乙酰水杨酸、非甾体抗炎药或环氧酶 –2 抑制剂，疼痛剧烈、体温持续升高、其他药物无效时可应用糖皮质激素，可迅速缓解疼痛、减轻甲状腺毒症症状。甲状腺功能亢进症状明显时可应用 β 受体阻滞剂。一旦出现永久性甲状腺功能减退时，需要口服甲状腺素终身替代治疗。

（二）慢性放射性甲状腺炎

限制碘摄入量在安全范围可能有助于甲状腺自身免疫的破坏；无甲状腺功能低下表现，甲状腺轻度肿大，无压迫症状，甲状腺功能正常者，可不用药物治疗，注意随访，观察甲状腺肿大及甲状腺功能变化；出现甲状腺功能减退症者，给予左甲状腺素（L–T4）替代治疗。甲状腺肿大伴局部疼痛或局部有压迫症状时，可给予糖皮质激素治疗。

（三）放射性甲状腺功能减退症

对亚临床型放射性甲状腺功能减退症要密切观察病情，TSH 及血脂持续升高者给予甲状腺激素替代治疗；临床型放射性甲状腺功能减退症可采用甲状腺激素进行替代治疗。首选 L–T4，每日晨间服药 1 次，即可维持较稳定的血药浓度。一般初始计量为 25~50μg/d，每 1~2 周增加 50μg/d，直达到最佳疗效。长期替代治疗维持量为 100~150μg/d。应根据患者 TSH 水平确定其最佳替代治疗量。治疗期间需要定期复查。

四、放射性甲状腺癌

治疗方法包括外科治疗、放射性 ^{131}I（RAI）治疗和 TSH 抑制治疗、放射治疗等。传统的内科治疗主要是化疗，但分化型甲状腺癌对化疗药物敏感性较差，而靶向治疗、免疫治疗为近年来新出现的全身治疗。

所有治疗方法中手术治疗最为重要，直接影响后续治疗和随访，并与预后密切相关。规范化术后治疗与随访也是降低患者复发率和提高存活率的关键，是甲状腺癌诊治中的重要组成部分。因此甲状腺癌的治疗和随访已发展成由外科联合病理科、影像科、核医学科、放疗科、内分泌科、肿瘤内科等进行的规范化多学科联合诊疗，针对不同的患者或者同一患者的不同治疗阶段实施个体化精准治疗。

目前，靶向治疗已成为晚期甲状腺癌的标准治疗方法，但对总生存期的影响仍在观察。临床上常用的多靶点激酶抑制剂有索拉非尼、仑伐替尼、多纳非尼和安罗替尼，RET 抑制剂有普拉替尼和赛普替尼，TRK 抑制剂有拉罗替尼和恩曲替尼等。

免疫治疗目前仍处于临床研究阶段。对于其他治疗无效、疾病仍在进展的患者可考虑使用。

第四节　案例分析

一、案例 1

（一）受照史

1. 职业照射史

患者男，骨科医师，发病时 49 岁，放射工龄约 21 年。在其工作的前 9 年 7 个月，操作 400mA X 射线机进行透视下整复或手术，每次曝光约 20min，约 5 例 / 月，无防护措施；在其工作的第 6 个月至第 6 年，操作 100mA 移动 X 射线机进行透视下介入手术，每次曝光约 25min，每月约 20 例，进行术中拍片，每月约 32 例，无防护措施；在其工作的第 9 年 8 个月至第 20 年 8 个月，操作 630mA 高频胃肠机进行透视下整复或手术，每次曝光约 20min，约 6 例 / 月，无防护措施；在其工作的第 6 年 1 个月至第 21 年 3 个月，操作 50mA 移动 X 射线机进行透视下介入手术，每次曝光约 20min，每月约 25 例，进行术中拍片，每月约 40 例，无防护措施；在其工作的第 20 年 9 个月至第 21 年 3 个月，操作 1000mA X 射线机进行透视下整复或手术，每次曝光约 20min，每月约 8 例，无防护措施。

2. 受照剂量

根据射线作业人员接触史调查表显示的工作量及现场调查对工作量的确认，按照当时的《外照射慢性放射病剂量估算规范》（GB/T 16149—2012）、《用于光子外照射放射防护的剂量转换系数》（GBZ/T 144—2002）（现已废止，被 WS/T 830—2024 替代）的方法，估算甲状腺累积受照剂量为 0.34Gy。

（二）临床表现

从事放射工作 20 年后出现易怒，体重减轻，后易怒逐渐改善，出现情绪低落，体重较前增加，睡眠增多，出现咀嚼时咬肌酸痛感，全身水肿，非压陷性，以面部明显，当地给予“优甲乐片”替代治疗，水肿好转，无不适症状。

（三）辅助检查

1. 甲状腺功能：FT_3 为 0.63pmol/L（参考值 3.5~6.5pmol/L），FT_4 为 9.13pmol/L（参考值 11.5~22.7pmol/L），TSH ＞ 150.000μIU/mL（参考值 0.55~4.78μIU/mL），

2. 甲状腺抗体：抗甲状腺球蛋白抗体（TgAb）＞ 500.0U/mL（参考值 0~60U/mL），抗甲状腺过氧化物酶抗体（TPOAb）：＞ 1300.0U/mL（参考值 0~100U/mL）。抗甲状腺微粒体抗体（TmAb）50.8%（参考值 0~20%）。

3. 甲状腺彩超：甲状腺右侧叶形态略饱满，左侧叶形态尚正常，包膜光滑，实质回声呈弥漫性结节样改变。

（四）诊断结论

根据明确的射线接触史，甲状腺吸收剂量超过阈剂量，出现甲状腺功能减退，甲状腺自身抗体阳性，甲状腺彩超提示右侧叶形态略饱满，实质弥漫性改变，依据当时的职业病诊断标准 GBZ 101—2011（现行标准为 GBZ 101—2020），诊断为慢性放射性甲状腺炎。

二、案例 2

（一）受照史

1. 职业照射史

患者女，心内科医师，发病时 53 岁，从事心脏介入工作约 16 年。在其工作的前 4 年 4 个月，操作 150mA 小型 C 臂进行介入手术，其中冠脉造影每年约 115 例，术中透视每次曝光约 5min，DSA 电影模式每次曝光约 4min；冠脉治疗每年约 98 例，术中透视每次曝光约 8min，DSA 电影模式每次曝光约 6min，工作时穿铅围裙。在其工作的第 4 年 5 个月至第 14 年，操作 800mA DSA 进行介入手术，其中冠脉造影每年约 175 例，术中透视每次曝光约 4min，DSA 电影模式每次曝光约 3min；冠脉治疗每年约 160 例，术中透视每次曝光约 6min，DSA 电影模式每次曝光约 5min，工作时穿铅围裙。在其工作的第 14 年 1 个月至第 16 年 6 个月，操作 800mA DSA 进行介入手术，其中冠脉造影每年约 150 例，术中透视每次曝光约 3min，DSA 电影模式每次曝光约 2min；冠脉治疗每年约 130 例，术中透视每次曝光约 5min，DSA 电影模式每次曝光约 3min，工作时穿铅围裙。

2. 受照剂量及病因概率

根据射线作业人员接触史调查表显示的工作量和现场模拟检测结果，按照《外照射慢性放射病剂量估算规范》（GB/T 16149—2012）的方法，估算甲状腺累积受照剂量为 1.65Gy。根据《职业性放射性肿瘤判断规范》（GBZ 97—2017）的方法，估算放射性甲状腺癌的放射性肿瘤病因概率（*PC*）的 95% 可信限上限为 50.3%。

（二）临床表现

放射工作人员职业健康检查中彩超发现“甲状腺结节”，怀疑甲状腺癌的可能性，行左侧甲状腺癌根治术，术后诊断为“1. 左侧甲状腺乳头状癌（PT1N0M0 Ⅰ期）；2. 桥本氏病（自身免疫性甲状腺炎）；3. 结节性甲状腺肿”，术后 3 月行 ^{131}I 同位素治疗，后口服左甲状腺素片替代治疗。

（三）辅助检查

（1）甲状腺彩超：①甲状腺左、右侧叶实性结节，TI-RIDS 分级Ⅳ a 级；②甲状腺轻度弥漫性回声改变；③颈部见淋巴结图像。

（2）颈胸部 CT 平扫及增强：双侧甲状腺区占位，颈部小淋巴结，左下肺炎性改变，右上肺结节状钙化灶，双侧胸膜局部增厚。

（3）术后病理：左侧甲状腺乳头状癌Ⅰ级（隐灶型，直径 0.7cm），右侧甲状腺结节性胶样甲状腺肿，间质淋巴细胞浸润，颈部淋巴结未见癌转移。

（4）外周血淋巴细胞染色体畸变率：1%（易位 1 个，分析细胞数 100）。

（四）诊断结果

患者有明确的电离辐射受照史，估算放射性甲状腺癌的放射性肿瘤病因概率（*PC*）的 95% 可信限上限超过 50%。潜伏期超过 4 年。术后病理示左侧甲状腺乳头状癌。依据当时的诊断标准 GBZ 101—2011 及 GBZ 97—2017，诊断为放射性甲状腺乳头状癌。

（赵凤玲　郭　伟　吴　迪）

12 第十二章　放射性性腺疾病

第一节　概　述

一、定义

放射性性腺疾病（radiation induced gonad diseases）是指电离辐射照射所致的性腺疾病。包括放射性不孕症和放射性闭经。

放射性不孕症是指性腺受一定剂量电离辐射照射后所致的不孕，分为暂时不孕和永久不孕。

世界卫生组织将不孕症定义为夫妇婚后同居，有规律、正常性生活，未采取任何避孕措施至少1年仍未受孕。男性性腺受到照射后可出现睾丸萎缩、变软，但第二性征及性欲一般无改变，少数或有性欲减退。女性受照后可出现子宫、输卵管、阴道和乳房萎缩变小，引起不孕的同时可发生闭经，并出现类似更年期综合征的表现，如烦躁、情绪波动、潮热、多汗、心悸、睡眠障碍等症状。性腺出现典型临床表现的时间长短不一，与受照剂量密切相关。

放射性闭经是指电离辐射所致卵巢功能损伤或合并子宫内膜破坏、萎缩、停经6个月或3个月经周期（专指月经稀发患者）以上。分为暂时性闭经和绝经。

二、职业照射类型

随着经济的发展和科学技术的进步，核与辐射技术应用飞速发展，已广泛应用于核领域、工业、农业、医疗卫生、科学研究及国防事业等。很多职业都存在电离辐射的暴露，如X射线机产生电离辐射，不但用于医疗活动中，还用于工业活动中，粒子加速器、γ放射源、核反应堆、任何涉及同位素应用行业。职业照射群体中，无论是急性照射还是慢性照射，在全身受到超剂量照射的同时，对卵巢或睾丸可引起放射性性腺损伤。核爆炸、核反应堆事故和辐射事故时，在全身受到照射的同时，性腺也可能接受了较大剂量的照射，从而引起放射性性腺损伤。放射源的应用涉及辐射照射的危险。

三、病因及发病机制

不孕症的发生受许多因素影响，直接的因素有男方因素、排卵因素、输卵管因素等。此外，环境中各种化学物质、内分泌干扰物、重金属，以及长期处于高温环境等都可能损伤睾丸生精功能而导致不育。吸烟、酗酒、熬夜、肥胖等不良生活习惯也是男性不育的危险因素。但电离辐射可导致男性、女性发生不孕不育已得到公认。

性腺是全身对放射高度敏感的器官之一，睾丸和卵巢均对电离辐射敏感，一定剂量的电离辐射既可影响生殖功能，又可影响性激素的分泌。睾丸属于高度辐射敏感组织，受到小剂量的照射即可致精子细胞数目明显减少、活动度下降、畸形或死亡精子增多，亦可致放射性不孕不育。电离辐射通过多种途径对精子细胞有杀伤作用，一方面，睾丸间质细胞有一定的辐射抗性，但睾丸的生精上皮对辐射非常敏感。电离辐射可以直接作用于睾丸，引起睾丸生精上皮微环境、代谢和生化的改变，使生精细胞退化变性、脱落、凋亡增加，精子产生受到抑制，精子质量和活动能力下降；也可以直接或间接地作用于附属性腺附睾等，使精子失去成熟的机会，从而进一步影响精子的受精能力，导致不育的发生。另一方面，电离辐射通过直接或间接作用活化产生氧自由基，而氧自由基通过过氧化作用损害精子细胞膜，改变精子细胞膜的流动性，使得精子的活动能力丧失；同时，可使精子线粒体内外膜上的不饱和脂肪酸发生脂质过氧化反应，导致膜上的脂层排列松散，内膜峰减少，ATP合成减少，进而影响精子的活动能力。电离辐射也可作用于精子细胞，破坏精子细胞核DNA中的氢键结构，引起局部单、双链断裂及碱基等，也可出现大量的高甲基化精子，从而引起精子的凋亡。精子发生的辐射反应表现为逆分割效应，总剂量相同的情况下，小剂量分割照射造成的损害大于单次总剂量照射。睾丸由曲细精管和间质细胞组成，间质细胞分泌雄激素，主要是睾酮，但间质细胞辐射抗性较大。

卵巢受到一定剂量的电离辐射照射后可引起卵巢发生萎缩，表现体积减小、功能降低、卵泡退化或丧失、月经周期紊乱和闭经，间质纤维化及玻璃样变，卵巢血管硬化，其内分泌功能亦受影响，出现生殖激素的改变，导致放射性不孕症、暂时或永久性闭经。

国际劳工组织（ILO）判断放射性性腺损伤的剂量阈值：睾丸的照射剂量大于0.15Gy时，将影响生精上皮的生精能力，可发生精子数量的短暂减少，可持续数周的时间。而对于女性，卵巢发生短暂效应的剂量阈值是睾丸的5~10倍，卵巢受到0.65Gy照射后可发生暂时性不孕，剂量越大，产生的生物学效应越严重。单次剂量大于2Gy会导致男性永久性的无精子症。剂量为2.5~6Gy或更大的剂量会导致男女永久不孕不育。若直接照射剂量超过8.0Gy，几乎所有年龄段女性的卵巢将发生不可逆的损害，出现月经周期紊乱、放射性闭经和放射性不孕症，且导致不孕的有效照射剂量随女性年龄的增加而减少。

四、国内外相关规定

我国发布有强制性国家职业卫生标准《职业性放射性性腺疾病诊断》（GBZ 107—2015），并根据相关的研究与进展定期修订更新，适用于职业性外照射所致性腺损伤的放射工作人员，包括放射性不孕症和放射性闭经。

ILO在确定用于赔偿、登记报告和预防目的的职业病名单中对放射性疾病统称为电离辐射所致的疾病，列入物理因素所致疾病中，其中有电离辐射致不孕不育症。英国对辐射相关疾病的赔偿方案中涵盖生殖系统肿瘤，未涉及不孕不育症；美国2000年颁布的《能源行业雇员职业病赔偿计划法》（EEOICPA）和美国退伍军人事务部根据有据推定部分和非有据推定部分确定退伍军人在服兵役期间接受电离辐射患或可能患的放射性疾病中，均未涉及生殖系统肿瘤和放射性性腺疾病；日本对原子弹爆炸幸存者的赔偿计划中涉及生殖系统肿瘤；俄罗斯联邦对辐射相关疾病的赔偿方案涉及特殊情况下受照的工作人员（如“大规模辐射事件”相关人员）和放射工作人员，制定有辐射相关疾病或与大规模辐射事件相关疾病的职业病疾病目录，如俄罗斯联邦公共卫生部分别于1992年和1997

年以行政命令第279号和311号形式发布关于建立受辐射影响人员的疾病、身体残疾和死亡的因果关系的切尔诺贝利事故相关职业病。1992年职业病目录涉及生殖系统疾病有卵巢癌。1997年职业病目录涉及性功能下降。而俄罗斯联邦公共卫生部1999年以行政命令第198/85号形式发布与执行切尔诺贝利事故后清理工作有关的疾病目录中涉及卵巢、睾丸恶性肿瘤。2004年11月4日由俄罗斯联邦行政命令第592号批准了对切尔诺贝利事故、1957年马亚克生产联合企业事故和放射性废物排放到特查河事故等特殊情况下受到照射的工作人员的疾病目录，包含恶性肿瘤，未明确有放射性性腺疾病。对放射工作人员，2002年俄罗斯联邦和2012年俄罗斯联邦卫生与社会发展部发布的电离辐射相关职业性疾病名单中未明确有放射性性腺疾病；法国于1984年6月26日修订的赔偿体系中有认定资格的电离辐射相关疾病目录亦未涉及放射性性腺疾病；阿根廷共和国1996年7月1日实施的《职业病危险法（AOR）》中可能引起赔偿的电离辐射所致职业病涉及生殖障碍：少精症或无精症，流产。

第二节　诊断与鉴别诊断

一、职业照射史

在职业活动中，因暴露于电离辐射导致的急性和慢性照射，当全身或局部受到超剂量限值的照射时，可造成卵巢或睾丸发生放射性损伤。辐射事故或核事故时，在全身受到照射的同时，性腺也接受了较大剂量的照射，从而引起放射性性腺损伤；长期低剂量职业照射，尤其是受到超剂量照射，在全身受到照射的同时，对卵巢或睾丸可引起放射性性腺损伤。

二、临床表现

（一）放射性不孕症

夫妇同居1年以上未怀孕。男性受到大剂量的照射后，晚期可出现睾丸萎缩、变软，但第二性征及性欲一般无改变，少数或有性欲减退。女性受照射后可出现子宫、输卵管、阴道和乳房萎缩变小，引起不孕的同时可发生闭经，并出现类似更年期综合征的表现，如烦躁、情绪波动、潮热、多汗、心悸、睡眠障碍等症状。出现典型临床表现的时间长短不一，与受照剂量密切相关。

（二）放射性闭经

分为暂时性闭经和永久性闭经（绝经），主要临床表现为月经停止，长期闭经可合并生殖器萎缩及第二性征改变。

三、辅助检查

（一）实验室检查

1. 精液常规检查

出现异常，表现为精子数目明显减少或无精子，活精子百分率下降，精子活动率下降，活动力不良，畸形精子率增加。

急性受照后应及时进行精液常规检查作为患者精液的本底值，照后1~2个月复查。慢性照射可根据诊断需要随时检查。精液分析波动较大，因此，精液检查前的注意事项尤为重要，禁欲时间的长短会影响精液分析结果，一般推荐禁欲 2~7d，将精液直接收集于清洁、干燥的玻璃瓶内，保存在 20~37℃环境中，并在 1h 内送检。标本采集方法推荐手淫法，取精过程不得使用润滑剂，标本不要被尿液、水、肥皂等污染。

2. 性（生殖）激素测定

垂体分泌的促性腺激素包括卵泡激素（FSH）和黄体生成素（LH），它们不仅对女性性腺功能有促进作用，对男性性腺、睾丸的生精以及生精过程中所需的雄激素的产生，都是必不可少的调节因素。男性 FSH 水平与精原细胞数量呈负相关，抑制素 B（INHB）与 FSH 呈显著负相关，与精子总数呈正相关，是一种良好的非侵入性精子生成预测指标。联合检测 FSH 和 INHB 较单项检测对睾丸生精功能的评估有更高的预测价值。辐射致不孕检查时需要做性（生殖）激素测定，常用的性（生殖）激素指标有 FSH、LH、睾酮（T）、雌二醇（E2）、催乳素（PRL）和 INHB。建议上午 10 点前空腹采血进行检测，常用检测方法为化学发光法。

在性腺受照射后，FSH 水平随精子减少或卵巢功能降低而明显升高；受照射后 LH 变化规律同 FSH，但较 FSH 对性腺激素反馈调控反应弱，敏感性差；男性受照后 T 含量可能减少；女性受照后可出现雌激素（E）及孕酮（P）水平降低。

3. 卵巢功能检查

通过卵巢功能检查可了解卵巢有无排卵和黄体功能情况。卵巢功能严重减退为不孕症的常见原因。

（1）基础体温测定：基础体温是测量机体静息状态下的体温，要求经 6h 以上的充足睡眠，醒后未做任何活动之前测量。正常女性排卵后血清中孕酮（P）可刺激下丘脑的体温调节中枢，使基础体温升高 0.2~0.5℃，黄体期体温较卵泡期升高，成为双相型体温，高温相持续 11~14d。采用体温表动态测量和记录一个月经周期的基础体温，双相体温变化提示该周期排卵可能发生。卵巢受照射后基础体温测定为单相。

（2）阴道脱落细胞检查：正常生育年龄妇女的阴道脱落细胞主要为表层细胞，中层细胞极少，看不到底层细胞。卵巢受照射后阴道脱落细胞中底层细胞占 20% 以上。

（3）子宫颈黏液结晶检查：正常妇女排卵期在雌激素的影响下，宫颈黏液含水量多，清澈透明，质稀薄似鸡蛋清，延展性高，黏液拉丝长度可达 10cm。涂片检查出现典型羊齿状结晶。当卵巢受照射后卵巢功能减退，雌激素水平低落，宫颈黏液减少而且黏稠，并无结晶形成或仅有不典型结晶。

4. 外周血淋巴细胞染色体畸变率和微核检测

放射性性腺疾病患者可出现染色体畸变率和微核率增高。

（二）其他辅助检查

1. 生殖系统超声检查

女性因素不孕症的常规检查，可用于疾病的鉴别诊断，推荐使用阴道超声。检查内容包括子宫位置、大小、形态，子宫肌层的结构、子宫内膜的厚度和分型；卵巢大小、形态及储备、超声排卵监测等。放射性不孕症患者监测卵巢无排卵。

男性因素不孕症的常规检查，推荐使用阴囊超声，主要检查双侧睾丸、附睾大小、形态，精索静脉及近端输精管情况。

2. 子宫输卵管造影

子宫输卵管造影主要用于女性不孕症的鉴别诊断，可以提示宫腔形态异常，如宫腔粘连、宫腔占位和子宫畸形等；也可提示输卵管通畅度异常、梗阻和盆腔粘连。造影剂在输卵管远端膨大积聚提示输卵管积水可能。需要注意子宫输卵管造影属于侵入性操作，因此不作为首选检查项目。放射性不孕症患者子宫输卵管造影检查结果可无异常。

3. 睾丸活组织病理检查

睾丸活组织病理检查是男性生殖病理研究的重要检测手段，是诊断无精子症的常用方法，也是获取精子的手段之一。也是男性生精功能障碍临床诊断与分类、病因分析和预后判断的主要参考指标。当受照射患者精子计数低于 25×10^9/L，有条件时可行睾丸活组织病理检查，对受照剂量的确定及不孕症预后的判断有一定参考价值。

四、诊断原则与诊断依据

（一）诊断原则

应按照 GBZ 112—2017 的要求，根据职业受照射史、受照剂量（有个人剂量监测档案、工作场所监测资料）、临床表现和辅助检查结果等进行综合分析，排除其他因素和疾病，依据《职业性放射性性腺疾病诊断》（GBZ 107—2015）标准作出诊断。

有明确的超阈剂量照射史，有临床表现、精液或卵巢功能异常是本疾病诊断时的必备条件，同时具备以上三项可诊断为放射性性腺疾病。但放射性性腺损伤属组织反应，存在阈剂量值，因照射条件和个人辐射敏感性不同，标准提供的阈剂量为放射性性腺疾病诊断的参考值。另外，外周血淋巴细胞染色体畸变率升高对放射性性腺疾病有辅助诊断价值。不论男性或女性受照，在对受照者进行详细体格检查及有关实验室检查的同时，要注意排除其配偶患有非放射性不孕症的可能。做到以上几点就可以作出准确的疾病诊断。

（二）诊断依据

1. 放射性不孕症

（1）阈剂量：机体受到一次急性或长期慢性外照射，按照 GB/T 16149—2012 估算性腺受照剂量，须达到或超过表 12-1 中所示的放射性不孕症的阈剂量值。

表 12-1　放射性不孕症的阈剂量值

照射类型	受照器官	暂时不孕	永久不孕
急性照射（Gy）	睾丸	0.15	3.5~6.0
	卵巢	0.65	2.5~6.0
慢性照射（Gy/a）	睾丸	0.40	2.0
	卵巢	＞0.2	＞0.2

（2）临床表现：夫妇同居 1 年以上未怀孕。受照射后晚期男性可出现睾丸萎缩、变软，女性可出现卵巢、子宫、输卵管、阴道、乳房萎缩变小。电离辐射致女性不孕的同时引起闭经，可影响到第二性征，出现类似更年期综合征临床表现。

（3）辅助检查包括精液检查、卵巢功能检查、内分泌激素测定。

①精液检查：每次检查间隔时间不应少于 1 周，至少进行 3 次。具备下述三项中一项者即可诊断为精液检查异常：A. 3 次精液检查中有 2 次精子数＜15×10^9/L；B. 3 次精液检查中有 2 次活精子

百分率<58%；C. 3 次精液检查中有 2 次正常形态的精子百分率<4%。

②卵巢功能检查：卵巢受照射后患者基础体温测定为单相；阴道脱落细胞中底层细胞占 20%以上，宫颈黏液少、黏稠、无结晶形成；彩超监测卵巢功能显示卵巢无排卵。

③内分泌激素测定：辐射致不孕的同时需要做垂体内分泌激素测定以判断其变化情况，包括垂体促卵泡激素（FSH）、促黄体生成素（LH）、睾酮（T）、雌激素（E）和孕激素（P），有条件时测定抗米勒管激素（AMH）。

A. FSH：性腺受照射后基础 FSH 水平随精子减少或卵巢功能降低而升高；

B. LH：受照射后 LH 变化规律同 FSH，但较 FSH 对性腺激素反馈调控反应弱，敏感性差；

C. T：男性受照射后 T 含量可能减少；

D. E 及 P：女性受照后可出现 E 及 P 水平降低；

E. AMH：女性受照后基础 AMH 水平降低。

2. 放射性闭经

（1）阈剂量值：机体受到一次急性或长期慢性外照射，按照 GB/T 16149—2012 估算性腺受照剂量，须达到或超过表 12-1 中急性或慢性照射条件下卵巢对应的阈剂量值。放射性闭经分为暂时性闭经和绝经，其中暂时性闭经阈剂量值对应暂时不孕阈剂量值，绝经阈剂量值对应永久不孕阈剂量值。

（2）临床表现：放射性闭经的临床表现同放射性不孕症中女性相关的临床表现。

（3）辅助检查：卵巢功能检查和内分泌激素测定见放射性不孕症中女性相关的检查和测定。

五、鉴别诊断

（一）放射性不孕症的鉴别诊断

男性受照射后出现不孕症应与先天性睾丸发育不全、精索静脉曲张、腮腺炎、结核、梅毒后引起的睾丸炎、全身消耗性疾病、输精管阻塞、前列腺炎、阳痿、早泄及免疫性不孕症等鉴别。

女性受照后出现不孕症应与输卵管阻塞、子宫畸形、子宫内膜炎症、子宫肿瘤、子宫颈炎症、子宫颈息肉、子宫肿瘤、阴道病变、卵巢肿瘤、全身性疾病及其他影响卵巢正常功能而导致不孕的疾病相鉴别。

（二）放射性闭经的鉴别诊断

放射性闭经应与精神神经因素、先天性子宫卵巢发育不良、脑垂体肿瘤、卵巢肿瘤、慢性炎症及全身消耗性疾病等引起的闭经相鉴别。

判断闭经是否伴有子宫内膜病变，可进一步进行治疗性试验：应用 E 或 P 治疗，观察停药后 2~7d 内是否有撤药性出血。如果试验 3 次均无出血，说明伴有子宫内膜受损；如果有出血，说明子宫内膜无明显损伤。

第三节　治疗与康复

一、处理原则

对暂时性放射性不孕症，建议暂时调离放射性工作，加强营养，每年复查，各项检查正常后可逐渐恢复射线工作。男性受照射后，在精子检查结果未恢复正常前，应采取避孕措施，避免生育。

对永久性放射性不孕症目前无特殊有效的治疗方法，应脱离放射性工作，进行中西医结合治疗，并根据患者的临床症状，予以对症、支持治疗，加强营养，定期随访，每 1~2 年复查一次，包括常规项目的复查、内分泌激素测定、精液检查、外周血淋巴细胞染色体及精子染色体畸变分析等遗传效应的观察。

同时观察是否有全身性放射损伤；注意进行远后效应医学随访；如需劳动能力鉴定，按 GB/T 16180—2014 处理。

二、一般治疗

患者应改善生活方式，如规律作息、控制体重、适度运动、戒烟、限酒等。加强营养，提高机体抵抗力，膳食补充剂可以改善精子质量参数和有助于男性生育能力。补充氨基酸具有促进精子生成、增强精子运动功能等多重作用。根据患者的临床症状予以对症和支持治疗，同时进行适当的心理治疗，消除紧张和焦虑情绪。

三、特殊治疗

（一）药物治疗

抗氧化治疗、改善细胞能量代谢及改善全身和生殖系统微循环的药物是提高精子质量的三类基础治疗药物。

目前普遍认为氧化应激在男性不育的病理生理过程中起着重要作用，抗氧化治疗在男性不育治疗中发挥着重要作用。常用的抗氧化治疗药物有天然维生素 E、硫辛酸、左卡尼汀等。

改善细胞能量代谢的药物可改善全身组织和细胞代谢能力，且多兼有抗氧化作用，提高精子质量。常用药物有左卡尼汀、己酮可可碱、辅酶 Q10 等；改善全身和生殖系统微循环的药物可促进睾丸生精以及附睾内精子成熟，常用药物有七叶皂苷类、胰激肽原酶等。但治疗效果需要进一步临床观察。

（二）中医、针灸治疗

针灸治疗男性不育的机制主要有抗氧化、调节免疫等，一般采用辨证取穴、循经取穴、远近结合取穴的原则，在肾主生殖的指导下，运用补肾益精法进行针灸治疗。

（三）积极治疗全身性放射损伤

见本书第四章。

第四节　案例分析

因职业性放射性性腺疾病的诊断病例少见，本节以一起辐射事故引起的放射性性腺疾病作为典型案例，来介绍此病的诊疗及康复过程。

一、受照史

（一）放射源情况

20 世纪末，某地发生一起由非法倒卖废弃 ^{60}Co 治疗机和放射源导致的辐射事故，放射源为医用远距离治疗机用的 ^{60}Co 源，γ 射线平均能量 1.25Mev，半衰期 5.27 年。该治疗机于 1976 年生产，最大装源活度为 1.11×10^{14}Bq（3000Ci），更换新源后 1987 年 7 月标称活度为 1.01×10^{14}Bq，事故时实际活度为 2.14×10^{13}Bq（577Ci）。

（二）事故经过

某月 26 日，受照人员 A、B、C 收购了一台经多次非法转让的 ^{60}Co 治疗机和放射源，下午 6 时把铅罐中的两根不锈钢源棒（其中一个无放射源）取出，放在 A 家院内，当晚先后转移至屋内、院外菜地，27 日早晨取回放院内，下午 5 时又将此两根源棒转卖给 D。D 开三轮车将源棒拉回放在床头北 1.3m 处，其妻 E、儿子 F 约晚上 8 时上床休息，病例 E 头朝源方向。至当晚 12 时病例 E 和病例 F 先后出现恶心、呕吐。病例 D 从另一屋过来照顾妻儿，1 小时后也出现呕吐，病例 D 于 28 日早晨 4 时离开房间请村医生看病，白天外出。病例 A、B、C 3 人在 27 日卖源棒当晚出现恶心、呕吐症状，于 28 日找到卖主及其合伙人询问收购的物品是否有毒，卖家了解情况后让他们尽快将不锈钢棒装回铅罐内。28 日下午 2 时病例 A、B、C 3 人到买家 D 家取回源棒，轮流扶、打源棒，历时 3h 将源棒装入铅罐。因受照者 F 受照时年龄小，本案例所介绍的性腺损伤人员中无受照者 F。

（三）受照剂量

事故早期采用了常规的物理剂量和生物剂量估算，应用点源公式计算受照者体中心吸收剂量，利用外周血淋巴细胞染色体畸变率估算受照者生物剂量。事故后应用蒙特卡罗剂量重建技术模拟测量的方法估算物理剂量。5 名受照者生物剂量、全身平均剂量和甲状腺、睾丸、卵巢等器官剂量估算结果见表 12–2。

表 12–2　5 名受照者受照剂量估算结果

受照者	性别	受照年龄（岁）	生物剂量 95% 可信限范围（Gy）	模拟测量估算（Gy）				早期物理剂量估算（Gy）
				全身平均剂量	眼晶状体剂量	甲状腺剂量	卵巢 / 睾丸剂量	
E	女	38	4.46~5.64	6.10	11.30	6.60	2.60	5.6
D	男	37	2.40~2.80	2.40	4.40	—	3.50	2.6
A	男	31	0.66~1.09	1.10	1.22	—	2.20	1.3
B	男	39	0.49~0.87	0.90	1.00	—	1.90	1.0
C	男	51	0.34~0.76	0.70	0.78	—	1.60	0.9

注：“—”表示未测量估算。

二、临床表现

（一）受照者女性 E

于上述事故当月 26 日受照，末次月经时间是该月 24 日，于照后 2 年第一次来月经，色发黄；照后 3 年第二次来月经，照后 5 年第三次来月经，颜色、量正常，后一直未再来月经。临床表现为闭经。

（二）受照者男性 A、B、C、D

受照后性欲无明显改变，未再生育子女。

三、辅助检查

（一）受照者女性 E

1. 性（生殖）激素检查

病例 E 受照后 1 月测定性（生殖）激素指标正常，受照后 1~13 年测定雌二醇（E_2）、P 均低于正常参考值水平，照后 2 年水平最低，而 FSH、LH 一直高于正常参考值水平，性（生殖）激素的变化符合临床闭经的表现。其受照后性（生殖）激素检查结果见表 12–3。

表 12–3 病例 E 受照后性（生殖）激素检查结果

检查时间（照后）	FSH（mIU/mL）	LH（mIU/mL）	E_2（pg/mL）	P（ng/mL）
1 周	16.9	51.2	78.5	0.27
1 年	96.6	83.7	29.0	0.06
2 年	76.4	75.9	9.2	0.01
3 年	88.5	41.1	14.2	0.10
5 年	59.4	43.4	36.1	0.3
11 年	—	—	16.0	—
13 年	79.6	44.1	6.7	0.13
15 年	—	—	27.5	—

注：正常参考值，FSH 为 10~20mIU/mL，LH 为 10~30mIU/mL，E_2 为 50~240pg/mL，P 为 0.1~30ng/mL。

2. 生殖系统超声检查

受照后 1 月内超声观察子宫、卵巢大小正常，受照后 1 年观察子宫、卵巢略小于正常，受照后 2 年明显缩小，照后 3 年、5 年、7 年观察子宫、卵巢大小逐渐恢复，受照后 11 年、13 年观察子宫、卵巢大小正常，受照后 20 年彩超检查示老年性子宫改变。

3. 细胞遗传学检查

受照后 1~2 年外周血淋巴细胞染色体畸变分析结果显示有断片（ace）、易位（t）、双着丝粒体（dic）和着丝粒环（r）等畸变类型，其中非稳定性染色体畸变（dic+r 和 ace）率仍占总畸变的 60%；受照后 13 年染色体畸变分析显示染色体总畸变率分别 24.0% ；受照后 20 年染色体畸变分析显示染色体总畸变率 4.50 ± 1.50%，主要为 t；而受照 1 年后的所有随访外周血淋巴细胞微核率均在正常参考范围。

（二）受照者男性 A、B、C、D

1. 精液常规检查

受照后 1 周精液常规检查精子数目正常；受照后 3 月后精液常规检查显示精子数目明显减少或无精子，精子活动率下降，活动力不良，畸形精子率 20%~35%。受照后 6 月、1 年精液常规均显示无精子，受照后 2 年观察精子开始恢复。其中病例 C 的睾丸剂量最低 1.6Gy，受照后 2 年恢复正常，照后 3 年、5 年随访精液常规均正常。病例 D、A、B 的睾丸剂量偏大，受照后 7 年检查精液常规仍未恢复正常。4 名受照者受照后不同时间精液常规检查结果见表 12–4。

表 12–4 4 名受照者受照后不同时间精液常规检查结果

照后时间	精子数量（$\times 10^9$/L）				活动率（%）			
	D	A	B	C	D	A	B	C
1 周	110	不液化	不液化	135	75~80	70	30	80~85
3 月	9	5	0	130	10~15	2	—	60~70
6 月	0	0	0	0	—	—	—	—
1 年	0	0	0	数个	—	—	—	—

续表

照后时间	精子数量（×10^9/L）				活动率（%）			
	D	A	B	C	D	A	B	C
2年	3	3	10	150	60	60	70	80
3年	6	6	9	180	70	60	50	90
5年	18	22	37	—	60	70	70	—
7年	16	13	13	—	35	60	45	—
11年	—	29	64	—	—	70	20	—

注：正常参考值，精子数为（60~150）×10^9/L，活动率> 60%，活动力（a+b）≥50%，畸形精子率<30%。

2. 性（生殖）激素检查

病例A、B、C、D照后血清睾酮均处于正常参考值水平，照后3月出现明显下降。病例B、C、D于照后1年FSH、LH出现增高，高于正常参考值。其各自的检查结果见表12-5。

表12-5　4名受照人员于照后不同时间性（生殖）激素检查结果

照后时间	T（260~1260ng/dl）				FSH（<30mIU/mL）				LH（5~20mIU/mL）			
	D	A	B	C	D	A	B	C	D	A	B	C
1周	306.20	408.30	839.30	839.20	12.10	7.90	16.30	9.50	16.40	2.50	8.10	5.50
3月	247.0	300.80	480.40	435.90	—	11.40	18.30	24.10	—	2.70	7.20	7.20
1年	573.00	570.20	791.90	745.30	32.00	17.50	37.90	31.20	11.80	6.50	27.00	9.50
2年	—	860.20	858.40	730.80	—	14.20	28.00	6.30	—	11.50	21.90	6.40
3年	629.70	750.90	849.80	822.80	5.10	5.80	10.90	8.90	9.90	3.60	7.30	5.10
5年	503.90	291.70	837.40	413.70	10.03	11.48	19.56	8.91	5.88	3.27	9.89	5.04
11年	628.9	—	986.4	—	—	—	—	—	—	—	—	—
13年	259.4	—	908.8	—	11.47	—	12	—	7.86	—	9.35	—
15年	444.5	—	759.3	406.25	—	—	—	—	—	—	—	—

3. 细胞遗传学检查

4名患者受照后1~2年外周血淋巴细胞染色体畸变分析异常率高，畸变类型有断片（ace）、易位（t）、双着丝粒体（dic）、着丝粒环（r）、缺失（de1）及插入（inv）等，稳定性染色体畸变率高于非稳定性染色体畸变率；受照后13年染色体畸变分析可见断片（ace）、易位（t）、双着丝粒体（dic）等畸变类型，病例D和病例C的染色体畸变率分别为12.5%和3.5%；受照后20年外周血淋巴细胞染色体畸变分析主要表现为双着丝粒体（dic）和易位（t），病例D的染色体总畸变率4.00±1.41%，病例B和病例C的染色体畸变分析易位率（0.50±0.50）%；而受照1年后随访外周血淋巴细胞微核率均在正常参考范围。

四、诊断总结

根据5名患者明确^{60}Co意外照射史；性腺受照剂量估算结果超过放射性性腺疾病剂量阈值（卵巢剂量：病例E 2.6Gy；男性睾丸剂量：病例D 3.5Gy，病例A 2.2Gy，病例B 1.9Gy，病例C 1.6Gy）；

受照后女性出现闭经临床表现；辅助检查结果显示：生殖激素异常，男性出现精子数逐渐减少至无精子等异常，综合分析，患者有明确的超阈剂量照射史，受照后出现生殖系统损伤的临床表现、精液或卵巢功能检查异常，从时序性原则、生物学合理性原则、生物学梯度原则方面符合《职业性放射性疾病诊断总则》（GBZ 112—2017）标准要求的疾病认定原则、危害因素判断原则及疾病与接触职业病危害因素之间因果关系判断原则。依据《职业性放射性性腺疾病诊断》（GBZ 107—2015）标准作出放射性性腺疾病的诊断。

五、鉴别诊断

5名患者受照前身体健康，既往无生殖系统疾病史，均育有子女，生育正常。受照后出现闭经或精子数目逐渐减少至精子数为0，生殖系统损伤发生时间与受照时间上符合时序性原则，且性腺的受照剂量与生殖系统损伤建立有确切的病因学联系，综合分析可以排除其他生殖系统疾病，放射性性腺疾病诊断明确。

（赵风玲　郭　伟　吴　迪）

13

第十三章 放射复合伤

第一节 概 述

一、定义

复合伤（combined injury）是指两种或两种以上不同性质致伤因素同时或相继作用于机体所造成的复合性损伤。不同性质致伤因素是指能够独立引起特定的一类损伤的因素，如引致放射损伤的射线、引致烧伤的热能、引致创伤的多种机械力等；而特定性质的致伤因素可以表现出多种形式，如引致烧伤的热能可表现为火焰、沸水、蒸汽、光辐射等；引致放射损伤的电离辐射可以是 α 粒子、β 粒子、γ 射线、中子等。

放射复合伤（radiation combined injury，RCI）是指人员同时或相继受到电离辐射所致放射损伤与其他性质致伤因素所致损伤而产生的一类复合伤。目前报道较多的是电离辐射复合烧伤、创伤、冲击伤、感染等形式的放射复合伤。

二、发生场景

放射复合伤受到关注与核武器在战争中的应用及其杀伤效应研究的历程密切相关。1945 年，美国先后在日本广岛、长崎两地投放了原子弹，据统计，核爆炸伤亡人数分别占到全市人口的 36.8% 和 22.4%，推测各种类型的复合伤发生率高达 60%~85%。后续的核武器杀伤效应的试验研究表明，核武器爆炸产生的光辐射、冲击波和早期核辐射等三种瞬时杀伤因素可引起实验动物单一损伤的同时，复合伤的发生比例可高达 50%~85%。核爆炸时，合并有放射损伤的复合伤发生率高，且具有较多的共性特点，统称为放射复合伤。自 20 世纪 50 年代起，美国、苏联、中国等国家开展了较多的核爆相关的放射复合伤和非放射复合伤研究。

严重的核事故可导致放射复合伤发生，可见于核事故中的伤员与核应急救援人员，如 1986 年，苏联切尔诺贝利核电站事故伤员中，重度以上放射病患者多合并有严重 β 射线烧伤。鉴于上述全身放射损伤伴有严重皮肤局部照射时的伤情也常具有放射复合伤的特点，尽管不能在定义上满足两种或两种以上不同性质致伤因素的要求，但这类病患的资料仍具有重要的参考价值，所以也常一并归入放射复合伤的病情讨论之列。此外，核设施、核电站如遭打击造成破坏、毁损则可能发生核泄漏和火灾、爆炸等次生灾害，可引致多种形式的放射复合伤。

此外，核恐怖袭击也可发生放射复合伤。恐怖分子通过放射性散布装置（radiological dispersal device，RDD）亦即脏弹（dirty bomb），放射性照射装置（radiological exposure device，RED），甚至简易核装置（improvised nuclear device，IND）发动袭击，据预测会产生不同比例的放射复合伤伤员。

三、伤类与伤情

放射复合伤因致伤因素不同其伤类有所区别。较常见的放射复合伤包括放射损伤复合烧伤（radiation-burn combined injury，亦称放烧复合伤），放射损伤复合冲击伤（radiation-blast combined injury，亦称放冲复合伤），以及放射损伤复合创伤（radiation-wound combined injury）等。此外，多种致伤因素同时或相继作用时还可导致发生多因素复合伤，如放烧冲复合伤，即放射损伤合并烧伤及冲击伤。通常，放射复合伤命名原则是按照损伤的严重程度排列，将主要伤列于前，次要伤列于后，如放烧复合伤，表明放射损伤是主要损伤，烧伤为次要损伤。

为了及时有效地进行急救、诊断、治疗和后送，有必要对放射复合伤伤情进行分度。按照伤情的严重程度，可将放射复合伤分为轻度、中度、重度和极重度四级。通常放射复合伤分度以放射损伤为基础，考虑复合伤的加重效应而划分，一般复合中度以上的烧伤、冲击伤、创伤等情况，就可以加重伤情等级（见表 13-1）。放射损伤的分型与骨髓型放射损伤的分度可参考 GBZ 104—2017 及本书相应章节。

表 13-1　复合伤伤情分度

复合伤	分度标准（具备下列条件之一者）
极重度	一种损伤达极重度；二种重度损伤；重度放射损伤加中度烧伤；一种重度损伤加二种中度损伤
重度	一种损伤达重度；三种中度损伤；中度放射损伤加中度烧伤
中度	一种损伤达中度
轻度	二种或三种损伤均为轻度

四、基本特点

复合伤的基本特点是“一伤为主”“复合效应（combined effects）”，同样适用于放射复合伤。“一伤为主”是指放射复合伤的主要致伤因素即放射损伤在伤病的发生、发展中起主导作用。而放射复合伤与单一伤最大的区别在于发生了“复合效应”。遭受两种或两种以上致伤因素作用后，机体所发生的不同因素之间和致伤因素与机体之间的综合性相互作用，称为复合伤的复合效应。这种相互作用往往不是单一伤的简单相加，同时还存在着机体与不同致伤（病）因素之间，不同伤害相互之间的复杂反应过程；存在着损伤与抗损伤、协同叠加与拮抗消减等病理反应的重要理论问题；存在着比单一伤更为复杂的病理过程和发病机制；存在着可据以进行诊断和治疗的理论基础和技术途径。

大量研究表明，相互“加重效应（aggravating affects）”是复合效应的重要表现，使原单伤的表现不完全等同于单一伤发生的效应，整体伤情变得更为复杂，救治更加困难。加重效应在放射复合伤的突出表现就是将单纯放射损伤和放射复合伤的射线剂量效应进行比较，复合伤导致相应死亡率所需的射线剂量较单纯放射损伤时显著降低。但复合伤在有些情况下也可不加重，甚至出现“减轻效应（alleviating effects）”。复合效应可表现在整体效应、组织脏器和细胞效应上或分子水平效应上；复合效应也可表现在重要的病理过程中，不同病程环节和不同脏器表现可不尽一致。

第二节 诊断与鉴别诊断

一、诊断原则

放射复合伤可依据 GBZ 102—2007 放冲复合伤诊断标准和 GBZ 103—2007 放烧复合伤诊断标准进行诊断。需依据受伤史和个人受照剂量，根据伤情、临床表现、实验室检查结果，结合健康档案进行综合分析。诊断应以单一伤为基础，并充分考虑复合伤的特点，及时作出早期分类诊断和临床诊断。

二、临床表现

常见的放射复合伤包括放烧复合伤、放冲复合伤、放创复合伤等，其临床表现具有以下共性特点。目前，职业病种类和目录列出的放射复合伤主要包括放烧复合伤和放冲复合伤这两类。

（一）伤情严重程度主要取决于核辐射剂量

放射复合伤死亡率和存活时间虽然也受烧、创伤伤情程度的影响，但主要取决于核辐射的剂量。随受照射剂量增大，伤情严重，死亡率升高，存活时间缩短。

（二）病程经过具有放射病特征

以放射损伤为主的复合伤，其临床经过及转归以放射损伤起主导作用，具有明显的放射病特征。一般说来，具有初期（休克期）、假愈期、极期和恢复期的病程阶段性，但放射复合伤的极期提前、延长，假愈期缩短；造血功能障碍、感染、出血等极期典型临床表现更加凶险、突出。

（三）休克的发生率更高、程度更重

在单纯放射损伤时，早期休克是比较少见的。只有在受到很大剂量照射后，由于中枢神经系统和心血管系统的功能严重障碍，方可出现休克。而在放射复合伤时，休克发生率增加，程度加重。小鼠单纯 12Gy 放射损伤几乎不发生休克，15%的Ⅲ度单纯烧伤休克发生率为 20%，而两者复合损伤后休克的发生率为 50%。严重的休克常是放射复合伤早期死亡的重要原因之一。

（四）感染发生率高，出现早，程度重

感染在单纯放射病、烧伤和冲击伤中都比较突出，但复合伤时感染发生更早、更多、更重。放射复合伤时，发热和感染灶出现时间均早于单纯放射病。在极重度复合伤中，常见休克刚过，感染接踵而来，甚至休克期和感染期重叠，发生早期败血症。在伤后 2~3d 内死亡者，心脏和脾脏等组织内均能培养出细菌。从感染在死亡原因中地位看，骨髓型放射病约有 75% 的动物主要死于感染，而相应剂量的放射复合伤，则约有 90% 主要死于感染。需强调指出，在实际事故下，放射复合伤并发厌氧菌感染机会增多，伤情明显加重，预后严重。

（五）造血功能障碍加重，重建缓慢，出血明显

放射复合伤到达一定严重程度，可使造血组织损伤明显加重加快。骨髓造血组织损伤明显加重，全系血细胞的减少出现早、恢复慢。重度以上复合伤时，白细胞数在伤后出现迅速下降，比单纯放射病提早达最低值，谷底水平更低、更持久。红系呈大细胞低色素性贫血。外周血象血小板数下降更快、更低，同时可见毛细管脆性增加和凝血障碍逐渐明显。放射复合伤时，胃肠出血严重，胃肠黏膜常发生斑片状出血。临床出血症候群一般也比单纯放射病提早出现，且更为严重。

（六）创伤愈合延缓

放射复合伤时，创面或伤口的组织愈合修复延缓。放射损伤导致创伤难愈的机制主要包括：①造血功能障碍；②炎症细胞对修复细胞反应的驱动作用削弱；③射线对修复细胞的直接损害作用；④细胞外基质和生长因子对细胞的正向反馈作用削弱，概括为“以细胞损害为关键环节的愈合诸因素失调”。因此，复合伤创面促愈的原则是，在促进造血恢复的基础上，调节各种细胞因子的水平和平衡，增加创伤修复细胞的数量。

三、早期分类诊断

放射复合伤多见于核爆炸、严重核事故，甚至核恐怖袭击等特殊场景，往往涉及群体损伤，需要根据受伤史、伤员周围环境、早期症状与体征、外周血象变化、受照剂量等进行早期分类诊断。

（一）受伤史

尽快明确受伤原因，了解受伤经过，尤其对核爆炸和严重核事故产生的伤员早期分类诊断重要。仔细了解伤员在核事故发生时的位置，有无屏蔽和防护，是否看到爆炸景象或听到爆炸声响，是否被抛掷、撞击、挤压和掩埋，在重沾染区停留时间和活动情况，怎样撤离沾染区，这些情况将有助于间接推测伤员可能发生的损伤。具体到核爆炸，根据核爆炸的景象和有关情报，判断核武器当量、爆炸方式和爆心位置，推算出杀伤区位置范围和可能发生复合伤的类型。核爆炸时暴露人员主要发生放烧冲、烧冲和烧放冲三类复合伤。对于小当量，如千吨级、万吨级核武器在地爆、低空爆炸时，所导致的突出问题是放射损伤，主要发生放射复合伤；大当量，如百万吨级在空爆时，所导致的突出问题是烧伤，主要发生烧冲复合伤。人员在工事、建筑物或大型兵器内，由于屏蔽了光辐射的作用，主要发生放冲复合伤。

（二）伤员周围环境

不同的冲击波超压和动压，不仅可以使人员造成不同程度的损伤，而且对周围建筑物、工事、兵器等物体也可造成不同等级的破坏。因此，可以根据伤员周围的一些物体的破坏情况来推测人员可能发生的冲击伤（见表 13-2）。

表 13-2　冲击波造成物体破坏程度和冲击波压力值与人员冲击伤伤情比较

物体破坏程度	冲击波压力值（kPa）	冲击伤伤情
砖木民房严重破坏	15	轻度
工业厂房中等或严重破坏	15~25	轻度或中度
较坚固楼房中等破坏	18	轻度
较坚固楼房严重破坏	40	中度
堑壕、迫击炮轻微或中等破坏	60~90	重度或极重度
崖孔避弹所、机枪工事和轻型掩蔽部轻微破坏	60~85	重度或极重度
载重车、步车、加榴炮轻或中等破坏	70~120	中度、重度或极重度
轻中型坦克和装甲运输车轻微破坏	40~50	中度、重度或极重度

（三）早期症状与体征

放射复合伤的体表烧伤和外伤易于发现，诊断的难点和重点在于是否复合放射损伤和内脏冲击伤。存在耳鸣、耳痛、耳聋、咳嗽或有泡沫血痰，可能存在冲击伤；有恶心、呕吐、乏力，甚至腹泻者可能为急性放射病或严重放射复合伤；同时具备这两方面特征者高度怀疑为放冲复合伤伤员。整体伤情表现比体表烧伤或外伤要严重，应考虑是否复合放射损伤或内脏冲击伤；大面积烧伤而无明显的放射病早期症状，可能是以烧伤为主的复合伤；烧伤伴有耳鸣、耳痛、耳聋、咳嗽或有泡沫血痰，可能是烧冲复合伤；伤后有恶心、呕吐、腹泻，同时有烧伤和冲击伤的症状，可能是放烧冲复合伤。

（四）外周血象变化

放射复合伤致伤后，白细胞数有不同程度的下降，受照剂量越大，白细胞数目下降越快、越低。

（五）受照剂量初步估计

如伤员佩戴个人剂量计，可读出或监测受照剂量。伤员应尽可能每隔 12~24h 查外周血及分类，网织红细胞和淋巴细胞绝对值。条件许可时，可抽静脉血作淋巴细胞染色体畸变分析样本，留尿样、鼻拭物及血液标本做放射性测量样本，收集能用作伤员受照剂量估计的物品如手表、药片等。结合 GBZ 104—2017 初步进行急性放射损伤的早期分型和骨髓型急性放射病分度诊断。

四、临床诊断

（一）放烧复合伤

1. 受照剂量

受照剂量的估算是判断病情及作出诊断的主要依据，通常可以通过物理剂量和生物剂量测定方法互相补充得出较正确的数据。具体方法可参照本书相关章节。

2. 综合考虑烧伤对于放烧复合伤患者的影响

按照 GBZ 104—2017 进行放射病分型与分度诊断。在严重烧伤情况下，血便和柏油便均不能作为诊断放射损伤的特异性征象，因为严重烧伤也可引起血便和柏油便。

3. 根据烧伤面积和烧伤深度进行烧伤程度诊断

（1）烧伤面积诊断：烧伤面积是指皮肤烧伤区域占全身体表面积的百分数，可参照中国九分法或手掌法估算烧伤面积。中国九分法将人体体表面积划分为若干 9% 的等份来计算烧伤面积，如头颈部为 9%，双上肢为 18%，躯干（包括会阴）为 27%，双下肢（包括臀部）为 46%，人体面积总计 11 个 9%+1%。将九分法按发部、面部、颈部、双手、双前臂、双上臂、前后躯干、会阴、臀部、双足、双小腿、双大腿的顺序编成顺口溜：“三三三，五六七，十三十三再加一，五七十三二十一”。手掌法将伤员手掌五指并拢，其单掌面积约为伤员全身体表面积的 1%。

（2）烧伤深度诊断：烧伤深度的估计是根据创面表现对烧伤创面深度作出的分级诊断，常用三度四分法。通常将Ⅰ度和浅Ⅱ度烧伤称为浅度烧伤；深Ⅱ度和Ⅲ度烧伤合称为深度烧伤。

（3）烧伤伤情分度：可根据烧伤面积及深度分为轻、中、重、特重四度。

①轻度烧伤：总面积在 10% 以下的Ⅱ度烧伤；

②中度烧伤：总面积在 11%~30%，Ⅲ度烧伤少于 10%；

③重度烧伤：总面积在 31%~50% 或Ⅲ度烧伤在 11%~20%，或烧伤面积不足上述标准，但伴有休克、严重复合伤、中、重度呼吸道吸入性损伤者；

④特重烧伤：总面积超过 50% 或Ⅲ度烧伤超过 20%。

4. 放烧复合伤伤情分度诊断

放烧复合伤的伤情分度标准是在单一伤诊断标准的基础上制定的。在查明两单伤伤情程度的基础上，参照两伤均达中度以上时，复合伤伤情可有相互加重效应的特点，作出放烧复合伤伤情诊断（见表 13–3）。

表 13–3　不同伤情的单一伤复合后放烧复合伤伤情的分度

放射损伤	烧伤	放烧复合伤
轻度	轻度	轻度
中度	轻度	中度
中度	中度	重度
重度	轻度	重度
重度	中或重度	极重度
极重度	各度	极重度

（二）放冲复合伤

1. 受照剂量

同放烧复合伤部分。

2. 综合考虑冲击伤对于放冲复合伤患者的影响

依据 GBZ 104—2017 进行放射病分型与分度诊断。

3. 冲击伤的分度诊断

（1）有多处（多脏器、多部位）伤时，应确定主要损伤及其伤势的程度。

（2）根据伤员受伤条件及环境，推断冲击伤伤情，参见表 13–2。

（3）临床症状和体征：冲击伤的病情特点是伤情外轻内重，发展迅速。询问和观察有无意识丧失、头痛、头昏、耳鸣以及憋气感，胸、腹部疼痛等症状。根据冲击伤伤员的临床表现，进一步判断伤情（见表 13–4）。

表 13–4　各种冲击伤的临床表现

伤情	压强（kPa）	主要损伤	症状和体征
轻度	20~40	轻度脑震荡；听器损伤；内脏出血点、擦皮伤	可有一时性神志恍惚、头痛头昏耳鸣、听力减退、鼓膜充血或破裂；一般无明显全身症状
中度	40~60	脑震荡；严重听器损伤；内脏多处斑点状出血、肺轻度出血、水肿；组织挫伤、单纯脱臼	一时性意识丧失、头痛、头昏耳痛、耳鸣、听力减退、鼓膜破裂；胸痛、胸闷、咳嗽、痰中带血、偶可听到啰音；与一般战创伤同
重度	60~100	明显肺出血、水肿；肝、脾、胃肠、膀胱破裂；股骨、肋骨、脊柱以及颅底骨折等	胸痛、呼吸困难、咳血性痰；胸部可叩到浊音、听到水泡音；腹痛、腹壁紧张及压痛呈弥漫性腹膜炎体征；血压下降；临床上有不同程度休克或昏迷征象
极重度	＞100	严重肺出血、水肿，肝、脾破裂，严重颅脑损伤	呼吸困难、发绀、躁动不安、抽搐；胸部叩到浊音区，听到干、湿性啰音；喷出血性泡沫样液体；伤后处于严重的休克或昏迷状态，不经积极抢救，短期内即可迅速危及生命

（4）实验室和功能检查：① X 射线检查，用于诊断肺冲击伤、颅脑伤、胃肠破裂或穿孔和玻片伤等。②心电图，用于判断心、肺损伤和观察病情的发展过程。③生化指标，血清谷丙转氨酶和谷草转氨酶活性用于诊断肝破裂和心肌损伤。④脑电图、脑血流图，用于诊断颅脑损伤；必要时进行腰椎穿刺测脑压和检查脑脊液。⑤超声检查、动脉血氧分压和肺内分流量，用于诊断肺冲击伤。⑥ CT 和核磁共振检查，用于诊断胸、腹脊柱及颅脑冲击伤。

4. 放冲复合伤伤情分度诊断

放冲复合伤的伤情分度标准是在单一伤诊断标准的基础上制定的，在查明两种单伤伤情程度的基础上，参照两单伤均达中度以上时，复合伤伤情可有相互加重效应的特点，作出放冲复合伤伤情诊断（见表 13–5）。

表 13–5　不同伤情的单一伤复合后放冲复合伤伤情的分度

放射损伤	创伤（冲击伤）	放冲复合伤
轻度	轻度	轻度
中度	轻度	中度
中度	中度	重度
重度	轻度	重度
重度	中或重度	极重度
极重度	各度	极重度

第三节　治疗与康复

一、现场急救

放射复合伤的急救与一般创伤基本相同，包括止血、止痛、包扎、骨折固定、防治窒息、治疗气胸、抗休克等。如在沾染区，对有放射性物质沾染的伤口，应先放纱布或棉花填塞后再予以包扎，以阻止放射性物质的吸收，并迅速撤离沾染区。

由于放射复合伤时休克发生率高、程度重，感染又常是复合伤的重要致死原因，故应尽早采取抗休克和抗感染措施。如复合急性放射损伤有呕吐者，进行止吐处理。烧伤或其他外伤创面较大时，为预防感染可给长效磺胺或其他抗菌药物，而后迅速后送。在伤情允许的情况下，皆应先洗消后再做其他处理。

二、早期治疗

放射复合伤早期可参照急性放射病治疗原则，积极地进行有计划的综合治疗。

（一）防治休克

防治休克的原则和措施与一般战创伤相同。

（二）尽早使用抗放药

对急性放射病有效的抗放药对放射复合伤也基本有效，伤后应尽早给予。疑有放射性碘进入体内者，应尽早服用碘化钾；疑有其他放射性核素内污染的情况，必要时采用针对性加速排出的措施。

（三）防治感染

经验性地早期、适量和交替使用抗菌药物，积极防治感染。除全身使用抗菌药物外，应加强对创面局部感染的控制，以防止和减少细菌入血。当存在严重感染时，可少量多次输注新鲜全血，以增强机体防御功能。应注意对厌氧菌感染的防治，如注射破伤风抗毒素、配合使用抗生素、早期扩创等。同时，应注意对真菌感染的防治。

（四）促进造血恢复

细胞因子治疗放射病主要有多种细胞因子联合应用和细胞因子联合造血干细胞移植（hematopoietic stem cell transplantation，HSCT），以及应用新型重组多功能细胞因子。辐射剂量超过6Gy的极重度复合伤，最好在照后数日内实施骨髓等来源的造血干细胞移植。目前，非血缘的HLA半相合的骨髓移植已在临床得到普遍应用。大剂量照射还破坏细胞赖以生存的微环境。移植间充质干细胞（mesenchymal stem cell，MSC）不仅可以促进移植造血干细胞的归巢和残存造血祖细胞的增殖分化，改善造血微环境，而且可被定向诱导到受损伤的组织器官，参与多种组织的修复。基因修饰的MSC联合HSCT可能成为将来的发展方向之一。

（五）防治出血，纠正水、电解质紊乱

应放宽输血的指征，对外周血白细胞数和血小板数降低显著，贫血发生早者，应输注全血及有形成分。一般在假愈期开始少量输注全血，适当增加血液有形成分的输注次数和输注细胞量，必要时每1~2d输注粒细胞或血小板悬液1次。提早应用抗出血药物。根据血生化检查结果，输注电解质溶液和碱性注射液。

（六）手术处理

要积极争取创伤在极期前愈合，或尽量使沾染的创伤转为清洁的创伤，多处伤转为少处伤，开放伤转为闭合伤，重伤转为轻伤。

1. 手术时机

一切必要的手术应及早在初期和假愈期内进行，争取极期前创面、伤口愈合；极期时，除紧急情况外（如血管结扎术和穿孔修补术等），原则上禁止施行手术；凡能延缓的手术，应推迟到恢复期进行。

2. 麻醉选择

针麻、局部和硬膜外麻醉都可应用。乙醚麻醉和硫喷妥钠麻醉在初期和假愈期可以使用。有严重肺冲击伤者，不用乙醚麻醉，防止加重肺部症状。

3. 手术原则

因手术可能加重病情，需充分准备，尽量缩短麻醉和手术时间。清创应彻底，但注意保护健康组织。严密止血，伤口一般延期缝合。骨折应及早复位，骨折固定时间应根据临床及X射线检查结果适当延长。

三、专科治疗

对严重体表污染者，进行彻底洗消；对放射性内污染的伤员，进行促排治疗。加强伤员营养支持，积极进行综合对症治疗。恢复期后作器官修复和整形手术，尽早用可利用的器械作自动或被动运动，也可作局部或全身浸浴等，维护伤部关节功能。深度烧伤愈合后，宜用弹性绷带压迫瘢痕。

第四节 案例分析

20 世纪 80 年代，苏联卫生部生物物理研究所临床部作为治疗放射性疾病的主要专业中心，对 300 多名与切尔诺贝利核电站事故有关的工作人员进行救治，确诊了 115 名急性放射病患者。这 115 名患者中有 56 人存在不同程度的 β 射线皮肤烧伤，皮肤烧伤对病情产生复杂影响，显著加重了放射病的整体伤情。尽管严格意义上此类伤员的致伤因素为 γ 射线与 β 射线，均为电离辐射，但其表现出全身放射损伤与皮肤放射烧伤的相互影响，其损伤效应与放烧复合伤的复合效应高度类似，鉴于有详细记录的放射复合伤病例报道稀缺，本部分我们整理了切尔诺贝利核事故中的这类特殊伤员，供读者参考。

一、事件简介

切尔诺贝利核事故在 4 月 26 日凌晨发生，大多数患者于 4 月 27—29 日送达临床部。当时由于事故情况不明，尤其缺乏患者个人受照剂量的信息，早期的分类诊断主要依赖于伤员的临床症状。原发性皮肤红斑是皮肤放射损伤的可靠症状之一，其面积大小与外周血淋巴细胞的减少程度能够反映损伤的严重程度。在最初的几天内，最严重的骨髓型急性放射病病例常伴有广泛而明显的皮肤烧伤，早期就出现粒细胞缺乏与血小板显著减少。全身的 γ 射线受照剂量主要通过外周血淋巴细胞染色体畸变率进行估算。而所有皮肤放射损伤均为 β 射线所致。

二、受照者伤亡情况及受照剂量评估

为了彻底了解病患受照情况，医生与剂量评估专家重复研究了事故中伤员的病史，与每位幸存患者谈话，详细询问事故发生时及发生后早期的情况。他们试图确切地了解事故发生时个人和（或）他的同事在哪里，待了多久，如何从一个地点去到另外一个地点，等等。还包括他们的穿衣情况，以及何时、何地、如何进行了去污洗消。然后，将从访谈中获得的数据与放射性污染信息以及事故现场不同地点辐射信息进行比较，结合典型情况的皮肤剂量计结果，从而重建伤者的受照信息。进一步，根据 β 和 γ 射线成分与对总剂量的贡献、皮肤距离或接触放射源情况、所涉及放射源的核素组成等三个因素将伴有皮肤放射烧伤的急性放射病患者分为了四组。

第一组伤情最为严重，是在 4 号机组屋顶上进行 30~40min 灭火操作的 6 名消防员。他们完全浸没在充满高穿透性的 β 和 γ 射线的放射性烟雾与蒸汽中，湿透的衣服因沾满放射性物质而加剧了皮肤 β 射线损伤。该组患者的 γ 辐射剂量估计在 9.0~14.0Gy；β 射线所致皮肤基底细胞剂量约为 200Gy，真皮血管剂量大于 50Gy。这些极重度骨髓型和胃肠型急性放射病患者合并有体表面积 70%~90% 的严重皮肤损伤，病情发展迅速，均在第三周死亡。皮肤损伤在第一周表现为红斑与水肿；第二周结束时表现为广泛湿性脱屑伴糜烂，皮肤烧伤是死亡的主要原因。

第二组患者人数最多，由 29 名核电站操作员组成。他们在事故发生时和 3~4h 后在 4 号机组工作。该群体在核电站内外会接触不同类型的辐射源，皮肤烧伤部位与衣服浸湿区域密切相关。当皮肤病变超过体表面积 60% 时，患者出现死亡。而相对较小的病变面积可导致深部皮肤坏死，往往需要包括截肢在内的早期手术干预处理。

第三组患者包括 6 人，主要是在事故发生时和发生后的几个小时内，放射性烟羽扩散所致伤员。

他们一方面受到来自烟羽中 γ 辐射的影响，另外皮肤还暴露在烟羽沉降物颗粒中构成皮肤接触照射。该组的 γ 辐射剂量范围为 4.0~12.7Gy，身体暴露最多的部位依次是头面部、脖子、肩膀和手。受到最高剂量照射的病例伴有严重而广泛的 β 烧伤，事故发生时他在距核电站 1.0km 处停留了 1h，发现时被黑色灰尘覆盖，而对其进行去污洗消开展得太晚。后续对其进行估算表明，该病例头皮、面部、颈部和上半身皮肤受到穿透力较弱的 β 射线作用，基底细胞的剂量水平为 250~360Gy，真皮血管约为 30Gy。患者皮肤烧伤面积约占体表总面积的 70%，在第一周结束时出现广泛红斑，伴有水肿和一些水疱；到第 10d，出现广泛水疱，伴有糜烂和溃疡。患者于照后第 17d 死亡。该组另有 2 名患者稍后死亡，皮肤烧伤在其中的贡献不容忽视。其他 3 名患者存活，但小腿皮肤均出现问题，其中 1 人因晚期溃疡接受了两次手术。

第四组患者主要暴露于较远处的 β 与 γ 放射源，共计 15 人。这组患者在事故后受照超过 3~5h，放射源是厂房内地板和（或）厂房周围地面的受污染表面。该组的平均 γ 剂量范围为 3.0~4.5Gy，足部皮肤受到较强 β 射线（能量在 1.5~3.5MeV）照射导致基底细胞受照为 60~90Gy 和真皮血管受照为 20~30Gy。该组患者多表现为足部和胫骨损伤，在受照后 3~4 周出现湿性脱屑，在明显恢复后出现真性红斑，伴有水肿和糜烂（50~60d）。该组患者全部存活，但在 2~3 年后出现晚期足部皮肤溃疡，需手术处理。

三、案例总结

上述临床病例的研究分析表明，皮肤受损的面积和血液学损伤的程度与急性放射病的临床病程密切相关，是死亡率的重要独立预测因子。有研究者对基于个案病史的辐射事故评估和存档系统（System for Evaluation and Archiving of Radiation Accidents based on Case Histories，SEARCH）数据库分析认为皮肤损伤的反应时间、过程、严重程度以及面积在急性放射病病死率中有重要作用。因此，有理由认为放射复合伤会对伤者的整体病情产生复杂而深远的影响，需要结合多学科知识审慎、积极地加以救治。

（王军平　王　涛）

14

第十四章　放射性白内障

第一节　概　述

一、定义

放射性白内障（radiation cataract）是指由 X 射线、γ 射线、中子及高能 β 射线等电离辐射所致的晶状体混浊。

晶状体是人眼结构中的重要组成部分，位于虹膜、瞳孔之后，玻璃体之前，借助晶状体悬韧带与睫状体连接以固定其位置。晶状体为富有弹性的透明体，形似双凸透镜，是眼球屈光系统的重要组成部分，也是唯一具有调节能力的屈光间质。晶状体由晶状体囊、晶体上皮、晶体纤维和悬韧带组成。如晶状体因各种原因导致其透明度下降，出现部分或全部混浊，发生白内障，并进一步导致患者视力下降。尽管电离辐射可能造成眼睑、结膜、虹膜、睫状体、晶状体及视网膜等各组织损伤，但在眼部结构中，晶状体对电离辐射最为敏感，同时，晶状体也是人体放射敏感性较高的组织之一。在 2024 年 12 月新发布的《职业病分类和目录》中，放射性白内障被列为职业性放射性疾病的一种。因此，本章以放射性白内障为重点展开叙述。

二、病因及发病机制

电离辐射对眼部的损害有直接作用和间接作用。细胞中的 DNA 对射线敏感，小剂量即可引起 DNA 双链结构的断裂。晶状体前囊下的上皮细胞生发区，在正常情况下，会不断地进行有丝分裂，当射线引起晶状体上皮细胞内 DNA 损伤，有丝分裂则受到抑制，细胞异常生长。间接作用为放射线引起细胞内的水分子发生电离作用，产生大量的 H_2O^+、H_2O^- 和 H^+、OH^- 等自由基，自由基与细胞内的有机化合物相互作用，形成氧化物而破坏细胞内代谢过程，引起晶状体细胞染色体畸形、核碎裂及变性等。这些受电离辐射损伤而发生变性的上皮细胞在新细胞的产生及推挤下逐渐移行，堆积在晶状体后极部，引起晶状体点状及颗粒状混浊。初期裂隙灯检查可见晶状体后囊膜下有空泡和灰白色颗粒状混浊，后逐渐发展为环状混浊；也可表现为前囊膜下皮质点状、线状和羽毛状混浊，从前极向外放射。后期可有盘状及楔形混浊，最后形成晶状体全部混浊。

因此，X 射线、γ 射线、中子及高能 β 射线等各类射线照射晶状体达到一定剂量后，就会导致晶状体混浊，白内障的发生。发生白内障的潜伏期长短不等，与眼晶状体受照剂量大小和受照者年龄等均有直接关系，且年轻人的晶状体细胞生长更加旺盛，更易受到电离辐射损伤。因此，年龄小、受照剂量大者更易发生白内障。按晶状体改变的不同程度，将病变分为以下两种。

（一）晶状体混浊

1. 发生率

在不同职业照射中，医用X射线工作者的晶状体混浊发生率为30.4%~91%，工业探伤工作者晶状体混浊发生率为36.6%~85%，测井、核工业工作者等晶状体混浊发生率在81%以上。放射工作人员眼晶状体混浊发生率有随工龄增加、累积剂量增大而增高的趋势。

2. 混浊形态

59%以上的晶状体混浊多以点状、尘状为主，占到12.6%~24.7%；条状混浊为7.0%~34.5%，空泡为2.17%~4.8%。

3. 混浊部位

混浊有以赤道部为主（55%），也有以皮质为主（51%~89%），亦有后囊混浊。

（二）白内障

国内放射工作人员的白内障发生率为0.12%~1.88%，人员工龄多在20年以上，20世纪50—60年代的医用X射线工作者，其眼晶状体剂量在6.7~2.17Gy，全国各省级放射病诊断病例在1991—1998年，诊断慢性放射性疾病209例，其中放射性白内障77例（占26.6%），放射性白内障Ⅰ期54例，累积吸收剂量（1.0 ± 0.8）Gy，放射性白内障Ⅱ期23例，累积吸收剂量（2.94 ± 0.51）Gy。

三、国内外诊断情况及相关规定

自1895年伦琴首次发现X射线以来，Gutmann于1905年首次报告了一名X射线球管技师发生晶状体混浊的病例。二战期间，日本原子弹爆炸事件后，幸存者白内障发生率增高，促使研究者进一步关注到对放射性白内障的研究。1979年，我国北京大学第三医院眼科的李凤鸣教授首次报道了一例医用X射线导致的放射性白内障病例，开拓了我国放射性白内障研究的先河。随后，李凤鸣教授等人于1982年再次报道4例不同时期的放射性白内障。1984年朱秀安教授等人调查500名医用X射线工作者，发现6例放射性白内障，为该领域的研究贡献了重要数据。

确定引起放射性白内障的剂量阈值一直是研究及诊断标准制修订关注的重点，并在30余年间几经变化。1989年，美国国家辐射防护与测量委员会提出放射性白内障剂量阈值为2~10Sv。而后，二项随访时间长达五十余年的原子弹爆炸幸存者的研究提供了急性照射阈剂量的90%和95%的置信区间（confidence interval，*CI*）分别为0~2.8Sv和0~0.8Gy。临床可检出的晶状体混浊相应的剂量阈值低至0.5~2Gy，年剂量率大于0.1Gy/年。此外，Worgul等根据切尔诺贝利核电站事故清理人员的受照剂量数据，估算迁延照射诱发白内障阈剂量为0.34~0.50Gy，95% *CI*为0.17~0.69Gy，阈剂量值与白内障分期和发生部位没有相关性。Ainsbury等对1999年以来发表的8篇关于辐射诱导白内障流行病学研究进行了综述。研究对象包括临床患者、职业人群队列研究、原子弹爆炸幸存者、切尔诺贝利事故清理人员和飞行员，结果发现不同对象的晶状体受照剂量为1Gy时，都有放射性白内障发生升高的危险。

2000年，ICRP第85号出版物曾对皮肤和眼睛的放射病理改变及辐射危害进行过评议："既往的研究表明单次照射后，放射性白内障的剂量阈值为2Gy，5Gy会导致更加严重的疾病。"2007年，该委员会更新了ICRP（1991）中A3部分第A80段对眼晶状体放射敏感性的阐述："近年来的研究建议，眼晶状体对放射线的组织反应比原先所考虑的要更敏感。"ICRP（2007）对已导致视力障碍的放射性白内障的阈剂量建议为：一次或短时照射总剂量为5Gy，分割多次照射或迁延照射总剂量大于 8Gy，每年以分割多次照射或迁延照射接受剂量的年剂量率大于 0.15Gy/a。2011 年，ICRP 在其发表的关于组织反应的声明中规定：晶状体的吸收剂量阈值当前考虑为 0.5Gy；在计划照射情形下，职业照射的晶状体剂量限值，建议改为连续 5 年期间的年平均当量剂量不超过 20mSv，或任何一年中的当量剂量不超过 50mSv。上述内容更新于 2012 年 ICRP 正式发布的建议书和声明中。

在我国，放射性白内障的诊断标准也经历了多次版本的修订和更新。1985 年北医三院眼科根据调查研究结果，提出《放射性白内障诊断标准及处理原则》草案。1986 年，全国卫生标准技术委员会放射性疾病诊断标准专业委员会将该标准评审通过。1988 年，由卫生部首次颁布《放射性白内障诊断标准及处理原则》（GB 8283—1987）；2002 年，由卫生部再次颁布《放射性白内障诊断标准》（GBZ 95—2002）；2014 年再次修订并颁布《职业性放射性白内障的诊断》（GBZ 95—2014），是我国现行的职业性放射性白内障诊断标准。结合 ICRP 建议书的内容更新，GBZ 95—2014 标准制修订编制小组和多位专家反复讨论，将诊断放射性白内障的剂量阈值从 2Gy 调整为 1Gy。

第二节　诊断与鉴别诊断

一、职业照射史

放射工作人员在连续或间断受到较高年剂量率、较长时间（通常需要数年）达到较高累积剂量的外照射，放射性白内障的形成所需的时间（即潜伏期）与年剂量率和受照剂量呈负相关，年剂量率和受照剂量越高，则潜伏期越短，同时，这种潜伏期也取决于个人的辐射敏感性。电离辐射引起晶状体混浊的潜伏期，最短为 9 个月，最长为 12 年，平均为 2~4 年。如果接受超剂量照射，全身表现为急性放射病，在眼部也可出现视网膜损伤，晶状体变化则发生较晚。

二、临床表现

放射性白内障的临床表现与其他类型白内障的临床表现类似，具体如下。

（一）视力下降

视力下降是白内障最明显、最重要的症状。晶状体周边部的轻度混浊可不影响视力，而在中央部的混浊，虽然可能范围较小、程度较轻，但也可以严重影响视力。特别在强光下，由于瞳孔收缩，进入眼内的光线减少，此时视力反而不如弱光下。晶状体混浊明显时，视力可下降到仅有光感。

（二）对比敏感度下降

白内障患者在高空间频率上的对比敏感度下降尤为明显。

（三）屈光状态改变

核性白内障因晶状体核屈光指数增加，晶状体屈折力增强，产生核性近视，原有的老视减轻。若晶状体内部混浊程度不一，也可产生晶状体性散光。

（四）单眼复视或多视

晶状体内混浊或水隙形成，使晶状体各部分屈光力不均一，类似棱镜的作用，产生单眼复视或多视。

（五）眩光

晶状体混浊会使进入眼内的光线散射，从而造成眩光。

（六）色觉改变

混浊晶状体对光谱中位于蓝光端的光线吸收增强，使患者对这些光的色觉敏感度下降。晶状体核颜色的改变也可使患眼产生相同的色觉改变。

（七）视野缺损

晶状体混浊使白内障患者视野产生不同程度的缺损。

对于放射性白内障来讲，其临床经过可分为 4 个阶段：①初期，在晶状体后极部后囊下皮质出现空泡、点状和线状混浊，甚至呈网状混浊，患者多无自觉症状。②随着时间的延长，后囊下皮质的细点状混浊逐渐增多，并向前囊下皮质发展，前囊下皮质也可出现点状及线状的混浊，但比后极的变化轻微。患者开始出现视力下降等白内障相关表现，由于放射性白内障引起的晶状体混浊多位于后囊下，经过人眼视轴所在位置，所以在晶状体混浊的早期即可出现相关临床症状。③后囊下的混浊更多，渐次形成盘状、外形不规则，也有时呈数层重叠形式，盘状混浊的外围有散在的小点状混浊。这种混浊区渐向赤道方向及前面扩大，后囊下皮质呈蜂窝状混浊。此阶段时间更长。④最后晶状体全部混浊。此阶段看不出前 3 个阶段的晶状体改变，不能和老年性白内障鉴别。

三、辅助检查

（一）专科检查

1. 视力检查

使用国际标准视力表检查远近视力，远视力不足 1.0 者，需查矫正视力，40 岁以上者不查近视力。

2. 眼压检查

使用非接触眼压计或接触眼压计检查眼压，正常范围为 10~21mmHg。

3. 裂隙灯检查

按照解剖顺序，首先检查外眼，再借助裂隙灯检查结膜、角膜、前房、虹膜及晶状体及未散瞳检查眼底。其中应重点关注晶状体的检查，分别采用裂隙光及后照法观察晶状体是否有混浊、混浊形状、混浊出现的层次、混浊的部位等，并通过混浊是否位于瞳孔区或经过视轴，判断混浊是否影响视力。同时，需注意中央前房及周边前房的深度，未散瞳眼底的杯盘比大小及视乳头凹陷程度，以除外青光眼。再以短效散瞳剂充分散瞳，用检眼镜检查屈光间质及眼底。

绘制示意图或拍摄眼前节照相，记录病变特征，并便于后续检查对比，明确病变是否发生进展。

（二）分期标准

放射性白内障可分为四期，图 14–1 显示了Ⅰ~Ⅲ期放射性白内障眼晶状体的混浊情况。

1. Ⅰ期

晶状体后极部后囊下皮质内有细点状混浊，并排列成环形，可伴有空泡。

2. Ⅱ期

晶状体后极部后囊下皮质内呈现盘状混浊且伴有空泡。严重者，在盘状混浊的周围出现不规则的条纹状混浊向赤道部延伸。盘状混浊也可向皮质深层扩展，可呈宝塔状外观。与此同时，前极部前囊下皮质内也可出现细点状混浊及空泡，视力可能减退。

3. Ⅲ期

晶状体后极部后囊下皮质内呈蜂窝状混浊，后极部较致密，向赤道部逐渐稀薄，伴有空泡，可有彩虹点，前囊下皮质内混浊加重，有不同程度的视力障碍。

4. Ⅳ期

晶状体全部混浊，严重视力障碍。

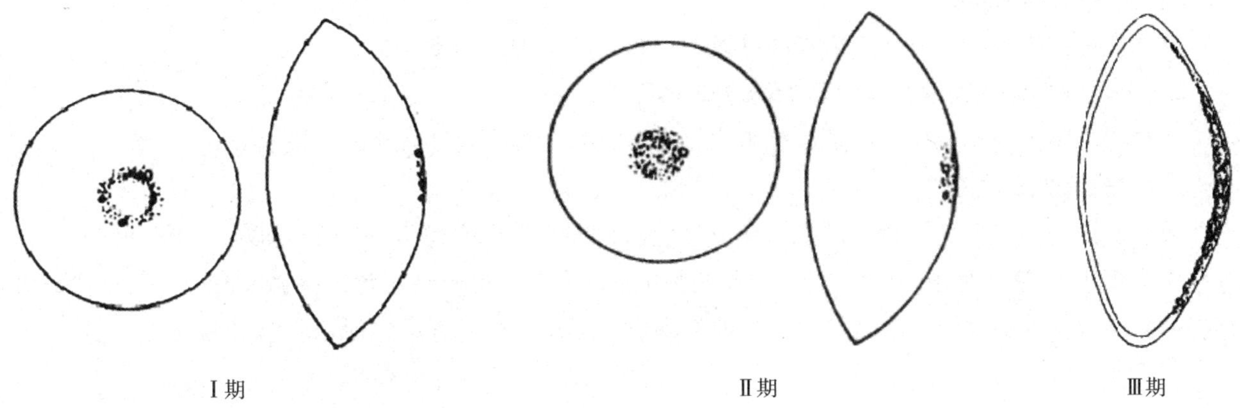

图 14-1　放射性白内障Ⅰ～Ⅲ期眼晶状体混浊情况示意图

四、诊断原则与诊断依据

（一）诊断原则

依据 GBZ 95—2014，根据有无长期接触放射线的病史、是否达到所受照射的剂量阈值、晶状体混浊形态特征，并排除其他类似形态的白内障，方可作出诊断。

（二）诊断依据

对患者进行完善的病史采集，包括有无放射线接触史、工作性质、接触射线类型、时间长短、个人剂量监测档案情况，有无全身及眼部症状等。诊断依据如下：①有明确的职业接触史；②眼晶状体受到急、慢性外照射，剂量超过 1Gy（含 1Gy）（职业性、个人剂量档案记载其年剂量率和累积剂量）；③经过一定时间潜伏期（1 年至数十年不等）在晶状体的后极后囊下皮质内出现混浊并逐渐发展到具有放射性白内障的形态特点；④排除其他非放射性因素所导致的白内障，并结合个人职业健康档案进行综合分析，方可诊断为放射性白内障。

五、鉴别诊断

需排除其他非电离辐射所致的白内障。

（一）老年性白内障

放射性白内障需要与起始于后囊下型的老年性白内障相鉴别。老年性白内障多起始于 45 岁以后，发病率随年龄的增长而增加。老年性白内障按照起始于晶状体的部位，分为皮质性、核性和后囊下性三种亚型，也存在复合型（即两种类型并存）。后囊下型白内障的晶状体表现为后囊下的浅层皮质出现灰白色颗粒、小点状混浊，组合成不规则盘状；进一步发展，沿着后囊下皮质向赤道部伸延，外观似蜂窝状。因混浊位于视轴区，故早期即影响视力，也可与核性白内障同时发生。

（二）并发性白内障

高度近视、色素膜炎、视网膜色素变性等因素所引发的并发性白内障，也起始于晶状体后极部后囊下皮质，诊断时应注意鉴别。

（三）代谢性白内障

放射性白内障须与糖尿病、手足搐搦、长期服用类固醇等引起的代谢性白内障相鉴别。

（四）挫伤性白内障

挫伤性白内障起始于晶状体后极部后囊下皮质，有明确外伤史。

（五）化学中毒及其他物理因素所致的白内障

此类白内障多为职业性白内障，有明确的化学、物理等职业性有害因素接触史。

（六）先天性白内障

放射性白内障需和先天性白内障后囊下型鉴别，先天性白内障多在妊娠期发生，出生时已存在，也有出生后发生者。因此，相关人员的入职体检十分重要，需明确患者在接触放射线前，是否已经存在晶状体的混浊，并记录晶状体出现混浊的部位、形态、严重程度，便于后续对比。

第三节　治疗与康复

一、处理原则

对于职业性放射工作者，需注意防护措施及定期进行职业健康检查。

（一）防护措施

应根据不同职业照射类型、射线的能量，使用不同厚度的铅屏蔽，使外照射剂量不超过阈值剂量。为防止晶状体受辐射损伤，从事放射线工作者应戴铅防护眼镜；头颈部放射治疗患者，眼部应加用有效的屏蔽防护。

（二）职业健康检查

入职前，应进行上岗前职业健康检查，如发现先天性发育性白内障、并发性白内障、早老性白内障及其他原因所致的白内障，应避免在电离辐射现场工作。就业后，每年进行在岗期间职业健康检查，对诊断为职业性放射性白内障者，根据白内障程度及视力受损情况，建议患者脱离放射线工作，定期检查，一年复查一次眼部情况。

二、药物治疗

多年来，人们对白内障的病因和发生机制进行了大量研究，针对不同的病因学说应用不同的药物治疗白内障。尽管目前临床上有包括中药在内的十余种抗白内障药物在使用，但其疗效均不十分确切。

三、手术治疗

手术治疗仍然是唯一公认有效的、各类白内障的主要治疗手段。通常采用在手术显微镜下施行的白内障超声乳化术或白内障囊外摘除术联合人工晶状体（intraocular lens，IOL）植入术。

（一）手术适应证

（1）白内障手术的主要适应证是视功能不能满足的患者，而手术后可提供改善视力的可能。

（2）白内障摘除术也适用于当晶状体混浊妨碍诊断或处理眼后节疾病时，如视网膜脱离、糖尿病视网膜病变和眼内炎等。

（3）有临床意义的屈光参差合并白内障存在时，应考虑进行白内障手术。

（4）因晶状体病变引起的其他眼部病变，如晶状体引起的炎症（晶状体溶解、晶状体过敏反应），晶状体膨胀诱发的闭角型青光眼，也可考虑白内障手术。

（5）虽然患眼已丧失视力，但成熟或过熟的白内障使瞳孔区变成白色，影响外观时，可在患者要求下考虑施行白内障手术。

（二）术前检查和准备

1. 眼部检查

检查患者的裸眼视力、光感、光定位、红绿色觉；裂隙灯、检眼镜检查，记录结膜、角膜、虹膜、前房、晶状体以及视网膜情况，排除眼部活动性炎症等病变。

2. 特殊检查

眼压，显然验光及矫正视力，角膜曲率以及眼轴长度测量、计算 IOL 度数，角膜地形图，角膜内皮细胞，眼底照相、眼部 B 超等检查。

3. 全身检查

对高血压、糖尿病患者积极控制血压和血糖；心、肺、肝、肾等脏器功能检查，确保可耐受手术，必要时请相应科室会诊。

4. 术前准备

包括术前冲洗结膜囊和泪道，散瞳剂散大瞳孔等。

5. 手术方法

一千多年以前，我国以及印度等国家就有针拨术治疗白内障的记载。近 200 多年来白内障的手术技术得到了快速的发展。尤其近几十年内，显微手术和 IOL 的设计和类型得到极大发展，白内障手术也从防盲手术有了质的提升，成为更关注优质视觉质量的屈光性白内障手术。

除了对于少数白内障严重程度极重的患者，需采用白内障囊外摘除联合 IOL 植入术，多数患者均采用白内障超声乳化吸除联合 IOL 植入术，该术式是应用超声能量将混浊晶状体核和皮质乳化后吸除、保留晶状体后囊的手术方法，手术切口最小可仅有 1.8mm，具有组织损伤小、切口不用缝合、手术时间短、视力恢复快、角膜散光小等优点，并可在表面麻醉下完成手术。

植入的 IOL 依据其功能，如能否矫正老视可分为单焦点 IOL 及老视矫正型 IOL（包括双焦点 IOL、三焦点 IOL、景深延长型 IOL）；根据能否矫正散光，可分为散光矫正型 IOL 和非散光矫正型 IOL，也有能同时矫正老视和散光的散光矫正型多焦点 IOL 等。依据中华医学会眼科分会白内障及人工晶状体学组在 2017 年、2019 年分别推出了《我国散光矫正型人工晶状体临床应用专家共识》和《中国多焦点人工晶状体临床应用专家共识》，患者满足相应 IOL 植入的适应证，即可根据患者的生活及用眼需求进行选择，在摘除白内障的同时，一体化解决近视、散光、老花等问题，提高其视觉质量及生活质量。

第四节　案例分析

一、案例1

（一）职业受照射情况

患者男，65岁，放射诊断医师。其中，有3年2个月从事胸透工作，使用设备未15mA X射线机，每日工作量为胸透30人左右；有21年6个月，从事结核病普查工作，用30mA射线光机，每日胸透400人左右；有9年12个月，每日胸透200人左右；有3年4个月，主要从事阅片工作，接触X射线较少。1980年以前，从事胸透和结核病普查工作时，所使用的个人防护用品有铅围裙和铅椅，无铅眼镜。否认特殊化学物质、毒物接触史，否认外伤史、高血压、糖尿病及全身系统性疾病史。

（二）临床表现

患者主诉视力减退10余年。眼科检查：视力：右眼光感，左眼0.8。散瞳裂隙灯显微镜检查：右眼晶状体后囊下呈蜂窝状混浊，后极部密度大，向四周赤道部呈条索状伸延，前囊下皮质内有点状混浊，左眼晶状体后囊下亦出现盘状混浊和空泡变性。

（三）诊断原则与诊断依据

1. 职业接触史

患者有明确的射线接触史，且根据射线作业人员接触史调查表显示的工作量，估算晶状体累积吸收剂量。

2. 临床表现

患者出现明显视力下降，符合白内障的临床表现，且后囊及前囊下的混浊可在白内障早期就引起患者视力下降，病程较长。

3. 辅助检查

视力检查示患者右眼视力明显下降，散瞳后裂隙灯检查可见右眼晶状体后囊下呈蜂窝状混浊，后极部密度大，向四周赤道部呈条索状伸延，前囊下皮质内有点状混浊，左眼晶状体后囊下亦出现盘状混浊和空泡变性，符合放射性白内障的晶状体混浊特点。可与年龄相关性白内障、先天性白内障等进行形态学鉴别。

综上，根据职业接触史和晶状体混浊特点，依据《放射性白内障诊断标准及处理原则》（GB 8283—1987）（诊断当年的现行标准），诊断为右眼职业性放射性白内障（Ⅲ期），左眼职业性放射性白内障（Ⅰ期）。处理意见：建议患者长期脱离放射线作业，右眼施行白内障摘除联合IOL植入术，左眼可继续观察视力变化及白内障进展，必要时也可行手术治疗。

二、案例2

（一）职业受照射情况

2000年左右，欧洲某国的两家公立医院因放射仪器防护措施的不足，特别是缺乏铅眼镜的使用，导致X射线机对介入放射科医护人员的眼晶状体造成了超出放射性白内障剂量阈值的照射。在这起事件中，共有4名医护人员确诊为放射性白内障。

在第一家医院中，1 名放射科医生从事介入手术已超过 8 年，根据放射科提供的数据，估计工作量可能达到每周 1100mA/min。通常透视条件是 100~110kV、1.5 mA，眼部测得的散射剂量率高达 4mSv/h。据此推算，该医生的眼晶状体每月所受辐射剂量约为 200mSv。

在第二家医院中，1 名介入放射科医生有 16 年临床经验。自 1993 年科室配备 X 射线机起，该医生每年进行约 180 次诊断性操作和 120 次治疗性手术。1996 年后，随着工作量增加，每年诊断性操作增加至 300 次，治疗性手术增加至 280 次。在常规的诊断性操作中，医生在 75~80kV 和 30~40mAs 的条件下，采集 4~12 张图像，透视的持续时间介于 5~40min 之间，平均为 10min。治疗性手术中，图像采集的数量保持一致，但透视的平均时间延长至 20min。为了评估辐射照射量，监管人员模拟了常规流程，包括采集 10 张图像及 10min 的透视检查。根据设备与操作者之间的距离进行测量，每次手术流程中晶状体所接受的辐射剂量估计在 1~2mSv 之间，平均剂量为 1.5mSv。基于这一估算结果，1993 年和 1996 年该医生晶状体累积的总辐射剂量分别达到了 450mSv 和 900mSv。

（二）眼科检查

第一家医院中，1 名放射科医生和 2 名护理人员检查可见晶状体点状囊下混浊。第二家医院中，放射科医生则出现双眼晶状体点状核旁混浊伴分离性后囊下凝固，其中左眼更严重（如图 14–2）。

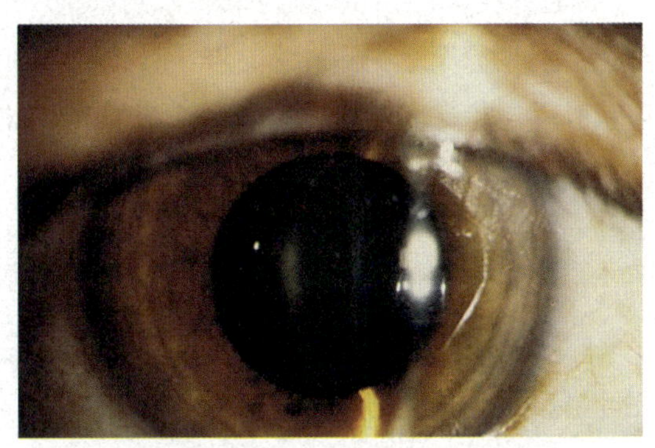

图 14–2　第二家医院放射科医生的左眼晶状体

（三）诊断原则与诊断依据

1. 职业接触史

患者均为放射科医护人员，有明确的射线接触史，且根据数据测定，患者晶状体所受平均辐射量已经超出了 ICRP 推荐的长期辐射照射剂量的安全阈值。

2. 专科检查

患者专科检查示晶状体点状囊下混浊或晶状体点状核旁混浊，与放射性晶状体混浊表现一致。

综上，根据职业接触史和晶状体混浊特点，4 名患者均可诊断职业性放射性白内障。处理意见建议患者长期脱离放射线作业，继续观察视力变化及白内障进展，必要时施行白内障摘除联合 IOL 植入术治疗。

（梁　莉　张照辉　齐　虹　刘一昀）

15 第十五章　铀及其化合物中毒

第一节　概　述

随着我国经济的发展和科技的进步，核和辐射技术在工业、农业、核能、医疗及科学研究等领域的应用日益广泛，极大地促进了社会进步和经济的发展。特别是核电站的建设带动了核燃料循环的快速发展，铀矿的开采、水冶、铀浓缩和转化、核燃料生产等建设不断加强，接触铀及其化合物的从业人员不断增多，核事故的风险也随着增加，铀及其化合物引起中毒的风险越来越受到人们的重视。

一、定义

急性铀中毒指的是机体在短时间内经不同途径摄入过量天然铀或低浓缩铀，引起以急性化学中毒性肾病为主的全身性疾病。

天然铀作用于人体是化学毒性所致的肾脏损伤，摄入大量可溶性铀化合物可导致典型肾功能衰竭，表现为典型的急性铀中毒症状。六氟化铀污染可因化学腐蚀作用引起皮肤和眼结膜的损伤，六价可溶性铀化合物在肾脏损伤的同时也可对肝脏造成损伤。

二、职业暴露情况

铀是最基本的核工业原料，从铀矿的勘探、开采，铀矿石的选矿、水冶，到铀的富集、氧化和氟化，再到铀的同位素分离，以及铀的浓缩，在这一系列金属铀的生产和核燃料元件的制造等过程中，相关的铀作业人员均可接触到铀及其化合物。铀及其化合物对机体的作用，表现为化学损害和辐射损害两个方面。机体摄入铀及其化合物时，主要表现出肾脏的化学损害，大量摄入后同时可引起辐射损害。低浓缩铀中毒时，以肾脏的急性化学损害为主，但是当暴露于高浓缩铀时，损害主要表现为辐射效应。肾脏是铀化学毒性的靶器官，急性铀中毒的重要后果是细胞内液体传输系统障碍、肾小球滤过功能和近曲小管吸收功能下降等引起的一系列损伤。

国内外曾经报告多起铀、UF_6、UF_4 急性吸入事故，硝酸铀酰和氧化铀烧伤引起的急性铀中毒事故，以及重铀酸铵的容器破裂导致工作人员烧伤并吸入难溶性铀引起的急性铀中毒。这些病例为急性铀中毒的诊断和治疗积累了一定经验。

三、国内外研究现状

联合国原子辐射效应科学委员会（UNSCEAR）曾成立铀项目专家组，对 1949—2016 年全球关于铀相关研究的公开文献进行收集，涉及动物 / 细胞实验研究和暴露人群流行病学研究，作为

UNSCEAR 2016 年报告中的附件 D 于 2017 年正式发布，主要结论如下。

（一）铀进入体内的主要途径

铀进入体内的主要途径是吸入和食入，铀吸收入血高度依赖于摄入的铀化合态。用人和动物数据模拟铀的吸收、分布与排泄，主要滞留部位是骨骼，软组织中量较低，大部分快速经尿排出，在此基础上建立了 ICRP 模型。

（二）铀的效应

铀的效应主要与铀的化学毒性相关，尤其是急性暴露后的效应，称作“肾效应”。因为肾脏是对铀最敏感的靶器官。在较高剂量水平，也可发生骨、肝脏、睾丸、中枢神经系统和免疫系统的变化，但变化不能导致可观察到的病理表现。动物研究显示，除了肾脏的损伤，铀导致其他器官的毒理效应浓度远高于人暴露的浓度。

对急性铀中毒的诊断目前没有可以借鉴的国际标准，国外的文献中未检索出急性铀中毒的诊断标准。国内外文献研究基本都是基于动物实验的铀的毒理学研究内容。有限的人体研究提示，急性摄入致每克肾脏最高铀水平约 1μg 能引起可检测到的肾功能紊乱。

在动物实验上，基于啮齿类动物的系列实验研究揭示，肾脏是急性铀中毒主要靶器官，注射铀剂量 0.1mg/kg 可引起肾的形态学改变，组织学变化包括肾近曲小管上皮和肾小球的退行性变或坏死。

国内曾报告一例急性铀化合物中毒病例，该事件中由于硝酸铀酰溶液意外倾倒在工作人员身上，致使其大面积皮肤化学烧伤，铀通过皮肤创面吸收进入血液。事故后数日内，该工作人员发生急性肾功能衰竭和中毒性肝炎，经积极抢救治疗，一个月后开始恢复。通过剂量估算，该事件进入体内的铀初始负荷量为 116 mg。对其进行了为期 33 年的随访，结果表明，肾功能、肝功能恢复正常。外周血淋巴细胞观察到染色体畸变，包括染色体环、断片和双着丝粒，其他检查如甲状腺、肾上腺内分泌功能、细胞和体液免疫功能，以及代谢功能检查结果正常。

第二节　铀的理化特性

一、铀的辐射特性

铀是重要的天然放射性元素，铀的地球化学性质非常活泼，易于迁移分散。在地壳中，虽然铀的总含量很高，但是难以形成富矿床，在自然界的分布很广。铀矿床的含铀量平均品位小于 0.2%，一般为百分之几到万分之几。含铀矿物按其成因分为两类，一类是原生铀矿物，是在地下深处由岩浆活动和地下水活动而形成的铀矿物；另一类是次生铀矿物，是在地表及近地表的条件下生成的铀矿物。铀的天然同位素由 ^{238}U、^{235}U、^{234}U 组成，其丰度（%）分别为 99.2739 ± 0.0007、0.7204 ± 0.0007 和 0.0057 ± 0.0002。铀的相对原子量为 238.03。

铀的三种同位素在天然矿石中共生，其中 ^{235}U 的含量非常低，只有约 0.7%。为满足核武器和核动力的需求，人们建造了铀浓缩厂，以天然铀矿作原料，运用同位素分离法（扩散法、离心法和激光法等）使天然铀的三种同位素分离，以提高 ^{235}U 的丰度，提炼浓缩铀。

浓缩铀指经过同位素分离后，^{235}U 含量超过天然含量的铀金属，与其相对的是贫化铀。根据国际原子能机构的定义，丰度为 3% 的 ^{235}U 为核电站发电用低浓缩铀，^{235}U 丰度大于 20% 的铀为高浓缩铀，其中，^{235}U 丰度大于 90% 的称为武器级高浓缩铀，主要用于制造核武器。我们通常所说的低浓缩铀是

指同位素 ^{235}U 的丰度大于其天然丰度而小于 5% 的铀；高浓缩铀指同位素 ^{235}U 的丰度大于或等于 20% 的铀。

铀的质量数从 226 到 240，除 ^{238}U、^{235}U 和 ^{234}U 三种同位素外，还有 12 种人工同位素。在铀的不同同位素中，由于物理半衰期各异，其 α 比活度也各不一样。^{234}U 的物理半衰期相对来说比 ^{235}U 和 ^{238}U 短几个数量级，因而 ^{234}U 的 α 比活度为最高，约 2.31×10^8Bq/g，^{235}U 为 7.93×10^4Bq/g，而 ^{238}U 只有 1.23×10^4Bq/g。值得注意的是，随着浓缩铀中 ^{235}U 富集度的增加，其 α 比活度亦随之增加。由于不同富集度浓缩铀的同位素组成比不同，其 α 比活度也就不同。虽然 ^{235}U 富集度的增高伴随着其 α 比活度的上升，但其总 α 辐射的贡献在 5% 以下，而 90% 以上的 α 辐射都来源于 ^{234}U，是 α 辐射的主要贡献者。

由于不同富集浓度浓缩铀的同位素组成比不同，其各同位素之体的相对含量亦异，而由子体发射的 β 辐射和 γ 辐射的相对强度也随之产生变化。^{238}U 的 β 辐射最强，γ 辐射较弱；与此相反，^{234}U 和 ^{235}U 的 γ 辐射较强，β 辐射较弱。至于 β 辐射与 γ 辐射的总强度，^{235}U 还不到 ^{238}U 的一半，而 ^{234}U 只有 ^{238}U 的十分之一左右。因此，随着浓缩铀中 ^{235}U 富集度的增加和 ^{238}U 含量的下降，β 辐射随之减弱，而 γ 辐射随之增强。

二、铀的化学特性

（一）铀的价态

原生铀矿物中的铀以四价铀为主，次生铀矿物中的铀以六价铀为主。铀总是以四价离子或六价离子与其他元素化合形成铀矿物。

铀在化合物中以Ⅲ、Ⅳ、Ⅴ、Ⅵ四种价态存在，其中四价铀和六价铀是水溶液中常见的化合价态，在酸性溶液中六价铀以 UO_2^{2+} 形式存在。不同价态的铀具有特征的颜色，U^{3+} 的浓盐酸溶液呈玫瑰红色，而在较低的酸溶液中呈灰绿色；U^{4+} 呈绿色；五价铀在水溶液中很不稳定，其颜色不易确定。三价铀是一种强还原剂，能把水还原成氢气，可缓慢释放氢气，它本身易被氧化为四价，因此不可能制得稳定的三价铀。

（二）铀化合物

1. 铀盐

铀的化学性质非常活泼，在酸性和中性介质中，易生成铀酰离子 UO_2^{2+}，在碱性介质中，易生成铀酸根离子 UO_2^{2-} 或重铀酸根离子 $U_2O_2^{-7}$。

（1）硝酸铀酰：工艺上，最重要的铀化合物是硝酸铀酰六水合物，它是将 UO_3 溶于硝酸中制得的。它易溶于水，若加入铵、碱金属或碱土金属的氢氧化物中，铀会以铀酸盐形式从硝酸铀酰水溶液中沉淀出来。

（2）重铀酸铵：从含铀的酸性溶液中加入过量的氢氧化铵，可得到重铀酸铵沉淀。重铀酸铵是铀的一种重要化合物，它是用化学法从矿石浸出液中提取铀的一种中间产品，俗称“黄饼”，是制备 UO_2 和 UF_6 等重要铀化合物的原料。

2. 铀的氧化物

（1）UO_2：常用于轻水堆、重水堆和快中子增殖堆的堆燃料元件。它是一种稳定的陶瓷材料，不与水发生反应，所以在水冷堆中元件包壳的泄漏对它不会带来影响。

（2）UO_3：可通过灼烧 $UO_2(NO_3)_2$ 制得，是制备 UO_2 或 UF_4 的中间体。

（3）U_3O_8：在铀工业中占有显著地位，铀工业产品产量以 U_3O_8 为计量基准。U_3O_8 存在于天然沥青铀矿中，它可以通过高温灼烧所有铀盐或其他铀的氧化物而制得。

（4）$UO_4 \cdot 2H_2O$：过氧化铀（$UO_4 \cdot 2H_2O$）是在硝酸铀酰水溶液中用 H_2O_2 沉淀制得的。因为很少有其他的阳离子能在这样的条件下产生沉淀，所以这是一个有效的纯化铀的方法。

3. 铀的碳化物

（1）UC：一碳化铀与 UO_2 比较，具有较高的铀密度，较高的热导率和较低的中子慢化能力。目前它被认为是用作改进型快中子增殖堆的合适燃料。

（2）UC_2：二碳化铀是目前用作高温气冷堆的一种特殊燃料。

4. 铀的卤化物

（1）UF_6：六氟化铀是室温下铀的唯一挥发性化合物，是一种白色晶体，易升华（在常压下其升华温度为 56.5℃）。它能与水或水蒸气强烈作用，产生极毒的氟化氢（HF）气体。它是气体扩散、高速离心等方法生产浓缩铀的中间体。

（2）UF_4：四氟化铀难溶于水和 HNO_3、HCl 等无机酸，在水中溶解度为 1×10^{-4}mol/L（25℃），常用于铀的提取与精制工艺中。当用氢氟酸处理二氧化铀时，可得到四氟化铀。

（3）UCl_4：四氯化铀一般不溶于非极性溶剂（烃、苯、氯仿等），而溶于极性溶剂（如水）中，它在潮湿空气中潮解生成 UO_2Cl_2 和 HCl。主要用于高温氯化法处理某些铀复合矿物和生产金属铀等。

（三）铀的主要化学反应

1. 铀的水溶液反应

（1）金属铀的化学反应：金属铀在温室下易被水氧化，氧化性的酸可快速溶解金属铀，金属铀对碱性溶液是惰性的，但是，只要将氧化剂如过氧化钠加到氢氧化钠溶液中，即可导致金属铀的溶解。

（2）铀离子的氧化还原反应：三价卤化铀溶于水可得到 U^{3+} 离子的溶液，它是一种强还原剂，能与水反应生成氢和 U^{4+} 离子。四氯化铀溶于水生成四价铀，在空气中可缓慢氧化生成六价铀。在高氯酸中用铀酰溶液和甲醇进行还原，可制得五价铀酰离子，在酸性溶液中，发生歧化反应。六价铀是铀的最高氧化态，由于电荷很高，在水溶液中不稳定，只有形成 UO_2^{2+} 离子才稳定。

（3）铀离子的水解反应：金属离子的水解，也就是它们与 OH^- 离子的络合作用，是水溶液中的重要反应之一。因铀离子配位不饱和，而 OH^- 又是强配位体，所以很容易发生水解。

（4）铀离子的络合反应：铀酰离子可与多种阴离子发生络合反应，一般来说，二价阴离子的络合能力比一价阴离子强。铀酰离子可与含氧酸的阴离子如碳酸根、草酸根、硫酸根及醋酸根等生成稳定的络合物，以碳酸根的络合作用最强。铀酰离子与硫酸根的络合能力较差，且络合离子在水溶液中稳定。总之，络合物的稳定性与酸的解离常数有关，解离常数越小，络合物就越稳定。

四价铀离子具有高的电荷，半径较小，又易水解生成 OH^- 的络合物，它的络合能力比铀酰离子更强。

2. 铀的体液反应

铀与碳酸氢根离子形成络合物，其六价铀的碳酸氢盐络合物具有超滤性，正是这种超滤性的络合物可将血液中的铀转移到各组织器官中，而四价铀的碳酸氢盐络合物的稳定性就差。在血液中滞留的铀 60% 能与碳酸氢盐络合。

铀酰离子能与蛋白质结合，这种结合物不具有超滤性，在血液中铀有 40% 能与蛋白质结合。

铀酰离子与碳酸氢盐形成的络合物其稳定常数最高，与血浆白蛋白反应物的稳定常数次之，而以与红细胞膜蛋白反应物的稳定常数最低。

第三节　铀的生物代谢和损伤机制

从事铀专业人员，有可能受到不同程度的铀内污染，对人员造成伤害。铀及其化合物中毒诊断，需要了解铀及其化合物的生物代谢，不同途径摄入铀及其化合物的吸收规律，不同铀及其化合物在体内的分布、滞留和排除规律，铀及其化合物中毒的损伤机制。

一、铀的生物代谢

（一）铀的吸收

铀可经呼吸道、胃肠道、皮肤及伤口和眼结膜等途径吸收。其吸收率常以铀吸收入血占初始污染量的分数或百分数表示。

1. 呼吸道吸收

铀及其化合物主要以气溶胶粒子形式经呼吸道进入体内，它在呼吸系统各解剖区域的沉积和转移是一个极为复杂的过程，受多种因素的影响，既与肺容量、肺活量、潮气量和呼吸率等生理因素有关，又与空气中铀浓度、铀化合物种类，尤其与气溶胶粒度大小密切相关。一般认为，铀化合物气溶胶粒度在0.5~1.0μm时，肺内沉积量最多。更小的粒子吸入后易呼出，更大的粒子易被阻留于上呼吸道。铀化合物气溶胶粒度大小不仅影响其在肺中沉积率，而且还影响其吸收率。因为相同质量的铀化合物，随其气溶胶粒度减小，其在肺液中溶解度相对增大，因而吸收率提高。

吸入可溶性铀化合物，约有25%沉积在肺中，并迅速吸收入血；吸入难溶性铀化合物，铀主要滞留在肺和支气管淋巴结中，廓清极缓慢。

2. 胃肠道吸收

铀及其化合物污染食物链，通过饮食直接进入胃肠道，此外，沉积在呼吸道的铀，尤其是难溶性的铀化合物，大部分借促呼吸道纤毛运动而转移到咽部，并随即咽入胃肠道。

铀化合物进入胃肠道后，大部分随粪便排出体外，吸收较少。其吸收率与铀化合物的化学形态密切相关。可溶性铀化合物的吸收分数为0.03~0.06，难溶性铀化合物的吸收分数仅仅为2×10^{-4}~3×10^{-3}。

铀化合物进入胃肠道后以铀酰离子形式存在，在酸性环境条件下，不利于铀酰离子形成碳酸铀酰络合物。胃pH较低，偏酸性，故吸收较少或不吸收。十二指肠和小肠pH较高，偏中性，有利于碳酸铀酰络合物形成，吸收率相对较高。同时，小肠黏膜的皱褶，无数突起的绒毛及其上面的微绒毛，使小肠面积达到$300m^2$，绒毛内又含有毛细血管网及其围绕的毛细淋巴管，增加了小肠的吸收能力，肠上皮细胞还可通过吞噬或胞饮作用，吸收铀微粒。

铀在胃肠道的吸收率，还受胃肠道的功能状态、肠内容物多少及性质等的影响。一般认为，减少小肠蠕动可延长铀与肠表面的接触时间，因而增加吸收率，反之则不利于吸收。小肠近端1/4约占全小肠面积的一半，铀在小肠近端停留时间长，会增加它的吸收。便秘或腹泻也会影响铀的吸收。

3. 皮肤和伤口的吸收

完整无损的皮肤对铀能提供一个有效的屏障，因此难溶性铀化合物不易透过皮肤吸收，但是，可溶性铀化合物不仅可以吸收，污染量大还可能引起全身性铀中毒症状。

铀通过皮肤吸收率与污染皮肤的部位和面积大小密切相关。铀除了通过皮肤吸收外，污染的铀一部分进入皮肤深层，滞留于该处，对局部造成伤害。

六价铀化合物经皮肤吸收时，类脂质起着运载工具的作用，即铀溶解于类脂质中，类脂质将铀带入皮肤深层，铀与组织液中的有机酸阴离子，尤其是与重碳酸阴离子络合而进入血液。有机溶剂也有利于铀进入皮肤深层。四价铀只有氧化成六价铀才能经皮肤吸收。

铀及其化合物污染皮肤时，如果皮肤合并有热、酸、碱、有机溶剂等烧伤，以及擦伤和刺伤，铀经皮肤吸收率可数倍于完整无损的皮肤。当然，铀经创面的吸收率与创面部位、面积、深度等伤情有关。

4. 眼结膜的吸收

实验研究表明，六价铀化合物可经眼结膜吸收，眼组织液中含蛋白质成分极少，有利于六价铀与眼组织液中无机酸阴离子，尤其是与重碳酸根阴离子络合，进而吸收。部分铀还可与眼组织成分中的蛋白质结合，在眼中长期滞留，引起局部组织损伤。

（二）铀在体内的分布

铀吸收入血后，在血液中呈铀酰离子状态，主要分布在血浆中。铀酰离子易与血浆中许多成分反应，主要是与重碳酸根和蛋白质反应。六价铀酰离子与重碳酸根亲和力强，生成的络合物离子扩散性强，易透过生物膜，从血液中消失速率快，因此对铀在机体内的生物转运具有重要意义。铀酰离子主要是与血浆中白蛋白反应，与球蛋白反应较少。六价铀酰离子与蛋白质亲和力弱，生成的铀酰白蛋白稳定性较差，不易扩散，不易透过生物膜，因此在血液中滞留时间相对较长。四价铀与六价铀相比，四价铀与血浆白蛋白亲和力强，与白蛋白反应生成铀酰白蛋白较多，但四价铀在血液中已氧化成六价铀，六价铀从血液中消失速率很快，进入血液后 1h，90% 以上的铀已离开血液。四价铀从血液中消失速率明显慢于六价铀。

铀吸收后早期在体内分布与铀化合价态相关。六价铀吸收入血后 24h，有 25%~50% 到达器官，主要分布在肾脏、骨骼、肝脏和脾脏，其他器官含量较少。早期肾脏铀含量最高，骨骼次之，这是因为六价铀化合物进入血液后，主要形成重碳酸铀酰络合离子，其扩散性和渗透性强，进入肾脏和骨骼。四价铀化合物进入血液后早期，体内分布与六价铀化合物明显不同，肾脏和骨骼中铀相对减少，而肝脏和脾脏中铀相对较多，超过 50%。这是因为，部分四价铀水解生成胶体氢氧化物，很容易被肝、脾网状内皮细胞吞噬而带入肝脏和脾脏。

铀吸收后晚期在体内的主要分布器官不是肾、肝和脾，而是骨骼。这是因为，沉积在骨骼中的铀排除缓慢，而沉积在肾、肝和脾等软组织中的铀排除较快。

（三）铀的排除

体内铀可经由肾脏、肠道、皮肤、口腔黏膜和汗腺等途径排除，但主要排除途径是肾脏和肠道。经肠道排出的铀来自两部分，一是未经肠道吸收的部分；二是吸收后的铀经肝胆系统排至肠道，随粪便排出的部分。铀化合物吸收后可迅速由肾脏排出，早期排出量较多，速度快，排除的铀主要来自血液中或软组织中未被结合固定的铀。铀滞留在器官组织中后，由肾脏排出量减少，速度也减慢。

二、铀对肾脏的损伤

大量研究证明，肾脏是铀的化学毒性的靶器官。因此诊断铀中毒，应以肾脏损伤表现作为主要指征。

（一）肾脏损伤的病理改变

用光学显微镜观察发现，铀中毒后肾脏的主要病理改变是肾小管上皮细胞变性、坏死和脱落。病变最严重的部位是近曲小管的中段。用组织化学染色发现中毒后近曲小管上皮细胞刷毛缘所含碱性磷酸酶减少，琥珀酸脱氢酶活性明显降低。若中毒剂量加大，细胞变性坏死累及肾小管其他节段，并伴有肾小球的损害，最后动物往往死于肾功能衰竭。

为了探讨急性铀中毒时肾功能衰竭的形态学基础，一些学者进一步研究铀中毒所致肾坏死的超微结构变化。用透射电镜和扫描电镜观察铀中毒大鼠肾脏超微结构的变化如下：一是近曲小管上皮细胞线粒体浓缩、肿胀、崩解和钙化，这些变化将会使细胞内液体传输失去能源，这与铀中毒后近曲小管细胞琥珀酸脱氢酶活性降低的组织化学检查结果是一致的；二是近曲小管上皮细胞出现底褶间隙扩张，基质疏松水肿，细胞间隙和核周间隙扩张；三是肾小球足细胞足突肿胀和足突间隙缩窄，毛细血管内皮细胞孔减少和形状不整。这些变化是急性铀中毒和人急性肾功能衰竭的肾小球滤过功能降低的形态学证据。

以上变化说明，急性铀中毒的重要后果是细胞内液体传输系统障碍、肾小球滤过功能和近曲小管吸收功能下降引起的一系列损伤。

一般情况下，急性中毒后3~5d开始出现坏死肾小管的再生修复，继而出现坏死后纤维瘢痕，间质纤维增生伴有萎缩的或扩张的肾小管。当将一次注入能引起中度或轻度肾脏损害的铀剂量分多次进行连续注射时，可看到肾脏的损害逐渐减轻，这种现象被称为耐受现象。这可能是由于先前遭到损害随后处于修复状态的肾上皮细胞与铀的结合能力有所降低的缘故。

（二）肾脏损伤的生物化学变化

铀中毒后，肾小管上皮细胞的损伤，可导致一系列生物化学变化。这些变化是诊断铀中毒的重要指征。

1. 尿蛋白的变化

人的临床资料和动物实验结果均表明，铀中毒后会出现不同程度的尿蛋白。尿蛋白出现的时间与铀中毒剂量有关，剂量大，出现时间早。

铀中毒所引起的尿蛋白来源于三个方面：一是由于肾小管的损伤，经肾小球滤过进入原尿的血清蛋白不能被重吸收；二是血清蛋白由损伤的肾小管壁毛细血管扩散进入原尿；三是来自损伤或脱落的肾小管上皮细胞。其中后两者是主要来源。

2. 尿过氧化氢酶的变化

尿过氧化氢酶的升高，是铀中毒的早期诊断指标之一。肾小管上皮细胞内含有丰富的过氧化氢酶。因此铀中毒后尿过氧化氢酶的升高，主要来自损伤的肾小管上皮细胞，与血液中过氧化氢酶的变化无平行关系。

3. 尿氨基酸态氮与肌酐比值（AAN/Cr）的变化

铀中毒时，肾近曲小管对氨基酸的重吸收能力降低，而作为参比数值的肌酐排出量相对恒定，因此尿氨基酸态氮与肌酐比值（AAN/Cr）明显升高。AAN/Cr升高的峰值往往出现在铀中毒后3~5d，而且峰值高度与剂量相关，剂量越大，峰值越高。因此，尿氨基酸态氮与肌酐比值的升高，是铀中毒早期的敏感指标之一。

4. 尿碱性磷酸酶的变化

急性铀中毒时，尿碱性磷酸酶明显升高。肾脏中碱性磷酸酶定位在肾小管上皮细胞内，且高度浓集在上皮细胞刷毛缘中。因此铀中毒后尿碱性磷酸酶的升高，直接反映肾小管上皮细胞的损伤。

5. 尿量的变化

铀中毒后尿量的典型变化是初期增多，随后减少，最后由尿少到尿闭。铀中毒初期，肾小管损伤后对水的重吸收能力减弱，因此尿量增加。随后，因损伤的肾小管上皮细胞坏死脱落，堵塞肾小管下部各段，尿不能顺利排除，造成水分逆扩散，因此尿量减少或尿闭。

6. 非蛋白氮增加和酸中毒

铀中毒后，由于肾功能受损，肾小管既不能重吸收原尿中的碱基，体内的代谢产物如非蛋白氮（NPN）等又不能顺利排除。结果血液中碱储备减少，非蛋白氮等代谢产物累积，二氧化碳结合力下降，出现酸中毒症状。

综上所述，肾脏损伤的生化指标变化是铀化合物所致肾脏早期损伤的敏感指标，在肾脏尚未出现可以观察到的病理组织学改变时，即有可能出现阳性反应。人暴露于铀化合物后，尿铀值达到每升数毫克时，便可伴有尿蛋白升高。因此肾脏损伤的生化指标变化，在诊断铀中毒时具有一定价值。

国内外对铀作业工人进行的大量调查研究表明，在现有生产防护条件下，发生慢性铀中毒和慢性肾功能损害的可能性很小。迄今为止，除个别意外事故造成的急性铀中毒病例外，还没有报告过慢性铀中毒的病例。

三、铀对肝脏的损伤

铀中毒时，肝细胞可出现变性坏死，并伴有不同程度的肝功能变化。如急性铀中毒者可出现谷丙转氨酶（GPT）增高，酚四溴酚酞磺酸钠（BSP）排出减少，血浆白蛋白减少，β 球蛋白升高，白蛋白与球蛋白比值下降，血红蛋白减少等。

一般认为，铀中毒时的肝脏损伤往往出现在肾脏明显损伤之后，而且损伤程度低于肾脏。因此有人认为，肝脏损伤主要不是铀直接作用，而是肾脏损伤的继发性反应，即肝脏损伤是由于肾功能障碍所造成的机体酸中毒、氮血症等的后果。

四、铀引起的骨髓损伤和外周血象变化

急性铀中毒时，外周血象可有明显变化。如人急性铀中毒后，开始白细胞升高，随后波动下降，中性粒细胞和嗜酸粒细胞升高，红细胞和血红蛋白下降。

铀中毒后外周血象的变化，反映铀对骨髓的损伤效应。铀中毒早期，骨髓细胞明显增生，尤其是粒细胞和巨核细胞增生更为明显，出现核左移。部分实验动物可见骨髓细胞退行性病变，如核肿胀、核固缩和核溶解等。

第四节　诊断与鉴别诊断

铀的放射性活度很低，铀中毒的早期损伤主要是由它的化学毒性所致。在核工业发展的初期，由于天然铀大量泄漏事故时有发生，造成铀的内污染事件。在铀泄漏的同时，往往伴随有因其他多种化学毒物或酸性烟雾造成的化学烧伤和其他化学毒物的损伤，一定程度上能促进铀的吸收，加重了铀及其化合物中毒症状，严重者可因大面积皮肤化学烧伤而致死亡，或因两眼角膜糜烂而失明。

一、职业接触史

铀作业者一次或短时间内多次接触大剂量铀及其化合物，或长期接触超剂量限值的铀及其化合物均有可能发生铀及其化合物中毒。在铀的作业场所中，如果监测到可溶性铀气溶胶浓度大于 $8.2mg/m^3$，或者工作人员有明确的天然铀化合物或低浓缩铀急性摄入史，通过尿铀检测和肾内最大铀含量估算，肾内最大铀含量大于3mg，临床上有肾脏损伤的表现，就可以诊断为铀及其化合物中毒。

发生铀及其化合物泄漏事故后，要对事故进行调查，记录事故发生的日期、时间和地点，事故发生的经过，事故发生的可能原因，现场防护，事故处理过程等。特别要关注泄漏铀化合物性质，通常在铀泄漏的同时，往往伴随有其他多种化学毒物或酸雾，合并有化学烧伤和化学中毒，会大大促进铀的吸收。从国内外铀作业事故来看，多数事故由泄漏造成，尤其是 UF_6 的泄漏，会造成皮肤黏膜和眼结膜的腐蚀性损伤。在所记载的多起铀作业事故中，有 UF_6 料液泄漏、铀屑自燃和倒翻，油废液蒸发池破裂、UF_4 料液喷溅、UO_2 料液跑料以及硝酸铀酰料液由溶解槽喷出等。铀及其化合物污染皮肤，要记录铀化合物的性质，有无皮肤损伤，污染范围、污染面积、污染量，以及去污经过等。同时要了解现场的监测和个人检测，医学处置情况。

二、尿铀检测

尿铀检测可采用电感耦合等离子体质谱法（ICP-MS）、紫外光液体荧光法、α 能谱法检测尿铀含量，分别参照《尿中总铀和铀 -235/ 铀 -238 比值分析方法　电感耦合等离子体质谱法（ICP-MS）》（WS/T 549—2017）、《尿中微量铀的测定紫外光液体荧光法》（EJ/T 296.2—2014）及《放射性核素的 α 能谱分析方法》（GB/T 16141—1995）进行测量。

铀及其化合物急性摄入事故后，对于事故患者应收集24h的全部尿样，如果不方便的话，至少取8h的尿样，即“交班”样品。对于接受体检的人员，可以留取一次晨尿检验，留尿量至少在50mL以上。盛尿样的容器须干燥、干净，否则会影响检测结果。

按《放射性核素摄入量及内照射剂量估算规范》（GB/T 16148—2009），根据暴露的铀化合物种类，摄入途径，气溶胶粒子的粒径和暴露不同时间后的尿铀值，估算铀的摄入量、吸收量和肾内最大铀含量。

三、临床表现

吸入或摄入大剂量的铀化合物后，特别是可溶性铀化合物，可产生以肾损害为主的全身性疾病，经数小时至数天出现乏力、食欲减退、头昏、头痛、恶心、呕吐、巩膜黄染、肝肿大、肝区疼痛，血清谷丙转氨酶（ALT）、谷草转氨酶（AST）升高，尿中红细胞（RBC）、白细胞（WBC）增多，蛋白尿、管型尿等中毒性肝病和肾病的临床表现。严重者肾脏病变进一步加重，出现少尿、无尿，肌酐和尿素氮升高，血钾升高，代谢性酸中毒等急性肾衰竭的表现。

吸入六氟化铀除发生肾、肝损害外，因在呼吸道水解产生HF，患者很快出现胸痛，气紧、咳嗽、发绀等呼吸道刺激症状，严重者发生肺水肿，出现烦躁、呼吸困难、咳白色稀薄痰或粉红色痰、发绀加重，双肺中下肺野闻及大量的湿啰音和（或）干、湿啰音。X射线胸片显示肺门扩大呈蝶状，双中下肺大量片状或云絮状阴影。

四、临床分期

（一）早期

铀及其化合物中毒后 1~2d 可出现无力、厌食，肾脏早期损害检验指标阳性并逐渐加重，尿量可一度增加，以后减少。早期可有下列表现：①铀及其化合物急性摄入后 1~2d，出现乏力、厌食；②肾脏早期损伤检验指标异常；③尿量初期增多，随后减少。

（二）极期

铀及其化合物中毒后 3~7d 全身状态逐渐恶化，肾脏功能障碍的检验指标阳性并逐渐加重或出现肝脏损害的异常表现。如合并大面积皮肤烧伤，将使病情更加严重。中毒极其严重或抢救不力将发展为急性肾功能衰竭甚至导致死亡，如中毒较轻或抢救得力将转入恢复期。极期可有下列表现：①铀及其化合物急性摄入后 3~7d，全身状态逐渐恶化；②肾脏功能不全并逐渐加重；③可出现肝脏损伤；④中毒严重可发展为急性肾功能衰竭，甚至导致死亡；⑤中毒较轻或经积极救治后转入恢复期。

（三）恢复期

铀及其化合物中毒后 7~30d 病情好转，各项检验指标逐渐恢复正常。通常不会在远期遗留肾脏的持续性损害。恢复期可有下列表现：①铀及其化合物急性摄入后 7~30d，病情好转；②各项肾功能检测指标逐渐恢复正常。

五、辅助检查

（一）肾脏早期损伤指标

尿常规检查异常，尿氨基酸态氮 / 肌酐比值增加，尿过氧化氢酶增加，尿碱性磷酸酶、乳酸脱氢酶或其他反映肾脏损伤的尿酶增加。尿蛋白含量增加特别是低分子量蛋白增加，尿 α_1– 微球蛋白、尿 β_2– 微球蛋白、尿 –N– 乙酰氨基葡萄糖苷酶、血和尿中性粒细胞明胶酶相关脂质运载蛋白、尿微量白蛋白及血清胱抑素 C 等至少 1 项指标升高。

（二）肾功能不全指标

血清非蛋白氮、尿素氮和肌酐增加，血液二氧化碳结合力下降，可出现低血钠与高血钾；肾小球滤过率检验指标下降；少尿或无尿。

（三）其他检查

合并其他损伤时，进行肝功能、电解质及心肌酶等检查。

六、诊断原则与诊断依据

（一）诊断原则

根据铀化合物急性暴露史、摄入途径及体内代谢过程，估算肾内最大铀含量，结合临床表现、实验室检查结果，排除其他原因引起的急性肾脏功能损伤，方可诊断。

（二）诊断依据

1. 有铀及其化合物接触史

患者一次或短时间内多次接触大剂量铀及其化合物，或长期接触超剂量限值的铀及其化合物。

2. 肾内铀含量

通过尿铀检测和肾内最大铀含量估算，肾内最大铀含量大于3mg。考虑可能已经发生铀及其化合物急性接触时，应尽早开始收集每日尿样，测定尿铀含量，估算肾内最大铀含量，2周后可减少收集和测定次数。假如合并体表面铀污染，应测定体表面污染的水平与面积。

3. 其他

包括反映肾脏早期损害的检验指标及其结果，以及反映肾脏功能障碍的检验指标及其结果。

（三）分度诊断

1. 轻度

有铀化合物急性暴露史，铀及其化合物中毒后数日内肾脏早期损害检验指标每次检查均为阳性；血液非蛋白氮增加，估算的肾内最大铀含量大于3mg，病情没有极期或急性肾功能衰竭的出现，就转入恢复期。满足下列指标可诊断为急性轻度铀中毒：①肾内最大铀含量大于3mg；②出现肾脏的早期损伤指标异常；③未出现急性肾功能不全。

2. 重度

有铀化合物严重急性暴露史，估算的肾内最大铀含量大于10mg，病情很快进入极期，肾功能障碍的全部指标呈阳性，并急剧加重，尿量极度减少或无尿，出现急性肾功能衰竭。满足下列指标可诊断为急性重度铀中毒：①肾内最大铀含量大于10mg；②出现急性肾功能不全。

（四）合并症

六氟化铀气体急性暴露时可合并呼吸道，皮肤和眼结膜的急性损伤，严重时可出现急性肺水肿。酸性铀化合物溶液严重污染体表可合并皮肤化学性烧伤。如同时出现肝损伤指标阳性，说明出现急性中毒性肝损伤。

七、鉴别诊断

对临床表现及实验室检查中所出现的异常要进行严格的鉴别诊断，排除引起同类异常的非铀及其化合物接触者，原则上应与本病有相似临床症状的所有疾病相鉴别，由于本病以肾脏损伤为主，合并有肝脏损伤，故需与不同程度的肾脏损伤的疾病相鉴别。

第五节 治疗与康复

一、处理原则

（一）现场处置

事故后立即撤离现场，尽早收集24 h尿样，进行尿铀检测，估算肾内最大铀含量。

（二）阻吸收和促排治疗

明确铀摄入后，尽早开始药物阻吸收和促排治疗，根据尿内含铀量及其变化决定治疗持续时间。重度中毒开始进入极期时应慎用或不用能增加肾脏损害的铀促排药物。

（三）肾脏损伤治疗

采取各种有效手段改善肾功能，补液利尿，改善肾脏灌注，纠正酸中毒，以阻断急性肾功能衰竭的发展，必要时早期开始透析治疗血液净化疗法。

（四）对症处理

合并肝功能损伤时，宜进行保肝治疗；

六氟化铀气体和酸性铀化合物溶液导致的呼吸道、皮肤、眼结膜的急性损伤，应按照相关的医学处理原则进行处置；

合并严重皮肤烧伤或肺水肿时，进行对症治疗，假如其治疗措施与急性铀中毒的治疗原则相矛盾，应该综合权衡把抢救可能危及生命的损害放在主要位置；

合并铀或其他放射性核素体表污染时，应尽早清洗去污，监测体表污染水平，必要时局部清创切痂和植皮。

二、急性铀中毒的临床治疗

目前急性铀中毒仍以对症支持疗法为主，早期治疗重点应注意保护肝、肾功能，可静滴维生素C、肌苷、ATP、辅酶A，注意水、电解质平衡。

出现急性肾衰竭时，按急性肾衰竭处理；呼吸道刺激症状进行对症处理：可静卧、吸氧、镇咳、祛痰；出现肺水肿等应及早、足量、短程使用肾上腺糖皮质激素，给予解痉治疗、保持呼吸道通畅，加强抗生素使用，及时防治继发感染。

三、急性铀中毒的阻吸收和促排治疗

（一）药物的应用时间

急性铀中毒的阻吸收和促排药物尽早使用，阻吸收和促排药物使用越早，治疗效果越好。

（二）药物的选择

急性铀中毒的阻吸收和促排药物的选择遵循以下原则：①毒性低，特别是对肾脏的毒性要低；②在体内生理pH条件下，能够与铀化合物形成高稳定性络合物，可透过生物膜，迅速排出体外；③不参与体内物质代谢或其他化学变化，在体内维持有效药物浓度的时间长。

（三）疗效观察

治疗前、用药期间和用药后进行尿铀检测和肾功能检查，观察促排效果和对肾脏的副作用。

（四）阻吸收和促排药物

主要阻吸收和促排药物有碳酸氢钠和乙酰唑胺，经消化道摄入可使用磷酸铝等。不使用螯合剂，尽管螯合剂对铀有治疗作用，但是随着迁移率的增加，可能会增加肾脏的沉淀，导致肾小管负担过高，并伴有严重无尿性肾炎的风险。铀酰离子与碳酸氢钠形成的络合物稳定，迅速从尿液中排出。

1. 碳酸氢钠

铀中毒时给机体补充大量碳酸氢钠会增加血液中铀与重碳酸根结合，使通过肾小管的铀量增加，也可减少肾小管对原尿中重碳酸根的重吸收。成人剂量：质量分数为5%碳酸氢钠注射液，以不超过2.5 mL/kg体重的使用量缓慢静脉滴注，或每4h口服1g碳酸氢钠片剂，直到尿pH回至8~9。

2. 乙酰唑胺

乙酰唑胺的利尿作用是通过抑制碳酸酐酶发挥作用，该酶存在于机体多个组织，并催化二氧化碳快速转化为碳酸氢根离子，增加水和碳酸盐的排出而产生利尿作用，排出碱性尿。在铀污染情况下，使用乙酰唑胺片250mg，可以降低肾内铀酰离子从碳酸盐中分离。使用时注意禁忌证及其副作用。

3. 磷酸铝

磷酸铝凝胶与胃肠道中的铀化合物形成难溶性铀化合物，随粪便排出体外。铀经消化道内污染情况下，可给予口服磷酸铝凝胶，一次服用量为 12.5g（共 5 小袋，每小袋含磷酸铝 2.5g）。

第六节　案例分析

在核工业的辐射事故中铀作业事故占有一定比例，但因大量摄入铀化合物而造成人体损伤的铀作业事故是不多见的。多数情况下是 UF_6 的外逸造成人员体表、呼吸道或眼结膜的化学性刺激或化学烧伤，一般可偶见一过性肾功能异常，但短时间内即可恢复。事故摄入途径以吸入或伤口吸收为多见；食入途径由于消化道吸收率极低（D 类、W 类为 5%，Y 类为 0.2%），故对人体危害不大。从现有国内外铀作业事故和国外人体试验资料来看，除铀的氟化物对皮肤、黏膜的损伤外，进入体内的铀主要损伤器官是肾脏，严重者可引起急性肾功能衰竭。对因事故而大量摄入可溶性铀者，主要治疗措施是护肾保肝的支持疗法；对合并复合伤者，应对创面尽早洗消去污，尽量减少污染物由创面吸收入血。对事故案例应定期进行随访观察。下面介绍国内一例职业性硝酸铀酰急性铀中毒案例。

一、事故情况

病例 A，男，19 岁，为我国某厂的溶解槽徒工，某日上午，在其进行工作时由于溶解槽中的物料体积迅速膨胀，从槽盖板的缝隙和观察孔压射出来，其皮肤受到大面积的硝酸铀酰和尚未溶解的氧化铀等的严重污染。

二、铀摄入量估算

皮肤污染量达 8595Bq（342mg），总烧伤面积为 71%，其中Ⅰ度 46%，Ⅱ度 23%，Ⅲ度 2%。按第 1d 排泄 60% 计算，其入血铀量约为 116mg；按污染后 2~2800d 的尿铀资料估算吸收量，则入血铀量为 130mg。若按铀量 116mg 计算，则由此算得的红骨髓、骨表面和肾脏的待积剂量当量分别为 3.8×10^{-3}Sv，5.9×10^{-2}Sv 和 2.5×10^{-2}Sv，全身的待积有效剂量当量为 3.7×10^{-3}Sv。估算所得的最大肾铀含量为 14mg 天然铀，最初 24h 尿铀浓度达 14mg/L。

三、临床表现和治疗经过

此病例入院时一般情况良好，神志清楚并能与医护人员合作。入院后经多次反复去污，体表污染除少数烧伤严重的局部皮肤污染较高外，其余部位均降至本底水平，总去污率为 83.9%。继而做补液、止痛、抗感染及创面处理，并于当天中午开始留尿。

次日患者出现厌食、恶心呕吐。

伤后第 3d 起，给予乙二胺四乙酸（EDTA）1g 加于 5% 葡萄糖溶液 1000mL 中静脉滴注，共 3d。

伤后第 5d，病情加剧，出现少尿（$<$100mL/d）。

伤后第 6d，尿量仅 25mL，尿中出现蛋白（+++），血中非蛋白氨 38.34mmol/L，二氧化碳结合力 10.06mmol/L，经用利尿合剂、甘露醇利尿，尿量未见增加。

伤后第 7d，尿量仅 10mL，一般情况差，体温升至 38℃，背部创面渗液，轻度感染；头昏、烦躁、意识模糊，肝区疼痛及叩痛，肝肋下 1cm，质软、压痛，血清谷丙转氨酶为 415 单位。当即采取限制摄水量、护肾、护肝、纠正酸中毒及支持疗法等措施。

伤后第 8d，尿量增至 155mL。

伤后第 9d，尿量达 525mL。给背部创面作清创，覆盖生物敷料（小猪皮）；加强支持疗法，投予镇静药物，继续限制摄水量，并预防性使用氨苄青霉素。但病情仍继续加重，面部浮肿，血中二氧化碳结合力降至 9.07mmol/L，非蛋白氮高达 97.8mmol/L，给予纠正酸中毒的治疗，并鼻饲葡萄糖麻油乳剂和鸡蛋汤等高热量流汁，保证热量在 1500cal/d 左右。

伤后第 13d，病情有所好转，尿量增加，尿钠、尿钾排泄增加，血钾开始下降。

伤后第 15d，在臂神经丛麻醉下作右臂Ⅲ度焦痂切除，深Ⅱ度削痂，以减少感染及铀的吸收（焦痂含铀量最高达 570μg/g）；以小猪皮覆盖创面，加压包扎、抗感染、制动。颈、面部深Ⅱ度创面采用暴露疗法，保持干燥，在移植后第 7~8d 干燥，形成一保护膜，直到膜下上皮生长完毕时，猪皮才见脱落。Ⅲ度创面在伤后第 15d 切痂，小猪皮覆盖，在急性肾衰少尿期基本度过后 10d，在伤员一般情况良好的情况下，将猪皮完全撕脱，作大张的自体皮肤移植，取得良好的效果。患者自觉疼痛减轻，体温始终保持在 37~38℃之间，未见脓毒血症和败血症。伤后 17d，病情持续好转，血清谷丙转氨酶降至 141 单位。

伤后第 19d，在静脉麻醉下行自体皮移植。

伤后第 20d，血中非蛋白氮及二氧化碳结合力均接近正常，开始开放饮食。

伤后第 24d，血清谷丙转氨酶降至正常，但食欲仍差，经中药调理后食欲有所改善，病情迅速好转。

伤后 1 个月左右，创面基本愈合，再次测体表污染水平，已明显减少，患者恢复痊愈出院。

四、临床诊断结论

急性铀中毒（急性肾功能衰竭），并发中毒性肝炎；皮肤Ⅰ～Ⅲ度的热酸烧伤。

五、案例分析

本例系硝酸铀酰等混合液，与热和酸大面积复合烧伤，并发急性铀中毒的伤员。其吸收入血的铀量估算为 93~186mg。除烧伤创面外，临床表现为典型的急性肾功能衰竭，并呈现中毒性肝炎、神经精神症状，以及某些血液学方面的变化。本例临床资料表明，大剂量可溶性铀化合物吸收进入体内所致的损害，主要是化学毒性所致。

尿铀分析结果表明，大剂量可溶性铀进入体内后，迅速经尿排出，尿铀日排量随时间的变化大体呈幂函数规律。

本例治疗结果提示，铀化合物污染皮肤后，即刻进行彻底的洗消极为重要，在无适当的去污剂时，以大量温水冲洗也可获一定的去污效果。本例曾用 EDTA 钙钠盐及碳酸氢钠促排，均未见效果，可能与使用络合剂较晚有关。早期治疗重点应注意护肾、护肝。对于铀摄入后 24h 以上者，以不用络合剂促排为妥。处理急性肾衰时，应特别重视控制适当的进水量，纠正电解质和酸碱失衡，预防感染等医疗措施。

（问清华　缑喜成　吕　夏）

附录 1　剂量估算与诊断标准目录

（截至 2025 年 5 月 31 日）

一、剂量估算标准目录

（一）国家标准

1.《X 射线诊断中受检者器官剂量的估算方法》（GB/T 16137—2021）

2.《放射性核素摄入量及内照射剂量估算规范》（GB/T 16148—2009）

3.《外照射慢性放射病剂量估算规范》（GB/T 16149—2012）

4.《核事故应急情况下公众受照剂量估算的模式和参数》（GB/T 17982—2018）

5.《染色体畸变估算生物剂量方法》（GB/T 28236—2011）

（二）国家职业卫生标准

1.《牙釉质电子顺磁共振剂量重建方法》（GBZ/T 172—2006）

2.《单细胞凝胶电泳用于受照人员剂量估算技术规范》（GBZ/T 243—2013）

3.《电离辐射所致皮肤剂量估算方法》（GBZ/T 244—2017）

4.《放射工作人员职业健康检查外周血淋巴细胞染色体畸变检测与评价》（GBZ/T 248—2014）

5.《荧光原位杂交分析染色体易位估算辐射生物剂量技术方法》（GBZ/T 249—2014）

6.《外照射辐射事故中受照人员器官剂量重建规范》（GBZ/T 261—2015）

7.《外照射辐射事故中受照人员器官剂量重建规范　第 1 号修改单》（GBZ/T 261—2015/XG 1—2017）

8.《电离辐射所致眼晶状体剂量估算方法》（GBZ/T 301—2017）

9.《放射工作人员职业健康检查外周血淋巴细胞微核检测方法与受照剂量估算标准》（GBZ/T 328—2023）

（三）卫生行业标准

1.《辐射生物剂量估算　早熟染色体凝集环分析法》（WS/T 615—2018）

2.《外照射放射防护剂量转换系数标准》（WS/T 830—2024）

二、职业性放射性疾病诊断标准目录

（一）国家标准

《放射性疾病名单》（GB/T 18201—2000）

（二）国家职业卫生标准

1.《职业性放射性白内障的诊断》（GBZ 95—2014）

2.《内照射放射病诊断标准》（GBZ 96—2011）

3.《职业性放射性肿瘤判断规范》(GBZ 97—2017)
4.《放射工作人员健康要求及监护规范》(GBZ 98—2020)
5.《外照射亚急性放射病诊断标准》(GBZ 99—2002)
6.《外照射放射性骨损伤诊断》(GBZ 100—2010)
7.《职业性放射性甲状腺疾病诊断》(GBZ 101—2020)
8.《放冲复合伤诊断标准》(GBZ 102—2007)
9.《放烧复合伤诊断标准》(GBZ 103—2007)
10.《职业性外照射急性放射病诊断》(GBZ 104—2017)
11.《职业性外照射慢性放射病诊断》(GBZ 105—2017)
12.《职业性放射性皮肤疾病诊断》(GBZ 106—2020)
13.《职业性放射性性腺疾病诊断》(GBZ 107—2015)
14.《急性铀中毒诊断标准》(GBZ 108—2002)
15.《职业性放射性疾病诊断总则》(GBZ 112—2017)
16.《职业性放射性疾病诊断程序和要求》(GBZ 169—2020)

附录 2 *ERR* 计算中的相关参数

一、GBZ 97—2017 中计算 *ERR* 的相关参数

（一）男性实体癌超额危险系数（甲状腺癌除外）

男性几种实体癌的 ERR_{1Gy} 值见附表 2–1 至附表 2–6。

附表 2–1 男性胃癌 ERR_{1Gy} 值

受照年龄 e（岁）	发病年龄 a（岁）											
	15	16	17	18	19	20	21	22	23	24	25	26
15	2.104	1.934	1.817	1.741	1.697	1.686	1.710	1.776	1.892	2.079	2.355	2.758
16	—	1.872	1.760	1.684	1.642	1.630	1.652	1.714	1.827	2.004	2.270	2.655
17	—	—	1.702	1.630	1.588	1.575	1.597	1.655	1.762	1.932	2.187	2.555
18	—	—	—	1.576	1.535	1.523	1.543	1.598	1.700	1.862	2.106	2.461
19	—	—	—	—	1.484	1.473	1.490	1.542	1.640	1.795	2.029	2.369
20	—	—	—	—	—	1.424	1.441	1.490	1.583	1.732	1.955	2.280
21	—	—	—	—	—	—	1.391	1.439	1.528	1.669	1.884	2.197
22	—	—	—	—	—	—	—	1.390	1.473	1.610	1.814	2.114
23	—	—	—	—	—	—	—	—	1.423	1.552	1.750	2.035
24	—	—	—	—	—	—	—	—	—	1.497	1.685	1.961
25	—	—	—	—	—	—	—	—	—	—	1.623	1.889
26	—	—	—	—	—	—	—	—	—	—	—	1.816

受照年龄 e（岁）	发病年龄 a（岁）											
	27	28	29	30	31	32	33	34	35	36	37	38
15	3.319	4.051	4.875	5.537	5.707	5.273	4.502	3.701	3.020	2.488	2.084	1.777
16	3.193	3.896	4.684	5.322	5.481	5.070	4.327	3.557	2.904	2.393	2.005	1.710
17	3.073	3.745	4.502	5.116	5.267	4.869	4.160	3.420	2.793	2.303	1.929	1.646
18	2.956	3.603	4.330	4.916	5.061	4.681	3.998	3.288	2.685	2.214	1.856	1.585
19	2.842	3.465	4.162	4.726	4.865	4.496	3.841	3.160	2.582	2.130	1.787	1.525
20	2.735	3.331	3.999	4.539	4.674	4.321	3.692	3.038	2.483	2.049	1.719	1.467
21	2.633	3.204	3.843	4.365	4.490	4.153	3.549	2.921	2.388	1.970	1.654	1.413
22	2.532	3.080	3.695	4.195	4.318	3.991	3.411	2.808	2.296	1.896	1.591	1.360

续表

受照年龄 *e*（岁）	发病年龄 *a*（岁）											
	27	28	29	30	31	32	33	34	35	36	37	38
23	2.437	2.963	3.555	4.029	4.149	3.836	3.278	2.700	2.208	1.824	1.531	1.309
24	2.346	2.850	3.415	3.874	3.985	3.686	3.152	2.595	2.123	1.754	1.474	1.260
25	2.257	2.740	3.282	3.724	3.832	3.544	3.029	2.495	2.042	1.688	1.418	1.213
26	2.171	2.634	3.157	3.578	3.683	3.405	2.913	2.399	1.964	1.624	1.365	1.168
27	2.089	2.535	3.036	3.440	3.537	3.272	2.799	2.307	1.889	1.563	1.313	1.124
28	—	2.439	2.919	3.306	3.400	3.145	2.690	2.217	1.817	1.503	1.264	1.082
29	—	—	2.806	3.177	3.269	3.022	2.586	2.133	1.747	1.445	1.217	1.042
30+	—	—	—	3.055	3.140	2.905	2.487	2.050	1.680	1.391	1.171	1.003
受照年龄 *e*（岁）	发病年龄 *a*（岁）											
	39	40	41	42	43	44	45	46	47	48	49	50
15	1.541	1.356	1.210	1.093	0.996	0.915	0.848	0.791	0.741	0.698	0.661	0.628
16	1.483	1.306	1.166	1.053	0.960	0.882	0.818	0.763	0.715	0.674	0.637	0.606
17	1.428	1.258	1.123	1.014	0.925	0.851	0.788	0.735	0.690	0.650	0.615	0.584
18	1.375	1.212	1.082	0.977	0.892	0.820	0.760	0.709	0.665	0.627	0.594	0.564
19	1.324	1.167	1.042	0.942	0.860	0.791	0.733	0.684	0.641	0.605	0.573	0.544
20	1.274	1.124	1.004	0.907	0.828	0.763	0.707	0.659	0.619	0.583	0.552	0.525
21	1.227	1.082	0.967	0.874	0.799	0.735	0.682	0.636	0.597	0.563	0.533	0.507
22	1.182	1.043	0.932	0.843	0.770	0.708	0.657	0.613	0.576	0.543	0.514	0.489
23	1.138	1.004	0.898	0.812	0.742	0.683	0.634	0.592	0.556	0.524	0.496	0.472
24	1.096	0.968	0.865	0.782	0.715	0.659	0.611	0.571	0.536	0.506	0.479	0.456
25	1.055	0.931	0.834	0.754	0.689	0.635	0.589	0.551	0.517	0.487	0.462	0.440
26	1.016	0.898	0.804	0.727	0.664	0.613	0.568	0.531	0.499	0.471	0.446	0.424
27	0.979	0.864	0.774	0.701	0.640	0.591	0.548	0.512	0.481	0.454	0.430	0.410
28	0.942	0.746	0.675	0.617	0.569	0.529	0.494	0.464	0.438	0.415	0.395	0.395
29	0.908	0.802	0.719	0.651	0.595	0.549	0.510	0.477	0.448	0.423	0.401	0.381
30+	0.874	0.772	0.692	0.627	0.574	0.529	0.492	0.460	0.432	0.408	0.387	0.368
受照年龄 *e*（岁）	发病年龄 *a*（岁）											
	51	52	53	54	55	56	57	58	59	60	61	62
15	0.598	0.572	0.549	0.527	0.508	0.491	0.475	0.460	0.447	0.434	0.424	0.413
16	0.577	0.552	0.529	0.508	0.490	0.473	0.458	0.444	0.431	0.420	0.409	0.399
17	0.557	0.533	0.511	0.491	0.473	0.457	0.442	0.429	0.417	0.405	0.395	0.385
18	0.538	0.514	0.493	0.474	0.457	0.442	0.427	0.414	0.402	0.391	0.381	0.372
19	0.519	0.496	0.476	0.458	0.441	0.426	0.412	0.399	0.388	0.378	0.368	0.359

续表

受照年龄 e（岁）	发病年龄 a（岁）											
	51	52	53	54	55	56	57	58	59	60	61	62
20	0.501	0.479	0.459	0.442	0.426	0.411	0.398	0.386	0.375	0.364	0.355	0.347
21	0.483	0.462	0.443	0.427	0.411	0.397	0.385	0.372	0.362	0.352	0.343	0.335
22	0.466	0.446	0.428	0.411	0.397	0.383	0.371	0.360	0.349	0.340	0.331	0.323
23	0.450	0.431	0.413	0.397	0.383	0.370	0.358	0.348	0.337	0.328	0.320	0.312
24	0.435	0.416	0.399	0.383	0.370	0.357	0.346	0.336	0.326	0.317	0.309	0.301
25	0.419	0.401	0.385	0.371	0.357	0.345	0.334	0.324	0.315	0.306	0.298	0.291
26	0.405	0.387	0.372	0.357	0.345	0.333	0.322	0.313	0.304	0.296	0.288	0.281
27	0.390	0.374	0.359	0.345	0.333	0.322	0.312	0.302	0.293	0.286	0.279	0.271
28	0.377	0.361	0.346	0.333	0.322	0.311	0.301	0.292	0.283	0.276	0.269	0.262
29	0.364	0.348	0.334	0.322	0.310	0.300	0.291	0.282	0.274	0.266	0.259	0.254
30+	0.352	0.337	0.323	0.311	0.300	0.290	0.281	0.272	0.264	0.257	0.251	0.245

附表 2-2　男性结肠癌 ERR_{1Gy} 值

受照年龄 e（岁）	发病年龄 a（岁）											
	15	16	17	18	19	20	21	22	23	24	25	26
15	41.417	48.201	55.942	64.632	74.559	85.120	96.907	109.917	123.847	138.995	155.356	14.491
16	—	46.271	53.723	62.121	71.457	81.725	92.918	105.334	118.970	133.521	149.286	13.930
17	—	—	51.807	59.614	68.658	78.632	89.232	101.354	114.093	128.049	143.219	13.392
18	—	—	—	57.410	65.862	75.243	85.848	97.075	109.520	122.880	137.453	12.877
19	—	—	—	—	63.368	72.456	82.467	93.399	105.248	118.013	131.989	12.386
20	—	—	—	—	—	69.371	79.089	89.725	100.979	113.447	126.828	11.918
21	—	—	—	—	—	—	76.012	86.053	97.011	108.884	121.668	11.452
22	—	—	—	—	—	—	—	82.684	93.046	104.322	116.810	11.009
23	—	—	—	—	—	—	—	—	89.382	100.362	111.954	10.589
24	—	—	—	—	—	—		—	—	96.404	107.698	10.193
25	—	—	—	—	—	—	—	—	—	—	103.445	9.797
26	—	—	—	—	—	—	—	—	—	—	—	9.425

受照年龄 e（岁）	发病年龄 a（岁）											
	27	28	29	30	31	32	33	34	35	36	37	38
15	6.367	4.712	3.966	3.528	3.233	3.016	2.849	2.715	2.604	2.510	2.430	2.359
16	6.130	4.541	3.827	3.406	3.121	2.913	2.751	2.622	2.515	2.424	2.346	2.278
17	5.908	4.379	3.693	3.288	3.013	2.813	2.657	2.533	2.429	2.342	2.267	2.200
18	5.694	4.227	3.563	3.175	2.911	2.716	2.566	2.446	2.346	2.261	2.189	2.125
19	5.482	4.076	3.439	3.064	2.811	2.624	2.479	2.363	2.267	2.185	2.114	2.052

续表

受照年龄 e（岁）	发病年龄 a（岁）											
	27	28	29	30	31	32	33	34	35	36	37	38
20	5.279	3.931	3.320	2.958	2.714	2.533	2.394	2.282	2.189	2.111	2.042	1.982
21	5.091	3.791	3.203	2.857	2.620	2.448	2.313	2.204	2.114	2.038	1.972	1.914
22	4.904	3.657	3.091	2.758	2.531	2.364	2.235	2.130	2.042	1.969	1.905	1.849
23	4.726	3.528	2.985	2.662	2.444	2.283	2.158	2.057	1.974	1.902	1.840	1.786
24	4.556	3.400	2.879	2.571	2.360	2.206	2.085	1.987	1.906	1.837	1.778	1.726
25	4.388	3.282	2.780	2.483	2.280	2.131	2.014	1.920	1.841	1.775	1.718	1.666
26	4.227	3.164	2.683	2.397	2.201	2.059	1.945	1.855	1.780	1.715	1.660	1.610
27	4.075	3.052	2.592	2.315	2.128	1.989	1.880	1.792	1.719	1.657	1.603	1.555
28	—	2.945	2.501	2.236	2.055	1.921	1.816	1.731	1.661	1.601	1.548	1.503
29	—	—	2.412	2.159	1.985	1.856	1.754	1.673	1.605	1.547	1.496	1.452
30+	—	—	—	2.084	1.917	1.792	1.695	1.616	1.550	1.495	1.446	1.403

受照年龄 e（岁）	发病年龄 a（岁）											
	39	40	41	42	43	44	45	46	47	48	49	50
15	2.296	2.238	2.185	2.133	2.084	2.035	1.986	1.937	1.887	1.836	1.784	1.731
16	2.218	2.161	2.109	2.060	2.012	1.965	1.917	1.870	1.822	1.772	1.722	1.672
17	2.141	2.087	2.037	1.989	1.942	1.896	1.851	1.805	1.758	1.711	1.663	1.613
18	2.067	2.015	1.967	1.920	1.876	1.831	1.787	1.743	1.698	1.651	1.605	1.558
19	1.997	1.946	1.899	1.855	1.811	1.768	1.726	1.682	1.639	1.594	1.550	1.504
20	1.928	1.879	1.833	1.790	1.749	1.707	1.666	1.624	1.582	1.539	1.496	1.452
21	1.862	1.815	1.771	1.729	1.689	1.648	1.609	1.568	1.528	1.486	1.444	1.401
22	1.799	1.753	1.711	1.670	1.630	1.591	1.553	1.514	1.474	1.435	1.394	1.353
23	1.738	1.693	1.652	1.613	1.574	1.537	1.500	1.462	1.424	1.385	1.346	1.306
24	1.679	1.636	1.595	1.557	1.520	1.484	1.448	1.412	1.375	1.338	1.299	1.262
25	1.621	1.579	1.541	1.504	1.468	1.433	1.398	1.363	1.327	1.291	1.255	1.218
26	1.566	1.525	1.488	1.452	1.417	1.384	1.350	1.316	1.282	1.247	1.211	1.176
27	1.513	1.474	1.437	1.403	1.369	1.336	1.304	1.271	1.237	1.204	1.170	1.136
28	1.462	1.423	1.388	1.354	1.322	1.291	1.259	1.227	1.195	1.163	1.130	1.096
29	1.412	1.375	1.341	1.309	1.277	1.246	1.216	1.185	1.154	1.123	1.091	1.059
30+	1.363	1.328	1.296	1.264	1.233	1.204	1.174	1.145	1.115	1.084	1.054	1.023

受照年龄 e（岁）	发病年龄 a（岁）											
	51	52	53	54	55	56	57	58	59	60	61	62
15	1.678	1.625	1.572	1.520	1.469	1.419	1.371	1.325	1.280	1.238	1.197	1.159
16	1.620	1.569	1.518	1.468	1.419	1.370	1.324	1.279	1.236	1.195	1.156	1.119

续表

受照年龄 e（岁）	发病年龄 a（岁）											
	51	52	53	54	55	56	57	58	59	60	61	62
17	1.564	1.515	1.466	1.417	1.370	1.323	1.279	1.235	1.194	1.154	1.116	1.081
18	1.510	1.462	1.415	1.369	1.322	1.278	1.234	1.193	1.153	1.115	1.078	1.044
19	1.458	1.412	1.366	1.321	1.277	1.234	1.193	1.152	1.113	1.077	1.042	1.009
20	1.408	1.363	1.319	1.276	1.233	1.192	1.151	1.113	1.076	1.040	1.006	0.974
21	1.359	1.316	1.274	1.231	1.190	1.151	1.112	1.074	1.039	1.004	0.972	0.941
22	1.312	1.271	1.230	1.189	1.150	1.111	1.074	1.038	1.003	0.970	0.939	0.909
23	1.267	1.227	1.188	1.148	1.110	1.073	1.037	1.002	0.969	0.937	0.907	0.878
24	1.223	1.185	1.146	1.109	1.072	1.037	1.001	0.968	0.936	0.905	0.876	0.848
25	1.181	1.144	1.107	1.071	1.036	1.001	0.967	0.935	0.904	0.875	0.846	0.820
26	1.140	1.105	1.069	1.034	1.000	0.966	0.934	0.903	0.873	0.845	0.818	0.792
27	1.101	1.066	1.032	0.999	0.966	0.933	0.903	0.873	0.844	0.816	0.790	0.765
28	1.064	1.030	0.997	0.964	0.933	0.902	0.872	0.842	0.815	0.789	0.764	0.740
29	1.027	0.995	0.963	0.931	0.901	0.871	0.842	0.814	0.788	0.762	0.737	0.715
30+	0.992	0.961	0.930	0.900	0.870	0.841	0.813	0.787	0.761	0.736	0.713	0.691

附表 2-3　男性肝癌 ERR_{1Gy} 值

受照年龄 e（岁）	发病年龄 a（岁）											
	15	16	17	18	19	20	21	22	23	24	25	26
15	2.468	2.263	2.092	1.951	1.839	1.764	1.733	1.759	1.814	1.809	1.687	1.523
16	—	2.196	2.030	1.893	1.785	1.710	1.681	1.701	1.756	1.749	1.634	1.474
17	—	—	1.969	1.837	1.732	1.657	1.629	1.646	1.700	1.695	1.582	1.427
18	—	—	—	1.782	1.679	1.609	1.579	1.596	1.645	1.637	1.527	1.381
19	—	—	—	—	1.630	1.559	1.530	1.543	1.591	1.585	1.477	1.335
20	—	—	—	—	—	1.514	1.483	1.496	1.539	1.530	1.432	1.294
21	—	—	—	—	—	—	1.437	1.450	1.487	1.480	1.385	1.251
22	—	—	—	—	—	—	—	1.404	1.442	1.432	1.338	1.211
23	—	—	—	—	—	—	—	—	1.398	1.385	1.296	1.172
24	—	—	—	—	—	—	—	—	—	1.344	1.255	1.133
25	—	—	—	—	—	—	—	—	—	—	1.214	1.099
26	—	—	—	—	—	—	—	—	—	—	—	1.062
受照年龄 e（岁）	发病年龄 a（岁）											
	27	28	29	30	31	32	33	34	35	36	37	38
15	1.375	1.257	1.164	1.087	1.023	0.969	0.921	0.879	0.841	0.807	0.776	0.748
16	1.332	1.218	1.127	1.053	0.992	0.939	0.893	0.852	0.816	0.783	0.752	0.725

续表

受照年龄 *e*（岁）	发病年龄 *a*（岁）											
	27	28	29	30	31	32	33	34	35	36	37	38
17	1.289	1.179	1.092	1.021	0.961	0.910	0.865	0.826	0.790	0.758	0.729	0.703
18	1.247	1.141	1.058	0.989	0.931	0.882	0.839	0.801	0.766	0.735	0.707	0.681
19	1.208	1.106	1.024	0.958	0.902	0.855	0.813	0.776	0.743	0.712	0.685	0.660
20	1.170	1.072	0.992	0.928	0.875	0.828	0.788	0.752	0.720	0.691	0.664	0.640
21	1.131	1.037	0.961	0.900	0.848	0.803	0.764	0.729	0.698	0.670	0.644	0.621
22	1.097	1.004	0.932	0.872	0.821	0.778	0.740	0.707	0.676	0.649	0.624	0.601
23	1.061	0.973	0.902	0.845	0.796	0.754	0.718	0.685	0.656	0.629	0.605	0.583
24	1.029	0.943	0.874	0.818	0.772	0.731	0.696	0.664	0.636	0.610	0.587	0.565
25	0.995	0.914	0.847	0.793	0.747	0.708	0.674	0.643	0.616	0.591	0.569	0.548
26	0.963	0.885	0.821	0.768	0.724	0.687	0.653	0.624	0.597	0.573	0.551	0.531
27	0.933	0.856	0.795	0.745	0.703	0.665	0.633	0.604	0.579	0.556	0.534	0.515
28	—	0.830	0.770	0.722	0.680	0.645	0.614	0.587	0.561	0.539	0.518	0.499
29	—	—	0.747	0.699	0.660	0.625	0.596	0.568	0.544	0.522	0.502	0.484
30+	—	—	—	0.677	0.640	0.606	0.577	0.551	0.528	0.506	0.487	0.469

受照年龄 *e*（岁）	发病年龄 *a*（岁）											
	39	40	41	42	43	44	45	46	47	48	49	50
15	0.722	0.698	0.676	0.656	0.637	0.619	0.603	0.588	0.574	0.561	0.549	0.539
16	0.700	0.676	0.655	0.635	0.617	0.600	0.585	0.569	0.557	0.544	0.533	0.522
17	0.678	0.656	0.635	0.616	0.598	0.582	0.566	0.552	0.539	0.527	0.516	0.505
18	0.657	0.635	0.616	0.597	0.579	0.564	0.549	0.535	0.523	0.511	0.500	0.490
19	0.638	0.616	0.597	0.578	0.562	0.546	0.532	0.519	0.506	0.494	0.484	0.475
20	0.618	0.597	0.578	0.561	0.545	0.529	0.515	0.503	0.490	0.479	0.469	0.460
21	0.599	0.578	0.560	0.544	0.527	0.513	0.499	0.487	0.475	0.465	0.455	0.445
22	0.581	0.561	0.543	0.527	0.512	0.497	0.484	0.472	0.461	0.450	0.440	0.431
23	0.563	0.544	0.527	0.510	0.495	0.482	0.469	0.458	0.447	0.436	0.427	0.418
24	0.545	0.527	0.510	0.495	0.481	0.467	0.455	0.443	0.432	0.423	0.414	0.405
25	0.529	0.511	0.495	0.480	0.466	0.453	0.441	0.429	0.419	0.409	0.401	0.393
26	0.512	0.495	0.480	0.465	0.451	0.439	0.427	0.416	0.406	0.397	0.388	0.380
27	0.497	0.480	0.465	0.451	0.437	0.426	0.414	0.404	0.394	0.385	0.376	0.368
28	0.481	0.465	0.451	0.437	0.424	0.413	0.401	0.391	0.381	0.372	0.364	0.357
29	0.467	0.451	0.437	0.423	0.411	0.400	0.389	0.379	0.370	0.361	0.353	0.346
30+	0.453	0.438	0.423	0.410	0.398	0.387	0.377	0.367	0.358	0.350	0.342	0.335

续表

受照年龄 e（岁）	发病年龄 a（岁）											
	51	52	53	54	55	56	57	58	59	60	61	62
15	0.529	0.519	0.511	0.504	0.497	0.491	0.485	0.480	0.476	0.472	0.469	0.466
16	0.512	0.503	0.495	0.487	0.481	0.474	0.469	0.465	0.461	0.457	0.454	0.451
17	0.496	0.487	0.479	0.472	0.466	0.460	0.455	0.450	0.446	0.442	0.439	0.436
18	0.481	0.472	0.465	0.458	0.451	0.445	0.440	0.435	0.432	0.428	0.425	0.422
19	0.466	0.457	0.450	0.443	0.437	0.431	0.426	0.422	0.418	0.414	0.411	0.408
20	0.451	0.443	0.436	0.429	0.423	0.417	0.412	0.408	0.404	0.401	0.398	0.395
21	0.437	0.429	0.422	0.416	0.409	0.404	0.399	0.395	0.391	0.388	0.385	0.382
22	0.423	0.416	0.409	0.402	0.396	0.391	0.387	0.383	0.378	0.375	0.372	0.370
23	0.410	0.402	0.396	0.390	0.384	0.379	0.374	0.370	0.366	0.363	0.361	0.358
24	0.397	0.390	0.384	0.377	0.372	0.367	0.363	0.359	0.355	0.352	0.349	0.346
25	0.385	0.378	0.371	0.366	0.360	0.355	0.351	0.347	0.344	0.341	0.337	0.335
26	0.373	0.366	0.360	0.354	0.349	0.344	0.340	0.336	0.332	0.330	0.327	0.325
27	0.362	0.355	0.349	0.343	0.337	0.333	0.329	0.325	0.322	0.319	0.316	0.314
28	0.350	0.343	0.337	0.332	0.327	0.323	0.319	0.315	0.312	0.309	0.306	0.304
29	0.339	0.333	0.327	0.322	0.317	0.312	0.308	0.305	0.302	0.299	0.296	0.294
30+	0.329	0.322	0.317	0.312	0.307	0.302	0.299	0.296	0.292	0.289	0.287	0.285

附表 2-4　男性外照射致肺癌 ERR_{1Gy} 值

受照年龄 e（岁）	发病年龄 a（岁）											
	15	16	17	18	19	20	21	22	23	24	25	26
15	3.148	1.139	0.909	0.833	0.773	0.722	0.677	0.640	0.607	0.580	0.558	0.540
16	—	1.111	0.883	0.809	0.749	0.699	0.657	0.620	0.589	0.563	0.540	0.524
17	—	—	0.858	0.783	0.728	0.679	0.638	0.602	0.571	0.545	0.524	0.508
18	—	—	—	0.761	0.707	0.658	0.619	0.584	0.554	0.529	0.508	0.492
19	—	—	—	—	0.685	0.639	0.600	0.567	0.538	0.513	0.493	0.477
20	—	—	—	—	—	0.620	0.582	0.550	0.522	0.498	0.478	0.463
21	—	—	—	—	—	—	0.565	0.533	0.506	0.482	0.463	0.448
22	—	—	—	—	—	—	—	0.516	0.490	0.468	0.450	0.434
23	—	—	—	—	—	—	—	—	0.476	0.454	0.435	0.422
24	—	—	—	—	—	—	—	—	—	0.440	0.422	0.408
25	—	—	—	—	—	—	—	—	—	—	0.410	0.396
26	—	—	—	—	—	—	—	—	—	—	—	0.384

续表

受照年龄 e（岁）	发病年龄 a（岁）											
	27	28	29	30	31	32	33	34	35	36	37	38
15	0.528	0.523	0.524	0.533	0.551	0.580	0.619	0.666	0.714	0.756	0.779	0.783
16	0.512	0.507	0.507	0.516	0.534	0.560	0.598	0.643	0.690	0.729	0.752	0.755
17	0.497	0.490	0.491	0.499	0.515	0.542	0.578	0.620	0.665	0.702	0.724	0.727
18	0.481	0.474	0.476	0.482	0.498	0.524	0.558	0.599	0.641	0.677	0.699	0.701
19	0.466	0.461	0.460	0.467	0.482	0.506	0.539	0.578	0.619	0.654	0.673	0.676
20	0.452	0.446	0.446	0.452	0.467	0.489	0.521	0.558	0.597	0.629	0.650	0.651
21	0.437	0.432	0.432	0.437	0.451	0.474	0.503	0.538	0.576	0.608	0.625	0.627
22	0.424	0.419	0.418	0.424	0.437	0.457	0.486	0.521	0.556	0.585	0.602	0.605
23	0.411	0.405	0.405	0.410	0.423	0.443	0.469	0.502	0.536	0.564	0.581	0.583
24	0.398	0.393	0.392	0.397	0.409	0.428	0.453	0.484	0.517	0.545	0.561	0.562
25	0.386	0.381	0.379	0.384	0.395	0.412	0.438	0.467	0.499	0.525	0.541	0.542
26	0.375	0.368	0.368	0.372	0.382	0.399	0.423	0.451	0.481	0.506	0.521	0.522
27	0.363	0.357	0.356	0.360	0.370	0.386	0.409	0.436	0.465	0.489	0.503	0.504
28	—	0.346	0.345	0.349	0.358	0.373	0.394	0.421	0.448	0.471	0.484	0.485
29	—	—	0.335	0.337	0.346	0.361	0.382	0.406	0.432	0.454	0.467	0.468
30+	—	—	—	0.327	0.335	0.350	0.369	0.393	0.417	0.438	0.450	0.451

受照年龄 e（岁）	发病年龄 a（岁）											
	39	40	41	42	43	44	45	46	47	48	49	50
15	0.766	0.734	0.694	0.653	0.612	0.575	0.542	0.512	0.486	0.463	0.443	0.425
16	0.738	0.707	0.669	0.629	0.590	0.555	0.523	0.494	0.469	0.447	0.427	0.410
17	0.711	0.682	0.645	0.606	0.569	0.535	0.504	0.476	0.452	0.431	0.412	0.396
18	0.685	0.657	0.621	0.585	0.548	0.516	0.486	0.459	0.436	0.416	0.397	0.382
19	0.660	0.632	0.600	0.563	0.529	0.497	0.469	0.443	0.421	0.401	0.384	0.368
20	0.637	0.610	0.577	0.543	0.510	0.480	0.452	0.427	0.406	0.387	0.370	0.355
21	0.613	0.588	0.556	0.524	0.491	0.462	0.436	0.412	0.391	0.373	0.357	0.343
22	0.591	0.567	0.537	0.505	0.474	0.446	0.420	0.398	0.378	0.360	0.344	0.331
23	0.570	0.546	0.517	0.487	0.457	0.430	0.406	0.384	0.364	0.347	0.332	0.319
24	0.549	0.526	0.498	0.469	0.441	0.414	0.391	0.370	0.351	0.335	0.321	0.308
25	0.530	0.508	0.481	0.453	0.425	0.400	0.377	0.357	0.339	0.323	0.309	0.297
26	0.510	0.489	0.463	0.436	0.410	0.385	0.364	0.344	0.327	0.312	0.298	0.287
27	0.492	0.472	0.447	0.420	0.395	0.372	0.351	0.332	0.316	0.301	0.288	0.277
28	0.474	0.454	0.431	0.406	0.381	0.359	0.338	0.320	0.304	0.290	0.278	0.267
29	0.457	0.438	0.415	0.391	0.368	0.346	0.326	0.309	0.294	0.280	0.268	0.258
30+	0.441	0.422	0.400	0.377	0.354	0.333	0.315	0.298	0.283	0.270	0.259	0.249

续表

受照年龄 e（岁）	发病年龄 a（岁）											
	51	52	53	54	55	56	57	58	59	60	61	62
15	0.409	0.395	0.383	0.372	0.362	0.353	0.345	0.338	0.332	0.327	0.322	0.318
16	0.395	0.381	0.369	0.359	0.349	0.341	0.333	0.327	0.321	0.315	0.311	0.307
17	0.381	0.368	0.356	0.346	0.337	0.329	0.322	0.315	0.309	0.304	0.300	0.296
18	0.368	0.355	0.344	0.334	0.325	0.317	0.310	0.304	0.298	0.294	0.289	0.285
19	0.355	0.343	0.332	0.322	0.314	0.306	0.299	0.293	0.288	0.283	0.279	0.275
20	0.342	0.331	0.320	0.311	0.303	0.295	0.289	0.283	0.278	0.273	0.269	0.266
21	0.330	0.319	0.309	0.300	0.292	0.285	0.279	0.273	0.268	0.264	0.260	0.256
22	0.319	0.308	0.298	0.289	0.282	0.275	0.269	0.264	0.258	0.254	0.250	0.247
23	0.307	0.297	0.288	0.280	0.272	0.265	0.259	0.254	0.250	0.245	0.242	0.238
24	0.297	0.287	0.278	0.270	0.263	0.256	0.251	0.245	0.241	0.237	0.233	0.230
25	0.286	0.276	0.268	0.260	0.253	0.247	0.242	0.237	0.233	0.229	0.225	0.222
26	0.276	0.267	0.258	0.251	0.245	0.238	0.233	0.228	0.224	0.221	0.217	0.214
27	0.267	0.258	0.250	0.242	0.236	0.230	0.225	0.221	0.216	0.213	0.210	0.207
28	0.257	0.248	0.241	0.234	0.228	0.222	0.217	0.213	0.209	0.205	0.202	0.200
29	0.248	0.240	0.232	0.226	0.220	0.214	0.210	0.205	0.202	0.198	0.195	0.193
30+	0.240	0.232	0.224	0.218	0.212	0.207	0.202	0.198	0.195	0.191	0.188	0.186

附表 2-5　男性膀胱癌 ERR_{1Gy} 值

受照年龄 e（岁）	发病年龄 a（岁）											
	15	16	17	18	19	20	21	22	23	24	25	26
15	4.123	3.792	3.508	3.562	3.345	3.456	3.587	3.736	4.201	4.680	5.470	6.270
16	—	3.689	3.414	3.474	3.265	3.380	3.516	3.670	4.139	4.621	5.114	5.918
17	—	—	3.321	3.089	3.186	3.307	3.448	3.606	3.779	4.265	5.061	5.867
18	—	—	—	3.007	3.109	3.235	3.381	3.544	3.721	4.210	4.709	5.518
19	—	—	—	—	3.035	3.167	3.017	3.483	3.663	4.156	4.658	5.170
20	—	—	—	—	—	2.799	2.954	3.125	3.609	3.804	4.309	5.123
21	—	—	—	—	—	—	2.894	3.068	3.555	3.753	4.262	4.778
22	—	—	—	—	—	—	—	3.013	3.203	3.705	4.215	4.735
23	—	—	—	—	—	—	—	—	3.153	3.657	3.871	4.692
24	—	—	—	—	—	—	—	—	—	3.311	3.827	4.351
25	—	—	—	—	—	—	—	—	—	—	3.785	4.311
26	—	—	—	—	—	—	—	—	—	—	—	3.973

受照年龄 e（岁）	发病年龄 a（岁）											
	27	28	29	30	31	32	33	34	35	36	37	38
15	2.212	1.794	1.659	1.570	1.496	1.435	1.380	1.333	1.291	1.256	1.224	1.197
16	2.162	1.739	1.609	1.520	1.452	1.391	1.338	1.293	1.252	1.217	1.186	1.159

续表

受照年龄 e（岁）	发病年龄 a（岁）											
	27	28	29	30	31	32	33	34	35	36	37	38
17	2.085	1.684	1.560	1.476	1.407	1.349	1.298	1.254	1.215	1.179	1.149	1.125
18	2.008	1.631	1.513	1.432	1.363	1.307	1.258	1.215	1.176	1.144	1.115	1.090
19	1.963	1.580	1.467	1.385	1.323	1.267	1.220	1.177	1.141	1.109	1.080	1.056
20	1.889	1.538	1.422	1.344	1.282	1.230	1.183	1.143	1.106	1.074	1.047	1.023
21	1.817	1.488	1.379	1.304	1.244	1.192	1.147	1.107	1.072	1.042	1.015	0.991
22	1.776	1.441	1.336	1.264	1.207	1.156	1.112	1.074	1.040	1.010	0.984	0.962
23	1.706	1.402	1.295	1.227	1.169	1.121	1.078	1.041	1.008	0.979	0.954	0.931
24	1.667	1.356	1.260	1.190	1.134	1.086	1.045	1.010	0.977	0.950	0.924	0.903
25	1.599	1.312	1.220	1.153	1.100	1.055	1.015	0.979	0.947	0.920	0.896	0.875
26	1.562	1.277	1.182	1.118	1.067	1.023	0.983	0.950	0.919	0.892	0.868	0.848
27	1.497	1.234	1.144	1.084	1.035	0.991	0.954	0.920	0.890	0.864	0.842	0.822
28	—	1.192	1.113	1.050	1.003	0.961	0.924	0.892	0.863	0.838	0.817	0.796
29	—	—	1.078	1.022	0.973	0.932	0.897	0.864	0.837	0.812	0.791	0.773
30+	—	—	—	0.990	0.943	0.905	0.869	0.839	0.811	0.788	0.767	0.748

受照年龄 e（岁）	发病年龄 a（岁）											
	39	40	41	42	43	44	45	46	47	48	49	50
15	1.174	1.156	1.140	1.128	1.119	1.112	1.106	1.102	1.097	1.091	1.084	1.076
16	1.138	1.119	1.105	1.093	1.083	1.076	1.070	1.066	1.060	1.055	1.048	1.040
17	1.102	1.085	1.070	1.058	1.048	1.041	1.036	1.030	1.025	1.020	1.014	1.006
18	1.068	1.050	1.036	1.025	1.016	1.008	1.002	0.998	0.992	0.987	0.981	0.972
19	1.035	1.017	1.004	0.992	0.983	0.976	0.970	0.965	0.960	0.955	0.948	0.941
20	1.003	0.987	0.972	0.961	0.952	0.945	0.939	0.934	0.929	0.923	0.917	0.909
21	0.972	0.955	0.942	0.930	0.921	0.914	0.909	0.903	0.898	0.893	0.887	0.879
22	0.942	0.925	0.912	0.901	0.892	0.885	0.879	0.874	0.869	0.864	0.857	0.850
23	0.913	0.896	0.883	0.872	0.864	0.857	0.852	0.846	0.840	0.835	0.829	0.822
24	0.884	0.869	0.855	0.845	0.836	0.830	0.823	0.819	0.814	0.808	0.802	0.795
25	0.857	0.841	0.829	0.818	0.810	0.803	0.797	0.792	0.787	0.782	0.776	0.769
26	0.830	0.816	0.803	0.793	0.785	0.777	0.772	0.767	0.762	0.756	0.751	0.744
27	0.804	0.790	0.778	0.768	0.760	0.753	0.747	0.742	0.737	0.732	0.726	0.719
28	0.779	0.765	0.754	0.744	0.735	0.729	0.723	0.718	0.713	0.708	0.702	0.695
29	0.756	0.742	0.730	0.720	0.712	0.705	0.700	0.695	0.690	0.685	0.679	0.673
30+	0.733	0.718	0.707	0.698	0.690	0.684	0.678	0.673	0.668	0.663	0.657	0.650

续表

受照年龄 e（岁）	发病年龄 a（岁）											
	51	52	53	54	55	56	57	58	59	60	61	62
15	1.067	1.054	1.041	1.026	1.009	0.992	0.975	0.956	0.938	0.920	0.903	0.887
16	1.030	1.019	1.006	0.991	0.976	0.958	0.941	0.924	0.906	0.889	0.873	0.857
17	0.996	0.985	0.972	0.958	0.942	0.926	0.909	0.892	0.876	0.859	0.843	0.827
18	0.963	0.953	0.940	0.926	0.911	0.895	0.879	0.862	0.846	0.830	0.814	0.800
19	0.931	0.921	0.908	0.895	0.881	0.865	0.849	0.833	0.818	0.802	0.787	0.772
20	0.900	0.890	0.878	0.865	0.851	0.836	0.821	0.805	0.790	0.775	0.760	0.747
21	0.870	0.860	0.848	0.836	0.822	0.808	0.793	0.778	0.764	0.749	0.735	0.722
22	0.841	0.832	0.820	0.808	0.795	0.781	0.767	0.752	0.738	0.724	0.710	0.697
23	0.813	0.804	0.793	0.781	0.768	0.754	0.741	0.727	0.713	0.700	0.686	0.673
24	0.787	0.777	0.766	0.755	0.742	0.729	0.716	0.703	0.689	0.676	0.663	0.651
25	0.761	0.752	0.741	0.730	0.717	0.705	0.692	0.679	0.666	0.653	0.641	0.629
26	0.736	0.727	0.717	0.705	0.694	0.682	0.669	0.656	0.643	0.631	0.619	0.607
27	0.712	0.702	0.693	0.682	0.671	0.659	0.647	0.634	0.622	0.610	0.599	0.588
28	0.688	0.679	0.670	0.659	0.648	0.637	0.624	0.613	0.602	0.590	0.579	0.568
29	0.666	0.657	0.648	0.637	0.627	0.615	0.604	0.592	0.581	0.570	0.559	0.549
30+	0.644	0.635	0.626	0.616	0.606	0.595	0.584	0.572	0.562	0.551	0.541	0.531

附表 2-6　男性食管癌、骨和关节恶性肿瘤 ERR_{1Gy} 值

受照年龄 e（岁）	发病年龄 a（岁）											
	15	16	17	18	19	20	21	22	23	24	25	26
15	14.486	12.129	10.276	8.802	7.616	6.652	5.862	5.209	4.666	4.208	3.820	3.486
16	—	11.769	9.971	8.540	7.389	6.453	5.686	5.052	4.524	4.080	3.703	3.379
17	—	—	9.675	8.286	7.168	6.260	5.516	4.900	4.387	3.956	3.589	3.275
18	—	—	—	8.039	6.954	6.073	5.350	4.752	4.254	3.836	3.480	3.174
19	—	—	—	—	6.747	5.891	5.190	4.609	4.126	3.719	3.374	3.077
20	—	—	—	—	—	5.715	5.034	4.470	4.001	3.606	3.270	2.982
21	—	—	—	—	—	—	4.883	4.335	3.880	3.496	3.170	2.890
22	—	—	—	—	—	—	—	4.206	3.762	3.390	3.074	2.802
23	—	—	—	—	—	—	—	—	3.649	3.287	2.980	2.715
24	—	—	—	—	—	—	—	—	—	3.187	2.889	2.632
25	—	—	—	—	—	—	—	—	—	—	2.801	2.551
26	—	—	—	—	—	—	—	—	—	—	—	2.473

续表

受照年龄 *e*（岁）	发病年龄 *a*（岁）											
	27	28	29	30	31	32	33	34	35	36	37	38
15	3.195	2.937	2.708	2.500	2.311	2.139	1.980	1.835	1.703	1.582	1.472	1.371
16	3.096	2.847	2.623	2.421	2.238	2.071	1.918	1.777	1.649	1.532	1.425	1.327
17	3.000	2.758	2.541	2.345	2.168	2.005	1.857	1.721	1.597	1.483	1.380	1.285
18	2.907	2.672	2.462	2.272	2.099	1.942	1.798	1.666	1.546	1.436	1.335	1.244
19	2.818	2.589	2.385	2.201	2.033	1.880	1.741	1.613	1.497	1.390	1.293	1.204
20	2.730	2.509	2.311	2.131	1.970	1.821	1.686	1.562	1.449	1.346	1.252	1.166
21	2.646	2.431	2.239	2.065	1.907	1.764	1.632	1.513	1.403	1.303	1.212	1.129
22	2.565	2.356	2.168	2.000	1.848	1.708	1.581	1.465	1.358	1.262	1.174	1.093
23	2.485	2.282	2.101	1.938	1.789	1.654	1.531	1.419	1.316	1.222	1.137	1.059
24	2.409	2.212	2.035	1.877	1.734	1.602	1.483	1.374	1.274	1.183	1.100	1.024
25	2.334	2.143	1.972	1.819	1.679	1.552	1.436	1.330	1.234	1.146	1.065	0.992
26	2.263	2.077	1.911	1.762	1.626	1.504	1.391	1.288	1.195	1.109	1.032	0.961
27	2.192	2.012	1.851	1.706	1.575	1.456	1.347	1.247	1.157	1.074	0.999	0.930
28	—	1.950	1.794	1.654	1.526	1.411	1.305	1.208	1.121	1.040	0.967	0.901
29	—	—	1.739	1.602	1.479	1.366	1.264	1.170	1.085	1.007	0.937	0.873
30+	—	—	—	1.551	1.432	1.324	1.224	1.133	1.051	0.976	0.907	0.845

受照年龄 *e*（岁）	发病年龄 *a*（岁）											
	39	40	41	42	43	44	45	46	47	48	49	50
15	1.280	1.196	1.119	1.049	0.985	0.927	0.873	0.824	0.778	0.737	0.699	0.663
16	1.239	1.157	1.083	1.016	0.953	0.897	0.845	0.797	0.753	0.713	0.676	0.642
17	1.199	1.120	1.048	0.983	0.923	0.868	0.818	0.772	0.729	0.690	0.654	0.620
18	1.161	1.084	1.015	0.952	0.894	0.840	0.792	0.747	0.706	0.668	0.633	0.601
19	1.124	1.050	0.983	0.921	0.865	0.813	0.766	0.723	0.683	0.647	0.613	0.582
20	1.088	1.016	0.951	0.891	0.837	0.788	0.742	0.700	0.661	0.626	0.593	0.563
21	1.053	0.984	0.921	0.863	0.811	0.762	0.718	0.677	0.640	0.606	0.574	0.544
22	1.020	0.953	0.892	0.836	0.784	0.738	0.695	0.655	0.619	0.586	0.555	0.527
23	0.987	0.923	0.863	0.809	0.760	0.714	0.673	0.635	0.600	0.567	0.537	0.510
24	0.956	0.893	0.836	0.784	0.736	0.691	0.651	0.614	0.580	0.549	0.520	0.494
25	0.925	0.864	0.809	0.759	0.712	0.670	0.631	0.595	0.562	0.532	0.504	0.478
26	0.896	0.837	0.783	0.734	0.689	0.648	0.610	0.576	0.544	0.515	0.488	0.463
27	0.868	0.810	0.758	0.711	0.667	0.627	0.591	0.558	0.526	0.498	0.472	0.448
28	0.840	0.785	0.735	0.688	0.646	0.607	0.572	0.539	0.510	0.483	0.457	0.434
29	0.813	0.760	0.711	0.666	0.625	0.588	0.554	0.522	0.493	0.467	0.443	0.420
30+	0.788	0.736	0.688	0.645	0.606	0.569	0.536	0.506	0.478	0.452	0.428	0.406

续表

受照年龄 e（岁）	发病年龄 a（岁）											
	51	52	53	54	55	56	57	58	59	60	61	62
15	0.630	0.600	0.571	0.546	0.521	0.499	0.478	0.459	0.440	0.423	0.407	0.393
16	0.610	0.580	0.553	0.528	0.504	0.482	0.462	0.444	0.426	0.409	0.394	0.380
17	0.590	0.561	0.535	0.511	0.488	0.467	0.447	0.429	0.412	0.396	0.381	0.367
18	0.571	0.544	0.518	0.494	0.472	0.451	0.433	0.415	0.399	0.383	0.368	0.355
19	0.553	0.526	0.501	0.478	0.457	0.437	0.419	0.401	0.386	0.371	0.357	0.344
20	0.534	0.509	0.485	0.463	0.442	0.423	0.405	0.389	0.373	0.358	0.345	0.332
21	0.518	0.493	0.470	0.448	0.428	0.409	0.392	0.376	0.361	0.347	0.334	0.322
22	0.501	0.476	0.454	0.433	0.414	0.396	0.379	0.363	0.349	0.335	0.323	0.311
23	0.485	0.461	0.439	0.419	0.401	0.383	0.367	0.352	0.338	0.324	0.312	0.301
24	0.470	0.447	0.425	0.406	0.387	0.371	0.355	0.340	0.327	0.314	0.302	0.291
25	0.454	0.432	0.412	0.392	0.375	0.359	0.343	0.329	0.316	0.304	0.293	0.281
26	0.440	0.418	0.399	0.380	0.363	0.347	0.332	0.319	0.306	0.294	0.283	0.273
27	0.426	0.405	0.386	0.368	0.351	0.336	0.322	0.308	0.296	0.284	0.274	0.264
28	0.412	0.392	0.373	0.356	0.340	0.325	0.311	0.298	0.287	0.275	0.265	0.255
29	0.399	0.379	0.361	0.345	0.329	0.315	0.301	0.289	0.277	0.266	0.256	0.247
30+	0.386	0.367	0.350	0.334	0.318	0.305	0.292	0.280	0.268	0.258	0.248	0.238

（二）女性实体癌超额危险系数（乳腺癌和甲状腺癌除外）

女性几种实体癌的 ERR_{1Gy} 值见附表 2-7 至附表 2-12。

附表 2-7　女性胃癌 ERR_{1Gy} 值

受照年龄 e（岁）	发病年龄 a（岁）											
	15	16	17	18	19	20	21	22	23	24	25	26
15	59.770	10.096	4.973	4.115	3.684	3.401	3.194	3.036	2.912	2.817	2.741	2.683
16	—	9.725	4.811	3.982	3.566	3.290	3.091	2.937	2.818	2.724	2.651	2.594
17	—	—	4.644	3.851	3.449	3.184	2.991	2.841	2.725	2.634	2.562	2.507
18	—	—	—	3.723	3.335	3.081	2.894	2.749	2.636	2.546	2.478	2.423
19	—	—	—	—	3.227	2.981	2.799	2.658	2.550	2.462	2.395	2.342
20	—	—	—	—	—	2.885	2.709	2.573	2.466	2.382	2.315	2.264
21	—	—	—	—	—	—	2.621	2.489	2.386	2.304	2.239	2.189
22	—	—	—	—	—	—	—	2.408	2.307	2.228	2.165	2.116
23	—	—	—	—	—	—	—	—	2.233	2.155	2.094	2.045
24	—	—	—	—	—	—	—	—	—	2.085	2.025	1.978
25	—	—	—	—	—	—	—	—	—	—	1.957	1.912
26	—	—	—	—	—	—	—	—	—	—	—	1.848

续表

受照年龄 e（岁）	发病年龄 a（岁）											
	27	28	29	30	31	32	33	34	35	36	37	38
15	2.640	2.608	2.584	2.565	2.550	2.534	2.514	2.491	2.460	2.421	2.374	2.319
16	2.551	2.519	2.496	2.477	2.461	2.446	2.427	2.403	2.373	2.336	2.289	2.236
17	2.465	2.433	2.410	2.392	2.376	2.360	2.342	2.319	2.289	2.253	2.208	2.157
18	2.382	2.352	2.328	2.310	2.294	2.279	2.260	2.238	2.209	2.173	2.130	2.080
19	2.302	2.272	2.249	2.231	2.215	2.199	2.181	2.159	2.131	2.096	2.055	2.006
20	2.225	2.195	2.172	2.154	2.138	2.122	2.104	2.083	2.055	2.022	1.982	1.935
21	2.150	2.121	2.098	2.080	2.064	2.049	2.032	2.011	1.983	1.951	1.912	1.867
22	2.078	2.049	2.027	2.009	1.994	1.978	1.960	1.940	1.914	1.882	1.844	1.800
23	2.008	1.980	1.958	1.940	1.925	1.910	1.893	1.872	1.846	1.816	1.778	1.736
24	1.941	1.913	1.891	1.874	1.859	1.844	1.826	1.806	1.781	1.752	1.716	1.675
25	1.876	1.849	1.827	1.810	1.795	1.780	1.763	1.743	1.719	1.690	1.655	1.616
26	1.813	1.786	1.766	1.748	1.733	1.718	1.702	1.683	1.659	1.630	1.597	1.559
27	1.752	1.727	1.706	1.689	1.673	1.658	1.643	1.624	1.601	1.574	1.540	1.504
28	—	1.668	1.648	1.631	1.616	1.602	1.585	1.567	1.545	1.518	1.487	1.451
29	—	—	1.593	1.575	1.561	1.547	1.530	1.512	1.491	1.464	1.434	1.400
30+	—	—	—	1.522	1.507	1.493	1.478	1.460	1.439	1.413	1.384	1.351

受照年龄 e（岁）	发病年龄 a（岁）											
	39	40	41	42	43	44	45	46	47	48	49	50
15	2.257	2.189	2.118	2.044	1.969	1.894	1.821	1.750	1.682	1.617	1.555	1.497
16	2.176	2.111	2.042	1.971	1.899	1.827	1.756	1.688	1.622	1.559	1.500	1.444
17	2.099	2.036	1.969	1.901	1.831	1.762	1.694	1.628	1.565	1.504	1.447	1.392
18	2.025	1.964	1.899	1.833	1.766	1.699	1.634	1.570	1.509	1.451	1.396	1.343
19	1.952	1.894	1.832	1.768	1.703	1.639	1.576	1.515	1.456	1.399	1.347	1.296
20	1.883	1.826	1.766	1.705	1.643	1.580	1.520	1.461	1.404	1.351	1.299	1.250
21	1.816	1.761	1.704	1.645	1.584	1.525	1.466	1.409	1.355	1.302	1.253	1.207
22	1.751	1.699	1.643	1.586	1.528	1.470	1.414	1.359	1.307	1.257	1.209	1.164
23	1.689	1.639	1.585	1.530	1.474	1.418	1.364	1.311	1.261	1.212	1.166	1.123
24	1.630	1.581	1.529	1.476	1.422	1.368	1.316	1.265	1.216	1.169	1.125	1.084
25	1.572	1.525	1.474	1.424	1.372	1.320	1.269	1.220	1.173	1.128	1.086	1.046
26	1.516	1.471	1.422	1.373	1.323	1.273	1.225	1.177	1.132	1.089	1.048	1.009
27	1.463	1.419	1.372	1.324	1.276	1.228	1.182	1.136	1.092	1.051	1.011	0.974
28	1.412	1.368	1.324	1.278	1.232	1.185	1.140	1.096	1.054	1.014	0.976	0.940
29	1.361	1.320	1.277	1.233	1.188	1.144	1.100	1.057	1.017	0.978	0.942	0.906
30+	1.313	1.274	1.232	1.189	1.146	1.103	1.061	1.020	0.981	0.944	0.908	0.875

续表

受照年龄 e（岁）	发病年龄 a（岁）											
	51	52	53	54	55	56	57	58	59	60	61	62
15	1.441	1.390	1.342	1.296	1.253	1.214	1.177	1.142	1.111	1.080	1.053	1.026
16	1.390	1.341	1.294	1.251	1.209	1.172	1.136	1.103	1.072	1.043	1.016	0.991
17	1.341	1.293	1.248	1.207	1.167	1.131	1.096	1.064	1.034	1.006	0.980	0.956
18	1.294	1.248	1.204	1.164	1.126	1.091	1.058	1.026	0.998	0.971	0.946	0.922
19	1.248	1.204	1.162	1.123	1.087	1.052	1.020	0.991	0.963	0.937	0.913	0.890
20	1.204	1.162	1.122	1.084	1.049	1.016	0.985	0.956	0.929	0.904	0.881	0.859
21	1.162	1.121	1.082	1.046	1.012	0.981	0.951	0.923	0.897	0.873	0.850	0.830
22	1.121	1.082	1.044	1.009	0.976	0.946	0.918	0.891	0.866	0.842	0.821	0.801
23	1.082	1.044	1.007	0.974	0.943	0.913	0.885	0.860	0.835	0.813	0.792	0.773
24	1.044	1.007	0.973	0.940	0.910	0.881	0.854	0.830	0.806	0.785	0.765	0.746
25	1.008	0.972	0.938	0.907	0.878	0.850	0.825	0.801	0.779	0.758	0.738	0.720
26	0.972	0.938	0.906	0.875	0.847	0.821	0.796	0.773	0.751	0.731	0.713	0.695
27	0.938	0.905	0.874	0.845	0.818	0.792	0.768	0.746	0.726	0.706	0.688	0.671
28	0.906	0.874	0.843	0.816	0.790	0.765	0.742	0.720	0.700	0.682	0.664	0.648
29	0.874	0.843	0.814	0.787	0.762	0.738	0.716	0.696	0.676	0.658	0.641	0.625
30+	0.844	0.813	0.786	0.760	0.735	0.713	0.691	0.671	0.652	0.635	0.619	0.603

附表 2-8　女性结肠癌 ERR_{1Gy} 值

受照年龄 e（岁）	发病年龄 a（岁）											
	15	16	17	18	19	20	21	22	23	24	25	26
15	21.588	4.905	3.496	3.072	2.804	2.610	2.454	2.325	2.222	2.135	2.068	2.015
16	—	4.738	3.381	2.976	2.720	2.527	2.376	2.252	2.151	2.068	2.002	1.949
17	—	—	3.276	2.882	2.633	2.449	2.301	2.181	2.083	2.004	1.938	1.887
18	—	—	—	2.790	2.552	2.373	2.229	2.114	2.018	1.939	1.877	1.827
19	—	—	—	—	2.470	2.299	2.161	2.047	1.954	1.878	1.815	1.769
20	—	—	—	—	—	2.226	2.094	1.983	1.894	1.818	1.759	1.712
21	—	—	—	—	—	—	2.026	1.920	1.833	1.762	1.702	1.657
22	—	—	—	—	—	—	—	1.861	1.777	1.706	1.648	1.604
23	—	—	—	—	—	—	—	—	1.719	1.652	1.597	1.552
24	—	—	—	—	—	—	—	—	—	1.599	1.545	1.503
25	—	—	—	—	—	—	—	—	—	—	1.496	1.455
26	—	—	—	—	—	—	—	—	—	—	—	1.407

续表

受照年龄 *e*（岁）	发病年龄 *a*（岁）											
	27	28	29	30	31	32	33	34	35	36	37	38
15	1.975	1.947	1.931	1.926	1.927	1.933	1.941	1.947	1.948	1.940	1.919	1.887
16	1.912	1.884	1.868	1.861	1.862	1.868	1.875	1.880	1.881	1.873	1.853	1.821
17	1.848	1.823	1.807	1.798	1.799	1.804	1.810	1.816	1.816	1.806	1.788	1.757
18	1.790	1.763	1.748	1.740	1.739	1.742	1.749	1.752	1.753	1.744	1.726	1.694
19	1.732	1.705	1.689	1.682	1.680	1.684	1.689	1.693	1.692	1.684	1.665	1.636
20	1.676	1.649	1.634	1.626	1.623	1.627	1.631	1.634	1.633	1.625	1.607	1.578
21	1.621	1.596	1.580	1.572	1.570	1.572	1.576	1.579	1.578	1.569	1.551	1.523
22	1.568	1.545	1.528	1.520	1.518	1.519	1.521	1.525	1.523	1.514	1.497	1.469
23	1.518	1.494	1.477	1.469	1.467	1.468	1.471	1.473	1.469	1.462	1.445	1.418
24	1.470	1.445	1.430	1.421	1.418	1.418	1.421	1.421	1.419	1.412	1.395	1.370
25	1.422	1.398	1.382	1.373	1.370	1.371	1.372	1.373	1.371	1.362	1.345	1.322
26	1.377	1.353	1.337	1.329	1.325	1.324	1.325	1.326	1.324	1.315	1.299	1.275
27	1.331	1.309	1.293	1.285	1.281	1.279	1.281	1.281	1.278	1.270	1.254	1.231
28	—	1.267	1.252	1.242	1.237	1.237	1.238	1.237	1.234	1.225	1.211	1.187
29	—	—	1.211	1.200	1.196	1.196	1.196	1.195	1.192	1.184	1.169	1.147
30+	—	—	—	1.162	1.157	1.155	1.155	1.154	1.151	1.143	1.128	1.106

受照年龄 *e*（岁）	发病年龄 *a*（岁）											
	39	40	41	42	43	44	45	46	47	48	49	50
15	1.841	1.784	1.717	1.646	1.572	1.499	1.426	1.356	1.291	1.230	1.172	1.119
16	1.775	1.721	1.657	1.588	1.517	1.446	1.376	1.309	1.246	1.187	1.132	1.081
17	1.713	1.660	1.599	1.532	1.465	1.395	1.328	1.264	1.203	1.146	1.092	1.043
18	1.653	1.602	1.542	1.479	1.414	1.346	1.282	1.220	1.162	1.106	1.055	1.008
19	1.595	1.545	1.488	1.427	1.364	1.300	1.237	1.178	1.121	1.068	1.019	0.973
20	1.540	1.492	1.436	1.377	1.316	1.255	1.194	1.137	1.082	1.031	0.984	0.940
21	1.486	1.440	1.386	1.329	1.269	1.211	1.153	1.097	1.045	0.996	0.950	0.908
22	1.433	1.389	1.338	1.283	1.225	1.169	1.113	1.060	1.009	0.961	0.918	0.877
23	1.383	1.340	1.291	1.237	1.183	1.128	1.075	1.023	0.974	0.928	0.886	0.847
24	1.335	1.293	1.246	1.194	1.142	1.089	1.037	0.987	0.941	0.897	0.856	0.818
25	1.288	1.247	1.202	1.152	1.102	1.051	1.001	0.953	0.908	0.866	0.826	0.790
26	1.243	1.204	1.160	1.112	1.064	1.014	0.966	0.920	0.876	0.836	0.798	0.763
27	1.200	1.162	1.120	1.074	1.026	0.979	0.933	0.889	0.846	0.807	0.771	0.737
28	1.158	1.121	1.081	1.036	0.991	0.945	0.901	0.858	0.818	0.780	0.744	0.711
29	1.118	1.083	1.043	1.000	0.956	0.912	0.870	0.828	0.790	0.753	0.719	0.688
30+	1.079	1.045	1.007	0.965	0.924	0.881	0.839	0.800	0.762	0.728	0.694	0.664

续表

受照年龄 e（岁）	发病年龄 a（岁）											
	51	52	53	54	55	56	57	58	59	60	61	62
15	1.070	1.025	0.983	0.945	0.909	0.877	0.846	0.818	0.792	0.767	0.745	0.724
16	1.034	0.990	0.950	0.912	0.878	0.847	0.817	0.790	0.765	0.742	0.720	0.700
17	0.998	0.956	0.917	0.882	0.848	0.818	0.790	0.764	0.739	0.717	0.696	0.677
18	0.964	0.923	0.886	0.851	0.820	0.790	0.763	0.738	0.715	0.693	0.673	0.654
19	0.931	0.892	0.856	0.823	0.792	0.764	0.738	0.713	0.690	0.670	0.650	0.632
20	0.899	0.861	0.827	0.795	0.766	0.738	0.713	0.689	0.667	0.647	0.628	0.611
21	0.868	0.832	0.799	0.768	0.739	0.713	0.688	0.666	0.645	0.625	0.607	0.590
22	0.838	0.804	0.771	0.742	0.714	0.689	0.665	0.644	0.624	0.605	0.587	0.571
23	0.810	0.776	0.745	0.717	0.690	0.666	0.643	0.622	0.602	0.584	0.567	0.552
24	0.782	0.750	0.720	0.693	0.667	0.643	0.621	0.601	0.582	0.565	0.548	0.533
25	0.756	0.724	0.696	0.669	0.644	0.622	0.601	0.581	0.563	0.546	0.530	0.515
26	0.730	0.700	0.672	0.647	0.623	0.601	0.581	0.561	0.544	0.528	0.513	0.498
27	0.706	0.676	0.650	0.625	0.602	0.581	0.561	0.543	0.526	0.510	0.496	0.481
28	0.681	0.653	0.627	0.604	0.582	0.561	0.543	0.525	0.508	0.493	0.479	0.466
29	0.658	0.631	0.606	0.584	0.562	0.542	0.524	0.507	0.492	0.477	0.463	0.450
30+	0.636	0.610	0.586	0.564	0.543	0.525	0.507	0.490	0.475	0.461	0.448	0.436

附表 2-9　女性肝癌 ERR_{1Gy} 值

受照年龄 e（岁）	发病年龄 a（岁）											
	15	16	17	18	19	20	21	22	23	24	25	26
15	2.610	2.453	2.353	2.250	2.221	2.181	2.209	2.250	2.327	2.405	1.790	1.553
16	—	2.387	2.266	2.194	2.142	2.132	2.137	2.180	2.259	2.315	1.731	1.506
17	—	—	2.207	2.112	2.064	2.058	2.066	2.112	2.166	2.252	1.674	1.453
18	—	—	—	2.06	2.015	1.985	1.996	2.045	2.102	2.164	1.617	1.407
19	—	—	—	—	1.941	1.914	1.927	1.978	2.038	2.103	1.561	1.362
20	—	—	—	—	—	1.871	1.860	1.914	1.976	2.017	1.518	1.319
21	—	—	—	—	—	—	1.822	1.850	1.887	1.958	1.465	1.276
22	—	—	—	—	—	—	—	1.787	1.826	1.874	1.412	1.234
23	—	—	—	—	—	—	—	—	1.767	1.817	1.372	1.193
24	—	—	—	—	—	—	—	—	—	1.761	1.321	1.152
25	—	—	—	—	—	—	—	—	—	—	1.282	1.120
26	—	—	—	—	—	—	—	—	—	—	—	1.081

受照年龄 e（岁）	发病年龄 a（岁）											
	27	28	29	30	31	32	33	34	35	36	37	38
15	1.412	1.310	1.232	1.166	1.109	1.061	1.017	0.979	0.943	0.911	0.882	0.854
16	1.366	1.269	1.192	1.129	1.074	1.027	0.985	0.948	0.914	0.883	0.854	0.828

续表

受照年龄 e（岁）	发病年龄 a（岁）											
	27	28	29	30	31	32	33	34	35	36	37	38
17	1.325	1.229	1.153	1.092	1.041	0.994	0.954	0.918	0.884	0.854	0.827	0.801
18	1.281	1.190	1.117	1.057	1.007	0.963	0.924	0.888	0.856	0.827	0.800	0.775
19	1.237	1.152	1.083	1.026	0.976	0.932	0.894	0.860	0.829	0.801	0.775	0.751
20	1.199	1.114	1.046	0.993	0.946	0.902	0.867	0.833	0.803	0.776	0.751	0.728
21	1.162	1.081	1.014	0.960	0.914	0.875	0.839	0.806	0.778	0.751	0.726	0.704
22	1.126	1.045	0.981	0.931	0.886	0.846	0.812	0.781	0.752	0.727	0.703	0.681
23	1.086	1.013	0.952	0.902	0.858	0.820	0.787	0.756	0.729	0.704	0.682	0.660
24	1.052	0.979	0.921	0.874	0.831	0.794	0.762	0.733	0.706	0.681	0.660	0.639
25	1.018	0.949	0.891	0.846	0.805	0.769	0.738	0.710	0.684	0.660	0.639	0.619
26	0.989	0.920	0.864	0.819	0.780	0.746	0.715	0.687	0.662	0.640	0.618	0.599
27	0.957	0.891	0.836	0.793	0.754	0.722	0.692	0.665	0.641	0.619	0.599	0.580
28	—	0.863	0.810	0.767	0.730	0.698	0.671	0.645	0.621	0.600	0.581	0.562
29	—	—	0.785	0.744	0.707	0.677	0.650	0.623	0.601	0.580	0.562	0.544
30+	—	—	—	0.719	0.687	0.656	0.628	0.604	0.583	0.562	0.544	0.527

受照年龄 e（岁）	发病年龄 a（岁）											
	39	40	41	42	43	44	45	46	47	48	49	50
15	0.829	0.806	0.784	0.764	0.745	0.727	0.709	0.693	0.677	0.662	0.647	0.634
16	0.803	0.781	0.760	0.739	0.720	0.703	0.687	0.670	0.655	0.641	0.627	0.614
17	0.777	0.756	0.735	0.716	0.697	0.681	0.664	0.649	0.634	0.620	0.607	0.593
18	0.753	0.731	0.712	0.693	0.675	0.659	0.643	0.627	0.614	0.600	0.587	0.574
19	0.729	0.708	0.689	0.670	0.654	0.637	0.622	0.608	0.594	0.580	0.568	0.556
20	0.706	0.686	0.666	0.649	0.633	0.617	0.602	0.588	0.574	0.561	0.550	0.538
21	0.683	0.663	0.645	0.628	0.612	0.597	0.583	0.569	0.556	0.543	0.532	0.520
22	0.661	0.643	0.624	0.608	0.593	0.578	0.564	0.550	0.538	0.526	0.514	0.503
23	0.641	0.622	0.605	0.589	0.573	0.559	0.546	0.533	0.521	0.509	0.497	0.487
24	0.620	0.602	0.585	0.570	0.555	0.541	0.528	0.516	0.504	0.493	0.482	0.471
25	0.601	0.583	0.567	0.552	0.538	0.524	0.511	0.499	0.487	0.476	0.466	0.456
26	0.581	0.564	0.549	0.534	0.520	0.507	0.495	0.483	0.472	0.461	0.451	0.441
27	0.563	0.547	0.531	0.517	0.504	0.491	0.479	0.467	0.457	0.447	0.436	0.427
28	0.545	0.529	0.514	0.500	0.488	0.475	0.463	0.453	0.442	0.432	0.422	0.413
29	0.528	0.513	0.498	0.484	0.472	0.460	0.448	0.438	0.428	0.418	0.409	0.400
30+	0.511	0.497	0.482	0.469	0.457	0.445	0.434	0.424	0.414	0.404	0.396	0.387

续表

受照年龄 e（岁）	发病年龄 a（岁）											
	51	52	53	54	55	56	57	58	59	60	61	62
15	0.621	0.608	0.596	0.585	0.574	0.563	0.552	0.543	0.533	0.524	0.515	0.507
16	0.600	0.588	0.577	0.565	0.555	0.544	0.534	0.525	0.516	0.507	0.499	0.491
17	0.581	0.569	0.558	0.547	0.537	0.527	0.517	0.508	0.499	0.491	0.482	0.474
18	0.562	0.550	0.540	0.529	0.519	0.509	0.500	0.491	0.483	0.474	0.466	0.459
19	0.544	0.533	0.522	0.512	0.502	0.492	0.483	0.475	0.467	0.458	0.451	0.444
20	0.526	0.516	0.505	0.495	0.486	0.477	0.467	0.459	0.451	0.443	0.436	0.429
21	0.509	0.498	0.489	0.479	0.469	0.461	0.452	0.444	0.436	0.429	0.422	0.414
22	0.493	0.482	0.473	0.463	0.454	0.446	0.437	0.430	0.422	0.415	0.407	0.401
23	0.477	0.466	0.457	0.448	0.440	0.431	0.423	0.415	0.408	0.401	0.394	0.388
24	0.461	0.451	0.443	0.434	0.425	0.417	0.409	0.402	0.395	0.388	0.381	0.375
25	0.446	0.437	0.428	0.420	0.411	0.403	0.396	0.389	0.382	0.375	0.369	0.363
26	0.432	0.423	0.414	0.406	0.398	0.390	0.383	0.376	0.369	0.363	0.357	0.351
27	0.418	0.409	0.401	0.393	0.385	0.378	0.370	0.364	0.357	0.351	0.345	0.339
28	0.404	0.396	0.388	0.380	0.373	0.365	0.358	0.352	0.346	0.340	0.334	0.328
29	0.391	0.383	0.375	0.367	0.360	0.353	0.346	0.340	0.334	0.328	0.323	0.317
30+	0.379	0.371	0.363	0.356	0.348	0.342	0.335	0.329	0.323	0.318	0.312	0.307

附表 2-10　女性外照射致肺癌 ERR_{1Gy} 值

受照年龄 e（岁）	发病年龄 a（岁）											
	15	16	17	18	19	20	21	22	23	24	25	26
15	8.087	9.091	4.007	3.631	3.359	3.129	2.930	2.755	2.602	2.469	2.351	2.250
16	—	8.267	3.893	3.525	3.257	3.036	2.843	2.673	2.524	2.393	2.281	2.183
17	—	—	3.765	3.417	3.163	2.945	2.758	2.592	2.450	2.322	2.212	2.117
18	—	—	—	3.318	3.067	2.856	2.676	2.515	2.376	2.252	2.146	2.053
19	—	—	—	—	2.978	2.773	2.596	2.441	2.304	2.186	2.081	1.991
20	—	—	—	—	—	2.690	2.518	2.368	2.236	2.121	2.019	1.931
21	—	—	—	—	—	—	2.443	2.298	2.170	2.057	1.959	1.874
22	—	—	—	—	—	—	—	2.230	2.104	1.995	1.900	1.817
23	—	—	—	—	—	—	—	—	2.042	1.936	1.843	1.763
24	—	—	—	—	—	—	—	—	—	1.877	1.787	1.709
25	—	—	—	—	—	—	—	—	—	—	1.734	1.658
26	—	—	—	—	—	—	—	—	—	—	—	1.608

续表

受照年龄 e（岁）	发病年龄 a（岁）											
	27	28	29	30	31	32	33	34	35	36	37	38
15	2.165	2.095	2.037	1.995	1.967	1.952	1.951	1.960	1.976	1.997	2.013	2.024
16	2.100	2.031	1.975	1.933	1.906	1.891	1.889	1.897	1.912	1.931	1.947	1.955
17	2.036	1.968	1.914	1.874	1.846	1.830	1.829	1.835	1.849	1.867	1.881	1.890
18	1.973	1.909	1.856	1.815	1.788	1.774	1.769	1.776	1.789	1.805	1.819	1.827
19	1.915	1.850	1.799	1.759	1.732	1.717	1.713	1.718	1.732	1.746	1.759	1.765
20	1.857	1.794	1.744	1.705	1.678	1.664	1.659	1.664	1.675	1.689	1.700	1.706
21	1.800	1.739	1.690	1.653	1.627	1.611	1.607	1.610	1.620	1.632	1.643	1.649
22	1.745	1.687	1.639	1.601	1.575	1.561	1.556	1.558	1.567	1.579	1.589	1.594
23	1.693	1.635	1.588	1.552	1.526	1.511	1.506	1.508	1.517	1.527	1.537	1.540
24	1.641	1.586	1.539	1.504	1.479	1.463	1.458	1.460	1.468	1.477	1.486	1.489
25	1.593	1.537	1.492	1.459	1.434	1.419	1.411	1.414	1.420	1.429	1.436	1.439
26	1.544	1.490	1.446	1.413	1.388	1.373	1.367	1.368	1.374	1.381	1.388	1.392
27	1.497	1.445	1.403	1.370	1.346	1.330	1.324	1.325	1.329	1.337	1.343	1.346
28	—	1.401	1.360	1.327	1.304	1.288	1.282	1.281	1.287	1.293	1.299	1.300
29	—	—	1.319	1.286	1.263	1.249	1.241	1.241	1.245	1.251	1.256	1.256
30+	—	—	—	1.246	1.225	1.209	1.202	1.201	1.204	1.210	1.214	1.215

受照年龄 e（岁）	发病年龄 a（岁）											
	39	40	41	42	43	44	45	46	47	48	49	50
15	2.022	2.009	1.982	1.944	1.898	1.848	1.793	1.739	1.685	1.634	1.584	1.538
16	1.955	1.941	1.914	1.878	1.834	1.784	1.731	1.679	1.627	1.577	1.530	1.485
17	1.888	1.875	1.849	1.814	1.771	1.723	1.672	1.621	1.571	1.523	1.478	1.434
18	1.825	1.811	1.786	1.751	1.710	1.663	1.615	1.566	1.518	1.471	1.427	1.385
19	1.763	1.749	1.725	1.692	1.651	1.607	1.560	1.512	1.465	1.421	1.378	1.338
20	1.703	1.690	1.666	1.634	1.595	1.551	1.506	1.460	1.415	1.372	1.331	1.292
21	1.645	1.633	1.610	1.579	1.541	1.498	1.455	1.410	1.367	1.325	1.285	1.248
22	1.590	1.577	1.555	1.525	1.488	1.447	1.405	1.362	1.320	1.280	1.241	1.205
23	1.537	1.524	1.502	1.473	1.437	1.398	1.357	1.316	1.275	1.236	1.199	1.164
24	1.486	1.473	1.451	1.422	1.388	1.350	1.311	1.271	1.232	1.194	1.159	1.125
25	1.435	1.423	1.402	1.374	1.341	1.304	1.266	1.228	1.190	1.154	1.119	1.086
26	1.387	1.374	1.354	1.328	1.296	1.260	1.223	1.186	1.149	1.114	1.081	1.049
27	1.340	1.329	1.309	1.283	1.251	1.217	1.181	1.146	1.110	1.076	1.044	1.014
28	1.296	1.283	1.265	1.239	1.209	1.176	1.141	1.106	1.073	1.040	1.009	0.979
29	1.252	1.240	1.222	1.197	1.168	1.136	1.103	1.069	1.036	1.005	0.975	0.946
30+	1.211	1.199	1.180	1.156	1.128	1.097	1.065	1.033	1.001	0.970	0.941	0.914

续表

受照年龄 e（岁）	发病年龄 a（岁）											
	51	52	53	54	55	56	57	58	59	60	61	62
15	1.495	1.455	1.418	1.384	1.352	1.323	1.297	1.273	1.251	1.231	1.213	1.197
16	1.444	1.405	1.369	1.336	1.306	1.278	1.252	1.229	1.208	1.189	1.172	1.156
17	1.394	1.357	1.322	1.290	1.261	1.234	1.210	1.187	1.166	1.148	1.131	1.116
18	1.347	1.310	1.277	1.246	1.218	1.192	1.168	1.146	1.126	1.108	1.092	1.078
19	1.301	1.266	1.233	1.204	1.176	1.151	1.128	1.107	1.088	1.070	1.055	1.040
20	1.256	1.222	1.191	1.162	1.136	1.112	1.089	1.069	1.050	1.033	1.018	1.004
21	1.213	1.181	1.151	1.123	1.097	1.074	1.052	1.032	1.014	0.998	0.983	0.970
22	1.172	1.141	1.111	1.085	1.060	1.037	1.016	0.997	0.979	0.964	0.949	0.936
23	1.132	1.101	1.074	1.047	1.024	1.001	0.981	0.963	0.946	0.931	0.917	0.904
24	1.093	1.064	1.037	1.012	0.989	0.967	0.948	0.930	0.914	0.899	0.885	0.873
25	1.056	1.028	1.002	0.977	0.955	0.934	0.915	0.898	0.882	0.868	0.855	0.843
26	1.020	0.993	0.968	0.944	0.922	0.903	0.884	0.867	0.852	0.838	0.826	0.814
27	0.985	0.959	0.934	0.912	0.891	0.872	0.854	0.838	0.823	0.810	0.797	0.786
28	0.952	0.926	0.903	0.881	0.861	0.842	0.825	0.809	0.795	0.782	0.770	0.760
29	0.919	0.895	0.872	0.851	0.832	0.813	0.797	0.782	0.768	0.755	0.744	0.734
30+	0.888	0.865	0.843	0.822	0.803	0.786	0.770	0.755	0.742	0.730	0.718	0.708

附表 2-11 女性膀胱癌 ERR_{1Gy} 值

受照年龄 e（岁）	发病年龄 a（岁）											
	15	16	17	18	19	20	21	22	23	24	25	26
15	12.615	11.525	10.887	10.073	9.361	9.033	8.776	8.279	8.134	8.333	8.271	8.541
16	—	11.185	10.575	9.784	9.093	8.784	8.243	8.062	7.929	7.840	8.088	8.368
17	—	—	10.271	9.504	8.833	8.542	8.018	7.850	7.730	7.653	7.911	7.901
18	—	—	—	9.232	8.581	8.307	7.798	7.644	7.538	7.471	7.439	7.738
19	—	—	—	—	8.336	8.079	7.585	7.445	7.350	7.295	7.273	7.580
20	—	—	—	—	—	7.858	7.379	7.252	7.168	7.123	7.111	7.127
21	—	—	—	—	—	—	7.179	7.064	6.692	6.657	6.954	6.978
22	—	—	—	—	—	—	—	6.881	6.521	6.495	6.501	6.834
23	—	—	—	—	—	—	—	—	6.355	6.339	6.354	6.694
24	—	—	—	—	—	—	—	—	—	6.188	6.210	6.259
25	—	—	—	—	—	—	—	—	—	—	6.071	6.127
26	—	—	—	—	—	—	—	—	—	—	—	5.999
受照年龄 e（岁）	发病年龄 a（岁）											
	27	28	29	30	31	32	33	34	35	36	37	38
15	5.998	5.486	5.189	4.937	4.712	4.515	4.334	4.173	4.026	3.893	3.771	3.664
16	5.797	5.330	5.031	4.788	4.571	4.382	4.206	4.048	3.904	3.774	3.657	3.552

续表

受照年龄 *e*（岁）	发病年龄 *a*（岁）											
	27	28	29	30	31	32	33	34	35	36	37	38
17	5.638	5.164	4.878	4.644	4.434	4.247	4.079	3.926	3.787	3.662	3.546	3.443
18	5.445	5.017	4.739	4.504	4.301	4.121	3.959	3.811	3.673	3.550	3.439	3.340
19	5.295	4.859	4.593	4.368	4.173	3.999	3.841	3.695	3.562	3.445	3.338	3.240
20	5.112	4.721	4.452	4.243	4.047	3.879	3.724	3.583	3.459	3.342	3.236	3.142
21	4.971	4.571	4.324	4.114	3.931	3.763	3.614	3.477	3.354	3.242	3.140	3.047
22	4.834	4.441	4.191	3.988	3.813	3.651	3.506	3.372	3.253	3.144	3.044	2.955
23	4.664	4.299	4.071	3.874	3.698	3.542	3.402	3.271	3.154	3.050	2.953	2.865
24	4.535	4.177	3.945	3.756	3.586	3.436	3.301	3.175	3.061	2.958	2.865	2.780
25	4.409	4.058	3.831	3.641	3.483	3.333	3.198	3.078	2.968	2.868	2.779	2.695
26	4.250	3.927	3.712	3.537	3.377	3.232	3.103	2.986	2.881	2.782	2.695	2.614
27	4.133	3.815	3.605	3.427	3.275	3.140	3.010	2.898	2.793	2.700	2.614	2.536
28	—	3.691	3.492	3.329	3.175	3.045	2.924	2.811	2.710	2.618	2.535	2.460
29	—	—	3.392	3.226	3.084	2.953	2.836	2.728	2.629	2.538	2.458	2.384
30+	—	—	—	3.133	2.990	2.863	2.751	2.646	2.551	2.463	2.383	2.313

受照年龄 *e*（岁）	发病年龄 *a*（岁）											
	39	40	41	42	43	44	45	46	47	48	49	50
15	3.567	3.482	3.407	3.344	3.292	3.250	3.215	3.188	3.166	3.148	3.129	3.109
16	3.457	3.376	3.305	3.243	3.190	3.148	3.115	3.087	3.066	3.046	3.028	3.008
17	3.352	3.272	3.202	3.141	3.091	3.051	3.016	2.991	2.968	2.950	2.931	2.911
18	3.253	3.174	3.105	3.046	2.996	2.956	2.922	2.897	2.874	2.857	2.838	2.818
19	3.154	3.076	3.010	2.953	2.905	2.864	2.833	2.805	2.784	2.766	2.746	2.726
20	3.057	2.983	2.918	2.862	2.815	2.776	2.743	2.717	2.696	2.677	2.659	2.639
21	2.966	2.892	2.828	2.775	2.728	2.690	2.658	2.632	2.612	2.592	2.575	2.555
22	2.877	2.804	2.743	2.688	2.644	2.606	2.575	2.549	2.530	2.511	2.492	2.473
23	2.788	2.720	2.660	2.608	2.562	2.525	2.496	2.471	2.449	2.431	2.412	2.394
24	2.703	2.637	2.579	2.528	2.484	2.448	2.418	2.394	2.373	2.353	2.337	2.317
25	2.621	2.557	2.500	2.450	2.408	2.371	2.343	2.318	2.298	2.279	2.261	2.242
26	2.544	2.480	2.423	2.375	2.334	2.298	2.269	2.245	2.225	2.208	2.189	2.171
27	2.466	2.403	2.349	2.303	2.262	2.228	2.199	2.175	2.155	2.137	2.121	2.102
28	2.390	2.330	2.279	2.233	2.192	2.160	2.131	2.107	2.087	2.070	2.053	2.035
29	2.320	2.261	2.210	2.164	2.126	2.093	2.064	2.042	2.023	2.005	1.988	1.971
30+	2.250	2.193	2.141	2.097	2.061	2.028	2.000	1.978	1.959	1.942	1.926	1.907

续表

受照年龄 e（岁）	发病年龄 a（岁）											
	51	52	53	54	55	56	57	58	59	60	61	62
15	3.083	3.054	3.017	2.973	2.924	2.870	2.813	2.754	2.694	2.634	2.576	2.520
16	2.984	2.954	2.919	2.876	2.829	2.776	2.721	2.663	2.605	2.548	2.491	2.437
17	2.888	2.859	2.823	2.782	2.736	2.685	2.631	2.576	2.519	2.464	2.409	2.357
18	2.795	2.766	2.732	2.692	2.646	2.598	2.545	2.492	2.437	2.383	2.331	2.279
19	2.704	2.676	2.642	2.604	2.560	2.512	2.462	2.410	2.357	2.305	2.254	2.204
20	2.616	2.589	2.557	2.519	2.476	2.430	2.382	2.331	2.280	2.229	2.180	2.132
21	2.533	2.506	2.473	2.436	2.396	2.351	2.303	2.255	2.206	2.156	2.109	2.062
22	2.451	2.424	2.394	2.357	2.318	2.274	2.228	2.182	2.133	2.086	2.040	1.995
23	2.372	2.345	2.316	2.281	2.242	2.200	2.156	2.110	2.063	2.018	1.973	1.929
24	2.296	2.270	2.241	2.207	2.169	2.128	2.085	2.041	1.996	1.951	1.908	1.867
25	2.222	2.197	2.168	2.135	2.098	2.059	2.017	1.974	1.931	1.888	1.846	1.806
26	2.150	2.126	2.098	2.066	2.030	1.992	1.952	1.910	1.868	1.826	1.786	1.747
27	2.082	2.057	2.031	1.999	1.964	1.927	1.888	1.847	1.807	1.766	1.728	1.690
28	2.015	1.992	1.965	1.934	1.901	1.865	1.826	1.787	1.748	1.709	1.671	1.634
29	1.951	1.927	1.901	1.871	1.840	1.805	1.767	1.730	1.691	1.653	1.617	1.581
30+	1.888	1.866	1.840	1.811	1.780	1.745	1.709	1.673	1.636	1.600	1.564	1.530

附表 2-12　女性食管癌、骨和关节恶性肿瘤 ERR_{1Gy} 值

受照年龄 e（岁）	发病年龄 a（岁）											
	15	16	17	18	19	20	21	22	23	24	25	26
15	24.099	20.139	17.021	14.530	12.517	10.871	9.513	8.383	7.437	6.636	5.956	5.375
16	—	19.542	16.516	14.099	12.145	10.548	9.231	8.134	7.214	6.438	5.778	5.214
17	—	—	16.026	13.681	11.784	10.234	8.956	7.891	6.999	6.245	5.605	5.057
18	—	—	—	13.275	11.435	9.930	8.690	7.656	6.790	6.059	5.437	4.905
19	—	—	—	—	11.095	9.636	8.431	7.429	6.588	5.878	5.274	4.758
20	—	—	—	—	—	9.349	8.180	7.208	6.392	5.702	5.116	4.615
21	—	—	—	—	—	—	7.937	6.993	6.201	5.532	4.963	4.477
22	—	—	—	—	—	—	—	6.785	6.016	5.367	4.815	4.343
23	—	—	—	—	—	—	—	—	5.837	5.207	4.671	4.212
24	—	—	—	—	—	—	—	—	—	5.051	4.531	4.086
25	—	—	—	—	—	—	—	—	—	—	4.396	3.964
26	—	—	—	—	—	—	—	—	—	—	—	3.845

受照年龄 e（岁）	发病年龄 a（岁）											
	27	28	29	30	31	32	33	34	35	36	37	38
15	4.876	4.443	4.068	3.741	3.452	3.197	2.970	2.766	2.582	2.414	2.261	2.121
16	4.729	4.309	3.945	3.627	3.347	3.099	2.879	2.681	2.502	2.339	2.190	2.054
17	4.586	4.179	3.826	3.517	3.245	3.005	2.790	2.597	2.424	2.266	2.122	1.990
18	4.448	4.053	3.710	3.410	3.146	2.912	2.704	2.518	2.349	2.196	2.056	1.927

续表

受照年龄 e（岁）	发病年龄 a（岁）											
	27	28	29	30	31	32	33	34	35	36	37	38
19	4.315	3.931	3.597	3.306	3.050	2.823	2.621	2.440	2.276	2.128	1.992	1.868
20	4.185	3.812	3.489	3.206	2.957	2.737	2.541	2.365	2.206	2.062	1.930	1.809
21	4.059	3.697	3.383	3.108	2.867	2.653	2.463	2.292	2.138	1.998	1.870	1.753
22	3.937	3.586	3.281	3.014	2.780	2.572	2.387	2.221	2.071	1.936	1.812	1.698
23	3.818	3.478	3.181	2.922	2.695	2.493	2.314	2.153	2.008	1.876	1.755	1.645
24	3.704	3.373	3.086	2.834	2.613	2.417	2.243	2.087	1.946	1.818	1.701	1.594
25	3.593	3.271	2.992	2.748	2.533	2.343	2.174	2.023	1.886	1.761	1.648	1.544
26	3.484	3.173	2.901	2.665	2.457	2.272	2.108	1.960	1.828	1.707	1.597	1.496
27	3.380	3.077	2.814	2.584	2.381	2.202	2.043	1.900	1.771	1.654	1.547	1.450
28	—	2.984	2.729	2.506	2.309	2.135	1.980	1.842	1.716	1.603	1.500	1.405
29	—	—	2.646	2.429	2.239	2.070	1.920	1.785	1.664	1.553	1.453	1.361
30+	—	—	—	2.356	2.171	2.007	1.861	1.730	1.612	1.505	1.408	1.319

受照年龄 e（岁）	发病年龄 a（岁）											
	39	40	41	42	43	44	45	46	47	48	49	50
15	1.991	1.871	1.760	1.657	1.561	1.472	1.389	1.313	1.241	1.175	1.114	1.057
16	1.928	1.812	1.704	1.604	1.512	1.425	1.346	1.271	1.202	1.138	1.079	1.023
17	1.868	1.755	1.650	1.553	1.464	1.380	1.302	1.231	1.164	1.101	1.044	0.990
18	1.810	1.700	1.598	1.505	1.417	1.336	1.261	1.192	1.127	1.067	1.011	0.959
19	1.753	1.647	1.548	1.457	1.373	1.295	1.222	1.154	1.091	1.033	0.979	0.928
20	1.698	1.595	1.500	1.411	1.330	1.254	1.183	1.117	1.057	1.000	0.948	0.899
21	1.644	1.545	1.452	1.367	1.287	1.214	1.145	1.082	1.023	0.968	0.917	0.870
22	1.593	1.496	1.407	1.324	1.247	1.175	1.109	1.048	0.990	0.938	0.889	0.842
23	1.544	1.450	1.362	1.282	1.208	1.138	1.074	1.014	0.959	0.908	0.860	0.816
24	1.495	1.404	1.320	1.242	1.169	1.103	1.041	0.983	0.929	0.879	0.833	0.790
25	1.449	1.360	1.278	1.203	1.133	1.068	1.007	0.951	0.900	0.852	0.807	0.765
26	1.403	1.318	1.239	1.165	1.097	1.034	0.975	0.922	0.871	0.825	0.781	0.740
27	1.360	1.276	1.200	1.129	1.062	1.001	0.945	0.892	0.844	0.798	0.756	0.717
28	1.317	1.237	1.162	1.093	1.029	0.970	0.915	0.864	0.817	0.773	0.732	0.694
29	1.276	1.198	1.126	1.059	0.997	0.939	0.887	0.837	0.791	0.748	0.709	0.673
30+	1.236	1.160	1.091	1.026	0.966	0.910	0.858	0.811	0.766	0.725	0.686	0.651

受照年龄 e（岁）	发病年龄 a（岁）											
	51	52	53	54	55	56	57	58	59	60	61	62
15	1.003	0.954	0.908	0.865	0.825	0.788	0.753	0.721	0.691	0.662	0.636	0.611
16	0.972	0.923	0.879	0.837	0.799	0.763	0.729	0.697	0.668	0.641	0.615	0.591
17	0.941	0.894	0.851	0.811	0.773	0.738	0.705	0.675	0.647	0.620	0.596	0.572

续表

受照年龄 e（岁）	发病年龄 a（岁）											
	51	52	53	54	55	56	57	58	59	60	61	62
18	0.911	0.866	0.824	0.784	0.748	0.714	0.683	0.653	0.626	0.600	0.576	0.553
19	0.882	0.838	0.797	0.760	0.725	0.691	0.661	0.632	0.606	0.581	0.558	0.536
20	0.853	0.811	0.772	0.735	0.701	0.670	0.640	0.612	0.586	0.562	0.540	0.518
21	0.826	0.785	0.747	0.712	0.679	0.648	0.620	0.592	0.568	0.544	0.522	0.502
22	0.800	0.760	0.724	0.689	0.657	0.627	0.599	0.574	0.550	0.527	0.505	0.486
23	0.774	0.736	0.701	0.667	0.636	0.607	0.580	0.555	0.532	0.510	0.489	0.470
24	0.750	0.713	0.678	0.646	0.616	0.588	0.562	0.537	0.515	0.494	0.473	0.454
25	0.726	0.690	0.657	0.625	0.596	0.569	0.544	0.520	0.498	0.478	0.458	0.440
26	0.703	0.668	0.636	0.605	0.577	0.551	0.527	0.504	0.482	0.462	0.443	0.426
27	0.681	0.647	0.616	0.586	0.559	0.533	0.509	0.487	0.467	0.447	0.429	0.412
28	0.659	0.626	0.596	0.568	0.541	0.517	0.494	0.472	0.452	0.433	0.415	0.399
29	0.638	0.606	0.577	0.550	0.524	0.500	0.477	0.457	0.437	0.419	0.402	0.386
30+	0.618	0.587	0.559	0.532	0.507	0.484	0.463	0.442	0.424	0.406	0.390	0.374

（三）女性乳腺癌超额危险系数

女性乳腺癌 ERR_{1Gy} 值见附表 2-13。

附表 2-13　女性乳腺癌 ERR_{1Gy} 值

受照年龄 e（岁）	发病年龄 a（岁）							
	15	16	17	18	19	20	21	22
15	3.824	4.236	4.673	5.162	5.688	6.262	6.873	7.522
16	—	4.027	4.448	4.913	5.410	5.950	6.532	7.155
17	—	—	4.223	4.665	5.152	5.665	6.216	6.812
18	—	—	—	4.439	4.895	5.391	5.918	6.478
19	—	—	—	—	4.658	5.125	5.629	6.160
20	—	—	—	—	—	4.879	5.348	5.858
21	—	—	—	—	—	—	5.094	5.572
22	—	—	—	—	—	—	—	5.303
受照年龄 e（岁）	发病年龄 a（岁）							
	23	24	25	26	27	28	29	30
15	8.224	8.962	4.325	2.644	2.421	2.501	2.679	2.846
16	7.820	8.525	4.112	2.515	2.303	2.379	2.549	2.707
17	7.438	8.110	3.911	2.392	2.190	2.264	2.425	2.575
18	7.072	7.709	3.722	2.275	2.084	2.153	2.307	2.450
19	6.729	7.336	3.539	2.165	1.981	2.048	2.194	2.330
20	6.401	6.978	3.369	2.060	1.885	1.949	2.087	2.217

续表

受照年龄 e（岁）	发病年龄 a（岁）							
	23	24	25	26	27	28	29	30
21	6.088	6.634	3.204	1.959	1.793	1.853	1.985	2.108
22	5.790	6.312	3.048	1.863	1.706	1.763	1.888	2.005
23	5.508	6.004	2.898	1.772	1.622	1.677	1.796	1.908
24	—	5.710	2.757	1.686	1.543	1.595	1.708	1.814
25	—	—	2.622	1.604	1.469	1.517	1.625	1.726
26	—	—	—	1.526	1.397	1.444	1.546	1.642
27	—	—	—	—	1.329	1.373	1.471	1.562
28	—	—	—	—	—	1.306	1.399	1.486
29	—	—	—	—	—	—	1.330	1.413
30	—	—	—	—	—	—	—	1.344

受照年龄 e（岁）	发病年龄 a（岁）							
	31	32	33	34	35	36	37	38
15	2.924	2.883	2.742	2.547	2.340	2.148	1.984	1.848
16	2.782	2.742	2.608	2.423	2.227	2.044	1.887	1.758
17	2.646	2.608	2.481	2.304	2.118	1.944	1.795	1.672
18	2.516	2.481	2.360	2.193	2.015	1.849	1.707	1.590
19	2.394	2.361	2.245	2.085	1.916	1.759	1.624	1.513
20	2.278	2.245	2.135	1.984	1.823	1.673	1.545	1.439
21	2.166	2.136	2.031	1.887	1.734	1.592	1.469	1.369
22	2.060	2.031	1.932	1.795	1.649	1.514	1.398	1.302
23	1.960	1.933	1.838	1.707	1.569	1.440	1.330	1.239
24	1.864	1.838	1.748	1.624	1.493	1.370	1.265	1.178
25	1.774	1.748	1.663	1.545	1.420	1.303	1.203	1.121
26	1.687	1.663	1.582	1.470	1.350	1.240	1.144	1.066
27	1.605	1.582	1.505	1.398	1.285	1.179	1.089	1.014
28	1.526	1.505	1.431	1.329	1.222	1.122	1.035	0.965
29	1.452	1.432	1.361	1.265	1.162	1.067	0.985	0.918
30	1.381	1.362	1.295	1.203	1.106	1.015	0.937	0.873
31	1.314	1.295	1.232	1.145	1.052	0.966	0.891	0.830
32	—	1.232	1.172	1.089	1.000	0.919	0.848	0.790
33	—	—	1.115	1.036	0.951	0.874	0.806	0.751
34	—	—	—	0.985	0.905	0.831	0.767	0.715
35	—	—	—	—	0.861	0.791	0.730	0.680
36	—	—	—	—	—	0.752	0.694	0.647
37	—	—	—	—	—	—	0.660	0.615
38	—	—	—	—	—	—	—	0.585

续表

受照年龄 e（岁）	发病年龄 a（岁）							
	39	40	41	42	43	44	45	46
15	1.741	1.659	1.598	1.558	1.534	1.526	1.531	1.549
16	1.656	1.578	1.521	1.482	1.459	1.451	1.456	1.474
17	1.575	1.501	1.446	1.410	1.388	1.380	1.385	1.402
18	1.498	1.428	1.376	1.341	1.320	1.313	1.318	1.334
19	1.425	1.358	1.309	1.275	1.256	1.249	1.253	1.269
20	1.356	1.292	1.245	1.213	1.195	1.188	1.192	1.207
21	1.289	1.229	1.184	1.154	1.136	1.130	1.134	1.148
22	1.227	1.169	1.126	1.098	1.081	1.075	1.079	1.092
23	1.167	1.112	1.072	1.044	1.028	1.023	1.026	1.039
24	1.110	1.057	1.019	0.993	0.978	0.973	0.976	0.988
25	1.056	1.006	0.970	0.945	0.931	0.925	0.929	0.940
26	1.004	0.957	0.922	0.899	0.885	0.880	0.883	0.894
27	0.955	0.910	0.877	0.855	0.842	0.837	0.840	0.850
28	0.909	0.866	0.834	0.813	0.801	0.796	0.799	0.809
29	0.864	0.824	0.794	0.774	0.762	0.758	0.760	0.769
30	0.822	0.783	0.755	0.736	0.725	0.721	0.723	0.732
31	0.782	0.745	0.718	0.700	0.689	0.686	0.688	0.696
32	0.744	0.709	0.683	0.666	0.656	0.652	0.654	0.662
33	0.708	0.674	0.650	0.633	0.624	0.620	0.623	0.630
34	0.673	0.641	0.618	0.602	0.593	0.590	0.592	0.599
35	0.640	0.610	0.588	0.573	0.564	0.561	0.563	0.570
36	0.609	0.580	0.559	0.545	0.537	0.534	0.536	0.542
37	0.579	0.552	0.532	0.518	0.511	0.508	0.510	0.516
38	0.551	0.525	0.506	0.493	0.486	0.483	0.485	0.491
39	0.524	0.499	0.482	0.469	0.462	0.460	0.461	0.467
40	—	0.475	0.458	0.446	0.439	0.437	0.439	0.444
41	—	—	0.436	0.424	0.418	0.416	0.417	0.422
42	—	—	—	0.404	0.398	0.395	0.397	0.402
43	—	—	—	—	0.378	0.376	0.378	0.382
44	—	—	—	—	—	0.358	0.359	0.363
45	—	—	—	—	—	—	0.342	0.346
46	—	—	—	—	—	—	—	0.329

续表

受照年龄 *e*（岁）	发病年龄 *a*（岁）							
	47	48	49	50	51	52	53	54
15	1.581	1.624	1.680	1.749	1.743	1.748	1.763	1.788
16	1.503	1.545	1.598	1.664	1.658	1.663	1.677	1.701
17	1.430	1.470	1.520	1.583	1.577	1.582	1.595	1.618
18	1.360	1.398	1.446	1.505	1.500	1.505	1.518	1.539
19	1.294	1.330	1.376	1.432	1.427	1.431	1.444	1.464
20	1.231	1.265	1.308	1.362	1.357	1.361	1.373	1.393
21	1.171	1.203	1.245	1.296	1.291	1.295	1.306	1.325
22	1.114	1.144	1.184	1.233	1.228	1.232	1.242	1.260
23	1.059	1.089	1.126	1.172	1.168	1.172	1.182	1.199
24	1.008	1.036	1.071	1.115	1.111	1.115	1.124	1.140
25	0.959	0.985	1.019	1.061	1.057	1.060	1.069	1.085
26	0.912	0.937	0.969	1.009	1.006	1.009	1.017	1.032
27	0.867	0.891	0.922	0.960	0.957	0.959	0.968	0.981
28	0.825	0.848	0.877	0.913	0.910	0.913	0.920	0.934
29	0.785	0.806	0.834	0.869	0.866	0.868	0.876	0.888
30	0.747	0.767	0.794	0.826	0.823	0.826	0.833	0.845
31	0.710	0.730	0.755	0.786	0.783	0.785	0.792	0.803
32	0.676	0.694	0.718	0.748	0.745	0.747	0.754	0.764
33	0.643	0.660	0.683	0.711	0.709	0.711	0.717	0.727
34	0.611	0.628	0.650	0.677	0.674	0.676	0.682	0.692
35	0.581	0.597	0.618	0.643	0.641	0.643	0.649	0.658
36	0.553	0.568	0.588	0.612	0.610	0.612	0.617	0.626
37	0.526	0.541	0.559	0.582	0.580	0.582	0.587	0.595
38	0.500	0.514	0.532	0.554	0.552	0.553	0.558	0.566
39	0.476	0.489	0.506	0.527	0.525	0.527	0.531	0.539
40	0.453	0.465	0.481	0.501	0.499	0.501	0.505	0.512
41	0.431	0.443	0.458	0.477	0.475	0.476	0.481	0.487
42	0.410	0.421	0.436	0.453	0.452	0.453	0.457	0.464
43	0.390	0.400	0.414	0.431	0.430	0.431	0.435	0.441
44	0.371	0.381	0.394	0.410	0.409	0.410	0.414	0.419
45	0.353	0.362	0.375	0.390	0.389	0.390	0.393	0.399
46	0.335	0.345	0.357	0.371	0.370	0.371	0.374	0.380
47	0.319	0.328	0.339	0.353	0.352	0.353	0.356	0.361
48	—	0.312	0.323	0.336	0.335	0.336	0.339	0.343
49	—	—	0.307	0.320	0.318	0.319	0.322	0.327

续表

受照年龄 *e*（岁）	发病年龄 *a*（岁）							
	47	48	49	50	51	52	53	54
50	—	—	—	0.304	0.303	0.304	0.306	0.311
51	—	—	—	—	0.288	0.289	0.291	0.296
52	—	—	—	—	—	0.275	0.277	0.281
53	—	—	—	—	—	—	0.264	0.267
54	—	—	—	—	—	—	—	0.254

受照年龄 *e*（岁）	发病年龄 *a*（岁）							
	55	56	57	58	59	60	61	62
15	1.822	1.865	1.916	1.975	2.042	2.115	2.193	2.277
16	1.733	1.774	1.823	1.879	1.942	2.011	2.086	2.165
17	1.649	1.688	1.734	1.787	1.847	1.913	1.984	2.060
18	1.568	1.605	1.649	1.700	1.757	1.820	1.888	1.959
19	1.492	1.527	1.569	1.617	1.672	1.731	1.796	1.864
20	1.419	1.452	1.492	1.538	1.590	1.647	1.708	1.773
21	1.350	1.382	1.420	1.463	1.512	1.566	1.625	1.686
22	1.284	1.314	1.350	1.392	1.439	1.490	1.546	1.604
23	1.221	1.250	1.284	1.324	1.369	1.417	1.470	1.526
24	1.162	1.189	1.222	1.260	1.302	1.348	1.398	1.452
25	1.105	1.131	1.162	1.198	1.238	1.283	1.330	1.381
26	1.051	1.076	1.106	1.140	1.178	1.220	1.265	1.313
27	1.000	1.024	1.052	1.084	1.120	1.160	1.204	1.249
28	0.951	0.974	1.000	1.031	1.066	1.104	1.145	1.188
29	0.905	0.926	0.952	0.981	1.014	1.050	1.089	1.130
30	0.861	0.881	0.905	0.933	0.964	0.999	1.036	1.075
31	0.819	0.838	0.861	0.888	0.917	0.950	0.986	1.023
32	0.779	0.797	0.819	0.844	0.873	0.904	0.937	0.973
33	0.741	0.758	0.779	0.803	0.830	0.860	0.892	0.926
34	0.705	0.721	0.741	0.764	0.790	0.818	0.848	0.880
35	0.670	0.686	0.705	0.727	0.751	0.778	0.807	0.837
36	0.638	0.653	0.671	0.691	0.714	0.740	0.767	0.797
37	0.607	0.621	0.638	0.658	0.680	0.704	0.730	0.758
38	0.577	0.590	0.607	0.625	0.647	0.670	0.694	0.721
39	0.549	0.562	0.577	0.595	0.615	0.637	0.661	0.686
40	0.522	0.534	0.549	0.566	0.585	0.606	0.628	0.652
41	0.497	0.508	0.522	0.538	0.556	0.576	0.598	0.620
42	0.472	0.483	0.497	0.512	0.529	0.548	0.569	0.590
43	0.449	0.460	0.473	0.487	0.504	0.521	0.541	0.561
44	0.427	0.437	0.450	0.463	0.479	0.496	0.514	0.534
45	0.407	0.416	0.428	0.441	0.456	0.472	0.489	0.508
46	0.387	0.396	0.407	0.419	0.433	0.449	0.466	0.483

续表

受照年龄 e（岁）	发病年龄 a（岁）							
	55	56	57	58	59	60	61	62
47	0.368	0.377	0.387	0.399	0.412	0.427	0.443	0.460
48	0.350	0.358	0.368	0.379	0.392	0.406	0.421	0.437
49	0.333	0.341	0.350	0.361	0.373	0.386	0.401	0.416
50	0.317	0.324	0.333	0.343	0.355	0.367	0.381	0.396
51	0.301	0.308	0.317	0.327	0.338	0.350	0.363	0.376
52	0.287	0.293	0.301	0.311	0.321	0.333	0.345	0.358
53	0.272	0.279	0.287	0.295	0.305	0.316	0.328	0.340
54	0.259	0.265	0.273	0.281	0.290	0.301	0.312	0.324

（四）甲状腺癌超额危险系数

甲状腺癌 ERR_{1Gy} 值见附表 2–14。

附表 2–14　甲状腺癌 ERR_{1Gy} 值

受照年龄 e（岁）	男性	女性	受照年龄 e（岁）	男性	女性
15	1.841	3.647	38	0.273	0.541
16	1.694	3.356	39	0.251	0.497
17	1.559	3.089	40	0.231	0.458
18	1.435	2.843	41	0.213	0.421
19	1.321	2.616	42	0.196	0.388
20	1.215	2.408	43	0.180	0.357
21	1.119	2.216	44	0.166	0.329
22	1.030	2.040	45	0.153	0.302
23	0.948	1.877	46	0.140	0.278
24	0.872	1.728	47	0.129	0.256
25	0.803	1.590	48	0.119	0.236
26	0.739	1.463	49	0.109	0.217
27	0.680	1.347	50	0.101	0.200
28	0.626	1.240	51	0.093	0.184
29	0.576	1.141	52	0.085	0.169
30	0.530	1.050	53	0.079	0.156
31	0.488	0.966	54	0.072	0.143
32	0.449	0.889	55	0.067	0.132
33	0.413	0.819	56	0.061	0.121
34	0.380	0.753	57	0.056	0.112
35	0.350	0.693	58	0.052	0.103
36	0.322	0.638	59	0.048	0.095
37	0.296	0.587	60+	0.044	0.087

（五）男性除慢淋以外白血病超额危险系数

男性除慢淋以外白血病 ERR_{1Gy} 值见附表 2-15。

附表 2-15　男性除慢淋以外白血病 ERR_{1Gy} 值

受照年龄 *e*（岁）	发病年龄 *a*（岁）							
	16	17	18	19	20	21	22	23
15	67.421	32.702	21.391	15.796	12.464	10.255	8.689	7.524
16	—	56.638	28.333	18.876	14.125	11.264	9.354	7.989
17	—	—	47.530	24.535	16.653	12.634	10.186	8.538
18	—	—	—	39.864	21.240	14.695	11.305	9.219
19	—	—	—	—	33.430	18.389	12.973	10.124
20	—	—	—	—	—	28.036	15.929	11.460
21	—	—	—	—	—	—	23.521	13.807
22	—	—	—	—	—	—	—	19.743

受照年龄 *e*（岁）	发病年龄 *a*（岁）							
	24	25	26	27	28	29	30	31
15	6.625	5.914	5.339	4.864	4.468	4.134	3.846	3.597
16	6.967	6.175	5.545	5.034	4.610	4.255	3.953	3.694
17	7.351	6.458	5.763	5.206	4.752	4.375	4.058	3.787
18	7.801	6.773	5.995	5.385	4.895	4.493	4.158	3.875
19	8.352	7.135	6.248	5.572	5.038	4.609	4.255	3.959
20	9.075	7.572	6.534	5.771	5.185	4.722	4.346	4.035
21	10.133	8.142	6.875	5.992	5.338	4.833	4.431	4.104
22	11.975	8.967	7.314	6.250	5.501	4.943	4.511	4.164
23	16.581	10.395	7.943	6.576	5.687	5.058	4.585	4.216
24	—	13.936	9.032	7.045	5.921	5.183	4.656	4.258
25	—	—	11.721	7.854	6.254	5.337	4.729	4.292
26	—	—	—	9.865	6.837	5.558	4.817	4.321
27	—	—	—	—	8.309	5.957	4.945	4.350
28	—	—	—	—	—	7.003	5.195	4.403
29	—	—	—	—	—	—	5.908	4.535
30	—	—	—	—	—	—	—	4.985

受照年龄 *e*（岁）	发病年龄 *a*（岁）							
	32	33	34	35	36	37	38	39
15	3.381	3.190	3.020	2.868	2.729	2.603	2.486	2.376
16	3.469	3.272	3.097	2.941	2.799	2.670	2.549	2.438
17	3.553	3.349	3.168	3.008	2.864	2.732	2.612	2.498
18	3.632	3.422	3.237	3.073	2.925	2.792	2.669	2.554
19	3.706	3.489	3.300	3.132	2.982	2.847	2.722	2.607

续表

受照年龄 *e*（岁）	发病年龄 *a*（岁）							
	32	33	34	35	36	37	38	39
20	3.773	3.549	3.355	3.185	3.033	2.896	2.771	2.655
21	3.831	3.601	3.402	3.229	3.076	2.939	2.813	2.696
22	3.881	3.643	3.440	3.265	3.111	2.973	2.847	2.731
23	3.919	3.674	3.467	3.290	3.135	2.998	2.873	2.758
24	3.945	3.692	3.482	3.303	3.149	3.012	2.889	2.775
25	3.959	3.696	3.482	3.302	3.149	3.014	2.894	2.783
26	3.961	3.686	3.466	3.287	3.134	3.002	2.885	2.779
27	3.951	3.659	3.434	3.253	3.104	2.976	2.863	2.761
28	3.935	3.618	3.384	3.202	3.055	2.932	2.825	2.728
29	3.925	3.562	3.314	3.131	2.987	2.869	2.769	2.680
30	3.961	3.502	3.227	3.038	2.898	2.787	2.695	2.613
31	4.982	3.960	3.502	3.227	3.038	2.896	2.783	2.687
32	—	4.981	3.960	3.502	3.226	3.036	2.891	2.775
33	—	—	4.981	3.959	3.501	3.224	3.031	2.884
34	—	—	—	4.981	3.959	3.499	3.220	3.024
35	—	—	—	—	4.980	3.957	3.495	3.212
36	—	—	—	—	—	4.978	3.952	3.487
37	—	—	—	—	—	—	4.974	3.945
38	—	—	—	—	—	—	—	4.966

受照年龄 *e*（岁）	发病年龄 *a*（岁）							
	40	41	42	43	44	45	46	47
15	2.273	2.175	2.081	1.989	1.902	1.816	1.732	1.652
16	2.334	2.233	2.137	2.044	1.953	1.865	1.780	1.697
17	2.391	2.289	2.191	2.096	2.005	1.914	1.827	1.742
18	2.445	2.343	2.244	2.147	2.053	1.962	1.873	1.786
19	2.497	2.393	2.293	2.196	2.101	2.007	1.917	1.828
20	2.545	2.440	2.338	2.241	2.144	2.051	1.959	1.869
21	2.586	2.481	2.380	2.282	2.185	2.091	1.998	1.906
22	2.622	2.518	2.417	2.318	2.222	2.127	2.034	1.943
23	2.650	2.547	2.448	2.350	2.254	2.159	2.065	1.974
24	2.670	2.568	2.471	2.374	2.279	2.186	2.094	2.001
25	2.680	2.581	2.486	2.392	2.299	2.207	2.115	2.024
26	2.680	2.584	2.492	2.401	2.311	2.221	2.132	2.041
27	2.665	2.575	2.488	2.401	2.314	2.227	2.140	2.053
28	2.640	2.555	2.472	2.390	2.308	2.224	2.140	2.056

续表

受照年龄 *e*（岁）	发病年龄 *a*（岁）							
	40	41	42	43	44	45	46	47
29	2.598	2.520	2.444	2.368	2.291	2.213	2.132	2.052
30	2.540	2.470	2.402	2.333	2.262	2.190	2.115	2.039
31	2.602	2.524	2.448	2.374	2.299	2.223	2.145	2.066
32	2.675	2.585	2.502	2.420	2.340	2.260	2.178	2.096
33	2.764	2.659	2.563	2.474	2.387	2.301	2.215	2.129
34	2.872	2.747	2.637	2.536	2.440	2.347	2.257	2.166
35	3.012	2.855	2.725	2.609	2.502	2.401	2.303	2.208
36	3.200	2.995	2.834	2.697	2.576	2.463	2.357	2.254
37	3.475	3.184	2.974	2.806	2.664	2.536	2.418	2.308
38	3.933	3.459	3.162	2.946	2.772	2.624	2.492	2.369
39	4.955	3.917	3.437	3.134	2.912	2.733	2.580	2.443
40	—	4.938	3.895	3.409	3.101	2.873	2.688	2.531
41	—	—	4.916	3.867	3.376	3.061	2.828	2.640
42	—	—	—	4.888	3.833	3.336	3.017	2.780
43	—	—	—	—	4.855	3.794	3.292	2.968
44	—	—	—	—	—	4.815	3.750	3.243
45	—	—	—	—	—	—	4.771	3.701
46	—	—	—	—	—	—	—	4.722
受照年龄 *e*（岁）	发病年龄 *a*（岁）							
	48	49	50	51	52	53	54	55
15	1.574	1.500	1.429	1.361	1.297	1.237	1.181	1.129
16	1.617	1.541	1.467	1.397	1.332	1.270	1.211	1.158
17	1.660	1.581	1.506	1.434	1.366	1.302	1.241	1.186
18	1.702	1.621	1.543	1.470	1.400	1.334	1.272	1.214
19	1.743	1.659	1.580	1.504	1.432	1.364	1.301	1.242
20	1.782	1.697	1.616	1.538	1.465	1.395	1.329	1.269
21	1.818	1.733	1.650	1.570	1.496	1.425	1.357	1.295
22	1.852	1.766	1.682	1.601	1.524	1.452	1.384	1.320
23	1.883	1.796	1.711	1.630	1.552	1.478	1.409	1.344
24	1.911	1.823	1.738	1.656	1.577	1.502	1.432	1.367
25	1.934	1.846	1.761	1.679	1.599	1.524	1.453	1.387
26	1.952	1.866	1.780	1.698	1.618	1.543	1.472	1.404
27	1.965	1.879	1.795	1.713	1.634	1.559	1.488	1.421
28	1.971	1.888	1.805	1.724	1.646	1.572	1.501	1.433
29	1.970	1.888	1.808	1.729	1.653	1.579	1.509	1.443

续表

受照年龄 *e*（岁）	发病年龄 *a*（岁）							
	48	49	50	51	52	53	54	55
30	1.961	1.883	1.805	1.729	1.655	1.583	1.514	1.448
31	1.987	1.906	1.827	1.749	1.673	1.600	1.530	1.464
32	2.014	1.932	1.850	1.770	1.693	1.618	1.547	1.480
33	2.044	1.959	1.875	1.794	1.714	1.638	1.566	1.497
34	2.077	1.989	1.903	1.819	1.737	1.660	1.585	1.515
35	2.114	2.022	1.933	1.846	1.763	1.683	1.607	1.535
36	2.155	2.059	1.966	1.876	1.790	1.708	1.630	1.557
37	2.201	2.100	2.003	1.909	1.820	1.735	1.655	1.580
38	2.255	2.147	2.044	1.946	1.853	1.765	1.683	1.605
39	2.317	2.200	2.090	1.987	1.890	1.798	1.713	1.632
40	2.390	2.262	2.144	2.034	1.931	1.835	1.746	1.662
41	2.479	2.336	2.206	2.088	1.978	1.877	1.783	1.695
42	2.587	2.424	2.279	2.149	2.031	1.923	1.824	1.732
43	2.727	2.532	2.367	2.223	2.093	1.977	1.870	1.774
44	2.915	2.672	2.476	2.311	2.167	2.038	1.924	1.820
45	3.191	2.861	2.616	2.419	2.255	2.112	1.986	1.874
46	3.648	3.136	2.804	2.559	2.363	2.200	2.059	1.935
47	4.670	3.593	3.079	2.748	2.503	2.309	2.147	2.009
48	—	4.615	3.537	3.023	2.692	2.449	2.256	2.097
49	—	—	4.558	3.481	2.967	2.637	2.396	2.206
50	—	—	—	4.502	3.424	2.912	2.584	2.346
51	—	—	—	—	4.446	3.370	2.859	2.534
52	—	—	—	—	—	4.391	3.317	2.809
53	—	—	—	—	—	—	4.338	3.267
54	—	—	—	—	—	—	—	4.288

受照年龄 *e*（岁）	发病年龄 *a*（岁）							
	56	57	58	59	60	61	62	63
15	1.079	1.034	0.992	0.953	0.917	0.884	0.853	0.824
16	1.107	1.060	1.017	0.976	0.939	0.904	0.872	0.842
17	1.134	1.085	1.041	0.999	0.961	0.925	0.892	0.861
18	1.160	1.111	1.064	1.022	0.982	0.946	0.911	0.880
19	1.187	1.135	1.087	1.044	1.003	0.966	0.931	0.898
20	1.212	1.159	1.111	1.066	1.024	0.985	0.950	0.916
21	1.237	1.183	1.133	1.087	1.044	1.004	0.968	0.934
22	1.261	1.206	1.155	1.107	1.063	1.023	0.986	0.952

续表

受照年龄 *e*（岁）	发病年龄 *a*（岁）							
	56	57	58	59	60	61	62	63
23	1.284	1.227	1.175	1.127	1.083	1.041	1.003	0.968
24	1.305	1.248	1.195	1.146	1.100	1.059	1.020	0.984
25	1.324	1.267	1.213	1.163	1.117	1.075	1.035	0.999
26	1.342	1.284	1.229	1.179	1.133	1.090	1.050	1.013
27	1.358	1.299	1.244	1.194	1.146	1.103	1.063	1.026
28	1.370	1.312	1.257	1.205	1.159	1.115	1.075	1.038
29	1.380	1.322	1.267	1.216	1.169	1.125	1.085	1.048
30	1.386	1.328	1.275	1.224	1.177	1.134	1.094	1.057
31	1.401	1.342	1.287	1.236	1.189	1.145	1.104	1.067
32	1.416	1.356	1.300	1.249	1.201	1.156	1.115	1.077
33	1.432	1.372	1.315	1.262	1.214	1.169	1.127	1.088
34	1.450	1.388	1.331	1.277	1.227	1.181	1.139	1.100
35	1.468	1.405	1.347	1.292	1.242	1.195	1.152	1.112
36	1.488	1.424	1.364	1.308	1.257	1.209	1.165	1.125
37	1.509	1.443	1.382	1.326	1.273	1.225	1.180	1.138
38	1.532	1.465	1.402	1.344	1.291	1.241	1.195	1.153
39	1.558	1.488	1.424	1.364	1.309	1.258	1.211	1.168
40	1.585	1.513	1.447	1.385	1.329	1.277	1.229	1.184
41	1.615	1.541	1.472	1.409	1.350	1.296	1.247	1.202
42	1.648	1.571	1.499	1.434	1.373	1.318	1.267	1.220
43	1.685	1.604	1.529	1.461	1.399	1.341	1.288	1.240
44	1.726	1.641	1.562	1.491	1.426	1.366	1.311	1.261
45	1.773	1.682	1.599	1.524	1.456	1.394	1.337	1.284
46	1.826	1.728	1.641	1.561	1.489	1.424	1.364	1.310
47	1.888	1.782	1.687	1.602	1.526	1.457	1.394	1.337
48	1.962	1.844	1.741	1.649	1.567	1.494	1.427	1.367
49	2.050	1.917	1.802	1.703	1.613	1.535	1.464	1.400
50	2.158	2.005	1.876	1.764	1.667	1.581	1.505	1.437
51	2.298	2.114	1.964	1.838	1.729	1.635	1.552	1.478
52	2.487	2.254	2.073	1.926	1.802	1.697	1.605	1.524
53	2.762	2.442	2.213	2.034	1.891	1.770	1.667	1.578
54	3.219	2.717	2.401	2.174	1.999	1.858	1.741	1.640
55	4.241	3.175	2.676	2.363	2.139	1.967	1.829	1.713
56	—	4.196	3.134	2.638	2.327	2.107	1.937	1.802
57	—	—	4.155	3.096	2.603	2.295	2.077	1.910
58	—	—	—	4.117	3.060	2.570	2.266	2.050
59	—	—	—	—	4.082	3.028	2.541	2.238
60+	—	—	—	—	—	4.049	2.998	2.514

（六）女性除慢淋以外白血病超额危险系数

女性除慢淋以外白血病 ERR_{1Gy} 值见附表 2–16 。

附表 2–16　女性除慢淋以外白血病 ERR_{1Gy} 值

受照年龄 *e*（岁）	发病年龄 *a*（岁）							
	16	17	18	19	20	21	22	23
15	68.858	33.350	21.876	16.220	12.846	10.604	9.003	7.800
16	—	58.208	29.078	19.413	14.571	11.650	9.687	8.276
17	—	—	49.138	25.317	17.206	13.075	10.553	8.844
18	—	—	—	41.429	22.017	15.233	11.721	9.553
19	—	—	—	—	34.888	19.126	13.474	10.499
20	—	—	—	—	—	29.351	16.599	11.907
21	—	—	—	—	—	—	24.671	14.394
22	—	—	—	—	—	—	—	20.725
受照年龄 *e*（岁）	发病年龄 *a*（岁）							
	24	25	26	27	28	29	30	31
15	6.863	6.113	5.499	4.986	4.554	4.184	3.863	3.582
16	7.211	6.375	5.705	5.152	4.691	4.298	3.960	3.667
17	7.604	6.663	5.922	5.323	4.828	4.410	4.056	3.750
18	8.068	6.985	6.156	5.500	4.967	4.523	4.148	3.829
19	8.642	7.358	6.414	5.686	5.106	4.633	4.238	3.901
20	9.400	7.814	6.708	5.887	5.251	4.741	4.321	3.970
21	10.518	8.411	7.062	6.114	5.404	4.849	4.402	4.031
22	12.475	9.285	7.523	6.383	5.571	4.959	4.478	4.086
23	17.399	10.806	8.193	6.727	5.766	5.076	4.550	4.135
24	—	14.601	9.358	7.227	6.014	5.208	4.624	4.176
25	—	—	12.249	8.101	6.375	5.375	4.703	4.213
26	—	—	—	10.273	7.009	5.621	4.803	4.248
27	—	—	—	—	8.614	6.065	4.955	4.293
28	—	—	—	—	—	7.223	5.248	4.368
29	—	—	—	—	—	—	6.054	4.539
30	—	—	—	—	—	—	—	5.074
受照年龄 *e*（岁）	发病年龄 *a*（岁）							
	32	33	34	35	36	37	38	39
15	3.334	3.115	2.919	2.743	2.584	2.440	2.309	2.188
16	3.410	3.183	2.982	2.799	2.636	2.488	2.353	2.230
17	3.482	3.248	3.039	2.852	2.685	2.533	2.396	2.270
18	3.551	3.308	3.093	2.901	2.730	2.576	2.434	2.306
19	3.613	3.362	3.141	2.946	2.770	2.613	2.470	2.340

续表

受照年龄 *e*（岁）	发病年龄 *a*（岁）							
	32	33	34	35	36	37	38	39
20	3.670	3.411	3.184	2.983	2.804	2.645	2.499	2.368
21	3.720	3.452	3.219	3.015	2.833	2.671	2.525	2.391
22	3.761	3.484	3.247	3.038	2.854	2.690	2.544	2.410
23	3.793	3.508	3.264	3.053	2.867	2.703	2.554	2.421
24	3.817	3.522	3.272	3.058	2.871	2.706	2.559	2.425
25	3.831	3.524	3.269	3.052	2.864	2.699	2.553	2.421
26	3.837	3.514	3.253	3.033	2.846	2.682	2.538	2.408
27	3.835	3.493	3.224	3.002	2.815	2.653	2.512	2.385
28	3.835	3.463	3.182	2.957	2.771	2.612	2.474	2.351
29	3.850	3.426	3.126	2.897	2.711	2.557	2.423	2.306
30	3.926	3.393	3.060	2.821	2.637	2.486	2.359	2.247
31	5.040	3.892	3.359	3.027	2.789	2.605	2.454	2.327
32	—	5.007	3.859	3.327	2.995	2.757	2.573	2.423
33	—	—	4.974	3.827	3.294	2.963	2.725	2.542
34	—	—	—	4.941	3.794	3.262	2.931	2.694
35	—	—	—	—	4.909	3.762	3.231	2.900
36	—	—	—	—	—	4.877	3.731	3.199
37	—	—	—	—	—	—	4.845	3.699
38	—	—	—	—	—	—	—	4.814

受照年龄 *e*（岁）	发病年龄 *a*（岁）							
	40	41	42	43	44	45	46	47
15	2.077	1.974	1.880	1.792	1.711	1.635	1.564	1.498
16	2.117	2.013	1.916	1.826	1.743	1.667	1.594	1.527
17	2.155	2.048	1.950	1.859	1.774	1.696	1.622	1.554
18	2.189	2.081	1.982	1.889	1.804	1.724	1.650	1.579
19	2.221	2.111	2.010	1.916	1.829	1.749	1.674	1.603
20	2.248	2.137	2.035	1.941	1.853	1.772	1.696	1.625
21	2.271	2.160	2.057	1.962	1.874	1.792	1.716	1.644
22	2.288	2.176	2.074	1.979	1.891	1.809	1.733	1.661
23	2.300	2.188	2.086	1.992	1.904	1.822	1.746	1.675
24	2.305	2.195	2.093	1.999	1.912	1.831	1.756	1.685
25	2.302	2.193	2.093	2.001	1.915	1.835	1.761	1.691
26	2.291	2.185	2.086	1.996	1.912	1.834	1.761	1.693
27	2.272	2.168	2.073	1.985	1.904	1.827	1.757	1.690
28	2.242	2.142	2.050	1.966	1.888	1.814	1.746	1.682

续表

受照年龄 *e*（岁）	发病年龄 *a*（岁）							
	40	41	42	43	44	45	46	47
29	2.201	2.105	2.019	1.938	1.865	1.794	1.729	1.667
30	2.148	2.059	1.978	1.902	1.832	1.766	1.705	1.647
31	2.216	2.118	2.029	1.948	1.872	1.803	1.738	1.677
32	2.296	2.185	2.087	1.999	1.918	1.843	1.774	1.709
33	2.392	2.265	2.155	2.057	1.969	1.888	1.814	1.746
34	2.511	2.361	2.235	2.125	2.027	1.939	1.859	1.785
35	2.663	2.480	2.331	2.204	2.095	1.997	1.910	1.831
36	2.869	2.632	2.450	2.300	2.175	2.065	1.969	1.882
37	3.168	2.838	2.601	2.419	2.271	2.145	2.036	1.940
38	3.668	3.137	2.807	2.571	2.390	2.241	2.116	2.008
39	4.782	3.637	3.107	2.777	2.541	2.360	2.212	2.088
40	—	—	—	—	—	2.512	2.331	2.184
41	—	—	—	—	—	2.718	2.483	2.303
42	—	—	—	—	—	3.017	2.689	2.455
43	—	—	—	—	—	3.517	2.988	2.660
44	—	—	—	—	—	4.632	3.488	2.960
45	—	—	—	—	—	—	4.603	3.460
46	—	—	—	—	—	—	—	4.574

受照年龄 *e*（岁）	发病年龄 *a*（岁）							
	48	49	50	51	52	53	54	55
15	1.437	1.378	1.324	1.273	1.225	1.181	1.138	1.099
16	1.464	1.405	1.350	1.298	1.249	1.203	1.160	1.120
17	1.490	1.430	1.373	1.321	1.271	1.224	1.181	1.140
18	1.515	1.453	1.396	1.343	1.293	1.246	1.202	1.160
19	1.538	1.476	1.418	1.365	1.313	1.266	1.220	1.179
20	1.559	1.496	1.438	1.384	1.333	1.284	1.238	1.195
21	1.578	1.516	1.457	1.401	1.350	1.302	1.255	1.213
22	1.595	1.531	1.473	1.418	1.366	1.317	1.271	1.228
23	1.608	1.545	1.487	1.431	1.379	1.331	1.285	1.241
24	1.618	1.556	1.497	1.443	1.391	1.342	1.296	1.253
25	1.625	1.564	1.506	1.452	1.400	1.351	1.306	1.263
26	1.628	1.568	1.511	1.457	1.407	1.359	1.314	1.271
27	1.627	1.568	1.512	1.459	1.410	1.363	1.318	1.276
28	1.620	1.563	1.509	1.458	1.410	1.364	1.321	1.279
29	1.609	1.554	1.502	1.452	1.406	1.361	1.319	1.279

续表

受照年龄 e（岁）	发病年龄 a（岁）							
	48	49	50	51	52	53	54	55
30	1.592	1.540	1.490	1.443	1.398	1.355	1.315	1.276
31	1.619	1.565	1.513	1.465	1.418	1.374	1.332	1.293
32	1.649	1.592	1.538	1.488	1.440	1.394	1.351	1.310
33	1.681	1.622	1.566	1.513	1.463	1.416	1.371	1.329
34	1.718	1.654	1.596	1.540	1.488	1.439	1.393	1.350
35	1.758	1.691	1.628	1.570	1.515	1.464	1.416	1.371
36	1.803	1.731	1.664	1.602	1.546	1.492	1.441	1.394
37	1.854	1.776	1.704	1.639	1.578	1.522	1.469	1.420
38	1.912	1.827	1.750	1.679	1.614	1.554	1.499	1.447
39	1.980	1.885	1.801	1.724	1.654	1.590	1.531	1.477
40	2.060	1.953	1.859	1.775	1.700	1.630	1.567	1.509
41	2.156	2.033	1.927	1.833	1.751	1.676	1.607	1.546
42	2.275	2.129	2.007	1.901	1.809	1.727	1.653	1.585
43	2.427	2.248	2.103	1.981	1.877	1.785	1.704	1.631
44	2.633	2.400	2.222	2.077	1.956	1.853	1.762	1.682
45	2.932	2.606	2.373	2.196	2.052	1.933	1.830	1.740
46	3.432	2.905	2.579	2.348	2.171	2.029	1.910	1.808
47	4.547	3.405	2.879	2.554	2.323	2.148	2.006	1.888
48	—	4.519	3.379	2.853	2.529	2.299	2.125	1.984
49	—	—	4.493	3.353	2.829	2.505	2.277	2.103
50	—	—	—	4.468	3.328	2.805	2.482	2.255
51	—	—	—	—	4.443	3.305	2.782	2.460
52	—	—	—	—	—	4.419	3.282	2.760
53	—	—	—	—	—	—	4.396	3.260
54	—	—	—	—	—	—	—	4.374

受照年龄 e（岁）	发病年龄 a（岁）							
	56	57	58	59	60	61	62	63
15	1.061	1.026	0.993	0.961	0.932	0.904	0.877	0.852
16	1.082	1.046	1.012	0.980	0.950	0.921	0.894	0.869
17	1.101	1.065	1.030	0.998	0.967	0.939	0.911	0.886
18	1.120	1.083	1.048	1.016	0.984	0.955	0.928	0.902
19	1.139	1.101	1.066	1.033	1.001	0.971	0.944	0.917
20	1.155	1.118	1.082	1.049	1.017	0.987	0.958	0.932
21	1.172	1.134	1.098	1.064	1.032	1.002	0.973	0.946
22	1.187	1.149	1.112	1.078	1.046	1.016	0.987	0.960

续表

受照年龄 *e*（岁）	发病年龄 *a*（岁）							
	56	57	58	59	60	61	62	63
23	1.201	1.162	1.126	1.091	1.059	1.028	1.000	0.973
24	1.212	1.174	1.138	1.103	1.071	1.041	1.012	0.985
25	1.223	1.184	1.148	1.114	1.082	1.051	1.022	0.995
26	1.230	1.193	1.157	1.123	1.091	1.060	1.032	1.005
27	1.237	1.199	1.164	1.130	1.098	1.069	1.040	1.014
28	1.240	1.204	1.169	1.136	1.105	1.075	1.047	1.020
29	1.242	1.205	1.171	1.139	1.108	1.080	1.052	1.026
30	1.240	1.204	1.171	1.140	1.110	1.082	1.056	1.030
31	1.255	1.220	1.185	1.153	1.123	1.094	1.067	1.041
32	1.272	1.235	1.201	1.167	1.136	1.107	1.079	1.052
33	1.289	1.252	1.216	1.183	1.150	1.120	1.091	1.064
34	1.308	1.269	1.233	1.198	1.165	1.134	1.105	1.077
35	1.329	1.288	1.250	1.215	1.181	1.149	1.119	1.090
36	1.350	1.309	1.269	1.232	1.198	1.165	1.134	1.104
37	1.373	1.330	1.290	1.251	1.215	1.181	1.149	1.120
38	1.399	1.353	1.311	1.271	1.234	1.199	1.166	1.135
39	1.426	1.379	1.334	1.293	1.254	1.218	1.184	1.152
40	1.456	1.406	1.360	1.316	1.276	1.238	1.203	1.169
41	1.488	1.436	1.387	1.341	1.299	1.260	1.223	1.188
42	1.525	1.468	1.417	1.369	1.324	1.283	1.245	1.208
43	1.564	1.505	1.449	1.399	1.352	1.308	1.268	1.230
44	1.610	1.544	1.486	1.431	1.382	1.335	1.293	1.253
45	1.661	1.590	1.525	1.467	1.414	1.366	1.320	1.278
46	1.719	1.641	1.571	1.507	1.450	1.398	1.350	1.306
47	1.787	1.699	1.622	1.553	1.490	1.434	1.382	1.336
48	1.867	1.767	1.680	1.604	1.536	1.474	1.419	1.368
49	1.963	1.847	1.748	1.662	1.587	1.520	1.459	1.404
50	2.082	1.943	1.828	1.730	1.645	1.571	1.504	1.444
51	2.234	2.062	1.924	1.810	1.713	1.629	1.555	1.490
52	2.439	2.214	2.043	1.906	1.793	1.697	1.613	1.541
53	2.739	2.419	2.195	2.025	1.889	1.776	1.681	1.599
54	3.239	2.719	2.400	2.177	2.008	1.872	1.761	1.667
55	4.353	3.219	2.700	2.382	2.159	1.991	1.857	1.747
56	—	4.333	3.200	2.682	2.365	2.143	1.976	1.843
57	—	—	4.314	3.182	2.665	2.349	2.128	1.962
58	—	—	—	4.296	3.165	2.649	2.334	2.114
59	—	—	—	—	4.279	3.148	2.633	2.319
60+	—	—	—	—	—	4.263	3.133	2.619

（七）氡致肺癌 *ERR* 计算中的参数

氡子体暴露量效应校正后的 $WLM^{0.82}$ 值见附表 2-17。

附表 2-17　WLM 为 10~40 时，氡子体暴露量效应校正后 $WLM^{0.82}$ 值

WLM	$WLM^{0.82}$	WLM	$WLM^{0.82}$	WLM	$WLM^{0.82}$	WLM	$WLM^{0.82}$
10	6.61	18	10.7	26	14.5	34	18.0
11	7.14	19	11.2	27	14.9	35	18.5
12	7.67	20	11.7	28	15.4	36	18.9
13	8.19	21	12.1	29	15.8	37	19.3
14	8.71	22	12.6	30	16.3	38	19.7
15	9.21	23	13.1	31	16.7	39	20.2
16	9.71	24	13.5	32	17.1	40	20.6
17	10.2	25	14.0	33	17.6	—	—

有吸烟史者 95% 百分位数的 1WLM 氡子体暴露量所致超额相对危险系数 $ERR_{1WLM,95\%,吸烟}$ 见附表 2-18。

附表 2-18　有吸烟史的氡子体致肺癌 $\boldsymbol{ERR}_{1WLM,95\%,吸烟}$

发病年龄 *a*（岁）	受照到发病间隔年数 *t*（年）										
	≤5	6	7	8	9	10	11	12	13	14	15
≤45	2.11	1.89	1.70	1.52	1.36	1.22	1.10	0.982	0.880	0.789	0.708
46	1.89	1.69	1.52	1.36	1.22	1.09	0.980	0.879	0.788	0.706	0.633
47	1.69	1.52	1.36	1.22	1.09	0.979	0.877	0.786	0.705	0.631	0.566
48	1.52	1.36	1.22	1.09	0.977	0.876	0.785	0.703	0.630	0.565	0.506
49	1.36	1.22	1.09	0.976	0.875	0.784	0.702	0.629	0.564	0.505	0.453
50	1.22	1.09	0.976	0.874	0.783	0.701	0.628	0.563	0.504	0.452	0.405
51	1.09	0.975	0.873	0.782	0.701	0.628	0.562	0.504	0.451	0.404	0.362
52	0.975	0.873	0.782	0.700	0.627	0.562	0.503	0.451	0.404	0.361	0.324
53	0.873	0.782	0.700	0.627	0.561	0.503	0.450	0.403	0.361	0.323	0.290
54	0.782	0.700	0.627	0.561	0.502	0.450	0.403	0.361	0.323	0.289	0.259
55	0.700	0.627	0.561	0.502	0.450	0.403	0.360	0.323	0.289	0.259	0.232
56	0.627	0.561	0.502	0.450	0.402	0.360	0.323	0.289	0.258	0.231	0.207
57	0.561	0.502	0.450	0.402	0.360	0.322	0.289	0.258	0.231	0.207	0.185
58	0.503	0.450	0.403	0.360	0.322	0.289	0.258	0.231	0.207	0.185	0.166
59	0.450	0.403	0.360	0.322	0.289	0.258	0.207	0.185	0.166	0.148	0.148
60	0.403	0.361	0.323	0.289	0.258	0.231	0.207	0.185	0.166	0.148	0.133
61	0.361	0.323	0.289	0.258	0.231	0.207	0.185	0.166	0.148	0.132	0.119
62	0.323	0.289	0.259	0.231	0.207	0.185	0.166	0.148	0.132	0.118	0.106
63	0.289	0.259	0.231	0.207	0.185	0.166	0.148	0.132	0.119	0.106	0.0948
64	0.259	0.232	0.207	0.185	0.166	0.148	0.133	0.119	0.106	0.0948	0.0847
65	0.232	0.207	0.186	0.166	0.148	0.133	0.119	0.106	0.0948	0.0848	0.0758

续表

发病年龄，*a*（岁）	受照到发病间隔年数 *t*（年）									
	16	17	18	19	20	21	22	23	24	≥25
≤45	0.634	0.569	0.510	0.457	0.410	0.367	0.329	0.295	0.265	0.237
46	0.567	0.508	0.456	0.408	0.366	0.328	0.294	0.264	0.236	0.212
47	0.507	0.455	0.407	0.365	0.327	0.293	0.263	0.236	0.211	0.189
48	0.454	0.406	0.364	0.326	0.292	0.262	0.235	0.210	0.189	0.169
49	0.406	0.363	0.326	0.292	0.261	0.234	0.210	0.188	0.168	0.151
50	0.363	0.325	0.291	0.261	0.234	0.209	0.188	0.168	0.150	0.135
51	0.324	0.290	0.260	0.233	0.209	0.187	0.168	0.150	0.134	0.120
52	0.290	0.260	0.233	0.208	0.187	0.167	0.150	0.134	0.120	0.108
53	0.259	0.232	0.208	0.186	0.167	0.149	0.134	0.120	0.107	0.096
54	0.232	0.208	0.186	0.166	0.149	0.133	0.120	0.107	0.0958	0.0858
55	0.207	0.186	0.166	0.149	0.133	0.119	0.107	0.0956	0.0856	0.0766
56	0.185	0.166	0.149	0.133	0.119	0.107	0.0954	0.0854	0.0764	0.0684
57	0.166	0.148	0.133	0.119	0.106	0.0952	0.0852	0.0763	0.0683	0.0611
58	0.148	0.133	0.119	0.106	0.0951	0.0851	0.0762	0.0682	0.0610	0.0546
59	0.133	0.119	0.106	0.0950	0.0850	0.0760	0.0681	0.0609	0.0545	0.0488
60	0.119	0.106	0.0949	0.0849	0.0760	0.0680	0.0608	0.0544	0.0487	0.0436
61	0.106	0.0948	0.0848	0.0759	0.0679	0.0607	0.0543	0.0486	0.0435	0.0389
62	0.0948	0.0848	0.0758	0.0678	0.0607	0.0543	0.0485	0.0434	0.0388	0.0347
63	0.0847	0.0758	0.0678	0.0606	0.0542	0.0485	0.0434	0.0388	0.0347	0.0310
64	0.0758	0.0678	0.0606	0.0542	0.0485	0.0433	0.0388	0.0347	0.0310	0.0277
65	0.0678	0.0606	0.0542	0.0484	0.0433	0.0387	0.0346	0.0310	0.0277	0.0248

二、NIH2003 版用于计算 *ERR* 的相关参数

（一）实体癌 ERR_{1Sv} 不确定度统计分布的算法

通常采用以下两种计算方法来估计 ERR_{1Sv} 的不确定度统计分布。

1. *方法 1*

此方法通过对估计参数、特定性别 log（α）以及 γ 和 δ 的点估计和协方差矩阵应用正态假设来近似统计不确定度分布。γ 和 δ 的 log（α）与 γ 和 δ 的相关性略高于其他参数。此外，对于每一种癌症，ERR_{1Sv} 的统计似然分布都近似于对数正态分布。

对于每一种位置－性别组合，*ERR*/Sv 在受照年龄 *e* 和发病年龄 *a* 时的统计不确定度分布的几何平均值（*GM*）和几何标准差（*GSD*）分别用公式（附 2–1）和公式（附 2–2）计算。

$$GM=\alpha\times h\,(e,a,\gamma,\delta) \tag{附 2–1}$$

$$GSD=\exp\{[\mathrm{var}(\log(\alpha)+\mathrm{cov}(\log(\alpha),\log(h(e,a,\gamma,\delta))+\mathrm{var}(\log(h(e,a,\gamma,\delta))]^{1/2}\} \tag{附 2–2}$$

式中：

$$\mathrm{cov}(\log(\alpha),\log(h(e,a,\gamma,\delta))=\mathrm{cov}(\log(\alpha),\gamma)f(e)+2\,\mathrm{cov}(\log(a),\delta)\,g(a) \tag{附 2–3}$$

$$\mathrm{var}(\log(h(e,a,\gamma,\delta)))=\mathrm{var}(\gamma)f(e)^2+2\mathrm{cov}(\gamma,\delta)f(e)g(a)+\mathrm{var}(\delta)g(a)^2 \quad (附 2\text{-}4)$$

上述几何平均值（*GM*）和几何标准差（*GSD*）计算所需参数值见附表 2–19。

附表 2–19 ERR_{1Sv} 统计不确定度评定：应用于实体癌（方法 1）

癌症部位	log（α）	γ	δ	Var（logα）	Cov（logα，γ）（相关性）	Cov（logα，δ）（相关性）	Var（γ）	Cov（γ，δ）	Var（δ）
消化系统男性	−1.590	−.0477	−1.622	0.10621	0.001868（0.314）	−0.020011（−0.082）	0.0003332	−0.007395	0.56236
消化系统女性	−0.8614	−.0477	−1.622	0.05018	0.001403（0.343）	−0.001882（−0.011）	0.0003332	−0.007395	0.56236
腹股沟	−0.7998	−.04723	−1.781	0.07512	0.001380（0.279）	0.006263（0.031）	0.0003252	−0.007185	0.54764
肝两性	−1.049	−.05204	−1.579	0.17108	0.002291（0.307）	−0.03610（−0.115）	0.0003255	−0.007347	0.57368
乳房女性	0.02109	−.03722	−2.006	0.05456	0.002586（0.589）	−0.01907（−0.107）	0.0003530	−0.007934	0.58018

注：ERR_{1Sv} 为对数正态分布，具有几何平均值（*GM*）和几何标准差（*GSD*）。
$GM=\alpha\times\exp\{\gamma f(e)+\delta g(a)\}$，
$GSD=\exp\{[\mathrm{var}(\log\alpha)+2\mathrm{cov}(\log\alpha,\gamma)f(e)+2\mathrm{cov}(\log\alpha,\delta)g(a)+\mathrm{var}(\gamma)f(e)+2\mathrm{cov}(\gamma,\delta)f(e)g(a)+\mathrm{var}(\delta)g(a)]\}$，
其中，受照年龄 *e* 和发病年龄 *a* 的 $f(e)=\min[\max(-15,e-30),0]$ 和 $g(a)=\min[\ln(a/50),0]$。

2. *方法* 2

此方法用于甲状腺癌和非黑色素瘤皮肤癌除外的所有部位其他实体癌。对于使用方法 2 处理的，性别特异性 log（α）与 γ 和 δ 的相关性不大，并且认为将不确定度评定建立在假设性别特异性 α 估计值的基础上是适当的。在统计上独立于 γ 和 δ 的估计值，或者，在肺癌的情况下，α 独立于 β、γ 和 δ。重复拟合过程，这次将参数 γ 和 δ 设置为等于所有实体癌拟合得到的共同值：$\gamma=-0.05255$ 和 $\delta=-1.626$。因此，假设 log（α）与 γ 和 δ 没有相关性，则估计了部位特异性和性别特异性的剂量效应 α。对于非性别特异性癌症，对感兴趣的癌症和其余非性别特异性癌症的共同性别参数（β）和独立的主效应（α）进行联合分析。纳入其他非性别特异性实体癌的数据有助于稳定男性和女性的男女剂量系数比例。使用方法 2 处理的癌症统计不确定度分布，是 IREP 通过蒙特卡罗模拟根据 α 的统计似然分布进行计算的，如附表 2–20 所示。

附表 2–20 适用于使用方法 2 的大多数情况，$h(e,\ a;\ \gamma,\ \delta)$，假设其在统计上与 α 无关，此时有：

$$GM=\exp\{-0.05255f(e)-1.626g(a)\} \quad (附 2\text{-}5)$$

$$GSD=\exp\{[0.0003261\times f(e)^2-2\times0.007297\times f(e)\times g(a)+0.5648\times g(a)^2]^{1/2}\} \quad (附 2\text{-}6)$$

对于肺癌，假设 log（α）和 $h^*(s,e,a,\beta,e,\delta)=\exp\{\beta\times s+\gamma\times f(e)+\delta\times g(a)\}$ 是彼此独立的，其中，男性 $s=-0.5$，女性 $s=0.5$，假设 $h^*(s,e,a;\beta,e,\delta)$ 为正态分布，则有：

$$GM=\exp\{0.843s-0.05255f(e)-1.626g(a)\} \quad (附 2\text{-}7)$$

$$GSD=\exp\{[0.06250s^2-2\times0.0003469s\times f(e)+2\times0.008195s\times g(a)+0.0003301\times f(e)^2+2\times0.00708f(e)\times g(a)+0.5620g(a)^2]^{1/2}\} \quad (附 2\text{-}8)$$

附表 2-20 ERR_{1Sv} 的统计不确定度的评定：受照年龄 $e\geqslant30$ 和发病年龄 $a\geqslant50$ 的特定癌，对参数 α 获得的似然分布百分位数

概率百分位数	口腔咽部		食道		结肠		直肠		胆囊		胰		卵巢女性	男性生殖器	呼吸系统（不包括肺）		尿路		膀胱		中枢神经系统		其余实体癌		淋巴瘤
	男	女	男	女	男	女	男	女	男	女	男	女			男	女	男	女	男	女	男	女	男	女	
0.9975	0.8004	1.765	1.216	3.253	1.531	1.671	0.4946	1.078	0.5258	1.114	0.7062	1.510	2.02	1.51	0.7400	1.716	1.480	3.561	1.561	3.887	0.9370	2.006	1.504	2.989	1.600
0.995	0.7321	1.619	1.117	2.919	1.429	1.567	0.4675	1.022	0.4725	1.013	0.6401	1.379	1.86	1.44	0.7009	1.619	1.396	3.354	1.474	3.577	0.8744	1.880	1.403	2.814	1.394
0.9875	0.6404	1.423	0.9820	2.492	1.289	1.423	0.3946	0.8701	0.4013	0.8761	0.5509	1.201	1.65	1.23	0.5725	1.319	1.281	3.071	1.312	3.172	0.7444	1.618	1.267	2.575	1.134
0.975	0.5694	1.271	0.8755	2.179	1.177	1.308	0.3413	0.7581	0.3465	0.7677	0.4815	1.060	1.48	1.08	0.4810	1.105	1.189	2.848	1.188	2.864	0.6491	1.424	1.160	2.385	0.9465
0.95	0.4962	1.113	0.7634	1.869	1.058	1.185	0.2888	0.6467	0.2905	0.6538	0.4095	0.9117	1.30	0.939	0.3930	0.9008	1.092	2.613	1.062	2.551	0.5553	1.230	1.048	2.185	0.7651
0.875	0.3935	0.8909	0.6025	1.450	0.8852	1.005	0.2178	0.4917	0.2128	0.4893	0.3083	0.6984	1.05	0.733	0.2755	0.6291	0.9489	2.273	0.8843	2.115	0.4295	0.9661	0.8887	1.893	0.5321
0.8413	0.3651	0.8288	0.5563	1.324	0.8357	0.9537	0.1951	0.4396	0.1921	0.4442	0.2802	0.6378	0.982	0.667	0.2344	0.5366	0.9080	2.176	0.8311	1.987	0.3925	0.8862	0.8440	1.810	0.4742
0.5	0.2055	0.4755	0.2905	0.6759	0.5405	0.6430	0.0812	0.1875	0.0756	0.1805	0.1227	0.2871	0.576	0.3348	0.0606	0.1377	0.6635	1.601	0.5388	1.282	0.2057	0.4755	0.5859	1.315	0.1780
0.1587	0.0907	0.2136	0.0784	0.1779	0.3020	0.3857	<0	<0	<0	<0	<0	<0	0.267	0.0670	<0	<0	0.4650	1.137	0.3091	0.7337	0.0759	0.1772	0.3883	0.9148	0.0142
0.125	0.0739	0.1736	0.0545	0.1229	0.2672	0.3523	<0	<0	<0	<0	<0	<0	0.230	0.0389	<0	<0	0.4380	1.073	0.2778	0.6587	0.0600	0.1403	0.3626	0.8592	0.0032
0.05	0.0308	0.0724	<0	<0	0.1694	0.2463	<0	<0	<0	<0	<0	<0	0.117	<0	<0	<0	0.3571	0.8820	0.1869	0.4414	0.0189	0.0444	0.2871	0.6946	<0
0.025	0.0082	0.0190	<0	<0	0.1134	0.1849	<0	<0	<0	<0	<0	<0	0.0569	<0	<0	<0	0.3102	0.7698	0.1352	0.3176	0.0044	0.0101	0.2445	0.5986	<0
0.0125	<0	<0	<0	<0	0.0671	0.1336	<0	<0	<0	<0	<0	<0	<0	<0	<0	<0	0.2712	0.6759	0.0925	0.2159	<0	<0	0.2099	0.5187	<0
0.005	<0	<0	<0	<0	0.0176	0.0772	<0	<0	<0	<0	<0	<0	<0	<0	<0	<0	0.2285	0.5716	0.0457	0.1057	<0	<0	0.1726	0.4305	<0
0.0025	<0	<0	<0	<0	<0	0.0409	<0	<0	<0	<0	<0	<0	<0	<0	<0	<0	0.2011	0.5038	0.0173	0.0393	<0	<0	0.1492	0.3738	<0

注：* 对于受照年龄为<30 和 / 或发病年龄为<50，$ERR_{1Sv}=\alpha\times h(e,a;\gamma,\delta)$，其中假设 $h(e,a;\gamma,\delta)$ 在统计上独立于 α 和服从对数正常分布，分布的几何平均值（GM）和几何标准差（GSD）用下式计算：

$GM=\exp\{-0.05255f(e)-1.626\,g(a)\}$，

$GSD=\exp\{[0.0003261\times f(e)-2\times0.007297\times f(e)\times g(a)+0.5648\times g(a)]\}$，

其中，$f(e)$ 和 $g(a)$ 的定义见表 9-7 的脚注。

对于卵巢以外的女性癌症，假设γ和δ为零，log（ERR_{1Sv}）的统计不确定度分布完全由 log（α）的似然分布确定。对于 e<30 和 / 或a<50，假设线性剂量效应参数估计值α和年龄修正参数估计值γ和δ之间存在统计独立性，会产生一定的偏差，前提是后两个参数不被假设为零。这种偏差是e和a的函数，也是 log（α）和γ之间以及 log（α）和δ之间的相关性函数。对于某些部位肿瘤，方法 2 通常会高估AS不确定度的 99% 置信水平上限，有时甚至高估 6%（例如，估计上限为 53% 而不是 50%），这些部位的 log（α）和γ估计值之间的相关性接近于 0.25。对于男性结肠癌和男性膀胱以外的泌尿器官［其中 log（α）和δ之间的相关性在 −0.06 和 −0.08 之间］，并且仅当e约为 30 且a约为 40 时，上限可能会被低估多达其值的 1%（例如，49.5%而不是 50%）。

多发性骨髓瘤病例数较少，因此将淋巴瘤和多发性骨髓瘤合并为一个组，也以上述方式进行评估，尽管这些癌症不包括在用于估计常见修正效应的“所有实体癌”组中。对于这一类别，男性的 *ERR* 为正，而女性的 *ERR* 为负。对于此处的模型，假设两种性别的 *ERR* 相同，尽管有人认为它们存在差异（P =0.09）。使用常用的年龄参数是因为几乎没有证据表明这些值存在偏差。

（二）白血病 ERR_{1Sv} 不确定度统计分布的算法

与实体癌的方法不同，参数α的似然曲线是针对性别、暴露年龄、发病年龄和 / 或受照射后时间的不同组合计算的，如下所示：参数α对应于$D+D^2=1$、$e=0$和$t=0$时的超额相对风险。因此，例如，对于 20 岁时接触并在接触后观察 27 年的女性，对于白血病（除 CLL 以外的所有类型），参数α的估计值可以通过将e替换为$e^*=e-20$并将t替换为$t^*=t-27$来获得。所得估计值的统计不确定性分布由拟合参数α的轮廓似然分布描述（见附表 2–21 至附表 2–24）。实际上，轮廓似然分布是针对特定年龄和时间对应的e^*和（或）t^*公式计算的，并通过对中间值进行插值获得。

除慢性淋巴细胞白血病外的所有类型的白血病（见附表 2–21），参数α是针对混合性别估计的，是e和t的函数。对于急性淋巴细胞白血病（ALL；见附表 2–22），α是针对诊断的两个年龄段分别估计的：e<20 和e≥20，对于e<20，使用t估计，但对于e≥20，不使用t估计；两种性别没有单独建模。对于急性髓细胞性白血病（AML；见附表 2–23），建模是通过受照射后的时间，针对男女混合进行，而对于慢性粒细胞白血病（CML；见附表 2–24），建模是通过暴露后的时间，分别针对男性和女性进行。

附表 2–21　白血病（不包括 CLL）似然谱分布参数 α^* 统计不确定度评定

概率百分位数	受照射后时间											
	受照年龄为 20 岁时						受照年龄为 30 岁时					
	5 年	10 年	15 年	25 年	35 年	45 年	5 年	10 年	15 年	25 年	35 年	45 年
0.9975	72.69	29.87	13.54	3.967	1.671	0.8029	37.55	18.19	9.412	3.361	1.672	0.9342
0.995	65.99	27.68	12.71	3.744	1.538	0.7102	34.69	17.09	8.944	3.206	1.556	0.8387
0.9875	57.46	24.83	11.62	3.438	1.358	0.5913	30.97	15.62	8.311	2.991	1.400	0.7154
0.975	51.20	22.68	10.78	3.194	1.217	0.5038	28.16	14.49	7.816	2.818	1.277	0.6239
0.95	45.05	20.51	9.922	2.934	1.071	0.4180	25.33	13.33	7.299	2.633	1.149	0.5334
0.875	36.94	17.57	8.719	2.554	0.8658	0.3065	21.47	11.70	6.559	2.358	0.9676	0.4137
0.8413	34.80	16.76	8.385	2.445	0.8091	0.2778	20.42	11.25	6.350	2.278	0.9168	0.3820
0.5	23.55	12.35	6.481	1.784	0.4911	0.1352	14.65	8.662	5.121	1.789	0.6253	0.2185
0.1587	16.10	9.173	5.015	1.239	0.2730	0.0585	10.52	6.674	4.124	1.366	0.4060	0.1173

续表

概率百分位数	受照射后时间											
	受照年龄为 20 岁时						受照年龄为 30 岁时					
	5 年	10 年	15 年	25 年	35 年	45 年	5 年	10 年	15 年	25 年	35 年	45 年
0.125	15.21	8.776	4.824	1.168	0.2480	0.0511	10.01	6.416	3.991	1.308	0.3786	0.1062
0.05	12.65	7.592	4.244	0.9509	0.1783	0.0320	8.481	5.633	3.580	1.127	0.2979	0.0755
0.025	11.25	6.925	3.907	0.8277	0.1428	0.0234	7.627	5.180	3.338	1.019	0.2535	0.0601
0.0125	10.14	6.380	3.627	0.7271	0.1161	0.0175	6.933	4.804	3.134	0.9281	0.2181	0.0486
0.005	8.959	5.788	3.315	0.6185	0.0898	0.0123	6.184	4.389	2.905	0.8259	0.1809	0.0374
0.0025	8.227	5.412	3.113	0.5503	0.0745	0.0095	5.709	4.120	2.754	0.7591	0.1581	0.0310

注：* 线性二次剂量响应：$ERR_{1Sv}=\alpha$ 为慢性受照射；$ERR_{1Sv}=2\times\alpha$ 为急性受照射。

附表 2-22　急性淋巴细胞白血病的似然谱分布参数 α^* 统计不确定度评定

概率百分位数	受照射后时间										
	受照年龄＜ 20 岁时										受照年龄 ≥ 20 岁时
	5 年	10 年	15 年	20 年	25 年	30 年	35 年	40 年	45 年	50 年	＞5 年
0.9975	823.6	206.9	68.13	28.42	14.33	8.308	5.277	3.54	2.452	1.732	11.3200
0.995	682.2	176.6	58.92	24.6	12.29	6.972	4.291	2.771	1.84	1.242	9.9560
0.9875	521.1	140.8	47.85	19.97	9.787	5.358	3.138	1.91	1.189	0.7503	8.2660
0.975	416.5	116.7	40.23	16.73	8.037	4.25	2.377	1.372	0.8066	0.4795	7.0580
0.95	324.9	94.87	33.16	13.69	6.399	3.236	1.711	0.9272	0.5096	0.2825	5.9000
0.875	221.3	68.87	24.52	9.91	4.382	2.041	0.9778	0.4755	0.2333	0.1151	4.4190
0.8413	197.1	62.56	22.38	8.96	3.88	1.757	0.8142	0.3822	0.1807	0.0859	4.0370
0.5	92.5	33.4	12.07	4.36	1.574	0.5685	0.2053	0.0742	0.0268	0.0097	2.1140
0.1587	44.1	18.11	6.22	1.83	0.503	0.1345	0.0355	0.0093	0.0024	0.0006	0.9570
0.125	39.5	16.53	5.59	1.57	0.4105	0.104	0.0260	0.0064	0.0016	0.0004	0.8278
0.05	27.4	12.24	3.83	0.910	0.1975	0.0413	0.0085	0.0017	0.0003	0.0000	0.4797
0.025	21.8	10.1	2.93	0.610	0.1155	0.0210	0.0038	0.0007	0.0001	0.0000	0.3068
0.0125	17.7	8.49	2.25	0.409	0.0673	0.0107	0.0017	0.0003	0.0000	0.0000	0.1800
0.005	13.8	6.90	1.57	0.236	0.0323	0.0042	0.0005	0.0000	0.0000	0.0000	0.0601
0.0025	11.6	5.96	1.19	0.153	0.0180	0.0020	0.0002	0.0000	0.0000	0.0000	0.0000

注：* 线性二次剂量响应：$ERR_{1Sv}=\alpha$ 为慢性受照射；$ERR_{1Sv}=2\times\alpha$ 为急性受照射。

附表 2-23　急性粒细胞白血病的似然谱分布参数 α^* 的统计不确定度评定

概率百分位数	受照射后时间									
	5 年	10 年	15 年	20 年	25 年	30 年	35 年	40 年	45 年	50 年
0.9975	28.57	16.54	10.10	6.666	4.903	4.071	3.707	3.563	3.527	3.550
0.995	25.57	15.12	9.385	6.266	4.627	3.819	3.428	3.232	3.129	3.075
0.9875	21.79	13.28	8.443	5.729	4.253	3.478	3.057	2.802	2.626	2.493

续表

概率百分位数	受照射后时间									
	5年	10年	15年	20年	25年	30年	35年	40年	45年	50年
0.975	19.05	11.91	7.727	5.314	3.959	3.210	2.771	2.479	2.261	2.085
0.95	16.40	10.55	7.001	4.884	3.651	2.931	2.477	2.157	1.907	1.701
0.875	12.96	8.719	5.997	4.277	3.208	2.530	2.067	1.722	1.450	1.228
0.8413	12.06	8.229	5.722	4.108	3.082	2.416	1.953	1.605	1.331	1.110
0.5	7.453	5.579	4.176	3.126	2.340	1.752	1.311	0.9810	0.7346	0.5499
0.1587	4.548	3.742	3.024	2.356	1.734	1.217	0.8329	0.5627	0.3776	0.2523
0.125	4.215	3.518	2.877	2.255	1.653	1.147	0.7734	0.5140	0.3390	0.2226
0.05	3.267	2.860	2.435	1.947	1.401	0.9314	0.5961	0.3745	0.2329	0.1440
0.025	2.765	2.497	2.183	1.768	1.252	0.8064	0.4978	0.3010	0.1800	0.1069
0.0125	2.374	2.206	1.976	1.618	1.126	0.7024	0.4188	0.2443	0.1408	0.0806
0.005	1.972	1.895	1.749	1.453	0.9829	0.5880	0.3354	0.1870	0.1029	0.0562
0.0025	1.728	1.700	1.603	1.345	0.8885	0.5146	0.2839	0.1531	0.0815	0.0430

注：* 线性－二次剂量效应：慢性暴露的 $ERR = \alpha$；急性暴露的 $ERR = 2 \times \alpha$。

附表 2-24 慢性粒细胞白血病的似然分布参数 α^* 的统计不确定度评定

概率百分位数	受照射后时间									
	5年	10年	15年	20年	25年	30年	35年	40年	45年	50年
男性										
0.9975	134.6	34.15	14.49	7.474	4.262	2.573	1.606	1.023	0.6598	0.4290
0.995	120.7	30.82	12.86	6.480	3.588	2.091	1.254	0.7654	0.4720	0.2931
0.9875	103.0	26.62	10.82	5.242	2.762	1.519	0.8548	0.4875	0.2803	0.1620
0.975	90.12	23.56	9.337	4.355	2.187	1.138	0.6030	0.3230	0.1742	0.0943
0.95	77.60	20.58	7.899	3.506	1.655	0.8031	0.3954	0.1962	0.0978	0.0489
0.875	61.29	16.67	6.021	2.428	1.020	0.4363	0.1881	0.0815	0.0354	0.0154
0.8413	57.03	15.64	5.528	2.155	0.8702	0.3565	0.1470	0.0609	0.0253	0.0105
0.5	35.09	10.19	2.960	0.8598	0.2497	0.0725	0.0211	0.0061	0.0018	0.0005
0.1587	21.24	6.515	1.354	0.2548	0.0470	0.0086	0.0016	0.0003	0.0001	0.0000
0.125	19.66	6.071	1.182	0.2057	0.0350	0.0059	0.0010	0.0002	0.0000	0.0000
0.05	15.18	4.764	0.7191	0.0938	0.0119	0.0015	0.0002	0.0000	0.0000	—
0.025	12.81	4.038	0.5020	0.0532	0.0055	0.0006	0.0001	0.0000	—	—
0.0125	10.98	3.450	0.3518	0.0303	0.0025	0.0002	0.0000	0.0000	—	—
0.005	9.105	2.814	0.2193	0.0144	0.0009	0.0001	0.0000	—	—	—
0.0025	7.972	2.412	0.1523	0.0081	0.0004	0.0000	0.0000	—	—	—
女性										
0.9975	46.16	31.20	23.24	18.77	16.29	15.08	14.83	15.44	16.95	19.56
0.995	40.32	27.45	20.49	16.54	14.31	13.18	12.87	13.24	14.30	16.12

续表

概率百分位数	受照射后时间									
	5 年	10 年	15 年	20 年	25 年	30 年	35 年	40 年	45 年	50 年
0.9875	33.14	22.87	17.14	13.83	11.91	10.87	10.48	10.58	11.13	12.10
0.975	28.06	19.63	14.79	11.92	10.22	9.259	8.804	8.728	8.957	9.443
0.95	23.24	16.55	12.55	10.12	8.630	7.733	7.231	7.003	6.973	7.086
0.875	17.18	12.64	9.728	7.851	6.625	5.813	5.265	4.886	4.614	4.411
0.8413	15.64	11.63	9.003	7.269	6.112	5.323	4.768	4.361	4.048	3.796
0.5	8.040	6.543	5.325	4.334	3.527	2.871	2.336	1.901	1.547	1.259
0.1587	3.697	3.385	3.000	2.500	1.919	1.393	0.9830	0.6838	0.4718	0.3239
0.125	3.239	3.027	2.729	2.289	1.736	1.231	0.8466	0.5729	0.3843	0.2563
0.05	2.005	2.020	1.948	1.686	1.212	0.7861	0.4901	0.2998	0.1815	0.1092
0.025	1.410	1.501	1.526	1.366	0.9354	0.5658	0.3280	0.1865	0.1048	0.0585
0.0125	0.9859	1.109	1.192	1.115	0.7207	0.4049	0.2181	0.1151	0.0601	0.0312
0.005	0.5983	0.7262	0.8444	0.8553	0.5006	0.2530	0.1229	0.0586	0.0277	0.0130
0.0025	0.3972	0.5123	0.6350	0.6968	0.3686	0.1702	0.0759	0.0333	0.0144	0.0062

注：* 线性 – 二次剂量效应：慢性照射的 $ERR = \alpha$；急性照射的 $ERR = 2 \times \alpha$。

（三）甲状腺癌 ERR_{1Sv} 的统计不确定度评定

见附表 2–25。

附表 2–25　甲状腺癌 ERR_{1Sv} 的统计不确定度评定结果

受照年龄（年）	*GM*	*GSD*
0	9.463	2.183
5	6.262	1.924
10	4.136	1.976
15	2.732	2.160
20	1.804	2.301
25	1.192	2.367
30	0.788	2.365
35	0.521	2.379
40	0.345	2.732
45	0.228	3.140
50	0.151	3.611

（四）基底细胞皮肤癌和其他非黑色素瘤皮肤癌 ERR_{1Sv} 的统计不确定度分布

见附表 2–26。

附表 2–26　基底细胞皮肤癌和其他非黑色素瘤皮肤癌 ERR_{1Sv} 的统计不确定度分布

概率百分位数	基底细胞皮肤癌，受照射时年龄分组（年）*				其他非黑色素瘤皮肤癌
	0~10	20	30	≥40	
0.9975	149.7	23.79	5.872	2.342	0.8243
0.995	129.1	21.34	5.360	2.095	0.7156
0.9875	104.3	18.26	4.687	1.773	0.5715
0.975	87.30	16.02	4.175	1.531	0.4613
0.95	71.53	13.84	3.655	1.288	0.3489
0.875	52.35	11.01	2.938	0.9613	0.1940
0.8413	47.61	10.27	2.742	0.8744	0.1519
0.5	25.22	6.441	1.645	0.4200	–0.0807
0.1587	13.14	3.970	0.8365	0.1495	<0
0.125	11.88	3.677	0.7399	0.1235	<0
0.05	8.467	2.837	0.4556	0.0579	<0
0.025	6.778	2.376	0.3132	0.0323	<0
0.0125	5.524	1.998	0.2125	0.0178	<0
0.005	4.295	1.576	0.1245	0.0078	<0
0.0025	3.584	1.301	0.0814	0.0041	<0

注：* 当 $10 < e < 40$ 时，受照年龄 e 呈指数依赖性。

（五）与氡相关肺癌 ERR_{1WLM} 的统计不确定度统计分布

见附表 2–27。

附表 2–27　与氡相关肺癌 ERR_{1WLM} 的统计不确定度分布

概率百分位数	照射后时间								
	发病年龄≤45 岁时			发病年龄为 63 岁时			发病年龄≥75 岁时		
	≤5 年	15 年	≥25 年	≤5 年	15 年	≥25 年	≤5 年	15 年	≥25 年
吸烟者									
0.9975	6.736	2.205	0.7714	0.6299	0.1970	0.0668	0.2205	0.0673	0.0221
0.995	5.334	1.747	0.6086	0.5214	0.1636	0.0553	0.1788	0.0548	0.0180
0.9875	3.816	1.250	0.4330	0.3966	0.1251	0.0422	0.1321	0.0408	0.0134
0.975	2.884	0.9457	0.3256	0.3149	0.0998	0.0336	0.1024	0.0318	0.0105
0.95	2.111	0.6931	0.2371	0.2432	0.0775	0.0260	0.0769	0.0241	0.0080
0.875	1.300	0.4271	0.1447	0.1616	0.0520	0.0173	0.0490	0.0156	0.0051
0.8413	1.122	0.3690	0.1246	0.1428	0.0461	0.0153	0.0427	0.0136	0.0045
0.5	0.4145	0.1366	0.0450	0.0608	0.0200	0.0066	0.0169	0.0056	0.0018
0.1587	0.1631	0.0538	0.0172	0.0256	0.0086	0.0028	0.0064	0.0022	0.0007
0.125	0.1412	0.0466	0.0149	0.0224	0.0075	0.0025	0.0055	0.0019	0.0006
0.05	0.0880	0.0291	0.0091	0.0143	0.0049	0.0016	0.0034	0.0012	0.0004

续表

概率百分位数	照射后时间								
	发病年龄≤45 岁时			发病年龄为 63 岁时			发病年龄≥75 岁时		
	≤5 年	15 年	≥25 年	≤5 年	15 年	≥25 年	≤5 年	15 年	≥25 年
0.025	0.0650	0.0215	0.0067	0.0107	0.0037	0.0012	0.0025	0.0009	0.0003
0.0125	0.0496	0.0164	0.0051	0.0082	0.0028	0.0009	0.0018	0.0006	0.0002
0.005	0.0358	0.0119	0.0036	0.0059	0.0021	0.0007	0.0013	0.0005	0.0002
0.0025	0.0286	0.0095	0.0029	0.0047	0.0017	0.0005	0.0011	0.0004	0.0001
不吸烟者									
0.9975	25.26	8.268	2.893	2.362	0.7387	0.2506	0.8268	0.2523	0.0830
0.995	20.00	6.552	2.282	1.955	0.6135	0.2076	0.6704	0.2055	0.0675
0.9875	14.31	4.688	1.624	1.487	0.4692	0.1581	0.4953	0.1530	0.0503
0.975	10.81	3.546	1.221	1.181	0.3742	0.1258	0.3838	0.1194	0.0392
0.95	7.917	2.599	0.8892	0.9118	0.2906	0.0974	0.2883	0.0905	0.0297
0.875	4.875	1.602	0.5425	0.6061	0.1950	0.0650	0.1837	0.0585	0.0192
0.8413	4.208	1.384	0.4672	0.5355	0.1728	0.0574	0.1600	0.0512	0.0168
0.5	1.555	0.5121	0.1687	0.2280	0.0758	0.0247	0.0634	0.0209	0.0069
0.1587	0.6115	0.2018	0.0647	0.0959	0.0323	0.0105	0.0240	0.0082	0.0027
0.125	0.5296	0.1748	0.0558	0.0839	0.0283	0.0092	0.0208	0.0071	0.0023
0.05	0.3298	0.1090	0.0343	0.0535	0.0183	0.0059	0.0127	0.0044	0.0014
0.025	0.2438	0.0807	0.0251	0.0400	0.0137	0.0044	0.0092	0.0032	0.0011
0.0125	0.1859	0.0616	0.0190	0.0307	0.0106	0.0034	0.0069	0.0024	0.0008
0.005	0.1344	0.0446	0.0136	0.0223	0.0078	0.0025	0.0048	0.0017	0.0006
0.0025	0.1073	0.0357	0.0108	0.0178	0.0062	0.0020	0.0038	0.0013	0.0004

注：*ERR* 建模为线性的 $WLM^{0.82}$ 和发病年龄在 45~75 岁以及最后一次暴露在 5~25 岁后的时间呈指数模式。

（六）*ERR* 计算中相关修正的方法

1. 原子弹爆炸幸存者剂量测定中随机和系统误差的修正

对原子弹爆炸幸存者剂量测定中随机和系统误差的处理主要基于 NCRP 报告 126（1997）描述的方法。剂量学的修订可能会轻微改变 γ 射线的估计风险，也可能影响剂量效应函数的形状。随着 2003 年 NIH 报告的出版，正在实施修订后的剂量学测定法（指定为 DS02）。进行基于修订剂量的分析，需要重新评估原子弹爆炸幸存者的系统误差所导致的不确定度。

对于每种不确定度来源，指定了一个具有不确定度分布的偏差因子，并使用该因子来校正基于原弹幸存者数据的 *ERR* 估计。由 NCRP 评估的偏差和不确定度的来源如下。

（1）个体幸存者剂量的随机误差：个体幸存者剂量中随机误差大小的不确定度，以不同的方式导致了实体癌症和白血病的偏倚不确定度，其剂量效应形式分别是线性和线性二次的。与个体幸存者剂量随机误差幅度的不确定度（NCRP 报告 126 中称为 RE）对实体癌症和白血病的偏差不确定度有不同的影响，这两个疾病的剂量效应形式分别为线性和线性二次。与 NCRP 报告不同，2003 年 NIH 报告关注的是个体癌症部位，必须分别考虑这两种情况：不确定度偏差校正因子 1 + *FL*（*RE*）

和 1 + *FQ*（*RE*）分别用于具有线性和线性二次剂量效应的癌症。在个体剂量估计中采用对数正态分布的随机误差，其中几何平均值（*GM*）=1，几何标准差（*GSD*）=exp（0.35），这对应于实体癌估计风险向上校正 9.0% 和白血病估计风险向上校正 5.6%，而对校正风险估计的变异性基本上没有影响。但是，剂量估计中对数正态分布的随机误差的假设使 *GSD* 存在一些不确定度：假设对数正态分布的 *GSD*=0.30，实体癌和白血病的相应向上校正分别为 6.8% 和 4.3%，假设对数正态分布的 *GSD* = 0.40，则相应的向上校正分别为 11.4% 和 7.2%。如果我们认为 0.30 和 0.40 对应于对数正态分布的 *GSD* 不确定度分布的第 10 百分位数和第 90 百分位数，并考虑到剂量分配中的随机误差只能使估计风险向下偏差，则假设 *FL*（*RE*）和 *FQ*（*RE*）是对数正态的，*GM*=8.8% 和 5.56%，则 *GSD*=1.22 似乎是合适的。

（2）中子 RBE 的选择：分析原弹幸存者数据中，中子 *RBE* 的适当选择的不确定度，表示为 NCRP 126 中的 *NR*，误差因子 *f*（NR）按三角分布，最小值为 0.9，最有可能值为 1.0，最大值为 1.1。

（3）γ 剂量估计的系统偏差：由于 γ 剂量估计的系统偏差造成的不确定度，NCRP 126 中表示的 D_γ，误差因子 $f(D_\gamma)$ 分布为三角分布。

（4）中子剂量估计的系统偏差：广岛中子剂量估计的系统偏差造成的不确定度，在 NCRP 126 中表示为 D_n，误差因子 $f(D_n)$ 分布为三角形。

剂量学中随机误差和系统误差的总体误差因素为：

$$F_L(D)=(1+F_L(RE))/(F(NR)\times F(D_\gamma)\times F(D_n)) \qquad (附 2\text{–}9)$$

$$F_Q(D)=(1+F_Q(RE))/(F(NR)\times F(D_\gamma)\times F(D_n)) \qquad (附 2\text{–}10)$$

对于实体肿瘤和白血病，$F_L(D)$ 和 $F_Q(D)$ 的不确定度分布，以百分比表示，分别相当好地对应于正态分布：N（83.2，8.36）和 N（80.7，8.05）。

2. 低 LET 辐射风险对剂量和剂量率的依赖性

不同线质辐射在癌症风险的剂量效应函数形状有所不同。高线性能量传输（LET）辐射（例如中子、α 粒子或重离子）的单位剂量风险在低剂量和高剂量时往往相同（或更大），而对于低 LET 辐射（例如伽马射线、电子、X 射线或 β 粒子），低剂量时单位剂量风险被认为较低。低剂量水平（与高剂量相比）低 LET 辐射的单位剂量或单位等效剂量（以下简称剂量）风险较低的证据主要来自实验放射生物学，其中许多涉及致癌作用以外的结果。此外，基于癌症流行病学研究的剂量效应关系形状推论往往由中高剂量范围的数据决定，即 0.1~1.0Gy 和 1.0Gy 及以上。2003 年 NIH 报告使用的白血病线性二次剂量效应模型对应于 0.01Gy（1cGy）的风险仅为 1Gy 风险的 0.5%，或每单位剂量风险的一半。

用于估计低剂量和低剂量率风险的剂量和剂量率效能因数（*DDREF*）可以降低线性模型风险系数。国际放射防护委员会（ICRP 1991）建议将 *DDREF* 设为 2 以用于辐射防护，该值与此处用于白血病的默认线性二次剂量效应模型大致一致。NCRP（1993）也接受了 ICRP 的建议。联合国原子辐射科学效应委员会（UNSCEAR 1993）在最近关于 *DDREF* 应用的讨论中建议，所选的 *DDREF* 应用于慢性照射（最初几个小时的平均剂量率低于每小时 6mGy）和总剂量低于 0.2Gy 的急性（高剂量率）照射，这一建议随后被美国环保署（EPA）（1999）采纳。然而，鉴于急性照射的原子弹爆炸幸存者中癌症发病率和死亡率的剂量效应呈线性，对低至 0.2Gy，这种突然转变似乎是不现实的。此外，很多人都使用了 *DDREF* 的连续不确定度分布来计算所有癌症类型的终生风险（见附图 2–1）。Grogan 等人的不确定度分布与 NCRP 分布的主要区别在于，允许单位剂量风险在极低剂量下增加的概率很小。因此，

NCRP 和 EPA 分布允许 *DDREF* 值范围为 1~5，而 Grogan 等人的分布包括低至 0.2 的值。

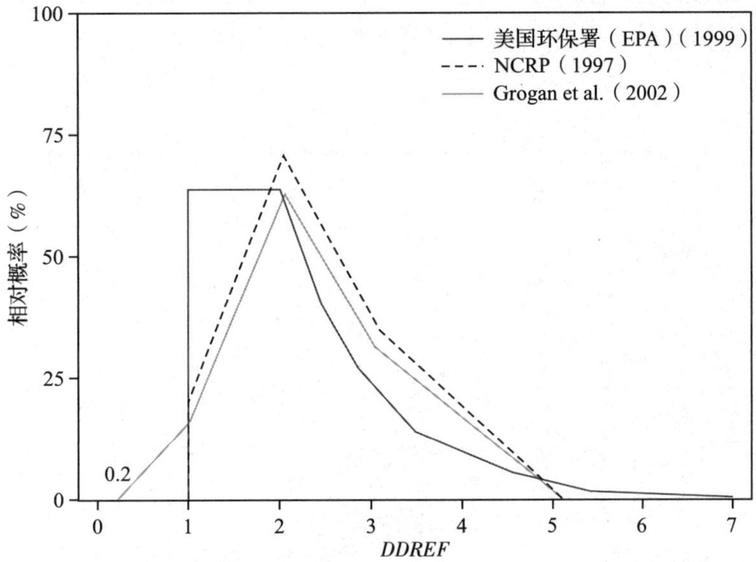

附图 2-1 不同作者所描述 ***DDREF*** 不确定性的概率分布

在 2003 年 NIH 报告中，*ERR* 是基于辐射剂量估算的，并根据受照射剂量率（急性或慢性）应用 *DDREF* 的不确定度进行修改。*DDREF* 适用于所有慢性照射，而对于急性照射，*DDREF* 是随着剂量的减少而逐步实施的，从小于 0.2Sv 的不确定度参考剂量开始，然后平稳下降到适合慢性照射的值。间隔 5 小时或更长时间的分次急性照射被视为单独照射；因此，*DDREF* 应用于每个部分，并将它们对风险的估计影响加在一起。2003 年 NIH 报告工作组选择为 *DDRE*F 推导自己的不确定度分布（见附图 2-2，左侧图），主要是因为低剂量 LSS 癌症死亡率数据的分析与线性高度一致，并表明剂量效应在 0.5Sv 以下存在超线性的可能性（尽管这种可能性很弱）。使用了离散分布而非连续分布（强调主观性），*DDREF*=0.5、0.7、1、1.5、2、3 和 5 时的概率为非零。对于女性乳腺癌和甲状腺癌，选择了离散分布，*DDREF*=1 时的概率更大（见附图 2-2，右侧图）。

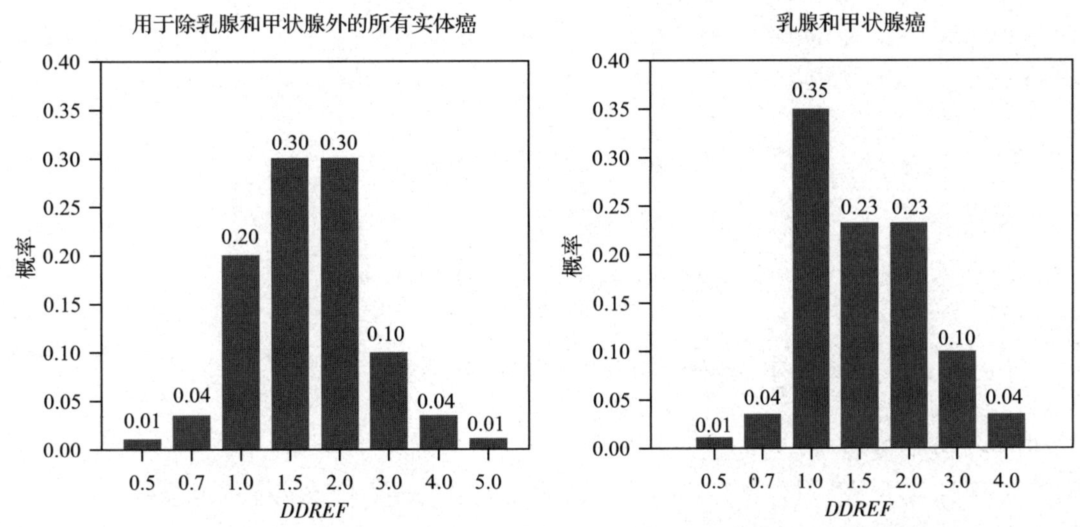

附图 2-2 2003 年报告应用于慢性、低 LET 照射的 ***DDREF*** 离散概率分布

对于急性照射，$DDREF$（$DDREF_{急性}$）被建模为一个随机量，随着剂量减小到零，该量接近 $DDREF_{慢性}$。根据剂量的逻辑函数，在零和不确定的参考剂量 D_L（0.03~0.2Gy），$DDREF_{急性}$从零剂量时的 $DDREF_{慢性}$平稳减小到 D_L 及以上时的 1（见附图 2–3）。参考剂量 D_L 的不确定度表示为对数均匀分布（见附图 2–4）。

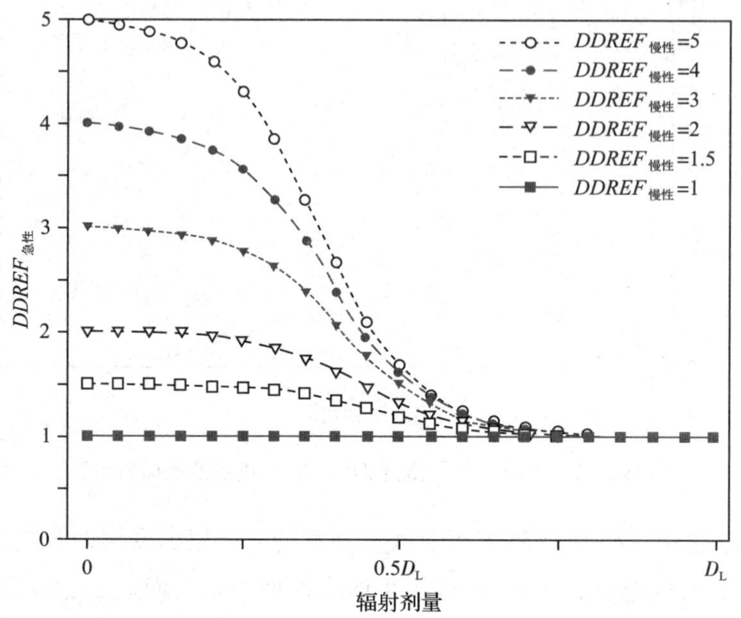

附图 2–3 $DDREF_{急性}$、$DDREF_{慢性}$随参考剂量 D_L 的剂量变化，在 D_L 剂量范围，假设应用线性随剂量效应

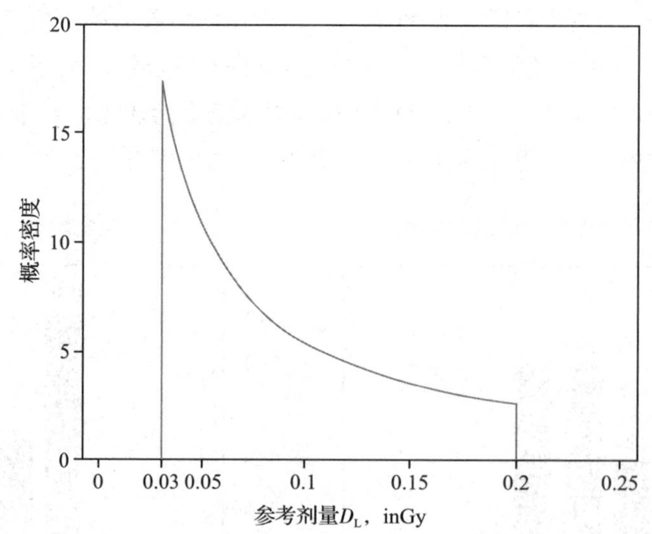

附图 2–4 概率密度随参考剂量 D_L 的对数均匀不确定度分布

3. 不同人群的 *ERR* 修正

例如，使用日本原子弹爆炸幸存者的数据来估计美国人口中特定癌症的风险时，一个主要问题是两个人群之间的基线风险不同，并且辐射风险对基线风险的依赖性尚不清楚。例如，日本乳腺癌、肺癌和结肠癌的基线癌症发病率低于美国，而日本的胃癌和肝癌发病率则高得多。根据原子弹爆炸

幸存者数据得出的剂量效应系数来估计美国人口的风险通常被称为“转换”问题。有关转换问题的更详细讨论见 NCRP 报告 126（NCRP 1997）。

两个简单的解决方案即所谓“乘法”和“加法”转换模型，其中分别将超额相对风险（超额风险与基线风险之间的比率）和绝对风险（受照射和未受照射时估计的癌症发生率之间的差异）估计值应用于第二个人群（在本例中为美国人群）。乘法转换模型在生物学上是合理的，因为可以假设电离辐射照射是一个过程的“启动器”，而该过程导致癌症的可能性取决于“促进器”的作用，如果这些“促进器”是造成两个人群之间基线率差异的原因，或者，如果辐射是其他在两个人群中具有不同效果的物质的致癌作用的促进器。从这个角度看，辐射照射对正常高风险人群的额外风险要高于对正常低风险人群的额外风险。附加转换模型在某种程度上是合理的，因为可以假设辐射主要起引发剂的作用，而人群基线率之间的差异可以假设是由于两个人群中其他作用类似于辐射的“引发剂”致癌物的不同影响。从这个角度看，辐射照射的额外癌症风险负担与人群基线率无关。已经使用了几种方法将基于日本原子弹爆炸幸存者数据的风险估计值转换到其他人群。

UNSCEAR（1988）对世界人口使用了乘法转换模型，BEIR V 报告（NAS/NRC 1990）对美国人口使用了加法转换模型。BEIR Ⅲ报告（NAS/NRC 1980）和 1985 年 NIH 报告使用了加法转换模型。对于某些癌症，这两种转换模型可能导致非常不同的辐射相关风险估计值。这两种转换模型都得到了基于不同受照射人群的风险估计的现场比较的一些支持，但很少有地点可以进行有意义的分析比较。如果癌症发病率的人群差异可能是由引发剂和促进剂共同造成的，那么加法和乘法转换模型与辐射的相互作用很可能同时发生，某种混合模型可能是合适的。例如，ICRP（1991）使用了两种转换模型得出的所有实体癌症类型的 *ERR* 值的算术平均值。有报告使用不确定的（即随机的）线性或几何组合，以各种方式加权，加法和乘法转换模型来估计癌症死亡的总体风险（EPA 1999）。

与特定位置的差异相比，各国家 / 地区所有类型癌症的死亡率差异相对较小。NCRP 报告 126（NCRP 1997）中使用的所有癌症死亡率的初始 ERR_{1Sv} 值是从五个不同国家 / 地区人口的 LSS 死亡率数据中得出的乘法和加法转换模型估计值的四舍五入平均值（ICRP 1991）。因此，该报告的问题不是如何估计美国人口的 ERR_{1Sv}，而是确定以特定方式估计 ERR_{1Sv} 相关的不确定度。他们的解决方案是一个不确定度因子 $f(T)$，分布为 LN（1，1.3）。

对于 2003 年 NIH 报告，问题在于如何在基线率可能存在很大差异且缺乏关于哪种模型可能正确的有用信息的情况下，估计美国人口的 ERR_{1Sv} 的位置特定和年龄特定值。使用加法和乘法转换模型之间的随机线性组合：

$$(ERR_{1Sv})_{US} = y \times (ERR_{1Sv})_{mult} + (1-y) \times (ERR_{1Sv})_{add} \tag{附 2-11}$$

其中，随机变量 y 在 −0.1 和 1.1 之间变化。这里，$(ERR_{1Sv})_{mult}$ 是通过对日本原子弹爆炸幸存者数据进行统计分析得出的 1Sv 下特定位置、性别和年龄的超额相对风险，并根据个别原子弹爆炸幸存者剂量的随机和系统误差进行了调整。$(ERR_{1Sv})_{add}$ 是相同的值，根据两国基线率之间的相应比率进行了调整：

$$(ERR_{1Sv})_{add} = (ERR_{1Sv})_{mult} \cdot \left(\frac{B_{日本}}{B_{美国}}\right) \tag{附 2-12}$$

这里，$B_{日本}$和 $B_{美国}$分别是日本（原子弹爆炸幸存者队列的替代）和美国人群的性别和特定位置、年龄标准化的基线癌症发病率，均根据世界人口年龄分布进行了年龄标准化。

线性组合的系数 y 可用于根据证据权重来支持一个模型或另一个模型。例如，y=0 对应于加法模型，y=1 对应于乘法模型，y=1/2 对应于两者的算术平均值。蒙特卡洛模拟用于表示对 y 的不确定度，其中 y 值根据以下概率密度分布进行采样：

$$f(y)=\begin{cases} y+1 & -0.1<y<0 \\ 0.9091\times 1 & 0\leqslant y\leqslant 1 \\ 1.1-y & 1<y<1.1 \end{cases} \tag{附 2-13}$$

上面显示的 y 值在 0 和 1 之间的恒定概率密度反映出完全缺乏关于加法和乘法转换模型的特定加权平均值的适用性的认识，并且将较小的概率权重（9%）分配给小于 0 和大于 1 的值，允许（主观上不太可能的）辐射相关癌症风险可能与人群基线风险呈负相关的可能性。对于乳腺癌、甲状腺癌和胃癌，有更多信息可用，因此，上文和附图 2-5 给出的“未知”梯形密度可以通过将部分权重重新分配给乳腺癌的加法转换模型或甲状腺癌和胃癌的乘法转换模型来修改。因此，对于乳腺癌，将 50% 的概率权重分配给加法转换模型（y=0），将 50% 分配给梯形概率密度分布。对于胃癌，附图 2-5 中将 33% 的概率权重分配给乘法转换模型（y=1），将 66% 的概率权重分配给梯形分布。附图 2-6 中将这些分布的累积分布函数与“未知”分布的累积分布函数进行了比较。对于甲状腺癌，使用了乘法转换模型，反映了 Ron 研究（1995）的国际基础。

在既有辐射剂量估计数据又有吸烟史数据的原子弹爆炸幸存者中，肺癌风险“非常符合”辐射与吸烟相互作用的加法转换模型，但统计上与乘法转换模型不一致。鉴于这一结果，以及人口肺癌发病率对香烟消费的强烈依赖性，2003 年 NIH 报告工作组得出结论，用于乳腺癌的“知情”转换模型（其中 50% 的概率分配给加法转换模型）也适用于肺癌。

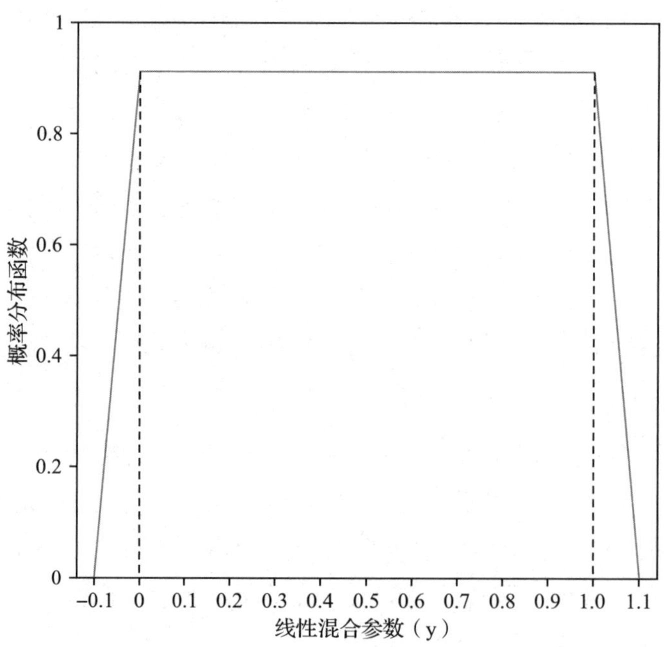

附图 2-5　对于群体间转换的加法（y=0）和乘法（y=1）转换模型之间的不确定线性混合系数 y 的梯形概率密度函数 $f(y)$

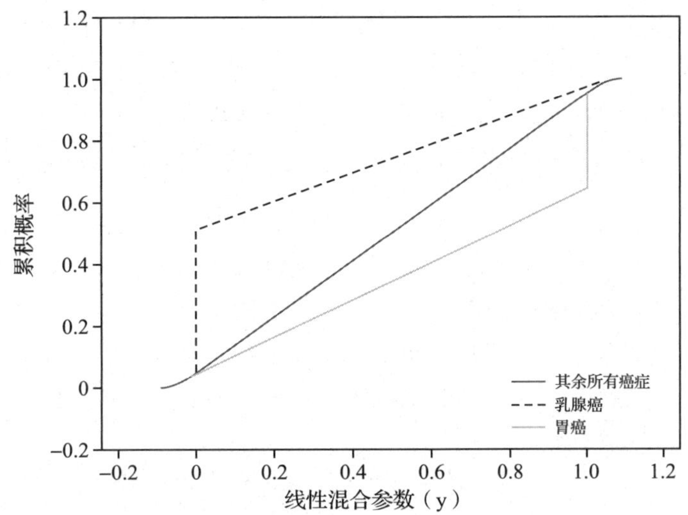

附图 2–6　累积分布函数对应于图 9–5 中的梯形概率密度分布，以及该分布的两个特定位置变体

对于大多数癌症，使用附图 2–5 中的梯形分布，而对于乳腺癌，50% 的概率放在加性（y=0）上，50% 放在梯形分布上，对于胃癌，33% 的概率放在 y=1 上，其余的放在梯形模型上。对于甲状腺癌，使用乘性模型。

4. 不同辐射类型的辐射效能因数

人们可能接触到许多不同类型的电离辐射，包括光子、电子、α 粒子和中子，每种辐射的能量可能相差很大。许多关于电离辐射对各种生物系统（从简单细胞到复杂的整个生物体）的影响的研究都表明，不同类型的辐射在生物效应上往往有很大差异。也就是说，辐射引起特定生物效应的概率取决于辐射类型，有时还取决于辐射能量以及剂量。因此，在估计已知受到特定辐射类型照射的个体的癌症风险和致病概率（特定份额）时，必须考虑不同辐射的生物学效应的差异。

长期以来，辐射防护一直考虑不同辐射类型的生物效应差异。目前，辐射防护中用来描述不同辐射类型生物效应的量是辐射加权因数。该因数用于修改人体器官或组织从给定辐射类型吸收的剂量（器官或组织中传递的总能量除以其质量）（单位为 Gy），以得出当量剂量的估计值（单位为 Sv）。假定受辐射器官或组织患癌症（或其他随机辐射效应）的风险与当量剂量成正比，此时就与辐射类型无关。

辐射防护中使用的辐射权重因数的指定点值是基于对不同生物系统的各种效应的放射生物学研究中获得的辐射相对生物效应（*RBE*）数据，以及对估计的 *RBE* 对诱发人类癌症的适用性的判断和对生物效应与不同辐射在组织中产生的电离密度之间关系的理论考虑。2003 年 NIH 报告时，辐射防护中使用的辐射权重因子：任何能量的光子和电子为 1；α 粒子为 20；能量为 0.1~2MeV 的中子（包括裂变中子）为 20；能量为 10~100keV 或 2~20MeV 的中子为 10；能量小于 10keV 或大于 20MeV 的中子为 5。因此，根据定义，光子和电子的生物效应为 1，其他辐射类型的辐射权重因子代表了相对于光子和电子，它们对人类的生物效应的判断。如 2003 年 NIH 报告前面所述，辐射权重因数用于将根据 ICRP 权重因数计算的吸收剂量（单位为 Gy）转换为当量剂量（单位为 Sv），以准备计算 *ERR* 和归因份额（*AS*）。

为了估计接受已知剂量（估计）辐射照射的可识别个体的癌症风险和归因份额，人们提出了术语"辐射效能因子"（表示为 *REF*）来描述不同辐射类型的生物学效应。首先，"*RBE*"并不合适，因为这个量严格意义上仅适用于从特定放射生物学研究中获得的结果，因此不应用于描述将这些结果外推到不同的生物学终点、生物系统或照射条件。其次，如上所述，辐射加权因数是一个规定的点量，没有不确定度，用于辐射防护中计算当量剂量，但不打算用它来估计已知照射的可识别个体的癌症风险和归因份额。最后，癌症风险和归因份额是根据吸收剂量的估计值来估计的，必须考虑到不同辐射类型相对于定义的参考辐射的生物效应的不确定度。

根据下列公式之一，可以使用特定辐射类型的辐射效能因数来估计癌症风险，并根据实际受照射分配份额：

对实体癌：

$$R=REF_{\mathrm{L}}\times\frac{R_{\gamma,\mathrm{H}}}{DDREF_{\gamma}}\times D \tag{附 2–14}$$

$$R=REF_{\mathrm{H}}\times R_{\gamma,\mathrm{H}}\times D \tag{附 2–15}$$

对白血病：

$$R=\alpha\times REF_{\mathrm{L}}\times D \tag{附 2–16}$$

$$R=\alpha\times[REF_{\mathrm{L}}\times D+(REF_{\mathrm{L}}\times D)^2] \tag{附 2–17}$$

在上面四个方程中：

（1）*R* 是由于受到某种特定辐射类型照射而导致患上某种特定癌症的风险（即超额相对风险，*ERR*）；

（2）*REF* 是所关注的辐射类型和癌症类型的辐射效能因数；

（3）下标“L”和“H”分别表示低剂量和剂量率，高剂量和剂量率；

（4）$R_{\gamma,\mathrm{H}}$ 是高剂量和高剂量率下参考高能 γ 辐射的风险系数（*ERR*/Gy），其定义的生物有效性为 1，假设所有实体肿瘤的剂量效应关系呈线性；

（5）*DDREF* 是剂量和剂量率效能因数，它考虑到低剂量和光子（和电子）剂量率下实体肿瘤的 *ERR*/Gy 可能小于从受照人群研究中获得的 $R_{\gamma,\mathrm{H}}$ 值；

（6）*α* 是在急性照射于高 γ 射线条件下，为白血病所假设的线性 – 二次剂量效应关系中的线性和二次项的系数；

（7）*D* 是所关注辐射类型的估计剂量。

对于大多数实体肿瘤，高剂量和高剂量率的高能 γ 射线的风险系数 $R_{\gamma,\mathrm{H}}$ 是从对日本原子弹幸存者的研究中获得的。在急性照射于高能 γ 射线的情况下，白血病的线性 – 二次剂量效应关系中的系数 *a* 和 *b* 也是从对原子弹爆炸幸存者的研究中获得的。白血病的数据表明，这两个系数在数值上大致相等。在所关注的辐射类型的辐射效能因子（*REF*）中，下标 L 和 H 表示该因子是根据参考辐射的低剂量和剂量率（L）或高剂量和剂量率（H）下的 *RBE* 数据估算的。

所选方程取决于特定的辐射类型和所关注的癌症。在暴露于光子、电子和 α 粒子的情况下，针对实体肿瘤使用公式（附 2–14）；在暴露于中子的情况下，针对实体肿瘤使用公式（附 2–15）；在暴露于 α 粒子和中子以及长期照射于光子和电子的情况下，针对白血病使用公式（附 2–16）；在急性照射于光子和电子的情况下，针对白血病使用公式（附 2–17）。公式（附 2–14）至公式（附 2–16）中未显示代表逆剂量率效应的因数，该因数适用于所有 α 粒子照射和中子慢性照射。该因数是这些公式右侧的乘数，它考虑到高 LET 辐射的生物效应在慢性照射条件下可能高于急性照射条件下。下面将进一步讨论公式（附 2–14）至公式（附 2–17）的应用。

如前所述，在估计癌症风险和归因份额时，会考虑不同辐射类型辐射效能因数的不确定度。这些不确定度通过主观概率（不确定性）分布来描述。假设的概率分布旨在表示对不同辐射类型（相对于高能 γ 射线）在人类中诱发癌症的有效性的当前知识状态的判断；它们并不旨在表示如果对不同辐射在人类中诱发癌症的有效性进行放射生物学研究后将获得的结果的统计分布。在长期照射条件下代表 α 粒子或中子的逆剂量率效应的因子也通过主观概率分布来描述。

光子和电子的辐射效能因子的假定概率分布总结在附表 2–28 中，α 粒子的分布总结在附表 2–29 中，中子的分布总结在附表 2–30 中。对于光子和电子，辐射效能因子的概率分布适用于所有癌症，而对于暴露于 α 粒子和中子的情况下的白血病（包括淋巴瘤和淋巴细胞癌），则单独开发了概率分布。表中包括了针对 α 粒子和中子的逆剂量率效应校正的概率分布。就当时而言，假设任何照射于质子辐射都将处于高能质子下，相对于高能光子，*REF* = 1。

附表 2–28　光子和电子辐射效能因数的主观不确定度

辐射类型	照射类型	辐射能量	辐射效能因数（*REFL*）的概率分布
光子	慢性或急性	$E>250$keV	单值为 1.0（高能光子被视为参考辐射）
		E=30~250keV	混合分布，将 25% 的概率分配给值 1.0，将 75% 的概率分配给对数正态分布，其中 2.5 和 97.5 分位数分别位于 1.0 和 5.0
		$E<30$keV	分布为两个独立随机变量的乘积，一个变量按照 E=30~250keV 的混合分布，另一个变量为三角形分布，最小值为 1.0，众数为 1.3，最大值为 1.6
电子		$E>15$keV	单值为 1.0（假定与参考高能光子的值相同）
		$E<15$keV	对数正态分布，2.5 和 97.5 分位数分别位于 1.2 和 5.0

附表 2–29　α 粒子辐射效能因数的主观不确定度

癌症类型	照射类型	辐射效能因数（*REFL*）的概率分布
白血病	慢性	混合分布，将 25% 的概率分配给值 1.0；将 50% 的概率分配给对数正态分布，其中 2.5 和 97.5 百分数位数分别位于 1.0 和 15；将 25% 的概率分配给对数正态分布，其中 2.5 和 97.5 百分数位数分别位于 2.0 和 60
实体癌		对数正态分布，2.5 和 97.5 分位数分别位于 3 和 80

注：对所有 α 粒子暴露的逆剂量率效应进行校正——离散分布：将 70% 的概率分配给值 1.0；将 20% 的概率分配给值 1.5；将 7.5% 的概率分配给值 2.0；将 2.5% 的概率分配给值 3.0。

附表 2–30　中子辐射效应因数的主观不确定度

癌症类型	照射类型	中子能量	辐射效能因数（*REFL*）的概率分布
白血病	慢性或急性	E=0.1~2MeV	*REFL* 的对数正态分布，2.5 和 97.5 百分数位数分别位于 2.0 和 60
		E=10~100keV；E=2~20MeV	*REFL* 的均匀分布，30% 的概率分配给 1.0~4.0 的值；50% 的概率分配给 4.0~8.0 的值；20% 的概率分配给 8.0~40 的值
		$E<10$keV；$E>20$MeV	*REFL* 的均匀分布，30% 的概率分配给 1.0~2.3 的值；50% 的概率分配给 2.3~3.5 的值；20% 的概率分配给 3.5~25 的值
实体瘤		E=0.1~2MeV	*REFH* 的对数正态分布，2.5 和 97.5 百分数位数分别位于 2.0 和 30
		E=10~100keV；E=2~20MeV	*REFL* 的均匀分布，30% 的概率分配给 1.0~3.0 的值；50% 的概率分配给 3.0~5.0 的值；20% 的概率分配给 5.0~20 的值
		$E<10$keV；$E>20$MeV	*REFL* 的均匀分布，30% 的概率分配给 1.0~1.6 的值；50% 的概率分配给 1.6~2.4 的值；20% 的概率分配给 2.4~12 的值

估计癌症风险和归因份额的程序如下。假设个人的照射史以发生癌症的器官或组织的当量剂量（以 Sv 为单位）给出，即该器官或组织中的剂量经标准辐射加权因数修正（用 w_R 表示），并且分别给出每种辐射类型（光子、电子、α 粒子和中子）的当量剂量。根据器官或组织（T）中特定辐射类型的给定当量剂量（表示为 H_T），该器官或组织中的剂量（D）（以 Gy 为单位）按 $D_T = H_T/w_R$ 计算（注意，这是 2003 年当时的方法，现在应用第一章介绍的方法计算器官剂量）。每种辐射类型的剂量都是计算癌症风险和归因份额的输入量，并且这些剂量中的每一个都根据适当的公式通过相关的辐射效能因数进行修改。

辐射效能因子概率分布表示了不同辐射类型生物效应的处理，与 1985 年 NIH 报告在两个方面有所不同。首先，除了暴露于吸入氡及其短寿命衰变产物的铀矿工的肺癌（以工作水平月表示，单位为 w/m）和注射短寿命 α 发射体 ^{224}Ra 的患者的骨癌外，1985 年报告没有明确考虑低 LET 以外的辐射，低 LET 的生物效应被假定为 1。1985 年报告提到，高 LET 辐射需要纳入生物效应因数，但报告中并未提及。人们认识到，在低剂量和剂量率下，高能伽马射线的危害可能小于低能 X 射线，但 NIH 工作组没有足够的信息来做出这样的区分。在目前的研究中，所有辐射类型（光子、电子、α 粒子和中子）的生物效应都考虑在内，用于所有癌症，但氡相关肺癌仍根据 *WLM* 中的暴露估计值单独处理。特别是，高能 γ 射线和低能 X 射线以及低能电子的有效性有所区别。其次，现在考虑了所有辐射类型相对于高能伽马射线的生物效应的不确定性。由于 1985 年 NIH 报告重点关注被认为在任何能量下都同样有效的辐射，因此当时无须考虑生物效应的不确定度。

5. 流行病学风险因素的修正

在 LSS 样本和其他持续随访的受照射人群中，针对辐射剂量和癌症风险进行的特定位置研究，通常分为一系列步骤，首先评估是否存在剂量相关的过量风险的证据。通常，要考虑的剂量效应的第修正因素是性别、受照射时的年龄、发病年龄和受照射后的时间，因为有关它们的信息通常与有关辐射照射和疾病发生的信息同时获得。通过其他因素修改剂量效应是一个更困难的问题，因为它通常需要特殊的数据收集工作，例如嵌入式病例对照研究。已经对乳腺癌的生殖史和肺癌的吸烟史进行了辐射剂量和流行病学风险因素之间相互作用的信息性研究。

（1）通用表述：如果辐射剂量 D 和因数 f 具有乘积效应，则与受照剂量 D 相关的超额相对风险与 f 无关，即 $ERR(D|f) = ERR(D)$。如果 D 和 f 具有加法效应，则给定因素 f，与照射剂量 D 相关的条件，其 ERR 为：

$$ERR(D|f) = ERR(D) / (1 + ERR(f)) \quad \text{（附 2-18）}$$

（2）乳腺癌：辐射与第一次足月妊娠年龄的相互作用。

生殖史被认为是乳腺癌的一个重要危险因素。特别是，在几乎所有被研究的人群中，首次足月妊娠的早期妊娠已被证明具有保护作用。一项针对女性原子弹爆炸幸存者的病例对照访谈研究，考察了这一风险因素与辐射剂量的相互作用，发现加性相互作用模型被拒绝，而乘性相互作用模型与数据一致。一般风险模型为：

$$R_{mix}(D,X;\beta,\theta) = (1+\alpha_E D)(1+\beta X/\{1+\alpha_E D\}^{\theta}) \quad \text{（附 2-19）}$$

用于乘法模型（对应于 $\theta = 0$）时 $R_{mult}(D,X;\beta) = (1+\alpha_E D)(1+\beta X)$ （附 2-20）

用于加性模型（对应于 $\theta = 1$）时 $R_{add}(D,X;\beta) = 1+\alpha_E D+\beta X$ （附 2-21）

这里，D 是辐射剂量，X 是第一次足月妊娠的年龄，α_E 是一个参数函数，描述辐射照射时年龄

E 的函数，β 是一个未知的参数，对应于 X。参数 θ 的最大似然估计值为负值（–0.25），在 2003 年 NIH 报告进行的计算中，值大于零的概率小于 10%。因此，由于允许偏离乘法相互作用模型，似乎很少有额外的不确定度，该模型 ERR_{1Sv} 不需要对第一次足月妊娠的年龄调整。因此，2003 年 NIH 报告没有对这一因素进行不确定度调整。

（3）肺癌：辐射剂量与吸烟史的相互作用。

原子弹爆炸幸存者和铀矿工的相互作用分析未能区分加法和乘法相互作用模型，尽管 BEIR Ⅳ 委员会得出结论认为数据更符合乘法相互作用（NAS/NRC，1988 年）。在六组美国铀矿工中建立了吸烟史（曾经与从未）和吸入氡衰变产物暴露的联合相对风险模型，并提供了此类信息。他们得出的结论是，在吸烟史细节的那个水平上，最佳拟合的交互模型介于加性和乘法交互模型之间。

Pierce 等人（2003 年）对原子弹爆炸幸存者的肺癌和吸烟史进行了一项新的分析，基于 1994 年的 45113 名幸存者，包括 592 例肺癌病例，他们的吸烟史信息可从问卷回答和临床访谈中获得。主要发现是，辐射和吸烟对肺癌风险的影响在统计学上与乘法交互模型不一致，而与加性模型“相当一致”。Pierce 博士对他的数据集进行了剂量效应分析，结果显示方法 2 中使用的 β= 0.843、γ=–0.5255 和 δ=–1.626 与肺癌数据有统计学一致。他还估计了假设上述参数值的参数 α 的似然分布，因此方法 2 可以应用于肺癌。然而，由于该分析清楚地支持加性交互模型，该分析根据吸烟进行了调整，表格中的概况与终生不吸烟者的风险有关。此外，对于肺癌，表格中的概况被调整为两性值的中间值，对应于 $\beta = 0.84$。

在 1985 年的 NIH 报告中，假设吸烟和暴露于低辐射的相互作用是相加的，通过将 *ERR*s 乘以附表 2–31 第 2 列和第 3 列所示的因数，获得适当的归因份额。这些因素的计算方法见 1985 年报告第 48~51 页，计算依据为 Rogot 和 Murray（1980 年）给出的吸烟类别的肺癌相对风险以及美国国家卫生统计中心（1967 年）公布的 1964—1965 年美国人口吸烟状况分布。在 2003 年 NIH 报告中，这些因素已使用美国疾病控制中心（1995 年）提供的 1993 年吸烟状况分布信息进行了更新。附表 2–31 的最后两列给出了相加相互作用的修正因数。

附表 2–31　吸烟相关调整后的因数

吸烟类别（S）	用于 1985 年 NIH 报告		用于推导不确定度的 ERR_{1Sv} 值 2003 年 NIH 报告的分布情况（W_S^*）	
	男性	女性	男性	女性
合计	1.00	1.00	1.00	1.00
从不吸烟者	6.81	4.64	4.74	3.90
以前吸烟者	1.71	1.17	1.19	0.98
现在吸烟者（全部）	0.604	0.411	0.42	0.35
＜10 支 /d	1.75	1.19	1.22	1.00
10~20 支 /d	0.71	0.48	0.49	0.41
21~39 支 /d	0.41	0.28	0.28	0.23
＞40 支 /d	0.29	0.20	0.20	0.16
吸烟者（现在和以前）	0.73	0.47	0.51	0.41

注：* 这些百分比是通过假设当前吸烟者中按吸烟量计算的分布与 1985 年报告中使用的分布相同（第 41 页）而获得的。

在没有 Pierce 等人（2003 年）的研究结果的情况下，以 BEIR Ⅵ研究结果为指导的氡相关肺癌风险方法是将未根据吸烟情况调整的肺癌 ERR_{1Sv} 乘以因数 W_S，取值为 $x+(1-x)W_S^*$，其中 S 表示吸烟类别，W_S^* 是附表 2–31 第 4 列和第 5 列中给出的因数，x 假定服从三角分布（0、1、1.1）。x 的这种不确定度分布使肺癌 ERR_{1Sv} 的范围从通过加法相互作用（x=0）获得的值到通过乘法相互作用（x=1）获得的值，对于超乘法相互作用（$x>1$），概率约为 0.10。不确定度分布的中位数为 0.74，在此值下，男性从不吸烟者的 W_S=1.97，男性曾经吸烟者的 W_S=0.87，女性从不吸烟者的 W_S=1.75，女性曾经吸烟者的 W_S=0.85。因此，在中位数下，从不吸烟者的 ERR_{1Sv} 估计值将略大于曾经吸烟者的两倍。

然而，Pierce 等人（2003 年）的分析表明，LSS 受试者的辐射 – 吸烟相互作用比铀矿工的估计值更接近于加性。因此，对于外照射，2003 年 NIH 报告工作组采用了一个相互作用的不确定度模型，该模型将 50% 的概率放在加性模型上，将 50% 的概率放在上一段中描述的模型上。当然，因为附表 2–32 中对应于从不吸烟者，所以表格中的 W_S^* 值被标准化为从不吸烟者的标准，即对于男性，它们除以 4.74，对于女性，它们除以 3.90。

附表 2–32　ERR_{1Sv} 的统计不确定性的计算：用改进的方法 2 处理肺癌和除卵巢以外的女性生殖器官癌症获得的参数 α 的似然分布分位数

概率百分数位数	肺从不吸烟，男女 *	除卵巢的女性生殖器官
0.9975	1.822	0.172
0.995	1.724	0.136
0.9875	1.590	0.0866
0.975	1.482	0.0791
0.95	1.368	0.0607
0.875	1.200	0.0463
0.8413	1.152	0.0030
0.5	0.8603	–0.189
0.1587	0.6127	–0.278
0.125	0.5792	–0.289
0.05	0.4750	<0
0.025	0.4133	<0
0.0125	0.3610	<0
0.005	0.3024	<0
0.0025	0.2642	<0

注：* 对于肺癌，$ERR_{1Sv}=\alpha\times h^*(s.e,a;\beta,\gamma,\delta)$，其中：$h^*(s.e,a;\beta,\gamma,\delta)=exp\{\beta\times+\gamma\times f(e)+\delta\times g(a)\}$，假设 α（男性为 –0.5，女性为 0.5）；假设 h^*（$s.e$，a；β，γ，δ）为对数正态分布。

$GM=\exp\{0.843\,s-0.05255\,f(e)-1.626\,g(a)\}$；

$GSD=\exp\{[0.0625\,s^2-2\times0.000347\,s\times f(e)+2\times0.00830\,s\times g(a)+0.000330\times f(e)^2-2\times0.00708f(e)\times g(a)+0.562\,g(a)^2]^{1/2}\}$。

对于卵巢以外的女性生殖器官癌症，假设 γ 和 δ 为零，$\alpha=ERR_{1Sv}$ 的统计不确定性分布完全由列表似然分布确定。

（4）非黑色素瘤皮肤癌：电离和紫外线辐射之间的相互作用。

1998 年 Ron 等人发现面部和手部（0.4，90% *CI*：–0.1~2.1）和身体其他部位（4.7，90% *CI*：1.2~1.3）上发生的基底细胞癌（BCSC）的 ERR_{1Sv} 值存在显著差异（$P<0.02$），这表明紫外线和电离辐射之间存在亚乘性，甚至可能是加性的相互作用。这一发现表明，肤色较浅、因而对紫外线更敏感的人群中的 ERR_{1Sv} 可能比 LSS 人群中观察到的要少。

附表 2–33 显示了非裔美国人、西班牙裔和非西班牙裔白人美国人和日本人的非黑色素瘤皮肤癌发病率（每年每 10 万人发病率，直接标准化为 1970 年美国人口的年龄分布）。

附表 2–33　不同人群非黑色素瘤皮肤癌发病率登记资料

亚群		美国			日本
		非裔美国人	西班牙裔	非西班牙裔白人	
男性	发病率（例 /10 万）	4.1	61.6	461.2	6.05
	标准误差	0.83	4.77	4.38	0.65
女性	发病率（例 /10 万）	4.5	45.1	246.1	4.43
	标准误差	0.76	3.49	2.86	0.48

因此，对于基于 LSS 的 ERR_{1Sv} 向美国西班牙裔男性的附加相互作用模型转换，ERR_{1Sv} 乘以比率 6.05/61.6 = 0.098，而对于向美国非裔女性的附加转换，乘数为 4.42/4.5 = 0.98。其余两个美国人口普查种族 / 民族群体（亚洲人和太平洋岛民以及美洲原住民）的非黑色素瘤癌症发病率不可用，并且 LSS 的 ERR_{1Sv} 估计值应用于这些群体时未对转换进行校正（即假设存在乘法相互作用）。最后，根据 2000 年美国人口的预计分布情况，将可选类别“所有种族 / 未指定种族”的加性别的交互模型乘数计算为特定亚群乘数的加权平均值：12% 非裔美国人、11% 西班牙裔、72% 非西班牙裔白人、5% 美洲原住民、亚洲人和太平洋岛民。

参考文献

[1] 刘树铮 . 医学放射生物学 [M] . 3 版 . 北京：原子能出版社，2006.

[2] 苏旭，张良安 . 实用辐射防护与剂量学 [M] . 北京：中国原子能出版社，2013.

[3] 苏旭，孙全富 . 核或辐射突发事件卫生应急准备与响应 [M] . 北京：人民卫生出版社，2022.

[4] Eric JH，Amato JG. 放射生物学：放射与放疗学者读本 [M] . 7 版 . 卢铀，刘青杰，译 . 北京：科 学出版社，2015.

[5] 龚守良 . 辐射细胞生物学 [M] . 北京：中国原子能出版社，2014.

[6] 刘晓冬，涂彧，陈大伟 . 放射卫生与放射医学 [M] . 北京：高等教育出版社，2023.

[7] 国际放射防护委员会 . 国际放射防护委员会 2007 年建议书 [M]. 潘自强，周永增，周平坤，等，译 . 北京：原子能出版社，2008.

[8] 白玉书，陈德清 . 人类辐射细胞遗传学 [M] . 北京：人民卫生出版社，2006.

[9] 国际劳工局 . 职业安全和卫生及工作环境公约：第 155 号公约 [M] . 日内瓦：国际劳工局，1981.

[10] 国际劳工局 . 工伤事故和职业病津贴建议书：第 121 号公约 [M] . 日内瓦：国际劳工局，1964.

[11] 国际劳工局 . 职业病的鉴别和认定——将疾病列入国际劳工组织职业病目录的标准 [M] . 张敏，译 . 北京：中国科学技术出版社，2012.

[12] 龚守良 . 医学放射生物学 [M] . 4 版 . 北京：中国原子能出版社，2015.

[13] 国际放射防护委员会 . 国际放射防护委员会第 118 号出版物：国际放射防护委员会建议书 [M]. 刘强等，译. 北京：原子能出版社，2015.

[14] 姜恩海，王桂林，龚守良 . 放射性疾病诊疗手册 [M] . 北京：中国原子能出版社，2012.

[15] 杨志祥，姜恩海，傅宝华 . 放射性皮肤疾病图谱 [M] . 北京：人民军医出版社，2013.

[16] 邢家骝，王桂林，罗卫东 . 辐射事故临床医学处理 [M] . 北京：军事医学科学出版社，2006.

[17] 徐瑞华，陈国强 . 肿瘤学 [M] . 5 版 . 北京：人民卫生出版社，2020.

[18] 中国临床肿瘤学会 . 常见恶性肿瘤诊疗指南 2023 [M] . 北京：人民卫生出版社，2023.

[19] 牛胜利，迪波特・帕斯卡，西伊伯・哈约 . 职业性电离辐射照射有害健康效应的归因方法及其在癌症赔偿计划中的应用：实用指南 [M] . 李小娟，牛昊巍，李幼忱，等，译 . 北京：中国原子能出版社，2013.

[20] 国际放射防护委员会 . ICRP 第 41 号出版物：电离辐射的随机效应 [M] . 北京：原子能出版社，1988.

[21] 葛均波，徐永健 . 内科学 [M] . 8 版 . 北京：人民卫生出版社，2013.

[22] 国际放射防护委员会 . 第 60 号出版物：国际放射防护委员会 1990 年建议书 [M] . 北京：原子

能出版社，1993.
[23] 罗成基，粟永萍 . 复合伤［ M ］. 北京：军事医学科学出版社，2006.
[24] 付小兵 . 创伤、烧伤与再生医学［ M ］. 2 版 . 北京：人民卫生出版社，2023.
[25] 王正国，蒋建新 . 爆炸冲击伤：原理与实践［ M ］. 北京：人民卫生出版社，2020.
[26] 刘家琦，李凤鸣，吴静安，等 . 实用眼科学［ M ］. 北京：人民卫生出版社，2010.
[27] 龚诒芬，叶常青 . 人体内放射性污染的医学实践［ M ］. 北京：军事医学科学出版社，2004.
[28] 王海燕，赵明辉 . 肾脏病学［ M ］. 4 版 . 北京：人民卫生出版社，2020.
[29] 朱寿彭，李章 . 放射毒理学［ M ］. 苏州：苏州大学出版社，2004.
[30] 刘树铮，孙世荃 . 铀毒理学［ M ］. 北京：原子能出版社，1995.
[31] 孙世则 . 过量受照人员临床医学［ M ］. 北京：原子能出版社，1989.
[32] 尚红，王毓三，申子瑜 . 全国临床检验操作规程［ M ］. 4 版 . 北京：人民卫生出版社，2015.
[33] 贾廷珍，张淑兰 . 辐射诱发再生障碍性贫血［ J ］. 中华放射医学与防护杂志，1993，13（3）：195–196.
[34] 沈哲中，谢小萍，张鸿寿 . 放射工作者的再生障碍性贫血［ J ］. 中华放射医学与防护杂志，1981，1（3）：49–51.
[35] 贾廷珍 . 外照射慢性放射病与慢性再生障碍性贫血［ J ］. 中华放射医学与防护杂志，1999，19（4）：241–242.
[36] 陈振龙，易桂林，潘志伟 . 德国职业病诊断和管理［ J ］. 中华劳动卫生职业病，2020，38（8）：637–640.
[37] 李小亮，苏垠平，雷淑洁 . 2013—2017 年我国职业性放射性疾病诊断情况分析［ J ］. 中华放射医学与防护杂志，2018，38（10）：779–782.
[38] 顾友多 . 美国和欧洲的职业病诊断标准体系［ J ］. 职业卫生与应急救援 . 2007，25（8）：283–284.
[39] 全军辐射医学专业委员会，全军血液学专业委员会 . 核辐射损伤造血重建策略专家共识［ J ］. 第三军医大学学报，2021，43（2）：175–182.
[40] 黄士敏，叶根耀，梁德明，等 . 三例亚急性放射病临床报告［ J ］. 中华放射医学与防护杂志，1989，9（2）：82–86.
[41] 黄士敏，王桂林，陈祖仁，等 . 两例亚急性放射病第 8 年随访［ J ］. 中华放射医学与防护杂志，1995，15（1）：47–49.
[42] 王桂林，孟淑贤，黄士敏，等 . 一例亚急性放射病人演变成急性白血病的医学观察［ J ］. 中华放射医学与防护杂志，1996，16（1）：49–50.
[43] 蒋本荣，叶根耀，黄士敏，等 . 亚急性放射病的临床特点［ J ］. 中华放射医学与防护杂志，1991，11（4）：246–249.
[44] 乔建辉，邹跃，乔均晓，等 . 亚急性放射病的临床特点［ J ］. 中华放射医学与防护杂志，2007，27（5）：486–488.
[45] 邓绍瑞 . 关于外照射慢性放射病诊断中的剂学限定值的探讨［ J ］. 中国辐射卫生 . 1999，8（3）：177–178.
[46] 李小亮，苏垠平，雷淑洁，等 . 2013—2017 年我国职业性放射性疾病诊断情况分析［ J ］. 中华

放射医学与防护杂志，2018，38（10）：779-783
[47] 江波，姜恩海，姜立平，等．我国 10 省市放射性疾病发病情况分析［J］．中国辐射卫生，2010，19（2）：178-180.
[48] 周继文，卢正福．慢性放射病现状［J］．中华放射与防护杂志，1998，18（5）：326-329.
[49] 蒋本荣．慢性放射病诊断及其诊断与鉴别诊断中的若干问题［J］．中华放射医学与防护杂志，1999，19（4）：239-240.
[50] 王玉珍，王秀娥．全国职业性放射性疾病诊断现状及存在问题［J］．中华放射医学与防护杂志，2002，22（4）：301-302.
[51] 高慎永，孙文信，孙晓南．外照射慢性放射病诊断标准的探讨［J］．中华放射与防护杂志，1996，16（4）255-258.
[52] 邓君，孙全富．我国放射工作人员个人剂量监测与登记［J］．中华放射医学与防护杂志，2021，41（2）：81-84.
[53] 曹卫红，杨志祥，谷庆阳，等．急性放射性皮肤溃疡愈合过程中 TGF β 及其受体表达的研究［J］．中华放射医学与防护杂志，2003，23（1）：44-45.
[54] 曹卫红，杨志祥，谷庆阳，等．急性放射性皮肤溃疡中凋亡细胞及其相关基因变化的意义［J］．中华放射医学与防护杂志，2003，23（3）：184-186.
[55] 赵坡，刘武，李志军，等．放射性皮肤溃疡中端粒酶逆转录晦表达与癌变及难愈合的机制［J］．中国组织工程研究，2003（4）：401-403.
[56] 李建福，程天民，冉新泽，等．胫骨放射性损伤病理学改变的实验研究［J］．中华放射医学与防护杂志，2002，22（6）：426-428.
[57] 杨志祥，王芳薪．放射性骨损伤 45 例临床分析［J］．中华放射医学与防护杂志，1993，13（5）：339-340.
[58] 王炳胜，张秀丽，刘秀芳，等．益气活血中药对放射性骨损伤防护作用的实验研究［J］．中国中医骨伤科杂志，2003，11（4）：19-22.
[59] 吴宁，孙汉英，刘文励，等．川芎嗪对急性放射损伤小鼠骨髓碱性成纤维细胞生长因子及其受体表达水平的影响［J］．中国中西医结合杂志，2004，24（5）：439-441.
[60] 刘玉龙，王优优，余道江，等．南京"5.7" ^{192}Ir 源放射事故患者的临床救治［J］．中华放射医学与防护杂志，2016，36（5）：324-330.
[61] 孙世荃．碘 -131 内污染所致甲状腺损害的剂量效应关系和剂量限值［J］．辐射防护通讯，1992（4）：24-29.
[62] 金玉珂，王明东，洪国文，等．电离辐射致甲状腺疾病的临床观察［J］．中华放射医学与防护杂志，1993，13（4）：225-228.
[63] 中华医学会内分泌学分会《中国甲状腺疾病诊治指南》编写组．中国甲状腺疾病诊治指南——甲状腺炎［J］．中华内科杂志，2008，47（9）：784-788.
[64] 中华医学会内分泌学分会．成人甲状腺功能减退症诊治指南［J］．中华内分泌代谢杂志，2017，33（2）：167-180.
[65] 中华医学会内分泌学分会．甲状腺结节和分化型甲状腺癌诊治指南［J］．中华内分泌代谢杂志，2023，39（3）：181-225.

[66] 郭伟，赵风玲，孙全富，等.《职业性放射性甲状腺疾病诊断》标准解读［J］. 中华放射医学与防护杂志，2023，43（12）：1022–1026.
[67] 中华人民共和国国家卫生健康委员会医政医管局. 甲状腺癌诊疗指南（2022 年版）［J］. 中国实用外科杂志，2022，42（12）：1343–1357+1363.
[68] 赵风玲，傅宝华，吴艳延，等. 辐射事故受照者照后 5 年生殖系统的医学观察［J］. 中国辐射卫生，2009，18（1）：60.
[69] 赵风玲，傅宝华，吕玉民，等.6 名钴 –60 源辐射事故受照者生殖及内分泌功能远期效应随访［J］. 中国职业医学，2014，41（6）：666–669，673.
[70] 许雪春，赵风玲，郭伟，等. 河南“4.26”60Co 源辐射事故受照者照后 20 年医学随访［J］. 中华放射医学与防护杂志，2020，40（8）：623–630.
[71] 贾德林，苑淑渝，戴光复，等. 河南“4·26”60Co 源辐射事故受照人员剂量的模拟测量和估算［J］. 中华放射医学与防护杂志，2001，21（3）：150–152.
[72] 傅宝华，吕玉民，赵风玲，等. 河南“4·26”60Co 源辐射事故患者早期分类诊断及医学处理［J］. 中华放射医学与防护杂志 2001，21（3）：165–167.
[73] 中华医学会男科学分会男性不育诊疗指南编写组. 男性不育诊疗指南［J］. 中华男科学杂志，2022，28（1）：66–76.
[74] 中华医学会妇产科学分会妇科内分泌学组. 不孕症诊断指南［J］. 中华妇产科杂志，2019，54（8）：505–511.
[75] 王涛，冉新泽，王军平. 放射复合伤的研究进展与展望［J］. 中华损伤与修复杂志（电子版），2023，18（4）：353–357.
[76] 李凤鸣. 电离辐射性白内障（附四例报告）［J］. 中华眼科杂志，1982，18（4）：261–261.
[77] 胡椿枝，汤喜成. 放射性白内障一例［J］. 中华眼科杂志 1993，29（3）：179.
[78] 顾文英，章滨云，董枫，等. 肿瘤整合康复管理专家共识（2024）［J］. 健康发展与政策研究，2024，27（3）：275–284.
[79] 中华人民共和国国家卫生和计划生育委员会. 职业性放射性肿瘤判断规范（GBZ 97—2017）［S］. 北京：中国标准出版社，2017.
[80] 国家卫生和计划生育委员会. 职业性外照射急性放射病诊断（GBZ 104—2017）［S］. 北京：中国标准出版社，2017.
[81] 中华人民共和国国家卫生健康委员会. 职业性外照射个人监测规范（GBZ 128—2019）［S］. 北京：中国标准出版社，2019.
[82] 中华人民共和国国家卫生和计划生育委员会. 职业性内照射个人监测规范（GBZ 129—2016）［S］. 北京：中国标准出版社，2016.
[83] 中华人民共和国国家卫生健康委员会. 核事故应急情况下公众受照剂量估算的模式和参数（GB/T 17982—2018）［S］. 北京：中国标准出版社，2018.
[84] 中华人民共和国卫生部. 外照射慢性放射病剂量估算规范（GB/T 16149—2012）［S］. 北京：中国标准出版社，2012.
[85] 国家卫生和计划生育委员会. 电离辐射所致皮肤剂量估算方法（GBZ/T 244—2017）［S］. 北京：中国标准出版社，2017.

[86] 国家卫生和计划生育委员会 . 电离辐射所致眼晶状体剂量估算方法（GBZ/T 301—2017）[S]. 北京：中国标准出版社，2017.

[87] 中华人民共和国卫生部 . 染色体畸变估算生物剂量方法（GB/T 28236—2011）[S]. 北京：中国标准出版社，2011.

[88] 国家卫生和计划生育委员会 . 荧光原位杂交分析染色体易位估算辐射生物剂量技术方法（GBZ/T 249—2014）[S]. 北京：中国标准出版社，2014.

[89] 国家卫生健康委员会 . 辐射生物剂量估算 早熟染色体凝集环分析法（WS/T 615—2018）[S]. 北京：中国标准出版社，2018.

[90] 中华人民共和国卫生部 . 牙釉质电子顺磁共振剂量重建方法（GBZ/T 172—2006）[S]. 北京：人民卫生出版社，2006.

[91] 中华人民共和国国家质量监督检验检疫总局 . 电离辐射防护与辐射源安全基本标准（GB 18871— 2002）[S]. 北京：中国标准出版社，2002.

[92] 中华人民共和国国家卫生和计划生育委员会 . 职业性放射性疾病诊断总则（GBZ 112—2017）[S]. 北京：中国标准出版社，2017.

[93] 国家卫生和计划生育委员会 . 职业性外照射慢性放射病诊断（GBZ 105—2017）[S]. 北京：中国标准出版社，2017.

[94] 中华人民共和国卫生部 . 过量照射人员医学检查与处理原则（GBZ 215—2009）[S]. 北京：人民卫生出版社，2009.

[95] 国家卫生和计划生育委员会 . 职业性外照射急性放射病的远期效应医学随访规范（GBZ 163—2017）[S]. 北京：中国标准出版社，2017.

[96] 中华人民共和国国家卫生和计划生育委员会 . 造血刺激因子在外照射急性放射病治疗中的应用指南（WS/T 378—2013）[S]. 北京：中国标准出版社，2013.

[97] 国家质量技术监督局 . 外照射事故受照人员的医学处理和治疗方案（GB/T 18199—2000）[S]. 北京：中国标准出版社，2000.

[98] 中华人民共和国卫生部 . 外照射急性放射病护理规范（GBZ/T 217—2009）[S]. 北京：人民卫生出版社，2009.

[99] 国家卫生和计划生育委员会 . 核和辐射突发事件心理救助导则（GBZ/T 262—2014）[S]. 北京：人民卫生出版社，2014.

[100] 中华人民共和国卫生部 . 外照射亚急性放射病诊断标准（GBZ 99—2002）[S]. 北京：法律出版社，2002.

[101] 中华人民共和国卫生部 . 内照射放射病诊断（GBZ 96—2011）[S]. 北京：中国标准出版社 2011.

[102] 国家卫生和计划生育委员会 . 放射性核素内污染人员医学处理规范（WS/T 583—2017）[S]. 北京：中国标准出版社，2017.

[103] 中华人民共和国政府国家质量监督检验检疫总局，中国国家标准化管理委员会 . 放射性核素摄入量及内照射剂量估算规范（GB/T 16148—2009）[S]. 北京：中国标准出版社，2009.

[104] 国家卫生健康委员会 . 职业性放射性皮肤疾病诊断（GBZ 106—2020）[S]. 北京：中国标准出版社，2020.

[105] 中华人民共和国卫生部 . 外照射放射性骨损伤诊断（GBZ 100—2010）[S] . 北京：中国标准出版社，2010.

[106] 樊飞跃，姜恩海 . 放射性疾病诊断标准应用指南 [S] . 北京：中国标准出版社，2013.

[107] 中华人民共和国国家卫生和计划生育委员会 . 职业性放射性性腺疾病诊断（GBZ 107—2015）[S] . 北京：中国标准出版社，2015.

[108] 中华人民共和国卫生部 . 放冲复合伤诊断标准（GBZ 102—2007）[S] . 北京：中国标准出版社，2007.

[109] 中华人民共和国卫生部 . 放烧复合伤诊断标准（GBZ 103—2007）[S] . 北京：中国标准出版社，2007.

[110] 中华人民共和国卫生部 . 放射性白内障诊断标准及处理原则（GB 8283—1987.）[S] . 北京：中国标准出版社，1987.

[111] 中华人民共和国国家卫生和计划生育委员会 . 放射性白内障诊断标准及处理原则（GBZ 95—2014.）[S] . 北京：中国标准出版社，2014.

[112] 中华人民共和国卫生部 . 职业性急性中毒性肾病的诊断（GBZ 79—2013）[S] . 北京：中国标准出版社，2013.

[113] 中华人民共和国国家卫生健康委员会 . 职业性放射性甲状腺疾病诊断（GBZ 101—2020）[S] . 北京：中国标准出版社，2020.

[114] Akleyev A V. Chronic radiation syndrome [M] . Berlin，Heidelberg：Springer，2014.

[115] Peter R U. Diagnosis and treatment of cutaneous radiation injuries [M] . Panizzon R G，Seegenschmiedt MH，eds. Radiation treatment and radiation reactions in dermatology. 2nd ed. Berlin：Springer，2015：185-188.

[116] NAS/NRC Committee on the Biological Effects of Ionizing Radiation. The effects on populations of exposure to low levels of ionizing radiation：BEIR V [M] . Washington，DC：National Academy Press，1990.

[117] NAS/NRC Report of the Committee on Health Effects of Exposure to Low Levels of Ionizing Radiations（BEIR VII）Phase I. Health effects of exposure to low levels of ionizing radiation：Time for reassessment? [M] . Washington，DC：National Academy Press，1998.

[118] NAS/NRC Committee on Health Effects of Exposure to Radon. Health effects of exposure to radon：BEIR VI [M] . Washington，DC：National Academy Press，1999.

[119] UNSCEAR 2006 Report. Annex A.Epidemiological studies of radiation and cancer [M] .New York：UNSCEAR，2008.

[120] United Nations Scientific Committee on the Effects of Atomic Radiation. Ionizing radiation，sources and biological effects [M] . New York：United Nations，1982.

[121] International Atomic Energy Agency. Medical Management of Radiation Injuries：Safety Reports Series 101 [M] . Vienna：IAEA，2020.

[122] International Atomic Energy Agency. Medical management of persons internally contaminated with radionuclides in a nuclear or radiological emergency [M] . Vienna：IAEA，2018.

[123] Oak Ridge Institute for Science and Education. The medical aspects of radiation incidents [M] . 3rd

ed. Oak Ridge, TN: Radiation Emergency Assistance Center/Training Site, 2013.

[124] International Atomic Energy Agency. Generic Procedures for Medical Response During a Nuclear or Radiological Emergency [M] . Vienna: IAEA, 2005.

[125] International Atomic Energy Agency. Occupational Radiation Protection: General Safety Guide No. GSG–7 [M] . Vienna: IAEA, 2018.

[126] United Nations Scientific Committee on the Effects of Atomic Radiation. Sources, Effects and Risks of Ionizing Radiation: UNSCEAR 2016 Report [M] . New York: United Nations, 2017.

[127] Guskova A K, Baysogolov G D, Yemanova E A, Doshchenko V N. On the issue of clinical picture and treatment of chronic radiation injuries [M] . Moscow: Institut Biofiziki, 1954.

[128] Ries L A G, Kosary C L, Hankey B F, et al. SEER Cancer Statistics Review, 1973–1994 (NIH Publication No. 97–2789) [M] .Bethesda, MD: National Cancer Institute, 1997.

[129] Lowe S. Diagnostic imaging in pregnancy: Making informed decisions [J] . Obstetric Medicine, 2019, 12 (3): 116–122.

[130] Dainiak N, Albanese J. Medical management of acute radiation syndrome [J] . Journal of radiological protection. 2022, 42 (3): 10.1088/1361–6498/ac7d18.

[131] Kurshakov N A. Chronic radiation sickness [J] . Bulleten radiatsionnoymeditsiny, 1956, 4: 3–20.

[132] Coleman C N, Weinstock D M, Casagrande R, et al. Triage and treatment tools for use in a scarce resources–crisis standards of care setting after a nuclear detonation. Disaster medicine and public health preparedness [J], 2011, 5 Suppl 1: S111–S121.

[133] Waghmare C M. Radiation burn—from mechanism to management [J] . Burns, 2013, 39 (2): 212–219.

[134] Bray F N, Simmons B J, Wolfson A H, Nouri K. Acute and chronic cutaneous reactions to ionizing radiation therapy [J] . Dermatology and therapy (Heidelb), 2016, 6 (2): 185–206.

[135] Hymes S R, Strom E A, Fife C. Radiation dermatitis: clinical presentation, pathophysiology, and treatment 2006 [J] . Journal of the American Academy of Dermatology, 2006, 54 (1): 28–46.

[136] Wei J, Meng L, Hou X, et al. Radiation–induced skin reactions: mechanism and treatment [J] . Cancer management and research, 2019, 11: 167–177.

[137] Mittal M, Siddiqui M R, Tran K, et al. Reactive oxygen species in inflammation and tissue injury [J]. Antioxidants & redox signaling, 2014, 20 (7): 1126–1167.

[138] Ulrich R G, Peter B, Stefan K, et al. In vitro analysis of radiation–induced dermal wounds [J] . Otolaryngol Head Neck Surg, 2010, 142 (6): 845–850.

[139] Mittal M, Siddiqui M R, Tran K, et al. Reactive oxygen species in inflammation and tissue injury [J]. Antioxidants & redox signaling, 2014, 20 (7): 1126–1167.

[140] Tanori M, Pasquali E, LeonardiS, et al. Developmental and oncogenic radiation effects on neural stem cells and their differentiating progeny in mouse cerebellum [J] . Stem cells, 2013, 31 (11): 2506– 2516.

[141] Beyea J, Greenland S. The importance of specifying the underlying biologic model in estimating the probability of causation [J] . Health physics, 1999, 76: 269–274.

[142] Kellerer A M, Nekolla E. Neutron versus gamma-ray risk estimates: Inferences from the cancer incidence and mortality data in Hiroshima [J] . Radiation and environmental biophysics, 1997, 36: 73–83.

[143] Land C E, Sinclair W K. The relative contributions of different cancer sites to the overall detriment associated with low-dose radiation exposure [J] . Annals of the ICRP, 1991, 22: 31–57.

[144] Little M P, Boice J D. Comparison of breast cancer incidence in the Massachusetts tuberculosis fluoroscopy cohort and in the Japanese atomic bomb survivors [J] . Radiation research, 1999, 151: 280–292.

[145] Pierce D A, Preston D L. Joint analysis of site-specific cancer risks for the atomic bomb survivors [J]. Radiation research, 1993, 134: 134–142.

[146] Pierce D A, Shimizu Y, Preston DL, et al. Studies of the mortality of atomic bomb survivors. Report 12, PartI. Cancer: 1950–1990 [J] . Radiation research, 1996, 146: 1–27.

[147] Pierce D A, Preston D L. Radiation-related cancer risks at low doses among atomic bomb survivors [J]. Radiation research, 2000, 154: 178–186.

[148] Joint effects of radiation and smoking on lung cancer risk among atomic bomb survivors [J] . Radiation research, 2003, 159: 511–520.

[149] Preston D L, Kusumi S, Tomonaga M, et al. Cancer incidence in atomic bomb survivors, Part III: Leukemia, lymphoma, and multiple myeloma, 1950–87 [J] . Radiation research, 1994, 137: S68–S97.

[150] Preston D L, Mattsson A, Holmberg E, et al. Radiation effects on breast cancer risk: A pooled analysis of eight cohorts [J] . Radiation research, 2002, 158 (2): 220–235.

[151] Shore R E, Moseson M, Xue X, et al. Skin cancer after x-ray treatment for scalp ringworm [J] . Radiation research, 2002, 157: 410–418.

[152] Thompson D E, Mabuchi K, Ron E, et al. Cancer incidence in atomic bomb survivors. Part II: Solid tumors, 1958–1987 [J] . Radiation research, 1994, 137: S17–S67.

[153] Guillerman R P. Osteomyelitis and beyond [J] . Pediatric radiology, 2013, 43 (S1): S193–S203.

[154] Bhutani S, Vishwanath G. Hyperbaric oxygen and wound healing [J] . Indian journal of plastic surgery, 2012, 45 (2): 316–324.

[155] Weaver L K. Hyperbaric medicine for the hospital-based physician [J] . Hospital practice (1995), 2012, 40 (3): 88–101.

[156] Kim E A, Kang S K. Historical review of the list of occupational diseases recommended by the International Labour Organization (ILO) [J] . Annals of occupational and environmental medicine, 2013, 25 (1): 14.

[157] Otala M, Suomalainen L, Pentikainen M O, et al. Protection from radiation-induced male germ cell loss by sphingosine-1-phosphate [J] . Biology of reproduction, 2004, 70 (3): 759–767.

[158] Lv X F, Zhao N, Wang G J, et al. 3D skin bioprinting as promising therapeutic strategy for radiation-associated skin injuries [J] . Wound repair and regeneration, 2024, 32 (3): 217–228.

[159] Barabanova A V. Significance of beta-radiation skin burns in Chernobyl patients for the theory and

practice of radiopathology [J]. Vojnosanitetskipregled, 2006, 63 (5): 477-480.

[160] Friesecke I, Beyrer K, Wedel R, et al. SEARCH: a system for evaluation and archiving of radiation accidents based on case histories [J]. Radiation and environmental biophysics, 2000, 39 (3): 213- 217.

[161] Neriishi K, Nakashima E, Minamoto A, et al. Postoperative cataract cases among atomic bomb survivors: radiation dose response and threshold [J]. Radiation Research, 2007, 168 (4): 404-408.

[162] Nakashima E, Neriishi K, Minamoto A. A reanalysis of atomic-bomb cataract data, 2000-2002: a threshold analysis [J]. Health Physics, 2006, 90 (2): 154-160.

[163] Worgul B V, Kundiyev Y I, Sergiyenko N M, et al. Cataracts among chernobyl clean-up workers: implications regarding permissible eye exposures [J]. Radiation Research, 2007, 167 (2): 233-243.

[164] Ainsbury E A, Bouffler S D, Dorr W, et al. Radiation cataractogenesis: a review of recent studies [J]. Radiation Research, 2009, 172 (1): 1-9.

[165] Bhattacharjee H, Bhattacharjee K, Chakraborty, et al. Cataract surgery and intraocular lens implantation in aretinoblastoma case treated by external-beam radiation therapy [J]. Journal of Cataract & Refractive Surgery, 2003, 29 (9): 1837-1841.

[166] U Müller-Breitenkamp, Hockwin O, Siekmann H, et al. Ultraviolet radiation as cataract risk factor-a case report [J]. Developments in Ophthalmology, 1997, 27: 76-81.

[167] Gerber GB, Thomas RG (Eds.). Guidebook for the Treatment of Accidental Internal Radionuclide Contamination of Workers [J]. Radiation Protection Dosimetry, 1992, 41 (1).

[168] Guilmette R A, Bertelli L, Miller G, et al. Technical basis for using nose swab bioassay data for early internal dose assessment [J]. Radiation protection dosimetry, 2007, 127 (1-4): 356-360.

[169] Lipsztein J L, Bertelli L, Melo D R, et al. Application of in-vitro bioassay for 137Cs during the emergency phase of the Goiânia accident [J]. Health physics, 1991, 60 (1): 43-49.

[170] Lipsztein J L, Bertelli L, Oliveira C A, et al. Studies of Cs retention in the human body related to body parameters and Prussian blue administration [J]. Health physics, 1991; 60 (1): 57-61.

[171] Farina R, Brandão-Mello C E, Oliveira A R. Medical aspects of 137Cs decorporation: the Goiânia radiological accident [J]. Health physics, 1991, 60 (1): 63-66.

[172] Arnason J G, Pellegri C N, Moore J L, et al. Depleted and enriched uranium exposure quantified in former factory workers and local residents of NL Industries, Colonie, NY USA [J]. Environmental Research, 2016, 150 (10): 629-638.

[173] ICRP Publication 85: Avoidance of radiation injuries from medical interventional procedures [S]. Ottawa: The International Commission on Radiological Protection, 2000.

[174] International Organization for Standardization. Radiation Protection—Dose Assessment for the Monitoring of Workers for Internal Radiation Exposure (ISO 27048: 2011) [S]. Geneva: ISO, 2011.

[175] International Commission on Radiological Protection. Cancer risk from exposure to plutonium and uranium [S]. Geneva: ICRP, 2021.

[176] International Organization for Standardization. Radiological protection–Performance criteria for laboratories using the cytokinesis block micronucleus（CBMN）assay in peripheral blood lymphocytes for biological dosimetry（ISO 17099：2014）[S] . Geneva：ISO，2014.

[177] International Organization for Standardization. Radiation protection–Performance criteria for service laboratories performing biological dosimetry by cytogenetics（ISO 19238：2023）[S] . Geneva：ISO，2023.

[178] Committee on Obstetric Practice. Committee opinion No. 723：Guidelines for diagnostic imaging during pregnancy and lactation [R] . Washington，DC：American College of Obstetricians and Gynecologists，2017

[179] International Commission on Radiation Units and Measurements. Radiation quantities and units：ICRU Report 33 [R] . Bethesda，MD：ICRU，1980.

[180] International Commission on Radiation Units and Measurements. Radiation quantities and units：ICRU Report 51 [R] . Bethesda，MD：ICRU，1993.

[181] International Commission on Radiation Units and Measurements. Radiation quantities and units：ICRU Report 95 [R] . Bethesda，MD：ICRU，2020.

[182] International Commission on Radiological Protection. ICRP Publication 74：Conversion coefficients for use in radiological protection against external radiation [R] . Annals of the ICRP，1996，26（3–4）：1–205.

[183] International Commission on Radiological Protection，& International Commission on Radiation Units and Measurements. ICRP Publication 116：Conversion coefficients for radiological protection quantities for external radiation exposures [R] . Annals of the ICRP，2010，40（2–5）：1–257.

[184] International Commission on Radiological Protection. ICRP Publication 119：Compendium of dose coefficients based on ICRP Publication 60 [R] . Annals of the ICRP，41（Suppl 1）：1–130.

[185] International Commission on Radiological Protection. ICRP Publication 130：Occupational intakes of radionuclides：Part 1 [R] . Annals of the ICRP，2015，44（2）：5–188.

[186] International Commission on Radiological Protection. ICRP Publication 134：Occupational intakes of radionuclides：Part 2 [R] . Annals of the ICRP，2016，45（3–4）：7–349.

[187] International Commission on Radiological Protection. ICRP Publication 137：Occupational intakes of radionuclides：Part 3 [R] . Annals of the ICRP，2017，46（3–4）：1–486.

[188] International Commission on Radiological Protection. ICRP Publication 141：Occupational intakes of radionuclides：Part 4 [R] . Annals of the ICRP，2018，48（2–3）：9–501.

[189] International Commission on Radiological Protection. ICRP Publication 151：Occupational intakes of radionuclides：Part 5 [R] . Annals of the ICRP，2022，51（1–2）：11–415.

[190] International Atomic Energy Agency. Operational intervention levels for reactor emergencies [R] . Vienna：IAEA，2017

[191] International Atomic Energy Agency. Biological dosimetry：Chromosomal aberrations for dose assessmemt（Technical report series No.260）[R] . Vienna：IAEA，1986.

[192] International Atomic Energy Agency. Cytogenetic analysis for radiation dose assessment a manual

(Technical report series No.405) [R] . Vienna：IAEA，2001.

[193] International Atomic Energy Agency. Cytogenetic dosimetry：Applications in preparedness for and pesponse to Radiation emergencies [R] . Vienna：IAEA，2011.

[194] Radiation Injury Treatment Network. Acute radiation syndrome treatment guidelines [R] . Bethesda，MD：RITN，2020.

[195] World Health Organization. National stockpiles for radiological and nuclear emergencies：Policy advice [R] . Geneva：WHO，2023.

[196] National Council on Radiation Protection and Measurements. Management of persons contaminated with radionuclides：handbook [R] . Bethesda，MD：NCRP，2008.

[197] International Atomic Energy Agency，World Health Organization. Diagnosis and treatment of radiation injuries [R] . Vienna：IAEA，1998.

[198] International Atomic Energy Agency. Generic procedures for medical response during a nuclear or radiological emergency [R] . Vienna：IAEA，2005.

[199] International Atomic Energy Agency. Development of an extended framework for emergency response criteria：interim report for comments [R] . Vienna：IAEA，2005.

[200] International Atomic Energy Agency.Assessment of prospective cancer risks from occupational exposure to ionizing radiation：IAEA–TECDOC–1985 [R] .Vienna：IAEA，2021.

[201] Committee on Interagency Radiation Research and Policy Coordination. Science Panel Report No. 6. Use of probability of causation by the Veterans Administration in the adjudication of claims of injury due to exposure to ionizing radiation [R] . Washington，DC：CIRRPC，Office of Science and Technology Policy，Executive Office of the President，1988.

[202] Department of Justice. Final report of the Radiation Exposure Compensation Act Committee，submitted to the Human Radiation Interagency Working Group [R] . Washington，DC：Department of Justice，1996.

[203] Environmental Protection Agency. Estimating radiogenic cancer risks [R] . EPA Report 402–R–00–003. Washington，DC：Environmental Protection Agency，1999.

[204] Grogan H A，Sinclair W K，Voilleque P G. Assessing risks from exposure to plutonium [R] . Final Report. Part of Task 3：Independent analysis of exposure，dose and health risk to offsite individuals. Radiological Assessment Corporation (RAC) Report No. 5，Revision 2. February 2000.

[205] International Commission on Radiological Protection. Genetic susceptibility to cancer [R] . ICRP Publication 79. Annals of the ICRP，1998，28：1–158.

[206] Kocher D C，Apostoaei A I，Hoffman，F O. Radiation effectiveness factors (REFs) for use in calculating probability of causation of radiogenic cancers [R] . Draft report submitted by SENES Oak Ridge，Inc.，Oak Ridge，Tennessee，to the National Institute of Occupational Safety and Health，2002.

[207] NAS/NRC Committee on an Assessment of Centers for Disease Control and Prevention Radiation Studies from DOE Contractor Sites：Subcommittee to Review the Radioepidemiology Tables. A review of the draft report of the NCI–CDC Working Group to Revise the “1985 Radioepidemiological Tables” [R] .

Washington, DC: National Research Council, Board on Radiation Effects Research, 2000.

[208] NAS/NRC Committee on Dosimetry for the Radiation Effects Research Foundation, Board on Radiation Effects, Division on Earth and Life Sciences, National Research Council. Status of the dosimetry for the Radiation Effects Research Foundation (DS86) [R]. Washington, DC: National Academy Press, 2001.

[209] National Council on Radiation Protection and Measurements. Influence of dose and its distribution in time on dose-response relationships for low-LET radiation (NCRP Report No. 64) [R]. Bethesda, MD: NCRP, 1980.

[210] National Council on Radiation Protection and Measurements. Uncertainties in fatal cancer risk estimates used in radiation protection (NCRP Report No. 126) [R]. Bethesda, MD: NCRP, 1997.

[211] National Institutes of Health. Report of the National Institutes of Health Ad Hoc Working Group to Develop Radioepidemiological Tables [R]. Bethesda, MD: NIH, 1985.

[212] International Atomic Energy Agency.Methods for estimating the probability of cancer from occupational radiation exposure: IAEA-TECDOC-870 [R].Vienna: IAEA, 1996.

[213] United Nations Scientific Committee on the Effects of Atomic Radiation. Annex A: Epidemiological studies of radiation carcinogenesis. Sources, Effects and Risks of Ionizing Radiation [R]. New York: United Nations, 1994.

[214] International Labour Organization. Diagnostic and exposure criteria for occupational diseases: guidance notes for diagnosis and prevention of the diseases in the ILO list of occupational diseases (revised 2010)[R]. Geneva: ILO, 2022.

[215] World Health Organization National. Stockpiles for Radiological and Nuclear Emergencies: Policy Advice[R]. Geneva: WHO, 2023.